ŒUVRES COMPLÈTES

DE

VOLTAIRE

11

ESSAI SUR LES MŒURS

PARIS. — IMPRIMERIE A. QUANTIN ET C‍ⁱᵉ
ANCIENNE MAISON J. CLAYE
RUE SAINT-BENOIT

ŒUVRES COMPLÈTES
DE
VOLTAIRE

NOUVELLE ÉDITION

AVEC

NOTICES, PRÉFACES, VARIANTES, TABLE ANALYTIQUE

LES NOTES DE TOUS LES COMMENTATEURS ET DES NOTES NOUVELLES

Conforme pour le texte à l'édition de BEUCHOT

ENRICHIE DES DÉCOUVERTES LES PLUS RÉCENTES

ET MISE AU COURANT

DES TRAVAUX QUI ONT PARU JUSQU'A CE JOUR

PRÉCÉDÉE DE LA

VIE DE VOLTAIRE

PAR CONDORCET

ET D'AUTRES ÉTUDES BIOGRAPHIQUES

Ornée d'un portrait en pied d'après la statue du foyer de la Comédie-Française

---

ESSAI SUR LES MŒURS

I

PARIS

GARNIER FRÈRES, LIBRAIRES-ÉDITEURS

6, RUE DES SAINTS-PÈRES 6

1878

AVERTISSEMENT

POUR LA PRÉSENTE ÉDITION.

Après Voltaire dramaturge et poëte, voici Voltaire historien. Ici encore son génie a des faces diverses. Tour à tour se présente à nous l'auteur de l'*Histoire de Charles XII,* vive et amusante comme un roman, l'auteur de ce grand tableau du *Siècle de Louis XIV,* élégant et magistral, l'auteur enfin de ce vigoureux *Essai* par lequel il émancipa et passionna l'histoire et y introduisit tous les ferments de révolte qui étaient dans son esprit. Ce dernier ouvrage n'est peut-être pas, esthétiquement, son meilleur ouvrage, mais c'est son ouvrage important, caractéristique; vaste cadre, libre esquisse « où sont réunis avec le plus d'éclat, dit M. Villemain, les lumières et les préjugés de la nouvelle école qui racontait le passé ».

Cet *Essai* naquit singulièrement, comme souvent naissent ces livres de combat. Voltaire le composa, en grande partie, pour servir de cahiers d'histoire à la belle Émilie. Il ne faudrait pas supposer, du reste, que l'auteur se fût livré à ce grand travail de recherches, sans l'intention de le rendre public quelque jour[1]. Les copies s'en multiplièrent : Frédéric en eut une des premières; l'Électeur palatin, la duchesse de Gotha, en reçurent également. D'autres existaient à Paris. Il est clair qu'une de ces copies devait un jour ou l'autre tomber aux mains de quelque imprimeur de Hollande, et c'est ce qui arriva. Mais l'événement eut lieu dans un moment particulièrement fâcheux pour Voltaire.

C'était peu après sa rupture avec le roi de Prusse, lorsqu'à la suite de la malheureuse aventure de Francfort, il errait sur les bords du Rhin, se demandant s'il pouvait sans danger se rendre à Paris. C'est au milieu des perplexités qui l'assiégeaient alors que deux volumes, édités par un libraire de La Haye et de Berlin, Jean Néaulme, parurent tout à coup sous le titre d'*Abrégé de l'Histoire universelle.* Comment l'œuvre de Voltaire était-elle parvenue aux mains de Néaulme? D'après les explications données à l'auteur par le libraire lui-même, le manuscrit de l'*Abrégé de l'Histoire universelle,* qui devint par la suite l'*Essai sur les Mœurs et l'Esprit des nations,* aurait fait partie du butin pris à la bataille de Sorr en 1745, où le roi de

---

1. Voyez, sur les premières publications partielles la Lettre à M. de ***, professeur en histoire, dans les *Mélanges,* à la date de 1753.

Prusse avait laissé ses bagages entre les mains du prince Charles de Lorraine. « On prit l'équipage du roi de Prusse dans cette bataille, au lieu de prendre sa personne, raconte Voltaire à d'Argental (21 décembre 1753); on porta sa cassette au prince Charles. Il y avait, dans cette cassette grise-rouge de l'avare, force ducats avec cette *Histoire universelle* et des fragments de *la Pucelle*. Un valet de chambre du prince Charles a vendu l'histoire à Jean Néaulme, et les papillotes de *la Pucelle* sont à Vienne. Tout cela compose une drôle de destinée. » Dans une lettre à Walther (Colmar, 13 janvier 1754), Voltaire dit encore : « Jean Néaulme prétend avoir acheté ce manuscrit cinquante louis d'or d'un domestique de monseigneur le prince Charles de Lorraine. C'est un ancien manuscrit très-imparfait, que j'avais pris la liberté de donner au roi de Prusse sur la fin de 1739, dans le temps qu'il était prince royal. Cet ouvrage ne méritait pas de lui être offert; mais, comme il s'occupait de toutes les sortes de littérature, et qu'il me prévenait par les plus grandes bontés, je ne balançai pas à lui envoyer cette première esquisse, tout informe qu'elle était. »

Disons que, tout en acceptant le récit du libraire, Voltaire n'était pas sans soupçonner quelque méchant tour de son ex-ami Frédéric. Il écrivait à Richelieu (30 décembre 1753) : « On m'assure que le prince Charles rendit au roi de Prusse sa cassette prise à la bataille de Sorr, dans laquelle Sa Majesté prussienne prétend qu'il avait mis mon manuscrit. Je sais qu'on lui rendit jusqu'à son chien. Il me demanda depuis un nouvel exemplaire; je lui en donnai un plus correct et plus ample. Il a gardé celui-là, son libraire Jean Néaulme a imprimé l'autre[1]. »

Quoi qu'il en soit, Voltaire protesta avec énergie contre cette publication. Il protesta d'abord contre les incorrections de l'ouvrage. « Comment, s'écriait-il dans une lettre à Néaulme (28 décembre 1753), comment votre éditeur a-t-il pu prendre le VIIIe siècle pour le IVe, le XIIIe pour le XIIe, le pape Boniface VIII pour le pape Boniface VII? Presque chaque page est pleine de fautes absurdes. Tout ce que je peux vous dire, c'est que tous les manuscrits qui sont actuellement entre les mains du roi de Prusse, de monseigneur l'Électeur palatin, de Mme la duchesse de Gotha, sont très-différents du vôtre... Il semble que vous ayez voulu me rendre ridicule et me perdre en imprimant cette informe rapsodie et en y mettant mon nom. »

Il y avait surtout, dans la courte introduction qui était en tête du premier volume (voyez *Mélanges*, à la date de 1754), une phrase qui inquiétait Voltaire; c'était celle-ci : « Les historiens, semblables en cela aux rois, sacrifient le genre humain à un seul homme. »

L'auteur mande aussitôt deux notaires devant lesquels confrontation est faite de l'*Abrégé* de Jean Néaulme avec un manuscrit qu'il a fait venir de Paris : « Manuscrit in-4°, usé de vétusté, relié en un carton qui paraît aussi fort vieux, intitulé *Essai sur les Révolutions du monde et sur l'Histoire de l'esprit humain depuis le temps de Charlemagne jusqu'à nos jours,* 1740. »

Par procès-verbal daté du 22 février 1754, il fait constater les diffé-

---

1. Voyez aussi la Lettre à la comtesse de Lutzelbourg, 23 janvier 1754.

rences qu'il y a entre ce manuscrit et l'édition de Néaulme, et rétablit notamment le vrai texte de la phrase compromettante de l'introduction. Il écrit à tout le monde pour désavouer les malheureux volumes qu'on s'arrachait à Paris et en tous lieux. Il écrit à Mme de Pompadour; il s'adresse même, par l'entremise de M. de Malesherbes, à l'archevêque de Paris, Christophe de Beaumont. Il envoie des notes aux journaux littéraires. Enfin il fait imprimer à Leipsig un troisième volume intitulé *Essai sur l'Histoire universelle, tome troisième,* pour reprendre en main son ouvrage et en faire présager une édition plus correcte et plus fidèle. A la tête de ce volume, il mit une dédicace à l'Électeur palatin (voyez ci-après l'Avertissement de Beuchot), et une préface explicative que nous plaçons dans les *Mélanges,* à côté de l'Introduction de l'*Abrégé* de Néaulme et d'autres pièces sur le même sujet.

Voltaire eut beau faire. En vain il avait dit à Mme de Pompadour : « S'il m'était seulement permis, madame, de venir à Paris pour arranger, pendant un court espace de temps, mes affaires bouleversées par quatre ans d'absence et assurer du pain à ma famille, je mourrais consolé et pénétré pour vous, madame, de la plus respectueuse reconnaissance. » Louis XV dit formellement à Mme de Pompadour qu'il ne voulait pas que Voltaire vînt à Paris. Voltaire, ainsi déçu dans son espoir, se dirigea vers la Suisse, où il s'établit comme l'on sait.

C'est en Suisse que l'*Essai* fut remanié librement et achevé. Il reçut alors le titre d'*Essai sur l'Histoire générale et sur les Mœurs et l'Esprit des nations.* Ce n'est qu'en 1769 que l'auteur lui donna le titre qu'il porte définitivement.

Voltaire fit par cet ouvrage une révolution dans la manière d'écrire l'histoire. Il fut fondateur d'école : les Condillac, Hume, Robertson, Gibbon, le reconnurent pour maître, et son influence s'étendit par là jusque sur le vaste mouvement historique qui se développa dans notre siècle.

A propos de la publication en sept volumes (y compris le *Siècle de Louis XIV*) qui parut à Genève en 1756, sous le titre d'*Essai sur l'Histoire générale,* Grimm, à la date du 1er avril 1757, écrivait :

« Ce que j'ai dit en dernier lieu sur les révolutions que tous les grands ouvrages, et surtout les ouvrages de génie, produisent dans une nation, peut s'appliquer dans toute son étendue à l'*Essai sur l'Histoire universelle* que M. de Voltaire a donné cet hiver en sept gros volumes. Indépendamment du génie qui anime tout ce qui sort de sa plume, j'ai eu l'occasion de remarquer plus d'une fois qu'un des grands services que cet écrivain illustre a rendus à la France et à tous les peuples de l'Europe, c'est d'avoir étendu l'empire de la raison et d'avoir rendu la philosophie populaire. Tous ses écrits respirent l'amour de la vertu et une passion généreuse pour le bien de l'humanité; mais il n'y en a aucun où cette passion soit portée plus loin que dans cette histoire universelle. On ne pourrait avoir trop mauvaise opinion d'un peuple qui aurait continuellement de pareils ouvrages entre ses mains sans en devenir plus doux, plus éclairé et plus juste. Le bien inestimable que cette histoire ne manquera pas de produire sera donc principalement de faire germer dans nos cœurs, de génération en génération, les principes de justice, d'équité, de compassion et de bienfaisance; de nous éloigner de toute violence, de cette fureur de persécuter et d'opprimer nos semblables pour avoir d'autres opinions que les nôtres; d'affaiblir enfin, et, s'il est possible, d'anéantir cet esprit intolérant qui a si longtemps ravagé la terre, et dont les horribles excès auraient dû, ce me semble, exterminer la race humaine. Le livre de M. de Voltaire n'empêchera point sans doute qu'il n'y ait des guerres, que les grands corps politiques ne s'entre-choquent, que les nations n'éprouvent des révolutions fréquentes. Tel est le sort de cette immense machine, de cette vaste matière toujours en fermentation, qu'elle a besoin pour subsister d'être agitée par des vicissitudes perpétuelles. Mais s'il est permis au genre humain d'espérer quelques jours sereins après des siècles entiers d'orages, ne pourrons-nous pas nous flatter de voir enfin succéder à tant d'horreurs et de cruautés une sorte d'indulgence et de douceur, dont des êtres aussi faibles et aussi imparfaits que nous ont tant de besoin, et qui ferait éclore parmi les peuples un esprit d'humanité universel et un droit des gens plus exact et moins rigoureux? »

C'est au lecteur à décider si le Petit Prophète de Boemischbroda (on sait que Grimm publia un ouvrage sous ce nom) fut bon prophète. Après avoir fait une si large part à l'éloge, et plus large encore, car nous n'avons pas tout transcrit, l'auteur de la *Correspondance littéraire* élève quelques critiques : elles portent principalement sur deux points, sur les jugements de Voltaire par rapport à l'antiquité, jugements que Grimm qualifie de téméraires, et sur le ton de panégyrique qui règne dans le *Siècle de Louis XIV*. Il fait ressortir avec raison la grande différence qui existe entre l'esprit qui anime l'*Essai sur l'Histoire* et celui qui anime le *Siècle de Louis XIV,* ouvrages qui, en effet, n'avaient point été composés pour être attachés l'un à l'autre, et qui ont été séparés depuis lors.

Après ce jugement d'un contemporain, curieux à ce titre, nous en donnerons un autre porté à une époque plus récente, très-favorable pour la vraie et complète appréciation du xviiie siècle, celui de M. Villemain parlant à la Sorbonne à la fin de la Restauration. L'auteur du *Tableau de la littérature française au* xviiie *siècle* s'exprime ainsi :

« Cet *Essai,* que Voltaire a retouché, étendu, enhardi, gâté pendant vingt années, il l'avait entrepris et presque achevé dans la force de l'âge et dans la vive ferveur de ses études si diverses : on le sent presque partout à la correction précise et à l'élégance animée du style. Ce fut à Cirey qu'il en composa la plus grande partie, dès 1740, pour Mme du Chatelet, dont l'esprit mathématique goûtait peu l'histoire. Il y jeta quelque chose de tout ce qui le préoccupait à la fois, sciences exactes, philosophie sceptique, littérature. S'il faut l'en croire même, l'étude comparée de la poésie tenait une très-grande place dans son premier plan. Il avait traduit, dit-il [1], plu-

---

1. Dans la Lettre à M. de ***, professeur en histoire. (*Mélanges,* 1753.)

AVERTISSEMENT.

sieurs morceaux de la poésie arabe, et les plus grands traits de tous les poëtes originaux, depuis le Dante. Mais ce premier travail lui fut dérobé, et il n'en aurait gardé que les vers sur la chute de Barmécide et la traduction de quelques stances de Pétrarque. Nous ne sommes pas certain de cette anecdote. Les vers de Voltaire ne se perdaient pas; et peut-être confond-il ici, dans un souvenir assez vague, bien des imitations de poëtes anglais et italiens, qu'il destinait d'abord à cet Essai historique, et qu'il a dispersées dans ses autres ouvrages [1].

« Quoi qu'il en soit, cet ornement, jusque-là si négligé dans l'histoire, était un des traits de la physionomie nouvelle que Voltaire donnait à cette grande étude. Les imitateurs sont venus en foule; mais il était beau alors, même après le président de Thou, de chercher le premier dans la naissance et le progrès des arts de l'esprit, l'unité d'une histoire générale. Le moyen âge et les siècles suivants, si pénibles à étudier, si chargés de faits incohérents, obscurs, mal contés, devenaient clairs, rapides, agréables à lire. Une lumière apparente se répandait sur toutes les parties de cet immense récit. La nouveauté des premiers chapitres de Voltaire sur la Chine, l'Inde, l'Arabie, en suppléant aux omissions de Bossuet, ouvrait d'une manière remarquable la continuation ou plutôt la contre-partie du travail de ce grand homme, qui s'était arrêté au règne de Charlemagne, quoiqu'il voulût embrasser tout le reste...

« L'ingénieux, l'éclatant Voltaire, à l'abord du moyen âge, éprouve, e nous le concevons, la même répugnance que le politique Machiavel. C'est une sorte de colère contre les grossiers destructeurs de l'ancienne civilisation, un ennui profond de ces temps nouveaux mais barbares, de ces superstitions sans art et sans génie, de ces noms obscurs ou durs, de ces *Pierre* et de ces *Jean*, qui remplacent les *César* et les *Pompée*, comme disait Machiavel. Voltaire est même éloquent pour peindre cette décadence universelle, et, dans quelques mots énergiques, il grave toute la pensée qui a inspiré Gibbon :

« Vingt jargons barbares succèdent à cette belle langue latine qu'on
« parlait du fond de l'Illyrie au mont Atlas. Au lieu de ces sages lois qui
« gouvernaient la moitié de notre hémisphère, on ne trouve plus que des
« coutumes sauvages. Les cirques, les amphithéâtres élevés dans toutes les
« provinces sont changés en masures couvertes de paille. Ces grands che-
« mins si beaux, si solides, établis du pied du Capitole juqu'au mont Taurus,
« sont couverts d'eaux croupissantes. La même révolution se fait dans les
« esprits, et Grégoire de Tours, le moine de Saint-Gall, Frédegaire, sont
« nos Polybes et nos Tites-Lives. »

« Mais dans ce chaos, énergiquement dépeint, aperçoit-il une lueur nouvelle ? suit-il les générations à la trace, et montre-t-il l'appui qui les soutient ? Il ne le peut; car la religion chrétienne lui semble le symbole et la cause de cette barbarie, que seule elle adoucit et qu'elle doit détruire.

« Aussi Voltaire se hâte de quitter les premiers temps du moyen âge, où l'imagination ne se plaît qu'en s'y arrêtant; il rejette les détails par ennui,

---

1. Voyez tome X, pages 609-611.

et milles choses piquantes et sérieuses seraient sorties de ces détails mêmes. Il déclare que l'histoire de ces premiers siècles de l'ère moderne ne mérite pas plus d'être écrite que *celle des ours et des loups*. Et cependant l'homme est là tout entier, avec sa grandeur, ses passions, ses idées, sa métaphysique; car le moyen âge est une forme de civilisation à part, plutôt qu'une barbarie. Il s'y conserve toujours de singuliers restes de la politesse romaine. Le christianisme, héritier plutôt que destructeur de la société antique, en avait sauvé les plus précieux débris, à travers l'inondation des barbares du Nord; et dès qu'ils s'arrêtèrent un moment sur le sol conquis, l'intelligence humaine se trouva d'elle-même en voie d'apprendre et d'inventer; et la trame fut reprise...

« On reproche aussi à Voltaire de n'avoir pas d'unité dans un cadre si vaste, de ne pas marcher vers un but, de prendre plaisir à montrer les choses humaines conduites au hasard. Cela ne nous paraît pas fondé. Sans doute Voltaire, qui était jeté si loin du point de vue providentiel de Bossuet, n'a pas non plus le point de vue systématique de quelques modernes : il aurait été bien étonné d'entendre dire que la barbarie même du vi^e siècle était une époque de progrès, et Herder ne lui aurait guère paru moins mystique que Bossuet. Il a cependant aussi son unité et son but, à travers quelques disparates. Ce but, c'est le zèle de l'humanité et l'amour des lettres, qui adoucissent les mœurs et ornent la vie. Aussi, à mesure que son récit se dégage de la barbarie et monte vers la lumière, il est plus éloquent et plus vrai. Le mouvement du xvie siècle, le lever des arts sur l'Europe, les grands événements accomplis sous Charles-Quint, Henri IV, Richelieu, l'influence de quelques grands hommes et le progrès continu de la société, tout cela est rendu avec une vive simplicité, une facilité de génie qui laisse paraître les choses sans les orner.

« Rien de semblable avant Voltaire, et, depuis lui, rien qui ait effacé son ouvrage. Ferguson, dans l'*Histoire de la société civile;* Robertson, dans son *Coup d'œil général sur l'Europe avant Charles-Quint*, ne sont que des élèves de Voltaire, avec plus de gravité que leur maître. Le talent de notre siècle pour les études historiques, en reproduisant avec plus de profondeur et de vérité diverses parties de ce tableau, ne l'a pas surpassé dans son ensemble. Encore aujourd'hui il n'y a pas, sur l'histoire générale du monde moderne, un autre livre durable que l'*Essai* de Voltaire.

« Peut-être un ouvrage de ce genre ne doit-il pas être tenté de nouveau, et le sentiment même de la vérité historique doit en détourner les plus heureux talents. Dans le moyen âge, où le monde était si peu connu, on commençait les annales d'une ville ou d'un monastère par un abrégé de l'histoire universelle. A la renaissance, lorsque le monde, traversé en tous sens, se découvrait à lui-même, la curiosité se porta naturellement sur l'histoire comparée des peuples dans le siècle qui voyait naître de si grandes choses. Théodore-Agrippa d'Aubigné, de Thou, Walter Raleigh, écrivirent avec beaucoup de détails l'histoire universelle de leur temps. Aujourd'hui que le monde est mieux connu, un écrivain (les compilateurs ne comptent pas) n'essayera pas de raconter seul l'histoire universelle; mais des esprits élevés seront tentés de chercher et de déduire les lois générales de l'histoire, science encore à faire, si elle peut être faite.

« Voltaire a voulu seulement en résumer le tableau, en recueillir les anecdotes, sans souci d'ailleurs d'y trouver une loi générale et en cherchant moins le rapport que le contraste des effets et des causes; il a gardé le mérite de la clarté, du récit intéressant et rapide, et cette louange d'avoir été quelquefois peintre dans un abrégé; lors même qu'il ne l'est pas, il omet rarement les détails nécessaires...

« Il connaissait les textes originaux que si rarement il indique : on le voit par ces grandes et rapides esquisses de la domination des Portugais dans l'Inde, et de la conquête de l'Amérique par les Espagnols. Barros, Herrera, Garcilaso, Las Cases, ont fourni bien des traits et des couleurs à ce récit; et c'est là que se retrouvent les traces heureuses de cette étude presque universelle où Voltaire avait été poussé par toutes les ambitions de son génie. La singulière épopée espagnole *l'Araucana,* étudiée, ou du moins parcourue pour en parler à l'occasion de *la Henriade,* lui a donné plusieurs teintes historiques pour caractériser les compagnons de Pizarre.

« En tout l'*Essai sur les Mœurs,* en faisant lire ce qui était illisible sous la plume des compilateurs, et ce que le xviiie siècle ne cherchait pas dans les chroniques, créa l'étude de l'histoire moderne. »

Ces extraits, il nous semble, peuvent suffire à montrer au lecteur combien l'œuvre de Voltaire par laquelle nous commençons cette série des ouvrages historiques fut, lors de son apparition, un événement considérable. Au moment où se dessinait brillamment le grand mouvement historique de notre siècle, on comprenait bien toute l'importance et tout l'intérêt de cette œuvre capitale. A mesure que les recherches et les études se poursuivent, les objections qu'elle soulève deviennent sans doute plus frappantes; mais elle continue de marquer une date mémorable dans l'histoire de l'Histoire.

Louis MOLAND.

AVERTISSEMENT

DE BEUCHOT.

L'*Essai sur les Mœurs*, dans sa forme actuelle, se compose de deux parties bien distinctes, rédigées toutes deux pour Mme du Châtelet, si l'on s'en rapporte à Voltaire; mais les éditeurs de Kehl pensent que la première partie, écrite beaucoup plus tard que la seconde, n'a pas été composée pour cette dame.

I.

Les cinquante-trois paragraphes qui forment l'*Introduction* furent publiés, en 1765, sous le titre de : *la Philosophie de l'histoire, par feu l'abbé Bazin*, en un volume in-8°. En tête du volume était une dédicace à l'impératrice Catherine II, imprimée en petites capitales, et que voici :

A TRÈS-HAUTE ET TRÈS-AUGUSTE PRINCESSE CATHERINE SECONDE, IMPÉRATRICE DE TOUTES LES RUSSIES, PROTECTRICE DES ARTS ET DES SCIENCES, DIGNE PAR SON ESPRIT DE JUGER DES ANCIENNES NATIONS, COMME ELLE EST DIGNE DE GOUVERNER LA SIENNE : Offert très-humblement par le neveu de L'AUTEUR.

La Philosophie de l'histoire fut l'occasion de quelques écrits. Larcher (né en 1726, mort en 1812) publia un *Supplément à la Philosophie de l'histoire,* 1767, in-8°, qui eut une seconde édition en 1769. En critiquant l'ouvrage de Voltaire, Larcher avait usé d'un droit qu'a tout le monde, il est vrai; mais il s'était laissé emporter à des expressions violentes qu'on peut qualifier d'odieuses.

Dans sa préface (page 34, soit de la première, soit de la seconde édition), à propos de quelques phrases qu'il citait d'un autre ouvrage de Voltaire (voyez le *Dictionnaire philosophique,* au mot GUERRE), Larcher prétendait que c'était de la part de l'auteur « s'exposer à la haine du genre humain et vouloir se faire chasser de la société comme une bête féroce dont on a tout à craindre ». Ce n'est donc pas sans raison qu'on a reproché à Larcher d'avoir traité Voltaire de *bête féroce*.

AVERTISSEMENT DE BEUCHOT.

En réponse à l'écrit de Larcher, Voltaire publia la *Défense de mon oncle*, qu'on trouvera dans les *Mélanges,* année 1767. Larcher y répliqua par la *Réponse à la Défense de mon oncle, précédée de la relation de la mort de l'abbé Bazin,* 1767, in-8°; il ne s'y montre pas bon prophète quand il dit (page 27) : « Dans un demi-siècle le *Dictionnaire philosophique, la Philosophie de l'histoire, les Honnêtetés littéraires,... l'Ingénu,* et autres pareilles rapsodies, ne se trouveront plus, pas même chez les épiciers. »

La même année que parut l'ouvrage de Larcher, le P. Viret, cordelier, dont le nom se retrouve dans quelques écrits de Voltaire, fit imprimer une *Réponse à la Philosophie de l'histoire,* 1767, in-12, opuscule tout à fait oublié.

Trois ans après, l'abbé François donna ses *Observations sur la Philosophie de l'histoire et sur le Dictionnaire philosophique, avec des réponses à plusieurs difficultés,* 1770, 2 volumes in-8°. C'est ce même abbé François qui a fourni le sujet de la première section de l'article IGNORANCE dans le *Dictionnaire philosophique,* et duquel Voltaire a dit (dans son *Épître à d'Alembert,* en 1771, tome X, page 429) :

> L'abbé François écrit; le Léthé sur ses rives
> Reçoit avec plaisir ses feuilles fugitives.

Ce fut en 1769, dans l'édition in-4° de ses *Œuvres,* que Voltaire mit *la Philosophie de l'histoire,* sous le titre de *Discours préliminaire,* en tête de l'*Essai sur les Mœurs;* et cette disposition a dû être respectée par ses éditeurs. Le titre d'*Introduction* donné dans les éditions de Kehl a été conservé depuis.

La Philosophie de l'histoire, à laquelle est consacré l'article X des *Fragments sur l'histoire,* etc. (voyez les *Mélanges,* année 1773), et qui a été le sujet de quelques autres écrits que je puis passer sous silence, a été réimprimée en entier, sauf le paragraphe XLVI, dans le volume intitulé *Résumé de l'Histoire générale, par Voltaire,* 1826, in-18, et en fait la plus grande partie. Elle avait été comprise dans la censure du clergé de France, du 22 août 1765, et mise à l'index à la cour de Rome, par décret du 12 décembre 1768.

II.

Il parut, en 1753, en deux volumes in-12, sous le nom de Voltaire, un *Abrégé de l'Histoire universelle depuis Charlemagne jusqu'à Charles-Quint.* Le libraire Néaulme prétendait avoir acheté le manuscrit cinquante louis, d'un domestique du prince Charles de Lorraine. Vers la fin de 1739, alors que Frédéric n'était encore que prince royal, Voltaire lui avait en effet donné un manuscrit qui se trouvait dans l'équipage que les hussards autrichiens prirent au roi à la bataille de Sorr, le 30 septembre 1745.

Voltaire, contrarié de cette publication, fit des réclamations, et, pour les appuyer, employa un singulier moyen. Ce fut de publier un volume qu'il intitula *Essai sur l'Histoire universelle, tome troisième.* Il avait mis à la tête une espèce de dédicace et une préface. On trouvera cette préface dans les *Mélanges*, année 1754. Mais Voltaire avait déjà donné quelques détails dans sa lettre *à M****, *professeur d'histoire* (voyez les *Mélanges*, année 1753). On peut aussi voir dans la *Correspondance*, la lettre à Néaulme, du 28 décembre 1753.

L'espèce de dédicace était : *A Son Altesse sérénissime électorale, monseigneur l'Électeur palatin*. La voici :

MONSEIGNEUR,

Le style des dédicaces, les ancêtres, les vertus du protecteur et le mauvais livre du protégé, ont souvent ennuyé le public. Mais il est permis de présenter un Essai sur l'histoire à celui qui la sait. La modestie extrême, jointe à de très-grandes connaissances, le soin de cultiver son esprit pour s'instruire et non pour en faire parade, la défiance de ses propres lumières, la simplicité qui, sans y penser, relève la grandeur, le talent de se faire aimer sans art, et la crainte de recevoir des témoignages de cette tendresse respectueuse qu'on inspire, tout cela peut imposer silence à un faiseur de panégyriques, mais ne peut empêcher que la reconnaissance ne paye un faible tribut à la bonté.

Ce n'est pas même ici une dédicace ; c'est un appel au public, que j'ose faire devant Votre Altesse électorale, des éditions qu'on a données du commencement de cette Histoire. Votre Altesse électorale a depuis longtemps le manuscrit entre les mains ; elle sait combien ce manuscrit, tout informe qu'il est, diffère de ces éditions frauduleuses ; et je peux hardiment démentir et condamner devant votre tribunal l'abus qu'on a fait de mes travaux. L'équité de votre âme généreuse me console de ce brigandage, si impunément exercé dans la république des lettres, et de l'injustice extrême de ceux qui m'ont imputé ces volumes défectueux. Je suis forcé d'imprimer ce troisième pour confondre l'imposture et l'ignorance qui ont défiguré les deux premiers. Votre nom, Monseigneur, est ici le protecteur de la vérité et de mon innocence.

Je dois d'éternels remercîments à la bonté avec laquelle Votre Altesse électorale permet qu'une justification si légitime paraisse sous ses auspices. Je suis comme tous vos sujets : j'obtiens aisément justice ; je suis protégé par votre bonté bienfaisante, et je partage avec eux les sentiments de la reconnaissance, de l'amour et du respect.

Le prince que Voltaire appelait ainsi en témoignage de l'infidélité ou de l'inexactitude des chapitres imprimés, était Charles-Théodore, prince de Sultzbach, né le 11 décembre 1724, devenu duc de Bavière en 1777, mort le 16 février 1799. La réponse qu'il fit à Voltaire, sous la date du 27 juillet 1754, se trouvera dans la *Correspondance* ainsi que plusieurs autres de ses lettres. C'est ce même prince qui eut longtemps pour secrétaire Côme-Alexandre Colini, attaché précédemment à Voltaire au même titre.

C. Walther, libraire de Dresde, qui avait déjà donné deux éditions des Œuvres de Voltaire, et qui avait réimprimé, en 1754, les deux volumes sous le titre d'*Essai sur l'Histoire universelle, attribué à M. de Voltaire,* était celui que Voltaire avait chargé de l'impression du troisième volume, qui porte affirmativement le nom de son auteur. Pour compléter cette édition, il parut, en 1757, un tome IV, et, en 1758, les tomes V et VI.

Voltaire, fixé aux environs de Genève, y avait fait imprimer, en 1756, le même ouvrage sous le titre de : *Essai sur l'Histoire générale et sur les Mœurs et l'Esprit des nations, depuis Charlemagne jusqu'à nos jours,* 7 volumes in-8°, divisés en 215 chapitres, y compris toutefois le *Siècle de Louis XIV,* qui y était réimprimé, et qui commence au chapitre CLXV.

L'édition n'était pas épuisée, et probablement était loin de l'être, lorsque Voltaire imagina d'y joindre à l'article de Joseph Saurin un certificat de trois pasteurs de Lausanne, daté du 30 mars 1757. Il fallut avec les cartons faire de nouveaux frontispices sur lesquels on mit *seconde édition,* et la date de 1757; mais il est arrivé que le brocheur négligent a laissé quelquefois le frontispice daté de 1756 à des exemplaires dans lesquels est le certificat du 30 mars 1757. Je reparlerai de cette variante remarquable en la réimprimant, pour la première fois depuis soixante-dix ans, dans le *Siècle de Louis XIV (Catalogue des écrivains).*

Une réimpression des sept volumes faite en Hollande, en 1757, est augmentée d'une *Table générale des matières.*

Quelques années après, Voltaire revit son travail et le fit reparaître en huit volumes in-8°. Les sept premiers portent la date de 1761 ; le huitième est de 1763. Le *Siècle de Louis XIV* fait encore partie de cette édition; mais il commence avec le tome VI, et ses 62 chapitres, au lieu d'être numérotés comme suite des 193 de l'*Essai,* ont leur numérotage particulier (voyez l'Avertissement en tête du *Siècle de Louis XIV*). Les chapitres XLIII à LX traitaient d'événements postérieurs à la mort de Louis XIV, et ont été depuis employés par l'auteur dans son *Précis du Siècle de Louis XV.*

Cette nouvelle disposition n'a pas permis à Voltaire de conserver à leur place primitive les chapitres LXI et LXII; on ne les retrouve même plus dans les éditions de 1768 et années suivantes, in-4°, et de 1775, données du vivant de l'auteur. Les éditeurs de Kehl, qui ont tant fait, ont recueilli ces deux morceaux, et leur avaient donné place parmi les *Fragments sur l'histoire;* on les trouvera dans les *Mélanges,* année 1763, sous leur intitulé : *D'un Fait singulier concernant la littérature,* et *Conclusion et Examen de ce tableau historique.*

Le huitième volume de 1763 était terminé par des *Éclaircissements historiques* qu'on pourra voir dans les *Mélanges.*

C'est là aussi que seront les *Remarques pour servir de supplément à l'Essai,* etc., publiées en 1763, en un petit cahier de 88 pages.

Un procédé de Voltaire, que je dois faire remarquer, c'est qu'en donnant une nouvelle édition, il avait fait imprimer séparément les *Additions à l'Essai sur l'Histoire générale, etc., pour servir de supplément à l'édition de* 1756. Ces *Additions* forment un volume de 467 pages, mais qui ne contient pas les *Éclaircissements historiques.*

On a vu qu'en 1769, dans l'édition in-4°, Voltaire fit de sa *Philosophie de l'histoire* le discours préliminaire. Ce fut en même temps qu'il donna à son livre le titre qu'il porte aujourd'hui d'*Essai sur les Mœurs et l'Esprit des nations*. Dans cette édition de 1769, et dans celle de 1775, on trouve à la suite de l'*Essai,* les *Remarques,* et avec des augmentations les *Éclaircissements* dont j'ai déjà parlé et qui sont une réponse à Nonotte, auteur des *Erreurs de Voltaire* dont la première édition est de 1762.

Plusieurs chapitres, soit du *Pyrrhonisme de l'histoire* (voyez les *Mélanges,* année 1768), soit de *Un Chrétien contre six juifs* (voyez les *Mélanges,* année 1776), sont des réponses à des critiques de paragraphes ou chapitres de l'*Essai sur les Mœurs.*

Voltaire a fait mieux que de répondre à ses critiques; il a fait quelquefois des changements et corrections. Dans les éditions successives il ne s'est pas contenté de faire des additions qui ont porté l'ouvrage, de 164 chapitres à 197. Il revoyait chaque chapitre et y ajoutait des phrases ou des alinéa, à quelques-uns desquels il a même eu le soin de donner une date. C'est de 1768 qu'est sa réduction ou évaluation en monnaie française des revenus de la Chine, chapitre Ier de l'*Essai*, page 170 du présent volume; c'est de 1770 qu'est le dernier alinéa de la page 43 du même volume. En 1778, l'année même de sa mort, il ajoutait quelques mots aux chapitres LVI et LXXXIII, et une note au chapitre CLIII. Parfois, dans ses révisions, il renvoyait à un ouvrage publié dans l'intervalle d'une édition à une autre. On ne doit donc pas être étonné de voir dans l'*Essai sur les Mœurs* des renvois à l'*Introduction,* qui, comme on l'a vu, n'a été publiée que quelques années après, et sous un autre titre.

AVIS DES ÉDITEURS [1]

Nous avons réimprimé le plus correctement que nous avons pu la *Philosophie de l'Histoire*, composée d'abord uniquement pour l'illustre marquise du Châtelet-Lorraine, et qui sert d'introduction à l'*Essai sur les Mœurs et l'Esprit des nations*, fait pour la même dame. Nous avons rectifié toutes les fautes typographiques énormes dont les précédentes éditions étaient inondées, et nous avons rempli toutes les lacunes, d'après le manuscrit original que l'auteur nous a confié.

Ce Discours préliminaire [2] a paru absolument nécessaire pour préserver les esprits bien faits de cette foule de fables absurdes dont on continue encore d'infecter la jeunesse. L'auteur de cet ouvrage a donné ce préservatif, précisément comme l'illustre médecin Tissot ajouta, longtemps après, à son *Avis au peuple*, un chapitre très-utile contre les charlatans. L'un écrivit pour la vérité, l'autre pour la santé.

Un répétiteur du collége Mazarin, nommé Larcher, traducteur d'un vieux roman grec intitulé *Callirhoé*, et du *Martinus Scriblerus* de Pope, fut chargé par ses camarades d'écrire un libelle pédantesque contre les vérités trop évidentes énoncées dans la *Philosophie de l'Histoire*. La moitié de ce libelle consiste en bévues, et l'autre en injures, selon l'usage. Comme la *Philosophie de l'Histoire* avait été donnée sous le nom de l'abbé Bazin, on répondit à l'homme de collége sous le nom d'un neveu de l'abbé Bazin; et

---

1. Cet avis a paru pour la première fois en 1785, dans les éditions faites à Kehl. Les éditeurs annonçaient qu'il était de *Voltaire lui-même, qui s'occupait d'une nouvelle édition de ses ouvrages peu de temps avant sa mort*.

2. Ce que Voltaire appelle ici *Discours préliminaire* est, depuis les éditions de Kehl, intitulé *Introduction*.

l'on répondit, comme doit faire un homme du monde, en se moquant du pédant. Les sages et les rieurs furent pour le neveu de l'abbé Bazin.

On trouvera la réponse du neveu dans la partie historique de cette édition [1].

---

[1]. Nous l'avons placée dans les *Mélanges*, année 1767.

ESSAI

SUR

LES MŒURS ET L'ESPRIT

DES NATIONS

INTRODUCTION

I. — CHANGEMENTS DANS LE GLOBE.

Vous voudriez que des philosophes eussent écrit l'histoire ancienne, parce que vous voulez la lire en philosophe. Vous ne cherchez que des vérités utiles, et vous n'avez guère trouvé, dites-vous, que d'inutiles erreurs. Tâchons de nous éclairer ensemble ; essayons de déterrer quelques monuments précieux sous les ruines des siècles.

Commençons par examiner si le globe que nous habitons était autrefois tel qu'il est aujourd'hui.

Il se peut que notre monde ait subi autant de changements que les États ont éprouvé de révolutions. Il paraît prouvé que la mer a couvert des terrains immenses, chargés aujourd'hui de grandes villes et de riches moissons. Il n'y a point de rivage que le temps n'ait éloigné ou rapproché de la mer.

Les sables mouvants de l'Afrique septentrionale, et des bords de la Syrie voisins de l'Égypte, peuvent-ils être autre chose que les sables de la mer, qui sont demeurés amoncelés quand la mer s'est peu à peu retirée ? Hérodote, qui ne ment pas toujours, nous dit sans doute une très-grande vérité quand il raconte que, suivant le récit des prêtres de l'Égypte, le Delta n'avait pas été toujours terre. Ne pouvons-nous pas en dire autant des contrées toutes sablonneuses qui sont vers la mer Baltique? Les Cyclades n'attestent-elles pas aux yeux mêmes, par tous les bas-fonds qui les entourent, par les végétations qu'on découvre aisément sous l'eau qui les baigne, qu'elles ont fait partie du continent?

Le détroit de la Sicile, cet ancien gouffre de Charybde et de Scylla, dangereux encore aujourd'hui pour les petites barques, ne semble-t-il pas nous apprendre que la Sicile était autrefois jointe à l'Apulie, comme l'antiquité l'a toujours cru? Le mont Vésuve et le mont Etna ont les mêmes fondements sous la mer qui les sépare. Le Vésuve ne commença d'être un volcan dangereux que quand l'Etna cessa de l'être; l'un des deux soupiraux jette encore des flammes quand l'autre est tranquille : une secousse violente abîma la partie de cette montagne qui joignait Naples à la Sicile.

Toute l'Europe sait que la mer a englouti la moitié de la Frise. J'ai vu, il y a quarante ans, les clochers de dix-huit villages près du Mordick, qui s'élevaient encore au-dessus de ses inondations, et qui ont cédé depuis à l'effort des vagues. Il est sensible que la mer abandonne en peu de temps ses anciens rivages. Voyez Aigues-Mortes[1], Fréjus, Ravenne, qui ont été des ports, et qui ne le sont plus; voyez Damiette, où nous abordâmes du temps des croisades, et qui est actuellement à dix milles au milieu des terres; la mer se retire tous les jours de Rosette. La nature rend partout témoignage de ces révolutions; et, s'il s'est perdu des étoiles dans l'immensité de l'espace, si la septième des Pléiades est disparue depuis longtemps, si plusieurs autres se sont évanouies aux yeux dans la voie lactée, devons-nous être surpris que notre petit globe subisse des changements continuels?

Je ne prétends pas assurer que la mer ait formé ou même côtoyé toutes les montagnes de la terre. Les coquilles trouvées près de ces montagnes peuvent avoir été le logement de petits testacées qui habitaient des lacs; et ces lacs, qui ont disparu par des tremblements de terre, se seront jetés dans d'autres lacs inférieurs. Les cornes d'Ammon, les pierres étoilées, les lenticulaires, les judaïques, les glossopètres, m'ont paru des fossiles terrestres. Je n'ai jamais osé penser que ces glossopètres pussent être des langues de chien marin[2], et je suis de l'avis de celui qui a dit qu'il

---

1. M F.-Em. di Pietro, dans sa *Notice sur la ville d'Aigues-Mortes*, Montpellier, 1821, in-8°, établit que depuis saint Louis la mer n'a pas reculé de dix pieds devant Aigues-Mortes. (B.)

2. Voyez dans les *Mélanges*, année 1746, les notes des éditeurs de Kehl à la *Dissertation sur les changements arrivés dans notre globe;* et année 1768, les *Singularités de la nature.*

vaudrait autant croire que des milliers de femmes sont venues déposer leurs *conchas Veneris* sur un rivage, que de croire que des milliers de chiens marins y sont venus apporter leurs langues. On a osé dire que les mers sans reflux, et les mers dont le reflux est de sept ou huit pieds, ont formé des montagnes de quatre à cinq cents toises de haut; que tout le globe a été brûlé; qu'il est devenu une boule de verre : ces imaginations déshonorent la physique; une telle charlatanerie est indigne de l'histoire.

Gardons-nous de mêler le douteux au certain, et le chimérique avec le vrai; nous avons assez de preuves des grandes révolutions du globe, sans en aller chercher de nouvelles.

La plus grande de toutes ces révolutions serait la perte de la terre atlantique, s'il était vrai que cette partie du monde eût existé. Il est vraisemblable que cette terre n'était autre chose que l'île de Madère, découverte peut-être par les Phéniciens, les plus hardis navigateurs de l'antiquité, oubliée ensuite, et enfin retrouvée au commencement du quinzième siècle de notre ère vulgaire.

Enfin il paraît évident, par les échancrures de toutes les terres que l'Océan baigne, par ces golfes que les irruptions de la mer ont formés, par ces archipels semés au milieu des eaux, que les deux hémisphères ont perdu plus de deux mille lieues de terrain d'un côté, et qu'ils l'ont regagné de l'autre; mais la mer ne peut avoir été pendant des siècles sur les Alpes et sur les Pyrénées : une telle idée choque toutes les lois de la gravitation et de l'hydrostatique.

II. — DES DIFFÉRENTES RACES D'HOMMES.

Ce qui est plus intéressant pour nous, c'est la différence sensible des espèces d'hommes qui peuplent les quatre parties connues de notre monde.

Il n'est permis qu'à un aveugle de douter que les Blancs, les Nègres, les Albinos, les Hottentots, les Lapons, les Chinois, les Américains, soient des races entièrement différentes.

Il n'y a point de voyageur instruit qui, en passant par Leyde, n'ait vu la partie du *reticulum mucosum* d'un Nègre disséqué par le célèbre Ruysch. Tout le reste de cette membrane fut transporté par Pierre le Grand dans le cabinet des raretés, à Pétersbourg. Cette membrane est noire; et c'est elle qui communique aux Nègres cette noirceur inhérente qu'ils ne perdent que dans les maladies qui peuvent déchirer ce tissu, et permettre à la graisse, échappée de ses cellules, de faire des taches blanches sous la peau[1].

Leurs yeux ronds, leur nez épaté, leurs lèvres toujours grosses, leurs oreilles différemment figurées, la laine de leur tête, la mesure même de leur intelligence, mettent entre eux et les autres espèces d'hommes des différences prodigieuses. Et ce qui démontre qu'ils ne doivent point cette différence à leur climat, c'est que des Nègres et des Négresses, transportés dans les pays les plus froids, y produisent toujours des animaux de leur espèce, et que les mulâtres ne sont qu'une race bâtarde d'un noir et d'une blanche, ou d'un blanc et d'une noire.

Les Albinos sont, à la vérité, une nation très-petite et très-rare : ils habitent au milieu de l'Afrique ; leur faiblesse ne leur permet guère de s'écarter des cavernes où ils demeurent, cependant les Nègres en attrapent quelquefois, et nous les achetons d'eux par curiosité. J'en ai vu deux, et mille Européans en ont vu. Prétendre que ce sont des Nègres nains, dont une espèce de lèpre a blanchi la peau, c'est comme si l'on disait que les noirs eux-mêmes sont des blancs que la lèpre a noircis. Un Albinos ne ressemble pas plus à un Nègre de Guinée qu'à un Anglais ou à un Espagnol. Leur blancheur n'est pas la nôtre ; rien d'incarnat, nul mélange de blanc et de brun ; c'est une couleur de linge, ou plutôt de cire blanchie ; leurs cheveux, leurs sourcils, sont de la plus belle et de la plus douce soie ; leurs yeux ne ressemblent en rien à ceux des autres hommes, mais ils approchent beaucoup des yeux de perdrix. Ils ressemblent aux Lapons par la taille, à aucune nation par la tête, puisqu'ils ont une autre chevelure, d'autres yeux, d'autres oreilles ; et ils n'ont d'homme que la stature du corps, avec la faculté de la parole et de la pensée dans un degré très-éloigné du nôtre. Tels sont ceux que j'ai vus et examinés[2].

Le tablier que la nature a donné aux Cafres, et dont la peau

---

1. Voyez *Essai sur les Mœurs,* chapitre CXLI.

2. Voyez, dans l'*Histoire naturelle* de M. de Buffon (supplément, tome IV, page 559, édition du Louvre), la description d'une Négresse blanche amenée en France, et née dans nos îles de père et mère noirs. Au reste, ce dernier fait n'est prouvé que par des certificats dont l'autorité, très-respectable dans les tribunaux, l'est très-peu en physique. (K.)

— Les albinos, pas plus que les géants ou les nains, ne constituent une race particulière. Buffon lui-même partagea longtemps l'erreur de Voltaire. Ce ne fut que quarante ans après la publication de son grand ouvrage qu'il exprima, sous forme de conjecture, que l'albinisme ne paraît être qu'une variété accidentelle de l'espèce. Aujourd'hui cette conjecture est devenue une certitude. (G. A.)

lâche et molle tombe du nombril sur les cuisses; le mamelon noir des femmes samoyèdes, la barbe des hommes de notre continent, et le menton toujours imberbe des Américains, sont des différences si marquées qu'il n'est guère possible d'imaginer que les uns et les autres ne soient pas des races différentes.

Au reste, si l'on demande d'où sont venus les Américains, il faut aussi demander d'où sont venus les habitants des terres australes; et l'on a déjà répondu que la Providence, qui a mis des hommes dans la Norvége, en a mis aussi en Amérique et sous le cercle polaire méridional, comme elle y a planté des arbres et fait croître de l'herbe[1].

Plusieurs savants ont soupçonné que quelques races d'hommes, ou d'animaux approchants de l'homme, ont péri; les Albinos sont en si petit nombre, si faibles, et si maltraités par les Nègres, qu'il est à craindre que cette espèce ne subsiste pas encore longtemps.

Il est parlé de satyres dans presque tous les auteurs anciens. Je ne vois pas que leur existence soit impossible; on étouffe encore en Calabre quelques monstres mis au monde par des femmes. Il n'est pas improbable que dans les pays chauds des singes aient subjugué des filles. Hérodote, au livre II, dit que, pendant son voyage en Égypte, il y eut une femme qui s'accoupla publiquement avec un bouc dans la province de Mendès; et il appelle toute l'Égypte en témoignage. Il est défendu dans *le Lévitique,* au chapitre XVII, de s'unir avec les boucs et avec les chèvres. Il faut donc que ces accouplements aient été communs; et jusqu'à ce qu'on soit mieux éclairci, il est à présumer que des espèces monstrueuses ont pu naître de ces amours abominables. Mais si elles ont existé, elles n'ont pu influer sur le genre humain; et, semblables aux mulets, qui n'engendrent point, elles n'ont pu dénaturer les autres races.

A l'égard de la durée de la vie des hommes (si vous faites abstraction de cette ligne de descendants d'Adam consacrée par les livres juifs, et si longtemps inconnue), il est vraisemblable que toutes les races humaines ont joui d'une vie à peu près aussi courte que la nôtre. Comme les animaux, les arbres, et toutes les productions de la nature, ont toujours eu la même durée, il est ridicule de nous en excepter.

Mais il faut observer que le commerce n'ayant pas toujours apporté au genre humain les productions et les maladies des

---

1. Voyez *Essai sur les Mœurs,* chapitre CXLV.

autres climats, et les hommes ayant été plus robustes et plus laborieux dans la simplicité d'un état champêtre, pour lequel ils sont nés, ils ont dû jouir d'une santé plus égale, et d'une vie un peu plus longue que dans la mollesse, ou dans les travaux malsains des grandes villes ; c'est-à-dire que si dans Constantinople, Paris et Londres, un homme, sur cent mille, arrive à cent années, il est probable que vingt hommes, sur cent mille, atteignaient autrefois cet âge. C'est ce qu'on a observé dans plusieurs endroits de l'Amérique, où le genre humain s'était conservé dans l'état de pure nature.

La peste, la petite vérole, que les caravanes arabes communiquèrent avec le temps aux peuples de l'Asie et de l'Europe, furent longtemps inconnues. Ainsi le genre humain, en Asie et dans les beaux climats de l'Europe, se multipliait plus aisément qu'ailleurs. Les maladies d'accident et plusieurs blessures ne se guérissaient pas à la vérité comme aujourd'hui ; mais l'avantage de n'être jamais attaqué de la petite vérole et de la peste compensait tous les dangers attachés à notre nature, de sorte qu'à tout prendre il est à croire que le genre humain, dans les climats favorables, jouissait autrefois d'une vie plus saine et plus heureuse que depuis l'établissement des grands empires. Ce n'est pas à dire que les hommes aient jamais vécu trois ou quatre cents ans : c'est un miracle très-respectable dans la Bible ; mais partout ailleurs c'est un conte absurde.

III. — DE L'ANTIQUITÉ DES NATIONS.

Presque tous les peuples, mais surtout ceux de l'Asie, comptent une suite de siècles qui nous effraye. Cette conformité entre eux doit au moins nous faire examiner si leurs idées sur cette antiquité sont destituées de toute vraisemblance.

Pour qu'une nation soit rassemblée en corps de peuple, qu'elle soit puissante, aguerrie, savante, il est certain qu'il faut un temps prodigieux. Voyez l'Amérique ; on n'y comptait que deux royaumes quand elle fut découverte, et encore, dans ces deux royaumes, on n'avait pas inventé l'art d'écrire. Tout le reste de ce vaste continent était partagé, et l'est encore, en petites sociétés à qui les arts sont inconnus. Toutes ces peuplades vivent sous des huttes ; elles se vêtissent de peaux de bêtes dans les climats froids, et vont presque nues dans les tempérés. Les unes se nourrissent de la chasse, les autres de racines qu'elles pétrissent : elles n'ont point recherché un autre genre de vie, parce qu'on ne désire point ce qu'on ne connaît pas. Leur industrie n'a pu aller au delà de leurs besoins pressants. Les Samoyèdes, les Lapons, les habitants du nord de la Sibérie, ceux du Kamtschatka, sont encore moins avancés que les peuples de l'Amérique. La plupart des Nègres, tous les Cafres, sont plongés dans la même stupidité, et y croupiront longtemps.

Il faut un concours de circonstances favorables pendant des siècles pour qu'il se forme une grande société d'hommes rassemblés sous les mêmes lois ; il en faut même pour former un langage. Les hommes n'articuleraient pas si on ne leur apprenait à prononcer des paroles ; ils ne jetteraient que des cris confus ; ils ne se feraient entendre que par signes. Un enfant ne parle, au bout de quelque temps, que par imitation ; et il ne s'énoncerait qu'avec une extrême difficulté si on laissait passer ses premières années sans dénouer sa langue.

Il a fallu peut-être plus de temps pour que des hommes, doués d'un talent singulier, aient formé et enseigné aux autres les premiers rudiments d'un langage imparfait et barbare, qu'il n'en a fallu pour parvenir ensuite à l'établissement de quelque société. Il y a même des nations entières qui n'ont jamais pu parvenir à former un langage régulier et à prononcer distinctement : tels ont été les Troglodytes, au rapport de Pline ; tels sont encore ceux qui habitent vers le cap de Bonne-Espérance. Mais qu'il y a loin de ce jargon barbare à l'art de peindre ses pensées ! la distance est immense.

Cet état de brutes où le genre humain a été longtemps dut rendre l'espèce très-rare dans tous les climats. Les hommes ne pouvaient guère suffire à leurs besoins, et, ne s'entendant pas, ils ne pouvaient se secourir. Les bêtes carnassières, ayant plus d'instinct qu'eux, devaient couvrir la terre et dévorer une partie de l'espèce humaine.

Les hommes ne pouvaient se défendre contre les animaux féroces qu'en lançant des pierres, et en s'armant de grosses branches d'arbres ; et de là, peut-être, vint cette notion confuse de l'antiquité que les premiers héros combattaient contre les lions et contre les sangliers avec des massues.

Les pays les plus peuplés furent sans doute les climats chauds, où l'homme trouva une nourriture facile et abondante dans les cocos, les dattes, les ananas, et dans le riz, qui croît de lui-même. Il est bien vraisemblable que l'Inde, la Chine, les bords de l'Euphrate et du Tigre, étaient très-peuplés, quand les autres régions étaient presque désertes. Dans nos climats septentrionaux, au contraire, il était beaucoup plus aisé de rencontrer une compagnie de loups qu'une société d'hommes.

IV. — DE LA CONNAISSANCE DE L'AME.

Quelle notion tous les premiers peuples auront-ils eue de l'âme ? Celle qu'ont tous nos gens de campagne avant qu'ils aient entendu le catéchisme, ou même après qu'ils l'ont entendu. Ils n'acquièrent qu'une idée confuse, sur laquelle même ils ne réfléchissent jamais. La nature a eu trop de pitié d'eux pour en faire des métaphysiciens ; cette nature est toujours et partout la même. Elle fit sentir aux premières sociétés qu'il y avait quelque être supérieur à l'homme, quand elles éprouvaient des fléaux extraordinaires. Elle leur fit sentir de même qu'il est dans l'homme quelque chose qui agit et qui pense. Elles ne distinguaient point cette faculté de celle de la vie ; et le mot d'*âme* signifia toujours la vie chez les anciens, soit Syriens, soit Chaldéens, soit Égyptiens, soit Grecs, soit ceux qui vinrent enfin s'établir dans une partie de la Phénicie.

Par quels degrés put-on parvenir à imaginer dans notre être physique un autre être métaphysique ? Certainement des hommes uniquement occupés de leurs besoins n'en savaient pas assez pour se tromper en philosophes.

Il se forma, dans la suite des temps, des sociétés un peu policées, dans lesquelles un petit nombre d'hommes put avoir le loisir de réfléchir. Il doit être arrivé qu'un homme, sensiblement frappé de la mort de son père, ou de son frère, ou de sa femme, ait vu dans un songe la personne qu'il regrettait. Deux ou trois songes de cette nature auront inquiété tout une peuplade. Voilà un mort qui apparaît à des vivants ; et cependant ce mort, rongé des vers, est toujours en la même place. C'est donc quelque chose qui était en lui, qui se promène dans l'air ; c'est son âme, son ombre, ses mânes ; c'est une légère figure de lui-même. Tel est le raisonnement naturel de l'ignorance qui commence à raisonner. Cette opinion est celle de tous les premiers temps connus, et doit avoir été par conséquent celle des temps ignorés. L'idée d'un être purement immatériel n'a pu se présenter à des esprits qui ne connaissaient que la matière. Il a fallu des forgerons, des charpentiers, des maçons, des laboureurs, avant qu'il se trouvât un homme qui eût assez de loisir pour méditer. Tous les arts de la main ont sans doute précédé la métaphysique de plusieurs siècles.

Remarquons, en passant, que dans l'âge moyen de la Grèce, du temps d'Homère, l'âme n'était autre chose qu'une image aérienne du corps. Ulysse voit dans les enfers des ombres, des mânes : pouvait-il voir des esprits purs ?

Nous examinerons dans la suite comment les Grecs empruntèrent des Égyptiens l'idée des enfers et de l'apothéose des morts ; comment ils crurent, ainsi que d'autres peuples, une seconde vie, sans soupçonner la spiritualité de l'âme. Au contraire, ils ne pouvaient imaginer qu'un être sans corps pût éprouver du bien et du mal. Et je ne sais si Platon n'est pas le premier qui ait parlé d'un être purement spirituel. C'est là, peut-être, un des plus grands efforts de l'intelligence humaine. Encore la spiritualité de Platon est très-contestée, et la plupart des pères de l'Église admirent une âme corporelle, tout platoniciens qu'ils étaient. Mais nous n'en sommes pas à ces temps si nouveaux, et nous ne considérons le monde que comme encore informe et à peine dégrossi.

V. — DE LA RELIGION DES PREMIERS HOMMES.

Lorsque, après un grand nombre de siècles quelques sociétés se furent établies, il est à croire qu'il y eut quelque religion, quelque espèce de culte grossier. Les hommes, alors uniquement occupés du soin de soutenir leur vie, ne pouvaient remonter à l'auteur de la vie ; ils ne pouvaient connaître ces rapports de toutes les parties de l'univers, ces moyens et ces fins innombrables, qui annoncent aux sages un éternel architecte.

La connaissance d'un dieu, formateur, rémunérateur et vengeur, est le fruit de la raison cultivée.

Tous les peuples furent donc pendant des siècles ce que sont aujourd'hui les habitants de plusieurs côtes méridionales de l'Afrique, ceux de plusieurs îles, et la moitié des Américains. Ces peuples n'ont nulle idée d'un dieu unique, ayant tout fait, présent en tous lieux, existant par lui-même dans l'éternité. On ne doit pas pourtant les nommer athées dans le sens ordinaire, car ils ne nient point l'Être suprême ; ils ne le connaissent pas ; ils n'en ont nulle idée. Les Cafres prennent pour protecteur un insecte, les Nègres un serpent. Chez les Américains, les uns adorent la lune, les autres un arbre ; plusieurs n'ont absolument aucun culte.

Les Péruviens, étant policés, adoraient le soleil : ou Manco-

Capac leur avait fait accroire qu'il était le fils de cet astre, ou leur raison commencée leur avait dit qu'ils devaient quelque reconnaissance à l'astre qui anime la nature.

Pour savoir comment tous ces cultes ou ces superstitions s'établirent, il me semble qu'il faut suivre la marche de l'esprit humain abandonné à lui-même. Une bourgade d'hommes presque sauvages voit périr les fruits qui la nourrissent ; une inondation détruit quelques cabanes ; le tonnerre en brûle quelques autres. Qui leur a fait ce mal ? ce ne peut être un de leurs concitoyens, car tous ont également souffert : c'est donc quelque puissance secrète ; elle les a maltraités, il faut donc l'apaiser. Comment en venir à bout ? en la servant comme on sert ceux à qui on veut plaire, en lui faisant de petits présents. Il y a un serpent dans le voisinage, ce pourrait bien être ce serpent : on lui offrira du lait près de la caverne où il se retire ; il devient sacré dès lors ; on l'invoque quand on a la guerre contre la bourgade voisine, qui, de son côté, a choisi un autre protecteur.

D'autres petites peuplades se trouvent dans le même cas. Mais, n'ayant chez elles aucun objet qui fixe leur crainte et leur adoration, elles appelleront en général l'être qu'elles soupçonnent leur avoir fait du mal, *le Maître, le Seigneur, le Chef, le Dominant.*

Cette idée, étant plus conforme que les autres à la raison commencée, qui s'accroît et se fortifie avec le temps, demeure dans toutes les têtes quand la nation est devenue plus nombreuse. Aussi voyons-nous que beaucoup de nations n'ont eu d'autre dieu que le maître, le seigneur. C'était Adonaï chez les Phéniciens ; Baal, Melkom, Adad, Sadaï, chez les peuples de Syrie. Tous ces noms ne signifient que *le Seigneur, le Puissant.*

Chaque État eut donc, avec le temps, sa divinité tutélaire, sans savoir seulement ce que c'est qu'un dieu, et sans pouvoir imaginer que l'État voisin n'eût pas, comme lui, un protecteur véritable. Car comment penser, lorsqu'on avait un seigneur, que les autres n'en eussent pas aussi ? Il s'agissait seulement de savoir lequel de tant de maîtres, de seigneurs, de dieux, l'emporterait, quand les nations combattraient les unes contre les autres.

Ce fut là sans doute l'origine de cette opinion, si généralement et si longtemps répandue, que chaque peuple était réellement protégé par la divinité qu'il avait choisie. Cette idée fut tellement enracinée chez les hommes que, dans des temps très-postérieurs, vous voyez Homère faire combattre les dieux de Troie contre les dieux des Grecs, sans laisser soupçonner en aucun endroit que ce soit une chose extraordinaire et nouvelle.

Vous voyez Jephté, chez les Juifs, qui dit aux Ammonites : « Ne possédez-vous pas de droit ce que votre seigneur Chamos vous a donné? Souffrez donc que nous possédions la terre que notre seigneur Adonaï nous a promise. »

Il y a un autre passage non moins fort ; c'est celui de Jérémie, chapitre XLIX, verset 1, où il est dit : « Quelle raison a eue le seigneur Melkom pour s'emparer du pays de Gad ? » Il est clair, par ces expressions, que les Juifs, quoique serviteurs d'Adonaï, reconnaissaient pourtant le seigneur Melkom et le seigneur Chamos.

Dans le premier chapitre des *Juges*, vous trouverez que « le dieu de Juda se rendit maître des montagnes, mais qu'il ne put vaincre dans les vallées ». Et au troisième livre des *Rois*, vous trouvez chez les Syriens l'opinion établie que le dieu des Juifs n'était que le dieu des montagnes.

Il y a bien plus. Rien ne fut plus commun que d'adopter les dieux étrangers. Les Grecs reconnurent ceux des Égyptiens : je ne dis pas le bœuf Apis, et le chien Anubis ; mais Ammon, et les douze grands dieux. Les Romains adorèrent tous les dieux des Grecs. Jérémie, Amos, et saint Étienne, nous assurent que dans le désert, pendant quarante années, les Juifs ne reconnurent que Moloch, Remphan, ou Kium [1] ; qu'ils ne firent aucun sacrifice, ne présentèrent aucune offrande au dieu Adonaï, qu'ils adorèrent depuis. Il est vrai que le *Pentateuque* ne parle que du *veau d'or*, dont aucun prophète ne fait mention ; mais ce n'est pas ici le lieu d'éclaircir cette grande difficulté : il suffit de révérer également Moïse, Jérémie, Amos, et saint Étienne, qui semblent se contredire, et que les théologiens concilient.

Ce que j'observe seulement, c'est qu'excepté ces temps de guerre et de fanatisme sanguinaire qui éteignent toute humanité, et qui rendent les mœurs, les lois, la religion d'un peuple, l'objet de l'horreur d'un autre peuple, toutes les nations trouvèrent très-bon que leurs voisins eussent leurs dieux particuliers, et qu'elles imitèrent souvent le culte et les cérémonies des étrangers.

Les Juifs mêmes, malgré leur horreur pour le reste des

---

1. Ou Réphan, ou Chevan, ou Kium, ou Chion, etc. Amos, ch. v, 26 ; act. vii, 43.
« Si l'on ne savait, à n'en pouvoir douter, que les Hébreux ont adoré les idoles dans le désert, non pas une seule fois, mais habituellement et d'une manière persévérante, on aurait peine à se le persuader... C'est cependant ce qui est incontestable, d'après le témoignage exprès d'Amos, qui reproche aux Israélites d'avoir porté dans leur voyage du désert la tente du dieu Moloch, l'image de leurs idoles, et l'étoile de leur dieu Remphan. » Bible de Vence, *Dissertation sur l'idolâtrie des Israélites*, à la tête des *Prophéties d'Amos*. (K.)

hommes, qui s'accrut avec le temps, imitèrent la circoncision des Arabes et des Égyptiens, s'attachèrent, comme ces derniers, à la distinction des viandes, prirent d'eux les ablutions, les processions, les danses sacrées, le bouc Hazazel, la vache rousse. Ils adorèrent souvent le Baal, le Belphégor de leurs autres voisins : tant la nature et la coutume l'emportent presque toujours sur la loi, surtout quand cette loi n'est pas généralement connue du peuple. Ainsi Jacob, petit-fils d'Abraham, ne fit nulle difficulté d'épouser deux sœurs, qui étaient ce que nous appelons idolâtres, et filles d'un père idolâtre. Moïse même épousa la fille d'un prêtre madianite idolâtre. Abraham était fils d'un idolâtre. Le petit-fils de Moïse, Éléazar, fut prêtre idolâtre de la tribu de Dan, idolâtre.

Ces mêmes Juifs, qui, longtemps après, crièrent tant contre les cultes étrangers, appelèrent dans leurs livres sacrés l'idolâtre Nabuchodonosor l'oint du Seigneur ; l'idolâtre Cyrus, aussi l'oint du Seigneur. Un de leurs prophètes fut envoyé à l'idolâtre Ninive, Élisée permit à l'idolâtre Naaman d'aller dans le temple de Remnon. Mais n'anticipons rien ; nous savons assez que les hommes se contredisent toujours dans leurs mœurs et dans leurs lois. Ne sortons point ici du sujet que nous traitons ; continuons à voir comment les religions diverses s'établirent.

Les peuples les plus policés de l'Asie, en deçà de l'Euphrate, adorèrent les astres. Les Chaldéens, avant le premier Zoroastre, rendaient hommage au soleil, comme firent depuis les Péruviens dans un autre hémisphère. Il faut que cette erreur soit bien naturelle à l'homme, puisqu'elle a eu tant de sectateurs dans l'Asie et dans l'Amérique. Une nation petite et à demi sauvage n'a qu'un protecteur. Devient-elle plus nombreuse, elle augmente le nombre de ses dieux. Les Égyptiens commencent par adorer Isheth, ou Isis, et ils finissent par adorer des chats. Les premiers hommages des Romains agrestes sont pour Mars ; ceux des Romains maîtres de l'Europe sont pour la déesse de l'acte du mariage, pour le dieu des latrines[1]. Et cependant Cicéron, et tous les philosophes, et tous les initiés, reconnaissaient un dieu suprême et tout-puissant. Ils étaient tous revenus, par la raison, au point dont les hommes sauvages étaient partis par instinct.

Les apothéoses ne peuvent avoir été imaginées que très-longtemps après les premiers cultes. Il n'est pas naturel de faire d'abord un dieu d'un homme que nous avons vu naître comme nous, souffrir comme nous les maladies, les chagrins, les misères

---

1. *Dea Pertunda, Deus Stercutius.* (*Note de Voltaire.*)

de l'humanité, subir les mêmes besoins humiliants, mourir et devenir la pâture des vers. Mais voici ce qui arriva chez presque toutes les nations, après les révolutions de plusieurs siècles.

Un homme qui avait fait de grandes choses, qui avait rendu des services au genre humain, ne pouvait être, à la vérité, regardé comme un dieu par ceux qui l'avaient vu trembler de la fièvre, et aller à la garde-robe; mais les enthousiastes se persuadèrent qu'ayant des qualités éminentes, il les tenait d'un dieu; qu'il était fils d'un dieu : ainsi les dieux firent des enfants dans tout le monde; car, sans compter les rêveries de tant de peuples qui précédèrent les Grecs, Bacchus, Persée, Hercule, Castor, Pollux, furent fils de dieu; Romulus, fils de dieu; Alexandre fut déclaré fils de dieu en Égypte; un certain Odin, chez nos nations du nord, fils de dieu; Manco-Capac, fils du Soleil au Pérou. L'historien des Mogols, Abulcazi, rapporte qu'une des aïeules de Gengis, nommée Alanku, étant fille, fut grosse d'un rayon céleste. Gengis lui-même passa pour le fils de dieu; et lorsque le pape Innocent IV envoya frère Ascelin à Batou-kan, petit-fils de Gengis, ce moine, ne pouvant être présenté qu'à l'un des vizirs, lui dit qu'il venait de la part du vicaire de Dieu : le ministre répondit : « Ce vicaire ignore-t-il qu'il doit des hommages et des tributs au fils de Dieu, le grand Batou-kan, son maître? »

D'un fils de dieu à un dieu il n'y a pas loin chez les hommes amoureux du merveilleux. Il ne faut que deux ou trois générations pour faire partager au fils le domaine de son père; ainsi des temples furent élevés, avec le temps, à tous ceux qu'on avait supposés être nés du commerce surnaturel de la divinité avec nos femmes et avec nos filles.

On pourrait faire des volumes sur ce sujet; mais tous ces volumes se réduisent à deux mots : c'est que le gros du genre humain a été et sera très-longtemps insensé et imbécile; et que peut-être les plus insensés de tous ont été ceux qui ont voulu trouver un sens à ces fables absurdes, et mettre de la raison dans la folie.

VI. — DES USAGES ET DES SENTIMENTS COMMUNS A PRESQUE TOUTES LES NATIONS ANCIENNES.

La nature étant partout la même, les hommes ont dû nécessairement adopter les mêmes vérités et les mêmes erreurs dans les choses qui tombent le plus sous le sens et qui frappent le plus l'imagination. Ils ont dû tous attribuer le fracas et les effets du tonnerre au pouvoir d'un être supérieur habitant dans les airs. Les peuples voisins de l'Océan, voyant les grandes marées inonder leurs rivages à la pleine lune, ont dû croire que la lune était cause de tout ce qui arrivait au monde dans le temps de ses différentes phases.

Dans leurs cérémonies religieuses, presque tous se tournèrent vers l'orient, ne songeant pas qu'il n'y a ni orient ni occident, et rendant tous une espèce d'hommage au soleil qui se levait à leurs yeux.

Parmi les animaux, le serpent dut leur paraître doué d'une intelligence supérieure, parce que, voyant muer quelquefois sa peau, ils durent croire qu'il rajeunissait. Il pouvait donc, en changeant de peau, se maintenir toujours dans sa jeunesse; il était donc immortel. Aussi fut-il, en Égypte, en Grèce, le symbole de l'immortalité. Les gros serpents qui se trouvaient auprès des fontaines empêchaient les hommes timides d'en approcher : on pensa bientôt qu'ils gardaient des trésors. Ainsi un serpent gardait les pommes d'or hespérides; un autre veillait autour de la toison d'or ; et dans les mystères de Bacchus, on portait l'image d'un serpent qui semblait garder une grappe d'or.

Le serpent passait donc pour le plus habile des animaux; et de là cette ancienne fable indienne que Dieu, ayant créé l'homme, lui donna une drogue qui lui assurait une vie saine et longue; que l'homme chargea son âne de ce présent divin, mais qu'en chemin, l'âne ayant eu soif, le serpent lui enseigna une fontaine, et prit la drogue pour lui tandis que l'âne buvait; de sorte que l'homme perdit l'immortalité par sa négligence, et le serpent l'acquit par son adresse. De là enfin tant de contes d'ânes et de serpents.

Ces serpents faisaient du mal ; mais comme ils avaient quelque chose de divin, il n'y avait qu'un dieu qui eût pu enseigner à les détruire. Ainsi le serpent Python fut tué par Apollon. Ainsi Ophionée, le grand serpent, fit la guerre aux dieux longtemps avant que les Grecs eussent forgé leur Apollon. Un fragment de Phérécide prouve que cette fable du grand serpent, ennemi des dieux, était une des plus anciennes de la Phénicie. Et cent siècles avant Phérécide, les premiers brachmanes avaient imaginé que Dieu envoya un jour sur la terre une grosse couleuvre qui engendra dix mille couleuvres, lesquelles furent autant de péchés dans le cœur des hommes.

Nous avons déjà vu[1] que les songes, les rêves, durent intro-

1. Paragraphe v.

duire la même superstition dans toute la terre. Je suis inquiet, pendant la veille, de la santé de ma femme, de mon fils ; je les vois mourants pendant mon sommeil ; ils meurent quelques jours après : il n'est pas douteux que les dieux ne m'aient envoyé ce songe véritable. Mon rêve n'a-t-il pas été accompli, c'est un rêve trompeur que les dieux m'ont députe. Ainsi, dans Homère, Jupiter envoie un songe trompeur à Agamemnon, chef des Grecs. Ainsi (au troisième livre des *Rois*, chap. xxii), le dieu qui conduit les Juifs envoie un esprit malin pour mentir dans la bouche des prophètes, et pour tromper le roi Achab.

Tous les songes vrais ou faux viennent du ciel ; les oracles s'établissent de même par toute la terre.

Une femme vient demander à des mages si son mari mourra dans l'année. L'un lui répond oui, l'autre non : il est bien certain que l'un d'eux aura raison. Si le mari vit, la femme garde le silence ; s'il meurt, elle crie par toute la ville que le mage qui a prédit cette mort est un prophète divin. Il se trouve bientôt dans tous les pays des hommes qui prédisent l'avenir, et qui découvrent les choses les plus cachées. Ces hommes s'appellent les *voyants* chez les Égyptiens, comme dit Manéthon, au rapport même de Josèphe, dans son Discours contre Apion.

Il y avait des *voyants* en Chaldée, en Syrie. Chaque temple eut ses oracles. Ceux d'Apollon obtinrent un si grand crédit que Rollin, dans son *Histoire ancienne*, répète les oracles rendus par Apollon à Crésus. Le dieu devine que le roi fait cuire une tortue dans une tourtière de cuivre, et lui répond que son règne finira quand un mulet sera sur le trône des Perses. Rollin n'examine point si ces prédictions, dignes de Nostradamus, ont été faites après coup ; il ne doute pas de la science des prêtres d'Apollon, et il croit que Dieu permettait qu'Apollon dît vrai : c'était apparemment pour confirmer les païens dans leur religion.

Une question plus philosophique, dans laquelle toutes les grandes nations policées, depuis l'Inde jusqu'à la Grèce, se sont accordées, c'est l'origine du bien et du mal.

Les premiers théologiens de toutes les nations durent se faire la question que nous faisons tous dès l'âge de quinze ans : Pourquoi y a-t-il du mal sur la terre ?

On enseigna dans l'Inde qu'Adimo, fils de Brama[1], produisit

---

1. Dans l'*Essai sur les Mœurs*, chapitre iv, il est dit que Brama naquit d'Adimo. (B.) — Voltaire emprunte cette histoire au livre qu'on lui donna faussement pour le second des Védas. (G. A.)

les hommes justes par le nombril, du côté droit, et les injustes du côté gauche ; et que c'est de ce côté gauche que vint le mal moral et le mal physique. Les Égyptiens eurent leur Typhon, qui fut l'ennemi d'Osiris. Les Persans imaginèrent qu'Ariman perça l'œuf qu'avait pondu Oromase, et y fit entrer le péché. On connaît la Pandore des Grecs : c'est la plus belle de toutes les allégories que l'antiquité nous ait transmises.

L'allégorie de Job fut certainement écrite en arabe, puisque les traductions hébraïque et grecque ont conservé plusieurs termes arabes. Ce livre, qui est d'une très-haute antiquité, représente le Satan, qui est l'Ariman des Perses et le Typhon des Égyptiens, se promenant dans toute la terre, et demandant permission au Seigneur d'affliger Job. Satan paraît subordonné au Seigneur ; mais il résulte que Satan est un être très-puissant, capable d'envoyer sur la terre des maladies, et de tuer les animaux.

Il se trouva, au fond, que tant de peuples, sans le savoir, étaient d'accord sur la croyance de deux principes, et que l'univers alors connu était en quelque sorte manichéen.

Tous les peuples durent admettre les expiations ; car où était l'homme qui n'eût pas commis de grandes fautes contre la société ? et où était l'homme à qui l'instinct de sa raison ne fît pas sentir des remords ? L'eau lavait les souillures du corps et des vêtements, le feu purifiait les métaux ; il fallait bien que l'eau et le feu purifiassent les âmes. Aussi n'y eut-il aucun temple sans eaux et sans feux salutaires.

Les hommes se plongèrent dans le Gange, dans l'Indus, dans l'Euphrate, au renouvellement de la lune et dans les éclipses. Cette immersion expiait les péchés. Si on ne se purifiait pas dans le Nil, c'est que les crocodiles auraient dévoré les pénitents. Mais les prêtres, qui se purifiaient pour le peuple, se plongeaient dans de larges cuves, et y baignaient les criminels qui venaient demander pardon aux dieux.

Les Grecs, dans tous leurs temples, eurent des bains sacrés, comme des feux sacrés, symboles universels, chez tous les hommes, de la pureté des âmes. Enfin les superstitions paraissent établies chez toutes les nations, excepté chez les lettrés de la Chine.

VII. — DES SAUVAGES.

Entendez-vous par *sauvages* des rustres vivant dans des cabanes avec leurs femelles et quelques animaux, exposés sans cesse à toute l'intempérie des saisons ; ne connaissant que la terre qui les nourrit, et le marché où ils vont quelquefois vendre leurs denrées pour y acheter quelques habillements grossiers ; parlant un jargon qu'on n'entend pas dans les villes ; ayant peu d'idées, et par conséquent peu d'expressions ; soumis, sans qu'ils sachent pourquoi, à un homme de plume, auquel ils portent tous les ans la moitié de ce qu'ils ont gagné à la sueur de leur front ; se rassemblant, certains jours, dans une espèce de grange pour célébrer des cérémonies où ils ne comprennent rien, écoutant un homme vêtu autrement qu'eux et qu'ils n'entendent point ; quittant quelquefois leur chaumière lorsqu'on bat le tambour, et s'engageant à s'aller faire tuer dans une terre étrangère, et à tuer leurs semblables, pour le quart de ce qu'ils peuvent gagner chez eux en travaillant ? Il y a de ces sauvages-là dans toute l'Europe. Il faut convenir surtout que les peuples du Canada et les Cafres, qu'il nous a plu d'appeler sauvages, sont infiniment supérieurs aux nôtres. Le Huron, l'Algonquin, l'Illinois, le Cafre, le Hottentot, ont l'art de fabriquer eux-mêmes tout ce dont ils ont besoin, et cet art manque à nos rustres. Les peuplades d'Amérique et d'Afrique sont libres, et nos sauvages n'ont pas même d'idée de la liberté.

Les prétendus sauvages d'Amérique sont des souverains qui reçoivent des ambassadeurs de nos colonies transplantées auprès de leur territoire par l'avarice et par la légèreté. Ils connaissent l'honneur, dont jamais nos sauvages d'Europe n'ont entendu parler. Ils ont une patrie, ils l'aiment, ils la défendent ; ils font des traités ; ils se battent avec courage, et parlent souvent avec une énergie héroïque. Y a-t-il une plus belle réponse, dans les *Grands Hommes de Plutarque*, que celle de ce chef de Canadiens à qui une nation européenne proposait de lui céder son patrimoine ? « Nous sommes nés sur cette terre, nos pères y sont ensevelis ; dirons-nous aux ossements de nos pères : Levez-vous, et venez avec nous dans une terre étrangère ? »

Ces Canadiens étaient des Spartiates, en comparaison de nos rustres qui végètent dans nos villages, et des sybarites qui s'énervent dans nos villes.

Entendez-vous par sauvages des animaux à deux pieds, marchant sur les mains dans le besoin, isolés, errant dans les forêts, *Salvatici, Selvaggi* ; s'accouplant à l'aventure, oubliant les femmes auxquelles ils se sont joints, ne connaissant ni leurs fils ni leurs pères ; vivant en brutes, sans avoir ni l'instinct ni les ressources des brutes ? On a écrit que cet état est le véritable état de l'homme, et que nous n'avons fait que dégénérer misérablement depuis que nous l'avons quitté. Je ne crois pas que cette vie solitaire, attribuée à nos pères, soit dans la nature humaine.

Nous sommes, si je ne me trompe, au premier rang (s'il est permis de le dire) des animaux qui vivent en troupe, comme les abeilles, les fourmis, les castors, les oies, les poules, les moutons, etc. Si l'on rencontre une abeille errante, devra-t-on conclure que cette abeille est dans l'état de pure nature, et que celles qui travaillent en société dans la ruche ont dégénéré?

Tout animal n'a-t-il pas son instinct irrésistible auquel il obéit nécessairement? Qu'est-ce que cet instinct? l'arrangement des organes dont le jeu se déploie par le temps. Cet instinct ne peut se développer d'abord, parce que les organes n'ont pas acquis leur plénitude [1].

Ne voyons-nous pas en effet que tous les animaux, ainsi que tous les autres êtres, exécutent invariablement la loi que la nature donne à leur espèce? L'oiseau fait son nid, comme les astres fournissent leur course, par un principe qui ne change jamais. Comment l'homme seul aurait-il changé? S'il eût été destiné à vivre solitaire comme les autres animaux carnassiers, aurait-il pu contredire la loi de la nature jusqu'à vivre en société? et s'il était fait pour vivre en troupe, comme les animaux de basse-cour et tant d'autres, eût-il pu d'abord pervertir sa destinée jusqu'à vivre pendant des siècles en solitaire? Il est perfectible; et de là on a conclu qu'il s'est perverti. Mais pourquoi n'en pas conclure qu'il s'est perfectionné jusqu'au point où la nature a marqué les limites de sa perfection?

Tous les hommes vivent en société : peut-on en inférer qu'ils n'y ont pas vécu autrefois? n'est-ce pas comme si l'on concluait

---

[1]. Leur pouvoir est constant, leur principe est divin;
Il faut que l'enfant croisse avant qu'il les exerce;
Il ne les connaît pas sous la main qui le berce.
Le moineau, dans l'instant qu'il a reçu le jour,
Sans plumes dans son nid, peut-il sentir l'amour?
Le renard en naissant va-t-il chercher sa proie?
Les insectes changeants qui nous filent la soie,
Les essaims bourdonnants de ces filles du ciel
Qui pétrissent la cire et composent le miel,
Sitôt qu'ils sont éclos forment-ils leur ouvrage?
Tout s'accroît par le temps, tout mûrit avec l'âge.
Chaque être a son objet; et, dans l'instant marqué,
Marche, et touche à son but par le ciel indiqué.

Poëme de la loi naturelle, IIe partie.

(*Note de Voltaire.*)

Ces vers, tels que Voltaire les cite dans cette note, offrent quelques variantes avec le texte du poëme, que nous avons donné dans le tome IX, page 450.

que si les taureaux ont aujourd'hui des cornes, c'est parce qu'ils n'en ont pas toujours eu?

L'homme, en général, a toujours été ce qu'il est : cela ne veut pas dire qu'il ait toujours eu de belles villes, du canon de vingt-quatre livres de balle, des opéras-comiques, et des couvents de religieuses. Mais il a toujours eu le même instinct, qui le porte à s'aimer dans soi-même, dans la compagne de son plaisir, dans ses enfants, dans ses petits-fils, dans les œuvres de ses mains.

Voilà ce qui jamais ne change d'un bout de l'univers à l'autre. Le fondement de la société existant toujours, il y a donc toujours eu quelque société ; nous n'étions donc point faits pour vivre à la manière des ours.

On a trouvé quelquefois des enfants égarés dans les bois, et vivant comme des brutes ; mais on y a trouvé aussi des moutons et des oies ; cela n'empêche pas que les oies et les moutons ne soient destinés à vivre en troupeaux.

Il y a des faquirs dans les Indes qui vivent seuls, chargés de chaînes. Oui ; et ils ne vivent ainsi qu'afin que les passants, qui les admirent, viennent leur donner des aumônes. Ils font, par un fanatisme rempli de vanité, ce que font nos mendiants des grands chemins, qui s'estropient pour attirer la compassion. Ces excréments de la société humaine sont seulement des preuves de l'abus qu'on peut faire de cette société.

Il est très-vraisemblable que l'homme a été agreste pendant des milliers de siècles, comme sont encore aujourd'hui une infinité de paysans. Mais l'homme n'a pu vivre comme les blaireaux et les lièvres.

Par quelle loi, par quels liens secrets, par quel instinct l'homme aura-t-il toujours vécu en famille sans le secours des arts, et sans avoir encore formé un langage? C'est par sa propre nature, par le goût qui le porte à s'unir avec une femme ; c'est par l'attachement qu'un Morlaque, un Islandais, un Lapon, un Hottentot, sent pour sa compagne, lorsque son ventre, grossissant, lui donne l'espérance de voir naître de son sang un être semblable à lui ; c'est par le besoin que cet homme et cette femme ont l'un de l'autre, par l'amour que la nature leur inspire pour leur petit, dès qu'il est né, par l'autorité que la nature leur donne sur ce petit, par l'habitude de l'aimer, par l'habitude que le petit prend nécessairement d'obéir au père et à la mère, par les secours qu'ils en reçoivent dès qu'il a cinq ou six ans, par les nouveaux enfants que font cet homme et cette femme ; c'est enfin parce que, dans un âge avancé, ils voient avec plaisir leurs fils et leurs filles faire ensemble d'autres enfants, qui ont le même instinct que leurs pères et leurs mères.

Tout cela est un assemblage d'hommes bien grossiers, je l'avoue ; mais croit-on que les charbonniers des forêts d'Allemagne, les habitants du Nord, et cent peuples de l'Afrique, vivent aujourd'hui d'une manière bien différente ?

Quelle langue parleront ces familles sauvages et barbares ? elles seront sans doute très-longtemps sans en parler aucune ; elles s'entendront très-bien par des cris et par des gestes. Toutes les nations ont été ainsi des sauvages, à prendre ce mot dans ce sens ; c'est-à-dire qu'il y aura eu longtemps des familles errantes dans les forêts, disputant leur nourriture aux autres animaux, s'armant contre eux de pierres et de grosses branches d'arbres, se nourrissant de légumes sauvages, de fruits de toute espèce, et enfin d'animaux même.

Il y a dans l'homme un instinct de mécanique que nous voyons produire tous les jours de très-grands effets dans des hommes fort grossiers. On voit des machines inventées par les habitants des montagnes du Tyrol et des Vosges, qui étonnent les savants. Le paysan le plus ignorant sait partout remuer les plus gros fardeaux par le secours du levier, sans se douter que la puissance faisant équilibre est au poids comme la distance du point d'appui à ce poids est à la distance de ce même point d'appui à la puissance. S'il avait fallu que cette connaissance précédât l'usage des leviers, que de siècles se seraient écoulés avant qu'on eût pu déranger une grosse pierre de sa place !

Proposez à des enfants de sauter un fossé ; tous prendront machinalement leur secousse, en se retirant un peu en arrière, et courront ensuite. Ils ne savent pas assurément que leur force, en ce cas, est le produit de leur masse multipliée par leur vitesse.

Il est donc prouvé que la nature seule nous inspire des idées utiles qui précèdent toutes nos réflexions. Il en est de même dans la morale. Nous avons tous deux sentiments qui sont le fondement de la société : la commisération et la justice. Qu'un enfant voie déchirer son semblable, il éprouvera des angoisses subites ; il les témoignera par ses cris et par ses larmes ; il secourra, s'il peut, celui qui souffre.

Demandez à un enfant sans éducation, qui commencera à raisonner et à parler, si le grain qu'un homme a semé dans son champ lui appartient, et si le voleur qui en a tué le propriétaire a un droit légitime sur ce grain ; vous verrez si l'enfant ne répondra pas comme tous les législateurs de la terre.

Dieu nous a donné un principe de raison universelle, comme il a donné des plumes aux oiseaux et la fourrure aux ours ; et ce principe est si constant qu'il subsiste malgré toutes les passions qui le combattent, malgré les tyrans qui veulent le noyer dans le sang, malgré les imposteurs qui veulent l'anéantir dans la superstition. C'est ce qui fait que le peuple le plus grossier juge toujours très-bien, à la longue, des lois qui le gouvernent, parce qu'il sent si ces lois sont conformes ou opposées aux principes de commisération et de justice qui sont dans son cœur.

Mais, avant d'en venir à former une société nombreuse, un peuple, une nation, il faut un langage ; et c'est le plus difficile. Sans le don de l'imitation, on n'y serait jamais parvenu. On aura sans doute commencé par des cris qui auront exprimé les premiers besoins ; ensuite les hommes les plus ingénieux, nés avec les organes les plus flexibles, auront formé quelques articulations que leurs enfants auront répétées ; et les mères surtout auront dénoué leurs langues les premières. Tout idiome commençant aura été composé de monosyllabes, comme plus aisés à former et à retenir.

Nous voyons en effet que les nations les plus anciennes, qui ont conservé quelque chose de leur premier langage, expriment encore par des monosyllabes les choses les plus familières et qui tombent le plus sous nos sens : presque tout le chinois est fondé encore aujourd'hui sur des monosyllabes.

Consultez l'ancien tudesque et tous les idiomes du Nord, vous verrez à peine une chose nécessaire et commune exprimée par plus d'une articulation. Tout est monosyllabes : *zon*, le soleil ; *moun*, la lune ; *zé*, la mer ; *flus*, le fleuve ; *man*, l'homme ; *kof*, la tête ; *boum*, un arbre ; *drink*, boire ; *march*, marcher ; *shlaf*, dormir, etc.

C'est avec cette brièveté qu'on s'exprimait dans les forêts des Gaules et de la Germanie, et dans tout le septentrion. Les Grecs et les Romains n'eurent des mots plus composés que longtemps après s'être réunis en corps de peuple.

Mais par quelle sagacité avons-nous pu marquer les différences des temps ? Comment aurons-nous pu exprimer les nuances *je voudrais, j'aurais voulu ;* les choses positives, les choses conditionnelles ?

Ce ne peut être que chez les nations déjà les plus policées qu'on soit parvenu, avec le temps, à rendre sensibles, par des mots composés, ces opérations secrètes de l'esprit humain. Aussi voit-on que chez les barbares il n'y a que deux ou trois temps.

Les Hébreux n'exprimaient que le présent et le futur. La langue franque, si commune dans les échelles du Levant, est réduite encore à cette indigence. Et enfin, malgré tous les efforts des hommes, il n'est aucun langage qui approche de la perfection.

VIII. — DE L'AMÉRIQUE.

Se peut-il qu'on demande encore d'où sont venus les hommes qui ont peuplé l'Amérique? On doit assurément faire la même question sur les nations des terres australes. Elles sont beaucoup plus éloignées du port dont partit Christophe Colomb que ne le sont les îles Antilles. On a trouvé des hommes et des animaux partout où la terre est habitable: qui les y a mis? On l'a déjà dit[1], c'est celui qui fait croître l'herbe des champs : et on ne devait pas être plus surpris de trouver en Amérique des hommes que des mouches.

Il est assez plaisant que le jésuite Lafitau[2] prétende, dans sa préface de l'*Histoire des Sauvages américains*, qu'il n'y a que des athées qui puissent dire que Dieu a créé les Américains.

On grave encore aujourd'hui des cartes de l'ancien monde où l'Amérique paraît sous le nom d'île Atlantique. Le îles du Cap-Vert y sont sous le nom de Gorgades; les Caraïbes sous celui d'îles Hespérides. Tout cela n'est pourtant fondé que sur l'ancienne découverte des îles Canaries, et probablement de celle de Madère, où les Phéniciens et les Carthaginois voyagèrent; elles touchent presque à l'Afrique, et peut-être en étaient-elles moins éloignées dans les anciens temps qu'aujourd'hui.

Laissons le père Lafitau faire venir les Caraïbes des peuples de Carie, à cause de la conformité du nom, et surtout parce que les femmes caraïbes faisaient la cuisine de leurs maris ainsi que les femmes cariennes; laissons-le supposer que les Caraïbes ne naissent rouges, et les Négresses noires, qu'à cause de l'habitude de leurs premiers pères de se peindre en noir ou en rouge.

Il arriva, dit-il, que les Négresses, voyant leurs maris teints en noir, en eurent l'imagination si frappée que leur race s'en ressentit pour jamais. La même chose arriva aux femmes caraïbes,

---

1. *Essai sur les Mœurs*, chapitres XLV et XLVI.
2. Lafitau, jésuite missionnaire, était allé au Canada. Il publia, en 1723, *Mœurs des Sauvages américains comparées aux mœurs des premiers temps*, 2 vol.; puis, en 1733, *Histoire des découvertes et des conquêtes des Portugais dans le nouveau monde*, 2 vol.

qui, par la même force d'imagination, accouchèrent d'enfants rouges. Il rapporte l'exemple des brebis de Jacob, qui naquirent bigarrées par l'adresse qu'avait eue ce patriarche de mettre devant leurs yeux des branches dont la moitié était écorcée ; ces branches, paraissant à peu près de deux couleurs, donnèrent aussi deux couleurs aux agneaux du patriarche. Mais le jésuite devait savoir que tout ce qui arrivait du temps de Jacob n'arrive plus aujourd'hui.

Si l'on avait demandé au gendre de Laban pourquoi ses brebis, voyant toujours de l'herbe, ne faisaient pas des agneaux verts, il aurait été bien embarrassé.

Enfin Lafitau fait venir les Américains des anciens Grecs ; et voici ses raisons. Les Grecs avaient des fables, quelques Américains en ont aussi. Les premiers Grecs allaient à la chasse, les Américains y vont. Les premiers Grecs avaient des oracles, les Américains ont des sorciers. On dansait dans les fêtes de la Grèce, on danse en Amérique. Il faut avouer que ces raisons sont convaincantes.

On peut faire, sur les nations du nouveau monde, une réflexion que le père Lafitau n'a point faite : c'est que les peuples éloignés des tropiques ont toujours été invincibles, et que les peuples plus rapprochés des tropiques ont presque tous été soumis à des monarques. Il en fut longtemps de même dans notre continent. Mais on ne voit point que les peuples du Canada soient allés jamais subjuguer le Mexique, comme les Tartares se sont répandus dans l'Asie et dans l'Europe. Il paraît que les Canadiens ne furent jamais en assez grand nombre pour envoyer ailleurs des colonies.

En général, l'Amérique n'a jamais pu être aussi peuplée que l'Europe et l'Asie ; elle est couverte de marécages immenses qui rendent l'air très-malsain ; la terre y produit un nombre prodigieux de poisons ; les flèches trempées dans les sucs de ces herbes venimeuses font des plaies toujours mortelles. La nature enfin avait donné aux Américains beaucoup moins d'industrie qu'aux hommes de l'ancien monde. Toutes ces causes ensemble ont pu nuire beaucoup à la population.

Parmi toutes les observations physiques qu'on peut faire sur cette quatrième partie de notre univers, si longtemps inconnue, la plus singulière peut-être, c'est qu'on n'y trouve qu'un peuple qui ait de la barbe : ce sont les Esquimaux. Ils habitent au nord vers le cinquante-deuxième degré, où le froid est plus vif qu'au soixante et sixième de notre continent. Leurs voisins sont imberbes. Voilà donc deux races d'hommes absolument différentes à côté l'une de l'autre, supposé qu'en effet les Esquimaux soient barbus. Mais de nouveaux voyageurs disent que les Esquimaux sont imberbes, que nous avons pris leurs cheveux crasseux pour de la barbe. A qui croire[1]?

Vers l'isthme de Panama est la race des Dariens, presque semblable aux Albinos, qui fuit la lumière et qui végète dans les cavernes, race faible, et par conséquent en très-petit nombre.

Les lions de l'Amérique sont chétifs et poltrons[2]; les animaux qui ont de la laine y sont grands, et si vigoureux qu'ils servent à porter les fardeaux. Tous les fleuves y sont dix fois au moins plus larges que les nôtres. Enfin les productions naturelles de cette terre ne sont pas celles de notre hémisphère. Ainsi tout est varié; et la même providence qui a produit l'éléphant, le rhinocéros, et les Nègres, a fait naître dans un autre monde des orignaux, des condors, des animaux à qui on a cru longtemps le nombril sur le dos, et des hommes d'un caractère qui n'est pas le nôtre.

IX. — DE LA THÉOCRATIE.

Il semble que la plupart des anciennes nations aient été gouvernées par une espèce de théocratie. Commencez par l'Inde, vous y voyez les brames longtemps souverains; en Perse, les mages ont la plus grande autorité. L'histoire des oreilles de Smerdis peut bien être une fable; mais il en résulte toujours que c'était un mage qui était sur le trône de Cyrus. Plusieurs prêtres d'Égypte prescrivaient aux rois jusqu'à la mesure de leur boire et de leur manger, élevaient leur enfance, et les jugeaient après leur mort, et souvent se faisaient rois eux-mêmes.

Si nous descendons aux Grecs, leur histoire, toute fabuleuse qu'elle est, ne nous apprend-elle pas que le prophète Calchas

---

1. Il paraît qu'il existe réellement en Amérique une petite peuplade d'hommes barbus. Mais les Islandais avaient navigué en Amérique longtemps avant Christophe Colomb, et il est possible que cette peuplade d'hommes barbus soit un reste de ces navigateurs européans.

Carver, qui a voyagé dans le nord de l'Amérique pendant les années 1766, 1767, 1768, prétend, dans son ouvrage imprimé en 1778, que les sauvages de l'Amérique ne sont imberbes que parce qu'ils s'épilent. Voyez *Carver's Travel*, page 224; l'auteur parle comme témoin *oculaire*. (K.) — Voyez aussi la note de Voltaire lui-même sur le chapitre CLI.

2. Il n'y a pas, à bien dire, de lions en Amérique; mais on qualifie le *puma* de lion d'Amérique. (G. A.)

avait assez de pouvoir dans l'armée pour sacrifier la fille du roi des rois?

Descendez encore plus bas, chez des nations sauvages postérieures aux Grecs : les druides gouvernaient la nation gauloise.

Il ne paraît pas même possible que dans les premières peuplades un peu fortes[1] on ait eu d'autre gouvernement que la théocratie; car dès qu'une nation a choisi un dieu tutélaire, ce dieu a des prêtres. Ces prêtres dominent sur l'esprit de la nation ; ils ne peuvent dominer qu'au nom de leur dieu; ils le font donc toujours parler : ils débitent ses oracles; et c'est par un ordre exprès de Dieu que tout s'exécute.

C'est de cette source que sont venus les sacrifices de sang humain qui ont souillé presque toute la terre. Quel père, quelle mère, aurait jamais pu abjurer la nature, au point de présenter son fils ou sa fille à un prêtre pour être égorgés sur un autel, si l'on n'avait pas été certain que le dieu du pays ordonnait ce sacrifice?

Non-seulement la théocratie a longtemps régné, mais elle a poussé la tyrannie aux plus horribles excès où la démence humaine puisse parvenir; et plus ce gouvernement se disait divin, plus il était abominable.

Presque tous les peuples ont sacrifié des enfants à leurs dieux; donc ils croyaient recevoir cet ordre dénaturé de la bouche des dieux qu'ils adoraient.

Parmi les peuples qu'on appelle si improprement civilisés, je ne vois guère que les Chinois qui n'aient pas pratiqué ces horreurs absurdes. La Chine est le seul des anciens États connus qui n'ait pas été soumis au sacerdoce; car les Japonais étaient sous les lois d'un prêtre six cents ans avant notre ère. Presque partout ailleurs la théocratie est si établie, si enracinée, que les premières histoires sont celles des dieux mêmes qui se sont incarnés pour venir gouverner les hommes. Les dieux, disaient les peuples de Thèbes et de Memphis, ont régné douze mille ans en Égypte. Brama s'incarna pour régner dans l'Inde; Sammonocodom à Siam; le dieu Adad gouverna la Syrie; la déesse Cybèle avait été souveraine de Phrygie; Jupiter, de Crète; Saturne, de Grèce et d'Italie. Le même esprit préside à toutes ces fables; c'est partout une confuse idée chez les hommes, que les dieux sont autrefois descendus sur la terre.

---

1. On entend par premières peuplades des hommes rassemblés au nombre de quelques milliers, après plusieurs révolutions de ce globe. (*Note de Voltaire.*)

X. — DES CHALDÉENS.

Les Chaldéens, les Indiens, les Chinois, me paraissent les nations le plus anciennement policées. Nous avons une époque certaine de la science des Chaldéens ; elle se trouve dans les dix-neuf cent trois ans d'observations célestes envoyées de Babylone par Callisthène au précepteur d'Alexandre [1]. Ces tables astronomiques remontent précisément à l'année 2234 avant notre ère vulgaire. Il est vrai que cette époque touche au temps où la *Vulgate* place le déluge ; mais n'entrons point ici dans les profondeurs des différentes chronologies de la *Vulgate*, des *Samaritains*, et des *Septante*, que nous révérons également. Le déluge universel est un grand miracle qui n'a rien de commun avec nos recherches. Nous ne raisonnons ici que d'après les notions naturelles, en soumettant toujours les faibles tâtonnements de notre esprit borné aux lumières d'un ordre supérieur.

D'anciens auteurs, cités dans George le Syncelle, disent que du temps d'un roi chaldéen, nommé Xixoutrou [2], il y eut une terrible inondation. Le Tigre et l'Euphrate se débordèrent apparemment plus qu'à l'ordinaire. Mais les Chaldéens n'auraient pu savoir que par la révélation qu'un pareil fléau eût submergé toute la terre habitable. Encore une fois, je n'examine ici que le cours ordinaire de la nature.

Il est clair que si les Chaldéens n'avaient existé sur la terre que depuis dix-neuf cents années avant notre ère, ce court espace ne leur eût pas suffi pour trouver une partie du véritable système de notre univers ; notion étonnante, à laquelle les Chaldéens étaient enfin parvenus. Aristarque de Samos nous apprend que les sages de Chaldée avaient connu combien il est impossible que la terre occupe le centre du monde planétaire ; qu'ils avaient assigné au soleil cette place qui lui appartient ; qu'ils faisaient

---

1. On peut révoquer en doute ce fait dont Aristote ne parle pas, ni aucun autre écrivain que Simplicius, qui vivait au vi[e] siècle de notre ère. Ce qui est plus sûr, c'est que Ptolémée, dans son *Almageste*, emploie trois éclipses de lune observées à Babylone dans les années 719 et 720 avant notre ère. On peut donc placer à cette date les plus anciennes observations dignes d'être signalées. Toutefois, la remarque que Voltaire va faire au quatrième paragraphe n'en reste pas moins entière. (G. A.)

2. Xixoutrou est le Xissutre dont il est question dans les *Fragments sur l'Inde*, article vi (voyez *Mélanges*, année 1773) ; dans le iie des *Dialogues d'Évhémère* (*Mélanges*, année 1777), et dans le *Dictionnaire philosophique* au mot ARARAT.

rouler la terre et les autres planètes autour de lui, chacune dans un orbe différent[1].

Les progrès de l'esprit sont si lents, l'illusion des yeux est si puissante, l'asservissement aux idées reçues si tyrannique, qu'il n'est pas possible qu'un peuple qui n'aurait eu que dix-neuf cents ans eût pu parvenir à ce haut degré de philosophie qui contredit les yeux, et qui demande la théorie la plus approfondie. Aussi les Chaldéens comptaient quatre cent soixante et dix mille ans ; encore cette connaissance du vrai système du monde ne fut en Chaldée que le partage du petit nombre des philosophes. C'est le sort de toutes les grandes vérités ; et les Grecs, qui vinrent ensuite, n'adoptèrent que le système commun, qui est le système des enfants.

Quatre cent soixante et dix mille ans[2], c'est beaucoup pour nous autres qui sommes d'hier, mais c'est bien peu de chose pour l'univers entier. Je sais bien que nous ne pouvons adopter ce calcul ; que Cicéron s'en est moqué, qu'il est exorbitant, et que surtout nous devons croire au *Pentateuque* plutôt qu'à Sanchoniathon et à Bérose ; mais, encore une fois, il est impossible (humainement parlant) que les hommes soient parvenus en dix-neuf cents ans à deviner de si étonnantes vérités. Le premier art est celui de pourvoir à la subsistance, ce qui était autrefois beaucoup plus difficile aux hommes qu'aux brutes ; le second, de former un langage, ce qui certainement demande un espace de temps très-considérable ; le troisième, de se bâtir quelques huttes ; le quatrième, de se vêtir. Ensuite, pour forger le fer, ou pour y sup-

---

1. Voyez l'article Système, dans le *Dictionnaire philosophique*.
2. Notre sainte religion, si supérieure en tout à nos lumières, nous apprend que le monde n'est fait que depuis environ six mille années selon la *Vulgate*, ou environ sept mille suivant les *Septante*. Les interprètes de cette religion ineffable nous enseignent qu'Adam eut la science infuse, et que tous les arts se perpétuèrent d'Adam à Noé. Si c'est là en effet le sentiment de l'Église, nous l'adoptons d'une foi ferme et constante, soumettant d'ailleurs tout ce que nous écrivons au jugement de cette sainte Église, qui est infaillible. C'est vainement que l'empereur Julien, d'ailleurs si respectable par sa vertu, sa valeur, et sa science, dit dans son discours censuré par le grand et modéré saint Cyrille, que, soit qu'Adam eût la science infuse ou non, Dieu ne pouvait lui ordonner de ne point toucher à l'arbre de la science du bien et du mal ; que Dieu devait au contraire lui commander de manger beaucoup de fruits de cet arbre, afin de se perfectionner dans la science infuse s'il l'avait, et de l'acquérir s'il ne l'avait pas. On sait avec quelle sagesse saint Cyrille a réfuté cet argument. En un mot, nous prévenons toujours le lecteur que nous ne touchons en aucune manière aux choses sacrées. Nous protestons contre toutes les fausses interprétations, contre toutes les inductions malignes que l'on voudrait tirer de nos paroles. (*Note de Voltaire.*)

pléer, il faut tant de hasards heureux, tant d'industrie, tant de siècles, qu'on n'imagine pas même comment les hommes en sont venus à bout. Quel saut de cet état à l'astronomie!

Longtemps les Chaldéens gravèrent leurs observations et leurs lois sur la brique, en hiéroglyphes, qui étaient des caractères parlants ; usage que les Égyptiens connurent après plusieurs siècles. L'art de transmettre ses pensées par des caractères alphabétiques ne dut être inventé que très-tard dans cette partie de l'Asie.

Il est à croire qu'au temps où les Chaldéens bâtirent des villes, ils commencèrent à se servir de l'alphabet. Comment faisait-on auparavant? dira-t-on : comme on fait dans mon village, et dans cent mille villages du monde, où personne ne sait ni lire ni écrire, et cependant où l'on s'entend fort bien, où les arts nécessaires sont cultivés, et même quelquefois avec génie.

Babylone était probablement une très-ancienne bourgade avant qu'on en eût fait une ville immense et superbe. Mais qui a bâti cette ville? je n'en sais rien. Est-ce Sémiramis? est-ce Bélus? est-ce Nabonassar? Il n'y a peut-être jamais eu dans l'Asie ni de femme appelée Sémiramis, ni d'homme appelé Bélus[1]. C'est comme si nous donnions à des villes grecques les noms d'Armagnac et d'Abbeville. Les Grecs, qui changèrent toutes les terminaisons barbares en mots grecs, dénaturèrent tous les noms asiatiques. De plus, l'histoire de Sémiramis ressemble en tout aux contes orientaux.

Nabonassar, ou plutôt Nabon-assor, est probablement celui qui embellit et fortifia Babylone, et en fit à la fin une ville si superbe. Celui-là est un véritable monarque, connu dans l'Asie par l'ère qui porte son nom. Cette ère incontestable ne commence que 747 ans avant la nôtre : ainsi elle est très-moderne, par rapport au nombre des siècles nécessaires pour arriver jusqu'à l'établissement des grandes dominations. Il paraît, par le nom même de Babylone, qu'elle existait longtemps avant Nabonassar. C'est la ville du *Père Bel*. *Bab* signifie *père* en chaldéen, comme l'avoue d'Herbelot. Bel est le nom du Seigneur. Les Orientaux ne la connurent jamais que sous le nom de Babel, ville du Seigneur, la ville de Dieu, ou, selon d'autres, la porte de Dieu.

Il n'y a pas eu probablement plus de Ninus fondateur de Ninvah, nommée par nous Ninive, que de Bélus fondateur de Babylone. Nul prince asiatique ne porta un nom en *us*.

1. Bel est le nom de Dieu. (*Note de Voltaire.*)

Il se peut que la circonférence de Babylone ait été de vingt-quatre de nos lieues moyennes ; mais qu'un Ninus ait bâti sur le Tigre, si près de Babylone, une ville appelée Ninive d'une étendue aussi grande, c'est ce qui ne paraît pas croyable. On nous parle de trois puissants empires qui subsistaient à la fois : celui de Babylone, celui d'Assyrie ou de Ninive, et celui de Syrie ou de Damas. La chose est peu vraisemblable ; c'est comme si l'on disait qu'il y avait à la fois dans une partie de la Gaule trois puissants empires, dont les capitales, Paris, Soissons, et Orléans, avaient chacune vingt-quatre lieues de tour.

J'avoue que je ne comprends rien aux deux empires de Babylone et d'Assyrie. Plusieurs savants, qui ont voulu porter quelques lumières dans ces ténèbres, ont affirmé que l'Assyrie et la Chaldée n'étaient que le même empire, gouverné quelquefois par deux princes, l'un résidant à Babylone, l'autre à Ninive ; et ce sentiment raisonnable peut être adopté, jusqu'à ce qu'on en trouve un plus raisonnable encore.

Ce qui contribue à jeter une grande vraisemblance sur l'antiquité de cette nation, c'est cette fameuse tour élevée pour observer les astres. Presque tous les commentateurs, ne pouvant contester ce monument, se croient obligés de supposer que c'était un reste de la tour de Babel que les hommes voulurent élever jusqu'au ciel. On ne sait pas trop ce que les commentateurs entendent par le ciel : est-ce la lune? est-ce la planète de Vénus? Il y a loin d'ici là. Voulaient-ils seulement élever une tour un peu haute? Il n'y a là ni aucun mal ni aucune difficulté, supposé qu'on ait beaucoup d'hommes, beaucoup d'instruments et de vivres.

La tour de Babel, la dispersion des peuples, la confusion des langues, sont des choses, comme on sait, très-respectables, auxquelles nous ne touchons point. Nous ne parlons ici que de l'observatoire, qui n'a rien de commun avec les histoires juives.

Si Nabonassar éleva cet édifice, il faut au moins avouer que les Chaldéens eurent un observatoire plus de deux mille quatre cents ans avant nous. Concevez ensuite combien de siècles exige la lenteur de l'esprit humain pour en venir jusqu'à ériger un tel monument aux sciences.

Ce fut en Chaldée, et non en Égypte, qu'on inventa le zodiaque. Il y en a, ce me semble, trois preuves assez fortes : la première, que les Chaldéens furent une nation éclairée, avant que l'Égypte, toujours inondée par le Nil, pût être habitable ; la seconde, que les signes du zodiaque conviennent au climat de la Mésopotamie, et non à celui de l'Égypte. Les Égyptiens ne pouvaient avoir le signe du taureau au mois d'avril, puisque ce n'est pas en cette saison qu'ils labourent ; ils ne pouvaient, au mois que nous nommons *août,* figurer un signe par une fille chargée d'épis de blé, puisque ce n'est pas en ce temps qu'ils font la moisson. Ils ne pouvaient figurer janvier par une cruche d'eau, puisqu'il pleut très-rarement en Égypte, et jamais au mois de janvier[1]. La troisième raison, c'est que les signes anciens du zodiaque chaldéen étaient un des articles de leur religion. Ils étaient sous le gouvernement de

1. Les points équinoxiaux répondent successivement à tous les lieux du zodiaque, et leur révolution est d'environ 26,000 ans. Il est clair que ces points se trouvaient dans la balance, ou dans les gémeaux, à l'époque où l'on a donné des noms aux signes ; en effet ils sont les seuls qui présentent un emblème de l'égalité des nuits et des jours. Mais en supposant les points équinoxiaux placés dans une de ces constellations, il reste quatre combinaisons également possibles, puisqu'on peut supposer également, soit l'équinoxe du printemps, soit l'équinoxe de l'automne, dans le signe de la balance, ou dans celui des gémeaux. Supposons 1° que l'équinoxe du printemps soit dans la balance ; le solstice d'été sera dans le capricorne, celui d'hiver dans le cancer, et l'équinoxe d'automne dans le bélier. Supposons 2° que l'équinoxe d'automne soit dans la balance ; le solstice d'été sera dans le cancer, celui d'hiver dans le capricorne, et l'équinoxe du printemps dans le bélier. Supposons 3° que l'équinoxe du printemps soit dans les gémeaux ; le solstice d'été sera dans la vierge, celui d'hiver dans les poissons, et l'équinoxe d'automne dans le sagittaire. Supposons enfin que l'équinoxe d'automne soit dans les gémeaux ; le solstice d'été sera dans les poissons, le solstice d'hiver dans la vierge, et l'équinoxe du printemps dans le sagittaire.
Si nous examinons ensuite ces quatre hypothèses, nous trouverons d'abord un degré de probabilité en faveur des deux premières : en effet, dans ces deux hypothèses, les solstices ont pour signes le capricorne et le cancer, un animal qui grimpe, et un qui marche à reculons, symboles naturels du mouvement apparent du soleil ; et les deux dernières hypothèses n'ont pas cet avantage. En comparant ensuite les deux premières, nous observerons que la balance paraît devoir plus naturellement être supposée le signe du printemps : 1° parce que le signe de cet équinoxe, regardé partout comme le premier de l'année, doit avoir porté de préférence l'emblème de l'égalité ; 2° parce que le capricorne, animal qui cherche les lieux élevés, paraît le signe naturel du mois où le soleil est plus élevé ; et que le cancer, quoiqu'il puisse être regardé comme un symbole de l'un ou de l'autre solstice, paraît plus propre encore à désigner le solstice d'hiver. Or, si nous préférons la première hypothèse, le capricorne répond à juillet ; les mois d'août et de septembre, temps de l'inondation du Nil, répondent au verseau et aux poissons, signes aquatiques ; le Nil se retire en octobre, dont le bélier est le signe, parce qu'alors les troupeaux commencent à sortir ; on cultive en novembre sous le signe du taureau, et l'on recueille en mars sous le signe de la moissonneuse. Il suffit donc, pour pouvoir accorder avec le climat de l'Égypte les noms des douze signes du zodiaque, que ces noms leur aient été donnés lorsque l'équinoxe du printemps se trouvait au signe de la balance ; c'est-à-dire qu'il faut reculer d'environ treize mille ans l'invention de l'astronomie. Ce système, le plus naturel de tous ceux qui ont été imaginés jusqu'ici, le seul qui s'accorde avec les monuments, et qui explique les fables de la manière la moins précaire, est dû à M. Dupuis. (K.) — Ce M. Dupuis, qui siégea à la Convention en 1793, est l'auteur de l'*Origine de tous les cultes.*

douze dieux secondaires, douze dieux médiateurs : chacun d'eux présidait à une de ces constellations, ainsi que nous l'apprend Diodore de Sicile, au livre II. Cette religion des anciens Chaldéens était le sabisme, c'est-à-dire l'adoration d'un Dieu suprême, et la vénération des astres et des intelligences célestes qui présidaient aux astres. Quand ils priaient, ils se tournaient vers l'étoile du nord, tant leur culte était lié à l'astronomie.

Vitruve, dans son neuvième livre, où il traite des cadrans solaires, des hauteurs du soleil, de la longueur des ombres, de la lumière, réfléchie par la lune, cite toujours les anciens Chaldéens, et non les Égyptiens. C'est, ce me semble, une preuve assez forte qu'on regardait la Chaldée, et non pas l'Égypte, comme le berceau de cette science, de sorte que rien n'est plus vrai que cet ancien proverbe latin :

Tradidit Ægyptis Babylon, Ægyptus Achivis.

XI. — DES BABYLONIENS DEVENUS PERSANS.

A l'orient de Babylone étaient les Perses. Ceux-ci portèrent leurs armes et leur religion à Babylone, lorsque Koresh, que nous appelons Cyrus, prit cette ville avec le secours des Mèdes établis au nord de la Perse. Nous avons deux fables principales sur Cyrus : celle d'Hérodote, et celle de Xénophon, qui se contredisent en tout, et que mille écrivains ont copiées indifféremment.

Hérodote suppose un roi mède, c'est-à-dire un roi des pays voisins de l'Hyrcanie, qu'il appelle Astyage, d'un nom grec. Cet Hyrcanien Astyage commande de noyer son petit-fils Cyrus, au berceau, parce qu'il a vu en songe sa fille *Mandane, mère de Cyrus, pisser si copieusement qu'elle inonda toute l'Asie.* Le reste de l'aventure est à peu près dans ce goût ; c'est une histoire de Gargantua écrite sérieusement.

Xénophon fait de la vie de Cyrus un roman moral, à peu près semblable à notre Télémaque. Il commence par supposer, pour faire valoir l'éducation mâle et vigoureuse de son héros, que les Mèdes étaient des voluptueux, plongés dans la mollesse. Tous ces peuples voisins de l'Hyrcanie, que les Tartares, alors nommés Scythes, avaient ravagée pendant trente années, étaient-ils des sybarites ?

Tout ce qu'on peut assurer de Cyrus, c'est qu'il fut un grand conquérant, par conséquent un fléau de la terre. Le fond de son histoire est très-vrai ; les épisodes sont fabuleux : il en est ainsi de toute histoire.

Rome existait du temps de Cyrus : elle avait un territoire de quatre à cinq lieues, et pillait tant qu'elle pouvait ses voisins ; mais je ne voudrais pas garantir le combat des trois Horaces, et l'aventure de Lucrèce, et le bouclier descendu du ciel, et la pierre coupée avec un rasoir. Il y avait quelques Juifs esclaves dans la Babylonie et ailleurs ; mais, humainement parlant, on pourrait douter que l'ange Raphaël fût descendu du ciel pour conduire à pied le jeune Tobie vers l'Hyrcanie, afin de le faire payer de quelque argent, et de chasser le diable Asmodée avec la fumée du foie d'un brochet.

Je me garderai bien d'examiner ici le roman d'Hérodote, ou le roman de Xénophon, concernant la vie et la mort de Cyrus ; mais je remarquerai que les Parsis, ou Perses, prétendaient avoir eu parmi eux, il y avait six mille ans, un ancien Zerdust, un prophète, qui leur avait appris à être justes et à révérer le soleil, comme les anciens Chaldéens avaient révéré les étoiles en les observant.

Je me garderai bien d'affirmer que ces Perses et ces Chaldéens fussent si justes, et de déterminer précisément en quel temps vint leur second Zerdust, qui rectifia le culte du soleil, et leur apprit à n'adorer que le Dieu auteur du soleil et des étoiles. Il écrivit ou commenta, dit-on, le livre du *Zend,* que les Parsis, dispersés aujourd'hui dans l'Asie, révèrent comme leur Bible. Ce livre est très-ancien, mais moins que ceux des Chinois et des brames ; on le croit même postérieur à ceux de Sanchoniathon et des *cinq Kings* des Chinois : il est écrit dans l'ancienne langue sacrée des Chaldéens ; et M. Hyde, qui nous a donné une traduction du *Sadder,* nous aurait procuré celle du *Zend* s'il avait pu subvenir aux frais de cette recherche. Je m'en rapporte au moins au *Sadder,* à cet extrait du *Zend,* qui est le catéchisme des Parsis. J'y vois que ces Parsis croyaient depuis longtemps un dieu, un diable, une résurrection, un paradis, un enfer. Ils sont les premiers, sans contredit, qui ont établi ces idées ; c'est le système le plus antique, et qui ne fut adopté par les autres nations qu'après bien des siècles, puisque les pharisiens, chez les Juifs, ne soutinrent hautement l'immortalité de l'âme, et le dogme des peines et des récompenses après la mort, que vers le temps des Asmonéens.

Voilà peut-être ce qu'il y a de plus important dans l'ancienne histoire du monde : voilà une religion utile, établie sur le dogme de l'immortalité de l'âme et sur la connaissance de l'Être créateur. Ne cessons point de remarquer par combien de degrés il fallut que l'esprit humain passât pour concevoir un tel système. Remarquons encore que le baptême (l'immersion dans l'eau pour purifier l'âme par le corps) est un des préceptes du *Zend* (porte 251). La source de tous les rites est venue peut-être des Persans et des Chaldéens, jusqu'aux extrémités de la terre.

Je n'examine point ici pourquoi et comment les Babyloniens eurent des dieux secondaires en reconnaissant un dieu souverain. Ce système, ou plutôt ce chaos, fut celui de toutes les nations. Excepté dans les tribunaux de la Chine, on trouve presque partout l'extrême folie jointe à un peu de sagesse dans les lois, dans les cultes, dans les usages. L'instinct, plus que la raison, conduit le genre humain. On adore en tous lieux la Divinité, et on la déshonore. Les Perses révérèrent des statues dès qu'ils purent avoir des sculpteurs ; tout en est plein dans les ruines de Persépolis : mais aussi on voit dans ces figures les symboles de l'immortalité ; on y voit des têtes qui s'envolent au ciel avec des ailes, symbole de l'émigration d'une vie passagère à la vie immortelle.

Passons aux usages purement humains. Je m'étonne qu'Hérodote ait dit devant toute la Grèce, dans son premier livre, que toutes les Babyloniennes étaient obligées par la loi de se prostituer, une fois dans leur vie, aux étrangers, dans le temple de Milita ou Vénus[1]. Je m'étonne encore plus que, dans toutes les histoires faites pour l'instruction de la jeunesse, on renouvelle aujourd'hui ce conte. Certes, ce devait être une belle fête et une belle dévotion que de voir accourir dans une église des marchands de chameaux, de chevaux, de bœufs et d'ânes, et de les voir descendre de leurs montures pour coucher devant l'autel avec les principales dames de la ville. De bonne foi, cette infamie peut-elle être dans le caractère d'un peuple policé? Est-il possible que les magistrats d'une des plus grandes villes du monde aient établi une telle police ; que les maris aient consenti de prostituer

---

1. De très-profonds érudits ont prétendu que le marché se faisait bien dans le temple, mais qu'il ne se consommait que dehors. Strabon dit en effet qu'après s'être livrée à l'étranger, *hors du temple*, la femme retournait chez elle. Où donc se consommait cette cérémonie religieuse? Ce n'était ni chez la femme, ni chez l'étranger, ni dans un lieu profane, où le mari, et peut-être un amant de la femme, qui auraient eu le malheur d'être philosophes et d'avoir des doutes sur la religion de Babylone, eussent pu troubler cet acte de piété. C'était donc dans quelque lieu voisin du temple destiné à cet usage, et consacré à la déesse. Si ce n'était point dans l'église, c'était au moins dans la acristie. (K.)

leurs femmes; que tous les pères aient abandonné leurs filles aux palefreniers de l'Asie? Ce qui n'est pas dans la nature n'est jamais vrai. J'aimerais autant croire Dion Cassius, qui assure que les graves sénateurs de Rome proposèrent un décret par lequel César, âgé de cinquante-sept ans, aurait le droit de jouir de toutes les femmes qu'il voudrait.

Ceux qui, en compilant aujourd'hui l'*Histoire ancienne*, copient tant d'auteurs sans en examiner aucun, n'auraient-ils pas dû s'apercevoir, ou qu'Hérodote a débité des fables ridicules, ou plutôt que son texte a été corrompu, et qu'il n'a voulu parler que des courtisanes établies dans toutes les grandes villes, et qui, peut-être alors, attendaient les passants sur les chemins?

Je ne croirai pas davantage Sextus Empiricus, qui prétend que chez les Perses la pédérastie était ordonnée. Quelle pitié! comment imaginer que les hommes eussent fait une loi qui, si elle avait été exécutée, aurait détruit la race des hommes[1]? La pédérastie, au contraire, était expressément défendue dans le livre du *Zend;* et c'est ce qu'on voit dans l'abrégé du *Zend,* le *Sadder,* où il est dit (porte 9) *qu'il n'y a point de plus grand péché*[2].

Strabon dit que les Perses épousaient leurs mères; mais quels sont ses garants? des ouï-dire, des bruits vagues. Cela put fournir une épigramme à Catulle :

Nam magus ex matre et nato nascatur oportet.

Tout mage doit naître de l'inceste d'une mère et d'un fils.

Une telle loi n'est pas croyable; une épigramme n'est pas une preuve. Si l'on n'avait pas trouvé de mères qui voulussent coucher avec leurs fils, il n'y aurait donc point eu de prêtres chez les Perses. La religion des mages, dont le grand objet était la population, devait plutôt permettre aux pères de s'unir à leurs filles, qu'aux mères de coucher avec leurs enfants, puisqu'un vieillard peut engendrer, et qu'une vieille n'a pas cet avantage.

Que de sottises n'avons-nous pas dites sur les Turcs? les Romains en disaient davantage sur les Perses.

---

1. Voyez la *Défense de mon oncle*, chapitre v (*Mélanges*, année 1767).
Voyez aussi une note sur l'article AMOUR SOCRATIQUE, dans le *Dictionnaire philosophique*. (K.)
2. Voyez les réponses à celui qui a prétendu que la prostitution était une loi de l'empire des Babyloniens, et que la pédérastie était établie en Perse, dans le même pays. On ne peut guère pousser plus loin l'opprobre de la littérature, ni plus calomnier la nature humaine. (*Note de Voltaire.*)

En un mot, en lisant toute histoire, soyons en garde contre toute fable.

XII. — DE LA SYRIE.

Je vois, par tous les monuments qui nous restent, que la contrée qui s'étend depuis Alexandrette, ou Scanderon, jusqu'auprès de Bagdad, fut toujours nommée Syrie; que l'alphabet de ces peuples fut toujours syriaque; que c'est là que furent les anciennes villes de Zobah, de Balbek, de Damas; et depuis, celles d'Antioche, de Séleucie, de Palmyre. Balk était si ancienne que les Perses prétendent que leur Bram, ou Abraham, était venu de Balk chez eux. Où pouvait donc être ce puissant empire d'Assyrie dont on a tant parlé, si ce n'est pas dans le pays des fables?

Les Gaules, tantôt s'étendirent jusqu'au Rhin, tantôt furent plus resserrées; mais qui jamais imagina de placer un vaste empire entre le Rhin et les Gaules? Qu'on ait appelé les nations voisines de l'Euphrate assyriennes, quand elles se furent étendues vers Damas, et qu'on ait appelé Assyriens les peuples de Syrie, quand ils s'approchèrent de l'Euphrate: c'est là où se peut réduire la difficulté. Toutes les nations voisines se sont mêlées, toutes ont été en guerre et ont changé de limites. Mais lorsqu'une fois il s'est élevé des villes capitales, ces villes établissent une différence marquée entre deux nations. Ainsi les Babyloniens, ou vainqueurs ou vaincus, furent toujours différents des peuples de Syrie. Les anciens caractères de la langue syriaque ne furent point ceux des anciens Chaldéens.

Le culte, les superstitions, les lois bonnes ou mauvaises, les usages bizarres, ne furent point les mêmes. La déesse de Syrie, si ancienne, n'avait aucun rapport avec le culte des Chaldéens. Les mages chaldéens, babyloniens, persans, ne se firent jamais eunuques, comme les prêtres de la déesse de Syrie. Chose étrange! les Syriens révéraient la figure de ce que nous appelons Priape, et les prêtres se dépouillaient de leur virilité!

Ce renoncement à la génération ne prouve-t-il pas une grande antiquité, une population considérable? Il n'est pas possible qu'on eût voulu attenter ainsi contre la nature dans un pays où l'espèce aurait été rare.

Les prêtres de Cybèle, en Phrygie, se rendaient eunuques comme ceux de Syrie. Encore une fois, peut-on douter que ce ne fût l'effet de l'ancienne coutume de sacrifier aux dieux ce qu'on avait de plus cher, et de ne se point exposer, devant des êtres qu'on croyait purs, aux accidents de ce qu'on croyait impureté? Peut-on s'étonner, après de tels sacrifices, de celui que l'on faisait de son prépuce chez d'autres peuples, et de l'amputation d'un testicule chez des nations africaines? Les fables d'Atis et de Combabus ne sont que des fables, comme celle de Jupiter, qui rendit eunuque Saturne son père. La superstition invente des usages ridicules, et l'esprit romanesque invente des raisons absurdes.

Ce que je remarquerai encore des anciens Syriens, c'est que la ville qui fut depuis nommée la Ville sainte, et Hiérapolis par les Grecs, était nommée par les Syriens Magog. Ce mot *Mag* a un grand rapport avec les anciens mages ; il semble commun à tous ceux qui, dans ces climats, étaient consacrés au service de la Divinité. Chaque peuple eut une ville sainte. Nous savons que Thèbes, en Égypte, était la ville de Dieu ; Babylone, la ville de Dieu ; Apamée, en Phrygie, était aussi la ville de Dieu.

Les Hébreux, longtemps après, parlent des peuples de Gog et de Magog ; ils pouvaient entendre par ces noms les peuples de l'Euphrate et de l'Oronte : ils pouvaient entendre aussi les Scythes, qui vinrent ravager l'Asie avant Cyrus, et qui dévastèrent la Phénicie ; mais il importe fort peu de savoir quelle idée passait par la tête d'un Juif quand il prononçait Magog ou Gog.

Au reste, je ne balance pas à croire les Syriens beaucoup plus anciens que les Égyptiens, par la raison évidente que les pays les plus aisément cultivables sont nécessairement les premiers peuplés et les premiers florissants.

XIII. — DES PHÉNICIENS ET DE SANCHONIATHON.

Les Phéniciens sont probablement rassemblés en corps de peuple aussi anciennement que les autres habitants de la Syrie. Ils peuvent être moins anciens que les Chaldéens, parce que leur pays est moins fertile. Sidon, Tyr, Joppé, Berith, Ascalon, sont des terrains ingrats. Le commerce maritime a toujours été la dernière ressource des peuples. On a commencé par cultiver sa terre avant de bâtir des vaisseaux pour en aller chercher de nouvelles au delà des mers. Mais ceux qui sont forcés de s'adonner au commerce maritime ont bientôt cette industrie, fille du besoin, qui n'aiguillonne point les autres nations. Il n'est parlé d'aucune entreprise maritime, ni des Chaldéens, ni des

Indiens. Les Égyptiens même avaient la mer en horreur ; la mer était leur Typhon, un être malfaisant ; et c'est ce qui fait révoquer en doute les quatre cents vaisseaux équipés par Sésostris pour aller conquérir l'Inde. Mais les entreprises des Phéniciens sont réelles. Carthage et Cadix fondées par eux, l'Angleterre découverte, leur commerce aux Indes par Éziongaber, leurs manufactures d'étoffes précieuses, leur art de teindre en pourpre, sont des témoignages de leur habileté ; et cette habileté fit leur grandeur.

Les Phéniciens furent dans l'antiquité ce qu'étaient les Vénitiens au xve siècle, et ce que sont devenus depuis les Hollandais, forcés de s'enrichir par leur industrie.

Le commerce exigeait nécessairement qu'on eût des registres qui tinssent lieu de nos livres de compte, avec des signes aisés et durables pour établir ces registres. L'opinion qui fait les Phéniciens auteurs de l'écriture alphabétique est donc très-vraisemblable. Je n'assurerais pas qu'ils aient inventé de tels caractères avant les Chaldéens ; mais leur alphabet fut certainement le plus complet et le plus utile, puisqu'ils peignirent les voyelles, que les Chaldéens n'exprimaient pas.

Je ne vois pas que les Égyptiens aient jamais communiqué leurs lettres, leur langue, à aucun peuple : au contraire, les Phéniciens transmirent leur langue et leur alphabet aux Carthaginois, qui les altérèrent depuis ; leurs lettres devinrent celles des Grecs. Quel préjugé pour l'antiquité des Phéniciens !

Sanchoniathon, Phénicien, qui écrivit longtemps avant la guerre de Troie l'histoire des premiers âges, et dont Eusèbe nous a conservé quelques fragments traduits par Philon de Biblos ; Sanchoniathon, dis-je, nous apprend que les Phéniciens avaient, de temps immémorial, sacrifié aux éléments et aux vents ; ce qui convient en effet à un peuple navigateur. Il voulut, dans son histoire, s'élever jusqu'à l'origine des choses, comme tous les premiers écrivains ; il eut la même ambition que les auteurs du *Zend* et du *Veidam* ; la même qu'eurent Manéthon en Égypte, et Hésiode en Grèce.

On ne pourrait douter de la prodigieuse antiquité du livre de Sanchoniathon, s'il était vrai, comme Warburton le prétend, qu'on en lût les premières lignes dans les mystères d'Isis et de Cérès, hommage que les Égyptiens et les Grecs n'eussent pas rendu à un auteur étranger s'il n'avait pas été regardé comme une des premières sources des connaissances humaines.

Sanchoniathon n'écrivit rien de lui-même ; il consulta toutes les archives anciennes, et surtout le prêtre Jérombal. Le nom de Sanchoniathon signifie, en ancien phénicien, amateur de la vérité. Porphyre le dit, Théodoret et Bochart l'avouent. La Phénicie était appelée le pays des lettres, *Kirjath sepher*. Quand les Hébreux vinrent s'établir dans une partie de cette contrée, ils brûlèrent la ville des lettres, comme on le voit dans *Josué* et dans les *Juges*.

Jérombal, consulté par Sanchoniathon, était prêtre du dieu suprême, que les Phéniciens nommaient *Iao, Jeova*, nom réputé sacré, adopté chez les Égyptiens et ensuite chez les Juifs. On voit, par les fragments de ce monument si antique, que Tyr existait depuis très-longtemps, quoiqu'elle ne fût pas encore parvenue à être une ville puissante.

Ce mot *El*, qui désignait Dieu chez les premiers Phéniciens, a quelque rapport à l'*Alla* des Arabes; et il est probable que de ce monosyllabe *El* les Grecs composèrent leur *Élios*. Mais ce qui est plus remarquable, c'est qu'on trouve chez les anciens Phéniciens le mot *Éloa, Éloin*, dont les Hébreux se servirent très-longtemps après, quand ils s'établirent dans le Canaan.

C'est de la Phénicie que les Juifs prirent tous les noms qu'ils donnèrent à Dieu, *Éloa, Iao, Adonaï;* cela ne peut être autrement, puisque les Juifs ne parlèrent longtemps en Canaan que la langue phénicienne.

Ce mot *Iao*, ce nom ineffable chez les Juifs, et qu'ils ne prononçaient jamais, était si commun dans l'Orient que Diodore, dans son livre second, en parlant de ceux qui feignirent des entretiens avec les dieux, dit que « Minos se vantait d'avoir communiqué avec le dieu Zeus, Zamolxis avec la déesse Vesta, et le Juif Moïse avec le dieu Iao, etc. »

Ce qui mérite surtout d'être observé, c'est que Sanchoniathon, en rapportant l'ancienne cosmologie de son pays, parle d'abord du chaos d'un air ténébreux, *Chautereb*[1]. L'Érèbe, la nuit d'Hésiode, est prise du mot phénicien qui s'est conservé chez les Grecs. Du chaos sortit *Mot*, qui signifie la matière. Or, qui arrangea la matière? C'est *colpi Iao*, l'esprit de Dieu, le vent de Dieu, ou plutôt la voix de la bouche de Dieu. C'est à la voix de Dieu que naquirent les animaux et les hommes[2].

---

1. Dans l'*Examen important de milord Bolingbroke,* chapitre VI (voyez les *Mélanges*, année 1767), l'auteur a écrit *Khaütereb*. On lit *Chaut-ereb* dans une note sur le *Discours de l'empereur Julien* (*Mélanges*, 1768), et encore dans la seconde note de la *Bible expliquée* (*Mélanges*, 1776). (B.)

2. Cette manière d'entendre Sanchoniathon est très-naturelle; elle est appuyée sur l'autorité de Bochart. Ceux qui l'ont critiquée savent sûrement très-bien la

Il est aisé de se convaincre que cette cosmogonie est l'origine de presque toutes les autres. Le peuple le plus ancien est toujours imité par ceux qui viennent après lui ; ils apprennent sa langue, ils suivent une partie de ses rites, ils s'approprient ses antiquités et ses fables. Je sais combien toutes les origines chaldéennes, syriennes, phéniciennes, égyptiennes, et grecques, sont obscures. Quelle origine ne l'est pas? Nous ne pouvons avoir rien de certain sur la formation du monde, que ce que le Créateur du monde aurait daigné nous apprendre lui-même. Nous marchons avec sûreté jusqu'à certaines bornes : nous savons que Babylone existait avant Rome; que les villes de Syrie étaient puissantes avant qu'on connût Jérusalem ; qu'il y avait des rois d'Égypte avant Jacob, avant Abraham : nous savons quelles sociétés se sont établies les dernières ; mais pour savoir précisément quel fut le premier peuple, il faut une révélation.

Au moins nous est-il permis de peser les probabilités, et de nous servir de notre raison dans ce qui n'intéresse point nos dogmes sacrés, supérieurs à toute raison, et qui ne cèdent qu'à la morale.

Il est très-avéré que les Phéniciens occupaient leur pays longtemps avant que les Hébreux s'y présentassent. Les Hébreux purent-ils apprendre la langue phénicienne quand ils erraient, loin de la Phénicie, dans le désert, au milieu de quelques hordes d'Arabes?

La langue phénicienne put-elle devenir le langage ordinaire des Hébreux? et purent-ils écrire dans cette langue du temps de Josué, parmi des dévastations et des massacres continuels? Les Hébreux après Josué, longtemps esclaves dans ce même pays qu'ils avaient mis à feu et à sang, n'apprirent-ils pas alors un peu de la langue de leurs maîtres, comme depuis ils apprirent un peu de chaldéen quand ils furent esclaves à Babylone?

N'est-il pas de la plus grande vraisemblance qu'un peuple commerçant, industrieux, savant, établi de temps immémorial, et qui passe pour l'inventeur des lettres, écrivit longtemps avant un peuple errant, nouvellement établi dans son voisinage, sans aucune science, sans aucune industrie, sans aucun commerce, et subsistant uniquement de rapines?

Peut-on nier sérieusement l'authenticité des fragments de Sanchoniathon conservés par Eusèbe? ou peut-on imaginer, avec

---

langue grecque; mais ils ont prouvé que cela ne suffit pas toujours pour entendre les livres grecs. (K.)

le savant Huet, que Sanchoniathon ait puisé chez Moïse, quand tout ce qui reste de monuments antiques nous avertit que Sanchoniathon vivait avant Moïse? Nous ne décidons rien, c'est au lecteur éclairé et judicieux à décider entre Huet et Van-Dale, qui l'a réfuté. Nous cherchons la vérité, et non la dispute.

XIV. — DES SCYTHES ET DES GOMÉRITES.

Laissons Gomer, presque au sortir de l'arche, aller subjuguer les Gaules, et les peupler en quelques années; laissons aller Tubal en Espagne et Magog dans le nord de l'Allemagne, vers le temps où les fils de Cham faisaient une prodigieuse quantité d'enfants tout noirs vers la Guinée et le Congo. Ces impertinences dégoûtantes sont débitées dans tant de livres que ce n'est pas la peine d'en parler; les enfants commencent à en rire; mais par quelle faiblesse, ou par quelle malignité secrète, ou par quelle affectation de montrer une éloquence déplacée, tant d'historiens ont-ils fait de si grands éloges des Scythes, qu'ils ne connaissaient pas?

Pourquoi Quinte-Curce, en parlant des Scythes qui habitaient au nord de la Sogdiane, au delà de l'Oxus (qu'il prend pour le Tanaïs, qui en est à cinq cents lieues), pourquoi, dis-je, Quinte-Curce met-il une harangue philosophique dans la bouche de ces barbares? pourquoi suppose-t-il qu'ils reprochent à Alexandre sa soif de conquérir? pourquoi leur fait-il dire qu'Alexandre est le plus fameux voleur de la terre, eux qui avaient exercé le brigandage dans toute l'Asie si longtemps avant lui? pourquoi enfin Quinte-Curce peint-il ces Scythes comme les plus justes de tous les hommes? La raison en est que, comme il place en mauvais géographe le Tanaïs du côté de la mer Caspienne, il parle du prétendu désintéressement des Scythes en déclamateur.

Si Horace, en opposant les mœurs des Scythes à celles des Romains, fait en vers harmonieux le panégyrique de ces barbares, s'il dit (ode XXIV, liv. III),

> Campestres melius Scythæ,
> Quorum plaustra vagas rite trahunt domos,
> Vivunt, et rigidi Getæ;

> Voyez les habitants de l'affreuse Scythie,
>   Qui vivent sur des chars;
> Avec plus d'innocence ils consument leur vie
>   Que le peuple de Mars;

c'est qu'Horace parle en poëte un peu satirique, qui est bien aise d'élever des étrangers aux dépens de son pays.

C'est par la même raison que Tacite[1] s'épuise à louer les barbares Germains, qui pillaient les Gaules et qui immolaient des hommes à leurs abominables dieux. Tacite, Quinte-Curce, Horace, ressemblent à ces pédagogues qui, pour donner de l'émulation à leurs disciples, prodiguent en leur présence des louanges à des enfants étrangers, quelque grossiers qu'ils puissent être.

Les Scythes sont ces mêmes barbares que nous avons depuis appelés Tartares ; ce sont ceux-là mêmes qui, longtemps avant Alexandre, avaient ravagé plusieurs fois l'Asie, et qui ont été les déprédateurs d'une grande partie du continent. Tantôt, sous le nom de Monguls ou de Huns, ils ont asservi la Chine et les Indes ; tantôt, sous le nom de Turcs, ils ont chassé les Arabes qui avaient conquis une partie de l'Asie. C'est de ces vastes campagnes que partirent les Huns pour aller jusqu'à Rome. Voilà ces hommes désintéressés et justes dont nos compilateurs vantent encore aujourd'hui l'équité quand ils copient Quinte-Curce. C'est ainsi qu'on nous accable d'histoires anciennes, sans choix et sans jugement ; on les lit à peu près avec le même esprit qu'elles ont été faites, et on ne se met dans la tête que des erreurs.

Les Russes habitent aujourd'hui l'ancienne Scythie européane ; ce sont eux qui ont fourni à l'histoire des vérités bien étonnantes. Il y a eu sur la terre des révolutions qui ont plus frappé l'imagination ; il n'y en a pas une qui satisfasse autant l'esprit humain, et qui lui fasse autant d'honneur. On a vu des conquérants et des dévastations ; mais qu'un seul homme ait, en vingt années, changé les mœurs, les lois, l'esprit du plus vaste empire de la terre ; que tous les arts soient venus en foule embellir les déserts ; c'est là ce qui est admirable. Une femme qui ne savait ni lire ni écrire perfectionna ce que Pierre le Grand avait commencé. Une autre femme (Élisabeth) étendit encore ces nobles commencements. Une autre impératrice encore est allée plus loin que les deux autres ; son génie s'est communiqué à ses sujets ; les révolutions du palais n'ont pas retardé d'un moment les progrès de la félicité de l'empire : on a vu, en un demi-siècle, la cour de Scythie plus éclairée que ne l'ont été jamais la Grèce et Rome.

Et ce qui est plus admirable, c'est qu'en 1770, temps auquel nous écrivons, Catherine II poursuit en Europe et en Asie les Turcs fuyant devant ses armées, et les fait trembler dans Constan-

---

1. Voyez ci-après l'*Avant-Propos* de l'*Essai*.

tinople. Ses soldats sont aussi terribles que sa cour est polie ; et, quel que soit l'événement de cette grande guerre, la postérité doit admirer la Thomiris du Nord : elle mérite de venger la terre de la tyrannie turque.

XV. — DE L'ARABIE.

Si l'on est curieux de monuments tels que ceux de l'Égypte, je ne crois pas qu'on doive les chercher en Arabie. La Mecque fut, dit-on, bâtie vers le temps d'Abraham ; mais elle est dans un terrain si sablonneux et si ingrat qu'il n'y a pas d'apparence qu'elle ait été fondée avant les villes qu'on éleva près des fleuves, dans des contrées fertiles. Plus de la moitié de l'Arabie est un vaste désert, ou de sables ou de pierres. Mais l'Arabie Heureuse a mérité ce nom en ce qu'étant environnée de solitudes et d'une mer orageuse, elle a été à l'abri de la rapacité des voleurs, appelés conquérants, jusqu'à Mahomet ; et même alors elle ne fut que la compagne de ses victoires. Cet avantage est bien au-dessus de ses aromates, de son encens, de sa cannelle, qui est d'une espèce médiocre, et même de son café, qui fait aujourd'hui sa richesse. L'Arabie Déserte est ce pays malheureux, habité par quelques Amalécites, Moabites, Madianites : pays affreux, qui ne contient pas aujourd'hui neuf à dix mille Arabes, voleurs errants, et qui ne peut en nourrir davantage. C'est dans ces mêmes déserts qu'il est dit que deux millions d'Hébreux passèrent quarante années. Ce n'est point la vraie Arabie, et ce pays est souvent appelé désert de Syrie.

L'Arabie Pétrée n'est ainsi appelée que du nom de Pétra, petite forteresse, à qui sûrement les Arabes n'avaient pas donné ce nom, mais qui fut nommée ainsi par les Grecs vers le temps d'Alexandre. Cette Arabie Pétrée est fort petite, et peut être confondue, sans lui faire tort, avec l'Arabie Déserte : l'une et l'autre ont toujours été habitées par des hordes vagabondes. C'est auprès de cette Arabie Pétrée que fut bâtie la ville appelée par nous Jérusalem.

Pour cette vaste partie appelée Heureuse, près de la moitié consiste aussi en déserts ; mais quand on avance quelques milles dans les terres, soit à l'orient de Moka, soit même à l'orient de la Mecque, c'est alors qu'on trouve le pays le plus agréable de la terre. L'air y est parfumé, dans un été continuel, de l'odeur des plantes aromatiques que la nature y fait croître sans culture. Mille ruisseaux descendent des montagnes, et entretiennent une fraîcheur perpétuelle qui tempère l'ardeur du soleil sous des ombrages toujours verts.

C'est surtout dans ces pays que le mot de jardin, paradis, signifia la faveur céleste.

Les jardins de Saana, vers Aden, furent plus fameux chez les Arabes que ne le furent depuis ceux d'Alcinoüs chez les Grecs; et cet Aden, ou Éden, était nommé le lieu des délices. On parle encore d'un ancien Shedad, dont les jardins n'étaient pas moins renommés. La félicité, dans ces climats brûlants, était l'ombrage.

Ce vaste pays de l'Yemen est si beau, ses ports sont si heureusement situés sur l'Océan indien, qu'on prétend qu'Alexandre voulut conquérir l'Yemen pour en faire le siége de son empire, et y établir l'entrepôt du commerce du monde. Il eût entretenu l'ancien canal des rois d'Égypte, qui joignait le Nil à la mer Rouge; et tous les trésors de l'Inde auraient passé d'Aden ou d'Éden à sa ville d'Alexandrie. Une telle entreprise ne ressemble pas à ces fables insipides et absurdes dont toute histoire ancienne est remplie: il eût fallu, à la vérité, subjuguer toute l'Arabie; si quelqu'un le pouvait, c'était Alexandre: mais il paraît que ces peuples ne le craignirent point; ils ne lui envoyèrent pas même des députés quand il tenait sous le joug l'Égypte et la Perse.

Les Arabes, défendus par leurs déserts et par leur courage, n'ont jamais subi le joug étranger; Trajan ne conquit qu'un peu de l'Arabie Pétrée: aujourd'hui même ils bravent la puissance du Turc. Ce grand peuple a toujours été aussi libre que les Scythes, et plus civilisé qu'eux.

Il faut bien se garder de confondre ces anciens Arabes avec les hordes qui se disent descendues d'Ismaël. Les Ismaélites, ou Agaréens, ou ceux qui se disaient enfants de Cethura, étaient des tribus étrangères qui ne mirent jamais le pied dans l'Arabie Heureuse. Leurs hordes erraient dans l'Arabie Pétrée vers le pays de Madian; elles se mêlèrent depuis avec les vrais Arabes, du temps de Mahomet, quand elles embrassèrent sa religion.

Ce sont les peuples de l'Arabie proprement dite qui étaient véritablement indigènes, c'est-à-dire qui, de temps immémorial, habitaient ce beau pays, sans mélange d'aucune autre nation, sans avoir jamais été ni conquis ni conquérants. Leur religion était la plus naturelle et la plus simple de toutes; c'était le culte d'un Dieu et la vénération pour les étoiles, qui semblaient, sous un ciel si beau et si pur, annoncer la grandeur de Dieu avec plus de magnificence que le reste de la nature. Ils regardaient les planètes comme des médiatrices entre Dieu et les hommes. Ils eurent cette religion jusqu'à Mahomet. Je crois bien qu'il y eut beaucoup de superstitions, puisqu'ils étaient hommes; mais, séparés du reste du monde par des mers et des déserts, possesseurs d'un pays délicieux et se trouvant au-dessus de tout besoin et de toute crainte, ils durent être nécessairement moins méchants et moins superstitieux que d'autres nations.

On ne les avait jamais vus ni envahir le bien de leurs voisins, comme des bêtes carnassières affamées ; ni égorger les faibles, en prétextant les ordres de la Divinité ; ni faire leur cour aux puissants, en les flattant par de faux oracles : leurs superstitions ne furent ni absurdes ni barbares.

On ne parle point d'eux dans nos histoires universelles fabriquées dans notre Occident ; je le crois bien : ils n'ont aucun rapport avec la petite nation juive, qui est devenue l'objet et le fondement de nos histoires prétendues universelles, dans lesquelles un certain genre d'auteurs, se copiant les uns les autres, oublie les trois quarts de la terre.

XVI. — DE BRAM, ABRAM, ABRAHAM [1].

Il semble que ce nom de *Bram, Brama, Abram, Ibrahim,* soit un des noms les plus communs aux anciens peuples de l'Asie. Les Indiens, que nous croyons une des premières nations, font de leur Brama un fils de Dieu, qui enseigna aux brames la manière de l'adorer. Ce nom fut en vénération de proche en proche. Les Arabes, les Chaldéens, les Persans, se l'approprièrent, et les Juifs le regardèrent comme un de leurs patriarches. Les Arabes, qui trafiquaient avec les Indiens, eurent probablement les premiers quelques idées confuses de Brama, qu'ils nommèrent Abrama, et dont ensuite ils se vantèrent d'être descendus. Les Chaldéens l'adoptèrent comme un législateur. Les Perses appelaient leur ancienne religion *Millat Ibrahim;* les Mèdes, *Kish Ibrahim.* Ils prétendaient que cet Ibrahim ou Abraham était de la Bactriane, et qu'il avait vécu près de la ville de Balk : ils révéraient en lui un prophète de la religion de l'ancien Zoroastre : il n'appartient sans doute qu'aux Hébreux, puisqu'ils le reconnaissent pour leur père dans leurs livres sacrés.

[1] Voyez, dans le *Dictionnaire philosophique,* l'article ABRAHAM, seconde section.

Des savants ont cru que ce nom était indien parce que les prêtres indiens s'appelaient brames, brachmanes, et que plusieurs de leurs institutions ont un rapport immédiat à ce nom ; au lieu que, chez les Asiatiques occidentaux, vous ne voyez aucun établissement qui tire son nom d'Abram ou d'Abraham. Nulle société ne s'est jamais nommée abramique ; nul rite, nulle cérémonie de ce nom : mais, puisque les livres juifs disent qu'Abraham est la tige des Hébreux, il faut croire sans difficulté ces Juifs, qui, bien que détestés par nous, sont pourtant regardés comme nos précurseurs et nos maîtres.

L'*Alcoran* cite, touchant Abraham, les anciennes histoires arabes ; mais il en dit très-peu de chose : elles prétendent que cet Abraham fonda la Mecque.

Les Juifs le font venir de Chaldée, et non pas de l'Inde ou de la Bactriane ; ils étaient voisins de la Chaldée ; l'Inde et la Bactriane leur étaient inconnues. Abraham était un étranger pour tous ces peuples ; et la Chaldée étant un pays dès longtemps renommé pour les sciences et les arts, c'était un honneur, humainement parlant, pour une chétive et barbare nation renfermée dans la Palestine, de compter un ancien sage, réputé chaldéen, au nombre de ses ancêtres.

S'il est permis d'examiner la partie historique des livres judaïques, par les mêmes règles qui nous conduisent dans la critique des autres histoires, il faut convenir, avec tous les commentateurs, que le récit des aventures d'Abraham, tel qu'il se trouve dans le *Pentateuque*, serait sujet à quelques difficultés s'il se trouvait dans une autre histoire.

La *Genèse*, après avoir raconté la mort de Tharé, dit qu'Abraham son fils sortit d'Aran, âgé de soixante et quinze ans ; et il est naturel d'en conclure qu'il ne quitta son pays qu'après la mort de son père.

Mais la même *Genèse* dit que Tharé, l'ayant engendré à soixante et dix ans, vécut jusqu'à deux cent cinq ; ainsi Abraham aurait eu cent trente-cinq ans quand il quitta la Chaldée. Il paraît étrange qu'à cet âge il ait abandonné le fertile pays de la Mésopotamie pour aller, à trois cents milles de là, dans la contrée stérile et pierreuse de Sichem, qui n'était point un lieu de commerce. De Sichem on le fait aller acheter du blé à Memphis, qui est environ à six cents milles ; et dès qu'il arrive, le roi devient amoureux de sa femme, âgée de soixante et quinze ans.

Je ne touche point à ce qu'il y a de divin dans cette histoire, je m'en tiens toujours aux recherches de l'antiquité. Il est dit qu'Abraham reçut de grands présents du roi d'Égypte[1]. Ce pays était dès lors un puissant État ; la monarchie était établie, les arts y étaient donc cultivés ; le fleuve avait été dompté ; on avait creusé partout des canaux pour recevoir ses inondations, sans quoi la contrée n'eût pas été habitable.

Or, je demande à tout homme sensé s'il n'avait pas fallu des siècles pour établir un tel empire dans un pays longtemps inaccessible, et dévasté par les eaux mêmes qui le fertilisèrent? Abraham, selon la *Genèse*, arriva en Égypte deux mille ans avant notre ère vulgaire. Il faut donc pardonner aux Manéthon, aux Hérodote, aux Diodore, aux Ératosthène, et à tant d'autres, la prodigieuse antiquité qu'ils accordent tous au royaume d'Égypte ; et cette antiquité devait être très-moderne, en comparaison de celle des Chaldéens et des Syriens.

Qu'il soit permis d'observer un trait de l'histoire d'Abraham. Il est représenté, au sortir de l'Égypte, comme un pasteur nomade, errant entre le mont Carmel et le lac Asphaltite ; c'est le désert le plus aride de l'Arabie Pétrée ; tout le territoire y est bitumineux ; l'eau y est très-rare : le peu qu'on y en trouve est moins potable que celle de la mer. Il y voiture ses tentes avec trois cent dix-huit serviteurs ; et son neveu Loth est établi dans la ville ou bourg de Sodome. Un roi de Babylone, un roi de Perse, un roi de Pont, et un roi de plusieurs autres nations, se liguent ensemble pour faire la guerre à Sodome et à quatre bourgades voisines. Ils prennent ces bourgs et Sodome ; Loth est leur prisonnier. Il n'est pas aisé de comprendre comment quatre grands rois si puissants se liguèrent pour venir ainsi attaquer une horde d'Arabes dans un coin de terre si sauvage, ni comment Abraham défit de si puissants monarques avec trois cents valets de campagne, ni comment il les poursuivit jusque par delà Damas. Quelques traducteurs ont mis *Dan* pour *Damas;* mais Dan n'existait pas du temps de Moïse, encore moins du temps d'Abraham. Il y a, de l'extrémité du lac Asphaltide, où Sodome était située, jusqu'à Damas, plus de trois cents milles de route. Tout cela est au-dessus de nos conceptions. Tout est miraculeux dans l'histoire des Hébreux. Nous l'avons déjà dit[2], et nous redisons encore que nous croyons ces prodiges et tous les autres sans aucun examen.

---

1. La *Genèse* parle d'un grand nombre d'esclaves et de bêtes de somme donnés à Abraham, lorsque Pharaon le croyait seulement le frère de Sara; et quand i sortit d'Égypte, Pharaon y ajouta beaucoup d'or et d'argent. (K.)
2. Voyez la note de l'auteur sur le paragraphe x.

XVII. — DE L'INDE.

S'il est permis de former des conjectures, les Indiens, vers le Gange, sont peut-être les hommes le plus anciennement rassemblés en corps de peuple. Il est certain que le terrain où les animaux trouvent la pâture la plus facile est bientôt couvert de l'espèce qu'il peut nourrir. Or il n'y a pas de contrée au monde où l'espèce humaine ait sous sa main des aliments plus sains, plus agréables et en plus grande abondance que vers le Gange. Le riz y croît sans culture; le coco, la datte, le figuier, présentent de tous côtés des mets délicieux; l'oranger, le citronnier, fournissent à la fois des boissons rafraîchissantes avec quelque nourriture; les cannes de sucre sont sous la main; les palmiers et les figuiers à larges feuilles y donnent le plus épais ombrage. On n'a pas besoin, dans ce climat, d'écorcher des troupeaux pour défendre ses enfants des rigueurs des saisons; on les y élève encore aujourd'hui tout nus jusqu'à la puberté. Jamais on ne fut obligé, dans ce pays, de risquer sa vie en attaquant les animaux, pour la soutenir en se nourrissant de leurs membres déchirés, comme on a fait presque partout ailleurs.

Les hommes se seront rassemblés d'eux-mêmes dans ce climat heureux; on ne se sera point disputé un terrain aride pour y établir de maigres troupeaux; on ne se sera point fait la guerre pour un puits, pour une fontaine, comme ont fait des barbares dans l'Arabie Pétrée.

Les bramés se vantent de posséder les monuments les plus anciens qui soient sur la terre. Les raretés les plus antiques que l'empereur chinois Cam-hi eût dans son palais étaient indiennes: il montrait à nos missionnaires mathématiciens d'anciennes monnaies indiennes, frappées au coin, fort antérieures aux monnaies de cuivre des empereurs chinois: et c'est probablement des Indiens que les rois de Perse apprirent l'art monétaire.

Les Grecs, avant Pythagore, voyageaient dans l'Inde pour s'instruire. Les signes des sept planètes et des sept métaux sont encore, dans presque toute la terre, ceux que les Indiens inventèrent: les Arabes furent obligés de prendre leurs chiffres. Celui des jeux[1] qui fait le plus d'honneur à l'esprit humain nous vient incontestablement de l'Inde; les éléphants, auxquels nous avons

---
1. Les échecs.

substitué des tours, en sont une preuve : il était naturel que les Indiens fissent marcher des éléphants, mais il ne l'est pas que des tours marchent.

Enfin les peuples les plus anciennement connus, Persans, Phéniciens, Arabes, Égyptiens, allèrent, de temps immémorial, trafiquer dans l'Inde, pour en rapporter les épiceries que la nature n'a données qu'à ces climats, sans que jamais les Indiens allassent rien demander à aucune de ces nations.

On nous parle d'un Bacchus qui partit, dit-on, d'Égypte, ou d'une contrée de l'Asie occidentale, pour conquérir l'Inde. Ce Bacchus, quel qu'il soit, savait donc qu'il y avait au bout de notre continent une nation qui valait mieux que la sienne. Le besoin fit les premiers brigands, ils n'envahirent l'Inde que parce qu'elle était riche ; et sûrement le peuple riche est rassemblé, civilisé, policé, longtemps avant le peuple voleur.

Ce qui me frappe le plus dans l'Inde, c'est cette ancienne opinion de la transmigration des âmes, qui s'étendit avec le temps jusqu'à la Chine et dans l'Europe. Ce n'est pas que les Indiens sussent ce que c'est qu'une âme : mais ils imaginaient que ce principe, soit aérien, soit igné, allait successivement animer d'autres corps. Remarquons attentivement ce système de philosophie qui tient aux mœurs. C'était un grand frein pour les pervers que la crainte d'être condamnés par Visnou et par Brama à devenir les plus vils et les plus malheureux des animaux. Nous verrons bientôt que tous les grands peuples avaient une idée d'une autre vie, quoique avec des notions différentes. Je ne vois guère, parmi les anciens empires, que les Chinois qui n'établirent pas la doctrine de l'immortalité de l'âme. Leurs premiers législateurs ne promulguèrent que des lois morales : ils crurent qu'il suffisait d'exhorter les hommes à la vertu, et de les y forcer par une police sévère.

Les Indiens eurent un frein de plus, en embrassant la doctrine de la métempsycose ; la crainte de tuer son père ou sa mère en tuant des hommes et des animaux leur inspira une horreur pour le meurtre et pour toute violence, qui devint chez eux une seconde nature. Ainsi tous les Indiens dont les familles ne sont alliées ni aux Arabes, ni aux Tartares, sont encore aujourd'hui les plus doux de tous les hommes. Leur religion et la température de leur climat rendirent ces peuples entièrement semblables à ces animaux paisibles que nous élevons dans nos bergeries et dans nos colombiers pour les égorger à notre plaisir. Toutes les nations farouches qui descendirent du Caucase, du Taurus et de l'Immaüs pour subjuguer les habitants des bords de l'Inde, de l'Hydaspe, du Gange, les asservirent en se montrant.

C'est ce qui arriverait aujourd'hui à ces chrétiens primitifs, appelés Quakers, aussi pacifiques que les Indiens ; ils seraient dévorés par les autres nations, s'ils n'étaient protégés par leurs belliqueux compatriotes. La religion chrétienne, que ces seuls primitifs suivent à la lettre, est aussi ennemie du sang que la pythagoricienne. Mais les peuples chrétiens n'ont jamais observé leur religion, et les anciennes castes indiennes ont toujours pratiqué la leur : c'est que le pythagorisme est la seule religion au monde qui ait su faire de l'horreur du meurtre une piété filiale et un sentiment religieux. La transmigration des âmes est un système si simple, et même si vraisemblable aux yeux des peuples ignorants ; il est si facile de croire que ce qui anime un homme peut ensuite en animer un autre, que tous ceux qui adoptèrent cette religion crurent voir les âmes de leurs parents dans tous les hommes qui les environnaient. Ils se crurent tous frères, pères, mères, enfants les uns des autres : cette idée inspirait nécessairement une charité universelle ; on tremblait de blesser un être qui était de la famille. En un mot, l'ancienne religion de l'Inde, et celle des lettrés à la Chine, sont les seules dans lesquelles les hommes n'aient point été barbares. Comment put-il arriver qu'ensuite ces mêmes hommes, qui se faisaient un crime d'égorger un animal, permissent que les femmes se brûlassent sur le corps de leurs maris, dans la vaine espérance de renaître dans des corps plus beaux et plus heureux ? c'est que le fanatisme et les contradictions sont l'apanage de la nature humaine.

Il faut surtout considérer que l'abstinence de la chair des animaux est une suite de la nature du climat. L'extrême chaleur et l'humidité y pourrissent bientôt la viande ; elle y est une très-mauvaise nourriture : les liqueurs fortes y sont également défendues par la nature, qui exige dans l'Inde des boissons rafraîchissantes. La métempsycose passa, à la vérité, chez nos nations septentrionales ; les Celtes crurent qu'ils renaîtraient dans d'autres corps : mais si les druides avaient ajouté à cette doctrine la défense de manger de la chair, ils n'auraient pas été obéis.

Nous ne connaissons presque rien des anciens rites des brames, conservés jusqu'à nos jours : ils communiquent peu les livres du *Hanscrit*, qu'ils ont encore dans cette ancienne langue sacrée : leur *Veidam*, leur *Shasta*, ont été aussi longtemps inconnus que le *Zend* des Perses, et que les cinq *Kings* des Chinois.

Il n'y a guère que six-vingts ans que les Européans eurent les premières notions des *cinq Kings;* et le *Zend* n'a été vu que par le célèbre docteur Hyde, qui n'eut pas de quoi l'acheter et de quoi payer l'interprète; et par le marchand Chardin, qui ne voulut pas en donner le prix qu'on lui en demandait. Nous n'eûmes que cet extrait du *Zend,* ou ce *Sadder* dont j'ai déjà parlé[1].

Un hasard plus heureux a procuré à la bibliothèque de Paris un ancien livre des brames; c'est l'*Ézour-Veidam*, écrit avant l'expédition d'Alexandre dans l'Inde, avec un rituel de tous les anciens rites des brachmanes, intitulé le *Cormo-Veidam :* ce manuscrit, traduit par un brame, n'est pas à la vérité le *Veidam* lui-même; mais c'est un résumé des opinions et des rites contenus dans cette loi. Nous n'avons que depuis peu d'années le *Shasta;* nous le devons aux soins et à l'érudition de M. Holwell, qui a demeuré très-longtemps parmi les brames. Le *Shasta* est antérieur au *Veidam* de quinze cents années, selon le calcul de ce savant Anglais[2]. Nous pouvons donc nous flatter d'avoir aujourd'hui quelque connaissance des plus anciens écrits qui soient au monde.

Il faut désespérer d'avoir jamais rien des Égyptiens; leurs livres sont perdus, leur religion s'est anéantie : ils n'entendent plus leur ancienne langue vulgaire, encore moins la sacrée. Ainsi ce qui était plus près de nous, plus facile à conserver, déposé dans des bibliothèques immenses, a péri pour jamais; et nous avons trouvé, au bout du monde, des monuments non moins authentiques, que nous ne devions pas espérer de découvrir.

On ne peut douter de la vérité, de l'authenticité de ce rituel des brachmanes dont je parle. L'auteur assurément ne flatte pas sa secte; il ne cherche point à déguiser les superstitions, à leur donner quelque vraisemblance par des explications forcées, à les excuser par des allégories. Il rend compte des lois les plus extravagantes avec la simplicité de la candeur. L'esprit humain paraît là dans toute sa misère. Si les brames observaient toutes les lois de leur *Veidam,* il n'y a point de moine qui voulût s'assujettir à cet état. A peine le fils d'un brame est-il né qu'il est l'esclave de la cérémonie. On frotte sa langue avec de la poix-résine détrempée dans de la farine; on prononce le mot *oum;* on invoque vingt divi-

---

1. Paragraphe XI.
2. Voyez le *Dictionnaire philosophique,* articles BRACHMANES, ÉZOUR-VEIDAM, etc., et les chapitres III et IV de l'*Essai sur les Mœurs,* etc. (*Note de Voltaire.*)

nités subalternes avant qu'on lui ait coupé le nombril ; mais aussi on lui dit : *Vivez pour commander aux hommes;* et, dès qu'il peut parler, on lui fait sentir la dignité de son être. En effet, les brachmanes furent longtemps souverains dans l'Inde ; et la théocratie fut établie dans cette vaste contrée plus qu'en aucun pays du monde.

Bientôt on expose l'enfant à la lune ; on prie l'Être suprême d'effacer les péchés que l'enfant peut avoir commis, quoiqu'il ne soit né que depuis huit jours ; on adresse des *antiennes* au feu ; on donne à l'enfant, avec cent cérémonies, le nom de *Chormo,* qui est le titre d'honneur des brames.

Dès que cet enfant peut marcher, il passe sa vie à se baigner et à réciter des prières ; il fait le sacrifice des morts ; et ce sacrifice est institué pour que Brama donne à l'âme des ancêtres de l'enfant une demeure agréable dans d'autres corps.

On fait des prières aux cinq vents qui peuvent sortir par les cinq ouvertures du corps humain. Cela n'est pas plus étrange que les prières récitées au dieu *Pet* par les bonnes vieilles de Rome.

Nulle fonction de la nature, nulle action chez les brames, sans prières. La première fois qu'on rase la tête de l'enfant, le père dit au rasoir dévotement : « Rasoir, rase mon fils comme tu as rasé le soleil et le dieu Indro. » Il se pourrait, après tout, que le dieu Indro eût été autrefois rasé ; mais pour le soleil, cela n'est pas aisé à comprendre, à moins que les brames n'aient eu notre Apollon, que nous représentons encore sans barbe.

Le récit de toutes ces cérémonies serait aussi ennuyeux qu'elles nous paraissent ridicules ; et, dans leur aveuglement, ils en disent autant des nôtres : mais il y a chez eux un mystère qui ne doit pas être passé sous silence, c'est le *Matricha Machom.* On se donne, par ce mystère, un nouvel être, une nouvelle vie.

L'âme est supposée être dans la poitrine ; et c'est en effet le sentiment de presque toute l'antiquité. On passe la main, de la poitrine à la tête, en appuyant sur le nerf qu'on croit aller d'un de ces organes à l'autre, et l'on conduit ainsi son âme à son cerveau. Quand on est sûr que son âme est bien montée, alors le jeune homme s'écrie que son âme et son corps sont réunis à l'Être suprême, et dit : *Je suis moi-même une partie de la Divinité.*

Cette opinion a été celle des plus respectables philosophes de la Grèce, de ces stoïciens qui ont élevé la nature humaine au-dessus d'elle-même, celle des divins Antonins ; et il faut avouer que rien n'était plus capable d'inspirer de grandes vertus. Se croire une partie de la Divinité, c'est s'imposer la loi de ne rien faire qui ne soit digne de Dieu même.

On trouve, dans cette loi des brachmanes, dix commandements, et ce sont dix péchés à éviter. Ils sont divisés en trois espèces : les péchés du corps, ceux de la parole, ceux de la volonté. Frapper, tuer son prochain, le voler, violer les femmes, ce sont les péchés du corps; dissimuler, mentir, injurier, ce sont les péchés de la parole; ceux de la volonté consistent à souhaiter le mal, à regarder le bien des autres avec envie, à n'être pas touché des misères d'autrui. Ces dix commandements font pardonner tous les rites ridicules. On voit évidemment que la morale est la même chez toutes les nations civilisées, tandis que les usages les plus consacrés chez un peuple paraissent aux autres ou extravagants ou haïssables. Les rites établis divisent aujourd'hui le genre humain, et la morale le réunit.

La superstition n'empêcha jamais les brachmanes de reconnaître un dieu unique. Strabon, dans son quinzième livre, dit qu'ils adorent un dieu suprême; qu'ils gardent le silence plusieurs années avant d'oser parler; qu'ils sont sobres, chastes, tempérants; qu'ils vivent dans la justice, et qu'ils meurent sans regret. C'est le témoignage que leur rendent saint Clément d'Alexandrie, Apulée, Porphyre, Pallade, saint Ambroise. N'oublions pas surtout qu'ils eurent un *paradis terrestre*, et que les hommes qui abusèrent des bienfaits de Dieu furent chassés de ce paradis.

La chute de l'homme dégénéré est le fondement de la théologie de presque toutes les anciennes nations. Le penchant naturel de l'homme à se plaindre du présent, et à vanter le passé, a fait imaginer partout une espèce d'âge d'or auquel les siècles de fer ont succédé. Ce qui est plus singulier encore, c'est que le *Veidam* des anciens brachmanes enseigne que le premier homme fut *Adimo*, et la première femme *Procriti*. Chez eux, *Adimo* signifiait *Seigneur*, et *Procriti* voulait dire la *Vie;* comme *Eva* chez les Phéniciens, et même chez les Hébreux leurs imitateurs, signifiait aussi la *Vie* ou le *Serpent.* Cette conformité mérite une grande attention.

XVIII. — DE LA CHINE.

Oserons-nous parler des Chinois sans nous en rapporter à leurs propres annales? elles sont confirmées par le témoignage unanime de nos voyageurs de différentes sectes, jacobins, jésuites, luthériens, calvinistes, anglicans; tous intéressés à se contredire.

Il est évident que l'empire de la Chine était formé il y a plus de quatre mille ans. Ce peuple antique n'entendit jamais parler d'aucune de ces révolutions physiques, de ces inondations, de ces incendies, dont la faible mémoire s'était conservée et altérée dans les fables du déluge de Deucalion et de la chute de Phaéton. Le climat de la Chine avait donc été préservé de ces fléaux, comme il le fut toujours de la peste proprement dite, qui a tant de fois ravagé l'Afrique, l'Asie, et l'Europe.

Si quelques annales portent un caractère de certitude, ce sont celles des Chinois, qui ont joint, comme on l'a déjà dit ailleurs[1], l'histoire du ciel à celle de la terre. Seuls de tous les peuples, ils ont constamment marqué leurs époques par des éclipses, par les conjonctions des planètes; et nos astronomes, qui ont examiné leurs calculs, ont été étonnés de les trouver presque tous véritables. Les autres nations inventèrent des fables allégoriques; et les Chinois écrivirent leur histoire, la plume et l'astrolabe à la main, avec une simplicité dont on ne trouve point d'exemple dans le reste de l'Asie.

Chaque règne de leurs empereurs a été écrit par des contemporains; nulles différentes manières de compter parmi eux; nulles chronologies qui se contredisent. Nos voyageurs missionnaires rapportent, avec candeur, que lorsqu'ils parlèrent au sage empereur Cam-hi des variations considérables de la chronologie de la *Vulgate*, des *Septante*, et des *Samaritains*, Cam-hi leur répondit : « Est-il possible que les livres en qui vous croyez se combattent? »

Les Chinois écrivaient sur des tablettes légères de bambou, quand les Chaldéens n'écrivaient que sur des briques grossières; et ils ont même encore de ces anciennes tablettes que leur vernis a préservées de la pourriture : ce sont peut-être les plus anciens monuments du monde. Point d'histoire chez eux avant celle de leurs empereurs; presque point de fictions, aucun prodige, nul homme inspiré qui se dise demi-dieu, comme chez les Égyptiens et chez les Grecs; dès que ce peuple écrit, il écrit raisonnablement.

Il diffère surtout des autres nations en ce que leur histoire ne fait aucune mention d'un collége de prêtres qui ait jamais influé sur les lois. Les Chinois ne remontent point jusqu'aux temps sauvages où les hommes eurent besoin qu'on les trompât pour les conduire. D'autres peuples commencèrent leur histoire par l'origine du monde : le *Zend* des Perses, le *Shasta* et le *Veidam* des

---

1. *Essai sur les Mœurs*, chapitre 1er.

Indiens, Sanchoniathon, Manéthon, enfin jusqu'à Hésiode, tous remontent à l'origine des choses, à la formation de l'univers. Les Chinois n'ont point eu cette folie; leur histoire n'est que celle des temps historiques.

C'est ici qu'il faut surtout appliquer notre grand principe qu'une nation dont les premières chroniques attestent l'existence d'un vaste empire, puissant et sage, doit avoir été rassemblée en corps de peuple pendant des siècles antérieurs. Voilà ce peuple qui, depuis plus de quatre mille ans, écrit journellement ses annales. Encore une fois[1], n'y aurait-il pas de la démence à ne pas voir que, pour être exercé dans tous les arts qu'exige la société des hommes, et pour en venir non-seulement jusqu'à écrire, mais jusqu'à bien écrire, il avait fallu plus de temps que l'empire chinois n'a duré, en ne comptant que depuis l'empereur Fo-hi jusqu'à nos jours? Il n'y a point de lettré à la Chine qui doute que les cinq *Kings* n'aient été écrits deux mille trois cents ans avant notre ère vulgaire. Ce monument précède donc de quatre cents années les premières observations babyloniennes, envoyées en Grèce par Callisthène. De bonne foi, sied-il bien à des lettrés de Paris de contester l'antiquité d'un livre chinois, regardé comme authentique par tous les tribunaux de la Chine[2]?

Les premiers rudiments sont, en tout genre, plus lents chez les hommes que les grands progrès. Souvenons-nous toujours que presque personne ne savait écrire il y a cinq cents ans, ni dans le Nord, ni en Allemagne, ni parmi nous. Ces tailles dont se servent encore aujourd'hui nos boulangers étaient nos hiéroglyphes et nos livres de compte. Il n'y avait point d'autre arithmétique pour lever les impôts, et le nom de taille l'atteste encore dans nos campagnes. Nos coutumes capricieuses, qu'on n'a commencé à rédiger par écrit que depuis quatre cent cinquante ans, nous apprennent assez combien l'art d'écrire était rare alors. Il n'y a point de peuple en Europe qui n'ait fait, en dernier lieu, plus de progrès en un demi-siècle dans tous les arts qu'il n'en avait fait depuis les invasions des barbares jusqu'au quatorzième siècle.

Je n'examinerai point ici pourquoi les Chinois, parvenus à connaître et à pratiquer tout ce qui est utile à la société, n'ont pas été aussi loin que nous allons aujourd'hui dans les sciences. Ils sont aussi mauvais physiciens, je l'avoue, que nous l'étions il y a deux cents ans, et que les Grecs et les Romains l'ont été;

---

1. Voyez *Essai sur les Mœurs*, chapitre 1ᵉʳ.
2. Voyez les lettres du savant jésuite Parennin. (*Note de Voltaire.*)

mais ils ont perfectionné la morale, qui est la première des sciences.

Leur vaste et populeux empire était déjà gouverné comme une famille dont le monarque était le père, et dont quarante tribunaux de législation étaient regardés comme les frères aînés, quand nous étions errants en petit nombre dans la forêt des Ardennes.

Leur religion était simple, sage, auguste, libre de toute superstition et de toute barbarie, quand nous n'avions pas même encore des Teutatès, à qui des druides sacrifiaient les enfants de nos ancêtres dans de grandes mannes d'osier.

Les empereurs chinois offraient eux-mêmes au Dieu de l'univers, au Chang-ti, au Tien, au principe de toutes choses, les prémices des récoltes deux fois l'année; et de quelles récoltes encore! de ce qu'ils avaient semé de leurs propres mains. Cette coutume s'est soutenue pendant quarante siècles, au milieu même des révolutions et des plus horribles calamités.

Jamais la religion des empereurs et des tribunaux ne fut déshonorée par des impostures, jamais troublée par les querelles du sacerdoce et de l'empire, jamais chargée d'innovations absurdes, qui se combattent les unes les autres avec des arguments aussi absurdes qu'elles, et dont la démence a mis à la fin le poignard aux mains des fanatiques, conduits par des factieux. C'est par là surtout que les Chinois l'emportent sur toutes les nations de l'univers.

Leur Confutzée, que nous appelons Confucius, n'imagina ni nouvelles opinions ni nouveaux rites; il ne fit ni l'inspiré ni le prophète : c'était un sage magistrat qui enseignait les anciennes lois. Nous disons quelquefois, et bien mal à propos, la religion de Confucius; il n'en avait point d'autre que celle de tous les empereurs et de tous les tribunaux, point d'autre que celle des premiers sages. Il ne recommande que la vertu; il ne prêche aucun mystère. Il dit dans son premier livre que pour apprendre à gouverner il faut passer tous ses jours à se corriger. Dans le second, il prouve que Dieu a gravé lui-même la vertu dans le cœur de l'homme; il dit que l'homme n'est point né méchant, et qu'il le devient par sa faute. Le troisième est un recueil de maximes pures, où vous ne trouvez rien de bas, et rien d'une allégorie ridicule. Il eut cinq mille disciples; il pouvait se mettre à la tête d'un parti puissant, et il aima mieux instruire les hommes que de les gouverner.

On s'est élevé avec force, dans l'*Essai sur les Mœurs et l'Esprit des nations* (chap. II), contre la témérité que nous avons eue, au bout de l'Occident, de vouloir juger de cette cour orientale, et de lui attribuer l'athéisme. Par quelle fureur, en effet, quelques-uns d'entre nous ont-ils pu appeler athée un empire dont presque toutes les lois sont fondées sur la connaissance d'un être suprême, rémunérateur et vengeur? Les inscriptions de leurs temples, dont nous avons des copies authentiques [1], sont : « Au premier principe, sans commencement et sans fin. Il a tout fait, il gouverne tout. Il est infiniment bon, infiniment juste; il éclaire, il soutient, il règle toute la nature. »

On a reproché, en Europe, aux jésuites qu'on n'aimait pas, de flatter les athées de la Chine. Un Français appelé Maigrot, nommé par un pape évêque *in partibus* de Conon à la Chine, fut député par ce même pape pour aller juger le procès sur les lieux. Ce Maigrot ne savait pas un mot de chinois; cependant il traita Confucius d'athée, sur ces paroles de ce grand homme : *Le ciel m'a donné la vertu, l'homme ne peut me nuire.* Le plus grand de nos saints n'a jamais débité de maxime plus céleste. Si Confucius était athée, Caton et le chancelier de L'Hospital l'étaient aussi.

Répétons ici [2], pour faire rougir la calomnie, que les mêmes hommes qui soutenaient contre Bayle qu'une société d'athées était impossible avançaient en même temps que le plus ancien gouvernement de la terre était une société d'athées. Nous ne pouvons trop nous faire honte de nos contradictions.

Répétons encore [3] que les lettrés chinois, adorateurs d'un seul Dieu, abandonnèrent le peuple aux superstitions des bonzes. Ils reçurent la secte de Laokium, et celle de Fo, et plusieurs autres. Les magistrats sentirent que le peuple pouvait avoir des religions différentes de celle de l'État, comme il a une nourriture plus grossière; ils souffrirent les bonzes et les continrent. Presque partout ailleurs ceux qui faisaient le métier de bonzes avaient l'autorité principale.

Il est vrai que les lois de la Chine ne parlent point de peines et de récompenses après la mort; ils n'ont point voulu affirmer ce qu'ils ne savaient pas. Cette différence entre eux et tous les grands peuples policés est très-étonnante. La doctrine de l'enfer était utile, et le gouvernement des Chinois ne l'a jamais admise. Ils se contentèrent d'exhorter les hommes à révérer le ciel et à

---

1. Voyez seulement les estampes gravées dans la collection du jésuite du Halde. (*Note de Voltaire.*)
2. Voyez l'*Essai sur les Mœurs*, chapitre II.
3. *Ibid.*

être justes. Ils crurent qu'une police exacte, toujours exercée, ferait plus d'effet que des opinions qui peuvent être combattues ; et qu'on craindrait plus la loi toujours présente qu'une loi à venir. Nous parlerons en son temps d'un autre peuple, infiniment moins considérable, qui eut à peu près la même idée, ou plutôt qui n'eut aucune idée, mais qui fut conduit par des voies inconnues aux autres hommes.

Résumons ici seulement que l'empire chinois subsistait avec splendeur quand les Chaldéens commençaient le cours de ces dix-neuf cents années d'observations astronomiques, envoyées en Grèce par Callisthène. Les Brames régnaient alors dans une partie de l'Inde ; les Perses avaient leurs lois ; les Arabes, au midi ; les Scythes, au septentrion, habitaient sous des tentes ; l'Égypte, dont nous allons parler, était un puissant royaume.

XIX. — DE L'ÉGYPTE.

Il me paraît sensible que les Égyptiens, tout antiques qu'ils sont, ne purent être rassemblés en corps, civilisés, policés, industrieux, puissants, que très-longtemps après tous les peuples que je viens de passer en revue. La raison en est évidente. L'Égypte, jusqu'au Delta, est resserrée par deux chaînes de rochers, entre lesquels le Nil se précipite, en descendant l'Éthiopie, du midi au septentrion. Il n'y a, des cataractes du Nil à ses embouchures, en ligne droite, que cent soixante lieues de trois mille pas géométriques ; et la largeur n'est que de dix à quinze et vingt lieues jusqu'au Delta, partie basse de l'Égypte, qui embrasse une étendue de cinquante lieues, d'orient en occident. A la droite du Nil sont les déserts de la Thébaïde ; et à la gauche, les sables inhabitables de la Libye, jusqu'au petit pays où fut bâti le temple d'Ammon.

Les inondations du Nil durent, pendant des siècles, écarter tous les colons d'une terre submergée quatre mois de l'année ; ces eaux croupissantes, s'accumulant continuellement, durent longtemps faire un marais de toute l'Égypte. Il n'en est pas ainsi des bords de l'Euphrate, du Tigre, de l'Inde, du Gange, et d'autres rivières qui se débordent aussi presque chaque année, en été, à la fonte des neiges. Leurs débordements ne sont pas si grands, et les vastes plaines qui les environnent donnent aux cultivateurs toute la liberté de profiter de la fertilité de la terre.

Observons surtout que la peste, ce fléau attaché au genre animal, règne une fois en dix ans au moins en Égypte; elle devait être beaucoup plus destructive quand les eaux du Nil, en croupissant sur la terre, ajoutaient leur infection à cette contagion horrible; et ainsi la population de l'Égypte dut être très-faible pendant bien des siècles.

L'ordre naturel des choses semble donc démontrer invinciblement que l'Égypte fut une des dernières terres habitées. Les Troglodytes, nés dans ces rochers dont le Nil est bordé, furent obligés à des travaux aussi longs que pénibles, pour creuser des canaux qui reçussent le fleuve, pour élever des cabanes et les rehausser de vingt-cinq pieds au-dessus du terrain. C'est là pourtant ce qu'il fallut faire avant de bâtir Thèbes aux prétendues cent portes, avant d'élever Memphis et de songer à construire des pyramides. Il est bien étrange qu'aucun ancien historien n'ait fait une réflexion si naturelle.

Nous avons déjà observé[1] que dans le temps où l'on place les voyages d'Abraham, l'Égypte était un puissant royaume. Ses rois avaient déjà bâti quelques-unes de ces pyramides qui étonnent encore les yeux et l'imagination. Les Arabes ont écrit que la plus grande fut élevée par Saurid, plusieurs siècles avant Abraham. On ne sait dans quel temps fut construite la fameuse Thèbes aux cent portes, la ville de Dieu, Diospolis. Il paraît que dans ces temps reculés les grandes villes portaient le nom de ville de Dieu, comme Babylone. Mais qui pourra croire que par chacune des cent portes de cette ville il sortait deux cents chariots armés en guerre et dix mille combattants[2]? Cela ferait vingt mille chariots, et un million de soldats; et, à un soldat pour cinq personnes, ce nombre suppose au moins cinq millions de têtes pour une seule ville, dans un pays qui n'est pas si grand que l'Espagne ou que la France, et qui n'avait pas, selon Diodore de Sicile, plus de trois millions d'habitants, et plus de cent soixante mille soldats pour sa défense. Diodore, au livre premier, dit que l'Égypte était si peuplée qu'autrefois elle avait eu jusqu'à sept millions d'habitants, et que de son temps elle en avait encore trois millions.

Vous ne croyez pas plus aux conquêtes de Sésostris qu'au million de soldats qui sortent par les cent portes de Thèbes. Ne

---

1. Paragraphe XVI.
2. M. de Voltaire n'a en vue ici que les compilateurs modernes. Homère parle de cent chars qui sortaient de chaque porte de Thèbes; Diodore en compte deux cents; et c'est Pomponius Mela qui parle des dix mille combattants. Voyez la *Défense de mon oncle*, chapitre IX (dans les *Mélanges*, année 1767). (K.)

pensez-vous pas lire l'histoire de Picrocole, quand ceux qui copient Diodore vous disent que le père de Sésostris, fondant ses espérances sur un songe et sur un oracle, destina son fils à subjuguer le monde ; qu'il fit élever à sa cour, dans le métier des armes, tous les enfants nés le même jour que ce fils ; qu'on ne leur donnait à manger qu'après qu'ils avaient couru huit de nos grandes lieues [1] ; enfin que Sésostris partit avec six cent mille hommes, et vingt-sept mille chars de guerre, pour aller conquérir toute la terre, depuis l'Inde jusqu'aux extrémités du Pont-Euxin, et qu'il subjugua la Mingrélie et la Géorgie, appelées alors la Colchide [2] ? Hérodote ne doute pas que Sésostris n'ait laissé des colonies en Colchide, parce qu'il a vu à Colchos des hommes basanés, avec des cheveux crépus, ressemblants aux Égyptiens. Je croirais bien plutôt que ces espèces de Scythes des bords de la mer Noire et de la mer Caspienne vinrent rançonner les Égyptiens quand ils ravagèrent si longtemps l'Asie avant le règne de Cyrus. Je croirais qu'ils emmenèrent avec eux des esclaves de l'Égypte, ce vrai pays d'esclaves, dont Hérodote put voir ou crut voir les descendants en Colchide. Si les Colchidiens avaient en effet la superstition de se faire circoncire, ils avaient probablement retenu cette coutume d'Égypte ; comme il arriva presque toujours aux peuples du Nord de prendre les rites des nations civilisées qu'ils avaient vaincues [3].

Jamais les Égyptiens, dans les temps connus, ne furent redoutables ; jamais ennemi n'entra chez eux qu'il ne les subjuguât. Les Scythes commencèrent. Après les Scythes vint Nabuchodonosor, qui conquit l'Égypte sans résistance ; Cyrus n'eut qu'à y envoyer un de ses lieutenants : révoltée sous Cambyse, il ne fallut qu'une campagne pour la soumettre ; et ce Cambyse eut tant de mépris pour les Égyptiens qu'il tua leur dieu Apis en

---

1. Quand on réduirait ces huit lieues à six, on ne retrancherait qu'un quart du ridicule. (*Note de Voltaire*.)

2. Nous avons entendu expliquer cette histoire de Sésostris d'une manière très-ingénieuse, en la regardant comme une allégorie. Sésostris est le soleil, qui part à la tête de l'armée céleste pour conquérir la terre ; les dix-sept cents enfants, nés le même jour que lui, sont les étoiles : les Égyptiens en devaient connaître à peu près ce nombre. Mais que cette fable soit une allégorie astronomique, ou un conte qui ne signifie rien, il est toujours également ridicule de la regarder comme une histoire. (K.)

3. Il peut y avoir eu une colonie égyptienne sur les bords du Pont-Euxin, sans que Sésostris soit parti de l'Égypte avec 600,000 combattants pour conquérir la terre. Hérodote pouvait être à la fois un historien fabuleux et un mauvais logicien. (K.)

leur présence. Ochus réduisit l'Égypte en province de son royaume. Alexandre, César, Auguste, le calife Omar, conquirent l'Égypte avec une égale facilité. Ces mêmes peuples de Colchos, sous le nom de Mameluks, revinrent encore s'emparer de l'Égypte du temps des croisades; enfin Sélim I*er* conquit l'Égypte en une seule campagne, comme tous ceux qui s'y étaient présentés. Il n'y a jamais eu que nos seuls croisés qui se soient fait battre par ces Égyptiens, le plus lâche de tous les peuples, comme on l'a remarqué ailleurs[1]; mais c'est qu'alors les Égyptiens étaient gouvernés par la milice des Mameluks de Colchos.

Il est vrai qu'un peuple humilié peut avoir été autrefois conquérant; témoin les Grecs et les Romains. Mais nous sommes plus sûrs de l'ancienne grandeur des Romains et des Grecs que de celle de Sésostris.

Je ne nie pas que celui qu'on appelle Sésostris n'ait pu avoir une guerre heureuse contre quelques Éthiopiens, quelques Arabes, quelques peuples de la Phénicie. Alors, dans le langage des exagérateurs, il aura conquis toute la terre. Il n'y a point de nation subjuguée qui ne prétende en avoir autrefois subjugué d'autres : la vaine gloire d'une ancienne supériorité console de l'humiliation présente.

Hérodote racontait ingénument aux Grecs ce que les Égyptiens lui avaient dit; mais comment, en ne lui parlant que de prodiges, ne lui dirent-ils rien des fameuses plaies d'Égypte, de ce combat magique entre les sorciers de Pharaon et le ministre du dieu des Juifs, et d'une armée entière engloutie au fond de la mer Rouge sous les eaux, élevées comme des montagnes à droite et à gauche pour laisser passer les Hébreux, lesquelles, en retombant, submergèrent les Égyptiens? C'était assurément le plus grand événement dans l'histoire du monde : comment donc ni Hérodote, ni Manéthon, ni Ératosthène, ni aucun des Grecs, si grands amateurs du merveilleux et toujours en correspondance avec l'Égypte, n'ont-ils point parlé de ces miracles qui devaient occuper la mémoire de toutes les générations? Je ne fais pas assurément cette réflexion pour infirmer le témoignage des livres hébreux, que je révère comme je dois : je me borne à m'étonner seulement du silence de tous les Égyptiens et de tous les Grecs. Dieu ne voulut pas sans doute qu'une histoire si divine nous fût transmise par aucune main profane.

---

1. *Dictionnaire philosophique*, au mot APIS.

XX. — DE LA LANGUE DES ÉGYPTIENS, ET DE LEURS SYMBOLES.

Le langage des Égyptiens n'avait aucun rapport avec celui des nations de l'Asie. Vous ne trouvez chez ce peuple ni le mot d'Adoni ou d'Adonaï, ni de Bal ou Baal, termes qui signifient le Seigneur ; ni de Mithra, qui était le soleil chez les Perses ; ni de Melch, qui signifie roi en Syrie ; ni de Shak, qui signifie la même chose chez les Indiens et chez les Persans. Vous voyez, au contraire, que Pharao était le nom égyptien qui répond à roi. Oshiret (*Osiris*) répondait au Mithra des Persans ; et le mot vulgaire *On* signifiait le soleil. Les prêtres persans s'appelaient *mogh* ; ceux des Égyptiens *choen*, au rapport de la *Genèse*, chapitre XLVI. Les hiéroglyphes, les caractères alphabétiques d'Égypte, que le temps a épargnés, et que nous voyons encore gravés sur les obélisques, n'ont aucun rapport à ceux des autres peuples.

Avant que les hommes eussent inventé les hiéroglyphes, ils avaient indubitablement des signes représentatifs ; car, en effet, qu'ont pu faire les premiers hommes, sinon ce que nous faisons quand nous sommes à leur place ? Qu'un enfant se trouve dans un pays dont il ignore la langue, il parle par signes ; si on ne l'entend pas, pour peu qu'il ait la moindre sagacité, il dessine sur un mur, avec un charbon, les choses dont il a besoin.

On peignit donc d'abord grossièrement ce qu'on voulut faire entendre ; et l'art de dessiner précéda sans doute l'art d'écrire. C'est ainsi que les Mexicains écrivaient ; ils n'avaient pas poussé l'art plus loin. Telle était la méthode de tous les premiers peuples policés. Avec le temps, on inventa les figures symboliques : deux mains entrelacées signifièrent la paix, des flèches représentèrent la guerre, un œil signifia la Divinité, un sceptre marqua la royauté, et des lignes qui joignaient ces figures exprimèrent des phrases courtes.

Les Chinois inventèrent enfin des caractères pour exprimer chaque mot de leur langue. Mais quel peuple inventa l'alphabet, qui, en mettant sous les yeux les différents sons qu'on peut articuler, donne la facilité de combiner par écrit tous les mots possibles ? Qui put ainsi apprendre aux hommes à graver si aisément leurs pensées ? Je ne répéterai point ici tous les contes des anciens sur cet art qui éternise tous les arts ; je dirai seulement qu'il a fallu bien des siècles pour y arriver.

Les choen, ou prêtres d'Égypte, continuèrent longtemps d'écrire en hiéroglyphes, ce qui est défendu par le second article de la loi des Hébreux ; et quand les peuples d'Égypte eurent des caractères alphabétiques, les choen en prirent de différents qu'ils appelèrent sacrés, afin de mettre toujours une barrière entre eux et le peuple. Les mages, les brames, en usaient de même : tant l'art de se cacher aux hommes a semblé nécessaire pour les gouverner. Non-seulement ces choen avaient des caractères qui n'appartenaient qu'à eux, mais ils avaient encore conservé l'ancienne langue de l'Égypte quand le temps avait changé celle du vulgaire.

Manéthon, cité dans Eusèbe, parle de deux colonnes gravées par Thaut, le premier Hermès, en caractères de la langue sacrée ; mais qui sait en quel temps vivait cet ancien Hermès ? Il est très-vraisemblable qu'il vivait plus de huit cents ans avant le temps où l'on place Moïse ; car Sanchoniathon dit avoir lu les écrits de Thaut, faits, dit-il, il y a huit cents ans. Or Sanchoniathon écrivait en Phénicie, pays voisin de la petite contrée cananéenne mise à feu et à sang par Josué, selon les livres juifs. S'il avait été contemporain de Moïse, ou s'il était venu après lui, il aurait sans doute parlé d'un homme si extraordinaire et de ses prodiges épouvantables ; il aurait rendu témoignage à ce fameux législateur juif, et Eusèbe n'aurait pas manqué de se prévaloir des aveux de Sanchoniathon.

Quoi qu'il en soit, les Égyptiens gardèrent surtout très-scrupuleusement leurs premiers symboles. C'est une chose curieuse de voir sur leurs monuments un serpent qui se mord la queue, figurant les douze mois de l'année ; et ces douze mois exprimés chacun par des animaux, qui ne sont pas absolument ceux du zodiaque que nous connaissons. On voit encore les cinq jours ajoutés depuis aux douze mois, sous la forme d'un petit serpent sur lequel cinq figures sont assises : c'est un épervier, un homme, un chien, un lion, et un ibis. On les voit dessinés dans Kircher, d'après des monuments conservés à Rome. Ainsi presque tout est symbole et allégorie dans l'antiquité.

XXI. — DES MONUMENTS DES ÉGYPTIENS.

Il est certain qu'après les siècles où les Égyptiens fertilisèrent le sol par les saignées du fleuve, après les temps où les villages commencèrent à être changés en villes opulentes, alors les arts nécessaires étant perfectionnés, les arts d'ostentation commencèrent à être en honneur. Alors il se trouva des souverains qui employèrent leurs sujets et quelques Arabes voisins du lac Sirbon à bâtir leurs palais et leurs tombeaux en pyramides, à tailler des pierres énormes dans les carrières de la haute Égypte, à les embarquer sur des radeaux jusqu'à Memphis, à élever sur des colonnes massives de grandes pierres plates, sans goût et sans proportions. Ils connurent le grand, et jamais le beau. Ils enseignèrent les premiers Grecs; mais ensuite les Grecs furent leurs maîtres en tout quand ils eurent bâti Alexandrie.

Il est triste que, dans la guerre de César, la moitié de la fameuse bibliothèque des Ptolémées ait été brûlée, et que l'autre moitié ait chauffé les bains des musulmans, quand Omar subjugua l'Égypte : on eût connu du moins l'origine des superstitions dont ce peuple fut infecté, le chaos de leur philosophie, quelques-unes de leurs antiquités et de leurs sciences.

Il faut absolument qu'ils aient été en paix pendant plusieurs siècles pour que leurs princes aient eu le temps et le loisir d'élever tous ces bâtiments prodigieux dont la plupart subsistent encore.

Leurs pyramides coûtèrent bien des années et bien des dépenses; il fallut qu'une grande partie de la nation et nombre d'esclaves étrangers fussent longtemps employés à ces ouvrages immenses. Ils furent élevés par le despotisme, la vanité, la servitude, et la superstition. En effet il n'y avait qu'un roi despote qui pût forcer ainsi la nature. L'Angleterre, par exemple, est aujourd'hui plus puissante que ne l'était l'Égypte : un roi d'Angleterre pourrait-il employer sa nation à élever de tels monuments?

La vanité y avait part sans doute; c'était, chez les anciens rois d'Égypte, à qui élèverait la plus belle pyramide à son père ou à lui-même; la servitude procura la main-d'œuvre. Et quant à la superstition, on sait que ces pyramides étaient des tombeaux; on sait que les chochamatim ou choen d'Égypte, c'est-à-dire les prêtres, avaient persuadé la nation que l'âme rentrerait dans son corps au bout de mille années. On voulait que le corps fût mille ans entiers à l'abri de toute corruption : c'est pourquoi on l'embaumait avec un soin si scrupuleux; et, pour le dérober aux accidents, on l'enfermait dans une masse de pierre sans issue. Les rois, les grands, donnaient à leurs tombeaux la forme qui offrait le moins de prise aux injures du temps. Leurs corps se sont conservés au delà des espérances humaines. Nous avons aujourd'hui des momies égyptiennes de plus de quatre mille années. Des cadavres ont duré autant que des pyramides.

Cette opinion d'une résurrection après dix siècles passa depuis chez les Grecs, disciples des Égyptiens, et chez les Romains, disciples des Grecs. On la retrouve dans le sixième livre de *l'Énéide*, qui n'est que la description des mystères d'Isis et de Cérès Éleusine[1].

> Has omnes, ubi mille rotam volvere per annos,
> Lethæum ad fluvium Deus evocat, agmine magno ;
> Scilicet immemores supera ut convexa revisant,
> Rursus et incipiant in corpora velle reverti.
>
> VIRG., *Énéide*, liv. VI, v. 748.

Elle s'introduisit ensuite chez les chrétiens, qui établirent le règne de mille ans ; la secte des millénaires l'a fait revivre jusqu'à nos jours. C'est ainsi que plusieurs opinions ont fait le tour du monde. En voilà assez pour faire voir dans quel esprit on bâtit ces pyramides. Ne répétons pas ce qu'on a dit sur leur architecture et sur leurs dimensions ; je n'examine que l'histoire de l'esprit humain.

XXII. — DES RITES ÉGYPTIENS, ET DE LA CIRCONCISION.

Premièrement, les Égyptiens reconnurent-ils un Dieu suprême ? Si l'on eût fait cette question aux gens du peuple, ils n'auraient su que répondre ; si à de jeunes étudiants dans la théologie égyptienne, ils auraient parlé longtemps sans s'entendre ; si à quelqu'un des sages consultés par Pythagore, par Platon, par Plutarque, il eût dit nettement qu'il n'adorait qu'un Dieu. Il se serait fondé sur l'ancienne inscription de la statue d'Isis : « Je suis ce qui est ; » et cette autre : « Je suis tout ce qui a été et qui sera ; nul mortel ne pourra lever mon voile. » Il aurait fait remarquer le globe placé sur la porte du temple de Memphis, qui représentait l'unité de la nature divine sous le nom de *Knef*. Le nom même le plus sacré parmi les Égyptiens était celui que les Hébreux adoptèrent, *I ha ho*. On le prononce diversement ; mais Clément d'Alexandrie assure, dans ses *Stromates*, que ceux qui entraient dans le temple de Sérapis étaient obligés de porter sur eux le nom de *I ha ho*, ou bien de *I ha hou*, qui signifie le Dieu éternel. Les Arabes n'en ont retenu que la syl-

---

1. Voyez le *Dictionnaire philosophique*, article INITIATION. (*Note de Voltaire.*) — Voltaire y déclare se dédire de l'opinion qu'il émet ici.

labe *Hou*, adoptée enfin par les Turcs, qui la prononcent avec plus de respect encore que le mot *Allah*; car ils se servent d'*Allah* dans la conversation, et ils n'emploient *Hou* que dans leurs prières.

Disons ici en passant que l'ambassadeur turc Seid Effendi, voyant représenter à Paris *le Bourgeois gentilhomme*, et cette cérémonie ridicule dans laquelle on le fait Turc; quand il entendit prononcer le nom sacré *Hou* avec dérision et avec des postures extravagantes, il regarda ce divertissement comme la profanation la plus abominable.

Revenons. Les prêtres d'Égypte nourrissaient-ils un bœuf sacré, un chien sacré, un crocodile sacré? oui. Et les Romains eurent aussi des oies sacrées; ils eurent des dieux de toute espèce; et les dévotes avaient parmi leurs pénates le dieu de la chaise percée, *deum stercutium*; et le dieu Pet, *deum crepitum*; mais en reconnaissaient-ils moins le *Deum optimum maximum*, le maître des dieux et des hommes? Quel est le pays qui n'ait pas eu une foule de superstitieux, et un petit nombre de sages?

Ce qu'on doit surtout remarquer de l'Égypte et de toutes les nations, c'est qu'elles n'ont jamais eu d'opinions constantes, comme elles n'ont jamais eu de lois toujours uniformes, malgré l'attachement que les hommes ont à leurs anciens usages. Il n'y a d'immuable que la géométrie; tout le reste est une variation continuelle.

Les savants disputent, et disputeront. L'un assure que les anciens peuples ont tous été idolâtres, l'autre le nie. L'un dit qu'ils n'ont adoré qu'un dieu sans simulacre; l'autre, qu'ils ont révéré plusieurs dieux dans plusieurs simulacres; ils ont tous raison, il n'y a seulement qu'à distinguer le temps et les hommes, qui ont changé : rien ne fut jamais d'accord. Quand les Ptolémées et les principaux prêtres se moquaient du bœuf Apis, le peuple tombait à genoux devant lui.

Juvénal a dit que les Égyptiens adoraient des ognons; mais aucun historien ne l'avait dit. Il y a bien de la différence entre un ognon sacré et un ognon dieu; on n'adore pas tout ce qu'on place, tout ce que l'on consacre sur un autel. Nous lisons dans Cicéron que les hommes, qui ont épuisé toutes les superstitions, ne sont point parvenus encore à celle de manger leurs dieux, et que c'est la seule absurdité qui leur manque[1].

---

1. Le passage de Cicéron dont Voltaire rapporte le sens ne se trouve point dans le livre *de Divinatione*, comme Voltaire le dit ailleurs (chapitre v du *Pyrrhonisme*

La circoncision vient-elle des Égyptiens, des Arabes, ou des Éthiopiens? Je n'en sais rien. Que ceux qui le savent le disent. Tout ce que je sais, c'est que les prêtres de l'antiquité s'imprimaient sur le corps des marques de leur consécration ; comme depuis on marqua d'un fer ardent la main des soldats romains. Là, des sacrificateurs se tailladaient le corps, comme firent depuis les prêtres de Bellone ; ici, ils se faisaient eunuques, comme les prêtres de Cybèle.

Ce n'est point du tout par un principe de santé que les Éthiopiens, les Arabes, les Égyptiens, se circoncirent. On a dit qu'ils avaient le prépuce trop long ; mais, si l'on peut juger d'une nation par un individu, j'ai vu un jeune Éthiopien qui, né hors de sa patrie, n'avait point été circoncis : je puis assurer que son prépuce était précisément comme les nôtres.

Je ne sais pas quelle nation s'avisa la première de porter en procession le kteis et le phallum, c'est-à-dire la représentation des signes distinctifs des animaux mâles et femelles ; cérémonie aujourd'hui indécente, autrefois sacrée : les Égyptiens eurent cette coutume. On offrait aux dieux des prémices ; on leur immolait ce qu'on avait de plus précieux : il paraît naturel et juste que les prêtres offrissent une légère partie de l'organe de la génération à ceux par qui tout s'engendrait. Les Éthiopiens, les Arabes, circoncirent aussi leurs filles, en coupant une très-légère partie des nymphes ; ce qui prouve bien que la santé ni la netteté ne pouvaient être la raison de cette cérémonie, car assurément une fille incirconcise peut être aussi propre qu'une circoncise.

Quand les prêtres d'Égypte eurent consacré cette opération, leurs initiés la subirent aussi ; mais, avec le temps, on abandonna aux seuls prêtres cette marque distinctive. On ne voit pas qu'aucun Ptolémée se soit fait circoncire ; et jamais les auteurs romains ne flétrirent le peuple égyptien du nom d'*Apella*[1], qu'ils donnaient aux Juifs. Ces Juifs avaient pris la circoncision des Égyptiens, avec une partie de leurs cérémonies. Ils l'ont toujours conservée, ainsi que les Arabes et les Éthiopiens. Les Turcs s'y sont soumis, quoiqu'elle ne soit pas ordonnée dans l'*Alcoran*. Ce n'est qu'un

---

de l'histoire, dans les *Mélanges*, année 1768). Ce passage, habilement employé par Bayle dans son *Dictionnaire*, note H de l'article *Averroès*, est dans le traité *de Natura deorum*, III, 16 : *Cum fruges Cererem, vinum Liberum dicimus, genere nos quidem sermonis utimur usitato : ecquem tam amentem esse putas, qui illud quo vescatur deum credat esse ?*

Cicéron est mort quarante-trois ans avant l'ère vulgaire.

1. *Credat Judæus Apella.* HORAT, lib. I, sat. v, v. 100.

ancien usage qui commença par la superstition, et qui s'est conservé par la coutume.

XXIII. — DES MYSTÈRES DES ÉGYPTIENS.

Je suis bien loin de savoir quelle nation inventa la première ces mystères qui furent si accrédités depuis l'Euphrate jusqu'au Tibre. Les Égyptiens ne nomment point l'auteur des mystères d'Isis. Zoroastre passe pour en avoir établi en Perse; Cadmus et Inachus, en Grèce; Orphée, en Thrace; Minos, en Crète. Il est certain que tous ces mystères annonçaient une vie future, car Celse dit aux chrétiens[1] : « Vous vous vantez de croire des peines éternelles; et tous les ministres des mystères ne les annoncèrent-ils pas aux initiés? »

Les Grecs, qui prirent tant de choses des Égyptiens : leur Tartharoth, dont ils firent le Tartare; le lac, dont ils firent l'Achéron; le batelier Caron, dont ils firent le nocher des morts, n'eurent leurs fameux mystères d'Éleusine que d'après ceux d'Isis. Mais que les mystères de Zoroastre n'aient pas précédé ceux des Égyptiens, c'est ce que personne ne peut affirmer. Les uns et les autres étaient de la plus haute antiquité, et tous les auteurs grecs et latins qui en ont parlé conviennent que l'unité de Dieu, l'immortalité de l'âme, les peines et les récompenses après la mort, étaient annoncées dans ces cérémonies sacrées.

Il y a grande apparence que les Égyptiens, ayant une fois établi ces mystères, en conservèrent les rites : car, malgré leur extrême légèreté, ils furent constants dans la superstition. La prière que nous trouvons dans Apulée, quand Lucius est initié aux mystères d'Isis, doit être l'ancienne prière : « Les puissances célestes te servent, les enfers te sont soumis, l'univers tourne sous ta main, tes pieds foulent le Tartare, les astres répondent à ta voix, les saisons reviennent à tes ordres, les éléments t'obéissent, etc. »

Peut-on avoir une plus forte preuve de l'unité de Dieu reconnue par les Égyptiens, au milieu de toutes leurs superstitions méprisables ?

---

1. Origène, liv. VIII. (*Note de Voltaire.*)

XXIV. — DES GRECS, DE LEURS ANCIENS DÉLUGES, DE LEURS ALPHABETS, ET DE LEURS RITES.

La Grèce est un petit pays montagneux, entrecoupé par la mer, à peu près de l'étendue de la Grande-Bretagne. Tout atteste, dans cette contrée, les révolutions physiques qu'elle a dû éprouver. Les îles qui l'environnent montrent assez, par les écueils continus qui les bordent, par le peu de profondeur de la mer, par les herbes et les racines qui croissent sous les eaux, qu'elles ont été détachées du continent. Les golfes de l'Eubée, de Chalcis, d'Argos, de Corinthe, d'Actium, de Messène, apprennent aux yeux que la mer s'est fait des passages dans les terres. Les coquillages de mer dont sont remplies les montagnes qui renferment la fameuse vallée de Tempé sont des témoignages visibles d'une ancienne inondation ; et les déluges d'Ogygès et de Deucalion, qui ont fourni tant de fables, sont d'une vérité historique : c'est même probablement ce qui fait des Grecs un peuple si nouveau. Ces grandes révolutions les replongèrent dans la barbarie, quand les nations de l'Asie et de l'Égypte étaient florissantes.

Je laisse à de plus savants que moi le soin de prouver que les trois enfants de Noé, qui étaient les seuls habitants du globe, le partagèrent tout entier ; qu'ils allèrent chacun à deux ou trois mille lieues l'un de l'autre fonder partout de puissants empires, et que Javan, son petit-fils, peupla la Grèce en passant en Italie ; que c'est de là que les Grecs s'appelèrent Ioniens, parce que Ion envoya des colonies sur les côtes de l'Asie Mineure ; que cet Ion est visiblement Javan, en changeant *I* en *Ja*, et *on* en *van*. On fait de ces contes aux enfants, et les enfants n'en croient rien :

Nec pueri credunt, nisi qui nondum ære lavantur.
JUVÉN., sat. II, v. 153.

Le déluge d'Ogygès est placé communément environ 1020 années avant la première olympiade. Le premier qui en parle est Acusilaüs, cité par Jules Africain. Voyez Eusèbe dans sa *Préparation évangélique*. La Grèce, dit-on, resta presque déserte deux cents années après cette irruption de la mer dans le pays. Cependant on prétend que, dans le même temps, il y avait un gouvernement établi à Sicyone et dans Argos ; on cite même les noms des premiers magistrats de ces petites provinces, et on leur donne le nom de Basiléis [1], qui répond à celui de princes. Ne perdons point de temps à pénétrer ces inutiles obscurités.

Il y eut encore une autre inondation du temps de Deucalion, fils de Prométhée. La fable ajoute qu'il ne resta des habitants de ces climats que Deucalion et Pyrrha, qui refirent des hommes en jetant des pierres derrière eux entre leurs jambes. Ainsi le genre humain se repeupla beaucoup plus vite qu'une garenne.

Si l'on en croit des hommes très-judicieux, comme Pétau le jésuite, un seul fils de Noé produisit une race qui, au bout de deux cent quatre-vingt-cinq ans, se montait à six cent vingt-trois milliards six cent douze millions d'hommes : le calcul est un peu fort. Nous sommes aujourd'hui assez malheureux pour que de vingt-six mariages il n'y en ait d'ordinaire que quatre dont il reste des enfants qui deviennent pères : c'est ce qu'on a calculé sur les relevés des registres de nos plus grandes villes. De mille enfants nés dans une même année, il en reste à peine six cents au bout de vingt ans. Défions-nous de Pétau et de ses semblables, qui font des enfants à coups de plume, aussi bien que de ceux qui ont écrit que Deucalion et Pyrrha peuplèrent la Grèce à coups de pierres.

La Grèce fut, comme on sait, le pays des fables ; et presque chaque fable fut l'origine d'un culte, d'un temple, d'une fête publique. Par quel excès de démence, par quel opiniâtreté absurde, tant de compilateurs ont-ils voulu prouver, dans tant de volumes énormes, qu'une fête publique établie en mémoire d'un événement était une démonstration de la vérité de cet événement? Quoi! parce qu'on célébrait dans un temple le jeune Bacchus sortant de la cuisse de Jupiter, ce Jupiter avait en effet gardé ce Bacchus dans sa cuisse! Quoi! Cadmus et sa femme avaient été changés en serpents dans la Béotie, parce que les Béotiens en faisaient commémoration dans leurs cérémonies! Le temple de Castor et de Pollux à Rome démontrait-il que ces dieux étaient venus combattre en faveur des Romains?

Soyez sûr bien plutôt, quand vous voyez une ancienne fête, un temple antique, qu'ils sont les ouvrages de l'erreur : cette erreur s'accrédite au bout de deux ou trois siècles ; elle devient enfin sacrée, et l'on bâtit des temples à des chimères.

Dans les temps historiques, au contraire, les plus nobles véri-

---

1. La première édition et ses réimpressions portaient *Basiloï*. Ce fut le sujet de critiques dures de la part de Larcher. (B.)

tés trouvent peu de sectateurs ; les plus grands hommes meurent sans honneur. Les Thémistocle, les Cimon, les Miltiade, les Aristide, les Phocion, sont persécutés ; tandis que Persée, Bacchus, et d'autres personnages fantastiques, ont des temples.

On peut croire un peuple sur ce qu'il dit de lui-même à son désavantage, quand ces récits sont accompagnés de vraisemblance, et qu'ils ne contredisent en rien l'ordre ordinaire de la nature.

Les Athéniens, qui étaient épars dans un terrain très-stérile, nous apprennent eux-mêmes qu'un Égyptien nommé Cécrops, chassé de son pays, leur donna leurs premières institutions. Cela paraît surprenant, puisque les Égyptiens n'étaient pas navigateurs ; mais il se peut que les Phéniciens, qui voyageaient chez toutes les nations, aient amené ce Cécrops dans l'Attique. Ce qui est bien sûr, c'est que les Grecs ne prirent point les lettres égyptiennes, auxquelles les leurs ne ressemblent point du tout. Les Phéniciens leur portèrent leur premier alphabet ; il ne consistait alors qu'en seize caractères, qui sont évidemment les mêmes : les Phéniciens depuis y ajoutèrent huit autres lettres, que les Grecs adoptèrent encore.

Je regarde un alphabet comme un monument incontestable du pays dont une nation a tiré ses premières connaissances. Il paraît encore bien probable que ces Phéniciens exploitèrent les mines d'argent qui étaient dans l'Attique, comme ils travaillèrent à celles d'Espagne. Des marchands furent les premiers précepteurs de ces mêmes Grecs, qui depuis instruisirent tant d'autres nations.

Ce peuple, tout barbare qu'il était au temps d'Ogygès, paraît né avec des organes plus favorables aux beaux-arts que tous les autres peuples. Ils avaient dans leur nature je ne sais quoi de plus fin et de plus délié ; leur langage en est un témoignage, car, avant même qu'ils sussent écrire, on voit qu'ils eurent dans leur langue un mélange harmonieux de consonnes douces et de voyelles qu'aucun peuple de l'Asie n'a jamais connu.

Certainement le nom de Knath, qui désigne les Phéniciens, selon Sanchoniathon, n'est pas si harmonieux que celui d'Hellen ou Graïos [1]. Argos, Athènes, Lacédémone, Olympie, sonnent mieux à l'oreille que la ville de Reheboth. *Sophia*, la sagesse, est plus doux que *shochemath* en syriaque et en hébreu. *Basileus*, roi, sonne mieux que *melk* ou *shak*. Comparez les noms d'Agamemnon, de Diomède, d'Idoménée, à ceux de Mardokempad,

---

1. Les premières éditions portaient *Hellenos ou Graios*. Larcher remarqua qu'il fallait dire *Hellen ou Graïcos*. (B.)

Simordak, Sohasduck, Niricassolahssar. Josèphe lui-même, dans son livre contre Apion, avoue que les Grecs ne pouvaient prononcer le nom barbare de Jérusalem ; c'est que les Juifs prononçaient Hershalaïm : ce mot écorchait le gosier d'un Athénien, et ce furent les Grecs qui changèrent Hershalaïm en Jérusalem.

Les Grecs transformèrent tous les noms rudes syriaques, persans, égyptiens. De Coresh ils firent Cyrus ; d'Isheth et Oshireth ils firent Isis et Osiris ; de Moph ils firent Memphis, et accoutumèrent enfin les barbares à prononcer comme eux ; de sorte que, du temps des Ptolémées, les villes et les dieux d'Égypte n'eurent plus que des noms à la grecque.

Ce sont les Grecs qui donnèrent le nom à l'Inde et au Gange. Le Gange s'appelait Sannoubi dans la langue des brames ; l'Indus, Sombadipo[1]. Tels sont les anciens noms qu'on trouve dans le *Veidam*.

Les Grecs, en s'étendant sur les côtes de l'Asie Mineure, y amenèrent l'harmonie. Leur Homère naquit probablement à Smyrne.

La belle architecture, la sculpture perfectionnée, la peinture, la bonne musique, la vraie poésie, la vraie éloquence, la manière de bien écrire l'histoire, enfin la philosophie même, quoique informe et obscure, tout cela ne parvint aux nations que par les Grecs. Les derniers venus l'emportèrent en tout sur leurs maîtres.

L'Égypte n'eut jamais de belles statues que de la main des Grecs. L'ancienne Balbek en Syrie, l'ancienne Palmyre en Arabie, n'eurent ces palais, ces temples réguliers et magnifiques, que lorsque les souverains de ces pays appelèrent les artistes de la Grèce.

On ne voit que des restes de barbarie, comme on l'a déjà dit ailleurs[2], dans les ruines de Persépolis, bâtie par les Perses ; et les monuments de Balbek et de Palmyre sont encore, sous leurs décombres, des chefs-d'œuvre d'architecture.

XXV. — DES LÉGISLATEURS GRECS, DE MINOS, D'ORPHÉE, DE L'IMMORTALITÉ DE L'AME.

Que des compilateurs répètent les batailles de Marathon et de Salamine, ce sont de grands exploits assez connus ; que d'autres répètent qu'un petit-fils de Noé, nommé Sétim, fut roi de Macé-

---

1. Ces mots sont écrits autrement dans l'*Essai sur les Mœurs*, chapitre IV.
2. *Essai sur les Mœurs*, chapitre V.

doine, parce que dans le premier livre des *Machabées*, il est dit qu'Alexandre sortit du pays de Kittim ; je m'attacherai à d'autres objets.

Minos vivait à peu près au temps où nous plaçons Moïse ; et c'est même ce qui a donné au savant Huet, évêque d'Avranches, quelque faux prétexte de soutenir que Minos né en Crète, et Moïse né sur les confins de l'Égypte, étaient la même personne ; système qui n'a trouvé aucun partisan, tout absurde qu'il est.

Ce n'est pas ici une fable grecque ; il est indubitable que Minos fut un roi législateur. Les fameux marbres de Paros, monument le plus précieux de l'antiquité, et que nous devons aux Anglais, fixent sa naissance quatorze cent quatre-vingt-deux ans avant notre ère vulgaire[1]. Homère l'appelle dans l'*Odyssée* le sage, le confident de Dieu. Flavien Josèphe cherche à justifier Moïse par l'exemple de Minos, et des autres législateurs qui se sont crus ou qui se sont dits inspirés de Dieu. Cela est un peu étrange dans un Juif, qui ne semblait pas devoir admettre d'autre dieu que le sien, à moins qu'il ne pensât comme les Romains ses maîtres et comme chaque premier peuple de l'antiquité, qui admettait l'existence de tous les dieux des autres nations[2].

Il est sûr que Minos était un législateur très-sévère, puisqu'on supposa qu'après sa mort il jugeait les âmes des morts dans les enfers ; il est évident qu'alors la croyance d'une autre vie était généralement répandue dans une assez grande partie de l'Asie et de l'Europe.

Orphée est un personnage aussi réel que Minos ; il est vrai que les marbres de Paros n'en font point mention ; c'est probablement parce qu'il n'était pas né dans la Grèce proprement dite, mais dans la Thrace. Quelques-uns ont douté de l'existence du premier Orphée, sur un passage de Cicéron, dans son excellent livre *de la Nature des dieux*. Cotta, un des interlocuteurs, prétend qu'Aristote ne croyait pas que cet Orphée eût été chez les Grecs ; mais Aristote n'en parle pas dans les ouvrages que nous avons de lui. L'opinion de Cotta n'est pas d'ailleurs celle de Cicéron. Cent auteurs anciens parlent d'Orphée : les mystères qui portent son nom lui rendaient

---

1. Dans cet endroit des marbres d'Arundel, la date est effacée ; mais ils parlent de Minos comme d'un personnage réel ; et le lieu où se trouve le passage mutilé suffit pour indiquer à peu près l'époque de sa naissance ou de son règne.

2. Quoi qu'en aient dit les critiques de M. de Voltaire, ce Josèphe était un fripon qui ne croyait pas plus à Moïse qu'à Minos ; son raisonnement se réduit à ceci : « Vous regardez Minos comme un héros, quoiqu'il se soit dit inspiré : pourquoi n'avez-vous pas la même indulgence pour Moïse? » (K.)

témoignage. Pausanias, l'auteur le plus exact qu'aient jamais eu les Grecs, dit que ses vers étaient chantés dans les cérémonies religieuses, de préférence à ceux d'Homère, qui ne vint que longtemps après lui. On sait bien qu'il ne descendit pas aux enfers; mais cette fable même prouve que les enfers étaient un point de la théologie de ces temps reculés.

L'opinion vague de la permanence de l'âme après la mort, âme aérienne, ombre du corps, mânes, souffle léger, âme inconnue, âme incompréhensible, mais existante, et la croyance des peines et des récompenses dans une autre vie, étaient admises dans toute la Grèce, dans les Iles, dans l'Asie, dans l'Égypte.

Les Juifs seuls parurent ignorer absolument ce mystère; le livre de leurs lois n'en dit pas un seul mot : on n'y voit que des peines et des récompenses temporelles. Il est dit dans l'*Exode :* « Honore ton père et ta mère, afin qu'Adonaï prolonge tes jours sur la terre; » et le livre du *Zend* (porte 11) dit : « Honore ton père et ta mère, afin de mériter le ciel. »

Warburton, le commentateur de Shakespeare, et de plus auteur de la *Légation de Moïse*, n'a pas laissé de démontrer dans cette *Légation* que Moïse n'a jamais fait mention de l'immortalité de l'âme : il a même prétendu que ce dogme n'est point du tout nécessaire dans une théocratie. Tout le clergé anglican s'est révolté contre la plupart de ses opinions, et surtout contre l'absurde arrogance avec laquelle il les débite dans sa compilation trop pédantesque. Mais tous les théologiens de cette savante Église sont convenus que le dogme de l'immortalité n'est pas ordonné dans le *Pentateuque*. Cela est, en effet, plus clair que le jour.

Arnauld, le grand Arnauld, esprit supérieur en tout à Warburton, avait dit longtemps avant lui, dans sa belle apologie de Port-Royal, ces propres paroles : « C'est le comble de l'ignorance de mettre en doute cette vérité, qui est des plus communes, et qui est attestée par tous les pères, que les promesses de l'Ancien Testament n'étaient que temporelles et terrestres, et que les Juifs n'adoraient Dieu que pour les biens charnels. »

On a objecté que si les Perses, les Arabes, les Syriens, les Indiens, les Égyptiens, les Grecs, croyaient l'immortalité de l'âme, une vie à venir, des peines et des récompenses éternelles, les Hébreux pouvaient bien aussi les croire ; que si tous les législateurs de l'antiquité ont établi de sages lois sur ce fondement, Moïse pouvait bien en user de même; que, s'il ignorait ces dogmes utiles, il n'était pas digne de conduire une nation ; que, s'il les savait et les cachait, il en était encore plus indigne.

On répond à ces arguments que Dieu, dont Moïse était l'organe, daignait se proportionner à la grossièreté des Juifs. Je n'entre point dans cette question épineuse, et, respectant toujours tout ce qui est divin, je continue l'examen de l'histoire des hommes.

XXVI. — DES SECTES DES GRECS.

Il paraît que chez les Égyptiens, chez les Persans, chez les Chaldéens, chez les Indiens, il n'y avait qu'une secte de philosophie. Les prêtres de toutes ces nations étant tous d'une race particulière, ce qu'on appelait *la sagesse* n'appartenait qu'à cette race. Leur langue sacrée, inconnue au peuple, ne laissait le dépôt de la science qu'entre leurs mains. Mais dans la Grèce, plus libre et plus heureuse, l'accès de la raison fut ouvert à tout le monde; chacun donna l'essor à ses idées, et c'est ce qui rendit les Grecs le peuple le plus ingénieux de la terre. C'est ainsi que de nos jours la nation anglaise est devenue la plus éclairée, parce qu'on peut penser impunément chez elle.

Les stoïques admirent une âme universelle du monde, dans laquelle les âmes de tous les êtres vivants se replongeaient. Les épicuriens nièrent qu'il y eût une âme, et ne connurent que des principes physiques; ils soutinrent que les dieux ne se mêlaient pas des affaires des hommes, et on laissa les épicuriens en paix comme ils y laissaient les dieux.

Les écoles retentirent, depuis Thalès jusqu'au temps de Platon et d'Aristote, de disputes philosophiques, qui toutes décèlent la sagacité et la folie de l'esprit humain, sa grandeur et sa faiblesse. On argumenta presque toujours sans s'entendre, comme nous avons fait depuis le xiiie siècle, où nous commençâmes à raisonner.

La réputation qu'eut Platon ne m'étonne pas; tous les philosophes étaient inintelligibles : il l'était autant que les autres, et s'exprimait avec plus d'éloquence. Mais quel succès aurait Platon s'il paraissait aujourd'hui dans une compagnie de gens de bon sens, et s'il leur disait ces belles paroles qui sont dans son *Timée :* « De la substance indivisible et de la divisible Dieu composa une troisième espèce de substance au milieu des deux, tenant de la nature *du même* et *de l'autre;* puis, prenant ces trois natures ensemble, il les mêla toutes en une seule forme, et força la nature de l'âme à se mêler avec la nature *du même;* et, les ayant mêlées avec la substance, et de ces trois ayant fait un suppôt, il le divisa en portions convenables : chacune de ces portions était mêlée *du même* et *de l'autre;* et de la substance il fit sa division ¹ ! »

Ensuite il explique, avec la même clarté, le quaternaire de Pythagore. Il faut convenir que des hommes raisonnables qui viendraient de lire *l'Entendement humain* de Locke prieraient Platon d'aller à son école.

Ce galimatias du bon Platon n'empêche pas qu'il n'y ait de temps en temps de très-belles idées dans ses ouvrages. Les Grecs avaient tant d'esprit qu'ils en abusèrent; mais ce qui leur fait beaucoup d'honneur, c'est qu'aucun de leurs gouvernements ne gêna les pensées des hommes. Il n'y a que Socrate dont il soit avéré que ses opinions lui coûtèrent la vie; et il fut encore moins la victime de ses opinions que celle d'un parti violent élevé contre lui. Les Athéniens, à la vérité, lui firent boire de la ciguë; mais on sait combien ils s'en repentirent; on sait qu'ils punirent ses accusateurs, et qu'ils élevèrent un temple à celui qu'ils avaient condamné. Athènes laissa une liberté entière non-seulement à la philosophie, mais à toutes les religions². Elle recevait tous les dieux étrangers; elle avait même un autel dédié aux dieux inconnus.

Il est incontestable que les Grecs reconnaissaient un Dieu suprême, ainsi que toutes les nations dont nous avons parlé. Leur Zeus, leur Jupiter, était le maître des dieux et des hommes. Cette opinion ne changea jamais depuis Orphée; on la retrouve cent fois dans Homère : tous les autres dieux sont inférieurs. On peut les comparer aux péris des Perses, aux génies des autres nations orientales. Tous les philosophes, excepté les stratoniciens et les épicuriens, reconnurent l'architecte du monde, le *Demiourgos*.

Ne craignons point de trop peser sur cette vérité historique, que la raison humaine commencée adora quelque puissance, quelque être qu'on croyait au-dessus du pouvoir ordinaire, soit le soleil, soit la lune ou les étoiles; que la raison humaine cultivée adora, malgré toutes ses erreurs, un Dieu suprême, maître

---

1. Voyez dans le *Dictionnaire philosophique*, article PLATON.
2. Les prêtres excitèrent plus d'une fois le peuple d'Athènes contre les philosophes, et cette fureur ne fut fatale qu'à Socrate; mais le repentir suivit bientôt le crime, et les accusateurs furent punis. On peut donc prétendre avec raison que les Grecs ont été tolérants, surtout si on les compare à nous, qui avons immolé à la superstition des milliers de victimes, par des supplices recherchés, et en vertu de lois permanentes; à nous, dont la sombre fureur s'est perpétuée pendant plus de quatorze siècles sans interruption; à nous enfin, chez qui les lumières ont plutôt arrêté que détruit le fanatisme, qui s'immole encore des victimes, et dont les partisans payent encore des apologistes pour justifier ses anciennes fureurs. (K.)

des éléments et des autres dieux ; et que toutes les nations policées, depuis l'Inde jusqu'au fond de l'Europe, crurent en général une vie à venir, quoique plusieurs sectes de philosophes eussent une opinion contraire.

XXVII. — DE ZALEUCUS, ET DE QUELQUES AUTRES LÉGISLATEURS.

J'ose ici défier tous les moralistes et tous les législateurs, et je leur demande à tous s'ils ont dit rien de plus beau et de plus utile que l'exorde des lois de Zaleucus, qui vivait avant Pythagore, et qui fut le premier magistrat des Locriens.

« Tout citoyen doit être persuadé de l'existence de la Divinité. Il suffit d'observer l'ordre et l'harmonie de l'univers, pour être convaincu que le hasard ne peut l'avoir formé. On doit maîtriser son âme, la purifier, en écarter tout mal ; persuadé que Dieu ne peut être bien servi par les pervers, et qu'il ne ressemble point aux misérables mortels qui se laissent toucher par de magnifiques cérémonies, et par de somptueuses offrandes. La vertu seule, et la disposition constante à faire le bien, peuvent lui plaire. Qu'on cherche donc à être juste dans ses principes et dans la pratique ; c'est ainsi qu'on se rendra cher à la Divinité. Chacun doit craindre ce qui mène à l'ignominie, bien plus que ce qui conduit à la pauvreté. Il faut regarder comme le meilleur citoyen celui qui abandonne la fortune pour la justice ; mais ceux que leurs passions violentes entraînent vers le mal, hommes, femmes, citoyens, simples habitants, doivent être avertis de se souvenir des dieux, et de penser souvent aux jugements sévères qu'ils exercent contre les coupables. Qu'ils aient devant les yeux l'heure de la mort, l'heure fatale qui nous attend tous, heure où le souvenir des fautes amène les remords et le vain repentir de n'avoir pas soumis toutes ses actions à l'équité.

« Chacun doit donc se conduire à tout moment comme si ce moment était le dernier de sa vie ; mais si un mauvais génie le porte au crime, qu'il fuie au pied des autels, qu'il prie le ciel d'écarter loin de lui ce génie malfaisant ; qu'il se jette surtout entre les bras des gens de bien, dont les conseils le ramèneront à la vertu, en lui représentant la bonté de Dieu et sa vengeance. »

Non, il n'y a rien dans toute l'antiquité qu'on puisse préférer à ce morceau simple et sublime, dicté par la raison et par la vertu, dépouillé d'enthousiasme et de ces figures gigantesques que le bon sens désavoue.

Charondas, qui suivit Zaleucus, s'expliqua de même. Les Platon, les Cicéron, les divins Antonins, n'eurent point depuis d'autre langage. C'est ainsi que s'explique, en cent endroits, ce Julien, qui eut le malheur d'abandonner la religion chrétienne, mais qui fit tant d'honneur à la naturelle; Julien, le scandale de notre Église et la gloire de l'empire romain.

« Il faut, dit-il, instruire les ignorants, et non les punir; les plaindre, et non les haïr. Le devoir d'un empereur est d'imiter Dieu : l'imiter, c'est d'avoir le moins de besoins, et de faire le plus de bien qu'il est possible. » Que ceux donc qui insultent l'antiquité apprennent à la connaître ; qu'ils ne confondent pas les sages législateurs avec des conteurs de fables ; qu'ils sachent distinguer les lois des plus sages magistrats, et les usages ridicules des peuples ; qu'ils ne disent point : On inventa des cérémonies superstitieuses, on prodigua de faux oracles et de faux prodiges ; donc tous les magistrats de la Grèce et de Rome qui les toléraient étaient des aveugles trompés et des trompeurs ; c'est comme s'ils disaient : Il y a des bonzes à la Chine qui abusent la populace ; donc le sage Confucius était un misérable imposteur.

On doit, dans un siècle aussi éclairé que le nôtre, rougir de ces déclamations que l'ignorance a si souvent débitées contre des sages qu'il fallait imiter, et non calomnier. Ne sait-on pas que dans tous pays le vulgaire est imbécile, superstitieux, insensé? N'y a-t-il pas eu des convulsionnaires dans la patrie du chancelier de L'Hospital, de Charron, de Montaigne, de La Motte-le-Vayer, de Descartes, de Bayle, de Fontenelle, de Montesquieu? N'y a-t-il pas des méthodistes, des moraves, des millénaires, des fanatiques de toute espèce, dans le pays qui eut le bonheur de donner naissance au chancelier Bacon, à ces génies immortels, Newton et Locke, et à une foule de grands hommes?

XXVIII. — DE BACCHUS.

Excepté les fables visiblement allégoriques, comme celles des Muses, de Vénus, des Grâces, de l'Amour, de Zéphyre et de Flore, et quelques-unes de ce genre, toutes les autres sont un ramas de contes, qui n'ont d'autre mérite que d'avoir fourni de beaux vers à Ovide et à Quinault, et d'avoir exercé le pinceau de nos meilleurs peintres. Mais il en est une qui paraît mériter l'attention de ceux qui aiment les recherches de l'antiquité : c'est la fable de Bacchus.

Ce Bacchus, ou Back, ou Backos, ou Dionysios, fils de Dieu, a-t-il été un personnage véritable? Tant de nations en parlent, ainsi que d'Hercule, on a célébré tant d'Hercules et tant de Bacchus différents, qu'on peut supposer qu'en effet il y a eu un Bacchus, ainsi qu'un Hercule.

Ce qui est indubitable, c'est que dans l'Égypte, dans l'Asie, et dans la Grèce, Bacchus ainsi qu'Hercule étaient reconnus pour demi-dieux ; qu'on célébrait leurs fêtes ; qu'on leur attribuait des miracles ; qu'il y avait des mystères institués au nom de Bacchus, avant qu'on connût les livres juifs.

On sait assez que les Juifs ne communiquèrent leurs livres aux étrangers que du temps de Ptolémée Philadelphe, environ deux cent trente ans avant notre ère. Or, avant ce temps, l'Orient et l'Occident retentissaient des orgies de Bacchus. Les vers attribués à l'ancien Orphée célèbrent les conquêtes et les bienfaits de ce prétendu demi-dieu. Son histoire est si ancienne que les pères de l'Église ont prétendu que Bacchus était Noé, parce que Bacchus et Noé passent tous deux pour avoir cultivé la vigne.

Hérodote, en rapportant les anciennes opinions, dit que Bacchus fut élevé à Nyse, ville d'Éthiopie, que d'autres placent dans l'Arabie Heureuse. Les vers orphiques lui donnent le nom de Misès. Il résulte des recherches du savant Huet, sur l'histoire de Bacchus, qu'il fut sauvé des eaux dans un petit coffre [1] ; qu'on l'appela Misem, en mémoire de cette aventure ; qu'il fut instruit des secrets des dieux ; qu'il avait une verge qu'il changeait en serpent quand il voulait ; qu'il passa la mer Rouge à pied sec, comme Hercule passa depuis, dans son gobelet, le détroit de Calpé et d'Abyla ; que, quand il alla dans les Indes, lui et son armée jouissaient de la clarté du soleil pendant la nuit ; qu'il toucha de sa baguette enchanteresse les eaux du fleuve Oronte et de l'Hydaspe, et que ces eaux s'écoulèrent pour lui laisser un passage libre. Il est dit même qu'il arrêta le cours du soleil et de la lune. Il écrivit ses lois sur deux tables de pierre. Il était anciennement représenté avec des cornes ou des rayons qui partaient de sa tête.

Il n'est pas étonnant, après cela, que plusieurs savants hommes, et surtout Bochart et Huet, dans nos derniers temps,

---

1. Voltaire reparle très-souvent de Bacchus et de Moïse : voyez entre autres le chapitre II de l'*Examen important de milord Bolingbroke* (dans les *Melanges*, année 1767).

aient prétendu que Bacchus est une copie de Moïse et de Josué. Tout concourt à favoriser la ressemblance : car Bacchus s'appelait, chez les Égyptiens, Arsaph, et parmi les noms que les pères ont donnés à Moïse, on y trouve celui d'Osasirph.

Entre ces deux histoires, qui paraissent semblables en tant de points, il n'est pas douteux que celle de Moïse ne soit la vérité, et que celle de Bacchus ne soit la fable ; mais il paraît que cette fable était connue des nations longtemps avant que l'histoire de Moïse fût parvenue jusqu'à elles. Aucun auteur grec n'a cité Moïse avant Longin, qui vivait sous l'empereur Aurélien, et tous avaient célébré Bacchus.

Il paraît incontestable que les Grecs ne purent prendre l'idée de Bacchus dans le livre de la loi juive, qu'ils n'entendaient pas et dont ils n'avaient pas la moindre connaissance : livre d'ailleurs si rare chez les Juifs mêmes que, sous le roi Josias, on n'en trouva qu'un seul exemplaire ; livre presque entièrement perdu, pendant l'esclavage des Juifs transportés en Chaldée et dans le reste de l'Asie ; livre restauré ensuite par Esdras dans les temps florissants d'Athènes et des autres républiques de la Grèce : temps où les mystères de Bacchus étaient déjà institués.

Dieu permit donc que l'esprit de mensonge divulguât les absurdités de la vie de Bacchus chez cent nations, avant que l'esprit de vérité fît connaître la vie de Moïse à aucun peuple, excepté aux Juifs.

Le savant évêque d'Avranches, frappé de cette étonnante ressemblance, ne balança pas à prononcer que Moïse était non-seulement Bacchus, mais le Thaut, l'Osiris des Égyptiens. Il ajoute même [1], pour allier les contraires, que Moïse était aussi leur Typhon ; c'est-à-dire qu'il était à la fois le bon et le mauvais principe, le protecteur et l'ennemi, le dieu et le diable reconnus en Égypte.

Moïse, selon ce savant homme, est le même que Zoroastre. Il est Esculape, Amphion, Apollon, Faunus, Janus, Persée, Romulus, Vertumne, et enfin Adonis et Priape. La preuve qu'il était Adonis, c'est que Virgile a dit (églogue x, v. 18) :

> Et formosus oves ad flumina pavit Adonis.
>
> Et le bel Adonis a gardé les moutons.

Or Moïse garda les moutons vers l'Arabie. La preuve qu'il était Priape est encore meilleure : c'est que quelquefois on représen-

---

[1]. Proposition IV, pages 79 et 87. (*Note de Voltaire.*)

tait Priape avec un âne, et que les Juifs passèrent pour adorer un âne. Huet ajoute, pour dernière confirmation, que la verge de Moïse pouvait fort bien être comparée au sceptre de Priape[1].

Sceptrum Priapo tribuitur, virga Mosi.

Voilà ce que Huet appelle sa Démonstration. Elle n'est pas, à la vérité, géométrique. Il est à croire qu'il en rougit les dernières années de sa vie, et qu'il se souvenait de sa Démonstration quand il fit son Traité de la faiblesse de l'esprit humain, et de l'incertitude de ses connaissances.

XXIX. — DES MÉTAMORPHOSES CHEZ LES GRECS, RECUEILLIES PAR OVIDE.

L'opinion de la migration des âmes conduit naturellement aux métamorphoses, comme nous l'avons déjà vu[2]. Toute idée qui frappe l'imagination et qui l'amuse s'étend bientôt par tout le monde. Dès que vous m'avez persuadé que mon âme peut entrer dans le corps d'un cheval, vous n'aurez pas de peine à me faire croire que mon corps peut être changé en cheval aussi.

Les métamorphoses recueillies par Ovide, dont nous avons déjà dit un mot, ne devaient point du tout étonner un pythagoricien, un brame, un Chaldéen, un Égyptien. Les dieux s'étaient changés en animaux dans l'ancienne Égypte. Derceto était devenue poisson en Syrie; Sémiramis avait été changée en colombe à Babylone. Les Juifs, dans des temps très-postérieurs, écrivent que Nabuchodonosor fut changé en bœuf, sans compter la femme de Loth transformée en statue de sel. N'est-ce pas même une métamorphose réelle, quoique passagère, que toutes les apparitions des dieux et des génies sous la forme humaine?

Un dieu ne peut guère se communiquer à nous qu'en se métamorphosant en homme. Il est vrai que Jupiter prit la figure d'un beau cygne pour jouir de Léda ; mais ces cas sont rares, et, dans toutes les religions, la Divinité prend toujours la figure humaine quand elle vient donner des ordres. Il serait difficile d'entendre la voix des dieux s'ils se présentaient à nous en crocodiles ou en ours.

1. Huet, page 110. (*Note de Voltaire.*)
2. Paragraphe XVII.

Enfin, les dieux se métamorphosèrent presque partout, et dès que nous fûmes instruits des secrets de la magie, nous nous métamorphosâmes nous-mêmes. Plusieurs personnes dignes de foi se changèrent en loups : le mot de loup-garou atteste encore parmi nous cette belle métamorphose.

Ce qui aide beaucoup à croire toutes ces transmutations et tous les prodiges de cette espèce, c'est qu'on ne peut prouver en forme leur impossibilité. On n'a nul argument à pouvoir alléguer à quiconque vous dira : « Un dieu vint hier chez moi sous la figure d'un beau jeune homme, et ma fille accouchera dans neuf mois d'un bel enfant que le dieu a daigné lui faire : mon frère, qui a osé en douter, a été changé en loup ; il court et hurle actuellement dans les bois. » Si la fille accouche en effet, si l'homme devenu loup vous affirme qu'il a subi en effet cette métamorphose, vous ne pouvez démontrer que la chose n'est pas vraie. Vous n'auriez d'autre ressource que d'assigner devant les juges le jeune homme qui a contrefait le dieu, et fait l'enfant à la demoiselle ; qu'à faire observer l'oncle loup-garou, et à prendre des témoins de son imposture. Mais la famille ne s'exposera pas à cet examen ; elle vous soutiendra, avec les prêtres du canton, que vous êtes un profane et un ignorant ; ils vous feront voir que puisqu'une chenille est changée en papillon, un homme peut tout aussi aisément être changé en bête : et si vous disputez, vous serez déféré à l'Inquisition du pays comme un impie qui ne croit ni aux loups-garous, ni aux dieux qui engrossent les filles.

XXX. — DE L'IDOLATRIE[1].

Après avoir lu tout ce que l'on a écrit sur l'idolâtrie, on ne trouve rien qui en donne une notion précise. Il semble que Locke soit le premier qui ait appris aux hommes à définir les mots qu'ils prononçaient, et à ne point parler au hasard. Le terme qui répond à idolâtrie ne se trouve dans aucune langue ancienne ; c'est une expression des Grecs des derniers âges, dont on ne s'était jamais servi avant le second siècle de notre ère. C'est un terme de reproche, un mot injurieux : jamais aucun peuple n'a pris la qualité d'idolâtre : jamais aucun gouvernement n'ordonna qu'on adorât une image, comme le dieu suprême de la nature. Les anciens Chaldéens, les anciens Arabes, les anciens

---

1. Comparez l'article IDOLATRIE du *Dictionnaire philosophique*.

Perses, n'eurent longtemps ni images ni temples. Comment ceux qui vénéraient, dans le soleil, les astres et le feu, les emblèmes de la Divinité, peuvent-ils être appelés idolâtres? Ils révéraient ce qu'ils voyaient : mais certainement révérer le soleil et les astres, ce n'est pas adorer une figure taillée par un ouvrier ; c'est avoir un culte erroné, mais ce n'est point être idolâtre.

Je suppose que les Égyptiens aient adoré réellement le chien Anubis et le bœuf Apis ; qu'ils aient été assez fous pour ne les pas regarder comme des animaux consacrés à la Divinité, et comme un emblème du bien que leur Isheth, leur Isis, faisait aux hommes ; pour croire même qu'un rayon céleste animait ce bœuf et ce chien consacrés ; il est clair que ce n'était pas adorer une statue : une bête n'est pas une idole.

Il est indubitable que les hommes eurent des objets de culte avant que d'avoir des sculpteurs, et il est clair que ces hommes si anciens ne pouvaient point être appelés idolâtres. Il reste donc à savoir si ceux qui firent enfin placer les statues dans les temples, et qui firent révérer ces statues, se nommèrent adorateurs de statues, et leurs peuples, adorateurs de statues : c'est assurément ce qu'on ne trouve dans aucun monument de l'antiquité.

Mais en ne prenant point le titre d'idolâtres, l'étaient-ils en effet? était-il ordonné de croire que la statue de bronze qui représentait la figure fantastique de Bel à Babylone était le Maître, le Dieu, le Créateur du monde ; la figure de Jupiter était-elle Jupiter même? n'est-ce pas (s'il est permis de comparer les usages de notre sainte religion avec les usages antiques), n'est-ce pas comme si l'on disait que nous adorons la figure du Père éternel avec une barbe longue, la figure d'une femme et d'un enfant, la figure d'une colombe? Ce sont des ornements emblématiques dans nos temples : nous les adorons si peu que, quand ces statues sont de bois, on s'en chauffe dès qu'elles pourrissent, on en érige d'autres ; elles sont de simples avertissements qui parlent aux yeux et à l'imagination. Les Turcs et les réformés croient que les catholiques sont idolâtres ; mais les catholiques ne cessent de protester contre cette injure.

Il n'est pas possible qu'on adore réellement une statue, ni qu'on croie que cette statue est le Dieu suprême. Il n'y avait qu'un Jupiter, mais il y avait mille de ses statues : or ce Jupiter qu'on croyait lancer la foudre était supposé habiter les nuées, ou le mont Olympe, ou la planète qui porte son nom ; et ses figures ne lançaient point la foudre, et n'étaient ni dans une planète, ni dans les nuées, ni sur le mont Olympe : toutes les prières étaient adressées aux dieux immortels, et assurément les statues n'étaient pas immortelles.

Des fourbes, il est vrai, firent croire, et des superstitieux crurent que des statues avaient parlé. Combien de fois nos peuples grossiers n'ont-ils pas eu la même crédulité? mais jamais, chez aucun peuple, ces absurdités ne furent la religion de l'État. Quelque vieille imbécile n'aura pas distingué la statue et le dieu : ce n'est pas une raison d'affirmer que le gouvernement pensait comme cette vieille. Les magistrats voulaient qu'on révérât les représentations des dieux adorés, et que l'imagination du peuple fût fixée par ces signes visibles : c'est précisément ce qu'on fait dans la moitié de l'Europe. On a des figures qui représentent Dieu le père sous la forme d'un vieillard, et on sait bien que Dieu n'est pas un vieillard. On a des images de plusieurs saints qu'on vénère, et on sait bien que ces saints ne sont pas Dieu le père.

De même, si on ose le dire, les anciens ne se méprenaient pas entre les demi-dieux, les dieux, et le maître des dieux. Si ces anciens étaient idolâtres pour avoir des statues dans leurs temples, la moitié de la chrétienté est donc idolâtre aussi ; et si elle ne l'est pas, les nations antiques ne l'étaient pas davantage.

En un mot, il n'y a pas dans toute l'antiquité un seul poëte, un seul philosophe, un seul homme d'État qui ait dit qu'on adorait de la pierre, du marbre, du bronze, ou du bois. Les témoignages du contraire sont innombrables : les nations idolâtres sont donc comme les sorciers : on en parle, mais il n'y en eut jamais.

Un commentateur, Dacier, a conclu qu'on adorait réellement la statue de Priape, parce que Horace, en faisant parler cet épouvantail, lui fait dire : « J'étais autrefois un tronc ; l'ouvrier, incertain s'il en ferait un dieu ou une escabelle, prit le parti d'en faire un dieu, etc. » Le commentateur cite le prophète Baruch pour prouver que du temps d'Horace on regardait la figure de Priape comme une divinité réelle : il ne voit pas qu'Horace se moque et du prétendu dieu, et de sa statue. Il se peut qu'une de ses servantes, en voyant cette énorme figure, crût qu'elle avait quelque chose de divin ; mais assurément tous ces Priapes de bois dont les jardins étaient remplis pour chasser les oiseaux n'étaient pas regardés comme les créateurs du monde.

Il est dit que Moïse, malgré la loi divine de ne faire aucune représentation d'hommes ou d'animaux, érigea un serpent d'airain, ce qui était une imitation du serpent d'argent que les prétres d'Égypte portaient en procession : mais quoique ce serpent fût fait pour guérir les morsures des serpents véritables, cependant on ne l'adorait pas. Salomon mit deux chérubins dans le temple; mais on ne regardait pas ces chérubins comme des dieux. Si donc, dans le temple des Juifs et dans les nôtres, on a respecté des statues sans être idolâtres, pourquoi tant de reproches aux autres nations ? ou nous devons les absoudre, ou elles doivent nous accuser.

XXXI. — DES ORACLES.

Il est évident qu'on ne peut savoir l'avenir, parce qu'on ne peut savoir ce qui n'est pas; mais il est clair aussi qu'on peut conjecturer un événement.

Vous voyez une armée nombreuse et disciplinée, conduite par un chef habile, s'avancer dans un lieu avantageux contre un capitaine imprudent, suivi de peu de troupes mal armées, mal postées, et dont vous savez que la moitié le trahit ; vous prédisez que ce capitaine sera battu.

Vous avez remarqué qu'un jeune homme et une fille s'aiment éperdument; vous les avez observés sortant l'un et l'autre de la maison paternelle; vous annoncez que dans peu cette fille sera enceinte : vous ne vous trompez guère. Toutes les prédictions se réduisent au calcul des probabilités. Il n'y a donc point de nation chez laquelle on n'ait fait des prédictions qui se sont en effet accomplies. La plus célèbre, la plus confirmée, est celle que fit ce traître, Flavien Josèphe, à Vespasien et Titus son fils, vainqueurs des Juifs. Il voyait Vespasien et Titus adorés des armées romaines dans l'Orient, et Néron détesté de tout l'empire. Il ose, pour gagner les bonnes grâces de Vespasien, lui prédire, au nom du dieu des Juifs[1], que lui et son fils seront empereurs : ils le furent en effet; mais il est évident que Josèphe ne risquait rien. Si Vespasien succombe un jour en prétendant à l'empire, il n'est pas en état de punir Josèphe; s'il est empereur, il le récompense; et tant qu'il ne règne pas, il espère régner. Vespasien fait dire à ce Josèphe que, s'il est prophète, il devait avoir prédit la prise de Jotapat, qu'il avait en vain défendue contre l'armée romaine ; Josèphe répond qu'en effet il l'avait prédite : ce qui n'était pas bien surprenant. Quel commandant, en soutenant un siége dans

---

1. Josèphe, liv. III, ch. xxviii. (*Note de Voltaire.*)

une petite place contre une grande armée, ne prédit pas que la place sera prise ?

Il n'était pas bien difficile de sentir qu'on pouvait s'attirer le respect et l'argent de la multitude en faisant le prophète, et que la crédulité du peuple devait être le revenu de quiconque saurait le tromper. Il y eut partout des devins ; mais ce n'était pas assez de ne prédire qu'en son propre nom, il fallait parler au nom de la Divinité ; et, depuis les prophètes de l'Égypte, qui s'appelaient les *voyants*, jusqu'à Ulpius, prophète du mignon de l'empereur Adrien devenu dieu, il y eut un nombre prodigieux de charlatans sacrés qui firent parler les dieux pour se moquer des hommes. On sait assez comment ils pouvaient réussir : tantôt par une réponse ambiguë qu'ils expliquaient ensuite comme ils voulaient ; tantôt en corrompant des domestiques, en s'informant d'eux secrètement des aventures des dévots qui venaient les consulter. Un idiot était tout étonné qu'un fourbe lui dît de la part de Dieu ce qu'il avait fait de plus caché.

Ces prophètes passaient pour savoir le passé, le présent, et l'avenir ; c'est l'éloge qu'Homère fait de Calchas. Je n'ajouterai rien ici à ce que le savant Van Dale et le judicieux Fontenelle, son rédacteur, ont dit des oracles. Ils ont dévoilé avec sagacité des siècles de fourberie ; et le jésuite Baltus montra bien peu de sens, ou beaucoup de malignité, quand il soutint contre eux la vérité des oracles païens par les principes de la religion chrétienne. C'était réellement faire à Dieu une injure de prétendre que ce Dieu de bonté et de vérité eût lâché les diables de l'enfer pour venir faire sur la terre ce qu'il ne fait pas lui-même, pour rendre des oracles.

Ou ces diables disaient vrai, et en ce cas il était impossible de ne les pas croire ; et Dieu, appuyant toutes les fausses religions par des miracles journaliers, jetait lui-même l'univers entre les bras de ses ennemis : ou ils disaient faux ; et en ce cas Dieu déchaînait les diables pour tromper tous les hommes. Il n'y a peut-être jamais eu d'opinion plus absurde.

L'oracle le plus fameux fut celui de Delphes. On choisit d'abord de jeunes filles innocentes, comme plus propres que les autres à être inspirées, c'est-à-dire à proférer de bonne foi le galimatias que les prêtres leur dictaient. La jeune Pythie montait sur un trépied posé dans l'ouverture d'un trou dont il sortait une exhalaison prophétique. L'esprit divin entrait sous la robe de la Pythie par un endroit fort humain ; mais depuis qu'une jolie Pythie fut enlevée par un dévot, on prit des vieilles pour faire le métier : et je crois que c'est la raison pour laquelle l'oracle de Delphes commença à perdre beaucoup de son crédit.

Les divinations, les augures, étaient des espèces d'oracles, et sont, je crois, d'une plus haute antiquité ; car il fallait bien des cérémonies, bien du temps pour achalander un oracle divin qui ne pouvait se passer de temple et de prêtres ; et rien n'était plus aisé que de dire la bonne aventure dans les carrefours. Cet art se subdivisa en mille façons ; on prédit par le vol des oiseaux, par le foie des moutons, par les plis formés dans la paume de la main, par des cercles tracés sur la terre, par l'eau, par le feu, par des petits cailloux, par des baguettes, par tout ce qu'on imagina, et souvent même par un pur enthousiasme qui tenait lieu de toutes les règles. Mais qui fut celui qui inventa cet art ? ce fut le premier fripon qui rencontra un imbécile.

La plupart des prédictions étaient comme celles de l'*Almanach de Liège : Un grand mourra; il y aura des naufrages*. Un juge de village mourait-il dans l'année, c'était, pour ce village, le grand dont la mort était prédite ; une barque de pêcheurs était-elle submergée, voilà les grands naufrages annoncés. L'auteur de l'*Almanach de Liège* est un sorcier, soit que ces prédictions soient accomplies, soit qu'elles ne le soient pas : car, si quelque événement les favorise, sa magie est démontrée ; si les événements sont contraires, on applique la prédiction à toute autre chose, et l'allégorie le tire d'affaire.

L'*Almanach de Liège* a dit qu'il viendrait un peuple du nord qui détruirait tout ; ce peuple ne vient point, mais un vent du nord fait geler quelques vignes : c'est ce qui a été prédit par Matthieu Laensbergh. Quelqu'un ose-t-il douter de son savoir, aussitôt les colporteurs le dénoncent comme un mauvais citoyen, et les astrologues le traitent même de petit esprit et de méchant raisonneur.

Les Sunnites mahométans ont beaucoup employé cette méthode dans l'explication du *Koran* de Mahomet. L'étoile Aldebaran avait été en grande vénération chez les Arabes ; elle signifie l'œil du taureau ; cela voulait dire que l'œil de Mahomet éclairerait les Arabes, et que, comme un taureau, il frapperait ses ennemis de ses cornes.

L'arbre acacia était en vénération dans l'Arabie ; on en faisait de grandes haies qui préservaient les moissons de l'ardeur du soleil ; Mahomet est l'acacia qui doit couvrir la terre de son ombre salutaire. Les Turcs sensés rient de ces bêtises subtiles, les jeunes femmes n'y pensent pas ; les vieilles dévotes y croient ; et celui qui dirait publiquement à un derviche qu'il enseigne des sottises courrait risque d'être empalé. Il y a eu des savants qui ont trouvé l'histoire de leur temps dans l'*Iliade* et dans *l'Odyssée;* mais ces savants n'ont pas fait la même fortune que les commentateurs de l'*Alcoran.*

La plus brillante fonction des oracles fut d'assurer la victoire dans la guerre. Chaque armée, chaque nation avait ses oracles qui lui promettaient des triomphes. L'un des deux partis avait reçu infailliblement un oracle véritable. Le vaincu, qui avait été trompé, attribuait sa défaite à quelque faute commise envers les dieux, après l'oracle rendu ; il espérait qu'une autre fois l'oracle s'accomplirait. Ainsi presque toute la terre s'est nourrie d'illusion. Il n'y eut presque point de peuple qui ne conservât dans ses archives, ou qui n'eût par la tradition orale, quelque prédiction qui l'assurait de la conquête du monde, c'est-à-dire des nations voisines ; point de conquérant qui n'ait été prédit formellement aussitôt après sa conquête. Les Juifs mêmes, enfermés dans un coin de terre presque inconnu, entre l'Anti-Liban, l'Arabie Déserte et la Pétrée, espérèrent, comme les autres peuples, d'être les maîtres de l'univers, fondés sur mille oracles que nous expliquons dans un sens mystique, et qu'ils entendaient dans le sens littéral.

XXXII. — DES SIBYLLES CHEZ LES GRECS, ET DE LEUR INFLUENCE SUR LES AUTRES NATIONS.

Lorsque presque toute la terre était remplie d'oracles, il y eut de vieilles filles qui, sans être attachées à aucun temple, s'avisèrent de prophétiser pour leur compte. On les appela *sibylles*, σιὸς βουλὴ, mots grecs du dialecte de Laconie, qui signifient conseil de Dieu. L'antiquité en compte dix principales en divers pays. On sait assez le conte de la bonne femme qui vint apporter dans Rome, à l'ancien Tarquin, les neuf livres de l'ancienne sibylle de Cumes. Comme Tarquin marchandait trop, la vieille jeta au feu les six premiers livres, et exigea autant d'argent des trois restants qu'elle en avait demandé des neuf entiers. Tarquin les paya. Ils furent, dit-on, conservés à Rome jusqu'au temps de Sylla, et furent consumés dans un incendie du Capitole.

Mais comment se passer des prophéties des sibylles ? On envoya trois sénateurs à Érythrès, ville de Grèce, où l'on gardait précieusement un millier de mauvais vers grecs, qui passaient pour être de la façon de la sibylle Érythrée. Chacun en voulait avoir des copies. La sibylle Érythrée avait tout prédit ; il en était de ses prophéties comme de celles de Nostradamus parmi nous, et l'on ne manquait pas, à chaque événement, de forger quelques vers grecs qu'on attribuait à la sibylle.

Auguste, qui craignait avec raison qu'on ne trouvât dans cette rapsodie quelques vers qui autoriseraient des conspirations, défendit, sous peine de mort, qu'aucun Romain eût chez lui des vers sibyllins : défense digne d'un tyran soupçonneux, qui conservait avec adresse un pouvoir usurpé par le crime.

Les vers sibyllins furent respectés plus que jamais quand il fut défendu de les lire. Il fallait bien qu'ils continssent la vérité, puisqu'on les cachait aux citoyens.

Virgile, dans son églogue sur la naissance de Pollion, ou de Marcellus, ou de Drusus, ne manqua pas de citer l'autorité de la sibylle de Cumes, qui avait prédit nettement que cet enfant, qui mourut bientôt après, ramènerait le siècle d'or. La sibylle Érythrée avait, disait-on alors, prophétisé aussi à Cumes. L'enfant nouveau-né, appartenant à Auguste ou à son favori, ne pouvait manquer d'être prédit par la sibylle. Les prédictions d'ailleurs ne sont jamais que pour les grands, les petits n'en valent pas la peine.

Ces oracles des sibylles étant donc toujours en très-grande réputation, les premiers chrétiens, trop emportés par un faux zèle, crurent qu'ils pouvaient forger de pareils oracles pour battre les Gentils par leurs propres armes. Hermas et saint Justin passent pour être les premiers qui eurent le malheur de soutenir cette imposture. Saint Justin cite des oracles de la sibylle de Cumes, débités par un chrétien qui avait pris le nom d'Istape, et qui prétendait que sa sibylle avait vécu du temps du déluge. Saint Clément d'Alexandrie (dans ses *Stromates*, livre VI) assure que l'apôtre saint Paul recommande dans ses Épîtres *la lecture des sibylles qui ont manifestement prédit la naissance du fils de Dieu.*

Il faut que cette Épître de saint Paul soit perdue, car on ne trouve ces paroles, ni rien d'approchant, dans aucune des Épîtres de saint Paul. Il courait dans ce temps-là parmi les chrétiens une infinité de livres que nous n'avons plus, comme les Prophéties de Jaldabast, celles de Seth, d'Énoch et de Cham ; la pénitence d'Adam ; l'histoire de Zacharie, père de saint Jean ; l'Évangile des Égyptiens ; l'Évangile de saint Pierre, d'André, de Jacques ; l'Évangile d'Ève ; l'Apocalypse d'Adam ; les lettres de Jésus-Christ, et cent autres écrits dont il reste à peine quelques fragments ensevelis dans des livres qu'on ne lit guère.

L'Église chrétienne était alors partagée en société judaïsante et société non judaïsante. Ces deux sociétés étaient divisées en plusieurs autres. Quiconque se sentait un peu de talent écrivait pour son parti. Il y eut plus de cinquante évangiles jusqu'au concile de Nicée ; il ne nous en reste aujourd'hui que ceux de la Vierge, de Jacques, de l'Enfance, et de Nicodème. On forgea surtout des vers attribués aux anciennes sibylles. Tel était le respect du peuple pour ces oracles sibyllins qu'on crut avoir besoin de cet appui étranger pour fortifier le christianisme naissant. Non-seulement on fit des vers grecs sibyllins qui annonçaient Jésus-Christ, mais on les fit en acrostiches, de manière que les lettres de ces mots, *Jesous Chreistos ïos Soter*, étaient l'une après l'autre le commencement de chaque vers. C'est dans ces poésies qu'on trouve cette prédiction :

> Avec cinq pains et deux poissons
> Il nourrira cinq mille hommes au désert ;
> Et, en ramassant les morceaux qui resteront,
> Il en remplira douze paniers.

On ne s'en tint pas là ; on imagina qu'on pouvait détourner, en faveur du christianisme, le sens des vers de la quatrième églogue de Virgile (vers 4 et 7) :

> Ultima cumæi venit jam carminis ætas :...
> Jam nova progenies cœlo demittitur alto.
>
> Les temps de la sibylle enfin sont arrivés ;
> Un nouveau rejeton descend du haut des cieux.

Cette opinion eut un si grand cours dans les premiers siècles de l'Église que l'empereur Constantin la soutint hautement. Quand un empereur parlait, il avait sûrement raison. Virgile passa longtemps pour un prophète. Enfin on était si persuadé des oracles des sibylles que nous avons dans une de nos hymnes, qui n'est pas fort ancienne, ces deux vers remarquables :

> Solvet sæclum in favilla,
> Teste David cum sibylla.
>
> Il mettra l'univers en cendres,
> Témoin la sibylle et David.

Parmi les prédictions attribuées aux sibylles, on faisait surtout valoir le règne de mille ans, que les pères de l'Église adoptèrent jusqu'au temps de Théodose II.

Ce règne de Jésus-Christ pendant mille ans sur la terre était fondé d'abord sur la prophétie de saint Luc, chapitre XXI; prophétie mal entendue, que Jésus-Christ « viendrait dans les nuées, dans une grande puissance et dans une grande majesté, avant que la génération présente fût passée ». La génération avait passé; mais saint Paul avait dit aussi dans sa première Épître aux Thessaloniciens, chap. IV :

« Nous vous déclarons, comme l'ayant appris du Seigneur, que nous qui vivons, et qui sommes réservés pour son avénement, nous ne préviendrons point ceux qui sont déjà dans le sommeil.

« Car, aussitôt que le signal aura été donné par la voix de l'archange, et par le son de la trompette de Dieu, le Seigneur lui-même descendra du ciel, et ceux qui seront morts en Jésus-Christ ressusciteront les premiers.

« Puis nous autres qui sommes vivants, et qui serons demeurés jusqu'alors, nous serons emportés avec eux dans les nuées, pour aller au-devant du Seigneur, au milieu de l'air; et ainsi nous vivrons pour jamais avec le Seigneur. »

Il est bien étrange que Paul dise que c'est le Seigneur lui-même qui lui avait parlé; car Paul, loin d'avoir été un des disciples de Christ, avait été longtemps un de ses persécuteurs. Quoi qu'il en puisse être, l'*Apocalypse* avait dit aussi, chapitre XX, que les justes *régneraient sur la terre pendant mille ans avec Jésus-Christ.*

On s'attendait donc à tout moment que Jésus-Christ descendrait du ciel pour établir son règne, et rebâtir Jérusalem, dans laquelle les chrétiens devaient se réjouir avec les patriarches.

Cette nouvelle Jérusalem était annoncée dans l'*Apocalypse :* « Moi, Jean, je vis la nouvelle Jérusalem qui descendait du ciel, parée comme une épouse... Elle avait une grande et haute muraille, douze portes, et un ange à chaque porte... douze fondements où sont les noms des apôtres de l'agneau... Celui qui me parlait avait une toise d'or pour mesurer la ville, les portes et la muraille. La ville est bâtie en carré; elle est de douze mille stades; sa longueur, sa largeur et sa hauteur sont égales... Il en mesura aussi la muraille, qui est de cent quarante-quatre coudées... Cette muraille est de jaspe, et la ville était d'or, etc. »

On pouvait se contenter de cette prédiction; mais on voulut encore avoir pour garant une sibylle à qui l'on fait dire à peu près les mêmes choses. Cette persuasion s'imprima si fortement dans les esprits que saint Justin, dans son Dialogue contre Tryphon, dit « qu'il en est convenu, et que Jésus doit venir dans cette Jérusalem boire et manger avec ses disciples ».

Saint Irénée se livra si pleinement à cette opinion qu'il attribue à saint Jean l'Évangéliste ces paroles : « Dans la nouvelle Jérusalem, chaque cep de vigne produira dix mille branches ; et chaque branche, dix mille bourgeons ; chaque bourgeon, dix mille grappes, chaque grappe, dix mille grains ; chaque raisin, vingt-cinq amphores de vin ; et quand un des saints vendangeurs cueillera un raisin, le raisin voisin lui dira : Prends-moi, je suis meilleur que lui[1]. »

Ce n'était pas assez que la sibylle eût prédit ces merveilles, on avait été témoin de l'accomplissement. On vit, au rapport de Tertullien, la Jérusalem nouvelle descendre du ciel pendant quarante nuits consécutives.

Tertullien s'exprime ainsi[2] : « Nous confessons que le royaume nous est promis pour mille ans en terre, après la résurrection dans la cité de Jérusalem, apportée du ciel ici-bas. »

C'est ainsi que l'amour du merveilleux, et l'envie d'entendre et de dire des choses extraordinaires, a perverti le sens commun dans tous les temps ; c'est ainsi qu'on s'est servi de la fraude, quand on n'a pas eu la force. La religion chrétienne fut d'ailleurs soutenue par des raisons si solides que tout cet amas d'erreurs ne put l'ébranler. On dégagea l'or pur de tout cet alliage, et l'Église parvint, par degrés, à l'état où nous la voyons aujourd'hui.

XXXIII. — DES MIRACLES.

Revenons toujours à la nature de l'homme ; il n'aime que l'extraordinaire ; et cela est si vrai que sitôt que le beau, le sublime est commun, il ne paraît plus ni beau ni sublime. On veut de l'extraordinaire en tout genre, et on va jusqu'à l'impossible. L'histoire ancienne ressemble à celle de ce chou plus grand qu'une maison, et à ce pot plus grand qu'une église, fait pour cuire ce chou.

Quelle idée avons-nous attachée au mot *miracle*, qui d'abord signifiait *chose admirable?* Nous avons dit : C'est ce que la nature ne peut opérer ; c'est ce qui est contraire à toutes ses lois. Ainsi l'Anglais qui promit au peuple de Londres de se mettre tout entier dans une bouteille de deux pintes annonçait un miracle. Et autrefois on n'aurait pas manqué de légendaires qui auraient

---

1. Irénée, liv. V, chap. xxxv. (*Note de Voltaire.*)
2. Tertullien contre Marcion, liv. III. (*Id.*)

affirmé l'accomplissement de ce prodige, s'il en était revenu quelque chose au couvent.

Nous croyons sans difficulté aux vrais miracles opérés dans notre sainte religion, et chez les Juifs, dont la religion prépara la nôtre. Nous ne parlons ici que des autres nations, et nous ne raisonnons que suivant les règles du bon sens, toujours soumises à la révélation.

Quiconque n'est pas illuminé par la foi ne peut regarder un miracle que comme une contravention aux lois éternelles de la nature. Il ne lui paraît pas possible que Dieu dérange son propre ouvrage; il sait que tout est lié dans l'univers par des chaînes que rien ne peut rompre. Il sait que Dieu étant immuable, ses lois le sont aussi; et qu'une roue de la grande machine ne peut s'arrêter, sans que la nature entière soit dérangée.

Si Jupiter, en couchant avec Alcmène, fait une nuit de vingt-quatre heures, lorsqu'elle devait être de douze, il est nécessaire que la terre s'arrête dans son cours, et reste immobile douze heures entières. Mais comme les mêmes phénomènes du ciel reparaissent la nuit suivante, il est nécessaire aussi que la lune et toutes les planètes se soient arrêtées. Voilà une grande révolution dans tous les orbes célestes en faveur d'une femme de Thèbes en Béotie.

Un mort ressuscite au bout de quelques jours; il faut que toutes les parties imperceptibles de son corps qui s'étaient exhalées dans l'air, et que les vents avaient emportées au loin, reviennent se mettre chacune à leur place; que les vers et les oiseaux, ou les autres animaux nourris de la substance de ce cadavre, rendent chacun ce qu'ils lui ont pris. Les vers engraissés des entrailles de cet homme auront été mangés par des hirondelles; ces hirondelles, par des pies-grièches; ces pies-grièches, par des faucons; ces faucons, par des vautours. Il faut que chacun restitue précisément ce qui appartenait au mort, sans quoi ce ne serait plus la même personne. Tout cela n'est rien encore, si l'âme ne revient dans son hôtellerie.

Si l'Être éternel, qui a tout prévu, tout arrangé, qui gouverne tout par des lois immuables, devient contraire à lui-même en renversant toutes ses lois, ce ne peut être que pour l'avantage de la nature entière. Mais il paraît contradictoire de supposer un cas où le créateur et le maître de tout puisse changer l'ordre du monde pour le bien du monde. Car, ou il a prévu le prétendu besoin qu'il en aurait, ou il ne l'a pas prévu. S'il l'a prévu, il y a mis ordre dès le commencement : s'il ne l'a pas prévu, il n'est plus Dieu.

On dit que c'est pour faire plaisir à une nation, à une ville, à une famille, que l'Être éternel ressuscite Pélops, Hippolyte, Hérès, et quelques autres fameux personnages ; mais il ne paraît pas vraisemblable que le maître commun de l'univers oublie le soin de l'univers en faveur de cet Hippolyte et de ce Pélops.

Plus les miracles sont incroyables, selon les faibles lumières de notre esprit, plus ils ont été crus. Chaque peuple eut tant de prodiges, qu'ils devinrent des choses très-ordinaires. Aussi ne s'avisait-on pas de nier ceux de ses voisins. Les Grecs disaient aux Égyptiens, aux nations asiatiques : « Les dieux vous ont parlé quelquefois, ils nous parlent tous les jours ; s'ils ont combattu vingt fois pour vous, ils se sont mis quarante fois à la tête de nos armées ; si vous avez des métamorphoses, nous en avons cent fois plus que vous ; si vos animaux parlent, les nôtres ont fait de très-beaux discours. » Il n'y a pas même jusqu'aux Romains chez qui les bêtes n'aient pris la parole pour prédire l'avenir. Tite-Live rapporte qu'un bœuf s'écria en plein marché : *Rome, prends garde à toi*. Pline, dans son livre huitième, dit qu'un chien parla, lorsque Tarquin fut chassé du trône. Une corneille, si l'on en croit Suétone, s'écria dans le Capitole, lorsqu'on allait assassiner Domitien : Ἔσται πάντα καλῶς ; *c'est fort bien fait, tout est bien*. C'est ainsi qu'un des chevaux d'Achille, nommé Xante, prédit à son maître qu'il mourra devant Troie. Avant le cheval d'Achille, le bélier de Phryxus avait parlé, aussi bien que les vaches du mont Olympe. Ainsi, au lieu de réfuter les fables, on enchérissait sur elles : on faisait comme ce praticien à qui on produisait une fausse obligation ; il ne s'amusa point à plaider : il produisit sur-le-champ une fausse quittance.

Il est vrai que nous ne voyons guère de morts ressuscités chez les Romains ; ils s'en tenaient à des guérisons miraculeuses. Les Grecs, plus attachés à la métempsycose, eurent beaucoup de résurrections. Ils tenaient ce secret des Orientaux, de qui toutes les sciences et les superstitions étaient venues.

De toutes les guérisons miraculeuses, les plus attestées, les plus authentiques, sont celles de cet aveugle à qui l'empereur Vespasien rendit la vue, et de ce paralytique auquel il rendit l'usage de ses membres. C'est dans Alexandrie que ce double miracle s'opère ; c'est devant un peuple innombrable, devant des Romains, des Grecs, des Égyptiens ; c'est sur son tribunal que Vespasien opère ces prodiges. Ce n'est pas lui qui cherche à se faire valoir par des prestiges dont un monarque affermi n'a pas besoin ; ce sont ces deux malades eux-mêmes qui, prosternés à ses pieds, le conjurent de les guérir. Il rougit de leurs prières, il s'en moque ; il dit qu'une telle guérison n'est pas au pouvoir d'un mortel. Les deux infortunés insistent : Sérapis leur est apparu ; Sérapis leur a dit qu'ils seraient guéris par Vespasien. Enfin il se laisse fléchir : il les touche sans se flatter du succès. La Divinité, favorable à sa modestie et à sa vertu, lui communique son pouvoir ; à l'instant l'aveugle voit, et l'estropié marche. Alexandrie, l'Égypte, et tout l'empire, applaudissent à Vespasien, favori du ciel. Le miracle est consigné dans les archives de l'empire et dans toutes les histoires contemporaines. Cependant, avec le temps, ce miracle n'est cru de personne, parce que personne n'a intérêt de le soutenir.

Si l'on en croit je ne sais quel écrivain de nos siècles barbares, nommé Helgaut, le roi Robert, fils de Hugues Capet, guérit aussi un aveugle. Ce don des miracles, dans le roi Robert, fut apparemment la récompense de la charité avec laquelle il avait fait brûler le confesseur de sa femme, et ces chanoines d'Orléans, accusés de ne pas croire l'infaillibilité et la puissance absolue du pape, et par conséquent d'être manichéens : ou, si ce ne fut pas le prix de ces bonnes actions, ce fut celui de l'excommunication qu'il souffrit pour avoir couché avec la reine sa femme.

Les philosophes ont fait des miracles, comme les empereurs et les rois. On connaît ceux d'Apollonios de Tyane ; c'était un philosophe pythagoricien, tempérant, chaste et juste, à qui l'histoire ne reproche aucune action équivoque, ni aucune de ces faiblesses dont fut accusé Socrate. Il voyagea chez les mages et chez les brachmanes, et fut d'autant plus honoré partout qu'il était modeste, donnant toujours de sages conseils, et disputant rarement. La prière qu'il avait coutume de faire aux dieux est admirable : « Dieux immortels, accordez-nous ce que vous jugerez convenable, et dont nous ne soyons pas indignes. » Il n'avait nul enthousiasme ; ses disciples en eurent : ils lui supposèrent des miracles qui furent recueillis par Philostrate. Les Tyanéens le mirent au rang des demi-dieux, et les empereurs romains approuvèrent son apothéose. Mais, avec le temps, l'apothéose d'Apollonios eut le sort de celle qu'on décernait aux empereurs romains ; et la chapelle d'Apollonios fut aussi déserte que le Socratéion élevé par les Athéniens à Socrate.

Les rois d'Angleterre, depuis saint Édouard jusqu'au roi Guillaume III, firent journellement un grand miracle, celui de guérir les écrouelles, qu'aucuns médecins ne pouvaient guérir.

Mais Guillaume III ne voulut point faire de miracles, et ses successeurs s'en sont abstenus comme lui. Si l'Angleterre éprouve jamais quelque grande révolution qui la replonge dans l'ignorance, alors elle aura des miracles tous les jours.

XXXIV. — DES TEMPLES.

On n'eut pas un temple aussitôt qu'on reconnut un Dieu. Les Arabes, les Chaldéens, les Persans, qui révéraient les astres, ne pouvaient guère avoir d'abord des édifices consacrés ; ils n'avaient qu'à regarder le ciel, c'était là leur temple. Celui de Bel, à Babylone, passe pour le plus ancien de tous ; mais ceux de Brama, dans l'Inde, doivent être d'une antiquité plus reculée : au moins les brames le prétendent.

Il est dit dans les annales de la Chine que les premiers empereurs sacrifiaient dans un temple. Celui d'Hercule, à Tyr, ne paraît pas être des plus anciens. Hercule ne fut jamais, chez aucun peuple, qu'une divinité secondaire ; cependant le temple de Tyr est très-antérieur à celui de Judée. Hiram en avait un magnifique, lorsque Salomon, aidé par Hiram, bâtit le sien. Hérodote, qui voyagea chez les Tyriens, dit que, de son temps, les archives de Tyr ne donnaient à ce temple que deux mille trois cents ans d'antiquité. L'Égypte était remplie de temples depuis longtemps. Hérodote dit encore qu'il apprit que le temple de Vulcain, à Memphis, avait été bâti par Ménès vers le temps qui répond à trois mille ans avant notre ère ; et il n'est pas à croire que les Égyptiens eussent élevé un temple à Vulcain, avant d'en avoir donné un à Isis, leur principale divinité.

Je ne puis concilier avec les mœurs ordinaires de tous les hommes ce que dit Hérodote au livre second : il prétend que, excepté les Égyptiens et les Grecs, tous les autres peuples avaient coutume de coucher avec les femmes au milieu de leurs temples. Je soupçonne le texte grec d'avoir été corrompu. Les hommes les plus sauvages s'abstiennent de cette action devant des témoins. On ne s'est jamais avisé de caresser sa femme ou sa maîtresse en présence de gens pour qui on a les moindres égards.

Il n'est guère possible que chez tant de nations, qui étaient religieuses jusqu'au plus grand scrupule, tous les temples eussent été des lieux de prostitution. Je crois qu'Hérodote a voulu dire que les prêtres qui habitaient dans l'enceinte qui entourait le temple pouvaient coucher avec leurs femmes dans cette enceinte qui avait le nom de temple, comme en usaient les prêtres juifs et d'autres : mais que les prêtres égyptiens, n'habitant point dans l'enceinte, s'abstenaient de toucher à leurs femmes quand ils étaient de garde dans les porches dont le temple était entouré.

Les petits peuples furent très-longtemps sans avoir de temples. Ils portaient leurs dieux dans des coffres, dans des tabernacles. Nous avons déjà vu [1] que quand les Juifs habitèrent les déserts, à l'orient du lac Asphaltide, ils portaient le tabernacle du dieu Remphan, du dieu Moloch, du dieu Kium, comme le dit Amos, et comme le répète saint Étienne.

C'est ainsi qu'en usaient toutes les autres petites nations du désert. Cet usage doit être le plus ancien de tous, par la raison qu'il est bien plus aisé d'avoir un coffre que de bâtir un grand édifice.

C'est probablement de ces dieux portatifs que vint la coutume des processions qui se firent chez tous les peuples ; car il semble qu'on ne se serait pas avisé d'ôter un dieu de sa place, dans son temple, pour le promener dans la ville ; et cette violence eût pu paraître un sacrilége, si l'ancien usage de porter son dieu sur un chariot ou sur un brancard n'avait pas été dès longtemps établi.

La plupart des temples furent d'abord des citadelles, dans lesquelles on mettait en sûreté les choses sacrées. Ainsi le palladium était dans la forteresse de Troie ; les boucliers descendus du ciel se gardaient dans le Capitole.

Nous voyons que le temple des Juifs était une maison forte, capable de soutenir un assaut. Il est dit au troisième livre des *Rois* que l'édifice avait soixante coudées de long et vingt de large ; c'est environ quatre-vingt-dix pieds de long sur trente de face. Il n'y a guère de plus petit édifice public ; mais cette maison étant de pierre, et bâtie sur une montagne, pouvait au moins se défendre d'une surprise ; les fenêtres, qui étaient beaucoup plus étroites au dehors qu'en dedans, ressemblaient à des meurtrières.

Il est dit que les prêtres logeaient dans des appentis de bois adossés à la muraille.

Il est difficile de comprendre les dimensions de cette architecture. Le même livre des *Rois* nous apprend que, sur les murailles de ce temple, il y avait trois étages de bois ; que le premier avait cinq coudées de large, le second six, et le troisième sept. Ces proportions ne sont pas les nôtres ; ces étages de bois auraient surpris Michel-Ange et Bramante. Quoi qu'il en soit, il faut con-

---

1. Paragraphe v.

sidérer que ce temple était bâti sur le penchant de la montagne Moria, et que par conséquent il ne pouvait avoir une grande profondeur. Il fallait monter plusieurs degrés pour arriver à la petite esplanade où fut bâti le sanctuaire, long de vingt coudées ; or un temple dans lequel il faut monter et descendre est un édifice barbare. Il était recommandable par sa sainteté, mais non par son architecture. Il n'était pas nécessaire pour les desseins de Dieu que la ville de Jérusalem fût la plus magnifique des villes, et son peuple le plus puissant des peuples; il n'était pas nécessaire non plus que son temple surpassât celui des autres nations; le plus beau des temples est celui où les hommages les plus purs lui sont offerts.

La plupart des commentateurs se sont donné la peine de dessiner cet édifice, chacun à sa manière. Il est à croire qu'aucun de ces dessinateurs n'a jamais bâti de maison. On conçoit pourtant que ces murailles qui portaient ces trois étages étant de pierre, on pouvait se défendre un jour ou deux dans cette petite retraite.

Cette espèce de forteresse d'un peuple privé des arts ne tint pas contre Nabusardan, l'un des capitaines du roi de Babylone, que nous nommons Nabuchodonosor.

Le second temple, bâti par Néhémie, fut moins grand et moins somptueux. Le livre d'Esdras nous apprend que les murs de ce nouveau temple n'avaient que trois rangs de pierre brute, et que le reste était de bois : c'était bien plutôt une grange qu'un temple. Mais celui qu'Hérode fit bâtir depuis fut une vraie forteresse. Il fut obligé, comme nous l'apprend Josèphe, de démolir le temple de Néhémie, qu'il appelle le temple d'Aggée. Hérode combla une partie du précipice au bas de la montagne Moria, pour faire une plate-forme appuyée d'un très-gros mur sur lequel le temple fut élevé. Près de cet édifice était la tour Antonia, qu'il fortifia encore, de sorte que ce temple était une vraie citadelle.

En effet les Juifs osèrent s'y défendre contre l'armée de Titus, jusqu'à ce qu'un soldat romain ayant jeté une solive enflammée dans l'intérieur de ce fort, tout prit feu à l'instant : ce qui prouve que les bâtiments, dans l'enceinte du temple, n'étaient que de bois du temps d'Hérode, ainsi que sous Néhémie et sous Salomon.

Ces bâtiments de sapin contredisent un peu cette grande magnificence dont parle l'exagérateur Josèphe. Il dit que Titus, étant entré dans le sanctuaire, l'admira, et avoua que sa richesse passait sa renommée. Il n'y a guère d'apparence qu'un empereur romain, au milieu du carnage, marchant sur des monceaux de morts, s'amusât à considérer avec admiration un édifice de vingt coudées de long, tel qu'était ce sanctuaire ; et qu'un homme qui avait vu le Capitole fût surpris de la beauté d'un temple juif. Ce temple était très-saint, sans doute ; mais un sanctuaire de vingt coudées de long n'avait pas été bâti par un Vitruve. Les beaux temples étaient ceux d'Éphèse, d'Alexandrie, d'Athènes, d'Olympie, de Rome.

Josèphe, dans sa Déclamation contre Apion, dit qu'il ne fallait « qu'un temple aux Juifs, parce qu'il n'y a qu'un Dieu ». Ce raisonnement ne paraît pas concluant ; car si les Juifs avaient eu sept ou huit cents milles de pays, comme tant d'autres peuples, il aurait fallu qu'ils passassent leur vie à voyager pour aller sacrifier dans ce temple chaque année. De ce qu'il n'y a qu'un Dieu, il suit que tous les temples du monde ne doivent être élevés qu'à lui ; mais il ne suit pas que la terre ne doive avoir qu'un temple. La superstition a toujours une mauvaise logique.

D'ailleurs, comment Josèphe peut-il dire qu'il ne fallait qu'un temple aux Juifs, lorsqu'ils avaient, depuis le règne de Ptolémée Philométor, le temple assez connu de l'Onion, à Bubaste en Égypte ?

XXXV. — DE LA MAGIE.

Qu'est-ce que la magie ? le secret de faire ce que ne peut faire la nature ; c'est la chose impossible : aussi a-t-on cru à la magie dans tous les temps. Le mot est venu des *mag, magdim*, ou *mages* de Chaldée. Ils en savaient plus que les autres ; ils recherchaient la cause de la pluie et du beau temps ; et bientôt ils passèrent pour faire le beau temps et la pluie. Ils étaient astronomes ; les plus ignorants et les plus hardis furent astrologues. Un événement arrivait sous la conjonction de deux planètes ; donc ces deux planètes avaient causé cet événement ; et les astrologues étaient les maîtres des planètes. Des imaginations frappées avaient vu en songe leurs amis mourants ou morts ; les magiciens faisaient apparaître les morts.

Ayant connu le cours de la lune, il était tout simple qu'ils la fissent descendre sur la terre. Ils disposaient même de la vie des hommes, soit en faisant des figures de cire, soit en prononçant le nom de Dieu, ou celui du diable. Clément d'Alexandrie, dans ses *Stromates*, livre premier, dit que, suivant un ancien auteur, Moïse prononça le nom de Ihaho, ou Jeovah, d'une manière si efficace, à l'oreille du roi d'Égypte Phara Nekefr, que ce roi tomba sans connaissance.

Enfin, depuis Jannès et Mambrès, qui étaient les sorciers à brevet de Pharaon, jusqu'à la maréchale d'Ancre, qui fut brûlée à Paris pour avoir tué un coq blanc dans la pleine lune, il n'y a pas eu un seul temps sans sortilége.

La pythonisse d'Endor, qui évoqua l'ombre de Samuel, est assez connue ; il est vrai qu'il serait fort étrange que ce mot de Python, qui est grec, eût été connu des Juifs du temps de Saül. Mais la *Vulgate* seule parle de Python : le texte hébreu se sert du mot *ob*, que les *Septante* ont traduit par *engastrimuthon* [1].

Revenons à la magie. Les Juifs en firent le métier dès qu'ils furent répandus dans le monde. Le sabbat des sorciers en est une preuve parlante, et le bouc avec lequel les sorcières étaient supposées s'accoupler vient de cet ancien commerce que les Juifs eurent avec les boucs dans le désert ; ce qui leur est reproché dans le *Lévitique*, chapitre XVII.

Il n'y a guère eu parmi nous de procès criminels de sorciers sans qu'on y ait impliqué quelque juif.

Les Romains, tout éclairés qu'ils étaient du temps d'Auguste, s'infatuaient encore des sortiléges tout comme nous. Voyez l'églogue (VIII) de Virgile, intitulée *Pharmaceutria* (vers 69-97-98) :

> Carmina vel cœlo possunt deducere lunam.

> La voix de l'enchanteur fait descendre la lune.

> His ego sæpe lupum fieri et se condere sylvis
> Mœrim, sæpe animas imis exire sepulcris.

> Mœris, devenu loup, se cachait dans les bois :
> Du creux de leur tombeau j'ai vu sortir les âmes.

On s'étonne que Virgile passe aujourd'hui à Naples pour un sorcier : il n'en faut pas chercher la raison ailleurs que dans cette églogue.

Horace reproche à Sagana et à Canidia leurs horribles sortiléges. Les premières têtes de la république furent infectées de ces imaginations funestes. Sextus, le fils du grand Pompée, immola un enfant dans un de ces enchantements.

Les philtres pour se faire aimer étaient une magie plus douce ;

---

1. L'auteur était trop modeste pour expliquer ici par quel endroit parlait cette sorcière. C'est le même par lequel la pythonisse de Delphes recevait l'esprit divin ; et voilà pourquoi la *Vulgate* a traduit le mot *ob* par *Python;* elle a voulu ménager la modestie des lecteurs, qu'une traduction littérale aurait pu blesser. (K.)

les Juifs étaient en possession de les vendre aux dames romaines. Ceux de cette nation qui ne pouvaient devenir de riches courtiers faisaient des prophéties ou des philtres.

Toutes ces extravagances, ou ridicules, ou affreuses, se perpétuèrent chez nous, et il n'y a pas un siècle qu'elles sont décréditées. Des missionnaires ont été tout étonnés de trouver ces extravagances au bout du monde ; ils ont plaint les peuples à qui le démon les inspirait. Eh! mes amis, que ne restiez-vous dans votre patrie? vous n'y auriez pas trouvé plus de diables, mais vous y auriez trouvé tout autant de sottises.

Vous auriez vu des milliers de misérables assez insensés pour se croire sorciers, et des juges assez imbéciles et assez barbares pour les condamner aux flammes. Vous auriez vu une jurisprudence établie en Europe sur la magie, comme on a des lois sur le larcin et sur le meurtre : jurisprudence fondée sur les décisions des conciles. Ce qu'il y avait de pis, c'est que les peuples, voyant que la magistrature et l'Église croyaient à la magie, n'en étaient que plus invinciblement persuadés de son existence : par conséquent, plus on poursuivait les sorciers, plus il s'en formait. D'où venait une erreur si funeste et si générale? de l'ignorance : et cela prouve que ceux qui détrompent les hommes sont leurs véritables bienfaiteurs.

On a dit que le consentement de tous les hommes était une preuve de la vérité. Quelle preuve! Tous les peuples ont cru à la magie, à l'astrologie, aux oracles, aux influences de la lune. Il eût fallu dire au moins que le consentement de tous les sages était, non pas une preuve, mais une espèce de probabilité. Et quelle probabilité encore! Tous les sages ne croyaient-ils pas, avant Copernic, que la terre était immobile au centre du monde?

Aucun peuple n'est en droit de se moquer d'un autre. Si Rabelais appelle Picatrix *mon révérend père en diable*[1], parce qu'on enseignait la magie à Tolède, à Salamanque et à Séville, les Espagnols peuvent reprocher aux Français le nombre prodigieux de leurs sorciers.

La France est peut-être, de tous les pays, celui qui a le plus uni la cruauté et le ridicule. Il n'y a point de tribunal en France qui n'ait fait brûler beaucoup de magiciens. Il y avait dans l'ancienne Rome des fous qui pensaient être sorciers; mais on ne trouva point de barbares qui les brûlassent.

---

1. Livre Ier, chapitre XXIII.

XXXVI. — DES VICTIMES HUMAINES.

Les hommes auraient été trop heureux s'ils n'avaient été que trompés ; mais le temps, qui tantôt corrompt les usages et tantôt les rectifie, ayant fait couler le sang des animaux sur les autels, des prêtres, bouchers accoutumés au sang, passèrent des animaux aux hommes ; et la superstition, fille dénaturée de la religion, s'écarta de la pureté de sa mère, au point de forcer les hommes à immoler leurs propres enfants, sous prétexte qu'il fallait donner à Dieu ce qu'on avait de plus cher.

Le premier sacrifice de cette nature, dont la mémoire se soit conservée, fut celui de Jéhud chez les Phéniciens, qui, si l'on en croit les fragments de Sanchoniathon, fut immolé par son père Hillu environ deux mille ans avant notre ère. C'était un temps où les grands États étaient déjà établis, où la Syrie, la Chaldée, l'Égypte, étaient très-florissantes ; et déjà en Égypte, suivant Diodore, on immolait à Osiris les hommes roux ; Plutarque prétend qu'on les brûlait vifs. D'autres ajoutent qu'on noyait une fille dans le Nil, pour obtenir de ce fleuve un plein débordement qui ne fût ni trop fort ni trop faible.

Ces abominables holocaustes s'établirent dans presque toute la terre. Pausanias prétend que Lycaon immola le premier des victimes humaines en Grèce. Il fallait bien que cet usage fût reçu du temps de la guerre de Troie, puisque Homère fait immoler par Achille douze Troyens à l'ombre de Patrocle. Homère eût-il osé dire une chose si horrible ? n'aurait-il pas craint de révolter tous ses lecteurs, si de tels holocaustes n'avaient pas été en usage ? Tout poëte peint les mœurs de son pays.

Je ne parle pas du sacrifice d'Iphigénie, et de celui d'Idamante, fils d'Idoménée : vrais ou faux, ils prouvent l'opinion régnante. On ne peut guère révoquer en doute que les Scythes de la Tauride immolassent des étrangers.

Si nous descendons à des temps plus modernes, les Tyriens et les Carthaginois, dans les grands dangers, sacrifiaient un homme à Saturne. On en fit autant en Italie ; et les Romains eux-mêmes, qui condamnèrent ces horreurs, immolèrent deux Gaulois et deux Grecs pour expier le crime d'une vestale. Plutarque confirme cette affreuse vérité dans ses *Questions sur les Romains*.

Les Gaulois, les Germains, eurent cette horrible coutume. Les druides brûlaient des victimes humaines dans de grandes figures d'osier : des sorcières, chez les Germains, égorgaient les hommes dévoués à la mort, et jugeaient de l'avenir par le plus ou le moins de rapidité du sang qui coulait de la blessure.

Je crois bien que ces sacrifices étaient rares : s'ils avaient été fréquents, si on en avait fait des fêtes annuelles, si chaque famille avait eu continuellement à craindre que les prêtres vinssent choisir la plus belle fille ou le fils aîné de la maison pour lui arracher le cœur saintement sur une pierre consacrée, on aurait bientôt fini par immoler les prêtres eux-mêmes. Il est très-probable que ces saints parricides ne se commettaient que dans une nécessité pressante, dans les grands dangers, où les hommes sont subjugués par la crainte, et où la fausse idée de l'intérêt public forçait l'intérêt particulier à se taire.

Chez les brames, toutes les veuves ne se brûlaient pas toujours sur les corps de leurs maris. Les plus dévotes et les plus folles firent de temps immémorial et font encore cet étonnant sacrifice. Les Scythes immolèrent quelquefois aux mânes de leurs kans les officiers les plus chéris de ces princes. Hérodote décrit en détail la manière dont on préparait leurs cadavres pour en former un cortége autour du cadavre royal ; mais il ne paraît point par l'histoire que cet usage ait duré longtemps.

Si nous lisions l'histoire des Juifs écrite par un auteur d'une autre nation, nous aurions peine à croire qu'il y ait eu en effet un peuple fugitif d'Égypte qui soit venu par ordre exprès de Dieu immoler sept ou huit petites nations qu'il ne connaissait pas, égorger sans miséricorde toutes les femmes, les vieillards, et les enfants à la mamelle, et ne réserver que les petites filles ; que ce peuple saint ait été puni de son dieu, quand il avait été assez criminel pour épargner un seul homme dévoué à l'anathème. Nous ne croirions pas qu'un peuple si abominable eût pu exister sur la terre : mais, comme cette nation elle-même nous rapporte tous ces faits dans ses livres saints, il faut la croire.

Je ne traite point ici la question si ces livres ont été inspirés. Notre sainte Église, qui a les Juifs en horreur, nous apprend que les livres juifs ont été dictés par le Dieu créateur et père de tous les hommes ; je ne puis en former aucun doute, ni me permettre même le moindre raisonnement

Il est vrai que notre faible entendement ne peut concevoir dans Dieu une autre sagesse, une autre justice, une autre bonté que celle dont nous avons l'idée ; mais enfin il a fait ce qu'il a voulu ; ce n'est pas à nous de le juger ; je m'en tiens toujours au simple historique.

Les Juifs ont une loi par laquelle il leur est expressément ordonné de n'épargner aucune chose, aucun homme dévoué au Seigneur. « On ne pourra le racheter, il faut qu'il meure », dit la loi du *Lévitique*, au chapitre XXVII. C'est en vertu de cette loi qu'on voit Jephté immoler sa propre fille, et le prêtre Samuel couper en morceaux le roi Agag[1]. Le *Pentateuque* nous dit que dans le petit pays de Madian, qui est environ de neuf lieues carrées, les Israélites ayant trouvé six cent soixante et quinze mille brebis, soixante et douze mille bœufs, soixante et un mille ânes, et trente-deux mille filles vierges, Moïse commanda qu'on massacrât tous les hommes, toutes les femmes, et tous les enfants, mais qu'on gardât les filles, dont trente-deux seulement furent immolées[2]. Ce qu'il y a de remarquable dans ce dévouement, c'est que ce même Moïse était gendre du grand-prêtre des Madianites, Jéthro, qui lui avait rendu les plus grands services, et qui l'avait comblé de bienfaits.

Le même livre nous dit que Josué, fils de Nun, ayant passé avec sa horde la rivière du Jourdain à pied sec, et ayant fait tomber au son des trompettes les murs de Jéricho dévoués à l'anathème, il fit périr tous les habitants dans les flammes ; qu'il conserva seulement Rahab *la prostituée*, et sa famille, qui avait

---

1. Des critiques ont prétendu qu'il n'était pas sûr que Samuel fût prêtre. Mais comment, n'étant point prêtre, se serait-il arrogé le droit de sacrer Saül et David? Si ce n'est pas en qualité de prêtre qu'il immola Agag, c'est donc en qualité d'assassin ou de bourreau. Si Samuel n'était pas prêtre, que devient l'autorité de son exemple employée tant de fois par les théologiens pour prouver que les prêtres ont le droit non-seulement de sacrer les rois, mais d'en sacrer d'autres quand ceux qu'ils ont oints les premiers ne leur conviennent plus, et même de traiter les rois indociles comme le doux Samuel a traité l'impie Agag. (K.)

2. On a prétendu que ces trente-deux filles furent seulement destinées au service du tabernacle; mais si on lit attentivement le livre des *Nombres*, où cette histoire est rapportée, on verra que le sens de M. de Voltaire est le plus naturel. Les Israélites avaient massacré tous les mâles en état de porter les armes, et n'avaient réservé que les femmes et les enfants. Moïse leur en fait des reproches violents; il leur ordonne de sang-froid, plusieurs jours après la bataille, d'égorger les enfants mâles et toutes les femmes qui ne sont pas vierges. Après avoir commandé le meurtre, il prescrit aux meurtriers la méthode de se purifier. Il a oublié seulement de nous transmettre la manière dont les Juifs s'y prenaient pour distinguer une vierge d'une fille qui ne l'était pas. Ainsi il est clair que l'on peut, sans faire injure au caractère de Moïse, croire qu'après avoir ordonné le massacre de quarante mille, tant enfants mâles que femmes, il n'a pas hésité à ordonner le sacrifice de trente-deux filles. Comment imagine-t-on que les Juifs aient pu consacrer au service du tabernacle trente-deux filles étrangères et idolâtres? D'ailleurs la portion des prêtres avait été réglée à part, et ils ne se seraient pas contentés de trente-deux vierges. (Voyez paragraphe XIX de l'ouvrage intitulé *Un Chrétien contre six Juifs*, dans les *Mélanges*, année 1776.) (K.)

caché les espions du saint peuple : que le même Josué dévoua à la mort douze mille habitants de la ville de Haï ; qu'il immola au Seigneur trente et un rois du pays, tous soumis à l'anathème, et qui furent pendus. Nous n'avons rien de comparable à ces assassinats religieux dans nos derniers temps, si ce n'est peut-être la Saint-Barthélemy et les massacres d'Irlande.

Ce qu'il y a de triste, c'est que plusieurs personnes doutent que les Juifs aient trouvé six cent soixante et quinze mille brebis, et trente-deux mille filles pucelles dans le village d'un désert au milieu des rochers ; et que personne ne doute de la Saint-Barthélemy. Mais ne cessons de répéter combien les lumières de notre raison sont impuissantes pour nous éclairer sur les étranges événements de l'antiquité, et sur les raisons que Dieu, maître de la vie et de la mort, pouvait avoir de choisir le peuple juif pour exterminer le peuple cananéen.

XXXVII. — DES MYSTÈRES DE CÉRÈS-ÉLEUSINE.

Dans le chaos des superstitions populaires, qui auraient fait de presque tout le globe un vaste repaire de bêtes féroces, il y eut une institution salutaire qui empêcha une partie du genre humain de tomber dans un entier abrutissement ; ce fut celle des mystères et des expiations. Il était impossible qu'il ne se trouvât des esprits doux et sages parmi tant de fous cruels, et qu'il n'y eût des philosophes qui tâchassent de ramener les hommes à la raison et à la morale.

Ces sages se servirent de la superstition même pour en corriger les abus énormes, comme on emploie le cœur des vipères pour guérir de leurs morsures ; on mêla beaucoup de fables avec des vérités utiles, et les vérités se soutinrent par les fables.

On ne connaît plus les mystères de Zoroastre. On sait peu de chose de ceux d'Isis ; mais nous ne pouvons douter qu'ils n'annonçassent le grand système d'une vie future, car Celse dit à Origène, livre VIII : « Vous vous vantez de croire des peines éternelles ; et tous les ministres des mystères ne les annoncèrent-ils pas aux initiés ? »

L'unité de Dieu était le grand dogme de tous les mystères. Nous avons encore la prière des prêtresses d'Isis, conservée dans Apulée, et que j'ai citée en parlant des mystères égyptiens [1].

---

1. Voyez paragraphe XXIII.

Les cérémonies mystérieuses de Cérès furent une imitation de celles d'Isis. Ceux qui avaient commis des crimes les confessaient et les expiaient : on jeûnait, on se purifiait, on donnait l'aumône. Toutes les cérémonies étaient tenues secrètes, sous la religion du serment, pour les rendre plus vénérables. Les mystères se célébraient la nuit pour inspirer une sainte horreur. On y représentait des espèces de tragédies, dont le spectacle étalait aux yeux le bonheur des justes et les peines des méchants. Les plus grands hommes de l'antiquité, les Platon, les Cicéron, ont fait l'éloge de ces mystères, qui n'étaient pas encore dégénérés de leur pureté première.

De très-savants hommes ont prétendu que le sixième livre de *l'Énéide* n'est que la peinture de ce qui se pratiquait dans ces spectacles si secrets et si renommés[1]. Virgile n'y parle point, à la vérité, du Demiourgos qui représentait le Créateur ; mais il fait voir dans le vestibule, dans l'avant-scène, les enfants que leurs parents avaient laissés périr, et c'était un avertissement aux pères et mères.

Continuo auditæ voces, vagitus et ingens, etc.

VIRG., *Énéide*, liv. VI, v. 426.

Ensuite paraissait Minos, qui jugeait les morts. Les méchants étaient entraînés dans le Tartare, et les justes conduits dans les champs Élysées. Ces jardins étaient tout ce qu'on avait inventé de mieux pour les hommes ordinaires. Il n'y avait que les héros demi-dieux à qui on accordait l'honneur de monter au ciel. Toute religion adopta un jardin pour la demeure des justes ; et même, quand les Esséniens, chez le peuple juif, reçurent le dogme d'une autre vie, ils crurent que les bons iraient après la mort dans des jardins au bord de la mer : car, pour les pharisiens, ils adoptèrent la métempsycose, et non la résurrection. S'il est permis de citer l'histoire sacrée de Jésus-Christ parmi tant de choses profanes, nous remarquerons qu'il dit au voleur repentant : « Tu seras aujourd'hui avec moi dans le jardin[2]. » Il se conformait en cela au langage de tous les hommes.

Les mystères d'Éleusine devinrent les plus célèbres. Une chose très-remarquable, c'est qu'on y lisait le commencement de la théogonie de Sanchoniathon le Phénicien ; c'est une preuve que

---

1. Voltaire a, depuis, abandonné cette opinion. *Je me dédis*, dit-il dans ses *Questions sur l'Encyclopédie* (refondues dans le *Dictionnaire philosophique*), au mot INITIATION.
2. Luc, chap. XXIII. (*Note de Voltaire.*)

Sanchoniathon avait annoncé un Dieu suprême, créateur et gouverneur du monde. C'était donc cette doctrine qu'on dévoilait aux initiés imbus de la créance du polythéisme. Supposons parmi nous un peuple superstitieux qui serait accoutumé dès sa tendre enfance à rendre à la Vierge, à saint Joseph, et aux autres saints, le même culte qu'à Dieu le père ; il serait peut-être dangereux de vouloir le détromper tout d'un coup ; il serait sage de révéler d'abord aux plus modérés, aux plus raisonnables, la distance infinie qui est entre Dieu et les créatures : c'est précisément ce que firent les mystagogues. Les participants aux mystères s'assemblaient dans le temple de Cérès, et l'hiérophante leur apprenait qu'au lieu d'adorer Cérès conduisant Triptolème sur un char traîné par des dragons, il fallait adorer le Dieu qui nourrit les hommes, et qui a permis que Cérès et Triptolème missent l'agriculture en honneur.

Cela est si vrai que l'hiérophante commençait par réciter les vers de l'ancien Orphée : « Marchez dans la voie de la justice, adorez le seul maître de l'univers ; il est un ; il est seul par lui-même, tous les êtres lui doivent leur existence ; il agit dans eux et par eux ; il voit tout, et jamais il n'a été vu des yeux mortels. »

J'avoue que je ne conçois pas comment Pausanias peut dire que ces vers ne valent pas ceux d'Homère ; il faut convenir que, du moins pour le sens, ils valent beaucoup mieux que *l'Iliade* et *l'Odyssée* entières.

Il faut avouer que l'évêque Warburton[1], quoique très-injuste dans plusieurs de ses décisions audacieuses, donne beaucoup de force à tout ce que je viens de dire de la nécessité de cacher le dogme de l'unité de Dieu à un peuple entêté du polythéisme. Il remarque, d'après Plutarque, que le jeune Alcibiade, ayant assisté à ces mystères, ne fit aucune difficulté d'insulter aux statues de Mercure, dans une partie de débauche avec plusieurs de ses amis, et que le peuple en fureur demanda la condamnation d'Alcibiade.

Il fallait donc alors la plus grande discrétion pour ne pas choquer les préjugés de la multitude. Alexandre lui-même (si cette anecdote n'est pas apocryphe), ayant obtenu en Égypte, de l'hiérophante des mystères, la permission de mander à sa mère le secret des initiés, la conjura en même temps de brûler sa lettre après l'avoir lue, pour ne pas irriter les Grecs.

Ceux qui, trompés par un faux zèle, ont prétendu depuis que

---

1. Warburton, *Traité de l'alliance entre l'Église et l'État, ou la Nécessité d'une religion établie*, 1736. Traduit en français par Silhouette, 1742.

ces mystères n'étaient que des débauches infâmes devaient être détrompés par le mot même qui répond à *initiés :* il veut dire qu'on commençait une nouvelle vie.

Une preuve encore sans réplique que ces mystères n'étaient célébrés que pour inspirer la vertu aux hommes, c'est la formule par laquelle on congédiait l'assemblée. On prononçait, chez les Grecs, les deux anciens mots phéniciens *Kof tomphet*, veillez et soyez purs. (Warburton, *Lég. de Moïse*, livre I.) Enfin, pour dernière preuve, c'est que l'empereur Néron, coupable de la mort de sa mère, ne put être reçu à ces mystères quand il voyagea dans la Grèce : le crime était trop énorme ; et, tout empereur qu'il était, les initiés n'auraient pas voulu l'admettre. Zosime dit aussi que Constantin ne put trouver des prêtres païens qui voulussent le purifier et l'absoudre de ses parricides.

Il y avait donc en effet chez les peuples qu'on nomme païens, gentils, idolâtres, une religion très-pure ; tandis que les peuples et les prêtres avaient des usages honteux, des cérémonies puériles, des doctrines ridicules, et que même ils versaient quelquefois le sang humain en l'honneur de quelques dieux imaginaires, méprisés et détestés par les sages.

Cette religion pure consistait dans l'aveu de l'existence d'un Dieu suprême, de sa providence et de sa justice. Ce qui défigurait ces mystères, c'était, si l'on en croit Tertullien, la cérémonie de la régénération. Il fallait que l'initié parût ressusciter ; c'était le symbole du nouveau genre de vie qu'il devait embrasser. On lui présentait une couronne, il la foulait aux pieds ; l'hiérophante levait sur lui le couteau sacré : l'initié, qu'on feignait de frapper, feignait aussi de tomber mort ; après quoi il paraissait ressusciter. Il y a encore chez les francs-maçons un reste de cette ancienne cérémonie.

Pausanias, dans ses *Arcadiques*, nous apprend que, dans plusieurs temples d'Éleusine, on flagellait les pénitents, les initiés ; coutume odieuse, introduite longtemps après dans plusieurs églises chrétiennes[1]. Je ne doute pas que dans tous ces mystères, dont le fond était si sage et si utile, il n'entrât beaucoup de superstitions condamnables. Les superstitions conduisirent à la débauche, qui amena le mépris. Il ne resta enfin de tous ces an-

---

1. Pausanias ne dit pas positivement que les coups de verges ne fussent que pour les initiés ; mais il serait plaisant d'imaginer que les prêtres d'Athènes eussent eu le droit de frapper de verges tous ceux qu'ils rencontraient. Passe pour les initiés et les dévotes. (K.)

ciens mystères que des troupes de gueux que nous avons vus, sous le nom d'Égyptiens et de Bohèmes, courir l'Europe avec des castagnettes, danser la danse des prêtres d'Isis, vendre du baume, guérir la gale et en être couverts, dire la bonne aventure, et voler des poules. Telle a été la fin de ce qu'on a eu de plus sacré dans la moitié de la terre connue.

XXXVIII. — DES JUIFS AU TEMPS OU ILS COMMENCÈRENT A ÊTRE CONNUS.

Nous toucherons le moins que nous pourrons à ce qui est divin dans l'histoire des Juifs ; ou si nous sommes forcés d'en parler, ce n'est qu'autant que leurs miracles ont un rapport essentiel à la suite des événements. Nous avons pour les prodiges continuels qui signalèrent tous les pas de cette nation le respect qu'on leur doit ; nous les croyons avec la foi raisonnable qu'exige l'église substituée à la synagogue ; nous ne les examinons pas ; nous nous en tenons toujours à l'historique. Nous parlerons des Juifs comme nous parlerions des Scythes et des Grecs, en pesant les probabilités et en discutant les faits. Personne au monde n'ayant écrit leur histoire qu'eux-mêmes avant que les Romains détruisissent leur petit État, il faut ne consulter que leurs annales.

Cette nation est des plus modernes, à ne la regarder, comme les autres peuples, que depuis le temps où elle forme un établissement, et où elle possède une capitale. Les Juifs ne paraissent considérés de leurs voisins que du temps de Salomon, qui était à peu près celui d'Hésiode et d'Homère, et des premiers archontes d'Athènes.

Le nom de Salomoh, ou Soleiman, est fort connu des Orientaux ; mais celui de David ne l'est point ; de Saül, encore moins. Les Juifs, avant Saül, ne paraissent qu'une horde d'Arabes du désert, si peu puissants que les Phéniciens les traitaient à peu près comme les Lacédémoniens traitaient les ilotes. C'étaient des esclaves auxquels il n'était pas permis d'avoir des armes : ils n'avaient pas le droit de forger le fer, pas même celui d'aiguiser les socs de leurs charrues et le tranchant de leurs cognées ; il fallait qu'ils allassent à leurs maîtres pour les moindres ouvrages de cette espèce. Les Juifs le déclarent dans le livre de Samuel, et ils ajoutent qu'ils n'avaient ni épée ni javelot dans la bataille que Saül et Jonathas donnèrent à Béthaven, contre les Phéniciens, ou Philistins, journée où il est rapporté que Saül fit serment d'immoler au Seigneur celui qui aurait mangé pendant le combat.

Il est vrai qu'avant cette bataille gagnée sans armes il est dit, au chapitre précédent [1], que Saül, avec une armée de trois cent trente mille hommes, défit entièrement les Ammonites ; ce qui semble ne se pas accorder avec l'aveu qu'ils n'avaient ni javelot, ni épée, ni aucune arme. D'ailleurs, les plus grands rois ont eu rarement à la fois trois cent trente mille combattants effectifs. Comment les Juifs, qui semblent errants et opprimés dans ce petit pays, qui n'ont pas une ville fortifiée, pas une arme, pas une épée, ont-ils mis en campagne trois cent trente mille soldats ? il y avait là de quoi conquérir l'Asie et l'Europe. Laissons à des auteurs savants et respectables le soin de concilier ces contradictions apparentes que des lumières supérieures font disparaître ; respectons ce que nous sommes tenus de respecter, et remontons à l'histoire des Juifs par leurs propres écrits.

XXXIX. — DES JUIFS EN ÉGYPTE.

Les annales des Juifs disent que cette nation habitait sur les confins de l'Égypte dans les temps ignorés ; que son séjour était dans le petit pays de Gossen, ou Gessen, vers le mont Casius et le lac Sirbon. C'est là que sont encore les Arabes qui viennent en hiver paître leurs troupeaux dans la basse Égypte. Cette nation n'était composée que d'une seule famille, qui, en deux cent cinq années, produisit un peuple d'environ trois millions de personnes ; car, pour fournir six cent mille combattants que la *Genèse* compte au sortir de l'Égypte, il faut des femmes, des filles et des vieillards. Cette multiplication, contre l'ordre de la nature, est un des miracles que Dieu daigna faire en faveur des Juifs.

C'est en vain qu'une foule de savants hommes s'étonne que le roi d'Égypte ait ordonné à deux sages-femmes de faire périr tous les enfants mâles des Hébreux ; que la fille du roi, qui demeurait à Memphis, soit venue se baigner loin de Memphis, dans un bras du Nil, où jamais personne ne se baigne à cause des crocodiles. C'est en vain qu'ils font des objections sur l'âge de quatre-vingts ans auquel Moïse était déjà parvenu avant d'entreprendre de conduire un peuple entier hors d'esclavage.

Ils disputent sur les dix plaies d'Égypte, ils disent que les

---

1. Rois, I, chap. xi, v. 8, 11. (*Note de Voltaire.*)

magiciens du royaume ne pouvaient faire les mêmes miracles que l'envoyé de Dieu ; et que si Dieu leur donnait ce pouvoir, il semblait agir contre lui-même. Ils prétendent que Moïse ayant changé toutes les eaux en sang, il ne restait plus d'eau pour que les magiciens pussent faire la même métamorphose.

Ils demandent comment Pharaon put poursuivre les Juifs avec une cavalerie nombreuse, après que tous les chevaux étaient morts dans les cinquième, sixième, septième et dixième plaies. Ils demandent pourquoi six cent mille combattants s'enfuirent ayant Dieu à leur tête, et pouvant combattre avec avantage des Égyptiens dont tous les premiers nés avaient été frappés de mort. Ils demandent encore pourquoi Dieu ne donna pas la fertile Égypte à son peuple chéri, au lieu de le faire errer quarante ans dans d'affreux déserts.

On n'a qu'une seule réponse à toutes ces objections sans nombre, et cette réponse est : Dieu l'a voulu, l'Église le croit, et nous devons le croire. C'est en quoi cette histoire diffère des autres. Chaque peuple a ses prodiges ; mais tout est prodige chez le peuple juif ; et on peut dire que cela devait être ainsi, puisqu'il était conduit par Dieu même. Il est clair que l'histoire de Dieu ne doit point ressembler à celle des hommes. C'est pourquoi nous ne rapporterons aucun de ces faits surnaturels dont il n'appartient qu'à l'Esprit Saint de parler ; encore moins oserons-nous tenter de les expliquer. Examinons seulement le peu d'événements qui peuvent être soumis à la critique.

XL. — DE MOÏSE, CONSIDÉRÉ SIMPLEMENT COMME CHEF D'UNE NATION.

Le maître de la nature donne seul la force au bras qu'il daigne choisir. Tout est surnaturel dans Moïse. Plus d'un savant l'a regardé comme un politique très-habile : d'autres ne voient en lui qu'un roseau faible dont la main divine daigne se servir pour faire le destin des empires. Qu'est-ce en effet qu'un vieillard de quatre-vingts ans pour entreprendre de conduire par lui-même tout un peuple, sur lequel il n'a aucun droit ? Son bras ne peut combattre, et sa langue ne peut articuler. Il est peint décrépit et bègue. Il ne conduit ses suivants que dans des solitudes affreuses pendant quarante années : il veut leur donner un établissement, et il ne leur en donne aucun. A suivre sa marche dans les déserts de Sur, de Sin, d'Oreb, de Sinaï, de Pharan, de Cadès-Barné, et à le voir rétrograder jusque vers l'endroit d'où il était parti, il serait difficile de le regarder comme un grand capitaine. Il est à la tête de six cent mille combattants, et il ne pourvoit ni au vêtement ni à la subsistance de ses troupes. Dieu fait tout, Dieu remédie à tout ; il nourrit, il vêtit le peuple par des miracles. Moïse n'est donc rien par lui-même, et son impuissance montre qu'il ne peut être guidé que par le bras du Tout-Puissant ; aussi nous ne considérons en lui que l'homme, et non le ministre de Dieu. Sa personne, en cette qualité, est l'objet d'une recherche plus sublime.

Il veut aller au pays des Cananéens, à l'occident du Jourdain, dans la contrée de Jéricho, qui est, dit-on, un bon terroir à quelques égards ; et, au lieu de prendre cette route, il tourne à l'orient, entre Ésiongaber et la mer Morte, pays sauvage, stérile, hérissé de montagnes sur lesquelles il ne croît pas un arbuste, et où l'on ne trouve point de fontaine, excepté quelques petits puits d'eau salée. Les Cananéens ou Phéniciens, sur le bruit de cette irruption d'un peuple étranger, viennent le battre dans ces déserts vers Cadès-Barné. Comment se laisse-t-il battre à la tête de six cent mille soldats, dans un pays qui ne contient pas aujourd'hui deux ou trois mille habitants ? Au bout de trente-neuf ans il remporte deux victoires ; mais il ne remplit aucun objet de sa légation : lui et son peuple meurent avant que d'avoir mis le pied dans le pays qu'il voulait subjuguer.

Un législateur, selon nos notions communes, doit se faire aimer et craindre ; mais il ne doit pas pousser la sévérité jusqu'à la barbarie : il ne doit pas, au lieu d'infliger par les ministres de la loi quelques supplices aux coupables, faire égorger au hasard une grande partie de sa nation par l'autre.

Se pourrait-il qu'à l'âge de près de six-vingts ans, Moïse, n'étant conduit que par lui-même, eût été si inhumain, si endurci au carnage, qu'il eût commandé aux lévites de massacrer, sans distinction, leurs frères, jusqu'au nombre de vingt-trois mille, pour la prévarication de son propre frère, qui devait plutôt mourir que de faire un veau pour être adoré ? Quoi ! après cette indigne action, son frère est grand pontife, et vingt-trois mille hommes sont massacrés !

Moïse avait épousé une Madianite, fille de Jéthro, grand-prêtre de Madian, dans l'Arabie Pétrée ; Jéthro l'avait comblé de bienfaits ; il lui avait donné son fils pour lui servir de guide dans les déserts : par quelle cruauté opposée à la politique (à ne juger que par nos faibles notions) Moïse aurait-il pu immoler vingt-quatre mille hommes de sa nation, sous prétexte qu'on a trouvé un Juif couché avec une Madianite? Et comment peut-on dire, après ces étonnantes boucheries, que « Moïse était le plus doux de tous les hommes »? Avouons qu'humainement parlant, ces horreurs révoltent la raison et la nature. Mais si nous considérons dans Moïse le ministre des desseins et des vengeances de Dieu, tout change alors à nos yeux; ce n'est point un homme qui agit en homme, c'est l'instrument de la Divinité, à laquelle nous n'avons aucun compte à demander : nous ne devons qu'adorer, et nous taire.

Si Moïse avait institué sa religion de lui-même, comme Zoroastre, Thaut, les premiers brames, Numa, Mahomet, et tant d'autres, nous pourrions lui demander pourquoi il ne s'est pas servi dans sa religion du moyen le plus efficace et le plus utile pour mettre un frein à la cupidité et au crime; pourquoi il n'a pas annoncé expressément l'immortalité de l'âme, les peines et les récompenses après la mort : dogmes reçus dès longtemps en Égypte, en Phénicie, en Mésopotamie, en Perse, et dans l'Inde. « Vous avez été instruit, lui dirions-nous, dans la sagesse des Égyptiens; vous êtes législateur, et vous négligez absolument le dogme principal des Égyptiens, le dogme le plus nécessaire aux hommes, croyance si salutaire et si sainte, que vos propres Juifs, tout grossiers qu'ils étaient, l'ont embrassée longtemps après vous; du moins elle fut adoptée en partie par les Esséniens et les Pharisiens, au bout de mille années. »

Cette objection accablante contre un législateur ordinaire tombe et perd, comme on voit, toute sa force, quand il s'agit d'une loi donnée par Dieu même, qui, ayant daigné être le roi du peuple juif, le punissait et le récompensait temporellement, et qui ne voulait lui révéler la connaissance de l'immortalité de l'âme, et les supplices éternels de l'enfer, que dans les temps marqués par ses décrets. Presque tout événement purement humain, chez le peuple juif, est le comble de l'horreur; tout ce qui est divin est au-dessus de nos faibles idées : l'un et l'autre nous réduisent toujours au silence.

Il s'est trouvé des hommes d'une science profonde qui ont poussé le pyrrhonisme de l'histoire jusqu'à douter qu'il y ait eu un Moïse; sa vie, qui est toute prodigieuse depuis son berceau jusqu'à son sépulcre, leur a paru une imitation des anciennes fables arabes, et particulièrement de celle de l'ancien Bacchus [1].

---

1. Voyez ci-devant l'article Bacchus, n° xxviii. (*Note de Voltaire.*)

Ils ne savent en quel temps placer Moïse ; le nom même du Pharaon, ou roi d'Égypte, sous lequel on le fait vivre est inconnu. Nul monument, nulles traces ne nous restent du pays dans lequel on le fait voyager. Il leur paraît impossible que Moïse ait gouverné deux ou trois millions d'hommes, pendant quarante ans, dans des déserts inhabitables, où l'on trouve à peine aujourd'hui deux ou trois hordes vagabondes qui ne composent pas trois à quatre mille hommes. Nous sommes bien loin d'adopter ce sentiment téméraire, qui saperait tous les fondements de l'ancienne histoire du peuple juif.

Nous n'adhérons pas non plus à l'opinion d'Aben-Esra, de Maïmonide, de Nugnès, de l'auteur des *Cérémonies judaïques;* quoique le docte Le Clerc, Middleton, les savants connus sous le titre de *Théologiens de Hollande*, et même le grand Newton, aient fortifié ce sentiment. Ces illustres savants prétendent que ni Moïse ni Josué ne purent écrire les livres qui leur sont attribués : ils disent que leurs histoires et leurs lois auraient été gravées sur la pierre, si en effet elles avaient existé ; que cet art exige des soins prodigieux, et qu'il n'était pas possible de le cultiver dans des déserts. Ils se fondent, comme on peut le voir ailleurs [1], sur des anticipations, sur des contradictions apparentes. Nous embrassons, contre ces grands hommes, l'opinion commune, qui est celle de la Synagogue et de l'Église, dont nous reconnaissons l'infaillibilité.

Ce n'est pas que nous osions accuser les Le Clerc, les Middleton, les Newton, d'impiété ; à Dieu ne plaise! Nous sommes convaincu que si les livres de Moïse et de Josué, et le reste du *Pentateuque*, ne leur paraissaient pas être de la main de ces héros israélites, ils n'en ont pas été moins persuadés que ces livres sont inspirés. Ils reconnaissent le doigt de Dieu à chaque ligne dans la *Genèse*, dans *Josué*, dans *Samson*, dans *Ruth*. L'écrivain juif n'a été, pour ainsi dire, que le secrétaire de Dieu ; c'est Dieu qui a tout dicté. Newton sans doute n'a pu penser autrement ; on le sent assez. Dieu nous préserve de ressembler à ces hypocrites pervers qui saisissent tous les prétextes d'accuser tous les grands hommes d'irréligion, comme on les accusait autrefois de magie! Nous croirions non-seulement agir contre la probité, mais insulter cruellement la religion chrétienne, si nous étions assez abandonné pour vouloir persuader au public que les plus savants hommes et les plus grands génies de la terre ne sont pas de vrais

---

1. *Traité sur la Tolérance*, chap. xii. (*Mélanges*, année 1763.)

chrétiens. Plus nous respectons l'Église, à laquelle nous sommes soumis, plus nous pensons que cette Église tolère les opinions de ces savants vertueux avec la charité qui fait son caractère.

XLI. — DES JUIFS APRÈS MOÏSE, JUSQU'A SAÜL.

Je ne recherche point pourquoi Josuah ou Josué, capitaine des Juifs, faisant passer sa horde de l'orient du Jourdain à l'occident, vers Jéricho, a besoin que Dieu suspende le cours de ce fleuve, qui n'a pas en cet endroit quarante pieds de largeur, sur lequel il était si aisé de jeter un pont de planches, et qu'il était plus aisé encore de passer à gué. Il y avait plusieurs gués à cette rivière ; témoin celui auquel les Israélites égorgèrent les quarante-deux mille Israélites qui ne pouvaient prononcer *Shiboleth*.

Je ne demande point pourquoi Jéricho tombe au son des trompettes ; ce sont de nouveaux prodiges que Dieu daigne faire en faveur du peuple dont il s'est déclaré le roi ; cela n'est pas du ressort de l'histoire. Je n'examine point de quel droit Josué venait détruire des villages qui n'avaient jamais entendu parler de lui. Les Juifs disaient : « Nous descendons d'Abraham ; Abraham voyagea chez vous il y a quatre cent quarante années : donc votre pays nous appartient ; et nous devons égorger vos mères, vos femmes et vos enfants. »

Fabricius et Holstenius se sont fait l'objection suivante : Que dirait-on si un Norvégien venait en Allemagne avec quelques centaines de ses compatriotes, et disait aux Allemands : « Il y a quatre cents ans qu'un homme de notre pays, fils d'un potier, voyagea près de Vienne ; ainsi l'Autriche nous appartient, et nous venons tout massacrer au nom du Seigneur ? » Les mêmes auteurs considèrent que le temps de Josué n'est pas le nôtre ; que ce n'est pas à nous à porter un œil profane dans les choses divines ; et surtout que Dieu avait le droit de punir les péchés des Cananéens par les mains des Juifs.

Il est dit qu'à peine Jéricho est sans défense que les Juifs immolent à leur Dieu tous les habitants, vieillards, femmes, filles, enfants à la mamelle, et tous les animaux, excepté une femme prostituée qui avait gardé chez elle les espions juifs, espions d'ailleurs inutiles, puisque les murs devaient tomber au son des trompettes. Pourquoi tuer aussi tous les animaux qui pouvaient servir ?

A l'égard de cette femme, que la *Vulgate* appelle *meretrix*, apparemment elle mena depuis une vie plus honnête, puisqu'elle fut aïeule de David, et même du Sauveur des chrétiens, qui ont succédé aux Juifs. Tous ces événements sont des figures, des prophéties, qui annoncent de loin la loi de grâce. Ce sont, encore une fois, des mystères auxquels nous ne touchons pas.

Le livre de Josué rapporte que ce chef, s'étant rendu maître d'une partie du pays de Canaan, fit pendre ses rois au nombre de trente-un ; c'est-à-dire trente-un chefs de bourgades, qui avaient osé défendre leurs foyers, leurs femmes, et leurs enfants. Il faut se prosterner ici devant la Providence, qui châtiait les péchés de ces rois par le glaive de Josué.

Il n'est pas bien étonnant que les peuples voisins se réunissent contre les Juifs, qui, dans l'esprit des peuples aveuglés, ne pouvaient passer que pour des brigands exécrables, et non pour les instruments sacrés de la vengeance divine et du futur salut du genre humain. Ils furent réduits en esclavage par Cusan, roi de Mésopotamie. Il y a loin, il est vrai, de la Mésopotamie à Jéricho ; il fallait donc que Cusan eût conquis la Syrie et une partie de la Palestine. Quoi qu'il en soit, ils sont esclaves huit années, et restent ensuite soixante-deux ans sans remuer. Ces soixante-deux ans sont une espèce d'asservissement, puisqu'il leur était ordonné par la loi de prendre tout le pays depuis la Méditerranée jusqu'à l'Euphrate ; que tout ce vaste pays[1] leur était promis, et qu'assurément ils auraient été tentés de s'en emparer s'ils avaient été libres. Ils sont esclaves dix-huit années sous Églon, roi des Moabites, assassiné par Aod ; ils sont ensuite, pendant vingt années, esclaves d'un peuple cananéen qu'ils ne nomment pas, jusqu'au temps où la prophétesse guerrière Débora les délivre. Ils sont encore esclaves pendant sept ans jusqu'à Gédéon.

Ils sont esclaves dix-huit ans des Phéniciens, qu'ils appellent Philistins, jusqu'à Jephté. Ils sont encore esclaves des Phéniciens quarante années jusqu'à Saül. Ce qui peut confondre notre jugement, c'est qu'ils étaient esclaves du temps même de Samson, pendant qu'il suffisait à Samson d'une simple mâchoire d'âne pour tuer mille Philistins, et que Dieu opérait, par les mains de Samson, les plus étonnants prodiges.

Arrêtons-nous ici un moment pour observer combien de Juifs furent exterminés par leurs propres frères, ou par l'ordre de Dieu même, depuis qu'ils errèrent dans les déserts, jusqu'au temps où ils eurent un roi élu par le sort.

---

1. *Genèse*, chapitre xv, verset 18 ; *Deutéronome*, chapitre 1ᵉʳ, verset 7. (*Note de Voltaire.*)

Les Lévites, après l'adoration du veau d'or, jeté en fonte par le frère de Moïse, égorgent . . .	23,000 Juifs.
Consumés par le feu, pour la révolte de Coré.	250
Égorgés pour la même révolte.	14,700
Égorgés pour avoir eu commerce avec les filles madianites	24,000
Égorgés au gué du Jourdain, pour n'avoir pas pu prononcer *Shiboleth*.	42,000
Tués par les Benjamites, qu'on attaquait . . .	40,000
Benjamites tués par les autres tribus.	45,000
Lorsque l'arche fut prise par les Philistins, et que Dieu, pour les punir, les ayant affligés d'hémorroïdes, ils ramenèrent l'arche à Bethsamès, et qu'ils offrirent au Seigneur cinq anus d'or et cinq rats d'or; les Bethsamites, frappés de mort pour avoir regardé l'arche, au nombre de	50,070
Somme totale.	239,020 Juifs.

Voilà deux cent trente-neuf mille vingt Juifs exterminés par l'ordre de Dieu même, ou par leurs guerres civiles, sans compter ceux qui périrent dans le désert, et ceux qui moururent dans les batailles contre les Cananéens, etc.; ce qui peut aller à plus d'un million d'hommes.

Si on jugeait des Juifs comme des autres nations, on ne pourrait concevoir comment les enfants de Jacob auraient pu produire une race assez nombreuse pour supporter une telle perte. Mais Dieu, qui les conduisait, Dieu, qui les éprouvait et les punissait, rendit cette nation si différente en tout des autres hommes qu'il faut la regarder avec d'autres yeux que ceux dont on examine le reste de la terre, et ne point juger de ces événements comme on juge des événements ordinaires.

XLII. — DES JUIFS DEPUIS SAÜL.

Les Juifs ne paraissent pas jouir d'un sort plus heureux sous leurs rois que sous leurs juges.

Le premier roi, Saül, est obligé de se donner la mort. Isboseth et Miphiboseth, ses fils, sont assassinés.

David livre aux Gabaonites sept petits-fils de Saül pour être mis en croix. Il ordonne à Salomon son fils de faire mourir Adonias son autre fils, et son général Joab. Le roi Asa fait tuer une partie du peuple dans Jérusalem. Baasa assassine Nadab, fils de Jéroboam, et tous ses parents. Jéhu assassine Joram et Ochosias, soixante et dix fils d'Achab, quarante-deux frères d'Ochosias, et tous leurs amis. Athalie assassine tous ses petits-fils, excepté Joas; elle est assassinée par le grand-prêtre Joiadad. Joas est assassiné par ses domestiques, Amasias est tué. Zacharias est assassiné par Sellum, qui est assassiné par Manahem, lequel Manahem fait fendre le ventre à toutes les femmes grosses dans Tapsa. Phacéia, fils de Manahem, est assassiné par Phacée, fils de Roméli, qui est assassiné par Ozée, fils d'Éla. Manassé fait tuer un grand nombre de Juifs, et les Juifs assassinent Ammon, fils de Manassé, etc.

Au milieu de ces massacres, dix tribus enlevées par Salmanasar, roi des Babyloniens, sont esclaves et dispersées pour jamais, excepté quelques manœuvres qu'on garde pour cultiver la terre.

Il reste encore deux tribus, qui bientôt sont esclaves à leur tour pendant soixante et dix ans : au bout de ces soixante et dix ans, les deux tribus obtiennent de leurs vainqueurs et de leurs maîtres la permission de retourner à Jérusalem. Ces deux tribus, ainsi que le peu de Juifs qui peuvent être restés à Samarie avec les nouveaux habitants étrangers, sont toujours sujettes des rois de Perse[1].

Quand Alexandre s'empare de la Perse, la Judée est comprise dans ses conquêtes. Après Alexandre, les Juifs demeurèrent soumis tantôt aux Séleucides, ses successeurs en Syrie, tantôt aux Ptolémées, ses successeurs en Égypte ; toujours assujettis, et ne se soutenant que par le métier de courtiers qu'ils faisaient dans l'Asie. Ils obtinrent quelques faveurs du roi d'Égypte Ptolémée Épiphanes. Un Juif, nommé Joseph, devint fermier général des impôts sur la basse Syrie et la Judée, qui appartenaient à ce Ptolémée. C'est là l'état le plus heureux des Juifs; car c'est alors qu'ils bâtirent la troisième partie de leur ville, appelée depuis l'enceinte des Machabées, parce que les Machabées l'achevèrent.

Du joug du roi Ptolémée ils repassent à celui du roi de Syrie, Antiochus le Dieu. Comme ils s'étaient enrichis dans les fermes, ils devinrent audacieux, et se révoltèrent contre leur maître Antiochus. C'est le temps des Machabées, dont les Juifs d'Alexandrie ont célébré le courage et les grandes actions ; mais les Machabées ne purent empêcher que le général d'Antiochus Eupator, fils d'Antiochus Épiphanes, ne fît raser les murailles du temple, en

---

1. Voyez *Essai sur les Mœurs*, chapitre CLVIII.

laissant subsister seulement le sanctuaire, et qu'on ne fît trancher la tête au grand-prêtre Onias, regardé comme l'auteur de la révolte.

Jamais les Juifs ne furent plus inviolablement attachés à leurs rois que sous les rois de Syrie ; ils n'adorèrent plus de divinités étrangères : ce fut alors que leur religion fut irrévocablement fixée, et cependant ils furent plus malheureux que jamais, comptant toujours sur leur délivrance, sur les promesses de leurs prophètes, sur le secours de leur Dieu, mais abandonnés par la Providence, dont les décrets ne sont pas connus des hommes.

Ils respirèrent quelque temps par les guerres intestines des rois de Syrie ; mais bientôt les Juifs eux-mêmes s'armèrent les uns contre les autres. Comme ils n'avaient point de rois, et que la dignité de grand sacrificateur était la première, c'était pour l'obtenir qu'il s'élevait de violents partis : on n'était grand-prêtre que les armes à la main, et on n'arrivait au sanctuaire que sur les cadavres de ses rivaux.

Hircan, de la race des Machabées, devenu grand-prêtre, mais toujours sujet des Syriens, fit ouvrir le sépulcre de David, dans lequel l'exagérateur Josèphe prétend qu'on trouva trois mille talents. C'était quand on rebâtissait le temple, sous Néhémie, qu'il eût fallu chercher ce prétendu trésor. Cet Hircan obtint d'Antiochus Sidétès le droit de battre monnaie ; mais comme il n'y eut jamais de monnaie juive, il y a grande apparence que le trésor du tombeau de David n'avait pas été considérable.

Il est à remarquer que ce grand-prêtre Hircan était saducéen, et qu'il ne croyait ni à l'immortalité de l'âme, ni aux anges; sujet nouveau de querelle qui commençait à diviser les saducéens et les pharisiens. Ceux-ci conspirèrent contre Hircan, et voulurent le condamner à la prison et au fouet. Il se vengea d'eux, et gouverna despotiquement.

Son fils Aristobule osa se faire roi pendant les troubles de Syrie et d'Égypte : ce fut un tyran plus cruel que tous ceux qui avaient opprimé le peuple juif. Aristobule, exact à la vérité à prier dans le temple et ne mangeant jamais de porc, fit mourir de faim sa mère, et fit égorger Antigone son frère. Il eut pour successeur un nommé Jean ou Jeanné, aussi méchant que lui.

Ce Jeanné, souillé de crimes, laissa deux fils qui se firent la guerre. Ces deux fils étaient Aristobule et Hircan ; Aristobule chassa son frère, et se fit roi. Les Romains alors subjuguaient l'Asie. Pompée en passant vint mettre les Juifs à la raison, prit le temple, fit pendre les séditieux aux portes, et chargea de fers le prétendu roi Aristobule.

Cet Aristobule avait un fils qui osait se nommer Alexandre. Il remua, il leva quelques troupes, et finit par être pendu par ordre de Pompée.

Enfin Marc-Antoine donna pour roi aux Juifs un Arabe iduméen, du pays de ces Amalécites, tant maudits par les Juifs. C'est ce même Hérode que saint Matthieu dit avoir fait égorger tous les petits enfants des environs de Bethléem, sur ce qu'il apprit qu'il était né un *roi des Juifs* dans ce village, et que trois mages, conduits par une étoile, étaient venus lui offrir des présents.

Ainsi les Juifs furent presque toujours subjugués ou esclaves. On sait comme ils se révoltèrent contre les Romains, et comme Titus, et ensuite Adrien, les firent tous vendre au marché, au prix de l'animal dont ils ne voulaient pas manger.

Ils essuyèrent un sort encore plus funeste sous les empereurs Trajan et Adrien, et ils le méritèrent. Il y eut, du temps de Trajan, un tremblement de terre qui engloutit les plus belles villes de la Syrie. Les Juifs crurent que c'était le signal de la colère de Dieu contre les Romains. Ils se rassemblèrent, ils s'armèrent en Afrique et en Chypre : une telle fureur les anima qu'ils dévorèrent les membres des Romains égorgés par eux ; mais bientôt tous les coupables moururent dans les supplices. Ce qui restait fut animé de la même rage sous Adrien, quand Barchochébas, se disant leur messie, se mit à leur tête. Ce fanatisme fut étouffé dans des torrents de sang.

Il est étonnant qu'il reste encore des Juifs. Le fameux Benjamin de Tudèle, rabbin très-savant, qui voyagea dans l'Europe et dans l'Asie au xiie siècle, en comptait environ trois cent quatre-vingt mille, tant Juifs que Samaritains ; car il ne faut pas faire mention d'un prétendu royaume de Théma, vers le Thibet, où ce Benjamin, trompeur ou trompé sur cet article, prétend qu'il y avait trois cent mille Juifs des dix anciennes tribus, rassemblés sous un souverain. Jamais les Juifs n'eurent aucun pays en propre, depuis Vespasien, excepté quelques bourgades dans les déserts de l'Arabie Heureuse, vers la mer Rouge. Mahomet fut d'abord obligé de les ménager ; mais à la fin il détruisit la petite domination qu'ils avaient établie au nord de la Mecque. C'est depuis Mahomet qu'ils ont cessé réellement de composer un corps de peuple.

En suivant simplement le fil historique de la petite nation juive, on voit qu'elle ne pouvait avoir une autre fin. Elle se vante elle-même d'être sortie d'Égypte comme une horde de voleurs, emportant tout ce qu'elle avait emprunté des Égyptiens :

elle fait gloire de n'avoir jamais épargné ni la vieillesse, ni le sexe, ni l'enfance, dans les villages et dans les bourgs dont elle a pu s'emparer. Elle ose étaler une haine irréconciliable contre toutes les nations[1]; elle se révolte contre tous ses maîtres. Toujours superstitieuse, toujours avide du bien d'autrui, toujours barbare, rampante dans le malheur, et insolente dans la prospérité. Voilà ce que furent les Juifs aux yeux des Grecs et des Romains qui purent lire leurs livres; mais, aux yeux des chrétiens éclairés par la foi, ils ont été nos précurseurs, ils nous ont préparé la voie, ils ont été les hérauts de la Providence.

Les deux autres nations qui sont errantes comme la juive dans l'Orient, et qui, comme elle, ne s'allient avec aucun autre peuple, sont les Banians et les Parsis nommés Guèbres. Ces Banians, adonnés au commerce ainsi que les Juifs, sont les descendants des premiers habitants paisibles de l'Inde; ils n'ont jamais mêlé leur sang à un sang étranger, non plus que les Brachmanes. Les Parsis sont ces mêmes Perses, autrefois dominateurs de l'Orient, et souverains des Juifs. Ils sont dispersés depuis Omar, et labourent en paix une partie de la terre où ils régnèrent; fidèles à cette antique religion des mages, adorant un seul Dieu, et conservant le feu sacré qu'ils regardent comme l'ouvrage et l'emblème de la Divinité.

---

1. Voici ce qu'on trouve dans une réponse à l'évêque Warburton [*], lequel, pour justifier la haine des Juifs contre les nations, écrivit avec beaucoup de haine et d'injures contre plusieurs auteurs français :

« Venons maintenant à la haine invétérée que les Israélites avaient conçue contre toutes les nations. Dites-moi si on égorge les pères et les mères, les fils et les filles, les enfants à la mamelle, et les animaux même, sans haïr? Si un homme avait trempé dans le sang ses mains dégouttantes de fiel et d'encre, oserait-il dire qu'il aurait assassiné sans colère et sans haine ? Relisez tous les passages où il est ordonné aux Juifs de ne pas laisser une âme en vie, et dites après cela qu'il ne leur était pas permis de haïr. C'est se tromper grossièrement sur la haine ; c'est un usurier qui ne sait pas compter.

« Quoi! ordonner qu'on ne mange pas dans le plat dont un étranger s'est servi, de ne pas toucher ses habits, ce n'est pas ordonner l'aversion pour les étrangers?... Les Juifs, dites-vous, ne haïssaient que l'idolâtrie, et non les idolâtres : plaisante distinction !

« Un jour un tigre rassasié de carnage rencontra des brebis qui prirent la fuite; il courut après elles, et leur dit : Mes enfants, vous vous imaginez que je ne vous aime point; vous avez tort : c'est votre bêlement que je hais; mais j'ai du goût pour vos personnes, et je vous chéris au point que je ne veux faire qu'une chair avec vous : je m'unis à vous par la chair et le sang; je bois l'un, je mange l'autre pour vous incorporer à moi. Jugez si on peut aimer plus intimement. » (*Note de Voltaire.*)

[*] Voyez cette réponse à *Warburton*, parmi les *Mélanges*, année 1767. (*Note de Voltaire.*)
— La citation que fait ici Voltaire n'est pas conforme au texte.

Je ne compte point ces restes d'Égyptiens, adorateurs secrets d'Isis, qui ne subsistent plus aujourd'hui que dans quelques troupes vagabondes, bientôt pour jamais anéanties.

XLIII. — DES PROPHÈTES JUIFS.

Nous nous garderons bien de confondre les Nabim, les Roheim des Hébreux, avec les imposteurs des autres nations. On sait que Dieu ne se communiquait qu'aux Juifs, excepté dans quelques cas particuliers, comme, par exemple, quand il inspira Balaam, prophète de Mésopotamie, et qu'il lui fit prononcer le contraire de ce qu'on voulait lui faire dire. Ce Balaam était le prophète d'un autre Dieu, et cependant il n'est point dit qu'il fût un faux prophète[1]. Nous avons déjà remarqué[2] que les prêtres d'Égypte étaient prophètes et voyants. Quel sens attachait-on à ce mot? celui d'inspiré. Tantôt l'inspiré devenait le passé, tantôt l'avenir; souvent il se contentait de parler dans un style figuré : c'est pourquoi[3] l'on a donné le même nom aux poëtes et aux prophètes, *vates*.

Le titre, la qualité de prophète était-elle une dignité chez les Hébreux, un ministère particulier attaché par la loi à certaines personnes choisies, comme la dignité de pythie à Delphes? Non; les prophètes étaient seulement ceux qui se sentaient inspirés, ou qui avaient des visions. Il arrivait de là que souvent il s'élevait de faux prophètes sans mission, qui croyaient avoir l'esprit de Dieu, et qui souvent causèrent de grands malheurs; comme les prophètes des Cévennes au commencement de ce siècle.

Il était très-difficile de distinguer le faux prophète du véritable. C'est pourquoi Manassé, roi de Juda, fit périr Isaïe par le supplice de la scie. Le roi Sédécias ne pouvait décider entre Jérémie et Ananie, qui prédisaient des choses contraires, et il fit mettre Jérémie en prison. Ézéchiel fut tué par des Juifs, compagnons de son esclavage. Michée ayant prophétisé des malheurs aux rois Achab et Josaphat, un autre prophète, Tsedekia, fils de Canaa[4], lui donna un soufflet, en lui disant : L'esprit de l'Éternel

---

1. *Nombres*, chapitre XXII. (*Note de Voltaire.*)
2. Paragraphe VI.
3. L'édition de 1765 porte : « C'est pourquoi, lorsque saint Paul (*Actes des Apôtres*, chap. XVII) cite ce vers d'un poëte grec, Aratus: *Tout vit dans Dieu, tout se meut, tout respire en Dieu,* il donne à ce poëte le nom de prophète. Le titre, etc. » (B.)
4. *Paralipomènes*, chapitre XVIII. (*Note de Voltaire.*)

a passé par ma main pour aller sur ta joue. Osée, chapitre IX, déclare que les prophètes sont des fous : *stultum prophetam, insanum virum spiritualem.* Les prophètes se traitaient les uns les autres de visionnaires et de menteurs. Il n'y avait donc d'autre moyen de discerner le vrai du faux que d'attendre l'accomplissement des prédictions.

Élisée étant allé à Damas en Syrie, le roi, qui était malade, lui envoya quarante chameaux chargés de présents, pour savoir s'il guérirait; Élisée répondit « que le roi pourrait guérir, mais qu'il mourrait ». Le roi mourut en effet. Si Élisée n'avait pas été un prophète du vrai Dieu, on aurait pu le soupçonner de se ménager une évasion à tout événement; car si le roi n'était pas mort, Élisée avait prédit sa guérison en disant qu'il pouvait guérir, et qu'il n'avait pas spécifié le temps de sa mort. Mais ayant confirmé sa mission par des miracles éclatants, on ne pouvait douter de sa véracité.

Nous ne rechercherons pas ici, avec les commentateurs, ce que c'était que l'esprit double qu'Élisée reçut d'Élie, ni ce que signifie le manteau que lui donna Élie, en montant au ciel dans un char de feu, traîné par des chevaux enflammés, comme les Grecs figurèrent en poésie le char d'Apollon. Nous n'approfondirons point quel est le type, quel est le sens mystique de ces quarante-deux petits enfants qui, en voyant Élisée dans le chemin escarpé qui conduit à Béthel, lui dirent en riant : *Monte, chauve, monte*; et de la vengeance qu'en tira le prophète, en faisant venir sur-le-champ deux ours qui dévorèrent ces innocentes créatures. Les faits sont connus, et le sens peut en être caché.

Il faut observer ici une coutume de l'Orient, que les Juifs poussèrent à un point qui nous étonne. Cet usage était non-seulement de parler en allégories, mais d'exprimer, par des actions singulières, les choses qu'on voulait signifier. Rien n'était plus naturel alors que cet usage ; car les hommes n'ayant écrit longtemps leurs pensées qu'en hiéroglyphes, ils devaient prendre l'habitude de parler comme ils écrivaient.

Ainsi les Scythes (si on en croit Hérodote) envoyèrent à Darah, que nous appelons Darius, un oiseau, une souris, une grenouille, et cinq flèches : cela voulait dire que si Darius ne s'enfuyait aussi vite qu'un oiseau, ou s'il ne se cachait comme une souris et comme une grenouille, il périrait par leurs flèches.

Le conte peut n'être pas vrai ; mais il est toujours un témoignage des emblèmes en usage dans ces temps reculés.

Les rois s'écrivaient en énigmes : on en a des exemples dans

Hiram, dans Salomon, dans la reine de Saba. Tarquin le Superbe, consulté dans son jardin par son fils sur la manière dont il faut se conduire avec les Gabiens, ne répond qu'en abattant les pavots qui s'élevaient au-dessus des autres fleurs. Il faisait assez entendre qu'il fallait exterminer les grands, et épargner le peuple.

C'est à ces hiéroglyphes que nous devons les fables, qui furent les premiers écrits des hommes. La fable est bien plus ancienne que l'histoire.

Il faut être un peu familiarisé avec l'antiquité pour n'être point effarouché des actions et des discours énigmatiques des prophètes juifs.

Isaïe veut faire entendre au roi Achaz qu'il sera délivré dans quelques années du roi de Syrie et du melk ou roitelet de Samarie, unis contre lui ; il lui dit : « Avant qu'un enfant soit en âge de discerner le mal et le bien, vous serez délivré de ces deux rois. Le Seigneur prendra un rasoir de louage, pour raser la tête, le poil du pénil (qui est figuré par les pieds), et la barbe, etc. » Alors le prophète prend deux témoins, Zacharie et Urie ; il couche avec la prophétesse, elle met au monde un enfant. Le Seigneur lui donne le nom de Maher-Salal-has-bas, *Partagez vite les dépouilles;* et ce nom signifie qu'on partagera les dépouilles des ennemis.

Je n'entre point dans le sens allégorique et infiniment respectable qu'on donne à cette prophétie ; je me borne à l'examen de ces usages étonnants aujourd'hui pour nous.

Le même Isaïe marche tout nu dans Jérusalem, pour marquer que les Égyptiens seront entièrement dépouillés par le roi de Babylone.

Quoi ! dira-t-on, est-il possible qu'un homme marche tout nu dans Jérusalem, sans être repris de justice? Oui, sans doute : Diogène ne fut pas le seul dans l'antiquité qui eut cette hardiesse. Strabon, dans son quinzième livre, dit qu'il y avait dans les Indes une secte de brachmanes qui auraient été honteux de porter des vêtements. Aujourd'hui encore on voit des pénitents dans l'Inde qui marchent nus et chargés de chaînes, avec un anneau de fer attaché à la verge, pour expier les péchés du peuple. Il y en a dans l'Afrique et dans la Turquie. Ces mœurs ne sont pas nos mœurs, et je ne crois pas que du temps d'Isaïe il y eût un seul usage qui ressemblât aux nôtres.

Jérémie n'avait que quatorze ans quand il reçut l'esprit. Dieu étendit sa main et lui toucha la bouche, parce qu'il avait quelque difficulté de parler. Il voit d'abord une chaudière bouillante tournée au nord; cette chaudière représente les peuples qui viendront du septentrion, et l'eau bouillante figure les malheurs de Jérusalem.

Il achète une ceinture de lin, la met sur ses reins, et va la cacher, par l'ordre de Dieu, dans un trou auprès de l'Euphrate : il retourne ensuite la prendre, et la trouve pourrie. Il nous explique lui-même cette parabole, en disant que l'orgueil de Jérusalem pourrira.

Il se met des cordes au cou, il se charge de chaînes, il met un joug sur ses épaules; il envoie ces cordes, ces chaînes et ce joug aux rois voisins, pour les avertir de se soumettre au roi de Babylone, Nabuchodonosor, en faveur duquel il prophétise.

Ézéchiel peut surprendre davantage : il prédit aux Juifs que les pères mangeront leurs enfants, et que les enfants mangeront leurs pères. Mais avant d'en venir à cette prédiction, il voit quatre animaux étincelants de lumière, et quatre roues couvertes d'yeux : il mange un volume de parchemin; on le lie avec des chaînes. Il trace un plan de Jérusalem sur une brique; il met à terre une poêle de fer; il couche trois cent quatre-vingt-dix jours sur le côté gauche, et quarante jours sur le côté droit. Il doit manger du pain de froment, d'orge, de fèves, de lentilles, de millet, et le couvrir d'excréments humains. « C'est ainsi, dit-il, que les enfants d'Israël mangeront leur pain souillé, parmi les nations chez lesquelles ils seront chassés. » Mais Ézéchiel ayant témoigné son horreur pour ce pain de douleur, Dieu lui permet de ne le couvrir que d'excréments de bœufs.

Il coupe ses cheveux, et les divise en trois parts; il en met une partie au feu, coupe la seconde avec une épée autour de la ville, et jette au vent la troisième.

Le même Ézéchiel a des allégories encore plus surprenantes. Il introduit le Seigneur, qui parle ainsi, chapitre XVI : « Quand tu naquis, on ne t'avait point coupé le nombril, et tu n'étais ni lavée ni salée.... tu es devenue grande, ta gorge s'est formée, ton poil a paru.... J'ai passé, j'ai connu que c'était le temps des amants. Je t'ai couverte, et je me suis étendu sur ton ignominie.... Je t'ai donné des chaussures et des robes de coton, des bracelets, un collier, des pendants d'oreilles.... Mais, pleine de confiance en ta beauté, tu t'es livrée à la fornication.... et tu as bâti un mauvais lieu; tu t'es prostituée dans les carrefours; tu as ouvert tes jambes à tous les passants.... tu as recherché les plus robustes.... On donne de l'argent aux courtisanes, et tu en as donné à tes amants, etc. »

¹ « Oolla a forniqué sur moi ; elle a aimé avec fureur ses amants : princes, magistrats, cavaliers..... Sa sœur, Ooliba, s'est prostituée avec plus d'emportement. Sa luxure a recherché ceux qui avaient le.... d'un âne, et qui.... comme les chevaux². »

Ces expressions nous semblent bien indécentes et bien grossières; elles ne l'étaient point chez les Juifs, elles signifiaient les apostasies de Jérusalem et de Samarie. Ces apostasies étaient représentées très-souvent comme une fornication, comme un adultère. Il ne faut pas, encore une fois, juger des mœurs, des usages, des façons de parler anciennes, par les nôtres ; elles ne se ressemblent pas plus que la langue française ne ressemble au chaldéen et à l'arabe.

Le Seigneur ordonne d'abord au prophète Osée, chapitre i, de prendre pour sa femme une prostituée, et il obéit. Cette prostituée lui donne un fils. Dieu appelle ce fils Jezraël : c'est un type de la maison de Jéhu, qui périra, parce que Jéhu avait tué Joram dans Jezraël. Ensuite le Seigneur ordonne à Osée, chapitre iii, d'épouser une femme adultère, qui soit aimée d'un autre, comme le Seigneur aime les enfants d'Israël, qui regardent les dieux étrangers, et qui aiment le marc de raisin. Le Seigneur, dans la prophétie d'Amos, chapitre iv, menace les vaches de Samarie de les mettre dans la chaudière. Enfin tout est l'opposé de nos mœurs et de notre tour d'esprit ; et, si l'on examine les usages de toutes les nations orientales, nous les trouverons également opposés à nos coutumes, non-seulement dans les temps reculés, mais aujourd'hui même que nous les connaissons mieux.

XLIV. — DES PRIÈRES DES JUIFS.

Il nous reste peu de prières des anciens peuples ; nous n'avons que deux ou trois formules des mystères, et l'ancienne prière à Isis, rapportée dans Apulée³. Les Juifs ont conservé les leurs.

1. Ézéchiel, chapitre xxiii. (*Note de Voltaire.*)
2. On a très-approfondi cette matière dans plusieurs livres nouveaux, surtout dans les *Questions sur l'Encyclopédie*, et dans l'*Examen important de milord Bolingbroke*. (*Id.*) — Les *Questions sur l'Encyclopédie* font partie du *Dictionnaire philosophique*. L'*Examen important* est dans les *Mélanges*, année 1767.
3. Voyez cette prière, *Introduction*, paragraphe xxiii.

Si l'on peut conjecturer le caractère d'une nation par les prières qu'elle fait à Dieu, on s'apercevra aisément que les Juifs étaient un peuple charnel et sanguinaire. Ils paraissent, dans leurs psaumes, souhaiter la mort du pécheur plutôt que sa conversion ; et ils demandent au Seigneur, dans le style oriental, tous les biens terrestres.

« Tu arroseras les montagnes, la terre sera rassasiée de fruits [1]. »

« Tu produis le foin pour les bêtes, et l'herbe pour l'homme. Tu fais sortir le pain de la terre, et le vin qui réjouit le cœur ; tu donnes l'huile qui répand la joie sur le visage [2]. »

« Juda est une marmite remplie de viandes ; la montagne du Seigneur est une montagne coagulée, une montagne grasse. Pourquoi regardez-vous les montagnes coagulées [3] ? »

Mais il faut avouer que les Juifs maudissent leurs ennemis dans un style non moins figuré.

« Demande-moi, et je te donnerai en héritage toutes les nations ; tu les régiras avec une verge de fer [4]. »

« Mon Dieu, traitez mes ennemis selon leurs œuvres, selon leurs desseins méchants ; punissez-les comme ils le méritent [5]. »

« Que mes ennemis impies rougissent, qu'ils soient conduits dans le sépulcre [6]. »

« Seigneur, prenez vos armes et votre bouclier, tirez votre épée, fermez tous les passages ; que mes ennemis soient couverts de confusion ; qu'ils soient comme la poussière emportée par le vent, qu'ils tombent dans le piége [7]. »

« Que la mort les surprenne, qu'ils descendent tout vivants dans la fosse [8]. »

« Dieu brisera leurs dents dans leur bouche ; il mettra en poudre les mâchoires de ces lions [9]. »

« Ils souffriront la faim comme des chiens : ils se disperseront pour chercher à manger, et ne seront point rassasiés [10]. »

« Je m'avancerai vers l'Idumée, et je la foulerai aux pieds [11]. »

« Réprimez ces bêtes sauvages ; c'est une assemblée de peuples semblables à des taureaux et à des vaches... Vos pieds seront bai-

---

1. Psaume LXXXVIII. (*Note de Voltaire.*)
2. Psaume CIII. (*Id.*)
3. Psaume CVII. (*Id.*)
4. Psaume II. (*Id.*)
5. Psaume XXVII. (*Id.*)
6. Psaume XXX. (*Id.*)
7. Psaume XXXIV. (*Note de Voltaire.*)
8. Psaume LIV. (*Id.*)
9. Psaume LVII. (*Id.*)
10. Psaume LVIII. (*Id.*)
11. Psaume LIX. (*Id.*)

gnés dans le sang de vos ennemis, et la langue de vos chiens en sera abreuvée[1]. »

« Faites fondre sur eux tous les traits de votre colère ; qu'ils soient exposés à votre fureur ; que leur demeure et leurs tentes soient désertes[2]. »

« Répandez abondamment votre colère sur les peuples à qui vous êtes inconnu[3]. »

« Mon Dieu, traitez-les comme les Madianites, rendez-les comme une roue qui tourne toujours, comme la paille que le vent emporte, comme une forêt brûlée par le feu[4]. »

« Asservissez le pécheur ; que le malin soit toujours à son côté droit[5]. »

« Qu'il soit toujours condamné quand il plaidera.

« Que sa prière lui soit imputée à péché ; que ses enfants soient orphelins, et sa femme veuve ; que ses enfants soient des mendiants vagabonds ; que l'usurier enlève tout son bien. »

« Le Seigneur, juste, coupera leurs têtes : que tous les ennemis de Sion soient comme l'herbe sèche des toits[6]. »

« Heureux celui qui éventrera tes petits enfants encore à la mamelle, et qui les écrasera contre la pierre[7]. »

On voit que si Dieu avait exaucé toutes les prières de son peuple, il ne serait resté que des Juifs sur la terre, car ils détestaient toutes les nations, ils en étaient détestés ; et, en demandant sans cesse que Dieu exterminât tous ceux qu'ils haïssaient, ils semblaient demander la ruine de la terre entière. Mais il faut toujours se souvenir que non-seulement les Juifs étaient le peuple chéri de Dieu, mais l'instrument de ses vengeances. C'était par lui qu'il punissait les péchés des autres nations, comme il punissait son peuple par elles. Il n'est plus permis aujourd'hui de faire les mêmes prières, et de lui demander qu'on éventre les mères et les enfants encore à la mamelle, et qu'on les écrase contre la pierre. Dieu étant reconnu pour le père commun de tous les hommes, aucun peuple ne fait ces imprécations contre ses voisins. Nous avons été aussi cruels quelquefois que les Juifs ; mais en chantant leurs psaumes, nous n'en détournons pas le sens contre les peuples qui nous font la guerre. C'est un des grands

---

1. Psaume LXVII. (*Note de Voltaire.*)
2. Psaume LXVIII. (*Id.*)
3. Psaume LXXVIII. (*Id.*)
4. Psaume LXXXII. (*Id.*)
5. Psaume CVIII. (*Note de Voltaire.*)
6. Psaume CXXVIII. (*Id.*)
7. Psaume CXXXVI. (*Id.*)

avantages que la loi de grâce a sur la loi de rigueur : et plût à
Dieu que, sous une loi sainte, et avec des prières divines, nous
n'eussions pas répandu le sang de nos frères et ravagé la terre
au nom d'un Dieu de miséricorde !

XLV. — DE JOSÈPHE, HISTORIEN DES JUIFS.

On ne doit pas s'étonner que l'histoire de Flavien Josèphe
trouvât des contradicteurs quand elle parut à Rome. Il est vrai
qu'il n'y en avait que très-peu d'exemplaires, il fallait au moins
trois mois à un copiste habile pour la transcrire. Les livres étaient
très-chers et très-rares : peu de Romains daignaient lire les
annales d'une chétive nation d'esclaves, pour qui les grands et
les petits avaient un mépris égal. Cependant il paraît, par la réponse de Josèphe à Apion, qu'il trouva un petit nombre de lecteurs ; et l'on voit aussi que ce petit nombre le traita de menteur
et de visionnaire.

Il faut se mettre à la place des Romains du temps de Titus
pour concevoir avec quel mépris mêlé d'horreur les vainqueurs
de la terre connue et les législateurs des nations devaient regarder l'histoire du peuple juif. Ces Romains ne pouvaient guère
savoir que Josèphe avait tiré la plupart des faits des livres sacrés
dictés par le Saint-Esprit. Ils ne pouvaient pas être instruits que
Josèphe avait ajouté beaucoup de choses à la *Bible*, et en avait
passé beaucoup sous silence. Ils ignoraient qu'il avait pris le fond
de quelques historiettes dans le troisième livre d'Esdras, et que
ce livre d'Esdras est un de ceux qu'on nomme apocryphes.

Que devait penser un sénateur romain en lisant ces contes
orientaux ? Josèphe rapporte (liv. X, ch. xii), que Darius, fils
d'Astyage, avait fait le prophète Daniel gouverneur de trois cent
soixante villes, lorsqu'il défendit, sous peine de la vie, de prier
aucun dieu pendant un mois. Certainement l'Écriture ne dit
point que Daniel gouvernait trois cent soixante villes.

Josèphe semble supposer ensuite que toute la Perse se fît
juive.

Le même Josèphe donne au second temple des Juifs, rebâti
par Zorobabel, une singulière origine.

Zorobabel, dit-il, *était l'intime ami du roi Darius.* Un esclave
juif intime ami du roi des rois ! c'est à peu près comme si un de
nos historiens nous disait qu'un fanatique des Cévennes, délivré
des galères, était l'intime ami de Louis XIV.

Quoi qu'il en soit, selon Flavien Josèphe, Darius, qui était un prince de beaucoup d'esprit, proposa à toute sa cour une question digne du *Mercure galant,* savoir : qui avait le plus de force, ou du vin, ou des rois, ou des femmes. Celui qui répondrait le mieux devait, pour récompense, avoir une tiare de lin, une robe de pourpre, un collier d'or, boire dans une coupe d'or, coucher dans un lit d'or, se promener dans un chariot d'or traîné par des chevaux enharnachés d'or, et avoir des patentes de cousin du roi.

Darius s'assit sur son trône d'or pour écouter les réponses de son académie de beaux esprits. L'un disserta en faveur du vin, l'autre fut pour les rois; Zorobabel prit le parti des femmes. Il n'y a rien de si puissant qu'elles; car j'ai vu, dit-il, Apamée, la maîtresse du roi mon seigneur, donner de petits soufflets sur les joues de Sa sacrée Majesté, et lui ôter son turban pour s'en coiffer.

Darius trouva la réponse de Zorobabel si comique que, sur-le-champ, il fit rebâtir le temple de Jérusalem.

Ce conte ressemble assez à celui qu'un de nos plus ingénieux académiciens a fait de Soliman, et d'un nez retroussé, lequel a servi de canevas à un fort joli opéra bouffon. Mais nous sommes contraint d'avouer que l'auteur du nez retroussé n'a eu ni lit d'or, ni carrosse d'or, et que le roi de France ne l'a point appelé mon cousin : nous ne sommes plus au temps des Darius.

Ces rêveries dont Josèphe surchargeait les livres saints firent tort sans doute, chez les païens, aux vérités que la *Bible* contient. Les Romains ne pouvaient distinguer ce qui avait été puisé dans une source impure de ce que Josèphe avait tiré d'une source sacrée. Cette *Bible,* sacrée pour nous, était ou inconnue aux Romains, ou aussi méprisée d'eux que Josèphe lui-même. Tout fut également l'objet des railleries et du profond dédain que les lecteurs conçurent pour l'histoire juive. Les apparitions des anges aux patriarches, le passage de la mer Rouge, les dix plaies d'Égypte ; l'inconcevable multiplication du peuple juif en si peu de temps, et dans un aussi petit terrain ; le soleil et la lune s'arrêtant en plein midi, pour donner le temps à ce peuple brigand de massacrer quelques paysans déjà exterminés par une pluie de pierres : tous les prodiges qui signalèrent cette nation ignorée furent traités avec ce mépris qu'un peuple vainqueur de tant de nations, un peuple-roi, mais à qui Dieu s'était caché, avait naturellement pour un petit peuple barbare réduit en esclavage.

Josèphe sentait bien que tout ce qu'il écrivait révolterait des auteurs profanes ; il dit en plusieurs endroits : *Le lecteur en jugera comme il voudra.* Il craint d'effaroucher les esprits ; il diminue, autant qu'il le peut, la foi qu'on doit aux miracles. On voit à tout moment qu'il est honteux d'être Juif, lors même qu'il s'efforce de rendre sa nation recommandable à ses vainqueurs. Il faut sans doute pardonner aux Romains, qui n'avaient que le sens commun, qui n'avaient pas encore la foi, de n'avoir regardé l'historien Josèphe que comme un misérable transfuge qui leur contait des fables ridicules pour tirer quelque argent de ses maîtres. Bénissons Dieu, nous qui avons le bonheur d'être plus éclairés que les Titus, les Trajan, les Antonin, et que tout le sénat et les chevaliers romains nos maîtres ; nous qui, éclairés par des lumières supérieures, pouvons discerner les fables absurdes de Josèphe, et les sublimes vérités que la sainte Écriture nous annonce.

XLVI. — D'UN MENSONGE DE FLAVIEN JOSÈPHE, CONCERNANT ALEXANDRE ET LES JUIFS.

Lorsque Alexandre, élu par tous les Grecs, comme son père, et comme autrefois Agamemnon, pour aller venger la Grèce des injures de l'Asie, eut remporté la victoire d'Issus, il s'empara de la Syrie, l'une des provinces de Darah ou Darius ; il voulait s'assurer de l'Égypte avant de passer l'Euphrate et le Tigre, et ôter à Darius tous les ports qui pourraient lui fournir des flottes. Dans ce dessein, qui était celui d'un très-grand capitaine, il fallut assiéger Tyr. Cette ville était sous la protection des rois de Perse, et souveraine de la mer ; Alexandre la prit après un siège opiniâtre de sept mois, et y employa autant d'art que de courage ; la digue qu'il osa faire sur la mer est encore aujourd'hui regardée comme le modèle que doivent suivre tous les généraux dans de pareilles entreprises. C'est en imitant Alexandre que le duc de Parme prit Anvers, et le cardinal de Richelieu, la Rochelle (s'il est permis de comparer les petites choses aux grandes). Rollin, à la vérité, dit qu'Alexandre ne prit Tyr que parce qu'elle s'était moquée des Juifs, et que Dieu voulut venger l'honneur de son peuple ; mais Alexandre pouvait avoir encore d'autres raisons : il fallait, après avoir soumis Tyr, ne pas perdre un moment pour s'emparer du port de Péluse. Ainsi Alexandre ayant fait une marche forcée pour surprendre Gaza, il alla de Gaza à

Péluse en sept jours. C'est ainsi qu'Arrien, Quinte-Curce, Diodore, Paul Orose même, le rapportent fidèlement d'après le journal d'Alexandre.

Que fait Josèphe pour relever sa nation sujette des Perses, tombée sous la puissance d'Alexandre, avec toute la Syrie, et honorée depuis de quelques priviléges par ce grand homme? Il prétend qu'Alexandre, en Macédoine, avait vu en songe le grand-prêtre des Juifs, Jaddus[1] (supposé qu'il y eût en effet un prêtre juif dont le nom finît en *us*); que ce prêtre l'avait encouragé à son expédition contre les Perses, que c'était par cette raison qu'Alexandre avait attaqué l'Asie. Il ne manqua donc pas, après le siége de Tyr, de se détourner de cinq ou six journées de chemin pour aller voir Jérusalem. Comme le grand-prêtre Jaddus avait autrefois apparu en songe à Alexandre, il reçut aussi en songe un ordre de Dieu d'aller saluer ce roi ; il obéit, et, revêtu de ses habits pontificaux, suivi de ses lévites en surplis, il alla en procession au-devant d'Alexandre. Dès que ce monarque vit Jaddus, il reconnut le même homme qui l'avait averti en songe, sept ou huit ans auparavant, de venir conquérir la Perse, et il le dit à Parménion. Jaddus avait sur sa tête son bonnet orné d'une lame d'or, sur laquelle était gravé un mot hébreu. Alexandre, qui, sans doute, entendait l'hébreu parfaitement, reconnut aussitôt le nom de Jéhovah, et se prosterna humblement, sachant bien que Dieu ne pouvait avoir que ce nom. Jaddus lui montra aussitôt des prophéties qui disaient clairement « qu'Alexandre s'emparerait de l'empire des Perses », prophéties qui n'avaient point été faites après la bataille d'Issus. Il le flatta que Dieu l'avait choisi pour ôter à son peuple chéri toute espérance de régner sur la terre promise ; ainsi qu'il avait choisi autrefois Nabuchodonosor et Cyrus, qui avaient possédé la terre promise l'un après l'autre. Ce conte absurde du romancier Josèphe ne devait pas, ce me semble, être copié par Rollin, comme s'il était attesté par un écrivain sacré.

Mais c'est ainsi qu'on a écrit l'histoire ancienne, et bien souvent la moderne[2].

---

1. C'est Iaddoua.
2. Le Talmud de Babylone fait la même histoire sur Alexandre. Seulement le grand-prêtre n'est pas Iaddoua, mais Siméon le Juste. Les Samaritains racontent aussi l'entrevue d'Alexandre et du grand-prêtre de Jérusalem. (G. A.)

XLVII. — DES PRÉJUGÉS POPULAIRES AUXQUELS LES ÉCRIVAINS SACRÉS ONT DAIGNÉ SE CONFORMER PAR CONDESCENDANCE.

Les livres saints sont faits pour enseigner la morale, et non la physique.

Le serpent passait dans l'antiquité pour le plus habile de tous les animaux. L'auteur du *Pentateuque* veut bien dire que le serpent fut assez subtil pour séduire Ève. On attribuait quelquefois la parole aux bêtes : l'écrivain sacré fait parler le serpent et l'ânesse de Balaam. Plusieurs Juifs et plusieurs docteurs chrétiens ont regardé cette histoire comme une allégorie ; mais, soit emblème, soit réalité, elle est également respectable. Les étoiles étaient regardées comme des points dans les nuées : l'auteur divin se proportionne à cette idée vulgaire, et dit que la lune fut faite pour présider aux étoiles.

L'opinion commune était que les cieux étaient solides ; on les nommait en hébreu *rakiak*, mot qui répond à une plaque de métal, à un corps étendu et ferme, et que nous traduisîmes par *firmament*. Il portait des eaux, lesquelles se répandaient par des ouvertures. L'Écriture se proportionne à cette physique ; et enfin on a nommé firmament, c'est-à-dire plaque, cette profondeur immense de l'espace dans lequel on aperçoit à peine les étoiles les plus éloignées à l'aide des télescopes.

Les Indiens, les Chaldéens, les Persans, imaginaient que Dieu avait formé le monde en six temps. L'auteur de la *Genèse*, pour ne pas effaroucher la faiblesse des Juifs, représente Dieu formant le monde en six jours, quoique un mot et un instant suffisent à sa toute-puissance. Un jardin, des ombrages, étaient un très-grand bonheur dans des pays secs et brûlés du soleil ; le divin auteur place le premier homme dans un jardin.

On n'avait point l'idée d'un être purement immatériel : Dieu est toujours représenté comme un homme ; il se promène à midi dans le jardin, il parle, et on lui parle.

Le mot âme, *ruah*, signifie le souffle, la vie : l'âme est toujours employée pour la vie dans le *Pentateuque*.

On croyait qu'il y avait des nations de géants, et la *Genèse* veut bien dire qu'ils étaient les enfants des anges et des filles des hommes. On accordait aux brutes une espèce de raison. Dieu daigne faire alliance, après le déluge, avec les brutes comme avec les hommes.

Personne ne savait ce que c'est que l'arc-en-ciel ; il était regardé comme une chose surnaturelle ; et Homère en parle toujours ainsi. L'Écriture l'appelle l'arc de Dieu, le signe d'alliance.

Parmi beaucoup d'erreurs auxquelles le genre humain a été livré, on croyait qu'on pouvait faire naître des animaux de la couleur qu'on voulait, en présentant cette couleur aux mères avant qu'elles conçussent : l'auteur de la *Genèse* dit que Jacob eut des brebis tachetées par cet artifice.

Toute l'antiquité se servait des charmes contre la morsure des serpents ; et quand la plaie n'était pas mortelle, ou qu'elle était heureusement sucée par des charlatans nommés Psylles [1], ou qu'enfin on avait appliqué avec succès des topiques convenables, on ne doutait pas que les charmes n'eussent opéré. Moïse éleva un serpent d'airain dont la vue guérissait ceux que les serpents avaient mordus. Dieu changeait une erreur populaire en une vérité nouvelle.

Une des plus anciennes erreurs était l'opinion que l'on pouvait faire naître des abeilles d'un cadavre pourri. Cette idée était fondée sur l'expérience journalière de voir des mouches et des vermisseaux couvrir les corps des animaux. De cette expérience, qui trompait les yeux, toute l'antiquité avait conclu que la corruption est le principe de la génération. Puisqu'on croyait qu'un corps mort produisait des mouches, on se figurait que le moyen sûr de se procurer des abeilles était de préparer les peaux sanglantes des animaux de la manière requise pour opérer cette métamorphose. On ne faisait pas réflexion combien les abeilles ont d'aversion pour toute chair corrompue, combien toute infection leur est contraire. La méthode de faire naître ainsi des abeilles ne pouvait réussir ; mais on croyait que c'était faute de s'y bien prendre. Virgile, dans son quatrième chant des *Géorgiques*, dit que cette opération fut heureusement faite par Aristée ; mais aussi il ajoute que c'est un miracle, *mirabile monstrum (Géorg.*, livre IV, v. 554).

C'est en rectifiant cet antique préjugé qu'il est rapporté que Samson trouva un essaim d'abeilles dans la gueule d'un lion qu'il avait déchiré de ses mains.

C'était encore une opinion vulgaire que l'aspic se bouchait les oreilles, de peur d'entendre la voix de l'enchanteur. Le Psalmiste se prête à cette erreur en disant, psaume LVII : « Tel que l'aspic sourd qui bouche ses oreilles, et qui n'entend point les enchanteurs. »

---

1. Plutarque, *Vie de Caton*, chapitre LXXIV.

L'ancienne opinion, que les femmes font tourner le vin et le lait, empêchent le beurre de se figer, et font périr les pigeonneaux dans les colombiers quand elles ont leurs règles, subsiste encore dans le petit peuple, ainsi que les influences de la lune. On crut que les purgations des femmes étaient les évacuations d'un sang corrompu, et que si un homme approchait de sa femme dans ce temps critique, il faisait nécessairement des enfants lépreux et estropiés : cette idée avait tellement prévenu les Juifs que le *Lévitique*, chapitre xx, condamne à mort l'homme et la femme qui se seront rendu le devoir conjugal dans ce temps critique.

Enfin l'Esprit-Saint veut bien se conformer tellement aux préjugés populaires que le Sauveur lui-même dit qu'on ne met jamais le vin nouveau dans de vieilles futailles, et qu'il faut que le blé pourrisse pour mûrir.

Saint Paul dit aux Corinthiens, en voulant leur persuader la résurrection : « Insensés, ne savez-vous pas qu'il faut que le grain meure pour se vivifier? » On sait bien aujourd'hui que le grain ne pourrit ni ne meurt en terre pour lever ; s'il pourrissait, il ne lèverait pas ; mais alors on était dans cette erreur, et le Saint-Esprit daignait en tirer des comparaisons utiles. C'est ce que saint Jérôme appelle parler par économie[1].

Toutes les maladies de convulsions passèrent pour des possessions de diable, dès que la doctrine des diables fut admise. L'épilepsie, chez les Romains comme chez les Grecs, fut appelée le *mal sacré*. La mélancolie, accompagnée d'une espèce de rage, fut encore un mal dont la cause était ignorée ; ceux qui en étaient attaqués erraient la nuit en hurlant autour des tombeaux. Ils furent appelés démoniaques, lycanthropes, chez les Grecs. L'Écriture admet des démoniaques qui errent autour des tombeaux.

Les coupables, chez les anciens Grecs, étaient souvent tourmentés des furies ; elles avaient réduit Oreste à un tel désespoir qu'il s'était mangé un doigt dans un accès de fureur ; elles avaient poursuivi Alcméon, Étéocle, et Polynice. Les Juifs hellénistes, qui furent instruits de toutes les opinions grecques, admirent enfin chez eux des espèces de furies, des esprits immondes, des diables qui tourmentaient les hommes. Il est vrai que les saducéens ne reconnaissaient point de diables ; mais les pharisiens les reçurent un peu avant le règne d'Hérode. Il y avait alors chez les Juifs des exorcistes qui chassaient les diables ; ils se servaient d'une racine

---

1. Voyez, dans le *Dictionnaire philosophique*, l'article ÉCONOMIE DE PAROLES.

qu'ils mettaient sous le nez des possédés[1], et employaient une formule tirée d'un prétendu livre de Salomon. Enfin ils étaient tellement en possession de chasser les diables que notre Sauveur lui-même, accusé, selon saint Matthieu, de les chasser par les enchantements de Belzébuth, accorde que les Juifs ont le même pouvoir, et leur demande si c'est par Belzébuth qu'ils triomphent des esprits malins.

Certes, si les mêmes Juifs qui firent mourir Jésus avaient eu le pouvoir de faire de tels miracles, si les pharisiens chassaient en effet les diables, ils faisaient donc le même prodige qu'opérait le Sauveur. Ils avaient le don que Jésus communiquait à ses disciples ; et s'ils ne l'avaient pas, Jésus se conformait donc au préjugé populaire, en daignant supposer que ses implacables ennemis, qu'il appelait race de vipères, avaient le don des miracles et dominaient sur les démons. Il est vrai que ni les Juifs ni les chrétiens ne jouissent plus aujourd'hui de cette prérogative longtemps si commune. Il y a toujours des exorcistes, mais on ne voit plus de diables ni de possédés[2] : tant les choses changent avec le temps ! Il était dans l'ordre alors qu'il y eût des possédés, et il est bon qu'il n'y en ait plus aujourd'hui. Les prodiges nécessaires pour élever un édifice divin sont inutiles quand il est au comble. Tout a changé sur la terre : la vertu seule ne change jamais. Elle est

---

1. Cette racine se nomme *Barad*, *Barat* ou *Barath*. Voyez dans les *Mélanges*, année 1763, le *Traité sur la Tolérance*, chap. xii ; année 1767, l'*Examen important de milord Bolingbroke*, chap. xiv ; année 1768, les *Instructions à A.-J. Rustan* ; année 1776, *Un Chrétien contre six Juifs*, paragraphe xxxvii ; et année 1777, l'*Histoire de l'établissement du christianisme*, chap. v. (B.)

2. M. de Voltaire fait trop d'honneur à notre siècle. Nous avons encore des possédés, non-seulement à Besançon, où le diable les conduit tous les ans pour avoir le plaisir de se faire chasser par la présence du Saint-Suaire, mais à Paris même. Pendant la semaine sainte, la nuit, dans l'église de la Sainte-Chapelle, on joue une farce religieuse où des possédés tombent en convulsion à la vue d'un prétendu morceau de la vraie croix. On imaginerait difficilement un spectacle plus indécent ou plus dégoûtant ; mais aussi on en trouverait difficilement un qui prouvât mieux jusqu'à quel point la superstition peut dégrader l'espèce humaine, et surtout jusqu'à quel point l'amour de l'argent et l'envie de dominer sur le peuple peuvent endurcir des prêtres contre la honte, et les déterminer à se dévouer au mépris public. Il est étonnant que les chefs du clergé et ceux de la magistrature n'aient pas daigné se réunir pour abolir ce scandale, qui souille également et l'église de Jésus-Christ et le temple de la justice.

En 1777, un de ces prétendus possédés profita de cette qualité pour proférer devant le peuple assemblé tous les blasphèmes dont il se put aviser. Un homme raisonnable qui aurait parlé avec la même franchise eût été brûlé vif. Le possédé en fut quitte pour une double dose d'eau bénite. L'année d'après, la bonne compagnie y courut en foule, dans l'espérance d'entendre blasphémer ; mais la police avait ordonné au diable de se taire, et le diable obéit. (K.)

semblable à la lumière du soleil, qui ne tient presque rien de la matière connue, et qui est toujours pure, toujours immuable, quand tous les éléments se confondent sans cesse. Il ne faut qu'ouvrir les yeux pour bénir son auteur.

XLVIII. — DES ANGES, DES GÉNIES, DES DIABLES, CHEZ LES ANCIENNES NATIONS ET CHEZ LES JUIFS.

Tout a sa source dans la nature de l'esprit humain. Tous les hommes puissants, les magistrats, les princes, avaient leurs messagers ; il était vraisemblable que les dieux en avaient aussi. Les Chaldéens et les Perses semblent être les premiers hommes connus de nous qui parlèrent des anges comme d'huissiers célestes et de porteurs d'ordre. Mais avant eux, les Indiens, de qui toute espèce de théologie nous est venue, avaient inventé les anges, et les avaient représentés, dans leur ancien livre du *Shasta*, comme des créatures immortelles, participantes de la Divinité, et dont un grand nombre se révolta dans le ciel contre le Créateur. (Voyez le chapitre *de l'Inde*, page 49.)

Les Parsis ignicoles, qui subsistent encore, ont communiqué à l'auteur de la religion des anciens Persans [1] les noms des anges que les premiers Perses reconnaissaient. On en trouve cent dix-neuf, parmi lesquels ne sont ni Raphaël ni Gabriel, que les Perses n'adoptèrent que longtemps après. Ces mots sont chaldéens, ils ne furent connus des Juifs que dans leur captivité : car, avant l'histoire de Tobie, on ne voit le nom d'aucun ange, ni dans le *Pentateuque*, ni dans aucun livre des Hébreux.

Les Perses, dans leur ancien catalogue qu'on trouve au-devant du *Sadder*, ne comptaient que douze diables, et Arimane était le premier. C'était du moins une chose consolante de reconnaître plus de génies bienfaisants que de démons ennemis du genre humain.

On ne voit pas que cette doctrine ait été suivie des Égyptiens. Les Grecs, au lieu de génies tutélaires, eurent des divinités secondaires, des héros, et des demi-dieux. Au lieu de diables, ils eurent Até, Érynnis, les Euménides. Il me semble que ce fut Platon qui parla le premier d'un bon et d'un mauvais génie qui présidaient aux actions de tout mortel. Depuis lui, les Grecs et les Romains se piquèrent d'avoir chacun deux génies ; et le mauvais eut toujours plus d'occupation et de succès que son antagoniste.

---

[1] Hyde, *de Religione veterum Persarum*. (*Note de Voltaire.*)

Quand les Juifs eurent enfin donné des noms à leur milice céleste, ils la distinguèrent en dix classes : les saints, les rapides, les forts, les flammes, les étincelles, les députés, les princes, les fils de princes, les images, les animés. Mais cette hiérarchie ne se trouve que dans le *Talmud* et dans le *Targum*, et non dans les livres du canon hébreu.

Ces anges eurent toujours la forme humaine, et c'est ainsi que nous les peignons encore aujourd'hui en leur donnant des ailes. Raphaël conduisit Tobie. Les anges qui apparurent à Abraham, à Loth, burent et mangèrent avec ces patriarches ; et la brutale fureur des habitants de Sodome ne prouve que trop que les anges de Loth avaient un corps. Il serait même difficile de comprendre comment les anges auraient parlé aux hommes, et comment on leur eût répondu, s'ils n'avaient paru sous la figure humaine.

Les Juifs n'eurent pas même une autre idée de Dieu. Il parle le langage humain avec Adam et Ève ; il parle même au serpent ; il se promène dans le jardin d'Éden à l'heure de midi ; il daigne converser avec Abraham, avec les patriarches, avec Moïse. Plus d'un commentateur a cru même que ces mots de la *Genèse* : *Faisons l'homme à notre image*, pouvaient être entendus à la lettre ; que le plus parfait des êtres de la terre était une faible ressemblance de la forme de son créateur, et que cette idée devait engager l'homme à ne jamais dégénérer.

Quoique la chute des anges transformés en diables, en démons, soit le fondement de la religion juive et de la chrétienne, il n'en est pourtant rien dit dans la *Genèse*, ni dans la loi, ni dans aucun livre canonique. La *Genèse* dit expressément qu'un serpent parla à Ève et la séduisit. Elle a soin de remarquer que le serpent était le plus habile, le plus rusé de tous les animaux ; et nous avons observé[1] que toutes les nations avaient cette opinion du serpent. La *Genèse* marque encore positivement que la haine des hommes pour les serpents vient du mauvais office que cet animal rendit au genre humain ; que c'est depuis ce temps-là qu'il cherche à nous mordre, que nous cherchons à l'écraser ; et qu'enfin il est condamné, pour sa mauvaise action, à ramper sur le ventre, et à manger la poussière de la terre. Il est vrai que le serpent ne se nourrit point de terre, mais toute l'antiquité le croyait.

Il semble à notre curiosité que c'était là le cas d'apprendre aux hommes que ce serpent était un des anges rebelles devenus

---

1. Paragraphe vi.

démons, qui venait exercer sa vengeance sur l'ouvrage de Dieu, et le corrompre. Cependant, il n'est aucun passage dans le *Pentateuque* dont nous puissions inférer cette interprétation, en ne consultant que nos faibles lumières.

Satan paraît, dans Job, le maître de la terre subordonné à Dieu. Mais quel homme un peu versé dans l'antiquité ne sait que ce mot *Satan* était chaldéen ; que ce Satan était l'Arimane des Perses, adopté par les Chaldéens, le mauvais principe qui dominait sur les hommes ? Job est représenté comme un pasteur arabe, vivant sur les confins de la Perse. Nous avons déjà dit[1] que les mots arabes, conservés dans la tradition hébraïque de cette ancienne allégorie, montrent que le livre fut d'abord écrit par des Arabes. Flavien Josèphe, qui ne le compte point parmi les livres du canon hébreu, ne laisse aucun doute sur ce sujet.

Les démons, les diables, chassés d'un globe du ciel, précipités dans le centre de notre globe, et s'échappant de leur prison pour tenter les hommes, sont regardés, depuis plusieurs siècles, comme les auteurs de notre damnation. Mais, encore une fois, c'est une opinion dont il n'y a aucune trace dans l'Ancien Testament. C'est une vérité de tradition, tirée du livre si antique et si longtemps inconnu, écrit par les premiers brachmanes, et que nous devons enfin aux recherches de quelques savants anglais qui ont résidé longtemps dans le Bengale.

Quelques commentateurs ont écrit que ce passage d'Isaïe : « Comment es-tu tombé du ciel, ô Lucifer ! qui paraissais le matin » ? désigne la chute des anges, et que c'est Lucifer qui se déguisa en serpent pour faire manger la pomme à Ève et à son mari.

Mais, en vérité, une allégorie si étrange ressemble à ces énigmes qu'on faisait imaginer autrefois aux jeunes écoliers dans les colléges. On exposait, par exemple, un tableau représentant un vieillard et une jeune fille. L'un disait : c'est l'hiver et le printemps ; l'autre : c'est la neige et le feu ; un autre : c'est la rose et l'épine, ou bien c'est la force et la faiblesse ; et celui qui avait trouvé le sens le plus éloigné du sujet, l'application la plus extraordinaire, gagnait le prix.

Il en est précisément de même de cette application singulière de l'étoile du matin au diable. Isaïe, dans son quatorzième chapitre, en insultant à la mort d'un roi de Babylone, lui dit : « A ta mort on a chanté à gorge déployée ; les sapins, les cèdres, s'en sont réjouis. Il n'est venu depuis aucun exacteur nous mettre à la

---

1. Paragraphe vi.

taille. Comment ta hauteur est-elle descendue au tombeau, malgré le son de tes musettes ? comment es-tu couchée avec les vers et la vermine ? comment es-tu tombée du ciel, étoile du matin ? Hélel, toi qui pressais les nations, tu es abattue en terre ! »

On a traduit cet Hélel en latin par Lucifer : on a donné depuis ce nom au diable, quoiqu'il y ait assurément peu de rapport entre le diable et l'étoile du matin. On a imaginé que ce diable étant tombé du ciel était un ange qui avait fait la guerre à Dieu : il ne pouvait la faire lui seul ; il avait donc des compagnons. La fable des géants armés contre les dieux, répandue chez toutes les nations, est, selon plusieurs commentateurs, une imitation profane de la tradition qui nous apprend que des anges s'étaient soulevés contre leur maître.

Cette idée reçut une nouvelle force de l'Épître de saint Jude, où il est dit : « Dieu a gardé dans les ténèbres, enchaînés jusqu'au jugement du grand jour, les anges qui ont dégénéré de leur origine, et qui ont abandonné leur propre demeure... Malheur à ceux qui ont suivi les traces de Caïn... desquels Énoch, septième homme après Adam, a prophétisé, en disant : Voici, le Seigneur est venu avec ses millions de saints, etc. »

On s'imagina qu'Énoch avait laissé par écrit l'histoire de la chute des anges. Mais il y a deux choses importantes à observer ici. Premièrement, Énoch n'écrivit pas plus que Seth, à qui les Juifs attribuèrent des livres ; et le faux Énoch que cite saint Jude est reconnu pour être forgé par un Juif[1]. Secondement, ce faux Énoch ne dit pas un mot de la rébellion et de la chute des anges avant la formation de l'homme. Voici mot à mot ce qu'il dit dans ses Égregori. « Le nombre des hommes s'étant prodigieusement accru, ils eurent de très-belles filles ; les anges, les veillants, Égregori, en devinrent amoureux, et furent entraînés dans beaucoup

---

1. Il faut pourtant que ce livre d'Énoch ait quelque antiquité, car on le trouve cité plusieurs fois dans le Testament des douze patriarches, autre livre juif, retouché par un chrétien du Ier siècle : et ce testament des douze patriarches est même cité par saint Paul, dans sa première épître aux Thessaloniciens, si c'est citer un passage que de le réciter mot pour mot. Le Testament du patriarche Ruben porte, au chap. VI : *La colère du Seigneur tomba enfin sur eux*; et saint Paul dit précisément les mêmes paroles. Au reste, ces douze Testaments ne sont pas conformes à la *Genèse* dans tous les faits. L'inceste de Judas, par exemple, n'y est pas rapporté de la même manière. Judas dit qu'il abusa de sa belle-fille étant ivre. Le Testament de Ruben a cela de particulier qu'il admet dans l'homme sept organes de sens, au lieu de cinq ; il compte la vie et l'acte de la génération pour deux sens. Au reste, tous ces patriarches se repentent, dans ce Testament, d'avoir vendu leur frère Joseph. (*Note de Voltaire.*)

d'erreurs. Ils s'animèrent entre eux ; ils se dirent : Choisissons-nous des femmes parmi les filles des hommes de la terre. Semiaxas leur prince dit : Je crains que vous n'osiez pas accomplir un tel dessein, et que je ne demeure seul chargé du crime ; tous répondirent : Faisons serment d'exécuter notre dessein, et dévouons-nous à l'anathème si nous y manquons. Ils s'unirent donc par serment, et firent des imprécations. Ils étaient deux cents en nombre. Ils partirent ensemble du temps de Jared, et allèrent sur la montagne appelée Hermonim, à cause de leur serment. Voici le nom des principaux : Semiaxas, Atarculph, Araciel, Chobabiel-Hosampsich, Zaciel-Parmar, Thausaël, Samiel, Tirel, Sumiel [1]. »

« Eux et les autres prirent des femmes, l'an onze cent soixante et dix de la création du monde. De ce commerce naquirent trois genres d'hommes, les géants Naphilim, etc. »

L'auteur de ce fragment écrit de ce style qui semble appartenir aux premiers temps ; c'est la même naïveté. Il ne manque pas de nommer les personnages ; il n'oublie pas les dates ; point de réflexions, point de maximes, c'est l'ancienne manière orientale.

On voit que cette histoire est fondée sur le sixième chapitre de la *Genèse :* « Or en ce temps il y avait des géants sur la terre ; car les enfants de Dieu ayant eu commerce avec les filles des hommes, elles enfantèrent les puissants du siècle. »

Le livre d'Énoch et la *Genèse* sont entièrement d'accord sur l'accouplement des anges avec les filles des hommes, et sur la race des géants qui en naquit. Mais ni cet Énoch ni aucun livre de l'Ancien Testament ne parle de la guerre des anges contre Dieu, ni de leur défaite, ni de leur chute dans l'enfer, ni de leur haine contre le genre humain.

Il n'est question des esprits malins et du diable que dans l'allégorie de Job, dont nous avons parlé, laquelle n'est pas un livre juif, et dans l'aventure de Tobie. Le diable Asmodée, ou Shammadey, qui étrangla les sept premiers maris de Sara, et que Raphaël fit déloger avec la fumée du foie d'un poisson, n'était point un diable juif, mais persan. Raphaël l'alla enchaîner dans la haute Égypte ; mais il est constant que les Juifs n'ayant point d'enfer, ils n'avaient point de diables. Ils ne commencèrent que fort tard à croire l'immortalité de l'âme et un enfer, et ce fut quand la secte des pharisiens prévalut. Ils étaient donc bien éloignés de penser que le serpent qui tenta Ève fût un diable, un ange précipité dans l'enfer. Cette pierre, qui sert de fondement à tout l'édifice, ne fut

---

1. Voyez, dans le *Dictionnaire philosophique,* les articles ANGE et BEKKER.

posée que la dernière. Nous n'en révérons pas moins l'histoire de la chute des anges devenus diables, mais nous ne savons où en trouver l'origine.

On appela diables Belzébuth, Belphégor, Astaroth ; mais c'étaient d'anciens dieux de Syrie. Belphégor était le dieu du mariage ; Belzébuth, ou Bel-se-puth, signifiait le seigneur qui préserve des insectes. Le roi Ochosias même l'avait consulté comme un dieu, pour savoir s'il guérirait d'une maladie ; et Élie, indigné de cette démarche, avait dit : « N'y a-t-il point de Dieu en Israël, pour aller consulter le dieu d'Accaron ? »

Astaroth était la lune, et la lune ne s'attendait pas à devenir diable.

L'apôtre Jude dit encore « que le diable se querella avec l'ange Michaël au sujet du corps de Moïse ». Mais on ne trouve rien de semblable dans le canon des Juifs. Cette dispute de Michaël avec le diable n'est que dans un livre apocryphe, intitulé *Analypse de Moïse*, cité par Origène dans le IIIe livre de ses *Principes*.

Il est donc indubitable que les Juifs ne reconnurent point de diables jusque vers le temps de leur captivité à Babylone. Ils puisèrent cette doctrine chez les Perses, qui la tenaient de Zoroastre.

Il n'y a que l'ignorance, le fanatisme, et la mauvaise foi, qui puissent nier tous ces faits, et il faut ajouter que la religion ne doit pas s'effrayer des conséquences. Dieu a certainement permis que la croyance aux bons et aux mauvais génies, à l'immortalité de l'âme, aux récompenses et aux peines éternelles, ait été établie chez vingt nations de l'antiquité avant de parvenir au peuple juif. Notre sainte religion a consacré cette doctrine ; elle a établi ce que les autres avaient entrevu, et ce qui n'était chez les anciens qu'une opinion est devenu par la révélation une vérité divine.

XLIX. — SI LES JUIFS ONT ENSEIGNÉ LES AUTRES NATIONS, OU S'ILS ONT ÉTÉ ENSEIGNÉS PAR ELLES.

Les livres sacrés n'ayant jamais décidé si les Juifs avaient été les maîtres ou les disciples des autres peuples, il est permis d'examiner cette question.

Philon, dans la relation de sa mission auprès de Caligula, commence par dire qu'Israël est un terme chaldéen ; que c'est un nom que les Chaldéens donnèrent aux justes consacrés à Dieu, qu'Israël signifie *voyant Dieu*. Il paraît donc prouvé par cela seul que les Juifs n'appelèrent Jacob Israël, qu'ils ne se donnèrent le nom d'Israélites, que lorsqu'ils eurent quelque connaissance du chaldéen. Or ils ne purent avoir connaissance de cette langue que quand ils furent esclaves en Chaldée. Est-il vraisemblable que dans les déserts de l'Arabie Pétrée ils eussent appris déjà le chaldéen ?

Flavien Josèphe, dans sa réponse à Apion, à Lysimaque et à Molon, livre II, chap. v, avoue en propres termes « que ce sont les Égyptiens qui apprirent à d'autres nations à se faire circoncire, comme Hérodote le témoigne ». En effet serait-il probable que la nation antique et puissante des Égyptiens eût pris cette coutume d'un petit peuple qu'elle abhorrait, et qui, de son aveu, ne fut circoncis que sous Josué ?

Les livres sacrés eux-mêmes nous apprennent que Moïse avait été nourri dans les sciences des Égyptiens, et ils ne disent nulle part que les Égyptiens aient jamais rien appris des Juifs. Quand Salomon voulut bâtir son temple et son palais, ne demanda-t-il pas des ouvriers au roi de Tyr ? Il est dit même qu'il donna vingt villes au roi Hiram pour obtenir des ouvriers et des cèdres : c'était sans doute payer bien chèrement, et le marché est étrange ; mais jamais les Tyriens demandèrent-ils des artistes juifs ?

Le même Josèphe dont nous avons parlé avoue que sa nation, qu'il s'efforce de relever, « n'eut longtemps aucun commerce avec les autres nations » ; qu'elle fut surtout inconnue des Grecs, qui connaissaient les Scythes, les Tartares. « Faut-il s'étonner », ajoute-t-il, liv. Ier, chap. x, « que notre nation, éloignée de la mer, et ne se piquant point de rien écrire, ait été si peu connue ? »

Lorsque le même Josèphe raconte, avec ses exagérations ordinaires, la manière aussi honorable qu'incroyable dont le roi Ptolémée Philadelphe acheta une traduction grecque des livres juifs, faite par des Hébreux dans la ville d'Alexandrie ; Josèphe, dis-je, ajoute que Démétrius de Phalère, qui fit faire cette traduction pour la bibliothèque de son roi, demanda à l'un des traducteurs « comment il se pouvait faire qu'aucun historien, aucun poëte étranger n'eût jamais parlé des lois juives ». Le traducteur répondit : « Comme ces lois sont toutes divines, personne n'a osé entreprendre d'en parler, et ceux qui ont voulu le faire ont été châtiés de Dieu. Théopompe, voulant en insérer quelque chose dans son histoire, perdit l'esprit durant trente jours ; mais ayant reconnu dans un songe qu'il était devenu fou pour avoir voulu pénétrer dans les choses divines, et en faire part aux profanes[1],

---

1. Josèphe, *Histoire des Juifs*, liv. XII, chap. II. (*Note de Voltaire.*)

il apaisa la colère de Dieu par ses prières, et rentra dans son bon sens.

« Théodecte, poëte grec, ayant mis dans une tragédie quelques passages qu'il avait tirés de nos livres saints, devint aussitôt aveugle, et ne recouvra la vue qu'après avoir reconnu sa faute. »

Ces deux contes de Josèphe, indignes de l'histoire et d'un homme qui a le sens commun, contredisent, à la vérité, les éloges qu'il donne à cette traduction grecque des livres juifs ; car si c'était un crime d'en insérer quelque chose dans une autre langue, c'était sans doute un bien plus grand crime de mettre tous les Grecs à portée de les connaître. Mais au moins Josèphe, en rapportant ces deux historiettes, convient que les Grecs n'avaient jamais eu connaissance des livres de sa nation.

Au contraire, dès que les Hébreux furent établis dans Alexandrie, ils s'adonnèrent aux lettres grecques ; on les appela les Juifs hellénistes. Il est donc indubitable que les Juifs, depuis Alexandre, prirent beaucoup de choses des Grecs, dont la langue était devenue celle de l'Asie Mineure et d'une partie de l'Égypte, et que les Grecs ne purent rien prendre des Hébreux.

L. — LES ROMAINS. COMMENCEMENTS DE LEUR EMPIRE ET DE LEUR RELIGION ; LEUR TOLÉRANCE.

Les Romains ne peuvent point être comptés parmi les nations primitives : ils sont trop nouveaux. Rome n'existe que sept cent cinquante ans avant notre ère vulgaire. Quand elle eut des rites et des lois, elle les tint des Toscans et des Grecs. Les Toscans lui communiquèrent la superstition des augures, superstition pourtant fondée sur des observations physiques, sur le passage des oiseaux dont on augurait les changements de l'atmosphère. Il semble que toute superstition ait une chose naturelle pour principe, et que bien des erreurs soient nées d'une vérité dont on abuse.

Les Grecs fournirent aux Romains la loi des Douze Tables. Un peuple qui va chercher des lois et des dieux chez un autre devait être un peuple petit et barbare : aussi les premiers Romains l'étaient-ils. Leur territoire, du temps des rois et des premiers consuls, n'était pas si étendu que celui de Raguse. Il ne faut pas sans doute entendre, par ce nom de roi, des monarques tels que Cyrus et ses successeurs. Le chef d'un petit peuple de brigands ne peut jamais être despotique : les dépouilles se partagent en commun, et chacun défend sa liberté comme son bien propre. Les premiers rois de Rome étaient des capitaines de flibustiers.

Si l'on en croit les historiens romains, ce petit peuple commença par ravir les filles et les biens de ses voisins. Il devait être exterminé ; mais la férocité et le besoin, qui le portaient à ces rapines, rendirent ses injustices heureuses ; il se soutint étant toujours en guerre ; et enfin, au bout de cinq siècles, étant bien plus aguerri que tous les autres peuples, il les soumit tous, les uns après les autres, depuis le fond du golfe Adriatique jusqu'à l'Euphrate.

Au milieu du brigandage, l'amour de la patrie domina toujours jusqu'au temps de Sylla. Cet amour de la patrie consista, pendant plus de quatre cents ans, à rapporter à la masse commune ce qu'on avait pillé chez les autres nations : c'est la vertu des voleurs. Aimer la patrie, c'était tuer et dépouiller les autres hommes ; mais dans le sein de la république il y eut de très-grandes vertus. Les Romains, policés avec le temps, policèrent tous les barbares vaincus, et devinrent enfin les législateurs de l'Occident.

Les Grecs paraissent, dans les premiers temps de leurs républiques, une nation supérieure en tout aux Romains. Ceux-ci ne sortent des repaires de leurs sept montagnes avec des poignées de foin, *manipuli*, qui leur servent de drapeaux, que pour piller des villages voisins ; ceux-là, au contraire, ne sont occupés qu'à défendre leur liberté. Les Romains volent à quatre ou cinq milles à la ronde les Èques, les Volsques, les Antiates. Les Grecs repoussent les armées innombrables du grand roi de Perse, et triomphent de lui sur terre et sur mer. Ces Grecs, vainqueurs, cultivent et perfectionnent tous les beaux-arts, et les Romains les ignorent tous, jusque vers le temps de Scipion l'Africain.

J'observerai ici sur leur religion deux choses importantes : c'est qu'ils adoptèrent ou permirent les cultes de tous les autres peuples, à l'exemple des Grecs ; et qu'au fond, le sénat et les empereurs reconnurent toujours un dieu suprême, ainsi que la plupart des philosophes et des poëtes de la Grèce [1].

La tolérance de toutes les religions était une loi nouvelle, gravée dans les cœurs de tous les hommes : car de quel droit un être créé libre pourrait-il forcer un autre être à penser comme lui ? Mais quand un peuple est rassemblé, quand la religion est devenue une loi de l'État, il faut se soumettre à cette loi : or les

---

1. Voyez l'article Dieu dans le *Dictionnaire philosophique*. (*Note de Voltaire.*)

Romains par leurs lois adoptèrent tous les dieux des Grecs, qui eux-mêmes avaient des autels pour les dieux inconnus, comme nous l'avons déjà remarqué [1].

Les ordonnances des douze Tables portent : « Separatim nemo habessit deos, neve novos ; sed ne advenas, nisi publice adscitos, privatim colunto [2]. » Que personne n'ait des dieux étrangers et nouveaux sans la sanction publique. On donna cette sanction à plusieurs cultes ; tous les autres furent tolérés. Cette association de toutes les divinités du monde, cette espèce d'hospitalité divine fut le droit des gens de toute l'antiquité, excepté peut-être chez un ou deux petits peuples.

Comme il n'eut point de dogmes, il n'y eut point de guerre de religion. C'était bien assez que l'ambition, la rapine, versassent le sang humain, sans que la religion achevât d'exterminer le monde.

Il est encore très-remarquable que chez les Romains on ne persécuta jamais personne pour sa manière de penser. Il n'y en a pas un seul exemple depuis Romulus jusqu'à Domitien ; et chez les Grecs il n'y eut que le seul Socrate.

Il est encore incontestable que les Romains, comme les Grecs, adoraient un dieu suprême. Leur Jupiter était le seul qu'on regardât comme le maître du tonnerre, comme le seul que l'on nommât le Dieu très-grand et très-bon, *Deus optimus, maximus*. Ainsi, de l'Italie à l'Inde et à la Chine, vous trouvez le culte d'un dieu suprême, et la tolérance dans toutes les nations connues.

A cette connaissance d'un dieu, à cette indulgence universelle, qui sont partout le fruit de la raison cultivée, se joignit une foule de superstitions, qui étaient le fruit ancien de la raison commencée et erronée.

On sait bien que les poulets sacrés, et la déesse Pertunda, et la déesse Cloacina, sont ridicules. Pourquoi les vainqueurs et les législateurs de tant de nations n'abolirent-ils pas ces sottises? c'est qu'étant anciennes, elles étaient chères au peuple, et qu'elles ne nuisaient point au gouvernement. Les Scipion, les Paul-Émile, les Cicéron, les Caton, les Césars, avaient autre chose à faire qu'à combattre les superstitions de la populace. Quand une vieille erreur est établie, la politique s'en sert comme d'un mors que le vulgaire s'est mis lui-même dans la bouche, jusqu'à ce qu'une autre superstition vienne la détruire, et que la politique

---

1. Paragraphe XXVII.
2. Cic., *de Legibus*, II, 8, ex verbis XII Tab.

profite de cette seconde erreur, comme elle a profité de la première.

LI. — QUESTIONS SUR LES CONQUÊTES DES ROMAINS, ET LEUR DÉCADENCE.

Pourquoi les Romains, qui, sous Romulus, n'étaient que trois mille habitants, et qui n'avaient qu'un bourg de mille pas de circuit, devinrent-ils, avec le temps, les plus grands conquérants de la terre? et d'où vient que les Juifs, qui prétendent avoir eu six cent trente mille soldats en sortant d'Égypte, qui ne marchaient qu'au milieu des miracles, qui combattaient sous le dieu des armées, ne purent-ils jamais parvenir à conquérir seulement Tyr et Sidon dans leur voisinage, pas même à être jamais à portée de les attaquer? Pourquoi ces Juifs furent-ils presque toujours dans l'esclavage? Ils avaient tout l'enthousiasme et toute la férocité qui devaient faire des conquérants; le dieu des armées était toujours à leur tête; et cependant ce sont les Romains, éloignés d'eux de dix-huit cents milles, qui viennent à la fin les subjuguer et les vendre au marché.

N'est-il pas clair (humainement parlant, et ne considérant que les causes secondes) que si les Juifs, qui espéraient la conquête du monde, ont été presque toujours asservis, ce fut leur faute? Et si les Romains dominèrent, ne le méritèrent-ils pas par leur courage et par leur prudence? Je demande très-humblement pardon aux Romains de les comparer un moment avec les Juifs.

Pourquoi les Romains, pendant plus de quatre cent cinquante ans, ne purent-ils conquérir qu'une étendue de pays d'environ vingt-cinq lieues? N'est-ce point parce qu'ils étaient en très-petit nombre, et qu'ils n'avaient successivement à combattre que de petits peuples comme eux? Mais enfin, ayant incorporé avec eux leurs voisins vaincus, ils eurent assez de force pour résister à Pyrrhus.

Alors toutes les petites nations qui les entouraient étant devenues romaines, il s'en forma un peuple tout guerrier, assez formidable pour détruire Carthage.

Pourquoi les Romains employèrent-ils sept cents années à se donner enfin un empire à peu près aussi vaste que celui qu'Alexandre conquit en sept ou huit années? est-ce parce qu'ils eurent toujours à combattre des nations belliqueuses, et qu'Alexandre eut affaire à des peuples amollis?

Pourquoi cet empire fut-il détruit par des barbares? ces barbares n'étaient-ils pas plus robustes, plus guerriers que les Romains, amollis à leur tour sous Honorius et sous ses successeurs? Quand les Cimbres vinrent menacer l'Italie, du temps de Marius, les Romains durent prévoir que les Cimbres, c'est-à-dire les peuples du Nord, déchireraient l'empire lorsqu'il n'y aurait plus de Marius.

La faiblesse des empereurs, les factions de leurs ministres et de leurs eunuques, la haine que l'ancienne religion de l'empire portait à la nouvelle, les querelles sanglantes élevées dans le christianisme, les disputes théologiques substituées au maniement des armes, et la mollesse à la valeur; des multitudes de moines remplaçant les agriculteurs et les soldats, tout appelait ces mêmes barbares qui n'avaient pu vaincre la république guerrière, et qui accablèrent Rome languissante, sous des empereurs cruels, efféminés, et dévots.

Lorsque les Goths, les Hérules, les Vandales, les Huns, inondèrent l'empire romain, quelles mesures les deux empereurs prenaient-ils pour détourner ces orages? La différence de l'*Homoiousios* à l'*Homoousios* mettait le trouble dans l'Orient et dans l'Occident[1]. Les persécutions théologiques achevaient de tout perdre; Nestorius, patriarche de Constantinople, qui eut d'abord un grand crédit sous Théodose II, obtint de cet empereur qu'on persécutât ceux qui pensaient qu'on devait rebaptiser les chrétiens apostats repentants, ceux qui croyaient qu'on devait célébrer la Pâque le 14 de la lune de mars, ceux qui ne faisaient pas plonger trois fois les baptisés; enfin il tourmenta tant les chrétiens qu'ils le tourmentèrent à leur tour. Il appela la sainte Vierge *Anthropotokos*; ses ennemis, qui voulaient qu'on l'appelât *Theotocos*, et qui sans doute avaient raison puisque le concile d'Éphèse décida en leur faveur, lui suscitèrent une persécution violente. Ces querelles occupèrent tous les esprits, et, pendant qu'on disputait, les barbares se partageaient l'Europe et l'Afrique.

Mais pourquoi Alaric, qui, au commencement du ve siècle, marcha des bords du Danube vers Rome, ne commença-t-il pas par attaquer Constantinople, lorsqu'il était maître de la Thrace? Comment hasarda-t-il de se trouver pressé entre l'empire d'Orient et celui d'Occident? Est-il naturel qu'il voulût passer les Alpes et l'Apennin, lorsque Constantinople tremblante s'offrait à sa conquête? Les historiens de ce temps-là, aussi mal instruits

---

1. Voyez, dans la *Correspondance*, la lettre de d'Alembert, du 8 février 1758.

que les peuples étaient mal gouvernés, ne nous développent point ce mystère ; mais il est aisé de le deviner. Alaric avait été général d'armée sous Théodose Iᵉʳ, prince violent, dévot, et imprudent, qui perdit l'empire en confiant sa défense aux Goths. Il vainquit avec eux son compétiteur, Eugène ; mais les Goths apprirent par là qu'ils pouvaient vaincre pour eux-mêmes. Théodose soudoyait Alaric et ses Goths. Cette paye devint un tribut, quand Arcadius, fils de Théodose, fut sur le trône de l'Orient. Alaric épargna donc son tributaire pour aller tomber sur Honorius et sur Rome.

Honorius avait pour général le célèbre Stilicon, le seul qui pouvait défendre l'Italie, et qui avait déjà arrêté les efforts des barbares. Honorius, sur de simples soupçons, lui fit trancher la tête sans forme de procès. Il était plus aisé d'assassiner Stilicon que de battre Alaric. Cet indigne empereur, retiré à Ravenne, laissa le barbare, qui lui était supérieur en tout, mettre le siège devant Rome. L'ancienne maîtresse du monde se racheta du pillage au prix de cinq mille livres pesant d'or, trente mille d'argent, quatre mille robes de soie, trois mille de pourpre, et trois mille livres d'épiceries. Les denrées de l'Inde servirent à la rançon de Rome.

Honorius ne voulut pas tenir le traité ; il envoya quelques troupes qu'Alaric extermina : celui-ci entra dans Rome en 409, et un Goth y créa un empereur[1] qui devint son premier sujet. L'année d'après, trompé par Honorius, il le punit en saccageant Rome. Alors tout l'empire d'Occident fut déchiré ; les habitants du Nord y pénétrèrent de tous côtés, et les empereurs d'Orient ne se maintinrent qu'en se rendant tributaires.

C'est ainsi que Théodose II le fut d'Attila. L'Italie, les Gaules, l'Espagne, l'Afrique, furent la proie de quiconque voulut y entrer. Ce fut là le fruit de la politique forcée de Constantin, qui avait transféré l'empire romain en Thrace.

N'y a-t-il pas visiblement une destinée qui fait l'accroissement et la ruine des États ? Qui aurait prédit à Auguste qu'un jour le Capitole serait occupé par un prêtre d'une religion tirée de la religion juive aurait bien étonné Auguste. Pourquoi ce prêtre s'est-il enfin emparé de la ville des Scipions et des Césars ? c'est qu'il l'a trouvée dans l'anarchie. Il s'en est rendu le maître presque sans efforts ; comme les évêques d'Allemagne, vers le xiiiᵉ siècle, devinrent souverains des peuples dont ils étaient pasteurs.

1. Attale.

Tout événement en amène un autre auquel on ne s'attendait pas. Romulus ne croyait fonder Rome ni pour les princes goths, ni pour des évêques. Alexandre n'imagina pas qu'Alexandrie appartiendrait aux Turcs, et Constantin n'avait pas bâti Constantinople pour Mahomet II.

LII. — DES PREMIERS PEUPLES QUI ÉCRIVIRENT L'HISTOIRE, ET DES FABLES DES PREMIERS HISTORIENS.

Il est incontestable que les plus anciennes annales du monde sont celles de la Chine. Ces annales se suivent sans interruption. Presque toutes circonstanciées, toutes sages, sans aucun mélange de merveilleux, toutes appuyées sur des observations astronomiques depuis quatre mille cent cinquante-deux ans, elles remontent encore à plusieurs siècles au delà, sans dates précises à la vérité, mais avec cette vraisemblance qui semble approcher de la certitude. Il est bien probable que des nations puissantes, telles que les Indiens, les Égyptiens, les Chaldéens, les Syriens, qui avaient de grandes villes, avaient aussi des annales.

Les peuples errants doivent être les derniers qui aient écrit, parce qu'ils ont moins de moyens que les autres d'avoir des archives et de les conserver ; parce qu'ils ont peu de besoins, peu de lois, peu d'événements ; qu'ils ne sont occupés que d'une subsistance précaire, et qu'une tradition orale leur suffit. Une bourgade n'eut jamais d'histoire, un peuple errant encore moins, une simple ville très-rarement.

L'histoire d'une nation ne peut jamais être écrite que fort tard ; on commence par quelques registres très-sommaires qui sont conservés, autant qu'ils peuvent l'être, dans un temple ou dans une citadelle. Une guerre malheureuse détruit souvent ces annales, et il faut recommencer vingt fois, comme des fourmis dont on a foulé aux pieds l'habitation. Ce n'est qu'au bout de plusieurs siècles qu'une histoire un peu détaillée peut succéder à ces registres informes, et cette première histoire est toujours mêlée d'un faux merveilleux par lequel on veut remplacer la vérité qui manque. Ainsi les Grecs n'eurent leur Hérodote que dans la quatre-vingtième olympiade, plus de mille ans après la première époque rapportée dans les marbres de Paros. Fabius-Pictor, le plus ancien historien des Romains, n'écrivit que du temps de la seconde guerre contre Carthage, environ cinq cent quarante ans après la fondation de Rome.

Or si ces deux nations, les plus spirituelles de la terre, les Grecs et les Romains, nos maîtres, ont commencé si tard leur histoire ; si nos nations septentrionales n'ont eu aucun historien avant Grégoire de Tours, croira-t-on de bonne foi que des Tartares vagabonds qui dorment sur la neige, ou des Troglodytes qui se cachent dans des cavernes, ou des Arabes errants et voleurs, qui errent dans des montagnes de sable, aient eu des Thucydides et des Xénophons ? peuvent-ils savoir quelque chose de leurs ancêtres ? peuvent-ils acquérir quelque connaissance avant d'avoir eu des villes, avant de les avoir habitées, avant d'y avoir appelé tous les arts dont ils étaient privés ?

Si les Samoyèdes, ou les Nazamons, ou les Esquimaux, venaient nous donner des annales antidatées de plusieurs siècles, remplies des plus étonnants faits d'armes, et d'une suite continuelle de prodiges qui étonnent la nature, ne se moquerait-on pas de ces pauvres sauvages ? Et si quelques personnes amoureuses du merveilleux, ou intéressées à le faire croire, donnaient la torture à leur esprit pour rendre ces sottises vraisemblables, ne se moquerait-on pas de leurs efforts ? et s'ils joignaient à leur absurdité l'insolence d'affecter du mépris pour les savants, et la cruauté de persécuter ceux qui douteraient, ne seraient-ils pas les plus exécrables des hommes ? Qu'un Siamois vienne me conter les métamorphoses de Sammonocodom, et qu'il me menace de me brûler si je lui fais des objections, comment dois-je en user avec ce Siamois ?

Les historiens romains nous content, à la vérité, que le dieu Mars fit deux enfants à une vestale dans un siècle où l'Italie n'avait point de vestales ; qu'une louve nourrit ces deux enfants au lieu de les dévorer, comme nous l'avons déjà vu [1] ; que Castor et Pollux combattirent pour les Romains, que Curtius se jeta dans un gouffre, et que le gouffre se referma ; mais le sénat de Rome ne condamna jamais à la mort ceux qui doutèrent de tous ces prodiges : il fut permis d'en rire dans le Capitole.

Il y a dans l'histoire romaine des événements très-possibles qui sont très-peu vraisemblables. Plusieurs savants hommes ont déjà révoqué en doute l'aventure des oies qui sauvèrent Rome, et celle de Camille qui détruisit entièrement l'armée des Gaulois. La victoire de Camille brille beaucoup, à la vérité, dans Tite-Live ; mais Polybe, plus ancien que Tite-Live, et plus homme d'État, dit précisément le contraire ; il assure que les Gaulois, craignant

---

1. *Dictionnaire philosophique*, article Préjugés.

d'être attaqués par les Vénètes, partirent de Rome chargés de butin, après avoir fait la paix avec les Romains. A qui croirons-nous, de Tite-Live ou de Polybe? au moins nous douterons.

Ne douterons-nous pas encore du supplice de Régulus, qu'on fait enfermer dans un coffre armé en dedans de pointes de fer? Ce genre de mort est assurément unique. Comment ce même Polybe, presque contemporain, Polybe, qui était sur les lieux, qui a écrit si supérieurement la guerre de Rome et de Carthage, aurait-il passé sous silence un fait aussi extraordinaire, aussi important, et qui aurait si bien justifié la mauvaise foi des Romains envers les Carthaginois? Comment ce peuple aurait-il osé violer d'une manière aussi barbare le droit des gens avec Régulus, dans le temps que les Romains avaient entre leurs mains plusieurs principaux citoyens de Carthage, sur lesquels ils auraient pu se venger?

Enfin Diodore de Sicile rapporte, dans un de ses fragments, que les enfants de Régulus ayant fort maltraité des prisonniers carthaginois, le sénat romain les réprimanda, et fit valoir le droit des gens. N'aurait-il pas permis une juste vengeance aux fils de Régulus, si leur père avait été assassiné à Carthage? L'histoire du supplice de Régulus s'établit avec le temps, la haine contre Carthage lui donna cours; Horace la chanta, et on n'en douta plus.

Si nous jetons les yeux sur les premiers temps de notre histoire de France, tout en est peut-être aussi faux qu'obscur et dégoûtant; du moins il est bien difficile de croire l'aventure de Childéric et d'une Bazine, femme d'un Bazin, et d'un capitaine romain, élu roi des Francs, qui n'avaient point encore de rois[1].

Grégoire de Tours est notre Hérodote, à cela près que le Tourangeau est moins amusant, moins élégant, que le Grec. Les moines qui écrivirent après Grégoire furent-ils plus éclairés et plus véridiques? ne prodiguèrent-ils pas quelquefois des louanges un peu outrées à des assassins qui leur avaient donné des terres? ne chargèrent-ils jamais d'opprobres des princes sages qui ne leur avaient rien donné?

Je sais bien que les Francs qui envahirent la Gaule furent

---

1. Voyez dans le livre VII, tome Ier de l'*Histoire de France*, par M. Henri Martin, l'aventure galante de Hilderik et de Basine, d'après Grégoire de Tours, ainsi qu'au livre VI, l'explication du prétendu choix d'Ægidius pour roi des Saliens. — Voyez aussi Chateaubriand, et la troisième des *Lettres sur l'histoire de France* d'Augustin Thierry.

plus cruels que les Lombards qui s'emparèrent de l'Italie, et que les Visigoths qui régnèrent en Espagne. On voit autant de meurtres, autant d'assassinats dans les annales des Clovis, des Thierri, des Childebert, des Chilpéric, et des Clotaire, que dans celles des rois de Juda et d'Israël.

Rien n'est assurément plus sauvage que ces temps barbares; cependant n'est-il pas permis de douter du supplice de la reine Brunehaut? Elle était âgée de près de quatre-vingts ans quand elle mourut, en 613 ou 614. Frédegaire, qui écrivait sur la fin du huitième siècle, cent cinquante ans après la mort de Brunehaut[1] (et non pas dans le septième siècle, comme il est dit dans l'abrégé chronologique, par une faute d'impression); Frédegaire, dis-je, nous assure que le roi Clotaire, prince très-pieux, très-craignant Dieu, humain, patient, et débonnaire, fit promener la reine Brunehaut sur un chameau autour de son camp; ensuite la fit attacher par les cheveux, par un bras, et par une jambe, à la queue d'une cavale indomptée, qui la traîna vivante sur les chemins, lui fracassa la tête sur les cailloux, et la mit en pièces; après quoi elle fut brûlée et réduite en cendres. Ce chameau, cette cavale indomptée, une reine de quatre-vingts ans attachée par les cheveux et par un pied à la queue de cette cavale, ne sont pas des choses bien communes.

Il est peut-être difficile que le peu de cheveux d'une femme de cet âge puisse tenir à une queue, et qu'on soit lié à la fois à cette queue par les cheveux et par un pied. Et comment eut-on la pieuse attention d'inhumer Brunehaut dans un tombeau, à Autun, après l'avoir brûlée dans un camp? Les moines Frédegaire et Aimoin le disent; mais ces moines sont-ils des de Thou et des Hume?

Il y a un autre tombeau érigé à cette reine, au xv° siècle, dans l'abbaye de Saint-Martin-d'Autun, qu'elle avait fondée. On a trouvé dans ce sépulcre un reste d'éperon. C'était, dit-on, l'éperon que l'on mit aux flancs de la cavale indomptée. C'est dommage qu'on n'y ait pas trouvé aussi la corne du chameau sur lequel on avait fait monter la reine. N'est-il pas possible que cet éperon y ait été mis par inadvertance, ou plutôt par honneur? car, au xv° siècle, un éperon doré était une grande marque d'honneur.

---

1. Le récit des dernières années de Brunehilde, dit au contraire M. Henri Martin, est la partie la plus claire et la plus satisfaisante de la Chronique de Frédegher. Le Franco-Burgondien Frédegher avait pu être témoin oculaire de ces grands événements dans son enfance. Il écrivit son livre de 650 à 660.

En un mot, n'est-il pas raisonnable de suspendre son jugement sur cette étrange aventure si mal constatée? Il est vrai que Pasquier dit que la mort de Brunehaut *avait été prédite par la sibylle.*

Tous ces siècles de barbarie sont des siècles d'horreurs et de miracles. Mais faudra-t-il croire tout ce que les moines ont écrit? Ils étaient presque les seuls qui sussent lire et écrire, lorsque Charlemagne ne savait pas signer son nom. Ils nous ont instruits de la date de quelques grands événements. Nous croyons avec eux que Charles Martel battit les Sarrasins ; mais qu'il en ait tué trois cent soixante mille dans la bataille, en vérité, c'est beaucoup.

Ils disent que Clovis, second du nom, devint fou : la chose n'est pas impossible ; mais que Dieu ait affligé son cerveau pour le punir d'avoir pris un bras de saint Denis dans l'église de ces moines, pour le mettre dans son oratoire, cela n'est pas si vraisemblable.

Si l'on n'avait que de pareils contes à retrancher de l'histoire de France, ou plutôt de l'histoire des rois francs et de leurs maires, on pourrait s'efforcer de la lire ; mais comment supporter les mensonges grossiers dont elle est pleine? On y assiége continuellement des villes et des forteresses qui n'existaient pas. Il n'y avait par delà le Rhin que des bourgades sans murs, défendues par des palissades de pieux, et par des fossés. On sait que ce n'est que sous Henri l'Oiseleur, vers l'an 920, que la Germanie eut des villes murées et fortifiées. Enfin tous les détails de ces temps-là sont autant de fables, et, qui pis est, de fables ennuyeuses.

LIII. — DES LÉGISLATEURS QUI ONT PARLÉ AU NOM DES DIEUX.

Tout législateur profane qui osa feindre que la Divinité lui avait dicté ses lois était visiblement un blasphémateur et un traître : un blasphémateur, puisqu'il calomniait les dieux ; un traître, puisqu'il asservissait sa patrie à ses propres opinions. Il y a deux sortes de lois, les unes naturelles, communes à tous, et utiles à tous. « Tu ne voleras ni ne tueras ton prochain ; tu auras un soin respectueux de ceux qui t'ont donné le jour et qui ont élevé ton enfance ; tu ne raviras pas la femme de ton frère, tu ne mentiras pas pour lui nuire ; tu l'aideras dans ses besoins, pour mériter d'en être secouru à ton tour » : voilà les lois que la nature a promulguées du fond des îles du Japon aux rivages de notre Occident. Ni Orphée, ni Hermès, ni Minos, ni Lycurgue, ni

Numa, n'avaient besoin que Jupiter vînt au bruit du tonnerre annoncer des vérités gravées dans tous les cœurs.

Si je m'étais trouvé vis-à-vis de quelqu'un de ces grands charlatans dans la place publique, je lui aurais crié : « Arrête, ne compromets point ainsi la Divinité ; tu veux me tromper si tu la fais descendre pour enseigner ce que nous savons tous ; tu veux sans doute la faire servir à quelque autre usage ; tu veux te prévaloir de mon consentement à des vérités éternelles pour arracher de moi mon consentement à ton usurpation : je te défère au peuple comme un tyran qui blasphème. »

Les autres lois sont les politiques : lois purement civiles, éternellement arbitraires, qui tantôt établissent des éphores, tantôt des consuls, des comices par centuries, ou des comices par tribus ; un aréopage ou un sénat ; l'aristocratie, la démocratie, ou la monarchie. Ce serait bien mal connaître le cœur humain de soupçonner qu'il soit possible qu'un législateur profane eût jamais établi une seule de ces lois politiques au nom des dieux que dans la vue de son intérêt. On ne trompe ainsi les hommes que pour son profit.

Mais tous les législateurs profanes ont-ils été des fripons dignes du dernier supplice ? non. De même qu'aujourd'hui, dans les assemblées des magistrats, il se trouve toujours des âmes droites et élevées qui proposent des choses utiles à la société, sans se vanter qu'elles leur ont été révélées ; de même aussi, parmi les législateurs, il s'en est trouvé plusieurs qui ont institué des lois admirables, sans les attribuer à Jupiter ou à Minerve. Tel fut le sénat romain, qui donna des lois à l'Europe, à la petite Asie et à l'Afrique, sans les tromper ; et tel de nos jours a été Pierre le Grand, qui eût pu en imposer à ses sujets plus facilement qu'Hermès aux Égyptiens, Minos aux Crétois, et Zalmoxis aux anciens Scythes [1].

---

[1]. Il ne faut pas oublier que cette introduction, autrement dite *Philosophie de l'histoire,* fut dédiée à Catherine II ; et c'est pourquoi Voltaire finit par un éloge de Pierre le Grand, dont, au reste, il venait d'écrire la Vie. — Dans la première édition (1765), on lit encore ces mots : *Le reste manque. L'éditeur n'a rien osé ajouter au manuscrit de l'abbé Bazin ; s'il retrouve la suite, il en fera part aux amateurs de l'histoire.* (G. A.)

ESSAI

SUR

LES MŒURS ET L'ESPRIT

DES NATIONS

ET SUR LES PRINCIPAUX FAITS DE L'HISTOIRE,
DEPUIS CHARLEMAGNE JUSQU'A LOUIS XIII.

AVANT-PROPOS

QUI CONTIENT LE PLAN DE CET OUVRAGE, AVEC LE PRÉCIS DE CE QU'ÉTAIENT ORIGINAIREMENT LES NATIONS OCCIDENTALES, ET LES RAISONS POUR LESQUELLES ON COMMENCE CET ESSAI PAR L'ORIENT.

Vous voulez enfin surmonter le dégoût que vous cause l'Histoire moderne[1], depuis la décadence de l'empire romain, et prendre une idée générale des nations qui habitent et qui désolent la terre. Vous ne cherchez dans cette immensité que ce qui mérite d'être connu de vous ; l'esprit, les mœurs, les usages des nations principales, appuyés des faits qu'il n'est pas permis d'ignorer. Le but de ce travail n'est pas de savoir en quelle année un prince indigne d'être connu succéda à un prince barbare chez une nation grossière. Si l'on pouvait avoir le malheur de mettre dans sa tête la suite chronologique de toutes les dynasties, on ne saurait que des mots. Autant il faut connaître les grandes actions des souverains qui ont rendu leurs peuples meilleurs et plus

---

1. Cet ouvrage fut composé en 1740, pour Mme du Châtelet, amie de l'auteur. Aucune des compilations universelles qu'on a vues depuis n'existait alors. (*Note de Voltaire.*)

heureux, autant on peut ignorer le vulgaire des rois, qui ne pourrait que charger la mémoire. A quoi vous serviraient les détails de tant de petits intérêts qui ne subsistent plus aujourd'hui, de tant de familles éteintes qui se sont disputé des provinces englouties ensuite dans de grands royaumes? Presque chaque ville a aujourd'hui son histoire vraie ou fausse, plus ample, plus détaillée que celle d'Alexandre. Les seules annales d'un ordre monastique contiennent plus de volumes que celles de l'empire romain.

Dans tous ces recueils immenses qu'on ne peut embrasser, il faut se borner et choisir. C'est un vaste magasin où vous prendrez ce qui est à votre usage.

L'illustre Bossuet, qui dans son Discours sur une partie de l'Histoire universelle en a saisi le véritable esprit, au moins dans ce qu'il dit de l'empire romain, s'est arrêté à Charlemagne. C'est en commençant à cette époque que votre dessein est de vous faire un tableau du monde; mais il faudra souvent remonter à des temps antérieurs. Cet éloquent écrivain, en disant un mot des Arabes, qui fondèrent un si puissant empire et une religion si florissante, n'en parle que comme d'un déluge de barbares. Il paraît avoir écrit uniquement pour insinuer que tout a été fait dans le monde pour la nation juive; que si Dieu donna l'empire de l'Asie aux Babyloniens, ce fut pour punir les Juifs; si Dieu fit régner Cyrus, ce fut pour les venger; si Dieu envoya les Romains, ce fut encore pour châtier les Juifs. Cela peut être; mais les grandeurs de Cyrus et des Romains ont encore d'autres causes; et Bossuet même ne les a pas omises en parlant de l'esprit des nations.

Il eût été à souhaiter qu'il n'eût pas oublié entièrement les anciens peuples de l'Orient, comme les Indiens et les Chinois, qui ont été si considérables avant que les autres nations fussent formées.

Nourris de productions de leurs terres, vêtus de leurs étoffes, amusés par les jeux qu'ils ont inventés, instruits même par leurs anciennes fables morales, pourquoi négligerions-nous de connaître l'esprit de ces nations, chez qui les commerçants de notre Europe ont voyagé dès qu'ils ont pu trouver un chemin jusqu'à elles?

En vous instruisant en philosophe de ce qui concerne ce globe, vous portez d'abord votre vue sur l'Orient, berceau de tous les arts, et qui a tout donné à l'Occident.

Les climats orientaux, voisins du Midi, tiennent tout de la

nature; et nous, dans notre Occident septentrional, nous devons tout au temps, au commerce, à une industrie tardive. Des forêts, des pierres, des fruits sauvages, voilà tout ce qu'a produit naturellement l'ancien pays des Celtes, des Allobroges, des Pictes, des Germains, des Sarmates, et des Scythes. On dit que l'île de Sicile produit d'elle-même un peu d'avoine[1]; mais le froment, le riz, les fruits délicieux, croissaient vers l'Euphrate, à la Chine, et dans l'Inde. Les pays fertiles furent les premiers peuplés, les premiers policés. Tout le Levant, depuis la Grèce jusqu'aux extrémités de notre hémisphère, fut longtemps célèbre avant que nous en sussions assez pour connaître que nous étions barbares. Quand on veut savoir quelque chose des Celtes, nos ancêtres, il faut avoir recours aux Grecs et aux Romains, nations encore très-postérieures aux Asiatiques.

Si, par exemple, des Gaulois voisins des Alpes, joints aux habitants de ces montagnes, s'étant établis sur les bords de l'Éridan, vinrent jusqu'à Rome trois cent soixante et un ans après sa fondation, s'ils assiégèrent le Capitole, ce sont les Romains qui nous l'ont appris. Si d'autres Gaulois, environ cent ans après, entrèrent dans la Thessalie, dans la Macédoine, et passèrent sur le rivage du Pont-Euxin, ce sont les Grecs qui nous le racontent, sans nous dire quels étaient ces Gaulois, ni quel chemin ils prirent. Il ne reste chez nous aucun monument de ces émigrations, qui ressemblent à celles des Tartares; elles prouvent seulement que la nation était très-nombreuse, mais non civilisée. La colonie des Grecs qui fonda Marseille, six cents ans avant notre ère vulgaire, ne put polir la Gaule : la langue grecque ne s'étendit pas même au delà de son territoire[2].

Gaulois, Allemands, Espagnols, Bretons, Sarmates, nous ne savons rien de nous avant dix-huit siècles, sinon le peu que nos vainqueurs ont pu nous en apprendre; nous n'avions pas même de fables : nous n'avions pas osé imaginer une origine. Ces vaines idées que tout cet Occident fut peuplé par Gomer, fils de Japhet, sont des fables orientales.

Si les anciens Toscans qui enseignèrent les premiers Romains savaient quelque chose de plus que les autres peuples occiden-

---

[1]. Il croît naturellement en Sicile une plante dont le grain ressemble beaucoup au froment, et qu'on a pris pour du froment naturel; mais les botanistes ont observé des différences très-marquées entre cette plante et le froment. (K.)

[2]. Cependant César, dans ses *Commentaires* (*de Bello gallico*, I, 29), rapporte que le rôle qu'il trouva après une victoire dans le camp des Suisses ou Helvétiens était écrit en grec. (B.)

taux, c'est que les Grecs avaient envoyé chez eux des colonies; ou plutôt, c'est parce que, de tout temps, une des propriétés de cette terre a été de produire des hommes de génie, comme le territoire d'Athènes était plus propre aux arts que celui de Thèbes et de Lacédémone. Mais quel monument avons-nous de l'ancienne Toscane ? aucun. Nous nous épuisons en vaines conjectures sur quelques inscriptions inintelligibles que les injures du temps ont épargnées, et qui probablement sont des premiers siècles de la république romaine. Pour les autres nations de notre Europe, il ne nous reste d'elles, dans leur ancien langage, aucun monument antérieur à notre ère.

L'Espagne maritime fut découverte par les Phéniciens, ainsi que l'Amérique le fut depuis par les Espagnols. Les Tyriens, les Carthaginois, les Romains, y trouvèrent tour à tour de quoi s'enrichir dans les trésors que la terre produisait alors. Les Carthaginois y firent valoir des mines, mais moins riches que celles du Mexique et du Pérou ; le temps les a épuisées, comme il épuisera celles du nouveau monde. Pline rapporte qu'en neuf ans les Romains en tirèrent huit mille marcs d'or, et environ vingt-quatre mille d'argent. Il faut avouer que ces prétendus descendants de Gomer avaient bien mal profité des présents que leur faisait la terre en tout genre, puisqu'ils furent subjugués par les Carthaginois, par les Romains, par les Vandales, par les Goths, et par les Arabes.

Ce que nous savons des Gaulois, par Jules-César et par les autres auteurs romains, nous donne l'idée d'un peuple qui avait besoin d'être soumis par une nation éclairée. Les dialectes du langage celtique étaient affreux : l'empereur Julien, sous qui ce langage se parlait encore, dit, dans son *Misopogon*, qu'il ressemblait au croassement des corbeaux. Les mœurs, du temps de César, étaient aussi barbares que le langage. Les druides, imposteurs grossiers faits pour le peuple qu'ils gouvernaient, immolaient des victimes humaines qu'ils brûlaient dans de grandes et hideuses statues d'osier. Les druidesses plongeaient des couteaux dans le cœur des prisonniers, et jugeaient de l'avenir à la manière dont le sang coulait. De grandes pierres un peu creusées, qu'on a trouvées sur les confins de la Germanie et de la Gaule, vers Strasbourg, sont, dit-on, les autels où l'on faisait ces sacrifices. Voilà tous les monuments de l'ancienne Gaule. Les habitants des côtes de la Biscaye et de la Gascogne s'étaient quelquefois nourris de chair humaine. Il faut détourner les yeux de ces temps sauvages, qui sont la honte de la nature.

Comptons, parmi les folies de l'esprit humain, l'idée qu'on a eue, de nos jours, de faire descendre les Celtes des Hébreux. Ils sacrifiaient des hommes, dit-on, parce que Jephté avait immolé sa fille. Les druides étaient vêtus de blanc, pour imiter les prêtres des Juifs ; ils avaient, comme eux, un grand pontife. Leurs druidesses sont des images de la sœur de Moïse et de Débora. Le pauvre qu'on nourrissait à Marseille, et qu'on immolait couronné de fleurs et chargé de malédictions, avait pour origine le *bouc émissaire*. On va jusqu'à trouver de la ressemblance entre trois ou quatre mots celtiques et hébraïques, qu'on prononce également mal ; et l'on en conclut que les Juifs et les nations des Celtes sont la même famille. C'est ainsi qu'on insulte à la raison dans des histoires universelles, et qu'on étouffe sous un amas de conjectures forcées le peu de connaissance que nous pourrions avoir de l'antiquité.

Les Germains avaient à peu près les mêmes mœurs que les Gaulois, sacrifiaient comme eux des victimes humaines, décidaient comme eux leurs petits différends particuliers par le duel, et avaient seulement plus de grossièreté et moins d'industrie. César, dans ses mémoires, nous apprend que leurs magiciennes réglaient toujours parmi eux le jour du combat. Il nous dit que quand un de leurs rois, Arioviste, amena cent mille de ses Germains errants pour piller les Gaules, lui qui voulait les asservir et non pas les piller, ayant envoyé deux officiers romains pour entrer en conférence avec ce barbare, Arioviste les fit charger de chaînes ; que les deux officiers furent destinés à être sacrifiés aux dieux des Germains, et qu'ils allaient l'être, lorsqu'il les délivra par sa victoire.

Les familles de tous ces barbares avaient en Germanie, pour uniques retraites, des cabanes où, d'un côté, le père, la mère, les sœurs, les frères, les enfants, couchaient nus sur la paille ; et, de l'autre côté, étaient leurs animaux domestiques. Ce sont là pourtant ces mêmes peuples que nous verrons bientôt maîtres de Rome. Tacite loue les mœurs des Germains, mais comme Horace chantait celles des barbares nommés Gètes ; l'un et l'autre ignoraient ce qu'ils louaient, et voulaient seulement faire la satire de Rome. Le même Tacite, au milieu de ses éloges[1], avoue que tout le monde savait que les Germains aimaient mieux vivre de rapine que de cultiver la terre ; et qu'après avoir pillé leurs voisins, ils retournaient chez eux manger et dormir. C'est la vie des voleurs

---

1. Voyez *Introduction*, paragraphe xiv.

de grands chemins d'aujourd'hui et des coupeurs de bourses, que nous punissons de la roue et de la corde ; et voilà ce que Tacite a le front de louer, pour rendre la cour des empereurs romains méprisable, par le contraste de la vertu germanique ! Il appartient à un esprit aussi juste que le vôtre de regarder Tacite comme un satirique ingénieux, aussi profond dans ses idées que concis dans ses expressions, qui a fait la critique plutôt que l'histoire de son pays, et qui eût mérité l'admiration du nôtre, s'il avait été impartial.

Quand César passe en Angleterre, il trouve cette île plus sauvage encore que la Germanie. Les habitants couvraient à peine leur nudité de quelques peaux de bêtes. Les femmes d'un canton y appartenaient indifféremment à tous les hommes du même canton. Leurs demeures étaient des cabanes de roseaux, et leurs ornements des figures que les hommes et les femmes s'imprimaient sur la peau en y faisant des piqûres, et en y versant le suc des herbes, ainsi que le pratiquent encore les sauvages de l'Amérique.

Que la nature humaine ait été plongée pendant une longue suite de siècles dans cet état si approchant de celui des brutes, et inférieur à plusieurs égards, c'est ce qui n'est que trop vrai. La raison en est, comme on l'a dit [1], qu'il n'est pas dans la nature de l'homme de *désirer ce qu'il ne connaît pas*. Il a fallu partout, non-seulement un espace de temps prodigieux, mais des circonstances heureuses, pour que l'homme s'élevât au-dessus de la vie animale.

Vous avez donc grande raison de vouloir passer tout d'un coup aux nations qui ont été civilisées les premières. Il se peut que longtemps avant les empires de la Chine et des Indes il y ait eu des nations instruites, polies, puissantes, que des déluges de barbares auront ensuite replongées dans le premier état d'ignorance et de grossièreté qu'on appelle l'état de pure nature.

La seule prise de Constantinople a suffi pour anéantir l'esprit de l'ancienne Grèce [2]. Le génie des Romains fut détruit par les Goths. Les côtes de l'Afrique, autrefois si florissantes, ne sont presque plus que des repaires de brigands. Des changements

---

1. Voyez *Introduction,* paragraphe III ; et tome Ier du *Théâtre,* dans *Zaïre,* acte I, sc. I.

2. M. Daunou remarque que : « En 1453 il ne restait à Constantinople que l'esprit du Bas-Empire ; il y avait longtemps que l'esprit de l'ancienne Grèce avait disparu. Les Turcs n'ont guère asservi que des théologiens, des courtisans et un peuple déjà esclave. »

encore plus grands ont dû arriver dans des climats moins heureux. Les causes physiques ont dû se joindre aux causes morales ; car si l'Océan n'a pu changer entièrement son lit, du moins il est constant qu'il a couvert tour à tour et abandonné de vastes terrains. La nature a dû être exposée à un grand nombre de fléaux et de vicissitudes. Les terres les plus belles, les plus fertiles de l'Europe occidentale, toutes les campagnes basses arrosées par les fleuves[1] du Rhin, de la Meuse, de la Seine, de la Loire, ont été couvertes des eaux de la mer pendant une prodigieuse multitude de siècles ; c'est ce que vous avez déjà vu dans la Philosophie de l'histoire[2].

Nous redirons encore qu'il n'est pas si sûr que les montagnes qui traversent l'ancien et le nouveau monde aient été autrefois des plaines couvertes par les mers, car :

1° Plusieurs de ces montagnes sont élevées de quinze mille pieds, et plus, au-dessus de l'Océan.

2° S'il eût été un temps où ces montagnes n'eussent pas existé, d'où seraient partis les fleuves, qui sont si nécessaires à la vie des animaux ? Ces montagnes sont les réservoirs des eaux ; elles ont, dans les deux hémisphères, des directions diverses : ce sont, comme dit Platon, les os de ce grand animal appelé *la Terre*. Nous voyons que les moindres plantes ont une structure invariable : comment la terre serait-elle exceptée de la loi générale ?

3° Si les montagnes étaient supposées avoir porté des mers, ce serait une contradiction dans l'ordre de la nature, une violation des lois de la gravitation et de l'hydrostatique.

4° Le lit de l'Océan est creusé, et dans ce creux il n'est point de chaînes de montagnes d'un pôle à l'autre, ni d'orient en occident, comme sur la terre ; il ne faut donc pas conclure que tout ce globe a été longtemps mer, parce que plusieurs parties du globe l'ont été. Il ne faut pas dire que l'eau a couvert les Alpes et les Cordillières, parce qu'elle a couvert la partie basse de la Gaule, de la Grèce, de la Germanie, de l'Afrique, et de l'Inde. Il ne faut pas affirmer que le mont Taurus a été navigable, parce que l'archipel des Philippines et des Moluques a été un continent. Il y a grande apparence que les hautes montagnes ont été toujours à peu près ce qu'elles sont[3]. Dans combien de livres n'a-t-on pas

---

1. C'est d'après l'édition de 1761 que je rétablis les onze mots qui suivent. (B.)
2. Voyez *Introduction*, paragraphe 1er.
3. Voyez une note des éditeurs de Kehl sur l'ouvrage intitulé *Dissertation sur les changements arrivés dans notre globe* (dans les *Mélanges*, année 1746).

dit qu'on a trouvé une ancre de vaisseau sur la cime des montagnes de la Suisse? cela est pourtant aussi faux que tous les contes qu'on trouve dans ces livres.

N'admettons en physique que ce qui est prouvé, et en histoire que ce qui est de la plus grande probabilité reconnue. Il se peut que les pays montagneux aient éprouvé par les volcans et par les secousses de la terre autant de changements que les pays plats; mais partout où il y a eu des sources de fleuves, il y a eu des montagnes. Mille révolutions locales ont certainement changé une partie du globe dans le physique et dans le moral, mais nous ne les connaissons pas; et les hommes se sont avisés si tard d'écrire l'histoire que le genre humain, tout ancien qu'il est, paraît nouveau pour nous.

D'ailleurs, vous commencez vos recherches au temps où le chaos de notre Europe commence à prendre une forme, après la chute de l'empire romain. Parcourons donc ensemble ce globe; voyons dans quel état il était alors, en l'étudiant de la même manière qu'il paraît avoir été civilisé, c'est-à-dire depuis les pays orientaux jusqu'aux nôtres, et portons notre première attention sur un peuple qui avait une histoire suivie dans une langue déjà fixée, lorsque nous n'avions pas encore l'usage de l'écriture.

CHAPITRE I.

DE LA CHINE, DE SON ANTIQUITÉ, DE SES FORCES, DE SES LOIS, DE SES USAGES, ET DE SES SCIENCES.

L'empire de la Chine dès lors était plus vaste que celui de Charlemagne, surtout en y comprenant la Corée et le Tunquin, provinces alors tributaires des Chinois. Environ trente degrés en longitude et vingt-quatre en latitude forment son étendue. Nous avons remarqué [1] que le corps de cet État subsiste avec splendeur depuis plus de quatre mille ans, sans que les lois, les mœurs, le langage, la manière même de s'habiller, aient souffert d'altération sensible.

Son histoire, incontestable dans les choses générales, la seule qui soit fondée sur des observations célestes, remonte, par la chronologie la plus sûre, jusqu'à une éclipse observée deux mille cent cinquante-cinq ans avant notre ère vulgaire, et vérifiée par les mathématiciens missionnaires qui, envoyés dans les derniers siècles chez cette nation inconnue, l'ont admirée et l'ont instruite. Le P. Gaubil a examiné une suite de trente-six éclipses de soleil, rapportées dans les livres de Confutzée; et il n'en a trouvé que deux fausses et deux douteuses. Les douteuses sont celles qui en effet sont arrivées, mais qui n'ont pu être observées du lieu où l'on suppose l'observateur; et cela même prouve qu'alors les astronomes chinois calculaient les éclipses, puisqu'ils se trompèrent dans deux calculs.

Il est vrai qu'Alexandre avait envoyé de Babylone en Grèce les observations des Chaldéens, qui remontaient un peu plus haut que les observations chinoises, et c'est sans contredit le plus beau monument de l'antiquité; mais ces éphémérides de Babylone n'étaient point liées à l'histoire des faits : les Chinois, au contraire, ont joint l'histoire du ciel à celle de la terre, et ont ainsi justifié l'une par l'autre.

Deux cent trente ans au delà du jour de l'éclipse dont on a parlé, leur chronologie atteint sans interruption, et par des

---

1. *Introduction*, paragraphe xviii.

témoignages authentiques, jusqu'à l'empereur Hiao, qui travailla lui-même à réformer l'astronomie, et qui, dans un règne d'environ quatre-vingts ans, chercha, dit-on, à rendre les hommes éclairés et heureux. Son nom est encore en vénération à la Chine, comme l'est en Europe celui des Titus, des Trajan, et des Antonins. S'il fut pour son temps un mathématicien habile, cela seul montre qu'il était né chez une nation déjà très-policée. On ne voit point que les anciens chefs des bourgades germaines ou gauloises aient réformé l'astronomie : Clovis n'avait point d'observatoire.

Avant Hiao[1], on trouve encore six rois, ses prédécesseurs ; mais la durée de leur règne est incertaine. Je crois qu'on ne peut mieux faire, dans ce silence de la chronologie, que de recourir à la règle de Newton, qui, ayant composé une année commune des années qu'ont régné les rois des différents pays, réduit chaque règne à vingt-deux ans ou environ. Suivant ce calcul, d'autant plus raisonnable qu'il est plus modéré, ces six rois auront régné à peu près cent trente ans ; ce qui est bien plus conforme à l'ordre de la nature que les deux cent quarante ans qu'on donne, par exemple, aux sept rois de Rome, et que tant d'autres calculs démentis par l'expérience de tous les temps.

Le premier de ces rois, nommé Fo-hi, régnait donc plus de vingt-cinq siècles avant l'ère vulgaire, au temps que les Babyloniens avaient déjà une suite d'observations astronomiques ; et dès lors la Chine obéissait à un souverain. Ses quinze royaumes, réunis sous un seul homme, prouvent que longtemps auparavant cet État était très-peuplé, policé, partagé en beaucoup de souverainetés : car jamais un grand État ne s'est formé que de plusieurs petits ; c'est l'ouvrage de la politique, du courage, et surtout du temps : il n'y a pas une plus grande preuve d'antiquité.

Il est rapporté dans les cinq *Kings*, le livre de la Chine le plus ancien et le plus autorisé, que sous l'empereur Yo, quatrième successeur de Fo-hi, on observa une conjonction de Saturne, Jupiter, Mars, Mercure, et Vénus. Nos astronomes modernes disputent entre eux sur le temps de cette conjonction, et ne devraient pas disputer. Mais quand même on se serait trompé à la Chine dans cette observation du ciel, il était beau même de se tromper. Les livres chinois disent expressément que de temps

1. Quelle étrange conformité n'y a-t-il pas entre ce nom de Hiao et le Iao ou Jehova des Phéniciens et des Égyptiens ! Cependant gardons-nous de croire que ce nom de Iao ou Jehova vienne de la Chine. *(Note de Voltaire.)*

immémorial on savait à la Chine que Vénus et Mercure tournaient autour du soleil. Il faudrait renoncer aux plus simples lumières de la raison, pour ne pas voir que de telles connaissances supposaient une multitude de siècles antérieurs, quand même ces connaissances n'auraient été que des doutes.

Ce qui rend surtout ces premiers livres respectables, et qui leur donne une supériorité reconnue sur tous ceux qui rapportent l'origine des autres nations, c'est qu'on n'y voit aucun prodige, aucune prédiction, aucune même de ces fourberies politiques que nous attribuons aux fondateurs des autres États; excepté peut-être ce qu'on a imputé à Fo-hi, d'avoir fait accroire qu'il avait vu ses lois écrites sur le dos d'un serpent ailé. Cette imputation même fait voir qu'on connaissait l'écriture avant Fo-hi. Enfin ce n'est pas à nous, au bout de notre Occident, à contester les archives d'une nation qui était toute policée quand nous n'étions que des sauvages.

Un tyran, nommé Chi-Hoangti, ordonna, à la vérité, qu'on brûlât tous les livres; mais cet ordre insensé et barbare avertissait de les conserver avec soin, et ils reparurent après lui. Qu'importe, après tout, que ces livres renferment ou non une chronologie toujours sûre? Je veux que nous ne sachions pas en quel temps précisément vécut Charlemagne; dès qu'il est certain qu'il a fait de vastes conquêtes avec de grandes armées, il est clair qu'il est né chez une nation nombreuse, formée en corps de peuple par une longue suite de siècles. Puis donc que l'empereur Hiao, qui vivait incontestablement plus de deux mille quatre cents ans avant notre ère, conquit tout le pays de la Corée, il est indubitable que son peuple était de l'antiquité la plus reculée. De plus, les Chinois inventèrent un cycle, un comput, qui commence deux mille six cent deux ans avant le nôtre. Est-ce à nous à leur contester une chronologie unanimement reçue chez eux, à nous, qui avons soixante systèmes différents pour compter les temps anciens, et qui, ainsi, n'en avons pas un?

Répétons[1] que les hommes ne multiplient pas aussi aisément qu'on le pense. Le tiers des enfants est mort au bout de dix ans. Les calculateurs de la propagation de l'espèce humaine ont remarqué qu'il faut des circonstances favorables et rares pour qu'une nation s'accroisse d'un vingtième au bout de cent années; et très-souvent il arrive que la peuplade diminue au lieu d'augmenter. De savants chronologistes ont supputé qu'une seule

---

1. Voyez *Introduction*, paragraphe xxiv.

famille, après le déluge, toujours occupée à peupler, et ses enfants s'étant occupés de même, il se trouva en deux cent cinquante ans beaucoup plus d'habitants que n'en contient aujourd'hui l'univers. Il s'en faut beaucoup que le *Talmud* et les *Mille et une Nuits* contiennent rien de plus absurde. Il a déjà été dit qu'on ne fait point ainsi des enfants à coups de plume. Voyez nos colonies, voyez ces archipels immenses de l'Asie dont il ne sort personne : les Maldives, les Philippines, les Moluques, n'ont pas le nombre d'habitants nécessaire. Tout cela est encore une nouvelle preuve de la prodigieuse antiquité de la population de la Chine.

Elle était au temps de Charlemagne, comme longtemps auparavant, plus peuplée encore que vaste. Le dernier dénombrement dont nous avons connaissance, fait seulement dans les quinze provinces qui composent la Chine proprement dite, monte jusqu'à près de soixante millions d'hommes capables d'aller à la guerre; en ne comptant ni les soldats vétérans, ni les vieillards au-dessus de soixante ans, ni la jeunesse au-dessous de vingt ans, ni les mandarins, ni la multitude des lettrés, ni les bonzes, encore moins les femmes qui sont partout en pareil nombre que les hommes, à un quinzième ou seizième près, selon les observations de ceux qui ont calculé avec plus d'exactitude ce qui concerne le genre humain. A ce compte, il paraît difficile qu'il y ait moins de cent cinquante millions d'habitants à la Chine : notre Europe n'en a pas beaucoup plus de cent millions, à compter vingt millions en France, vingt-deux en Allemagne, quatre dans la Hongrie, dix dans toute l'Italie jusqu'en Dalmatie, huit dans la Grande-Bretagne et dans l'Irlande, huit dans l'Espagne et le Portugal, dix ou douze dans la Russie européane, cinq dans la Pologne, autant dans la Turquie d'Europe, dans la Grèce et les Iles, quatre dans la Suède, trois dans la Norvége et le Danemark, près de quatre dans la Hollande et les Pays-Bas voisins [1].

On ne doit donc pas être surpris si les villes chinoises sont immenses ; si Pékin, la nouvelle capitale de l'empire, a près de six de nos grandes lieues de circonférence, et renferme environ trois millions de citoyens ; si Nankin, l'ancienne métropole, en avait autrefois davantage ; si une simple bourgade, nommée

---

1. D'après les documents officiels, la population de la Chine était, en 1825, de 352,866,012 habitants, et le total des troupes se montait à 1,263,000 hommes. En 1762, c'est-à-dire au moment où Voltaire écrivait, on comptait en Chine, d'après Grosier, 198,214,553 habitants. La population aurait donc augmenté, en moins de soixante-dix ans, de plus de 150 millions d'hommes. (G. A.)

Quientzeng, où l'on fabrique la porcelaine, contient environ un million d'habitants.

Le journal de l'empire chinois, journal le plus authentique et le plus utile qu'on ait dans le monde, puisqu'il contient le détail de tous les besoins publics, des ressources et des intérêts de tous les ordres de l'État ; ce journal, dis-je, rapporte que, l'an de notre ère 1725, la femme que l'empereur Yontchin déclara impératrice fit, à cette occasion, selon une ancienne coutume, des libéralités aux pauvres femmes de toute la Chine qui passaient soixante et dix ans. Le journal compte, dans la seule province de Kanton, quatre-vingt-dix-huit mille deux cent vingt-deux femmes [1] de soixante et dix ans qui reçurent ces présents, quarante mille huit cent quatre-vingt-treize qui passaient quatre-vingts ans, et trois mille quatre cent cinquante-trois qui approchaient de cent années. Combien de femmes ne reçurent pas ce présent! En voilà, parmi celles qui ne sont plus comptées au nombre des personnes utiles, plus de cent quarante-deux mille qui le reçurent dans une seule province. Quelle doit donc être la population de l'État! et si chacune d'elles reçut la valeur de dix livres dans toute l'étendue de l'empire, à quelles sommes dut monter cette libéralité!

Les forces de l'État consistent, selon les relations des hommes les plus intelligents qui aient jamais voyagé, dans une milice d'environ huit cent mille soldats bien entretenus. Cinq cent soixante et dix mille chevaux sont nourris, ou dans les écuries, ou dans les pâturages de l'empereur, pour monter les gens de guerre, pour les voyages de la cour, et pour les courriers publics. Plusieurs missionnaires, que l'empereur Kang-hi, dans ces derniers temps, approcha de sa personne par amour pour les sciences, rapportent qu'ils l'ont suivi dans ces chasses magnifiques vers la Grande-Tartarie, où cent mille cavaliers et soixante mille hommes de pied marchaient en ordre de bataille : c'est un usage immémorial dans ces climats.

Les villes chinoises n'ont jamais eu d'autres fortifications que celles que le bon sens inspirait à toutes les nations avant l'usage de l'artillerie ; un fossé, un rempart, une forte muraille, et des tours ; depuis même que les Chinois se servent de canon, ils n'ont point suivi le modèle de nos places de guerre ; mais, au lieu qu'ailleurs on fortifie les places, les Chinois fortifièrent leur empire. La grande muraille qui séparait et défendait la Chine

---

[1]. Voyez *les Lettres édifiantes*, XIXᵉ recueil, pages 292-293.

des Tartares, bâtie cent trente-sept ans avant notre ère, subsiste encore dans un contour de cinq cents lieues, s'élève sur des montagnes, descend dans des précipices, ayant presque partout vingt de nos pieds de largeur, sur plus de trente de hauteur : monument supérieur aux pyramides d'Égypte, par son utilité comme par son immensité.

Ce rempart n'a pu empêcher les Tartares de profiter, dans la suite des temps, des divisions de la Chine, et de la subjuguer; mais la constitution de l'État n'en a été ni affaiblie ni changée. Le pays des conquérants est devenu une partie de l'État conquis; et les Tartares Mantchoux, maîtres de la Chine, n'ont fait autre chose que se soumettre, les armes à la main, aux lois du pays dont ils ont envahi le trône.

On trouve, dans le troisième livre de Confutzée, une particularité qui fait voir combien l'usage des chariots armés est ancien. De son temps, les vice-rois, ou gouverneurs de province, étaient obligés de fournir au chef de l'État, ou empereur, mille chars de guerre à quatre chevaux de front, mille quadriges. Homère, qui fleurit longtemps avant le philosophe chinois, ne parle jamais que de chars à deux ou à trois chevaux. Les Chinois avaient sans doute commencé, et étaient parvenus à se servir de quadriges; mais, ni chez les anciens Grecs, du temps de la guerre de Troie, ni chez les Chinois, on ne voit aucun usage de la simple cavalerie. Il paraît pourtant incontestable que la méthode de combattre à cheval précéda celle des chariots. Il est marqué que les Pharaons d'Égypte avaient de la cavalerie, mais ils se servaient aussi de chars de guerre : cependant il est à croire que dans un pays fangeux, comme l'Égypte, et entrecoupé de tant de canaux, le nombre de chevaux fut toujours très-médiocre.

Quant aux finances, le revenu ordinaire de l'empereur se monte, selon les supputations les plus vraisemblables, à deux cents millions de taels d'argent fin. Il est à remarquer que le tael n'est pas précisément égal à notre once, et que l'once d'argent ne vaut pas cinq livres françaises, valeur intrinsèque, comme le dit l'histoire de la Chine, compilée par le jésuite du Halde : car il n'y a point de valeur intrinsèque numéraire; mais deux cents millions de taels font deux cent quarante-six millions d'onces d'argent, ce qui, en mettant le marc d'argent fin à cinquante-quatre livres dix-neuf sous, revient à environ mille six cent quatre-vingt-dix millions de notre monnaie en 1768. Je dis en ce temps, car cette valeur arbitraire n'a que trop changé parmi nous, et changera peut-être encore : c'est à quoi ne prennent pas assez garde les écrivains, plus instruits des livres que des affaires, qui évaluent souvent l'argent étranger d'une manière très-fautive [1].

Les Chinois ont eu des monnaies d'or et d'argent frappées au marteau longtemps avant que les dariques fussent fabriquées en Perse. L'empereur Kang-hi avait rassemblé une suite de trois mille de ces monnaies, parmi lesquelles il y en avait beaucoup des Indes; autre preuve de l'ancienneté des arts dans l'Asie. Mais depuis longtemps l'or n'est plus une mesure commune à la Chine, il y est marchandise comme en Hollande; l'argent n'y est plus monnaie, le poids et le titre en font le prix; on n'y frappe plus que du cuivre, qui seul dans ce pays a une valeur arbitraire. Le gouvernement, dans des temps difficiles, a payé en papier, comme on a fait depuis dans plus d'un État de l'Europe; mais jamais la Chine n'a eu l'usage des banques publiques, qui augmentent les richesses d'une nation, en multipliant son crédit.

Ce pays, favorisé de la nature, possède presque tous les fruits transplantés dans notre Europe, et beaucoup d'autres qui nous manquent. Le blé, le riz, la vigne, les légumes, les arbres de toute espèce, y couvrent la terre; mais les peuples n'ont fait du vin que dans les derniers temps, satisfaits d'une liqueur assez forte qu'ils savent tirer du riz.

L'insecte précieux qui produit la soie est originaire de la Chine; c'est de là qu'il passa en Perse assez tard, avec l'art de faire des étoffes du duvet qui le couvre; et ces étoffes étaient si rares, du temps même de Justinien, que la soie se vendait en Europe au poids de l'or.

Le papier fin et d'un blanc éclatant était fabriqué chez les Chinois de temps immémorial; on en faisait avec des filets de bois de bambou bouilli. On ne connaît pas la première époque de la porcelaine, et de ce beau vernis qu'on commence à imiter et à égaler en Europe.

Ils savent, depuis deux mille ans, fabriquer le verre, mais moins beau et moins transparent que le nôtre.

L'imprimerie fut inventée par eux dans le même temps. On sait que cette imprimerie est une gravure sur des planches de bois, telle que Guttenberg la pratiqua le premier à Mayence, au xve siècle. L'art de graver les caractères sur le bois est plus perfectionné à la Chine; notre méthode d'employer les caractères

---

[1]. Le revenu du gouvernement chinois est aujourd'hui, dit-on, de 350 et quelques millions de francs. Quelle différence avec nos budgets! Mais il faut remarquer qu'en Chine un franc de France représente peut-être dix fois sa valeur. (G. A.)

mobiles et de fonte, beaucoup supérieure à la leur, n'a point encore été adoptée par eux [1], parce qu'il aurait fallu recevoir l'alphabet, et qu'ils n'ont jamais voulu quitter l'écriture symbolique : tant ils sont attachés à toutes leurs anciennes méthodes.

L'usage des cloches est chez eux de la plus haute antiquité. Nous n'en avons eu en France qu'au VIe siècle de notre ère. Ils ont cultivé la chimie ; et, sans devenir jamais bons physiciens, ils ont inventé la poudre ; mais ils ne s'en servaient que dans des fêtes, dans l'art des feux d'artifice, où ils ont surpassé les autres nations. Ce furent les Portugais qui, dans ces derniers siècles, leur ont enseigné l'usage de l'artillerie, et ce sont les jésuites qui leur ont appris à fondre le canon. Si les Chinois ne s'appliquèrent pas à inventer ces instruments destructeurs, il ne faut pas en louer leur vertu, puisqu'ils n'en ont pas moins fait la guerre.

Ils ne poussèrent loin l'astronomie qu'en tant qu'elle est la science des yeux et le fruit de la patience. Ils observèrent le ciel assidûment, remarquèrent tous les phénomènes, et les transmirent à la postérité. Ils divisèrent, comme nous, le cours du soleil en trois cent soixante-cinq parties et un quart. Ils connurent, mais confusément, la précession des équinoxes et des solstices. Ce qui mérite peut-être le plus d'attention, c'est que, de temps immémorial, ils partagent le mois en semaines de sept jours. Les Indiens en usaient ainsi ; la Chaldée se conforma à cette méthode, qui passa dans le petit pays de la Judée ; mais elle ne fut point adoptée en Grèce.

On montre encore les instruments dont se servit un de leurs fameux astronomes, mille ans avant notre ère vulgaire, dans une ville qui n'est que du troisième ordre. Nankin, l'ancienne capitale, conserve un globe de bronze que trois hommes ne peuvent embrasser, porté sur un cube de cuivre qui s'ouvre, et dans lequel on fait entrer un homme pour tourner ce globe, sur lequel sont tracés les méridiens et les parallèles.

Pékin a un observatoire rempli d'astrolabes et de sphères armillaires ; instruments, à la vérité, inférieurs aux nôtres pour l'exactitude, mais témoignages célèbres de la supériorité des Chinois sur les autres peuples d'Asie.

La boussole, qu'ils connaissaient, ne servait pas à son véritable usage de guider la route des vaisseaux. Ils ne naviguaient que près des côtes. Possesseurs d'une terre qui fournit tout, ils n'avaient pas besoin d'aller, comme nous, au bout du monde. La

---

1. Il paraît qu'elle ne l'est pas encore. (B.)

boussole, ainsi que la poudre à tirer, était pour eux une simple curiosité, et ils n'en étaient pas plus à plaindre.

On est étonné que ce peuple inventeur n'ait jamais percé dans la géométrie au delà des éléments. Il est certain que les Chinois connaissaient ces éléments plusieurs siècles avant qu'Euclide les eût rédigés chez les Grecs d'Alexandrie. L'empereur Kang-hi assura de nos jours au P. Parennin, l'un des plus savants et des plus sages missionnaires qui aient approché de ce prince, que l'empereur Yu s'était servi des propriétés du triangle rectangle pour lever un plan géographique d'une province, il y a plus de trois mille neuf cent soixante années; et le P. Parennin lui-même cite un livre, écrit onze cents ans avant notre ère, dans lequel il est dit que la fameuse démonstration attribuée en Occident à Pythagore était depuis longtemps au rang des théorèmes les plus connus.

On demande pourquoi les Chinois, ayant été si loin dans des temps si reculés, sont toujours restés à ce terme; pourquoi l'astronomie est chez eux si ancienne et si bornée; pourquoi dans la musique ils ignorent encore les demi-tons. Il semble que la nature ait donné à cette espèce d'hommes, si différente de la nôtre, des organes faits pour trouver tout d'un coup tout ce qui leur était nécessaire, et incapables d'aller au-delà. Nous, au contraire, nous avons eu des connaissances très-tard, et nous avons tout perfectionné rapidement. Ce qui est moins étonnant, c'est la crédulité avec laquelle ces peuples ont toujours joint leurs erreurs de l'astrologie judiciaire aux vraies connaissances célestes. Cette superstition a été celle de tous les hommes; et il n'y a pas longtemps que nous en sommes guéris : tant l'erreur semble faite pour le genre humain.

Si on cherche pourquoi tant d'arts et de sciences, cultivés sans interruption depuis si longtemps à la Chine, ont cependant fait si peu de progrès, il y en a peut-être deux raisons : l'une est le respect prodigieux que ces peuples ont pour ce qui leur a été transmis par leurs pères, et qui rend parfait à leurs yeux tout ce qui est ancien; l'autre est la nature de leur langue, le premier principe de toutes les connaissances.

L'art de faire connaître ses idées par l'écriture, qui devait n'être qu'une méthode très-simple, est chez eux ce qu'ils ont de plus difficile. Chaque mot a des caractères différents : un savant, à la Chine, est celui qui connaît le plus de ces caractères; quelques-uns sont arrivés à la vieillesse avant que de savoir bien écrire.

Ce qu'ils ont le plus connu, le plus cultivé, le plus perfectionné, c'est la morale et les lois. Le respect des enfants pour leurs pères est le fondement du gouvernement chinois. L'autorité paternelle n'y est jamais affaiblie. Un fils ne peut plaider contre son père qu'avec le consentement de tous les parents, des amis, et des magistrats. Les mandarins lettrés y sont regardés comme les pères des villes et des provinces, et le roi, comme le père de l'empire. Cette idée, enracinée dans les cœurs, forme une famille de cet État immense.

La loi fondamentale étant donc que l'empire est une famille, on y a regardé, plus qu'ailleurs, le bien public comme le premier devoir. De là vient l'attention continuelle de l'empereur et des tribunaux à réparer les grands chemins, à joindre les rivières, à creuser des canaux, à favoriser la culture des terres et les manufactures.

Nous traiterons dans un autre chapitre du gouvernement de la Chine; mais vous remarquerez d'avance que les voyageurs, et surtout les missionnaires, ont cru voir partout le despotisme. On juge de tout par l'extérieur : on voit des hommes qui se prosternent, et dès lors on les prend pour des esclaves. Celui devant qui l'on se prosterne doit être maître absolu de la vie et de la fortune de cent cinquante millions d'hommes; sa seule volonté doit servir de loi. Il n'en est pourtant pas ainsi, et c'est ce que nous discuterons. Il suffit de dire ici que, dans les plus anciens temps de la monarchie, il fut permis d'écrire sur une longue table, placée dans le palais, ce qu'on trouvait de répréhensible dans le gouvernement; que cet usage fut mis en vigueur sous le règne de Venti, deux siècles avant notre ère vulgaire; et que, dans les temps paisibles, les représentations des tribunaux ont toujours eu force de loi. Cette observation importante détruit les imputations vagues qu'on trouve dans l'*Esprit des lois*[1] contre ce gouvernement, le plus ancien qui soit au monde.

Tous les vices existent à la Chine comme ailleurs, mais certainement plus réprimés par le frein des lois, parce que les lois sont toujours uniformes. Le savant auteur des Mémoires de l'amiral Anson témoigne du mépris et de l'aigreur contre les Chinois, sur ce que le petit peuple de Kanton trompa les Anglais autant qu'il le put; mais doit-on juger du gouvernement d'une grande nation par les mœurs de la populace des frontières? Et qu'auraient dit de nous les Chinois, s'ils eussent fait naufrage sur nos côtes mari-

---

1. Livre VIII, chapitre XXI.

times dans les temps où les lois des nations d'Europe confisquaient les effets naufragés, et que la coutume permettait qu'on égorgeât les propriétaires?

Les cérémonies continuelles qui, chez les Chinois, gênent la société, et dont l'amitié seule se défait dans l'intérieur des maisons, ont établi dans toute la nation une retenue et une honnêteté qui donnent à la fois aux mœurs de la gravité et de la douceur. Ces qualités s'étendent jusqu'aux derniers du peuple. Des missionnaires racontent que souvent, dans les marchés publics, au milieu de ces embarras et de ces confusions qui excitent dans nos contrées des clameurs si barbares et des emportements si fréquents et si odieux, ils ont vu les paysans se mettre à genoux les uns devant les autres, selon la coutume du pays, se demander pardon de l'embarras dont chacun s'accusait, s'aider l'un l'autre, et débarrasser tout avec tranquillité.

Dans les autres pays les lois punissent le crime; à la Chine elles font plus, elles récompensent la vertu. Le bruit d'une action généreuse et rare se répand-il dans une province, le mandarin est obligé d'en avertir l'empereur; et l'empereur envoie une marque d'honneur à celui qui l'a si bien méritée. Dans nos derniers temps, un pauvre paysan, nommé Chicou, trouve une bourse remplie d'or qu'un voyageur a perdue; il se transporte jusqu'à la province de ce voyageur, et remet la bourse au magistrat du canton, sans vouloir rien pour ses peines. Le magistrat, sous peine d'être cassé, était obligé d'en avertir le tribunal suprême de Pékin; ce tribunal, obligé d'en avertir l'empereur; et le pauvre paysan fut créé mandarin du cinquième ordre : car il y a des places de mandarins pour les paysans qui se distinguent dans la morale, comme pour ceux qui réussissent le mieux dans l'agriculture. Il faut avouer que, parmi nous, on n'aurait distingué ce paysan qu'en le mettant à une taille plus forte, parce qu'on aurait jugé qu'il était à son aise. Cette morale, cette obéissance aux lois, jointes à l'adoration d'un Être suprême, forment la religion de la Chine, celle des empereurs et des lettrés. L'empereur est, de temps immémorial, le premier pontife : c'est lui qui sacrifie au *Tien*, au souverain du ciel et de la terre. Il doit être le premier philosophe, le premier prédicateur de l'empire : ses édits sont presque toujours des instructions et des leçons de morale.

CHAPITRE II.

DE LA RELIGION DE LA CHINE. QUE LE GOUVERNEMENT N'EST POINT ATHÉE; QUE LE CHRISTIANISME N'Y A POINT ÉTÉ PRÊCHÉ AU VIIe SIÈCLE. DE QUELQUES SECTES ÉTABLIES DANS LE PAYS.

Dans le siècle passé, nous ne connaissions pas assez la Chine. Vossius l'admirait en tout avec exagération. Renaudot, son rival, et l'ennemi des gens de lettres, poussait la contradiction jusqu'à feindre de mépriser les Chinois, et jusqu'à les calomnier : tâchons d'éviter ces excès.

Confutzée, que nous appelons Confucius [1], qui vivait il y a deux mille trois cents ans, un peu avant Pythagore, rétablit cette religion, laquelle consiste à être juste. Il l'enseigna, et la pratiqua dans la grandeur et dans l'abaissement : tantôt premier ministre d'un roi tributaire de l'empereur, tantôt exilé, fugitif, et pauvre. Il eut, de son vivant, cinq mille disciples ; et après sa mort ses disciples furent les empereurs, les *colao*, c'est-à-dire les mandarins, les lettrés, et tout ce qui n'est pas peuple. Il commence par dire dans son livre que quiconque est destiné à gouverner « doit rectifier la raison qu'il a reçue du ciel, comme on essuie un miroir terni; qu'il doit aussi se renouveler soi-même, pour renouveler le peuple par son exemple ». Tout tend à ce but ; il n'est point prophète, il ne se dit point inspiré ; il ne connaît d'inspiration que l'attention continuelle à réprimer ses passions ; il n'écrit qu'en sage : aussi n'est-il regardé par les Chinois que comme un sage. Sa morale est aussi pure, aussi sévère, et en même temps aussi humaine que celle d'Épictète. Il ne dit point : Ne fais pas aux autres ce que tu ne voudrais pas qu'on te fît; mais : « Fais aux autres ce que tu veux qu'on te fasse. » Il recommande le pardon des injures, le souvenir des bienfaits, l'amitié, l'humilité. Ses disciples étaient un peuple de frères. Le temps le plus heureux et le plus respectable qui fut jamais sur la terre fut celui où l'on suivit ses lois.

Sa famille subsiste encore : et dans un pays où il n'y a d'autre noblesse que celle des services actuels, elle est distinguée des autres familles, en mémoire de son fondateur. Pour lui, il a tous

---

1. Voyez le *Dictionnaire philosophique*, article CHINE.

les honneurs, non pas les honneurs divins, qu'on ne doit à aucun homme, mais ceux que mérite un homme qui a donné de la Divinité les idées les plus saines que puisse former l'esprit humain. C'est pourquoi le P. Le Comte[1] et d'autres missionnaires ont écrit « que les Chinois ont connu le vrai Dieu, quand les autres peuples étaient idolâtres, et qu'ils lui ont sacrifié dans le plus ancien temple de l'univers ».

Les reproches d'athéisme, dont on charge si libéralement dans notre Occident quiconque ne pense pas comme nous, ont été prodigués aux Chinois. Il faut être aussi inconsidérés que nous le sommes dans toutes nos disputes pour avoir osé traiter d'athée un gouvernement dont presque tous les édits parlent[2] « d'un être suprême, père des peuples, récompensant et punissant avec justice, qui a mis entre l'homme et lui une correspondance de prières et de bienfaits, de fautes et de châtiments ».

Le parti opposé aux jésuites a toujours prétendu que le gouvernement de la Chine était athée, parce que les jésuites en étaient favorisés ; mais il faut que cette rage de parti se taise devant le testament de l'empereur Kang-hi. Le voici :

« Je suis âgé de soixante et dix ans ; j'en ai régné soixante et un ; je dois cette faveur à la protection du ciel, de la terre, de mes ancêtres, et au dieu de toutes les récoltes de l'empire : je ne puis l'attribuer à ma faible vertu. »

Il est vrai que leur religion n'admet point de peines et de récompenses éternelles ; et c'est ce qui fait voir combien cette religion est ancienne. Le *Pentateuque* ne parle point de l'autre vie dans ses lois : les saducéens, chez les Juifs, ne la crurent jamais.

On a cru que les lettrés chinois n'avaient pas une idée distincte d'un Dieu immatériel ; mais il est injuste d'inférer de là qu'ils sont athées. Les anciens Égyptiens, ces peuples si religieux, n'adoraient pas Isis et Osiris comme de purs esprits. Tous les dieux de l'antiquité étaient adorés sous une forme humaine ; et ce qui montre bien à quel point les hommes sont injustes, c'est que chez les Grecs on flétrissait du nom d'athées ceux qui n'admettaient pas ces dieux corporels, et qui adoraient dans la Divinité une nature inconnue, invisible, inaccessible à nos sens.

---

1. Louis Le Comte, jésuite, alla à Pékin en 1688. On a de lui : *Nouveaux Mémoires sur l'état présent de la Chine*, 1696, 3 vol.; et une *Lettre à M. le duc du Maine sur les cérémonies de la Chine;* deux ouvrages condamnés à Rome en 1702. (G. A.)

2. Voyez l'édit de l'empereur Yontchin, rapporté dans les *Mémoires de la Chine*, rédigés par le jésuite du Halde. Voyez aussi le poëme de l'empereur Kienlong. (*Note de Voltaire.*)

Le fameux archevêque Navarrète [1] dit que, selon tous les interprètes des livres sacrés de la Chine, « l'âme est une partie aérée, ignée, qui, en se séparant du corps, se réunit à la substance du ciel ». Ce sentiment se trouve le même que celui des stoïciens. C'est ce que Virgile développe admirablement dans son sixième livre de *l'Énéide*. Or, certainement, ni le *Manuel d'Épictète* ni *l'Énéide* ne sont infectés de l'athéisme : tous les premiers pères de l'Église ont pensé ainsi. Nous avons calomnié les Chinois, uniquement parce que leur métaphysique n'est pas la nôtre ; nous aurions dû admirer en eux deux mérites qui condamnent à la fois les superstitions des païens et les mœurs des chrétiens. Jamais la religion des lettrés ne fut déshonorée par des fables, ni souillée par des querelles et des guerres civiles.

En imputant l'athéisme au gouvernement de ce vaste empire, nous avons eu la légèreté de lui attribuer l'idolâtrie par une accusation qui se contredit ainsi elle-même. Le grand malentendu sur les rites de la Chine est venu de ce que nous avons jugé de leurs usages par les nôtres : car nous portons au bout du monde les préjugés de notre esprit contentieux. Une génuflexion, qui n'est chez eux qu'une révérence ordinaire, nous a paru un acte d'adoration ; nous avons pris une table pour un autel : c'est ainsi que nous jugeons de tout. Nous verrons, en son temps, comment nos divisions et nos disputes ont fait chasser de la Chine nos missionnaires.

Quelque temps avant Confucius, Laokium avait introduit une secte qui croit aux esprits malins, aux enchantements, aux prestiges. Une secte semblable à celle d'Épicure fut reçue et combattue à la Chine, cinq cents ans avant Jésus-Christ ; mais, dans le 1er siècle de notre ère, ce pays fut inondé de la superstition des bonzes. Ils apportèrent des Indes l'idole de Fo ou Foé, adorée sous différents noms par les Japonais et les Tartares, prétendu dieu descendu sur la terre, à qui on rend le culte le plus ridicule, et par conséquent le plus fait pour le vulgaire. Cette religion, née dans les Indes près de mille ans avant Jésus-Christ, a infecté l'Asie orientale ; c'est ce dieu que prêchent les bonzes à la Chine, les talapoins à Siam, les lamas en Tartarie. C'est en son nom qu'ils promettent une vie éternelle, et que des milliers de bonzes consacrent leurs jours à des exercices de pénitence qui

---

1. Ferdinand Navarette, dominicain, alla en Chine en 1659 et y resta jusqu'en 1672. On a de lui : *Traité historique, politique, moral et religieux de la monarchie de la Chine*, 1676.

effrayent la nature. Quelques-uns passent leur vie enchaînés ; d'autres portent un carcan de fer qui plie leur corps en deux, et tient leur front toujours baissé à terre. Leur fanatisme se subdivise à l'infini. Ils passent pour chasser des démons, pour opérer des miracles ; ils vendent au peuple la rémission des péchés. Cette secte séduit quelquefois des mandarins ; et, par une fatalité qui montre que la même superstition est de tous les pays, quelques mandarins se sont fait tondre en bonzes par piété.

Ce sont eux qui, dans la Tartarie, ont à leur tête le dalaï-lama, idole vivante qu'on adore, et c'est là peut-être le triomphe de la superstition humaine.

Ce dalaï-lama, successeur et vicaire du dieu Fo, passe pour immortel. Les prêtres nourrissent toujours un jeune lama, désigné successeur secret du souverain pontife, qui prend sa place dès que celui-ci, qu'on croit immortel, est mort. Les princes tartares ne lui parlent qu'à genoux ; il décide souverainement tous les points de foi sur lesquels les lamas sont divisés ; enfin il s'est depuis quelque temps fait souverain du Thibet, à l'occident de la Chine. L'empereur reçoit ses ambassadeurs, et lui envoie des présents considérables.

Ces sectes sont tolérées à la Chine pour l'usage du vulgaire, comme des aliments grossiers faits pour le nourrir ; tandis que les magistrats et les lettrés, séparés en tout du peuple, se nourrissent d'une substance plus pure ; il semble en effet que la populace ne mérite pas une religion raisonnable. Confucius gémissait pourtant de cette foule d'erreurs : il y avait beaucoup d'idolâtres de son temps. La secte de Laokium avait déjà introduit les superstitions chez le peuple. « Pourquoi, dit-il dans un de ses livres, y a-t-il plus de crimes chez la populace ignorante que parmi les lettrés ? c'est que le peuple est gouverné par les bonzes. »

Beaucoup de lettrés sont, à la vérité, tombés dans le matérialisme ; mais leur morale n'en a point été altérée. Ils pensent que la vertu est si nécessaire aux hommes et si aimable par elle-même, qu'on n'a pas même besoin de la connaissance d'un Dieu pour la suivre. D'ailleurs il ne faut pas croire que tous les matérialistes chinois soient athées, puisque tant de pères de l'Église croyaient Dieu et les anges corporels.

Nous ne savons point au fond ce que c'est que la matière : encore moins connaissons-nous ce qui est immatériel. Les Chinois n'en savent pas sur cela plus que nous : il a suffi aux lettrés d'adorer un Être suprême, on n'en peut douter.

Croire Dieu et les esprits corporels est une ancienne erreur métaphysique ; mais ne croire absolument aucun dieu, ce serait une erreur affreuse en morale, une erreur incompatible avec un gouvernement sage. C'est une contradiction digne de nous de s'élever avec fureur, comme on a fait, contre Bayle, sur ce qu'il croit possible qu'une société d'athées subsiste[1] ; et de crier, avec la même violence, que le plus sage empire de l'univers est fondé sur l'athéisme.

Le P. Fouquet, jésuite, qui avait passé vingt-cinq ans à la Chine, et qui en revint ennemi des jésuites, m'a dit plusieurs fois qu'il y avait à la Chine très-peu de philosophes athées. Il en est de même parmi nous.

On prétend que, vers le VIIIe siècle, avant Charlemagne, la religion chrétienne était connue à la Chine. On assure que nos missionnaires ont trouvé dans la province de Kingt-ching ou Quen-sin une inscription en caractères syriaques et chinois. Ce monument, qu'on voit tout au long dans Kircher, atteste qu'un saint homme, nommé Olopuën[2], conduit par des nuées bleues, et observant la règle des vents, vint de Tacin à la Chine, l'an 1092 de l'ère des Séleucides, qui répond à l'an 636 de notre ère ; qu'aussitôt qu'il fut arrivé au faubourg de la ville impériale, l'empereur envoya un colao au-devant de lui, et lui fit bâtir une église chrétienne.

Il est évident, par l'inscription même, que c'est une de ces fraudes pieuses qu'on s'est toujours trop aisément permises. Le sage Navarrète en convient. Ce pays de Tacin, cette ère des Séleucides, ce nom d'Olopuën, qui est, dit-on, chinois, et qui ressemble à un ancien nom espagnol, ces nuées bleues qui servent de guides, cette église chrétienne bâtie tout d'un coup à Pékin pour un prêtre de Palestine, qui ne pouvait mettre le pied à la Chine sans encourir la peine de mort, tout cela fait voir le ridicule de la supposition. Ceux qui s'efforcent de la soutenir ne font pas réflexion que les prêtres dont on trouve les noms dans ce prétendu monument étaient des nestoriens, et qu'ainsi ils ne combattent que pour des hérétiques[3].

---

1. Bayle, *Pensées diverses écrites à un docteur de Sorbonne à l'occasion de la comète qui parut au mois de décembre 1680.* — Il y est dit qu'une société d'athées pratiquerait les actions civiles et morales aussi bien que les pratiquent les autres sociétés, pourvu qu'elle fît sévèrement punir les crimes et qu'elle attachât de l'honneur et de l'infamie à certaines choses. (G. A.)

2. Voltaire reparle d'Olopuën dans la quatrième de ses *Lettres chinoises,* etc. (Voyez *Mélanges,* année 1776.) Une critique de l'opinion de Voltaire sur Olopuën se lit dans le *Journal des savants,* octobre 1821.

3. Voyez le *Dictionnaire philosophique,* au mot CHINE. (*Note de Voltaire.*)

Il faut mettre cette inscription avec celle de Malabar, où il est dit que saint Thomas arriva dans le pays en qualité de charpentier, avec une règle et un pieu, et qu'il porta seul une grosse poutre pour preuve de sa mission. Il y a assez de vérités historiques, sans y mêler ces absurdes mensonges.

Il est très-vrai qu'au temps de Charlemagne, la religion chrétienne, ainsi que les peuples qui la professent, avait toujours été absolument inconnue à la Chine. Il y avait des Juifs : plusieurs familles de cette nation, non moins errante que superstitieuse, s'y étaient établies deux siècles avant notre ère vulgaire ; elles y exerçaient le métier de courtier, que les Juifs ont fait dans presque tout le monde.

Je me réserve à jeter les yeux sur Siam, sur le Japon[1], et sur tout ce qui est situé vers l'orient et le midi, lorsque je serai parvenu au temps où l'industrie des Européans s'est ouvert un chemin facile à ces extrémités de notre hémisphère.

CHAPITRE III.

DES INDES.

En suivant le cours apparent du soleil, je trouve d'abord l'Inde, ou l'Indoustan, contrée aussi vaste que la Chine, et plus connue par les denrées précieuses que l'industrie des négociants en a tirées dans tous les temps que par des relations exactes. Ce pays est l'unique dans le monde qui produise ces épiceries dont la sobriété de ses habitants peut se passer, et qui sont nécessaires à la voracité des peuples septentrionaux.

Une chaîne de montagnes, peu interrompue, semble avoir fixé les limites de l'Inde, entre la Chine, la Tartarie, et la Perse ; le reste est entouré de mers. L'Inde, en deçà du Gange, fut longtemps soumise aux Persans ; et voilà pourquoi Alexandre, vengeur de la Grèce et vainqueur de Darius, poussa ses conquêtes jusqu'aux Indes, tributaires de son ennemi. Depuis Alexandre, les Indiens avaient vécu dans la liberté et dans la mollesse qu'inspirent la chaleur du climat et la richesse de la terre.

---

1. Chapitres CXLII et CXLIII.

CHAPITRE III.

Les Grecs y voyageaient avant Alexandre, pour y chercher la science. C'est là que le célèbre Pilpay écrivit, il y a deux mille trois cents années, ses *Fables morales*, traduites dans presque toutes les langues du monde. Tout a été traité en fables et en allégories chez les Orientaux, et particulièrement chez les Indiens. Pythagore, disciple des gymnosophistes, serait lui seul une preuve incontestable que les véritables sciences étaient cultivées dans l'Inde. Un législateur en politique et en géométrie n'eût pas resté longtemps dans une école où l'on n'aurait enseigné que des mots. Il est très-vraisemblable même que Pythagore apprit chez les Indiens les propriétés du triangle rectangle, dont on lui fait honneur. Ce qui était si connu à la Chine pouvait aisément l'être dans l'Inde. On a écrit longtemps après lui qu'il avait immolé cent bœufs pour cette découverte : cette dépense est un peu forte pour un philosophe. Il est digne d'un sage de remercier d'une pensée heureuse l'Être dont nous vient toute pensée, ainsi que le mouvement et la vie; mais il est bien plus vraisemblable que Pythagore dut ce théorème aux gymnosophistes qu'il ne l'est qu'il ait immolé cent bœufs [1].

Longtemps avant Pilpay, les sages de l'Inde avaient traité la morale et la philosophie en fables allégoriques, en paraboles. Voulaient-ils exprimer l'équité d'un de leurs rois, ils disaient que « les dieux qui président aux divers éléments, et qui sont en discorde entre eux, avaient pris ce roi pour leur arbitre ». Leurs anciennes traditions rapportent un jugement qui est à peu près le même que celui de Salomon. Ils ont une fable qui est précisé-

---

1. On ne peut former que des conjectures incertaines sur ce que les Grecs ont dû de connaissances astronomiques ou géométriques, soit aux Orientaux, soit aux Égyptiens. Non-seulement nous n'avons point les écrits de Pythagore ou de Thalès; mais les ouvrages mathématiques de Platon, ceux même de ses premiers disciples ne sont point venus jusqu'à nous. Euclide, le plus ancien auteur de ce genre dont nous ayons les écrits, est postérieur d'environ trois siècles au temps où les philosophes grecs allaient étudier les sciences hors de leur pays. Ce n'était plus alors l'Égypte qui instruisait la Grèce; mais la Grèce qui fondait une école grecque dans la nouvelle capitale de l'Égypte. Observons qu'il ne s'était passé qu'environ trois siècles entre le temps de Pythagore, qui découvrit la propriété si célèbre du triangle rectangle, et Archimède. Les Grecs, dans cet intervalle, avaient fait en géométrie des progrès prodigieux; tandis que les Indiens et les Chinois en sont encore où ils en étaient il y a deux mille ans.

Ainsi, dès qu'il s'agit de découvertes, pour peu qu'il y ait de dispute, la vraisemblance paraît devoir toujours être en faveur des Grecs.

On leur reproche leur vanité nationale, et avec raison ; mais ils étaient si supérieurs à leurs voisins, ils ont été même si supérieurs à tous les autres hommes, si l'on en excepte les Européans des deux derniers siècles, que jamais la vanité nationale n'a été plus pardonnable. (K.)

ment la même que celle de Jupiter et d'Amphitryon ; mais elle est plus ingénieuse. Un sage découvre qui des deux est le dieu, et qui est l'homme[1]. Ces traditions montrent combien sont anciennes les paraboles qui font enfants des dieux les hommes extraordinaires. Les Grecs, dans leur mythologie, n'ont été que des disciples de l'Inde et de l'Égypte. Toutes ces fables enveloppaient autrefois un sens philosophique ; ce sens a disparu, et les fables sont restées.

L'antiquité des arts dans l'Inde a toujours été reconnue de tous les autres peuples. Nous avons encore une relation de deux voyageurs arabes, qui allèrent aux Indes et à la Chine un peu après le règne de Charlemagne, et quatre cents ans avant le célèbre Marco-Paolo. Ces Arabes prétendent avoir parlé à l'empereur de la Chine qui régnait alors ; ils rapportent que l'empereur leur dit qu'il ne comptait que cinq grands rois dans le monde, et qu'il mettait de ce nombre « le roi des éléphants et des Indiens, qu'on appelle le roi de la sagesse, parce que la sagesse vient originairement des Indes ».

J'avoue que ces deux Arabes ont rempli leurs récits de fables, comme tous les écrivains orientaux ; mais enfin il résulte que les Indiens passaient pour les premiers inventeurs des arts dans tout l'Orient, soit que l'empereur chinois ait fait cet aveu aux deux Arabes, soit qu'ils aient parlé d'eux-mêmes.

Il est indubitable que les plus anciennes théologies furent inventées chez les Indiens. Ils ont deux livres écrits, il y a environ cinq mille ans, dans leur ancienne langue sacrée, nommée le *Hanscrit*, ou le *Sanscrit*. De ces deux livres, le premier est le *Shasta*, et le second, le *Veidam*. Voici le commencement du *Shasta*[2] :

« L'Éternel, absorbé dans la contemplation de son existence, résolut, dans la plénitude des temps, de former des êtres partici-

---

1. Voyez le *Dictionnaire philosophique*, au mot ANGE, et surtout la *Lettre à M. du M****, *membre de plusieurs académies, sur plusieurs anecdotes*, dans les *Mélanges* (année 1776).

2. Voltaire désigne par ce mot le Code de Manou, *Manava-Dharma-Sastra*. Quant au passage qu'il cite, ce n'est pas, si l'on veut, le début du livre ; mais la phrase se trouve dans le commencement, si nous ne nous trompons : « Celui que l'esprit seul peut percevoir, qui échappe aux organes des sens, qui est sans parties visibles, éternel, l'âme de tous les êtres, etc..., ayant résolu dans sa pensée de faire émaner de sa substance les diverses créatures..., etc. » Voilà bien ce que cite Voltaire. Pour le livre qu'il appelle le *Veidam*, c'est la collection des *Védas*, dont on connaît aujourd'hui quatre parties : le *Rig-Véda*, l'*Yadjour-Véda*, le *Sama-Véda*, et l'*Atharva-Véda*. Il y a bien des erreurs dans ce chapitre III, mais il ne faut pas oublier que voilà cinquante ans seulement que nous avons quelques notions précises sur l'Inde. (G. A.)

pants de son essence et de sa béatitude. Ces êtres n'étaient pas : il voulut, et ils furent [1]. »

On voit assez que cet exorde, véritablement sublime, et qui fut longtemps inconnu aux autres nations, n'a jamais été que faiblement imité par elles.

Ces êtres nouveaux furent les demi-dieux, les esprits célestes, adoptés ensuite par les Chaldéens, et chez les Grecs par Platon. Les Juifs les admirent, quand ils furent captifs à Babylone ; ce fut là qu'ils apprirent les noms que les Chaldéens avaient donnés aux anges, et ces noms n'étaient pas ceux des Indiens. Michaël, Gabriel, Raphaël, Israël même, sont des mots chaldéens qui ne furent jamais connus dans l'Inde.

C'est dans le *Shasta* qu'on trouve l'histoire de la chute de ces anges. Voici comme le *Shasta* s'exprime :

« Depuis la création des Debtalog (c'est-à-dire des anges), la joie et l'harmonie environnèrent longtemps le trône de l'Éternel. Ce bonheur aurait duré jusqu'à la fin des temps ; mais l'envie entra dans le cœur de Moisaor et des anges ses suivants. Ils rejetèrent le pouvoir de perfectibilité dont l'Éternel les avait doués dans sa bonté : ils exercèrent le pouvoir d'imperfection ; ils firent le mal à la vue de l'Éternel. Les anges fidèles furent saisis de tristesse. La douleur fut connue pour la première fois. »

Ensuite la rébellion des mauvais anges est décrite. Les trois ministres de Dieu, qui sont peut-être l'original de la Trinité de Platon, précipitent les mauvais anges dans l'abîme. A la fin des temps, Dieu leur fait grâce, et les envoie animer les corps des hommes.

Il n'y a rien dans l'antiquité de si majestueux et de si philosophique. Ces mystères des brachmanes percèrent enfin jusque dans la Syrie : il fallait qu'ils fussent bien connus, puisque les Juifs en entendirent parler du temps d'Hérode. Ce fut peut-être alors qu'on forgea, suivant ces principes indiens, le faux livre d'Hénoch, cité par l'apôtre Jude, dans lequel il est dit quelque chose de la chute des anges. Cette doctrine devint depuis le fondement de la religion chrétienne [2].

---

1. Voyez le *Dictionnaire philosophique*, aux mots ADAM, ALCORAN, ANGE, ÉZOUR-VEIDAM ; et la neuvième des *Lettres chinoises*, dans les *Mélanges* (année 1776).

2. Le serpent dont il est parlé dans la *Genèse* devint le principal mauvais ange. On lui donna tantôt le nom de Satan, qui est un mot persan, tantôt celui de Lucifer, étoile du matin, parce que la *Vulgate* traduisit le mot Hélel par celui de Lucifer (voyez *Introduction*, paragraphe XLVIII). Isaïe, insultant à la mort d'un roi de Babylone, lui dit par une figure de rhétorique : *Comment es-tu tombée du ciel,*

Les esprits ont dégénéré dans l'Inde. Probablement le gouvernement tartare les a hébétés, comme le gouvernement turc a déprimé les Grecs, et abruti les Égyptiens. Les sciences ont presque péri de même chez les Perses, par les révolutions de l'État. Nous avons vu[1] qu'elles se sont fixées à la Chine, au même point de médiocrité où elles ont été chez nous au moyen âge, par la même cause qui agissait sur nous, c'est-à-dire par un respect superstitieux pour l'antiquité, et par les règlements même des écoles. Ainsi, dans tous pays, l'esprit humain trouve des obstacles à ses progrès.

Cependant, jusqu'au xiiie siècle de notre ère, l'esprit vraiment philosophique ne périt pas absolument dans l'Inde. Pachimère, dans ce xiiie siècle, traduisit quelques écrits d'un brame, son contemporain. Voici comme ce brame indien s'explique : le passage mérite attention.

« J'ai vu toutes les sectes s'accuser réciproquement d'imposture ; j'ai vu tous les mages disputer avec fureur du premier principe, et de la dernière fin. Je les ai tous interrogés, et je n'ai vu, dans tous ces chefs de factions, qu'une opiniâtreté inflexible, un mépris superbe pour les autres, une haine implacable. J'ai donc résolu de n'en croire aucun. Ces docteurs, en cherchant la vérité, sont comme une femme qui veut faire entrer son amant par une porte dérobée, et qui ne peut trouver la clef de la porte. Les hommes, dans leurs vaines recherches, ressemblent à celui qui monte sur un arbre où il y a un peu de miel ; et à peine en a-t-il mangé que les serpents qui sont autour de l'arbre le dévorent. »

Telle fut la manière d'écrire des Indiens. Leur esprit paraît encore davantage dans les jeux de leur invention. Le jeu que nous appelons *des échecs,* par corruption, fut inventé par eux, et nous n'avons rien qui en approche : il est allégorique comme leurs fables ; c'est l'image de la guerre. Les noms de *shak,* qui veut dire *prince,* et de *pion,* qui signifie *soldat,* se sont conservés encore dans cette partie de l'Orient. Les chiffres dont nous nous

---

étoile du matin, Lucifer ? On a pris ce nom pour celui du diable, et on a appliqué ce passage à la chute des anges. C'est encore le fondement du poëme de Milton. Mais Milton est bien moins raisonnable que le *Shasta* indien. Le *Shasta* ne pousse point l'extravagance jusqu'à faire déclarer la guerre à Dieu par les anges ses créatures, et à rendre quelque temps la victoire indécise. Cet excès était réservé à Milton.

N. B. Tout ce morceau est tiré principalement de M. Howel, qui a demeuré trente ans avec les brames, et qui entend très-bien leur langue sacrée. (*Note de Voltaire.*)

1. Chapitre 1er.

servons, et que les Arabes ont apportés en Europe vers le temps de Charlemagne, nous viennent de l'Inde. Les anciennes médailles, dont les curieux chinois font tant de cas, sont une preuve que plusieurs arts furent cultivés aux Indes avant d'être connus des Chinois.

On y a, de temps immémorial, divisé la route annuelle du soleil en douze parties, et, dans des temps vraisemblablement encore plus reculés, la route de la lune en vingt-huit parties. L'année des brachmanes et des plus anciens gymnosophistes commença toujours quand le soleil entrait dans la constellation qu'ils nomment Moscham, et qui est pour nous le Bélier. Leurs semaines furent toujours de sept jours, divisions que les Grecs ne connurent jamais. Leurs jours portent les noms des sept planètes. Le jour du soleil est appelé chez eux *Mithradinan :* reste à savoir si ce mot *mithra,* qui, chez les Perses, signifie aussi le soleil, est originairement un terme de la langue des mages, ou de celle des sages de l'Inde.

Il est bien difficile de dire laquelle des deux nations enseigna l'autre ; mais s'il s'agissait de décider entre les Indes et l'Égypte, je croirais toujours les sciences bien plus anciennes dans les Indes, comme nous l'avons déjà remarqué[1]. Le terrain des Indes est bien plus aisément habitable que le terrain voisin du Nil, dont les débordements durent longtemps rebuter les premiers colons, avant qu'ils eussent dompté ce fleuve en creusant des canaux. Le sol des Indes est d'ailleurs d'une fertilité bien plus variée, et qui a dû exciter davantage la curiosité et l'industrie humaine.

Quelques-uns ont cru la race des hommes originaire de l'Indoustan, alléguant que l'animal le plus faible devait naître dans le climat le plus doux, et sur une terre qui produit sans culture les fruits les plus nourrissants, les plus salutaires, comme les dattes et les cocos. Ceux-ci surtout donnent aisément à l'homme de quoi le nourrir, le vêtir, et le loger. Et de quoi d'ailleurs a besoin un habitant de cette presqu'île? tout ouvrier y travaille presque nu ; deux aunes d'étoffe, tout au plus, servent à couvrir une femme qui n'a point de luxe. Les enfants restent entièrement nus, du moment où ils sont nés jusqu'à la puberté. Ces matelas, ces amas de plumes, ces rideaux à double contour, qui chez nous exigent tant de frais et de soins, seraient une incommodité intolérable pour ces peuples, qui ne peuvent dormir qu'au frais sur

---

1. *Introduction,* paragraphe xix.

la natte la plus légère. Nos maisons de carnage, qu'on appelle des boucheries, où l'on vend tant de cadavres pour nourrir le nôtre, mettraient la peste dans le climat de l'Inde ; il ne faut à ces nations que des nourritures rafraîchissantes et pures ; la nature leur a prodigué des forêts de citronniers, d'orangers, de figuiers, de palmiers, de cocotiers, et des campagnes couvertes de riz. L'homme le plus robuste peut ne dépenser qu'un ou deux sous par jour pour ses aliments. Nos ouvriers dépensent plus en un jour qu'un Malabare en un mois. Toutes ces considérations semblent fortifier l'ancienne opinion que le genre humain est originaire d'un pays où la nature a tout fait pour lui, et ne lui a laissé presque rien à faire ; mais cela prouve seulement que les Indiens sont indigènes, et ne prouve point du tout que les autres espèces d'hommes viennent de ces contrées. Les blancs, et les nègres, et les rouges, et les Lapons, et les Samoyèdes, et les Albinos, ne viennent certainement pas du même sol. La différence entre toutes ces espèces est aussi marquée qu'entre un lévrier et un barbet ; il n'y a donc qu'un brame mal instruit et entêté qui puisse prétendre que tous les hommes descendent de l'Indien Adimo et de sa femme[1].

L'Inde, au temps de Charlemagne, n'était connue que de nom ; et les Indiens ignoraient qu'il y eût un Charlemagne. Les Arabes, seuls maîtres du commerce maritime, fournissaient à la fois les denrées des Indes à Constantinople et aux Francs. Venise les allait déjà chercher dans Alexandrie. Le débit n'en était pas encore considérable en France chez les particuliers ; elles furent longtemps inconnues en Allemagne, et dans tout le Nord. Les Romains avaient fait ce commerce eux-mêmes, dès qu'ils furent les maîtres de l'Égypte. Ainsi les peuples occidentaux ont toujours porté dans l'Inde leur or et leur argent, et ont toujours enrichi ce pays déjà si riche par lui-même. De là vient qu'on ne vit jamais les peuples de l'Inde, non plus que les Chinois et les Gangarides, sortir de leur pays pour aller exercer le brigandage chez d'autres nations, comme les Arabes, soit Juifs, soit Sarrasins ; les Tartares et les Romains même, qui, postés dans le plus mauvais pays de l'Italie, subsistèrent d'abord de la guerre, et subsistent aujourd'hui de la religion.

Il est incontestable que le continent de l'Inde a été autrefois beaucoup plus étendu qu'il ne l'est aujourd'hui. Ces îles, ces immenses archipels qui l'avoisinent à l'orient et au midi, tenaient

---

1. Voyez *Introduction*, paragraphe xvii, et, ci-après, le chapitre iv.

dans les temps reculés à la terre ferme. On s'en aperçoit encore par la mer même qui les sépare : son peu de profondeur, les arbres qui croissent sur son fond, semblables à ceux des îles ; les nouveaux terrains qu'elle laisse souvent à découvert ; tout fait voir que ce continent a été inondé, et il a dû l'être insensiblement, quand l'Océan, qui gagne toujours d'un côté ce qu'il perd de l'autre, s'est retiré de nos terres occidentales.

L'Inde, dans tous les temps connus commerçante et industrieuse, avait nécessairement une grande police ; et ce peuple, chez qui Pythagore avait voyagé pour s'instruire, devait avoir de bonnes lois, sans lesquelles les arts ne sont jamais cultivés ; mais les hommes, avec des lois sages, ont toujours eu des coutumes insensées. Celle qui fait aux femmes un point d'honneur et de religion de se brûler sur le corps de leurs maris subsistait dans l'Inde de temps immémorial. Les philosophes indiens se jetaient eux-mêmes dans un bûcher, par un excès de fanatisme et de vaine gloire. Calan, ou Calanus, qui se brûla devant Alexandre, n'avait pas le premier donné cet exemple ; et cette abominable dévotion n'est pas détruite encore. La veuve du roi de Tanjaor se brûla, en 1735, sur le bûcher de son époux. M. Dumas, M. Dupleix, gouverneurs de Pondichéry, l'épouse de l'amiral Russel, ont été témoins de pareils sacrifices : c'est le dernier effort des erreurs qui pervertissent le genre humain. Le plus austère des derviches n'est qu'un lâche en comparaison d'une femme de Malabar. Il semblerait qu'une nation, chez qui les philosophes et et même les femmes se dévouaient ainsi à la mort, dût être une nation guerrière et invincible ; cependant, depuis l'ancien Sésac, quiconque a attaqué l'Inde l'a aisément vaincue.

Il serait encore difficile de concilier les idées sublimes que les bramins conservent de l'Être suprême avec leurs superstitions et leur mythologie fabuleuse, si l'histoire ne nous montrait pas de pareilles contradictions chez les Grecs et chez les Romains.

Il y avait des chrétiens sur les côtes de Malabar, depuis douze cents ans, au milieu de ces nations idolâtres. Un marchand de Syrie, nommé Mar-Thomas, s'étant établi sur les côtes de Malabar avec sa famille et ses facteurs, au VIe siècle, y laissa sa religion, qui était le nestorianisme ; ces sectaires orientaux, s'étant multipliés, se nommèrent les *chrétiens* de saint Thomas : ils vécurent paisiblement parmi les idolâtres. Qui ne veut point remuer est rarement persécuté. Ces chrétiens n'avaient aucune connaissance de l'Église latine.

Ce n'est pas certainement le christianisme qui florissait alors dans l'Inde, c'est le mahométisme. Il s'y était introduit par les conquêtes des califes ; et Aaron-al-Raschild, cet illustre contemporain de Charlemagne, dominateur de l'Afrique, de la Syrie, de la Perse, et d'une partie de l'Inde, envoya des missionnaires musulmans des rives du Gange aux îles de l'Océan indien, et jusque chez des peuplades de nègres. Depuis ce temps il y eut beaucoup de musulmans dans l'Inde. On ne dit point que le grand Aaron convertit à sa religion les Indiens par le fer et par le feu, comme Charlemagne convertit les Saxons. On ne voit pas non plus que les Indiens aient refusé le joug et la loi d'Aaron-al-Raschild, comme les Saxons refusèrent de se soumettre à Charles.

Les Indiens ont toujours été aussi mous que nos septentrionaux étaient féroces. La mollesse inspirée par le climat ne se corrige jamais ; mais la dureté s'adoucit.

En général, les hommes du Midi oriental ont reçu de la nature des mœurs plus douces que les peuples de notre Occident ; leur climat les dispose à l'abstinence des liqueurs fortes et de la chair des animaux, nourritures qui aigrissent le sang, et portent souvent à la férocité ; et, quoique la superstition et les irruptions étrangères aient corrompu la bonté de leur naturel, cependant tous les voyageurs conviennent que le caractère de ces peuples n'a rien de cette inquiétude, de cette pétulance, et de cette dureté, qu'on a eu tant de peine à contenir chez les nations du Nord.

Le physique de l'Inde différant en tant de choses du nôtre, il fallait bien que le moral différât aussi. Leurs vices étaient plus doux que les nôtres. Ils cherchaient en vain des remèdes aux dérèglements de leurs mœurs, comme nous en avons cherché. C'était, de temps immémorial, une maxime chez eux et chez les Chinois que le sage viendrait de l'Occident. L'Europe, au contraire, disait que le sage viendrait de l'Orient : toutes les nations ont toujours eu besoin d'un sage.

CHAPITRE IV.

DES BRACHMANES, DU VEIDAM ET DE L'ÉZOUR-VEIDAM.

Si l'Inde, de qui toute la terre a besoin, et qui seule n'a besoin de personne, doit être par cela même la contrée la plus anciennement policée, elle doit conséquemment avoir eu la plus ancienne forme de religion. Il est très-vraisemblable que cette religion fut longtemps celle du gouvernement chinois, et qu'elle ne consistait que dans le culte pur d'un Être suprême, dégagé de toute superstition et de tout fanatisme.

Les premiers brachmanes avaient fondé cette religion simple, telle qu'elle fut établie à la Chine par ses premiers rois ; ces brachmanes gouvernaient l'Inde. Lorsque les chefs paisibles d'un peuple spirituel et doux sont à la tête d'une religion, elle doit être simple et raisonnable, parce que ces chefs n'ont pas besoin d'erreurs pour être obéis. Il est si naturel de croire un Dieu unique, de l'adorer, et de sentir dans le fond de son cœur qu'il faut être juste, que, quand des princes annoncent ces vérités, la foi des peuples court au-devant de leurs paroles. Il faut du temps pour établir des lois arbitraires ; mais il n'en faut point pour apprendre aux hommes rassemblés à croire un Dieu, et à écouter la voix de leur propre cœur.

Les premiers brachmanes, étant donc à la fois rois et pontifes, ne pouvaient guère établir la religion que sur la raison universelle. Il n'en est pas de même dans les pays où le pontificat n'est pas uni à la royauté. Alors les fonctions religieuses, qui appartiennent originairement aux pères de famille, forment une profession séparée ; le culte de Dieu devient un métier ; et, pour faire valoir ce métier, il faut souvent des prestiges, des fourberies, et des cruautés.

La religion dégénéra donc chez les brachmanes dès qu'ils ne furent plus souverains.

Longtemps avant Alexandre, les brachmanes ne régnaient plus dans l'Inde ; mais leur tribu, qu'on nomme *Caste*, était toujours la plus considérée, comme elle l'est encore aujourd'hui ; et c'est dans cette même tribu qu'on trouvait les sages vrais ou faux, que les Grecs appelèrent gymnosophistes. Il est difficile de nier qu'il n'y eût parmi eux, dans leur décadence, cette espèce de vertu qui s'accorde avec les illusions du fanatisme. Ils reconnaissaient toujours un Dieu suprême à travers la multitude de divinités subalternes que la superstition populaire adoptait dans tous les pays du monde. Strabon dit expressément qu'au fond les brachmanes n'adoraient qu'un seul Dieu. En cela ils étaient semblables à Confucius, à Orphée, à Socrate, à Platon, à Marc-Aurèle, à Épictète, à tous les sages, à tous les hiérophantes des mystères. Les sept années de noviciat chez les brachmanes, la loi du silence pendant ces sept années, étaient en vigueur du temps de Strabon. Le célibat pendant ce temps d'épreuves, l'abstinence de la chair des animaux qui servent l'homme, étaient des lois qu'on ne transgressa jamais, et qui subsistent encore chez les brames. Ils croyaient un Dieu créateur, rémunérateur et vengeur. Ils croyaient l'homme déchu et dégénéré, et cette idée se trouve chez tous les anciens peuples. *Aurea prima sata est ætas* (Ovid., *Met.*, I, 89) est la devise de toutes les nations.

Apulée, Quinte-Curce, Clément d'Alexandrie, Philostrate, Porphyre, Pallade, s'accordent tous dans les éloges qu'ils donnent à la frugalité extrême des brachmanes, à leur vie retirée et pénitente, à leur pauvreté volontaire, à leur mépris de toutes les vanités du monde. Saint Ambroise préfère hautement leurs mœurs à celles des chrétiens de son temps. Peut-être est-ce une de ces exagérations qu'on se permet quelquefois pour faire rougir ses concitoyens de leurs désordres. On loue les brachmanes pour corriger les moines ; et si saint Ambroise avait vécu dans l'Inde, il aurait probablement loué les moines pour faire honte aux brachmanes. Mais enfin il résulte de tant de témoignages que ces hommes singuliers étaient en réputation de sainteté dans toute la terre.

Cette connaissance d'un Dieu unique, dont tous les philosophes leur savaient tant de gré, ils la conservent encore aujourd'hui au milieu des pagodes et de toutes les extravagances du peuple. Un de nos poëtes[1] a dit, dans une de ses épîtres où le faux domine presque toujours :

> L'Inde aujourd'hui voit l'orgueilleux brachmane
> Déifier, brutalement zélé,
> Le diable même en bronze ciselé.

Certainement des hommes qui ne croient point au diable ne peuvent adorer le diable. Ces reproches absurdes sont intoléra-

---

1. J.-B. Rousseau. (*Note de Voltaire.*)

bles; on n'a jamais adoré le diable dans aucun pays du monde; les manichéens n'ont jamais rendu de culte au mauvais principe : on ne lui en rendait aucun dans la religion de Zoroastre. Il est temps que nous quittions l'indigne usage de calomnier toutes les sectes, et d'insulter toutes les nations.

Nous avons, comme vous savez, l'*Ézour-Veidam*[1], ancien commentaire composé par Chumontou sur ce *Veidam*, sur ce livre sacré que les brames prétendent avoir été donné de Dieu aux hommes. Ce commentaire a été abrégé par un brame très-savant, qui a rendu beaucoup de services à notre compagnie des Indes; et il l'a traduit lui-même de la langue sacrée en français[2].

Dans cet *Ézour-Veidam*, dans ce commentaire, Chumontou combat l'idolâtrie; il rapporte les propres paroles du *Veidam*. « C'est l'Être suprême qui a tout créé, le sensible et l'insensible; il y a eu quatre âges différents; tout périt à la fin de chaque âge, tout est submergé, et le déluge est un passage d'un âge à l'autre, etc.

« Lorsque Dieu existait seul, et que nul autre être n'existait avec lui, il forma le dessein de créer le monde; il créa d'abord le temps, ensuite l'eau et la terre; et du mélange des cinq éléments, à savoir : la terre, l'eau, le feu, l'air, et la lumière, il en forma les différents corps, et leur donna la terre pour leur base. Il fit ce globe, que nous habitons, en forme ovale comme un œuf. Au milieu de la terre est la plus haute de toutes les montagnes, nommée Mérou (c'est l'Immaüs). Adimo, c'est le nom du premier homme sorti des mains de Dieu : Procriti est le nom de son épouse. D'Adimo naquit Brama[3], qui fut le législateur des nations et le père des brames. »

Que de choses curieuses dans ce peu de paroles! On y aperçoit d'abord cette grande vérité, que Dieu est le créateur du monde; on voit ensuite la source primitive de cette ancienne fable des quatre âges, d'or, d'argent, d'airain et de fer. Tous les principes de la théologie des anciens sont renfermés dans le *Veidam*. On y voit ce déluge de Deucalion, qui ne figure autre chose

---

1. Voyez *Introduction*, paragraphe XVII.
2. Ce manuscrit est à la Bibliothèque du Roi, où chacun peut le consulter. Il avait été donné à l'auteur par M. de Modave, qui revenait de l'Inde. (*Note de Voltaire.*) — Voyez Lettre à d'Alembert, du 8 octobre 1760.

— Loin d'être un des Védas, ce prétendu *Yadjour-Véda*, ou *Ézour-Veidam*, n'est qu'un traité de controverse contre le vichnouisme, écrit très-probablement par quelque missionnaire chrétien caché sous le manteau d'un brame. Voyez *Encyclopédie nouvelle*, article BRACHMANISME. (G. A.)

3. Dans l'*Introduction*, paragraphe VI, il est dit qu'Adimo est fils de Brama.

que la peine extrême qu'on a éprouvée dans tous les temps à dessécher les terres que la négligence des hommes a laissées longtemps inondées. Toutes les citations du *Veidam*, dans ce manuscrit, sont étonnantes ; on y trouve expressément ces paroles admirables : « Dieu ne créa jamais le vice, il ne peut en être l'auteur. Dieu, qui est la sagesse et la sainteté, ne créa jamais que la vertu. »

Voici un morceau des plus singuliers du *Veidam* : « Le premier homme, étant sorti des mains de Dieu, lui dit : Il y aura sur la terre différentes occupations, tous ne seront pas propres à toutes ; comment les distinguer entre eux? Dieu lui répondit : Ceux qui sont nés avec plus d'esprit et de goût pour la vertu que les autres seront les brames. Ceux qui participent le plus du rosogoun, c'est-à-dire de l'ambition, seront les guerriers. Ceux qui participent le plus du tomogun, c'est-à-dire de l'avarice, seront les marchands. Ceux qui participeront du comogun, c'est-à-dire qui seront robustes et bornés, seront occupés aux œuvres serviles. »

On reconnaît dans ces paroles l'origine véritable des quatre castes des Indes, ou plutôt les quatre conditions de la société humaine. En effet, sur quoi peut être fondée l'inégalité de ces conditions, sinon sur l'inégalité primitive des talents? Le *Veidam* poursuit, et dit : « L'Être suprême n'a ni corps ni figure ; » et l'*Ézour-Veidam* ajoute : « Tous ceux qui lui donnent des pieds et des mains sont insensés. » Chumontou cite ensuite ces paroles du *Veidam* : « Dans le temps que Dieu tira toutes choses du néant, il créa séparément un individu de chaque espèce, et voulut qu'il portât dans lui son germe, afin qu'il pût produire : il est le principe de chaque chose ; le soleil n'est qu'un corps sans vie et sans connaissance ; il est entre les mains de Dieu comme une chandelle entre les mains d'un homme. »

Après cela l'auteur du commentaire, combattant l'opinion des nouveaux brames, qui admettaient plusieurs incarnations dans le dieu Brama et dans le dieu Vitsnou, s'exprime ainsi :

« Dis-moi donc, homme étourdi et insensé, qu'est-ce que ce Kochiopo et cette Odité, que tu dis avoir donné naissance à ton Dieu? Ne sont-ils pas des hommes comme les autres? Et ce Dieu, qui est pur de sa nature, et éternel de son essence, se serait-il abaissé jusqu'à s'anéantir dans le sein d'une femme pour s'y revêtir d'une figure humaine? Ne rougis-tu pas de nous présenter ce Dieu en posture de suppliant devant une de ses créatures? As-tu perdu l'esprit? ou es-tu venu à ce point d'impiété, de ne pas rougir de faire jouer à l'Être suprême le personnage de fourbe et de menteur?... Cesse de tromper les hommes, ce n'est qu'à cette condition que je continuerai à t'expliquer le *Veidam;* car si tu restes dans les mêmes sentiments, tu es incapable de l'entendre, et ce serait le prostituer que de te l'enseigner. »

Au livre troisième de ce commentaire, l'auteur Chumontou réfute la fable que les nouveaux brames inventaient sur une incarnation du dieu Brama, qui, selon eux, parut dans l'Inde sous le nom de Kopilo, c'est-à-dire de pénitent; ils prétendaient qu'il avait voulu naître de Déhobuti, femme d'un homme de bien, nommé Kordomo.

« S'il est vrai, dit le commentateur, que Brama soit né sur la terre, pourquoi portait-il le nom d'Éternel? Celui qui est souverainement heureux, et dans qui seul est notre bonheur, aurait-il voulu se soumettre à tout ce que souffre un enfant? etc. »

On trouve ensuite une description de l'enfer, toute semblable à celle que les Égyptiens et les Grecs ont donnée depuis sous le nom de Tartare. « Que faut-il faire, dit-on, pour éviter l'enfer? il faut aimer Dieu », répond le commentateur Chumontou ; « il faut faire ce qui nous est ordonné par le *Veidam,* et le faire de la façon dont il nous le prescrit. Il y a, dit-il, quatre amours de Dieu. Le premier est de l'aimer pour lui-même, sans intérêt personnel; le second, de l'aimer par intérêt; le troisième, de ne l'aimer que dans les moments où l'on n'écoute pas ses passions ; le quatrième, de ne l'aimer que pour obtenir l'objet de ces passions mêmes; et ce quatrième amour n'en mérite pas le nom [1]. »

Tel est le précis des principales singularités du *Veidam,* livre inconnu jusques aujourd'hui à l'Europe, et à presque toute l'Asie.

Les brames ont dégénéré de plus en plus. Leur *Cormo-Veidam,* qui est leur rituel, est un ramas de cérémonies superstitieuses, qui font rire quiconque n'est pas né sur les bords du Gange et de l'Indus, ou plutôt quiconque, n'étant pas philosophe, s'étonne des sottises des autres peuples, et ne s'étonne point de celles de son pays.

Le détail de ces minuties est immense : c'est un assemblage de toutes les folies que la vaine étude de l'astrologie judiciaire a pu inspirer à des savants ingénieux, mais extravagants ou fourbes. Toute la vie d'un brame est consacrée à ces cérémonies superstitieuses. Il y en a pour tous les jours de l'année. Il semble que les hommes soient devenus faibles et lâches dans l'Inde, à

---

1. Le *Shasta* est beaucoup plus sublime. Voyez le *Dictionnaire philosophique,* au mot ANGE. (*Note de Voltaire*)

mesure qu'ils ont été subjugués. Il y a grande apparence qu'à chaque conquête, les superstitions et les pénitences du peuple vaincu ont redoublé. Sésac, Madiès, les Assyriens, les Perses, Alexandre, les Arabes, les Tartares, et, de nos jours, Sha-Nadir, en venant les uns après les autres ravager ces beaux pays, ont fait un peuple pénitent d'un peuple qui n'a pas su être guerrier.

Jamais les pagodes n'ont été plus riches que dans les temps d'humiliation et de misère; toutes ces pagodes ont des revenus considérables, et les dévots les enrichissent encore de leurs offrandes. Quand un raya passe devant une pagode, il descend de son cheval, de son chameau, ou de son éléphant, ou de son palanquin, et marche à pied jusqu'à ce qu'il ait passé le territoire du temple.

Cet ancien commentaire du *Veidam*, dont je viens de donner l'extrait, me paraît écrit avant les conquêtes d'Alexandre; car on n'y trouve aucun des noms que les vainqueurs grecs imposèrent aux fleuves, aux villes, aux contrées, en prononçant à leur manière, et soumettant aux terminaisons de leurs langues les noms communs du pays. L'Inde s'appelle Zomboudipo; le mont Immaüs est Mérou; le Gange est nommé Zanoubi[1]. Ces anciens noms ne sont plus connus que des savants dans la langue sacrée.

L'ancienne pureté de la religion des premiers brachmanes ne subsiste plus que chez quelques-uns de leurs philosophes; et ceux-là ne se donnent pas la peine d'instruire un peuple qui ne veut pas être instruit, et qui ne le mérite pas. Il y aurait même du risque à vouloir les détromper : les brames ignorants se soulèveraient; les femmes, attachées à leurs pagodes, à leurs petites pratiques superstitieuses, crieraient à l'impiété. Quiconque veut enseigner la raison à ses concitoyens est persécuté, à moins qu'il ne soit le plus fort; et il arrive presque toujours que le plus fort redouble les chaînes de l'ignorance au lieu de les rompre.

La religion mahométane seule a fait dans l'Inde d'immenses progrès, surtout parmi les hommes bien élevés, parce que c'est la religion du prince, et qu'elle n'enseigne que l'unité de Dieu, conformément à l'ancienne doctrine des premiers brachmanes. Le christianisme n'a pas eu dans l'Inde le même succès, malgré l'évidence et la sainteté de sa doctrine, et malgré les grands établissements des Portugais, des Français, des Anglais, des Hollandais, des Danois. C'est même le concours de ces nations qui a nui au progrès de notre culte. Comme elles se haïssent toutes, et que plusieurs d'entre elles se font souvent la guerre dans ces climats,

---

1. Voyez *Introduction*, paragraphe xxiv.

elles y ont fait haïr ce qu'elles enseignent. Leurs usages d'ailleurs révoltent les Indiens ; ils sont scandalisés de nous voir boire du vin et manger des viandes qu'ils abhorrent. La conformation de nos organes, qui fait que nous prononçons si mal les langues de l'Asie, est encore un obstacle presque invincible ; mais le plus grand est la différence des opinions qui divisent nos missionnaires. Le catholique y combat l'anglican, qui combat le luthérien combattu par le calviniste. Ainsi tous contre tous, voulant annoncer chacun la vérité, et accusant les autres de mensonge, ils étonnent un peuple simple et paisible, qui voit accourir chez lui, des extrémités occidentales de la terre, des hommes ardents pour se déchirer mutuellement sur les rives du Gange.

Nous avons eu dans ces climats, comme ailleurs, des missionnaires respectables par leur piété, et auxquels on ne peut reprocher que d'avoir exagéré leurs travaux et leurs triomphes. Mais tous n'ont pas été des hommes vertueux et instruits, envoyés d'Europe pour changer la croyance de l'Asie. Le célèbre Niecamp, auteur de l'histoire de la mission de Tranquebar, avoue[1] que « les Portugais remplirent le séminaire de Goa de malfaiteurs condamnés au bannissement ; qu'ils en firent des missionnaires ; et que ces missionnaires n'oublièrent pas leur premier métier ». Notre religion a fait peu de progrès sur les côtes, et nul dans les États soumis immédiatement au Grand-Mogol. La religion de Mahomet et celle de Brama partagent encore tout ce vaste continent. Il n'y a pas deux siècles que nous appelions toutes ces nations *la paganie*, tandis que les Arabes, les Turcs, les Indiens, ne nous connaissaient que sous le nom d'idolâtres.

CHAPITRE V.

DE LA PERSE AU TEMPS DE MAHOMET LE PROPHÈTE, ET DE L'ANCIENNE RELIGION DE ZOROASTRE.

En tournant vers la Perse, on y trouve, un peu avant le temps qui me sert d'époque, la plus grande et la plus prompte révolution que nous connaissions sur la terre.

---

1. Premier tome, page 223. (*Note de Voltaire.*)

Une nouvelle domination, une religion et des mœurs jusqu'alors inconnues, avaient changé la face de ces contrées ; et ce changement s'étendait déjà fort avant en Asie, en Afrique et en Europe.

Pour me faire une idée du mahométisme, qui a donné une nouvelle forme à tant d'empires, je me rappellerai d'abord les parties du monde qui lui furent les premières soumises.

La Perse avait étendu sa domination, avant Alexandre, de l'Égypte à la Bactriane, au delà du pays où est aujourd'hui Samarcande, et de la Thrace jusqu'au fleuve de l'Inde.

Divisée et resserrée sous les Séleucides, elle avait repris des accroissements sous Arsaces le Parthien, deux cent cinquante ans avant notre ère. Les Arsacides n'eurent ni la Syrie, ni les contrées qui bordent le Pont-Euxin ; mais ils disputèrent avec les Romains de l'empire de l'Orient, et leur opposèrent toujours des barrières insurmontables.

Du temps d'Alexandre Sévère, vers l'an 226 de notre ère, un simple soldat persan, qui prit le nom d'Artaxare, enleva ce royaume aux Parthes, et rétablit l'empire des Perses, dont l'étendue ne différait guère alors de ce qu'elle est de nos jours.

Vous ne voulez pas examiner ici quels étaient les premiers Babyloniens conquis par les Perses, ni comment ce peuple se vantait de quatre cent mille ans d'observations astronomiques, dont on ne put retrouver qu'une suite de dix-neuf cents années du temps d'Alexandre [1]. Vous ne voulez pas vous écarter de votre sujet pour vous rappeler l'idée de la grandeur de Babylone, et de ces monuments plus vantés que solides dont les ruines mêmes sont détruites. Si quelque reste des arts asiatiques mérite un peu notre curiosité, ce sont les ruines de Persépolis, décrites dans plusieurs livres et copiées dans plusieurs estampes. Je sais quelle admiration inspirent ces masures échappées aux flambeaux dont Alexandre et la courtisane Thaïs mirent Persépolis en cendre. Mais était-ce un chef-d'œuvre de l'art qu'un palais bâti au pied d'une chaîne de rochers arides ? Les colonnes qui sont encore debout ne sont assurément ni dans de belles proportions, ni d'un dessin élégant. Les chapiteaux, surchargés d'ornements grossiers, ont presque autant de hauteur que les fûts mêmes des colonnes. Toutes les figures sont aussi lourdes et aussi sèches que celles dont nos églises gothiques sont encore malheureusement ornées. Ce sont des monuments de grandeur, mais non pas de goût ; et tout

---

1. Voyez *Introduction*, paragraphe x.

nous confirme que si l'on s'arrêtait à l'histoire des arts, on ne trouverait que quatre siècles dans les annales du monde : ceux d'Alexandre, d'Auguste, des Médicis, et de Louis XIV.

Cependant les Persans furent toujours un peuple ingénieux. Lokman, qui est le même qu'Ésope, était né à Casbin. Cette tradition est bien plus vraisemblable que celle qui le fait originaire d'Éthiopie, pays où il n'y eut jamais de philosophes. Les dogmes de l'ancien Zerdust, appelé Zoroastre par les Grecs, qui ont changé tous les noms orientaux, subsistaient encore. On leur donne neuf mille ans d'antiquité; car les Persans, ainsi que les Égyptiens, les Indiens, les Chinois, reculent l'origine du monde autant que d'autres la rapprochent. Un second Zoroastre, sous Darius, fils d'Hystaspe, n'avait fait que perfectionner cette antique religion. C'est dans ces dogmes qu'on trouve, ainsi que dans l'Inde, l'immortalité de l'âme, et une autre vie heureuse ou malheureuse. C'est là qu'on voit expressément un enfer. Zoroastre, dans les écrits abrégés dans le *Sadder*, dit que Dieu lui fit voir cet enfer, et les peines réservées aux méchants. Il y voit plusieurs rois, un entre autres auquel il manquait un pied; il en demande à Dieu la raison; Dieu lui répond : « Ce roi pervers n'a fait qu'une action de bonté en sa vie. Il vit, en allant à la chasse, un dromadaire qui était lié trop loin de son auge, et qui, voulant y manger, ne pouvait y atteindre; il approcha l'auge d'un coup de pied : j'ai mis son pied dans le ciel, tout le reste est ici. » Ce trait, peu connu, fait voir l'espèce de philosophie qui régnait dans ces temps reculés, philosophie toujours allégorique, et quelquefois très-profonde. Nous avons rapporté ailleurs ce trait singulier, qu'on ne peut trop faire connaître [1].

Vous savez que les Babyloniens furent les premiers, après les Indiens, qui admirent des êtres mitoyens entre la Divinité et l'homme. Les Juifs ne donnèrent des noms aux anges que dans le temps de leur captivité à Babylone. Le nom de Satan paraît pour la première fois dans le livre de Job; ce nom est persan, et l'on prétend que Job l'était. Le nom de Raphaël est employé par l'auteur, quel qu'il soit, de Tobie, qui était captif de Ninive, et qui écrivit en chaldéen. Le nom d'Israël même était chaldéen, et signifiait *voyant Dieu*. Ce *Sadder* est l'abrégé du *Zenda-Vesta*, ou du

---

[1]. Ce renvoi de Voltaire, ajouté dans l'édition de 1775, ne peut regarder, comme on l'a dit avant moi, l'ouvrage intitulé *Un Chrétien contre six Juifs*, qui est de 1776; il s'agit du morceau publié au moins dès 1765, et qui, dans le *Dictionnaire philosophique*, forme la xie section au mot AME. (B.)

Zend, l'un des trois plus anciens livres qui soient au monde, comme nous l'avons dit dans la philosophie de l'histoire qui sert d'introduction à cet ouvrage. Ce mot *Zenda-Vesta* signifiait chez les Chaldéens le culte du feu ; le *Sadder* est divisé en cent articles, que les Orientaux appellent *Portes* ou *Puissances* : il est important de les lire, si l'on veut connaître quelle était la morale de ces anciens peuples. Notre ignorante crédulité se figure toujours que nous avons tout inventé, que tout est venu des Juifs et de nous, qui avons succédé aux Juifs ; on est bien détrompé quand on fouille un peu dans l'antiquité. Voici[1] quelques-unes de ces portes qui serviront à nous tirer d'erreur.

Ire Porte. Le décret du très-juste Dieu est que les hommes soient jugés par le bien et le mal qu'ils auront fait : leurs actions seront pesées dans les balances de l'équité. Les bons habiteront la lumière ; la foi les délivrera de Satan.

IIe. Si tes vertus l'emportent sur tes péchés, le ciel est ton partage ; si tes péchés l'emportent, l'enfer est ton châtiment.

V^e. Qui donne l'aumône est véritablement un homme : c'est le plus grand mérite dans notre sainte religion, etc.

VIe. Célèbre quatre fois par jour le soleil ; célèbre la lune au commencement du mois.

N. B. Il ne dit point : Adore comme des dieux le soleil et la lune ; mais : Célèbre le soleil et la lune comme ouvrages du Créateur. Les anciens Perses n'étaient point ignicoles, mais déicoles, comme le prouve invinciblement l'historien de la religion des Perses.

VIIe. Dis : *Ahunavar*, et *Ashim Vuhú*, quand quelqu'un éternue.

N. B. On ne rapporte cet article que pour faire voir de quelle prodigieuse antiquité est l'usage de saluer ceux qui éternuent.

IXe. Fuis surtout le péché contre nature ; il n'y en a point de plus grand.

N. B. Ce précepte fait bien voir combien Sextus Empiricus se trompe quand il dit que cette infamie était permise par les lois de Perse.

XIe. Aie soin d'entretenir le feu sacré ; c'est l'âme du monde, etc.

N. B. Ce feu sacré devint un des rites de plusieurs nations.

XIIe. N'ensevelis point les morts dans des draps neufs, etc.

---

1. Cet extrait du *Sadder* et les réflexions qui le suivent jusques à l'alinéa qui commence par les mots : *La doctrine des deux principes*, parurent pour la première fois dans les *Remarques pour servir de supplément à l'Essai sur l'Histoire générale*, etc., 1763, in-8°; ils formaient la xie remarque. (B.)

N. B. Ce précepte prouve combien se sont trompés tous les auteurs qui ont dit que les Perses n'ensevelissaient point leurs morts. L'usage d'enterrer ou de brûler les cadavres, ou de les exposer à l'air sur des collines, a varié souvent. Les rites changent chez tous les peuples, la morale seule ne change pas.

XIII⁰. Aime ton père et ta mère, si tu veux vivre à jamais.

N. B. Voyez le *Décalogue.*

XV⁰ Quelque chose qu'on te présente, bénis Dieu.

XIX⁰. Marie-toi dans ta jeunesse; ce monde n'est qu'un passage : il faut que ton fils te suive, et que la chaîne des êtres ne soit point interrompue.

XXX⁰. Il est certain que Dieu a dit à Zoroastre : Quand on sera dans le doute si une action est bonne ou mauvaise, qu'on ne la fasse pas.

N. B. Ceci est un peu contre la doctrine des opinions probables.

XXXIII⁰. Que les grandes libéralités ne soient répandues que sur les plus dignes : ce qui est confié aux indignes est perdu.

XXXV⁰. Mais s'il s'agit du nécessaire, quand tu manges, donne aussi à manger aux chiens.

XL⁰. Quiconque exhorte les hommes à la pénitence doit être sans péché : qu'il ait du zèle, et que ce zèle ne soit point trompeur; qu'il ne mente jamais ; que son caractère soit bon, son âme sensible à l'amitié, son cœur et sa langue toujours d'intelligence; qu'il soit éloigné de toute débauche, de toute injustice, de tout péché ; qu'il soit un exemple de bonté, de justice devant le peuple de Dieu.

N. B. Quel exemple pour les prêtres de tout pays! et remarquez que, dans toutes les religions de l'Orient, le peuple est appelé le peuple de Dieu.

XLI⁰. Quand les Fervardagans viendront, fais les repas d'expiation et de bienveillance ; cela est agréable au Créateur.

N. B. Ce précepte a quelque ressemblance avec les agapes.

LXVIII⁰. Ne mens jamais ; cela est infâme, quand même le mensonge serait utile.

N. B. Cette doctrine est bien contraire à celle du mensonge officieux.

LXIX⁰. Point de familiarité avec les courtisanes. Ne cherche à séduire la femme de personne.

LXX⁰. Qu'on s'abstienne de tout vol, de toute rapine.

LXXI⁰. Que ta main, ta langue, et ta pensée, soient pures de tout péché. Dans tes afflictions, offre à Dieu ta patience ; dans le bonheur, rends-lui des actions de grâce.

XCI°. Jour et nuit, pense à faire du bien : la vie est courte. Si, devant servir aujourd'hui ton prochain, tu attends à demain, fais pénitence. Célèbre les six Gahambârs : car Dieu a créé le monde en six fois dans l'espace d'une année, etc. Dans le temps des six Gahambârs ne refuse personne. Un jour le grand roi Giemshid ordonna au chef de ses cuisines de donner à manger à tous ceux qui se présenteraient ; le mauvais génie ou Satan se présenta sous la forme d'un voyageur ; quand il eut dîné, il demanda encore à manger, Giemshid ordonna qu'on lui servît un bœuf ; Satan ayant mangé le bœuf, Giemshid lui fit servir des chevaux ; Satan en demanda encore d'autres. Alors le juste Dieu envoya l'ange Behman, qui chassa le diable ; mais l'action de Giemshid fut agréable à Dieu.

N. B. On reconnaît bien le génie oriental dans cette allégorie.

Ce sont là les principaux dogmes des anciens Perses. Presque tous sont conformes à la religion naturelle de tous les peuples du monde ; les cérémonies sont partout différentes ; la vertu est partout la même ; c'est qu'elle vient de Dieu, le reste est des hommes.

Nous remarquerons seulement que les Parsis eurent toujours un baptême, et jamais la circoncision. Le baptême est commun à toutes les anciennes nations de l'Orient ; la circoncision des Égyptiens, des Arabes et des Juifs, est infiniment postérieure : car rien n'est plus naturel que de se laver ; et il a fallu bien des siècles avant d'imaginer qu'une opération contre la nature et contre la pudeur pût plaire à l'Être des êtres.

Nous passons tout ce qui concerne des cérémonies inutiles pour nous, ridicules à nos yeux, liées à des usages que nous ne connaissons plus. Nous supprimons aussi toutes les amplifications orientales, et toutes ces figures gigantesques, incohérentes et fausses, si familières à tous ces peuples, chez lesquels il n'y a peut-être jamais eu que l'auteur des fables attribuées à Ésope qui ait écrit naturellement.

Nous savons assez que le bon goût n'a jamais été connu dans l'Orient, parce que les hommes, n'y ayant jamais vécu en société avec les femmes, et ayant presque toujours été dans la retraite, n'eurent pas les mêmes occasions de se former l'esprit qu'eurent les Grecs et les Romains. Otez aux Arabes, aux Persans, aux Juifs, le soleil et la lune, les montagnes et les vallées, les dragons et les basilics, il ne leur reste presque plus de poésie.

Il suffit de savoir que ces préceptes de Zoroastre, rapportés dans le *Sadder*, sont de l'antiquité la plus haute, qu'il y est parlé de rois dont Bérose lui-même ne fait pas mention.

Nous ne savons pas quel était le premier Zoroastre, en quel temps il vivait, si c'est le Brama des Indiens, et l'Abraham des Juifs; mais nous savons, à n'en pouvoir douter, que sa religion enseignait la vertu. C'est le but essentiel de toutes les religions; elles ne peuvent jamais en avoir eu d'autre; car il n'est pas dans la nature humaine, quelque abrutie qu'elle puisse être, de croire d'abord à un homme qui viendrait enseigner le crime.

Les dogmes du *Sadder* nous prouvent encore que les Perses n'étaient point idolâtres. Notre ignorante témérité accusa longtemps d'idolâtrie les Persans, les Indiens, les Chinois, et jusqu'aux mahométans, si attachés à l'unité de Dieu qu'ils nous traitent nous-mêmes d'idolâtres. Tous nos anciens livres italiens, français, espagnols, appellent les mahométans *païens*, et leur empire *la paganie*. Nous ressemblions, dans ces temps-là, aux Chinois, qui se croyaient le seul peuple raisonnable, et qui n'accordaient pas aux autres hommes la figure humaine. La raison est toujours venue tard; c'est une divinité qui n'est apparue qu'à peu de personnes.

Les Juifs imputèrent aux chrétiens des repas de Thyeste, et des noces d'Œdipe, comme les chrétiens aux païens; toutes les sectes s'accusèrent mutuellement des plus grands crimes : l'univers s'est calomnié.

La doctrine des deux principes est de Zoroastre. Orosmade, ou Oromaze, le dieu des jours, et Arimane, le génie des ténèbres, sont l'origine du manichéisme. C'est l'Osiris et le Typhon des Égyptiens, c'est la Pandore des Grecs; c'est le vain effort de tous les sages pour expliquer l'origine du bien et du mal. Cette théologie des mages fut respectée dans l'Orient sous tous les gouvernements; et, au milieu de toutes les révolutions, l'ancienne religion s'était toujours soutenue en Perse : ni les dieux des Grecs, ni d'autres divinités n'avaient prévalu.

Noushirvan, ou Cosroès le Grand, sur la fin du VIe siècle, avait étendu son empire dans une partie de l'Arabie Pétrée, et de celle que l'on nommait Heureuse. Il en avait chassé les Abyssins, demi-chrétiens qui l'avaient envahie. Il proscrivit, autant qu'il le put, le christianisme de ses propres États, forcé à cette sévérité par le crime d'un fils de sa femme, qui, s'étant fait chrétien, se révolta contre lui [1].

---

1. Voltaire protesta contre cette phrase qui se trouvait déjà dans l'édition de Jean Néaulme : « Nous avons trouvé, page 39 du manuscrit, fait-il écrire par le notaire : *le roi de Perse eut un fils qui, s'étant fait chrétien, fut indigne de l'être*

Les enfants du grand Noushirvan, indignes d'un tel père, désolaient la Perse par des guerres civiles et par des parricides. Les successeurs du législateur Justinien avilissaient le nom de l'empire. Maurice venait d'être détrôné par les armes de Phocas, par les intrigues du patriarche Cyriaque, par celles de quelques évêques, que Phocas punit ensuite de l'avoir servi. Le sang de Maurice et de ses cinq fils avait coulé sous la main du bourreau ; et le pape Grégoire le Grand, ennemi des patriarches de Constantinople, tâchait d'attirer le tyran Phocas dans son parti, en lui prodiguant des louanges, et en condamnant la mémoire de Maurice, qu'il avait loué pendant sa vie.

L'empire de Rome en Occident était anéanti. Un déluge de barbares, Goths, Hérules, Huns, Vandales, Francs, inondait l'Europe, quand Mahomet jetait, dans les déserts de l'Arabie, les fondements de la religion et de la puissance musulmanes.

CHAPITRE VI.

DE L'ARABIE, ET DE MAHOMET [1].

De tous les législateurs et de tous les conquérants, il n'en est aucun dont la vie ait été écrite avec plus d'authenticité et dans un plus grand détail par ses contemporains que celle de Mahomet. Otez de cette vie les prodiges dont cette partie du monde fut toujours infatuée, le reste est d'une vérité reconnue. Il naquit dans la ville de Mecca, que nous nommons la Mecque, l'an 569 de notre ère vulgaire, au mois de mai. Son père s'appelait Abdalla, sa mère Émine : il n'est pas douteux que sa famille ne fût une des plus considérées de la première tribu, qui était celle des Coracites. Mais la généalogie qui le fait descendre d'Abraham en

---

et se révolta contre lui. Dans l'édition de Jean Néaulme, on a supprimé ces mots essentiels : *fut indigne de l'être.* » Et Voltaire, ayant protesté, a maintenu, comme on peut voir, la suppression des mots essentiels. (G. A.)

1. Un anonyme ayant publié une *Critique de l'Histoire universelle de M. de Voltaire, au sujet de Mahomet et du mahométisme,* in-4° de quarante-trois pages c'est en réponse que Voltaire fit imprimer sa *Lettre civile et honnête,* qu'on trouvera dans les *Mélanges,* année 1760.

droite ligne est une de ces fables inventées par ce désir si naturel d'en imposer aux hommes.

Les mœurs et les superstitions des premiers âges que nous connaissons s'étaient conservées dans l'Arabie. On le voit par le vœu que fit son grand-père Abdalla-Moutaleb de sacrifier un de ses enfants. Une prêtresse de la Mecque lui ordonna de racheter ce fils pour quelques chameaux, que l'exagération arabe fait monter au nombre de cent. Cette prêtresse était consacrée au culte d'une étoile, qu'on croit avoir été celle de Sirius, car chaque tribu avait son étoile ou sa planète[1]. On rendait aussi un culte à des génies, à des dieux mitoyens; mais on reconnaissait un dieu supérieur, et c'est en quoi presque tous les peuples se sont accordés.

Abdalla-Moutaleb vécut, dit-on, cent dix ans. Son petit-fils Mahomet porta les armes dès l'âge de quatorze ans dans une guerre sur les confins de la Syrie; réduit à la pauvreté, un de ses oncles le donna pour facteur à une veuve nommée Cadige, qui faisait en Syrie un négoce considérable : il avait alors vingt-cinq ans. Cette veuve épousa bientôt son facteur, et l'oncle de Mahomet, qui fit ce mariage, donna douze onces d'or à son neveu : environ neuf cents francs de notre monnaie furent tout le patrimoine de celui qui devait changer la face de la plus grande et de la plus belle partie du monde. Il vécut obscur avec sa première femme Cadige jusqu'à l'âge de quarante ans. Il ne déploya qu'à cet âge les talents qui le rendaient supérieur à ses compatriotes. Il avait une éloquence vive et forte, dépouillée d'art et de méthode, telle qu'il la fallait à des Arabes; un air d'autorité et d'insinuation, animé par des yeux perçants et par une physionomie heureuse; l'intrépidité d'Alexandre, sa libéralité, et la sobriété dont Alexandre aurait eu besoin pour être un grand homme en tout.

L'amour, qu'un tempérament ardent lui rendait nécessaire, et qui lui donna tant de femmes et de concubines, n'affaiblit ni son courage, ni son application, ni sa santé : c'est ainsi qu'en parlent les contemporains, et ce portrait est justifié par ses actions.

Après avoir bien connu le caractère de ses concitoyens, leur ignorance, leur crédulité, et leur disposition à l'enthousiasme, il vit qu'il pouvait s'ériger en prophète. Il forma le dessein d'abolir dans sa patrie le sabisme, qui consiste dans le mélange du culte de Dieu et de celui des astres; le judaïsme, détesté de toutes les

---

1. Voyez le *Koran* et la préface du *Koran*, écrite par le savant et judicieux Sale, qui avait demeuré vingt-cinq ans en Arabie. (*Note de Voltaire.*)

nations, et qui prenait une grande supériorité dans l'Arabie ; enfin le christianisme, qu'il ne connaissait que par les abus de plusieurs sectes répandues autour de son pays. Il prétendait rétablir le culte simple d'Abraham ou Ibrahim, dont il se disait descendu, et rappeler les hommes à l'unité d'un dieu, dogme qu'il s'imaginait être défiguré dans toutes les religions. C'est en effet ce qu'il déclare expressément dans le troisième Sura ou chapitre de son *Koran*. « Dieu connaît, et vous ne connaissez pas. Abraham n'était ni juif ni chrétien, mais il était de la vraie religion. Son cœur était résigné à Dieu ; il n'était point du nombre des idolâtres. »

Il est à croire que Mahomet, comme tous les enthousiastes, violemment frappé de ses idées, les débita d'abord de bonne foi, les fortifia par des rêveries, se trompa lui-même en trompant les autres, et appuya enfin, par des fourberies nécessaires, une doctrine qu'il croyait bonne. Il commença par se faire croire dans sa maison, ce qui était probablement le plus difficile ; sa femme et le jeune Ali, mari de sa fille, Fatime, furent ses premiers disciples. Ses concitoyens s'élevèrent contre lui ; il devait bien s'y attendre : sa réponse aux menaces des Coracites marque à la fois son caractère et la manière de s'exprimer commune de sa nation. « Quand vous viendriez à moi, dit-il, avec le soleil à la droite et la lune à la gauche, je ne reculerais pas dans ma carrière. »

Il n'avait encore que seize disciples, en comptant quatre femmes, quand il fut obligé de les faire sortir de la Mecque, où ils étaient persécutés, et de les envoyer prêcher sa religion en Éthiopie. Pour lui, il osa rester à la Mecque, où il affronta ses ennemis, et il fit de nouveaux prosélytes qu'il envoya encore en Éthiopie, au nombre de cent. Ce qui affermit le plus sa religion naissante, ce fut la conversion d'Omar, qui l'avait longtemps persécuté. Omar, qui depuis devint un si grand conquérant, s'écria, dans une assemblée nombreuse : « J'atteste qu'il n'y a qu'un Dieu, qu'il n'a ni compagnon ni associé, et que Mahomet est son serviteur et son prophète. »

Le nombre de ses ennemis l'emportait encore sur ses partisans. Ses disciples se répandirent dans Médine ; ils y formèrent une faction considérable. Mahomet, persécuté dans la Mecque, et condamné à mort, s'enfuit à Médine. Cette fuite, qu'on nomme *hégire*[1], devint l'époque de sa gloire et de la fondation de son em-

---

1. Les auteurs de l'*Art de vérifier les dates* disent que l'époque de cette expulsion est le 16 juillet 622 ; mais les auteurs de la *Biographie universelle* font observer que le départ de Mahomet de la Mecque n'eut lieu que le 8 raby 1er de cette

pire. De fugitif il devint conquérant. S'il n'avait pas été persécuté, il n'aurait peut-être pas réussi. Réfugié à Médine, il y persuada le peuple et l'asservit. Il battit d'abord, avec cent treize hommes, les Mecquois, qui étaient venus fondre sur lui au nombre de mille. Cette victoire, qui fut un miracle aux yeux de ses sectateurs, les persuada que Dieu combattait pour eux, comme eux pour lui. Dès la première victoire, ils espérèrent la conquête du monde. Mahomet prit la Mecque, vit ses persécuteurs à ses pieds, conquit en neuf ans, par la parole et par les armes, toute l'Arabie, pays aussi grand que la Perse, et que les Perses ni les Romains n'avaient pu conquérir. Il se trouvait à la tête de quarante mille hommes tous enivrés de son enthousiasme. Dans ses premiers succès, il avait écrit au roi de Perse Cosroès Second ; à l'empereur Héraclius ; au prince des Cophtes, gouverneur d'Égypte ; au roi des Abyssins ; à un roi nommé Mondar, qui régnait dans une province près du golfe Persique.

Il osa leur proposer d'embrasser sa religion ; et, ce qui est étrange, c'est que de ces princes il y en eut deux qui se firent mahométans : ce furent le roi d'Abyssinie, et ce Mondar. Cosroès déchira la lettre de Mahomet avec indignation. Héraclius répondit par des présents. Le prince des Cophtes lui envoya une fille qui passait pour un chef-d'œuvre de la nature, et qu'on appelait la belle Marie.

Mahomet, au bout de neuf ans, se croyant assez fort pour étendre ses conquêtes et sa religion chez les Grecs et chez les Perses, commença par attaquer la Syrie, soumise alors à Héraclius, et lui prit quelques villes. Cet empereur, entêté de disputes métaphysiques de religion, et qui avait pris le parti des monothélites, essuya en peu de temps deux propositions bien singulières, l'une de la part de Cosroès Second, qui l'avait longtemps vaincu, et l'autre de la part de Mahomet. Cosroès voulait qu'Héraclius embrassât la religion des mages, et Mahomet qu'il se fît musulman.

Le nouveau prophète donnait le choix à ceux qu'il voulait subjuguer d'embrasser sa secte, ou de payer un tribut. Ce tribut était réglé par l'*Alcoran* à treize dragmes d'argent par an pour chaque chef de famille. Une taxe si modique est une preuve que les peuples qu'il soumit étaient pauvres. Le tribut a augmenté

année, et son arrivée à Médine le mardi 16 du même mois (28 septembre 622). Néanmoins on a fait remonter le commencement de cette ère au premier jour de l'année, c'est-à-dire à soixante-huit jours avant la fuite de Mahomet. (B.)

depuis. De tous les législateurs qui ont fondé des religions, il est le seul qui ait étendu la sienne par les conquêtes. D'autres peuples ont porté leur culte avec le fer et le feu chez des nations étrangères ; mais nul fondateur de secte n'avait été conquérant. Ce privilége unique est aux yeux des musulmans l'argument le plus fort que la Divinité prit soin elle-même de seconder leur prophète.

Enfin Mahomet, maître de l'Arabie, et redoutable à tous ses voisins, attaqué d'une maladie mortelle à Médine, à l'âge de soixante-trois ans et demi[1], voulut que ses derniers moments parussent ceux d'un héros et d'un juste : « Que celui à qui j'ai fait violence et injustice paraisse, s'écria-t-il, et je suis prêt à lui faire réparation. » Un homme se leva, qui lui redemanda quelque argent ; Mahomet le lui fit donner, et expira peu de temps après, regardé comme un grand homme par ceux même qui le connaissaient pour un imposteur, et révéré comme un prophète par tout le reste.

Ce n'était pas sans doute un ignorant, comme quelques-uns l'ont prétendu. Il fallait bien même qu'il fût très-savant pour sa nation et pour son temps, puisqu'on a de lui quelques aphorismes de médecine, et qu'il réforma le calendrier des Arabes, comme César celui des Romains. Il se donne, à la vérité, le titre de prophète non lettré ; mais on peut savoir écrire, et ne pas s'arroger le nom de savant. Il était poëte ; la plupart des derniers versets de ses chapitres sont rimés ; le reste est en prose cadencée. La poésie ne servit pas peu à rendre son *Alcoran* respectable. Les Arabes faisaient un très-grand cas de la poésie ; et lorsqu'il y avait un bon poëte dans une tribu, les autres tribus envoyaient une ambassade de félicitation à celle qui avait produit un auteur, qu'on regardait comme inspiré et comme utile. On affichait les meilleures poésies dans le temple de la Mecque ; et quand on y afficha le second chapitre de Mahomet, qui commence ainsi : « Il ne faut point douter ; c'est ici la science des justes, de ceux qui croient aux mystères, qui prient quand il le faut, qui donnent avec générosité, etc. », alors le premier poëte de la Mecque, nommé Abid[2], déchira ses propres vers affichés au temple, admira Mahomet, et se rangea sous sa loi[3]. Voilà des mœurs, des usages, des faits si différents de tout ce qui se passe

---

1. Le 13e jour de raby 1er de la xie année de l'hégire (8 juin 632).
2. Ou plutôt Lébid. (G. A.)
3. Lisez le commencement du *Koran* ; il est sublime. (*Note de Voltaire*.)

parmi nous qu'ils doivent nous montrer combien le tableau de l'univers est varié, et combien nous devons être en garde contre notre habitude de juger de tout par nos usages.

Les Arabes contemporains écrivirent la vie de Mahomet dans le plus grand détail. Tout y ressent la simplicité barbare des temps qu'on nomme héroïques. Son contrat de mariage avec sa première femme Cadige est exprimé en ces mots : « Attendu que Cadige est amoureuse de Mahomet, et Mahomet pareillement amoureux d'elle. » On voit quels repas apprêtaient ses femmes : on apprend le nom de ses épées et de ses chevaux. On peut remarquer surtout dans son peuple des mœurs conformes à celles des anciens Hébreux (je ne parle ici que des mœurs); la même ardeur à courir au combat, au nom de la Divinité; la même soif du butin, le même partage des dépouilles, et tout se rapportant à cet objet.

Mais, en ne considérant ici que les choses humaines, et en faisant toujours abstraction des jugements de Dieu et de ses voies inconnues, pourquoi Mahomet et ses successeurs, qui commencèrent leurs conquêtes précisément comme les Juifs, firent-ils de si grandes choses, et les Juifs de si petites? Ne serait-ce point parce que les musulmans eurent le plus grand soin de soumettre les vaincus à leur religion, tantôt par la force, tantôt par la persuasion? Les Hébreux, au contraire, associèrent rarement les étrangers à leur culte. Les musulmans arabes incorporèrent à eux les autres nations; les Hébreux s'en tinrent toujours séparés. Il paraît enfin que les Arabes eurent un enthousiasme plus courageux, une politique plus généreuse et plus hardie. Le peuple hébreu avait en horreur les autres nations, et craignit toujours d'être asservi; le peuple arabe, au contraire, voulut attirer tout à lui, et se crut fait pour dominer.

Si ces Ismaélites ressemblaient aux Juifs par l'enthousiasme et la soif du pillage, ils étaient prodigieusement supérieurs par le courage, par la grandeur d'âme, par la magnanimité : leur histoire, ou vraie, ou fabuleuse, avant Mahomet, est remplie d'exemples d'amitié tels que la Grèce en inventa dans les fables de Pylade et d'Oreste, de Thésée et de Pirithoüs. L'histoire des Barmécides n'est qu'une suite de générosités inouïes qui élèvent l'âme. Ces traits caractérisent une nation. On ne voit, au contraire, dans toutes les annales du peuple hébreu, aucune action généreuse. Ils ne connaissent ni l'hospitalité, ni la libéralité, ni la clémence. Leur souverain bonheur est d'exercer l'usure avec les étrangers; et cet esprit d'usure, principe de toute lâcheté, est tellement enraciné dans leurs cœurs, que c'est l'objet continuel des figures qu'ils emploient dans l'espèce d'éloquence qui leur est propre. Leur gloire est de mettre à feu et à sang les petits villages dont ils peuvent s'emparer. Ils égorgent les vieillards et les enfants ; ils ne réservent que les filles nubiles ; ils assassinent leurs maîtres quand ils sont esclaves ; ils ne savent jamais pardonner quand ils sont vainqueurs ; ils sont les ennemis du genre humain. Nulle politesse, nulle science, nul art perfectionné dans aucun temps chez cette nation atroce. Mais, dès le second siècle de l'hégire, les Arabes deviennent les précepteurs de l'Europe dans les sciences et dans les arts, malgré leur loi qui semble l'ennemie des arts.

La dernière volonté de Mahomet ne fut point exécutée. Il avait nommé Ali, son gendre, époux de Fatime, pour l'héritier de son empire. Mais l'ambition, qui l'emporte sur le fanatisme même, engagea les chefs de son armée à déclarer calife, c'est-à-dire vicaire du prophète, le vieux Abubéker, son beau-père, dans l'espérance qu'ils pourraient bientôt eux-mêmes partager la succession. Ali resta dans l'Arabie, attendant le temps de se signaler.

Cette division fut la première semence du grand schisme qui sépare aujourd'hui les sectateurs d'Omar et ceux d'Ali, les Sunni et les Chias, les Turcs et les Persans modernes.

Abubéker rassembla d'abord en un corps les feuilles éparses de l'*Alcoran*. On lut, en présence de tous les chefs, les chapitres de ce livre, écrits les uns sur des feuilles de palmier, les autres sur du parchemin ; et on établit ainsi son authenticité invariable. Le respect superstitieux pour ce livre alla jusqu'à se persuader que l'original avait été écrit dans le ciel. Toute la question fut de savoir s'il avait été écrit de toute éternité, ou seulement au temps de Mahomet : les plus dévots se déclarèrent pour l'éternité.

Bientôt Abubéker mena ses musulmans en Palestine, et y défit le frère d'Héraclius. Il mourut peu après, avec la réputation du plus généreux de tous les hommes, n'ayant jamais pris pour lui qu'environ quarante sous de notre monnaie par jour, de tout le butin qu'on partageait, et ayant fait voir combien le mépris des petits intérêts peut s'accorder avec l'ambition que les grands intérêts inspirent.

Abubéker passe chez les Osmanlis pour un grand homme et pour un musulman fidèle : c'est un des saints de l'*Alcoran*. Les Arabes rapportent son testament, conçu en ces termes : « Au nom de Dieu très-miséricordieux, voici le testament d'Abubéker, fait dans le temps qu'il est prêt à passer de ce monde à l'autre ; dans le temps où les infidèles croient, où les impies cessent de douter, et où les menteurs disent la vérité. » Ce début semble être d'un homme persuadé. Cependant Abubéker, beau-père de Mahomet, avait vu ce prophète de bien près. Il faut qu'il ait été trompé lui-même par le prophète, ou qu'il ait été le complice d'une imposture illustre, qu'il regardait comme nécessaire. Sa place lui ordonnait d'en imposer aux hommes pendant sa vie et à sa mort.

Omar, élu après lui, fut un des plus rapides conquérants qui aient désolé la terre. Il prend d'abord Damas, célèbre par la fertilité de son territoire, par les ouvrages d'acier les meilleurs de l'univers, par ces étoffes de soie qui portent encore son nom. Il chasse de la Syrie et de la Phénicie les Grecs qu'on appelait Romains[1]. Il reçoit à composition, après un long siége, la ville de Jérusalem, presque toujours occupée par des étrangers qui se succédèrent les uns aux autres, depuis que David l'eut enlevée à ses anciens citoyens : ce qui mérite la plus grande attention, c'est qu'il laissa aux juifs et aux chrétiens, habitants de Jérusalem, une pleine liberté de conscience.

Dans le même temps, les lieutenants d'Omar s'avançaient en Perse. Le dernier des rois persans, que nous appelons Hormisdas IV, livre bataille aux Arabes, à quelques lieues de Madain, devenue la capitale de cet empire. Il perd la bataille et la vie. Les Perses passent sous la domination d'Omar, plus facilement qu'ils n'avaient subi le joug d'Alexandre.

Alors tomba cette ancienne religion des mages que le vainqueur de Darius avait respectée; car il ne toucha jamais au culte des peuples vaincus.

Les mages, adorateurs d'un seul dieu, ennemis de tout simulacre, révéraient dans le feu, qui donne la vie à la nature, l'emblème de la Divinité. Ils regardaient leur religion comme la plus ancienne et la plus pure. La connaissance qu'ils avaient des mathématiques, de l'astronomie, et de l'histoire, augmentait leur mépris pour leurs vainqueurs, alors ignorants. Ils ne purent abandonner une religion consacrée par tant de siècles, pour une secte ennemie qui venait de naître. La plupart se retirèrent aux extrémités de la Perse et de l'Inde. C'est là qu'ils vivent aujourd'hui, sous le nom de Gaures ou de Guèbres, de Parsis, d'Ignicoles; ne se mariant qu'entre eux, entretenant le feu sacré, fidèles à ce qu'ils connaissent de leur ancien culte; mais ignorants, méprisés, et, à leur pauvreté près, semblables aux Juifs si longtemps dispersés sans s'allier aux autres nations, et plus encore aux Banians, qui ne sont établis et dispersés que dans l'Inde et en Perse. Il

---

1 Année 15 de l'hégire, 637 de l'ère vulgaire.

resta un grand nombre de familles guèbres ou ignicoles à Ispahan, jusqu'au temps de Sha-Abbas qui les bannit, comme Isabelle chassa les Juifs d'Espagne. Ils ne furent tolérés dans les faubourgs de cette ville que sous ses successeurs. Les ignicoles maudissent depuis longtemps dans leurs prières Alexandre et Mahomet; il est à croire qu'ils y ont joint Sha-Abbas.

Tandis qu'un lieutenant d'Omar subjugue la Perse, un autre enlève l'Égypte entière aux Romains, et une grande partie de la Libye. C'est dans cette conquête que fut brûlée la fameuse bibliothèque d'Alexandrie, monument des connaissances et des erreurs des hommes, commencé par Ptolémée Philadelphe, et augmenté par tant de rois. Alors les Sarrasins ne voulaient de science que l'*Alcoran*, mais ils faisaient déjà voir que leur génie pouvait s'étendre à tout. L'entreprise de renouveler en Égypte l'ancien canal creusé par les rois, et rétabli ensuite par Trajan, et de rejoindre ainsi le Nil à la mer Rouge, est digne des siècles les plus éclairés. Un gouverneur d'Égypte entreprend ce grand travail sous le califat d'Omar, et en vient à bout. Quelle différence entre le génie des Arabes et celui des Turcs! Ceux-ci ont laissé périr un ouvrage dont la conservation valait mieux que la conquête d'une grande province.

Les amateurs de l'antiquité, ceux qui se plaisent à comparer les génies des nations, verront avec plaisir combien les mœurs, les usages du temps de Mahomet, d'Abubéker, d'Omar, ressemblaient aux mœurs antiques dont Homère a été le peintre fidèle. On voit les chefs défier à un combat singulier les chefs ennemis; on les voit s'avancer hors des rangs et combattre aux yeux des deux armées, spectatrices immobiles. Ils s'interrogent l'un l'autre, ils se parlent, ils se bravent, ils invoquent Dieu avant d'en venir aux mains. On livra plusieurs combats singuliers dans ce genre au siége de Damas.

Il est évident que les combats des Amazones, dont parlent Homère et Hérodote, ne sont point fondés sur des fables. Les femmes de la tribu d'Imiar, de l'Arabie Heureuse, étaient guerrières, et combattaient dans les armées d'Abubéker et d'Omar. On ne doit pas croire qu'il y ait jamais eu un royaume des Amazones, où les femmes vécussent sans hommes; mais dans les temps et dans les pays où l'on menait une vie agreste et pastorale, il n'est pas surprenant que des femmes, aussi durement élevées que les hommes, aient quelquefois combattu comme eux. On voit surtout au siége de Damas une de ces femmes, de la tribu d'Imiar, venger la mort de son mari tué à ses côtés, et percer d'un coup de flèche le commandant de la ville. Rien ne justifie plus l'Arioste et le Tasse, qui dans leurs poëmes font combattre tant d'héroïnes.

L'histoire vous en présentera plus d'une dans le temps de la chevalerie. Ces usages, toujours très-rares, paraissent aujourd'hui incroyables, surtout depuis que l'artillerie ne laisse plus agir la valeur, l'adresse, l'agilité de chaque combattant, et que les armées sont devenues des espèces de machines régulières qui se meuvent comme par des ressorts.

Les discours des héros arabes à la tête des armées, ou dans les combats singuliers, ou en jurant des trêves, tiennent tous de ce naturel qu'on trouve dans Homère; mais ils ont incomparablement plus d'enthousiasme et de sublime.

Vers l'an 11 de l'hégire, dans une bataille entre l'armée d'Héraclius et celle des Sarrasins, le général mahométan, nommé Dérar, est pris; les Arabes en sont épouvantés. Rasi, un de leurs capitaines, court à eux : « Qu'importe, leur dit-il, que Dérar soit pris ou mort? Dieu est vivant et vous regarde : combattez. » Il leur fait tourner tête, et remporte la victoire.

Un autre s'écrie : « Voilà le ciel, combattez pour Dieu, et il vous donnera la terre. »

Le général Kaled prend dans Damas la fille d'Héraclius et la renvoie sans rançon : on lui demande pourquoi il en use ainsi : « C'est, dit-il, que j'espère reprendre bientôt la fille avec le père dans Constantinople. »

Quand le calife Moavia, prêt d'expirer, l'an 60 de l'hégire, fit assurer à son fils Iesid le trône des califes, qui jusqu'alors était électif, il dit : « Grand Dieu! si j'ai établi mon fils dans le califat, parce que je l'en ai cru digne, je te prie d'affermir mon fils sur le trône; mais si je n'ai agi que comme père, je te prie de l'en précipiter. »

Tout ce qui arrive alors caractérise un peuple supérieur. Les succès de ce peuple conquérant semblent dus encore plus à l'enthousiasme qui l'anime qu'à ses conducteurs : car Omar est assassiné par un esclave perse, l'an 653 de notre ère. Othman, son successeur, l'est en 655, dans une émeute. Ali, ce fameux gendre de Mahomet, n'est élu et ne gouverne qu'au milieu des troubles. Il meurt assassiné au bout de cinq ans, comme ses prédécesseurs ; et cependant les armes musulmanes sont toujours heureuses. Ce calife Ali, que les Persans révèrent aujourd'hui, et dont ils suivent les principes, en opposition à ceux d'Omar, avait transféré le siége des califes de la ville de Médine, où Mahomet est enseveli, dans celle de Cufa, sur les bords de l'Euphrate : à peine en reste-t-il aujourd'hui des ruines. C'est le sort de Babylone, de Séleucie, et de toutes les anciennes villes de la Chaldée, qui n'étaient bâties que de briques.

Il est évident que le génie du peuple arabe, mis en mouvement par Mahomet, fit tout de lui-même pendant près de trois siècles, et ressembla en cela au génie des anciens Romains. C'est en effet sous Valid, le moins guerrier des califes, que se font les plus grandes conquêtes. Un de ses généraux étend son empire jusqu'à Samarcande, en 707. Un autre attaque en même temps l'empire des Grecs vers la mer Noire. Un autre, en 711, passe d'Égypte en Espagne, soumise aisément tour à tour par les Carthaginois, par les Romains, par les Goths et les Vandales, et enfin par ces Arabes qu'on nomme Maures. Ils y établirent d'abord le royaume de Cordoue. Le sultan d'Égypte secoue à la vérité le joug du grand calife de Bagdad; et Abdérame, gouverneur de l'Espagne conquise, ne reconnaît plus le sultan d'Egypte : cependant, tout plie encore sous les armes musulmanes.

Cet Abdérame, petit-fils du calife Hescham, prend les royaumes de Castille, de Navarre, de Portugal, d'Aragon. Il s'établit en Languedoc ; il s'empare de la Guienne et du Poitou, et sans Charles Martel, qui lui ôta la victoire et la vie, la France était une province mahométane.

Après le règne de dix-neuf califes de la maison des Ommiades commence la dynastie des califes Abassides, vers l'an 752 de notre ère. Abougiafar-Almanzor, second calife Abasside, fixa le siége de ce grand empire à Bagdad, au delà de l'Euphrate, dans la Chaldée. Les Turcs disent qu'il en jeta les fondements. Les Persans assurent qu'elle était très-ancienne, et qu'il ne fit que la réparer. C'est cette ville qu'on appelle quelquefois Babylone, et qui a été le sujet de tant de guerres entre la Perse et la Turquie.

La domination des califes dura six cent cinquante-cinq ans. Despotiques dans la religion comme dans le gouvernement, ils n'étaient point adorés ainsi que le grand lama, mais ils avaient une autorité plus réelle ; et dans le temps même de leur décadence, ils furent respectés des princes qui les persécutaient. Tous ces sultans, turcs, arabes, tartares, reçurent l'investiture des califes avec bien moins de contestation que plusieurs princes chrétiens ne l'ont reçue des papes. On ne baisait point les pieds du calife; mais on se prosternait sur le seuil de son palais.

Si jamais puissance a menacé toute la terre, c'est celle de ces califes; car ils avaient le droit du trône et de l'autel, du glaive et de l'enthousiasme. Leurs ordres étaient autant d'oracles, et leurs soldats autant de fanatiques.

Dès l'an 671, ils assiégèrent Constantinople, qui devait un jour devenir mahométane; les divisions, presque inévitables parmi tant de chefs audacieux, n'arrêtèrent pas leurs conquêtes. Ils ressemblèrent en ce point aux anciens Romains, qui parmi leurs guerres civiles avaient subjugué l'Asie Mineure.

A mesure que les mahométans devinrent puissants, ils se polirent. Ces califes, toujours reconnus pour souverains de la religion, et, en apparence, de l'empire, par ceux qui ne reçoivent plus leurs ordres de si loin, tranquilles dans leur nouvelle Babylone, y font bientôt renaître les arts. Aaron-al-Raschild, contemporain de Charlemagne, plus respecté que ses prédécesseurs, et qui sut se faire obéir jusqu'en Espagne et aux Indes, ranima les sciences, fit fleurir les arts agréables et utiles, attira les gens de lettres, composa des vers, et fit succéder dans ses vastes États la politesse à la barbarie. Sous lui les Arabes, qui adoptaient déjà les chiffres indiens, les apportèrent en Europe. Nous ne connûmes, en Allemagne et en France, le cours des astres que par le moyen de ces mêmes Arabes. Le mot seul d'*Almanach* en est encore un témoignage.

L'*Almageste* de Ptolémée fut alors traduit du grec en arabe par l'astronome Ben-Honaïn. Le calife Almamon fit mesurer géométriquement un degré du méridien, pour déterminer la grandeur de la terre : opération qui n'a été faite en France que plus de huit cents ans après, sous Louis XIV. Ce même astronome, Ben-Honaïn, poussa ses observations assez loin, reconnut ou que Ptolémée avait fixé la plus grande déclinaison du soleil trop au septentrion, ou que l'obliquité de l'écliptique avait changé. Il vit même que la période de trente-six mille ans, qu'on avait assignée au mouvement prétendu des étoiles fixes d'occident en orient, devait être beaucoup raccourcie.

La chimie et la médecine étaient cultivées par les Arabes. La chimie, perfectionnée aujourd'hui par nous, ne nous fut connue que par eux. Nous leur devons de nouveaux remèdes, qu'on nomme *les minoratifs*, plus doux et plus salutaires que ceux qui étaient auparavant en usage dans l'école d'Hippocrate et de Galien. L'algèbre fut une de leurs inventions. Ce terme le montre encore assez ; soit qu'il dérive du mot *Algiabarat*, soit plutôt qu'il porte le nom du fameux Arabe Geber, qui enseignait cet art dans notre viiie siècle. Enfin, dès le second siècle de Mahomet, il fallut que les chrétiens d'Occident s'instruisissent chez les musulmans.

Une preuve infaillible de la supériorité d'une nation dans les arts de l'esprit, c'est la culture perfectionnée de la poésie. Je ne parle pas de cette poésie enflée et gigantesque, de ce ramas de lieux communs et insipides sur le soleil, la lune et les étoiles, les montagnes et les mers ; mais de cette poésie sage et hardie, telle qu'elle fleurit du temps d'Auguste, telle qu'on l'a vue renaître sous Louis XIV. Cette poésie d'image et de sentiment fut connue du temps d'Aaron-al-Raschild. En voici, entre autres exemples, un qui m'a frappé, et que je rapporte ici parce qu'il est court. Il s'agit de la célèbre disgrâce de Giafar le Barmécide.

> Mortel, faible mortel, à qui le sort prospère
> Fait goûter de ses dons les charmes dangereux,
> Connais quelle est des rois la faveur passagère ;
> Contemple Barmécide, et tremble d'être heureux.

Ce dernier vers surtout est traduit mot à mot. Rien ne me paraît plus beau que *tremble d'être heureux*. La langue arabe avait l'avantage d'être perfectionnée depuis longtemps ; elle était fixée avant Mahomet, et ne s'est point altérée depuis. Aucun des jargons qu'on parlait alors en Europe n'a pas seulement laissé la moindre trace. De quelque côté que nous nous tournions, il faut avouer que nous n'existons que d'hier. Nous allons plus loin que les autres peuples en plus d'un genre ; et c'est peut-être parce que nous sommes venus les derniers.

CHAPITRE VII[1].

DE L'ALCORAN, ET DE LA LOI MUSULMANE. EXAMEN SI LA RELIGION MUSULMANE ÉTAIT NOUVELLE, ET SI ELLE A ÉTÉ PERSÉCUTANTE.

Le précédent chapitre a pu nous donner quelque connaissance des mœurs de Mahomet et de ses Arabes, par qui une grande partie de la terre éprouva une révolution si grande et si prompte : il faut tracer à présent une peinture fidèle de leur religion.

---

1. Ce chapitre n'existait pas dans l'édition primitive. Il n'y avait sur l'*Alcoran* que quelques mots qui se trouvaient dans le chapitre précédent, et qui ont servi de noyau à celui-ci. (G. A.)

C'est un préjugé répandu parmi nous que le mahométisme n'a fait de si grands progrès que parce qu'il favorise les inclinations voluptueuses. On ne fait pas réflexion que toutes les anciennes religions de l'Orient ont admis la pluralité des femmes. Mahomet en réduisit à quatre le nombre illimité jusqu'alors. Il est dit que David avait dix-huit femmes, et Salomon sept cents, avec trois cents concubines. Ces rois buvaient du vin avec leurs compagnes. C'était donc la religion juive qui était voluptueuse, et celle de Mahomet était sévère.

C'est un grand problème parmi les politiques, si la polygamie est utile à la société et à la propagation. L'Orient a décidé cette question dans tous les siècles, et la nature est d'accord avec les peuples orientaux, dans presque toute espèce animale chez qui plusieurs femelles n'ont qu'un mâle. Le temps perdu par les grossesses, par les couches, par les incommodités naturelles aux femmes, semble exiger que ce temps soit réparé. Les femmes, dans les climats chauds, cessent de bonne heure d'être belles et fécondes. Un chef de famille, qui met sa gloire et sa prospérité dans un grand nombre d'enfants, a besoin d'une femme qui remplace une épouse inutile. Les lois de l'Occident semblent plus favorables aux femmes; celles de l'Orient, aux hommes et à l'État : il n'est point d'objet de législation qui ne puisse être un sujet de dispute. Ce n'est pas ici la place d'une dissertation; notre objet est de peindre les hommes plutôt que de les juger.

On déclame tous les jours contre le paradis sensuel de Mahomet; mais l'antiquité n'en avait jamais connu d'autre. Hercule épousa Hébé dans le ciel, pour récompense des peines qu'il avait éprouvées sur la terre. Les héros buvaient le nectar avec les dieux; et, puisque l'homme était supposé ressusciter avec ses sens, il était naturel de supposer aussi qu'il goûterait, soit dans un jardin, soit dans quelque autre globe, les plaisirs propres aux sens, qui doivent jouir puisqu'ils subsistent. Cette créance fut celle des pères de l'Église du IIe et du IIIe siècle. C'est ce qu'atteste précisément saint Justin, dans la seconde partie de ses *Dialogues:* « Jérusalem, dit-il, sera agrandie et embellie pour recevoir les saints, qui jouiront pendant mille ans de tous les plaisirs des sens. » Enfin le mot de *paradis* ne désigne qu'un jardin planté d'arbres fruitiers.

Cent auteurs, qui en ont copié un, ont écrit que c'était un moine nestorien qui avait composé l'*Alcoran*. Les uns ont nommé ce moine Sergius, les autres Boheïra ; mais il est évident que les chapitres de l'*Alcoran* furent écrits suivant l'occurrence, dans les voyages de Mahomet, et dans ses expéditions militaires. Avait-il toujours ce moine avec lui? On a cru encore, sur un passage équivoque de ce livre, que Mahomet ne savait ni lire ni écrire. Comment un homme qui avait fait le commerce vingt années, un poëte, un médecin, un législateur, aurait-il ignoré ce que les moindres enfants de sa tribu apprenaient?

Le *Koran*, que je nomme ici *Alcoran*, pour me conformer à notre vicieux usage, veut dire *le livre* ou *la lecture*. Ce n'est point un livre historique dans lequel on ait voulu imiter les livres des Hébreux et nos Évangiles; ce n'est pas non plus un livre purement de lois, comme le *Lévitique* ou le *Deutéronome,* ni un recueil de psaumes et de cantiques, ni une vision prophétique et allégorique dans le goût de l'*Apocalypse;* c'est un mélange de tous ces divers genres, un assemblage de sermons dans lesquels on trouve quelques faits, quelques visions, des révélations, des lois religieuses et civiles.

Le *Koran* est devenu le code de la jurisprudence, ainsi que la loi canonique, chez toutes les nations mahométanes. Tous les interprètes de ce livre conviennent que sa morale est contenue dans ces paroles : « Recherchez qui vous chasse; donnez à qui vous ôte; pardonnez à qui vous offense; faites du bien à tous ; ne contestez point avec les ignorants. »

Il aurait dû bien plutôt recommander de ne point disputer avec les savants; mais dans cette partie du monde, on ne se doutait pas qu'il y eût ailleurs de la science et des lumières.

Parmi les déclamations incohérentes dont ce livre est rempli, selon le goût oriental, on ne laisse pas de trouver des morceaux qui peuvent paraître sublimes. Mahomet, par exemple, parlant de la cessation du déluge, s'exprime ainsi : « Dieu dit : Terre, engloutis tes eaux; ciel, puise les ondes que tu as versées : le ciel et la terre obéirent. »

Sa définition de Dieu est d'un genre plus véritablement sublime. On lui demandait quel était cet Alla qu'il annonçait : « C'est celui, répondit-il, qui tient l'être de soi-même, et de qui les autres le tiennent; qui n'engendre point et qui n'est point engendré, et à qui rien n'est semblable dans toute l'étendue des êtres. » Cette fameuse réponse, consacrée dans tout l'Orient, se trouve presque mot à mot dans l'antépénultième chapitre du *Koran*.

Il est vrai que les contradictions, les absurdités, les anachronismes, sont répandus en foule dans ce livre. On y voit surtout une ignorance profonde de la physique la plus simple et la plus connue. C'est là la pierre de touche des livres que les fausses religions prétendent écrits par la Divinité, car Dieu n'est ni absurde, ni ignorant; mais le peuple, qui ne voit pas ces fautes, les adore, et les imans emploient un déluge de paroles pour les pallier [1].

Les commentateurs du *Koran* distinguent toujours le sens positif et l'allégorique, la lettre et l'esprit. On reconnaît le génie arabe dans les commentaires, comme dans le texte. Un des plus autorisés commentateurs dit que « le Koran porte tantôt une face d'homme, tantôt une face de bête », pour signifier l'esprit et la lettre.

Une chose qui peut surprendre bien des lecteurs, c'est qu'il n'y eut rien de nouveau dans la loi de Mahomet, sinon que Mahomet était prophète de Dieu.

En premier lieu, l'unité d'un être suprême, créateur et conservateur, était très-ancienne. Les peines et les récompenses dans une autre vie, la croyance d'un paradis et d'un enfer, avaient été admises chez les Chinois, les Indiens, les Perses, les Égyptiens, les Grecs, les Romains, et ensuite chez les Juifs, et surtout chez les chrétiens, dont la religion consacra cette doctrine.

L'*Alcoran* reconnaît des anges et des génies, et cette créance vient des anciens Perses. Celle d'une résurrection et d'un jugement dernier était visiblement puisée dans le *Talmud* et dans le christianisme. Les mille ans que Dieu emploiera, selon Mahomet, à juger les hommes, et la manière dont il y procédera, sont des accessoires qui n'empêchent pas que cette idée ne soit entièrement empruntée. Le pont aigu sur lequel les ressuscités passeront, et du haut duquel les réprouvés tomberont en enfer, est tiré de la doctrine allégorique des mages.

C'est chez ces mêmes mages, c'est dans leur *Jannat* que Mahomet a pris l'idée d'un paradis, d'un jardin, où les hommes, revivant avec tous leurs sens perfectionnés, goûteront par ces sens mêmes toutes les voluptés qui leur sont propres, sans quoi ces sens leur seraient inutiles. C'est là qu'il a puisé l'idée de ces *houris*, de ces femmes célestes qui seront le partage des élus, et que les mages appelaient *hourani*, comme on le voit dans le *Sadder*. Il n'exclut point les femmes de son paradis, comme

---

1. Dans l'édition de Néaulme, on lisait : « Mais le vulgaire, qui ne voit point ces fautes, les adore, et les *docteurs* emploient un déluge de paroles pour les pallier. » Voltaire protesta contre le mot *docteurs*, qui se trouvait, disait-il, mis par affectation dans cette dernière phrase, au lieu du mot *imans*. (G. A.)

on le dit souvent parmi nous. Ce n'est qu'une raillerie sans fondement, telle que tous les peuples en font les uns des autres. Il promet des jardins, c'est le nom du paradis; mais il promet pour souveraine béatitude la vision, la communication de l'Être suprême.

Le dogme de la prédestination absolue, et de la fatalité, qui semble aujourd'hui caractériser le mahométisme, était l'opinion de toute l'antiquité : elle n'est pas moins claire dans *l'Iliade* que dans l'*Alcoran*.

A l'égard des ordonnances légales, comme la circoncision, les ablutions, les prières, le pèlerinage de la Mecque, Mahomet ne fit que se conformer, pour le fond, aux usages reçus. La circoncision était pratiquée de temps immémorial chez les Arabes, chez les anciens Égyptiens, chez les peuples de la Colchide, et chez les Hébreux. Les ablutions furent toujours recommandées dans l'Orient comme un symbole de la pureté de l'âme.

Point de religion sans prières. La loi que Mahomet porta, de prier cinq fois par jour, était gênante, et cette gêne même fut respectable. Qui aurait osé se plaindre que la créature soit obligée d'adorer cinq fois par jour son créateur?

Quant au pèlerinage de la Mecque, aux cérémonies pratiquées dans le *Kaaba* et sur la pierre noire, peu de personnes ignorent que cette dévotion était chère aux Arabes depuis un grand nombre de siècles. Le *Kaaba* passait pour le plus ancien temple du monde ; et, quoiqu'on y vénérât alors trois cents idoles, il était principalement sanctifié par la pierre noire, qu'on disait être le tombeau d'Ismaël. Loin d'abolir ce pèlerinage, Mahomet, pour se concilier les Arabes, en fit un précepte positif.

Le jeûne était établi chez plusieurs peuples, et chez les Juifs, et chez les chrétiens. Mahomet le rendit très-sévère, en l'étendant à un mois lunaire, pendant lequel il n'est pas permis de boire un verre d'eau, ni de fumer, avant le coucher du soleil ; et ce mois lunaire, arrivant souvent au plus fort de l'été, le jeûne devint par là d'une si grande rigueur qu'on a été obligé d'y apporter des adoucissements, surtout à la guerre.

Il n'y a point de religion dans laquelle on n'ait recommandé l'aumône. La mahométane est la seule qui en ait fait un précepte légal, positif, indispensable. L'*Alcoran* ordonne de donner deux et demi pour cent de son revenu, soit en argent, soit en denrées.

On voit évidemment que toutes les religions ont emprunté tous leurs dogmes et tous leurs rites les unes des autres.

Dans toutes ces ordonnances positives, vous ne trouverez rien qui ne soit consacré par les usages les plus antiques. Parmi les préceptes négatifs, c'est-à-dire ceux qui ordonnent de s'abstenir, vous ne trouverez que la défense générale à toute une nation de boire du vin, qui soit nouvelle et particulière au mahométisme. Cette abstinence, dont les musulmans se plaignent, et se dispensent souvent dans les climats froids, fut ordonnée dans un climat brûlant, où le vin altérait trop aisément la santé et la raison. Mais, d'ailleurs, il n'était pas nouveau que des hommes voués au service de la Divinité se fussent abstenus de cette liqueur. Plusieurs colléges de prêtres en Égypte, en Syrie, aux Indes, les nazaréens, les récabites, chez les Juifs, s'étaient imposé cette mortification [1].

Elle ne fut point révoltante pour les Arabes : Mahomet ne prévoyait pas qu'elle deviendrait un jour presque insupportable à ses musulmans dans la Thrace, la Macédoine, la Bosnie, et la Servie. Il ne savait pas que les Arabes viendraient un jour jusqu'au milieu de la France, et les Turcs mahométans devant les bastions de Vienne.

Il en est de même de la défense de manger du porc, du sang, et des bêtes mortes de maladies ; ce sont des préceptes de santé : le porc surtout est une nourriture très-dangereuse dans ces climats, aussi bien que dans la Palestine, qui en est voisine. Quand le mahométisme s'est étendu dans les pays plus froids, l'abstinence a cessé d'être raisonnable, et n'a pas cessé de subsister.

La prohibition de tous les jeux de hasard est peut-être la seule loi dont on ne puisse trouver d'exemple dans aucune religion. Elle ressemble à une loi de couvent plutôt qu'à une loi générale d'une nation. Il semble que Mahomet n'ait formé un peuple que pour prier, pour peupler, et pour combattre.

Toutes ces lois qui, à la polygamie près, sont si austères, et sa doctrine qui est si simple, attirèrent bientôt à sa religion le respect et la confiance. Le dogme surtout de l'unité d'un Dieu, présenté sans mystère, et proportionné à l'intelligence humaine, rangea sous sa loi une foule de nations, et jusqu'à des nègres dans l'Afrique, et à des insulaires dans l'Océan indien.

Cette religion s'appela *l'Islamisme*, c'est-à-dire résignation à la volonté de Dieu ; et ce seul mot devait faire beaucoup de prosélytes. Ce ne fut point par les armes que *l'Islamisme* s'établit dans plus de la moitié de notre hémisphère, ce fut par l'enthousiasme,

---

1. Voyez, dans le *Dictionnaire philosophique*, l'article ABOT ET MAROT. (*Note de Voltaire.*)

par la persuasion, et surtout par l'exemple des vainqueurs, qui a tant de force sur les vaincus. Mahomet, dans ses premiers combats en Arabie contre les ennemis de son imposture, faisait tuer sans miséricorde ses compatriotes rénitents. Il n'était pas alors assez puissant pour laisser vivre ceux qui pouvaient détruire sa religion naissante; mais sitôt qu'elle fut affermie dans l'Arabie par la prédication et par le fer, les Arabes, franchissant les limites de leur pays, dont ils n'étaient point sortis jusqu'alors, ne forcèrent jamais les étrangers à recevoir la religion musulmane. Ils donnèrent toujours le choix aux peuples subjugués d'être musulmans, ou de payer tribut. Ils voulaient piller, dominer, faire des esclaves, mais non pas obliger ces esclaves à croire. Quand ils furent ensuite dépossédés de l'Asie par les Turcs et par les Tartares, ils firent des prosélytes de leurs vainqueurs mêmes; et des hordes de Tartares devinrent un grand peuple musulman. Par là on voit en effet qu'ils ont converti plus de monde qu'ils n'en ont subjugué.

Le peu que je viens de dire dément bien tout ce que nos historiens, nos déclamateurs et nos préjugés nous disent; mais la vérité doit les combattre.

Bornons-nous toujours à cette vérité historique : le législateur des musulmans, homme puissant et terrible, établit ses dogmes par son courage et par ses armes; cependant sa religion devint indulgente et tolérante. L'instituteur divin du christianisme, vivant dans l'humilité et dans la paix, prêcha le pardon des outrages; et sa sainte et douce religion est devenue, par nos fureurs, la plus intolérante de toutes, et la plus barbare [1].

Les mahométans ont eu comme nous des sectes et des disputes scolastiques; il n'est pas vrai qu'il y ait soixante et treize sectes chez eux, c'est une de leurs rêveries. Ils ont prétendu que les mages en avaient soixante et dix, les juifs soixante et onze, les

---

1. Voyez: sur les Albigeois, l'*Essai sur les Mœurs,* chap. LXII, l'*Histoire du Parlement*, chap. XIX, et l'écrit intitulé *Conspirations contre les peuples* (dans les *Mélanges,* année 1766); — sur les Vaudois, l'*Essai*, chap. CXXXVIII, et l'écrit sur les *Conspirations;* — sur les Hussites, l'*Essai*, chap. LXXII; — sur Mérindol, le chapitre XLII de *Dieu et les Hommes* (*Mélanges,* année 1769), et l'opuscule sur les *Conspirations;* — sur Cabrières, ce dernier écrit; — sur le massacre de Vassy, l'*Essai sur les Mœurs*, chap. CLXXI; — sur la Saint-Barthélemy, l'*Essai sur les guerres civiles* (à la suite de *la Henriade,* tome VIII), le chap. XLII de *Dieu et les Hommes,* et l'écrit sur les *Conspirations;* — sur les massacres d'Irlande, ce dernier opuscule, et l'*Essai sur les Mœurs*, chapitre CLXXX; — sur les massacres de douze millions d'hommes égorgés en Amérique au nom de Jésus-Christ et de la bonne Vierge sa mère, le morceau déjà cité des *Conspirations contre les peuples.* (B.)

chrétiens soixante et douze, et que les musulmans, comme plus parfaits, devaient en avoir soixante et treize : étrange perfection, et bien digne des scolastiques de tous les pays !

Les diverses explications de l'*Alcoran* formèrent chez eux les sectes qu'ils nommèrent orthodoxes, et celles qu'ils nommèrent hérétiques. Les orthodoxes sont les sonnites, c'est-à-dire les traditionnistes, docteurs attachés à la tradition la plus ancienne, laquelle sert de supplément à l'*Alcoran*. Ils sont divisés en quatre sectes, dont l'une domine aujourd'hui à Constantinople, une autre en Afrique, une troisième en Arabie, et une quatrième en Tartarie et aux Indes ; elles sont regardées comme également utiles pour le salut.

Les hérétiques sont ceux qui nient la prédestination absolue, ou qui diffèrent des sonnites sur quelques points de l'école. Le mahométisme a eu ses pélagiens, ses scotistes, ses thomistes, ses molinistes, ses jansénistes : toutes ces sectes n'ont pas produit plus de révolutions que parmi nous. Il faut, pour qu'une secte fasse naître de grands troubles, qu'elle attaque les fondements de la secte dominante, qu'elle la traite d'impie, d'ennemie de Dieu et des hommes, qu'elle ait un étendard que les esprits les plus grossiers puissent apercevoir sans peine, et sous lequel les peuples puissent aisément se rallier. Telle a été la secte d'Ali, rivale de la secte d'Omar ; mais ce n'est que vers le xvi° siècle que ce grand schisme s'est établi ; et la politique y a eu beaucoup plus de part que la religion.

CHAPITRE VIII.

DE L'ITALIE ET DE L'ÉGLISE AVANT CHARLEMAGNE. COMMENT LE CHRISTIANISME S'ÉTAIT ÉTABLI. EXAMEN S'IL A SOUFFERT AUTANT DE PERSÉCUTIONS QU'ON LE DIT.

Rien n'est plus digne de notre curiosité que la manière dont Dieu voulut que l'Église s'établît, en faisant concourir les causes secondes à ses décrets éternels. Laissons respectueusement ce qui est divin à ceux qui en sont les dépositaires, et attachons-nous uniquement à l'historique. Des disciples de Jean s'établissent d'abord dans l'Arabie voisine de Jérusalem ; mais les disciples de Jésus vont plus loin. Les philosophes platoniciens d'Alexandrie, où il y avait tant de Juifs, se joignent aux premiers chrétiens, qui empruntent des expressions de leur philosophie, comme celle du *Logos*, sans emprunter toutes leurs idées. Il y avait déjà quelques chrétiens à Rome du temps de Néron : on les confondait avec les Juifs, parce qu'ils étaient leurs compatriotes, parlant la même langue, s'abstenant comme eux des aliments défendus par la loi mosaïque. Plusieurs même étaient circoncis, et observaient le sabbat. Ils étaient encore si obscurs que ni l'historien Josèphe ni Philon n'en parlent dans aucun de leurs écrits. Cependant on voit évidemment que ces demi-juifs demi-chrétiens étaient, dès le commencement, partagés en plusieurs sectes, ébionites, marcionites, carpocratiens, valentiniens, caïnites. Ceux d'Alexandrie étaient fort différents de ceux de Syrie ; les Syriens différaient des Achaïens. Chaque parti avait son évangile, et les véritables Juifs étaient les ennemis irréconciliables de tous ces partis.

Ces Juifs, également rigides et fripons, étaient encore dans Rome au nombre de quatre mille. Il y en avait eu huit mille du temps d'Auguste ; mais Tibère en fit passer la moitié en Sardaigne pour peupler cette île, et pour délivrer Rome d'un trop grand nombre d'usuriers. Loin de les gêner dans leur culte, on les laissait jouir de la tolérance qu'on prodiguait dans Rome à toutes les religions. On leur permettait des synagogues et des juges de leur nation, comme ils en ont aujourd'hui dans Rome chrétienne, où ils sont en plus grand nombre. On les regardait du même œil que nous voyons les Nègres, comme une espèce d'hommes inférieure. Ceux qui dans les colonies juives n'avaient pas assez de talents pour s'appliquer à quelque métier utile, et qui ne pouvaient couper du cuir et faire des sandales, faisaient des fables. Ils savaient les noms des anges, de la seconde femme d'Adam et de son précepteur, et ils vendaient aux dames romaines des philtres pour se faire aimer. Leur haine pour les chrétiens, ou galiléens, ou nazaréens, comme on les nommait alors, tenait de cette rage dont tous les superstitieux sont animés contre tous ceux qui se séparent de leur communion. Ils accusèrent les Juifs chrétiens de l'incendie qui consuma une partie de Rome sous Néron. Il était aussi injuste d'imputer cet accident aux chrétiens qu'à l'empereur : ni lui, ni les chrétiens, ni les Juifs, n'avaient aucun intérêt à brûler Rome ; mais il fallait apaiser le peuple, qui se soulevait contre des étrangers également haïs des Romains et des Juifs. On abandonna quelques infortunés à la vengeance publique.

Il semble qu'on n'aurait pas dû compter, parmi les persécutions faites à leur foi, cette violence passagère : elle n'avait rien de commun avec leur religion, qu'on ne connaissait pas, et que les Romains confondaient avec le judaïsme, protégé par les lois autant que méprisé.

S'il est vrai qu'on ait trouvé en Espagne des inscriptions où Néron est remercié « d'avoir aboli dans la province une superstition nouvelle », l'antiquité de ces monuments est plus que suspecte. S'ils sont authentiques, le christianisme n'y est pas désigné ; et si enfin ces monuments outrageants regardent les chrétiens, à qui peut-on les attribuer qu'aux Juifs jaloux établis en Espagne, qui abhorraient le christianisme comme un ennemi né dans leur sein ?

Nous nous garderons bien de vouloir percer l'obscurité impénétrable qui couvre le berceau de l'Église naissante, et que l'érudition même a quelquefois redoublée.

Mais ce qui est très-certain, c'est qu'il n'y a que l'ignorance, le fanatisme, l'esclavage des écrivains copistes d'un premier imposteur, qui aient pu compter parmi les papes l'apôtre Pierre, Lin, Clet, et d'autres, dans le 1er siècle.

Il n'y eut aucune hiérarchie pendant près de cent ans parmi les chrétiens. Leurs assemblées secrètes se gouvernaient comme celles des primitifs ou quakers d'aujourd'hui. Ils observaient à la lettre le précepte de leur maître : « Les princes des nations dominent, il n'en sera pas ainsi entre vous : quiconque voudra être le premier sera le dernier. » La hiérarchie ne put se former que quand la société devint nombreuse, et ce ne fut que sous Trajan qu'il y eut des surveillants, *episcopoi*, que nous avons traduit par le mot d'*évêque* ; des *presbyteroi*, des *pistoi*, des énergumènes, des catéchumènes. Il n'est question du terme *pape* dans aucun des auteurs des premiers siècles. Ce mot grec était inconnu dans le petit nombre des demi-juifs qui prenaient à Rome le nom de chrétiens.

Il est reconnu par tous les savants que Simon Barjone, surnommé Pierre, n'alla jamais à Rome[1]. On rit aujourd'hui de la preuve que des idiots tirèrent d'une épître attribuée à cet apôtre, né en Galilée. Il dit dans cette épître qu'il est à Babylone. Les seuls qui parlent de son prétendu martyre sont des fabulistes décriés, un Hégésippe, un Marcel, un Abdias, copiés depuis par

---

[1]. Voyez, dans le *Dictionnaire philosophique*, l'article Voyage de saint Pierre a Rome.

Eusèbe. Ils content que Simon Barjone, et un autre Simon, qu'ils appellent *le magicien*, disputèrent sous Néron à qui ressusciterait un mort, et à qui s'élèverait le plus haut dans l'air ; que Simon Barjone fit tomber l'autre Simon, favori de Néron, et que cet empereur irrité fit crucifier Barjone, lequel, par humilité, voulut être crucifié la tête en bas. Ces inepties sont aujourd'hui méprisées de tous les chrétiens instruits ; mais depuis Constantin, elles furent autorisées jusqu'à la renaissance des lettres et du bon sens.

Pour prouver que Pierre ne mourut point à Rome, il n'y a qu'à observer que la première basilique bâtie par les chrétiens dans cette capitale est celle de Saint-Jean de Latran : c'est la première église latine ; l'aurait-on dédiée à Jean si Pierre avait été pape ?

La liste frauduleuse des prétendus premiers papes est tirée d'un livre apocryphe, intitulé *le Pontifical de Damase*, qui dit en parlant de Lin, prétendu successeur de Pierre, que Lin fut pape jusqu'à la treizième année de l'empereur Néron. Or c'est précisément cette année 13 qu'on fait crucifier Pierre : il y aurait donc eu deux papes à la fois.

Enfin ce qui doit trancher toute difficulté aux yeux de tous les chrétiens, c'est que ni dans les *Actes des Apôtres*, ni dans les *Épîtres de Paul*, il n'est pas dit un seul mot d'un voyage de Simon Barjone à Rome. Le terme de siége, de pontificat, de papauté, attribué à Pierre, est d'un ridicule sensible. Quel siége qu'une assemblée inconnue de quelques pauvres de la populace juive !

C'est cependant sur cette fable que la puissance papale est fondée, et se soutient encore aujourd'hui après toutes ses pertes. Qu'on juge après cela comment l'opinion gouverne le monde, comment le mensonge subjugue l'ignorance, et combien ce mensonge a été utile pour asservir les peuples, les enchaîner, et les dépouiller.

C'est ainsi qu'autrefois les annalistes barbares de l'Europe comptaient parmi les rois de France un Pharamond, et son père Marcomir, et des rois d'Espagne, de Suède, d'Écosse, depuis le déluge. Il faut avouer que l'histoire, ainsi que la physique, n'a commencé à se débrouiller que sur la fin du XVIe siècle. La raison ne fait que de naître.

Ce qui est encore certain, c'est que le génie du sénat ne fut jamais de persécuter personne pour sa croyance ; que jamais aucun empereur ne voulut forcer les Juifs à changer de religion, ni après la révolte sous Vespasien, ni après celle qui éclata sous Adrien. On insulta toujours à leur culte ; on s'en moqua ; on érigea des statues dans leur temple avant sa ruine; mais jamais il ne vint dans l'idée d'aucun César, ni d'aucun proconsul, ni du sénat romain, d'empêcher les Juifs de croire à leur loi. Cette seule raison sert à faire voir quelle liberté eut le christianisme de s'étendre en secret, après s'être formé obscurément dans le sein du judaïsme.

Aucun des Césars n'inquiéta les chrétiens jusqu'à Domitien. Dion Cassius dit qu'il y eut sous cet empereur quelques personnes condamnées comme athées, et comme imitant les mœurs des Juifs. Il paraît que cette vexation, sur laquelle on a d'ailleurs si peu de lumières, ne fut ni longue ni générale. On ne sait précisément ni pourquoi il y eut quelques chrétiens bannis, ni pourquoi ils furent rappelés. Comment croire Tertullien, qui, sur la foi d'Hégésippe, rapporte sérieusement que Domitien interrogea les petits-fils de l'apôtre saint Jude, de la race de David, dont il redoutait les droits au trône de Judée, et que, les voyant pauvres et misérables, il cessa la persécution? S'il eût été possible qu'un empereur romain craignît des prétendus descendants de David quand Jérusalem était détruite, sa politique n'en eût donc voulu qu'aux Juifs, et non aux chrétiens. Mais comment imaginer que le maître de la terre connue ait eu des inquiétudes sur les droits de deux petits-fils de saint Jude au royaume de la Palestine, et les ait interrogés? Voilà malheureusement comme l'histoire a été écrite par tant d'hommes plus pieux qu'éclairés [1].

Nerva, Vespasien, Tite, Trajan, Adrien, les Antonins, ne furent point persécuteurs. Trajan, qui avait renouvelé les défenses portées par la loi des Douze Tables contre les associations particulières, écrit à Pline : « Il ne faut faire aucune recherche contre les chrétiens. » Ces mots essentiels, *il ne faut faire aucune recherche*, prouvent qu'ils purent se cacher, se maintenir avec prudence, quoique souvent l'envie des prêtres et la haine des Juifs les traînât aux tribunaux et aux supplices. Le peuple les haïssait, et surtout le peuple des provinces, toujours plus dur, plus superstitieux et plus intolérant que celui de la capitale : il excitait les magistrats contre eux; il criait qu'on les exposât aux bêtes dans les cirques. Adrien non-seulement défendit à Fondanus, proconsul de l'Asie Mineure, de les persécuter, mais son ordonnance porte : « Si on calomnie les chrétiens, châtiez sévèrement le calomniateur. »

C'est cette justice d'Adrien qui a fait si faussement imaginer

---

1. Voyez le *Dictionnaire philosophique*, article DIOCLÉTIEN.

qu'il était chrétien lui-même. Celui qui éleva un temple à Antinoüs en aurait-il voulu élever à Jésus-Christ?

Marc-Aurèle ordonna qu'on ne poursuivît point les chrétiens pour cause de religion. Caracalla, Héliogabale, Alexandre, Philippe, Gallien, les protégèrent ouvertement. Ils eurent donc tout le temps d'étendre et de fortifier leur Église naissante. Ils tinrent cinq conciles dans le 1ᵉʳ siècle, seize dans le 11ᵉ, et trente-six dans le 111ᵉ. Les autels étaient magnifiques dès le temps de ce 111ᵉ siècle. L'histoire ecclésiastique en remarque quelques-uns ornés de colonnes d'argent, qui pesaient ensemble 3,000 marcs. Les calices, faits sur le modèle des coupes romaines, et les patènes, étaient d'or pur.

Les chrétiens jouirent d'une si grande liberté, malgré les cris et les persécutions de leurs ennemis, qu'ils avaient publiquement, dans plusieurs provinces, des églises élevées sur les débris de quelques temples tombés ou ruinés. Origène et saint Cyprien l'avouent; et il faut bien que le repos de l'Église ait été long, puisque ces deux grands hommes reprochent déjà à leurs contemporains le *luxe*, la *mollesse*, l'*avarice*, suite de la félicité et de l'abondance. Saint Cyprien se plaint expressément que plusieurs évêques, imitant mal les saints exemples qu'ils avaient sous leurs yeux, « accumulaient de grandes sommes d'argent, s'enrichissaient par l'usure, et ravissaient des terres par la fraude ». Ce sont ses propres paroles : elles sont un témoignage évident du bonheur tranquille dont on jouissait sous les lois romaines. L'abus d'une chose en démontre l'existence.

Si Décius, Maximin, et Dioclétien, persécutèrent les chrétiens, ce fut pour des raisons d'État : Décius, parce qu'ils tenaient le parti de la maison de Philippe, soupçonné, quoique à tort, d'être chrétien lui-même ; Maximin, parce qu'ils soutenaient Gordien. Ils jouirent de la plus grande liberté pendant vingt années sous Dioclétien. Non-seulement ils avaient cette liberté de religion que le gouvernement romain accorda de tout temps à tous les peuples, sans adopter leurs cultes ; mais ils participaient à tous les droits des Romains. Plusieurs chrétiens étaient gouverneurs de provinces. Eusèbe cite deux chrétiens, Dorothée et Gorgonius, officiers du palais, à qui Dioclétien prodiguait sa faveur. Enfin il avait épousé une chrétienne. Tout ce que nos déclamateurs écrivent contre Dioclétien n'est donc qu'une calomnie fondée sur l'ignorance. Loin de les persécuter, il les éleva au point qu'il ne fut plus en son pouvoir de les abattre.

En 303, Maximien Galère, qui les haïssait, engage Dioclétien à faire démolir l'église cathédrale de Nicomédie, élevée vis-à-vis le palais de l'empereur. Un chrétien plus qu'indiscret déchire publiquement l'édit; on le punit. Le feu consume quelques jours après une partie du palais de Galère; on en accuse les chrétiens : cependant il n'y eut point de peine de mort décernée contre eux. L'édit portait qu'on brûlât leurs temples et leurs livres, qu'on privât leurs personnes de tous leurs honneurs.

Jamais Dioclétien n'avait voulu jusque-là les contraindre en matière de religion. Il avait, après sa victoire sur les Perses, donné des édits contre les manichéens attachés aux intérêts de la Perse, et secrets ennemis de l'empire romain. La seule raison d'État fut la cause de ces édits. S'ils avaient été dictés par le zèle de la religion, zèle que les conquérants ont si rarement, les chrétiens y auraient été enveloppés. Ils ne le furent pas; ils eurent par conséquent vingt années entières sous Dioclétien même pour s'affermir, et ne furent maltraités sous lui que pendant deux années; encore Lactance, Eusèbe, et l'empereur Constantin lui-même, imputent ces violences au seul Galère, et non à Dioclétien. Il n'est pas en effet vraisemblable qu'un homme assez philosophe pour renoncer à l'empire l'ait été assez peu pour être un persécuteur fanatique.

Dioclétien n'était à la vérité qu'un soldat de fortune; mais c'est cela même qui prouve son extrême mérite. On ne peut juger d'un prince que par ses exploits et par ses lois. Ses actions guerrières furent grandes, et ses lois justes. C'est à lui que nous devons la loi qui annulle les contrats de vente dans lesquels il y a lésion d'outre-moitié. Il dit lui-même que l'humanité dicte cette loi, *humanum est*.

Il fut le père des pupilles trop négligés; il voulut que les capitaux de leurs biens portassent intérêt.

C'est avec autant de sagesse que d'équité qu'en protégeant les mineurs il ne voulut pas que jamais ces mineurs pussent abuser de cette protection, en trompant leurs créanciers ou leurs débiteurs. Il ordonna qu'un mineur qui aurait usé de fraude serait déchu du bénéfice de la loi. Il réprima les délateurs et les usuriers. Tel est l'homme que l'ignorance se représente d'ordinaire comme un ennemi armé sans cesse contre les fidèles, et son règne comme une Saint-Barthélemy continuelle, ou comme la persécution des Albigeois. C'est ce qui est entièrement contraire à la vérité. L'ère des martyrs, qui commence à l'avénement de Dioclétien, n'aurait donc dû être datée que deux ans avant son abdication, puisqu'il ne fit aucun martyr pendant vingt ans.

C'est une fable bien méprisable qu'il ait quitté l'empire de regret de n'avoir pu abolir le christianisme. S'il l'avait tant persécuté, il aurait au contraire continué à régner pour tâcher de le détruire ; et s'il fut forcé d'abdiquer, comme on l'a dit sans preuve, il n'abdiqua donc point par dépit et par regret. Le vain plaisir d'écrire des choses extraordinaires, et de grossir le nombre des martyrs, a fait ajouter des persécutions fausses et incroyables à celles qui n'ont été que trop réelles. On a prétendu que du temps de Dioclétien, en 287, le César Maximilien Hercule envoya au martyre, au milieu des Alpes, une légion entière appelée Thébéenne, composée de six mille six cents hommes, tous chrétiens, qui tous se laissèrent massacrer sans murmurer. Cette histoire si fameuse ne fut écrite que près de deux cents ans après par l'abbé Eucher, qui la rapporte sur des ouï-dire. Mais comment Maximilien Hercule aurait-il, comme on le dit, appelé d'Orient cette légion pour aller apaiser dans les Gaules une sédition réprimée depuis une année entière ! Pourquoi se serait-il défait de six mille six cents bons soldats dont il avait besoin pour aller réprimer cette sédition ? Comment tous étaient-ils chrétiens sans exception ! Pourquoi les égorger en chemin ? Qui les aurait massacrés dans une gorge étroite, entre deux montagnes, près de Saint-Maurice en Valais, où l'on ne peut ranger quatre cents hommes en ordre de bataille, et où une légion résisterait aisément à la plus grande armée ? A quel propos cette boucherie dans un temps où l'on ne persécutait pas, dans l'époque de la plus grande tranquillité de l'Église, tandis que sous les yeux de Dioclétien même, à Nicomédie, vis-à-vis son palais, les chrétiens avaient un temple superbe ? « La profonde paix et la liberté entière dont nous jouissions, dit Eusèbe, nous fit tomber dans le relâchement. » Cette profonde paix, cette entière liberté s'accorde-t-elle avec le massacre de six mille six cents soldats ? Si ce fait incroyable pouvait être vrai [1], Eusèbe l'eût-il passé sous silence ? Tant de vrais martyrs ont scellé l'Évangile de leur sang qu'on ne doit point faire partager leur gloire à ceux qui n'ont pas partagé leurs souffrances.

Il est certain que Dioclétien, les deux dernières années de son empire, et Galère, quelques années encore après, persécutèrent violemment les chrétiens de l'Asie Mineure et des contrées voisines. Mais dans les Espagnes, dans les Gaules, dans l'Angleterre, qui étaient alors le partage de Constance Chlore,

---

1. Voyez les *Éclaircissements historiques* sur cette Histoire générale (dans les *Mélanges,* année 1763). (*Note de Voltaire.*)

loin d'être poursuivis, ils virent leur religion dominante ; et Eusèbe dit que Maxence, élu empereur à Rome en 306, ne persécuta personne.

Ils servirent utilement Constance Chlore, qui les protégea, et dont la concubine Hélène embrassa publiquement le christianisme. Ils firent donc alors un grand parti dans l'État. Leur argent et leurs armes contribuèrent à mettre Constantin sur le trône. C'est ce qui le rendit odieux au sénat, au peuple romain, aux prétoriens, qui tous avaient pris le parti de Maxence, son concurrent à l'empire. Nos historiens appellent Maxence tyran, parce qu'il fut malheureux. Il est pourtant certain qu'il était le véritable empereur, puisque le sénat et le peuple romain l'avaient proclamé.

CHAPITRE IX.

QUE LES FAUSSES LÉGENDES DES PREMIERS CHRÉTIENS N'ONT POINT NUI A L'ÉTABLISSEMENT DE LA RELIGION CHRÉTIENNE [1].

Jésus-Christ avait permis que les faux évangiles se mêlassent aux véritables dès le commencement du christianisme ; et même, pour mieux exercer la foi des fidèles, les évangiles qu'on appelle aujourd'hui *apocryphes* précédèrent les quatre ouvrages sacrés qui sont aujourd'hui les fondements de notre foi ; cela est si vrai que les pères des premiers siècles citent presque toujours quelqu'un de ces évangiles qui ne subsistent plus. Barnabé, Clément, Ignace, enfin tous, jusqu'à Justin, ne citent que ces évangiles apocryphes. Clément, par exemple, dans le VIIIe chapitre, épître II, s'exprime ainsi : « Le Seigneur dit dans son Évangile : Si vous ne gardez pas le petit, qui vous confiera le grand ? » Or ces paroles ne sont ni dans Matthieu, ni dans Marc, ni dans Luc, ni dans Jean. Nous avons vingt exemples de pareilles citations.

Il est bien évident que dans les dix ou douze sectes qui partageaient les chrétiens dès le Ier siècle, un parti ne se prévalait pas des évangiles de ses adversaires, à moins que ce fût pour les combattre ; chacun n'apportait en preuves que les livres de

---

1. Voyez, dans le *Dictionnaire philosophique*, l'article DIOCLÉTIEN.

son parti. Comment donc les pères de notre véritable Église ont-ils pu citer les évangiles qui ne sont point canoniques? Il faut bien que ces écrits fussent regardés alors comme authentiques et comme sacrés.

Ce qui paraîtrait encore plus singulier, si l'on ne savait pas de quels excès la nature humaine est capable, ce serait que dans toutes les sectes chrétiennes réprouvées par notre Église dominante, il se fût trouvé des hommes qui eussent souffert la persécution pour leurs évangiles apocryphes. Cela ne prouverait que trop que le faux zèle est martyr de l'erreur, ainsi que le véritable zèle est martyr de la vérité.

On ne peut dissimuler les fraudes pieuses que malheureusement les premiers chrétiens de toutes les sectes employèrent pour soutenir notre religion sainte, qui n'avait pas besoin de cet appui honteux. On supposa une lettre de Pilate à Tibère, dans laquelle Pilate dit à cet empereur : « Le Dieu des Juifs leur ayant promis de leur envoyer son saint du haut du ciel, qui serait leur roi à bien juste titre, et ayant promis qu'il naîtrait d'une Vierge, le Dieu des Juifs l'a envoyé en effet, moi étant président en Judée. »

On supposa un prétendu édit de Tibère, qui mettait Jésus au rang des dieux; on supposa des Lettres de Sénèque à Paul, et de Paul à Sénèque; on supposa le Testament des douze patriarches, qui passa très-longtemps pour authentique, et qui fut même traduit en grec par saint Jean Chrysostome; on supposa le Testament de Moïse, celui d'Énoch, celui de Joseph; on supposa le célèbre livre d'Énoch, que l'on regarde comme le fondement de tout le christianisme, puisque c'est dans ce seul livre qu'on rapporte l'histoire de la révolte des anges précipités dans l'enfer, et changés en diables pour tenter les hommes. Ce livre fut forgé dès le temps des apôtres, et avant même qu'on eût les Épîtres de saint Jude, qui cite les prophéties de cet Énoch *septième homme après Adam*. C'est ce que nous avons déjà indiqué dans le chapitre des Indes.

On supposa une lettre [1] de Jésus-Christ à un prétendu roi d'Édesse, dans le temps qu'Édesse n'avait point de roi et qu'elle appartenait aux Romains [2].

---

1. Peut-être faut-il lire ici : *Une lettre d'un prétendu roi d'Édesse à Jésus-Christ, et la réponse de Jésus-Christ.* Voyez, dans le *Dictionnaire philosophique*, le mot Apocryphes. (B.)

2. On donne à ce prétendu roi le nom propre d'Abgare : « Le roi Abgare à Jésus; » et Abgare était le titre des anciens princes de ce petit pays. (*Note de Voltaire.*)

On supposa les *Voyages de saint Pierre*, l'*Apocalypse de saint Pierre*, les *Actes de saint Pierre*, les *Actes de saint Paul*, les *Actes de Pilate*; on falsifia l'histoire de Flavien Josèphe, et l'on fut assez malavisé pour faire dire à ce Juif, si zélé pour sa religion juive, que Jésus était le Christ, le Messie.

On écrivit le roman de la querelle de saint Pierre avec Simon le magicien, d'un mort, parent de Néron, qu'ils se chargèrent de ressusciter, de leur combat dans les airs, du chien de Simon qui apportait des lettres à saint Pierre, et qui rapportait les réponses.

On supposa des vers des sibylles, qui eurent un cours si prodigieux qu'il en est encore fait mention dans les hymnes que les catholiques romains chantent dans leurs églises :

Teste David cum sibylla.

Enfin on supposa un nombre prodigieux de martyrs que l'on confondit, comme nous l'avons déjà dit[1], avec les véritables.

Nous avons encore les *Actes du martyre de saint André l'apôtre*, qui sont reconnus pour faux par les plus pieux et les plus savants critiques, de même que les *Actes du martyre de saint Clément*.

Eusèbe de Césarée, au IVe siècle, recueillit une grande partie de ces légendes. C'est là qu'on voit d'abord le martyre de saint Jacques, frère aîné de Jésus-Christ, qu'on prétend avoir été un bon Juif, et même récabite, et que les Juifs de Jérusalem appelaient Jacques le Juste. Il passait les journées entières à prier dans le temple. Il n'était donc pas de la religion de son frère. Ils le pressèrent de déclarer que son frère était un imposteur ; mais Jacques leur répondit : « Sachez qu'il est assis à la droite de la souveraine puissance de Dieu, et qu'il doit paraître au milieu des nuées, pour juger de là tout l'univers. »

Ensuite vient un Siméon, cousin germain de Jésus-Christ, fils d'un nommé Cléophas, et d'une Marie, sœur de Marie, mère de Jésus. On le fait libéralement évêque de Jérusalem. On suppose qu'il fut déféré aux Romains comme descendant en droite ligne du roi David ; et l'on fait voir par là qu'il avait un droit évident au royaume de Jérusalem, aussi bien que saint Jude. On ajoute que Trajan, craignant extrêmement la race de David, ne fut pas si clément envers Siméon que Domitien l'avait été envers les petits-fils de Jude, et qu'il ne manqua pas de faire crucifier Siméon, de peur qu'il ne lui enlevât la Palestine. Il fallait que ce

---

1. Page précédente.

cousin germain de Jésus-Christ fût bien vieux, puisqu'il vivait sous Trajan dans la cent septième année de notre ère vulgaire.

On supposa une longue conversation entre Trajan et saint Ignace, à Antioche. Trajan lui dit : « Qui es-tu, esprit impur, démon infernal ? » Ignace lui répondit : « Je ne m'appelle point esprit impur; je m'appelle Porte-Dieu ! » Cette conversation est tout à fait vraisemblable.

Vient ensuite une sainte Symphorose avec ses sept enfants qui allèrent voir familièrement l'empereur Adrien, dans le temps qu'il bâtissait sa belle maison de campagne à Tibur. Adrien, quoiqu'il ne persécutât jamais personne, fit fendre en sa présence le cadet des sept frères, de la tête en bas, et fit tuer les six autres avec la mère par des genres différents de mort, pour avoir plus de plaisir.

Sainte Félicité et ses sept enfants, car il en faut toujours sept, est interrogée avec eux, jugée et condamnée par le préfet de Rome dans le champ de Mars, où l'on ne jugeait jamais personne. Le préfet jugeait dans le prétoire; mais on n'y regarda pas de si près.

Saint Polycarpe étant condamné au feu, on entend une voix du ciel qui lui dit : « Courage, Polycarpe, sois ferme »; et aussitôt les flammes du bûcher se divisent et forment un beau dais sur sa tête, sans le toucher.

Un cabaretier chrétien, nommé saint Théodote, rencontre dans un pré le curé Fronton auprès de la ville d'Ancyre, on ne sait pas trop quelle année, et c'est bien dommage; mais c'est sous l'empereur Dioclétien. « Ce pré, dit la légende recueillie par le révérend père Bollandus, était d'un vert naissant, relevé par les nuances diverses que formaient les divers coloris des fleurs. « Ah ! le beau pré, s'écria le saint cabaretier, pour y bâtir une « chapelle ! — Vous avez raison, dit le curé Fronton, mais il me « faut des reliques. — Allez, allez, reprit Théodote, je vous en « fournirai. » Il savait bien ce qu'il disait. Il y avait dans Ancyre sept vierges chrétiennes d'environ soixante-douze ans chacune. Elles furent condamnées par le gouverneur à être violées par tous les jeunes gens de la ville, selon les lois romaines; car ces légendes supposent toujours qu'on faisait souffrir ce supplice à toutes les filles chrétiennes.

Il ne se trouva heureusement aucun jeune homme qui voulût être leur exécuteur; il n'y eut qu'un jeune ivrogne qui eut assez de courage pour s'attaquer d'abord à sainte Técuse, la plus jeune de toutes, qui était dans sa soixante-douzième année. Técuse se jeta à ses pieds, lui montra la *peau flasque de ses cuisses décharnées, et toutes ses rides pleines de crasse*, etc. : cela désarma le jeune homme. Le gouverneur, indigné que les sept vieilles eussent conservé leur pucelage, les fit sur-le-champ prêtresses de Diane et de Minerve ; et elles furent obligées de servir toutes nues ces deux déesses, dont pourtant les femmes n'approchaient jamais que voilées de la tête aux pieds.

Le cabaretier Théodote, les voyant ainsi toutes nues, et ne pouvant souffrir cet attentat fait à leur pudeur, pria Dieu avec larmes qu'il eût la bonté de les faire mourir sur-le-champ : aussitôt le gouverneur les fit jeter dans le lac d'Ancyre, une pierre au cou.

La bienheureuse Técuse apparut la nuit à saint Théodote. « Vous dormez, mon fils, lui dit-elle, sans penser à nous. Ne souffrez pas, mon cher Théodote, que nos corps soient mangés par les truites. » Théodote rêva un jour entier à cette apparition.

La nuit suivante il alla au lac avec quelques-uns de ses garçons. Une lumière éclatante marchait devant eux, et cependant la nuit était fort obscure. Une pluie épouvantable tomba, et fit enfler le lac. Deux vieillards dont les cheveux, la barbe et les habits étaient blancs comme la neige, lui apparurent alors, et lui dirent : « Marchez, ne craignez rien, voici un flambeau céleste, et vous trouverez auprès du lac un cavalier céleste armé de toutes pièces, qui vous conduira. »

Aussitôt l'orage redoubla. Le cavalier céleste se présenta avec une lance énorme. Ce cavalier était le glorieux martyr Sosiandre lui-même, à qui Dieu avait ordonné de descendre du ciel sur un beau cheval pour conduire le cabaretier. Il poursuivit les sentinelles du lac, la lance dans les reins : les sentinelles s'enfuirent. Théodote trouva le lac à sec, ce qui était l'effet de la pluie ; on emporta les sept vierges, et les garçons cabaretiers les enterrèrent.

La légende ne manque pas de rapporter leurs noms : c'étaient sainte Técuse, sainte Alexandra, sainte Phainé, hérétiques ; et sainte Claudia, sainte Euphrasie, sainte Matrone, et sainte Julite, catholiques.

Dès qu'on sut dans la ville d'Ancyre que ces sept pucelles avaient été enterrées, toute la ville fut en alarmes et en combustion, comme vous le croyez bien. Le gouverneur fit appliquer Théodote à la question. « Voyez, disait Théodote, les biens dont Jésus-Christ comble ses serviteurs ; il me donne le courage de souffrir la question, et bientôt je serai brûlé. » Il le fut en effet. Mais il avait promis des reliques au curé Fronton, pour mettre dans sa chapelle, et Fronton n'en avait point. Fronton monta sur un âne pour aller chercher ses reliques à Ancyre, et chargea son âne de quelques bouteilles d'excellent vin, car il s'agissait d'un cabaretier. Il rencontra des soldats, qu'il fit boire. Les soldats lui racontèrent le martyre de saint Théodote. Ils gardaient son corps, quoiqu'il eût été réduit en cendres. Il les enivra si bien qu'il eut le temps d'enlever le corps. Il l'ensevelit, et bâtit sa chapelle. « Eh bien! lui dit saint Théodote, ne t'avais-je pas bien dit que tu aurais des reliques? »

Voilà ce que les jésuites Bollandus et Papebroc ne rougirent pas de rapporter dans leur *Histoire des saints* : voilà ce qu'un moine, nommé dom Ruinart, a l'insolente imbécillité d'insérer dans les *Actes sincères*[1].

Tant de fraudes, tant d'erreurs, tant de bêtises dégoûtantes, dont nous sommes inondés depuis dix-sept cents années, n'ont pu faire tort à notre religion. Elle est sans doute divine, puisque dix-sept siècles de friponneries et d'imbécillités n'ont pu la détruire ; et nous révérons d'autant plus la vérité que nous méprisons le mensonge.

CHAPITRE X.

SUITE DE L'ÉTABLISSEMENT DU CHRISTIANISME. COMMENT CONSTANTIN EN FIT LA RELIGION DOMINANTE. DÉCADENCE DE L'ANCIENNE ROME.

Le règne de Constantin est une époque glorieuse pour la religion chrétienne, qu'il rendit triomphante. On n'avait pas besoin d'y joindre des prodiges, comme l'apparition du *labarum* dans les nuées, sans qu'on dise seulement en quel pays cet étendard apparut. Il ne fallait pas écrire que les gardes du *labarum* ne pouvaient jamais être blessés. Le bouclier tombé du ciel dans l'ancienne

---

1. Lefranc, évêque du Puy-en-Velay, dans une pastorale aux habitants de ce pays, a pris le parti de tous ces outrages ridicules faits à la raison et à la vraie piété. Que ne dit-il aussi que le prépuce de la verge de Jésus-Christ, soigneusement gardé au Puy-en-Velay, et une vieille statue d'Isis qu'on y prend pour une image de la Vierge, sont des pièces authentiques? Quelle infamie de vouloir toujours tromper les hommes! et quelle sottise de s'imaginer qu'on les trompe aujourd'hui. (*Note de Voltaire.*)

Rome, *l'oriflamme* apportée à saint Denis par un ange, toutes ces imitations du *Palladium* de Troie ne servent qu'à donner à la vérité l'air de la fable. De savants antiquaires ont suffisamment réfuté ces erreurs que la philosophie désavoue, et que la critique détruit. Attachons-nous seulement à voir comment Rome cessa d'être Rome.

Pour développer l'histoire de l'esprit humain chez les peuples chrétiens, il fallait remonter jusqu'à Constantin, et même au-delà. C'est une nuit dans laquelle il faut allumer soi-même le flambeau dont on a besoin. On devrait attendre des lumières d'un homme tel qu'Eusèbe, évêque de Césarée, confident de Constantin, ennemi d'Athanase, homme d'État, homme de lettres, qui le premier fit l'histoire de l'Église.

Mais qu'on est étonné quand on veut s'instruire dans les écrits de cet homme d'État, père de l'histoire ecclésiastique!

On y trouve, à propos de l'empereur Constantin, que « Dieu a mis les nombres dans son unité; qu'il a embelli le monde par le nombre de deux, et que par le nombre de trois il le composa de matière et de forme; qu'ensuite ayant doublé le nombre de deux, il inventa les quatre éléments; que c'est une chose merveilleuse qu'en faisant l'addition d'un, de deux, de trois, et de quatre, on trouve le nombre de dix, qui est la fin, le terme et la perfection de l'unité; et que de ce nombre dix si parfait, multiplié par le nombre plus parfait de trois, qui est l'image sensible de la Divinité, il en résulte le nombre des trente jours du mois[1]. »

C'est ce même Eusèbe qui rapporte la lettre dont nous avons déjà parlé[2], d'un Abgare, roi d'Édesse, à Jésus-Christ, dans laquelle il lui offre sa petite *ville, qui est assez propre;* et la réponse de Jésus-Christ au roi Abgare.

Il rapporte, d'après Tertullien, que sitôt que l'empereur Tibère eut appris par Pilate la mort de Jésus-Christ, Tibère, qui chassait les Juifs de Rome, ne manqua pas de proposer au sénat d'admettre au nombre des dieux de l'empire celui qu'il ne pouvait connaître encore que comme un homme de Judée; que le sénat n'en voulut rien faire, et que Tibère en fut extrêmement courroucé.

Il rapporte, d'après Justin, la prétendue statue élevée à Simon le magicien; il prend les Juifs thérapeutes pour des chrétiens.

C'est lui qui, sur la foi d'Hégésippe, prétend que les petits-neveux de Jésus-Christ par son frère Jude furent déférés à l'empe-

---

1. Eusèbe, *Panégyrique de Constantin,* chapitres IV et V. (*Note de Voltaire.*)
2. Chapitre IX.

reur Domitien comme des personnages très-dangereux qui avaient un droit tout naturel au trône de David ; que cet empereur prit lui-même la peine de les interroger ; qu'ils répondirent qu'ils étaient de bons paysans, qu'ils labouraient de leurs mains un champ de trente-neuf arpents, le seul bien qu'ils possédassent.

Il calomnie les Romains autant qu'il le peut, parce qu'il était Asiatique. Il ose dire que, de son temps, le sénat de Rome sacrifiait tous les ans un homme à Jupiter. Est-il donc permis d'imputer aux Titus, aux Trajan, aux divins Antonins, des abominations dont aucun peuple ne se souillait alors dans le monde connu ?

C'est ainsi qu'on écrivait l'histoire dans ces temps où le changement de religion donna une nouvelle face à l'empire romain. Grégoire de Tours ne s'est point écarté de cette méthode, et on peut dire que jusqu'à Guichardin et Machiavel, nous n'avons pas eu une histoire bien faite ; mais la grossièreté même de tous ces monuments nous fait voir l'esprit du temps dans lequel ils ont été faits, et il n'y a pas jusqu'aux légendes qui ne puissent nous apprendre à connaître les mœurs de nos nations.

Constantin, devenu empereur malgré les Romains, ne pouvait être aimé d'eux. Il est évident que le meurtre de Licinius, son beau-frère, assassiné malgré la foi des serments ; Licinien, son neveu, massacré à l'âge de douze ans ; Maximien, son beau-père, égorgé par son ordre à Marseille ; son propre fils Crispus, mis à mort après lui avoir gagné des batailles ; son épouse Fausta, étouffée dans un bain ; toutes ces horreurs n'adoucirent pas la haine qu'on lui portait. C'est probablement la raison qui lui fit transférer le siège de l'empire à Byzance. On trouve dans le code Théodosien un édit de Constantin, où il déclare « qu'il a fondé Constantinople par ordre de Dieu ». Il feignait ainsi une révélation pour imposer silence aux murmures : ce trait seul pourrait faire connaître son caractère. Notre avide curiosité voudrait pénétrer dans les replis du cœur d'un homme tel que Constantin, par qui tout changea bientôt dans l'empire romain : séjour du trône, mœurs de la cour, usages, langage, habillements, administration, religion. Comment démêler celui qu'un parti a peint comme le plus criminel des hommes, et un autre comme le plus vertueux ? Si l'on pense qu'il fit tout servir à ce qu'il crut son intérêt, on ne se trompera pas.

De savoir s'il fut cause de la ruine de l'empire, c'est une recherche digne de votre esprit. Il paraît évident qu'il fit la décadence de Rome. Mais en transportant le trône sur le Bosphore de Thrace, il posait dans l'Orient des barrières contre les invasions des barbares qui inondèrent l'empire sous ses successeurs, et qui trouvèrent l'Italie sans défense. Il semble qu'il ait immolé l'Occident à l'Orient. L'Italie tomba quand Constantinople s'éleva. Ce serait une étude curieuse et instructive que l'histoire politique de ces temps-là. Nous n'avons guère que des satires et des panégyriques. C'est quelquefois par les panégyriques mêmes qu'on peut trouver la vérité. Par exemple, on comble d'éloges Constantin, pour avoir fait dévorer par les bêtes féroces, dans les jeux du cirque, tous les chefs des Francs, avec tous les prisonniers qu'il avait faits dans une expédition sur le Rhin. C'est ainsi que furent traités les prédécesseurs de Clovis et de Charlemagne. Les écrivains qui ont été assez lâches pour louer des actions cruelles constatent au moins ces actions, et les lecteurs sages les jugent. Ce que nous avons de plus détaillé, sur l'histoire de cette révolution, est ce qui regarde l'établissement de l'Église et ses troubles.

Ce qu'il y a de déplorable, c'est qu'à peine la religion chrétienne fut sur le trône que la sainteté en fut profanée par des chrétiens qui se livrèrent à la soif de la vengeance, lors même que leur triomphe devait leur inspirer l'esprit de paix. Ils massacrèrent dans la Syrie et dans la Palestine tous les magistrats qui avaient sévi contre eux; ils noyèrent la femme et la fille de Maximin; ils firent périr dans les tourments ses fils et ses parents. Les querelles au sujet de la *consubstantialité du Verbe* troublèrent le monde et l'ensanglantèrent. Enfin Ammien Marcellin dit que « les chrétiens de son temps se déchiraient entre eux comme des bêtes féroces [1] ». Il y avait de grandes vertus qu'Ammien ne remarque pas : elles sont presque toujours cachées, surtout à des yeux ennemis, et les vices éclatent.

L'Église de Rome fut préservée de ces crimes et de ces malheurs; elle ne fut d'abord ni puissante, ni souillée; elle resta longtemps tranquille et sage au milieu d'un sénat et d'un peuple qui la méprisaient. Il y avait dans cette capitale du monde connu sept cents temples, grands ou petits, dédiés aux dieux *majorum et*

---

1. *N. B.* Ces propres paroles se trouvent au livre XXII d'Ammien Marcellin, chap. v. Un misérable cuistre de collége, ex-jésuite, nommé Nonotte, auteur d'un libelle intitulé *Erreurs de Voltaire*, a osé soutenir que ces paroles ne sont point dans Ammien Marcellin. Il est utile qu'un calomniateur ignorant soit confondu. *Nullas infestas hominibus bestias, ut sunt sibi ferales plerique christianorum, expertus.* Ammien.

Idem dicit Chrysostomus, homelia in Ep. Pauli ad Cor., ajoute naïvement Henri de Valois dans ses notes sur Ammien, page 301 de l'édition de 1681. (*Note ajoutée dans l'édition de Kehl.*)

minorum gentium. Ils subsistèrent jusqu'à Théodose, et les peuples de la campagne persistèrent longtemps après lui dans leur ancien culte. C'est ce qui fit donner aux sectateurs de l'ancienne religion le nom de *païens*, *pagani*, du nom des bourgades appelées *pagi*, dans lesquelles on laissa subsister l'idolâtrie jusqu'au viii° siècle; de sorte que le nom de païen ne signifie que paysan, villageois.

On sait assez sur quelle imposture est fondée la donation de Constantin; mais cette pièce est aussi rare que curieuse. Il est utile de la transcrire ici pour faire connaître l'excès de l'absurde insolence de ceux qui gouvernaient les peuples, et l'excès de l'imbécillité des gouvernés. C'est Constantin qui parle [1] :

« Nous, avec nos satrapes et tout le sénat, et le peuple soumis au glorieux empire, nous avons jugé utile de donner au successeur du prince des apôtres une plus grande puissance que celle que notre sérénité et notre mansuétude ont sur la terre. Nous avons résolu de faire honorer la sacro-sainte Église romaine plus que notre puissance impériale, qui n'est que terrestre; et nous attribuons au sacré siége du bienheureux Pierre toute la dignité, toute la gloire, et toute la puissance impériale. Nous possédons les corps glorieux de saint Pierre et de saint Paul, et nous les avons honorablement mis dans des caisses d'ambre, que la force des quatre éléments ne peut casser. Nous avons donné plusieurs grandes possessions en Judée, en Grèce, dans l'Asie, dans l'Afrique, et dans l'Italie, pour fournir aux frais de leurs luminaires. Nous donnons, en outre, à Silvestre et à ses successeurs notre palais de Latran, qui est plus beau que tous les autres palais du monde.

« Nous lui donnons notre diadème, notre couronne, notre mitre, tous les habits impériaux que nous portons, et nous lui remettons la dignité impériale, et le commandement de la cavalerie. Nous voulons que les révérendissimes clercs de la sacro-sainte romaine Église jouissent de tous les droits du sénat. Nous les créons tous patrices et consuls. Nous voulons que leurs chevaux soient toujours ornés de caparaçons blancs, et que nos principaux officiers tiennent ces chevaux par la bride, comme nous avons conduit nous-même par la bride le cheval du sacré pontife.

« Nous donnons en pur don au bienheureux pontife la ville de Rome et toutes les villes occidentales de l'Italie, comme aussi

---

1. Voyez l'ouvrage connu sous le titre de *Décret de Gratien*, où cette pièce est insérée. Ce décret est une compilation faite par Gratien, bénédictin du xii° siècle. (*Note ajoutée dans l'édition de Kehl.*)

les autres villes occidentales des autres pays. Nous cédons la place au saint-père; nous nous démettons de la domination sur toutes ces provinces; nous nous retirons de Rome, et transportons le siége de notre empire en la province de Byzance, n'étant pas juste qu'un empereur terrestre ait le moindre pouvoir dans les lieux où Dieu a établi le chef de la religion chrétienne.

« Nous ordonnons que cette nôtre donation demeure ferme jusqu'à la fin du monde, et que si quelqu'un désobéit à notre décret, nous voulons qu'il soit damné éternellement, et que les apôtres Pierre et Paul lui soient contraires en cette vie et en l'autre, et qu'il soit plongé au plus profond de l'enfer avec le diable. Donné sous le consulat de Constantin et de Gallicanus. »

Croira-t-on un jour qu'une si ridicule imposture, très-digne de Gille et de Pierrot, ou de Nonotte, ait été généralement adoptée pendant plusieurs siècles? Croira-t-on qu'en 1478 on brûla dans Strasbourg des chrétiens qui osaient douter que Constantin eût cédé l'empire romain au pape?

Constantin donna en effet, non au seul évêque de Rome, mais à la cathédrale qui était l'église de Saint-Jean, mille marcs d'or, et trente mille d'argent, avec quatorze mille sous de rente, et des terres dans la Calabre. Chaque empereur ensuite augmenta ce patrimoine. Les évêques de Rome en avaient besoin. Les missions qu'ils envoyèrent bientôt dans l'Europe païenne, les évêques chassés de leurs siéges, auxquels ils donnèrent un asile, les pauvres qu'ils nourrirent, les mettaient dans la nécessité d'être très-riches. Le crédit de la place, supérieur aux richesses, fit bientôt du pasteur des chrétiens de Rome l'homme le plus considérable de l'Occident. La piété avait toujours accepté ce ministère; l'ambition le brigua. On se disputa la chaire; il y eut deux antipapes dès le milieu du ive siècle; et le consul Prétextat, idolâtre, disait, en 466 : « Faites-moi évêque de Rome, et je me fais chrétien. »

Cependant cet évêque n'avait d'autre pouvoir que celui que peut donner la vertu, le crédit, ou l'intrigue dans des circonstances favorables. Jamais aucun pasteur de l'Église n'eut la juridiction contentieuse, encore moins les droits régaliens. Aucun n'eut ce qu'on appelle *jus terrendi*, ni droit de territoire, ni droit de prononcer *do, dico, addico*. Les empereurs restèrent les juges suprêmes de tout, hors du dogme. Ils convoquèrent les conciles. Constantin, à Nicée, reçut et jugea les accusations que les évêques portèrent les uns contre les autres. Le titre de *souverain pontife* resta même attaché à l'empire.

CHAPITRE XI.

CAUSES DE LA CHUTE DE L'EMPIRE ROMAIN.

Si quelqu'un avait pu raffermir l'empire, ou du moins retarder sa chute, c'était l'empereur Julien. Il n'était point un soldat de fortune, comme les Dioclétien et les Théodose. Né dans la pourpre, élu par les armées, chéri des soldats, il n'avait point de factions à craindre ; on le regardait, depuis ses victoires en Allemagne, comme le plus grand capitaine de son siècle. Nul empereur ne fut plus équitable et ne rendit la justice plus impartialement, non pas même Marc-Aurèle. Nul philosophe ne fut plus sobre et plus continent. Il régnait donc par les lois, par la valeur, et par l'exemple. Si sa carrière eût été plus longue, il est à présumer que l'empire eût moins chancelé après sa mort.

Deux fléaux détruisirent enfin ce grand colosse : les barbares, et les disputes de religion.

Quant aux barbares, il est aussi difficile de se faire une idée nette de leurs incursions que de leur origine. Procope, Jornandès, nous ont débité des fables que tous nos auteurs copient. Mais le moyen de croire que les Huns, venus du nord de la Chine, aient passé les Palus-Méotides à gué et à la suite d'une biche, et qu'ils aient chassé devant eux, comme des troupeaux de moutons, des nations belliqueuses qui habitaient les pays aujourd'hui nommés la Crimée, une partie de la Pologne, l'Ukraine, la Moldavie, la Valachie? Ces peuples robustes et guerriers, tels qu'ils le sont encore aujourd'hui, étaient connus des Romains sous le nom général de Goths. Comment ces Goths s'enfuirent-ils sur les bords du Danube, dès qu'ils virent paraître les Huns? Comment demandèrent-ils à mains jointes que les Romains daignassent les recevoir? et comment, dès qu'ils furent passés, ravagèrent-ils tout jusqu'aux portes de Constantinople à main armée?

Tout cela ressemble à des contes d'Hérodote, et à d'autres contes non moins vantés. Il est bien plus vraisemblable que tous ces peuples coururent au pillage les uns après les autres. Les Romains avaient volé les nations ; les Goths et les Huns vinrent voler les Romains.

Mais pourquoi les Romains ne les exterminèrent-ils pas, comme Marius avait exterminé les Cimbres? c'est qu'il ne se trouvait point de Marius ; c'est que les mœurs étaient changées ; c'est que l'empire était partagé entre les ariens et les athanasiens. On ne s'occupait que de deux objets, les courses du cirque et les trois hypostases. L'empire romain avait alors plus de moines que de soldats, et ces moines couraient en troupes de ville en ville pour soutenir ou pour détruire la consubstantialité du Verbe. Il y en avait soixante et dix mille en Égypte.

Le christianisme ouvrait le ciel, mais il perdait l'empire : car non-seulement les sectes nées dans son sein se combattaient avec le délire des querelles théologiques, mais toutes combattaient encore l'ancienne religion de l'empire ; religion fausse, religion ridicule sans doute, mais sous laquelle Rome avait marché de victoire en victoire pendant dix siècles.

Les descendants des Scipion étant devenus des controversistes, les évêchés étant plus brigués que ne l'avaient été les couronnes triomphales, la considération personnelle ayant passé des Hortensius et des Cicéron aux Cyrille, aux Grégoire, aux Ambroise, tout fut perdu ; et si l'on doit s'étonner de quelque chose, c'est que l'empire romain ait subsisté encore un peu de temps.

Théodose, qu'on appelle le grand Théodose, paya un tribut au superbe Alaric, sous le nom de pension du trésor impérial. Alaric mit Rome à contribution la première fois qu'il parut devant les murs, et la seconde il la mit au pillage. Tel était alors l'avilissement de l'empire de Rome que ce Goth dédaigna d'être roi de Rome, tandis que le misérable empereur d'Occident, Honorius, tremblait dans Ravenne, où il s'était réfugié.

Alaric se donna le plaisir de créer dans Rome un empereur nommé Attale, qui venait recevoir ses ordres dans son antichambre. L'histoire nous a conservé deux anecdotes concernant Honorius, qui montrent bien tout l'excès de la turpitude de ces temps : la première, qu'une des causes du mépris où Honorius était tombé, c'est qu'il était impuissant ; la seconde, c'est qu'on proposa à cet Attale, empereur, valet d'Alaric, de châtrer Honorius pour rendre son ignominie plus complète.

Après Alaric vint Attila, qui ravageait tout, de la Chine jusqu'à la Gaule. Il était si grand, et les empereurs Théodose et Valentinien III si petits, que la princesse Honoria, sœur de Valentinien III, lui proposa de l'épouser. Elle lui envoya son anneau pour gage de sa foi ; mais avant qu'elle eût réponse d'Attila, elle était déjà grosse de la façon d'un de ses domestiques.

Lorsque Attila eut détruit la ville d'Aquilée, Léon, évêque de Rome, vint mettre à ses pieds tout l'or qu'il avait pu recueillir des Romains pour racheter du pillage les environs de cette ville, dans laquelle l'empereur Valentinien III était caché. L'accord étant conclu, les moines ne manquèrent pas d'écrire que le pape Léon avait fait trembler Attila ; qu'il était venu à ce Hun avec un air et un ton de maître ; qu'il était accompagné de saint Pierre et de saint Paul, armés tous deux d'épées flamboyantes, qui étaient visiblement les deux glaives de l'Église de Rome. Cette manière d'écrire l'histoire a duré, chez les chrétiens, jusqu'au xvie siècle sans interruption.

Bientôt après, des déluges de barbares inondèrent de tous côtés ce qui était échappé aux mains d'Attila.

Que faisaient cependant les empereurs? ils assemblaient des conciles. C'était tantôt pour l'ancienne querelle des partisans d'Athanase, tantôt pour les donatistes ; et ces disputes agitaient l'Afrique quand le Vandale Genseric la subjugua. C'était d'ailleurs pour les arguments de Nestorius et de Cyrille, pour les subtilités d'Eutychès ; et la plupart des articles de foi se décidaient quelquefois à grands coups de bâton, comme il arriva sous Théodose II, dans un concile convoqué par lui à Éphèse, concile qu'on appelle encore aujourd'hui *le brigandage*. Enfin, pour bien connaître l'esprit de ce malheureux temps, souvenons-nous qu'un moine ayant été rebuté un jour par Théodose II, qu'il importunait, le moine excommunia l'empereur ; et que ce César fut obligé de se faire relever de l'excommunication par le patriarche de Constantinople.

Pendant ces troubles mêmes, les Francs envahissaient la Gaule ; les Visigoths s'emparaient de l'Espagne ; les Ostrogoths, sous Théodose, dominaient en Italie, bientôt après chassés par les Lombards. L'empire romain, du temps de Clovis, n'existait plus que dans la Grèce, l'Asie Mineure et dans l'Égypte ; tout le reste était la proie des barbares. Scythes, Vandales et Francs, se firent chrétiens pour mieux gouverner les provinces chrétiennes assujetties par eux ; car il ne faut pas croire que ces barbares fussent sans politique ; ils en avaient beaucoup, et en ce point tous les hommes sont à peu près égaux. L'intérêt rendit donc chrétiens ces déprédateurs ; mais ils n'en furent que plus inhumains. Le jésuite Daniel, historien français, qui déguise tant de choses, n'ose dissimuler que Clovis fut beaucoup plus sanguinaire, et se souilla de plus grands crimes après son baptême que tandis qu'il était païen. Et ces crimes n'étaient pas de ces forfaits héroïques qui éblouissent l'imbécillité humaine : c'étaient des vols et des parricides. Il suborna un prince de Cologne qui assassina son père ;

après quoi il fit massacrer le fils; il tua un roitelet de Cambrai qui lui montrait ses trésors. Un citoyen moins coupable eût été traîné au supplice, et Clovis fonda une monarchie.

CHAPITRE XII.

SUITE DE LA DÉCADENCE DE L'ANCIENNE ROME.

Quand les Goths s'emparèrent de Rome après les Hérules; quand le célèbre Théodoric, non moins puissant que le fut depuis Charlemagne, eut établi le siége de son empire à Ravenne, au commencement de notre vi° siècle, sans prendre le titre d'empereur d'Occident qu'il eût pu s'arroger, il exerça sur les Romains précisément la même autorité que les Césars; conservant le sénat, laissant subsister la liberté de religion, soumettant également aux lois civiles, orthodoxes, ariens et idolâtres; jugeant les Goths par les lois gothiques, et les Romains par les lois romaines; présidant par ses commissaires aux élections des évêques; défendant la simonie, apaisant les schismes. Deux papes se disputaient la chaire épiscopale; il nomma le pape Symmaque, et ce pape Symmaque étant accusé, il le fit juger par ses *Missi dominici*.

Athalaric, son petit-fils, régla les élections des papes et de tous les autres métropolitains de ses royaumes, par un édit qui fut observé; édit rédigé par Cassiodore, son ministre, qui depuis se retira au Mont-Cassin, et embrassa la règle de saint Benoît; édit auquel le pape Jean II se soumit sans difficulté.

Quand Bélisaire vint en Italie, et qu'il la remit sous le pouvoir impérial, on sait qu'il exila le pape Sylvère, et qu'en cela il ne passa point les bornes de son autorité, s'il passa celles de la justice. Bélisaire, et ensuite Narsès, ayant arraché Rome au joug des Goths, d'autres barbares, Gépides, Francs, Germains, inondèrent l'Italie. Tout l'empire occidental était dévasté et déchiré par des sauvages. Les Lombards établirent leur domination dans toute l'Italie citérieure. Alboin, fondateur de cette nouvelle dynastie, n'était qu'un brigand barbare; mais bientôt les vainqueurs adoptèrent les mœurs, la politesse, la religion des vaincus. C'est ce qui n'était pas arrivé aux premiers Francs, aux Bourguignons, qui portèrent dans les Gaules leur langage grossier, et leurs mœurs encore plus agrestes. La nation lombarde était d'abord composée de païens et d'ariens. Leur roi Rotharic publia, vers l'an 640, un édit qui donna la liberté de professer toutes sortes de religions ; de sorte qu'il y avait dans presque toutes les villes d'Italie un évêque catholique et un évêque arien, qui laissaient vivre paisiblement les peuples nommés idolâtres, répandus encore dans les villages.

Le royaume de Lombardie s'étendit depuis le Piémont jusqu'à Brindes et à la terre d'Otrante; il renfermait Bénévent, Bari, Tarente; mais il n'eut ni la Pouille, ni Rome, ni Ravenne : ces pays demeurèrent annexés au faible empire d'Orient. L'Église romaine avait donc repassé de la domination des Goths à celle des Grecs. Un exarque gouvernait Rome au nom de l'empereur ; mais il ne résidait point dans cette ville, presque abandonnée à elle-même. Son séjour était à Ravenne, d'où il envoyait ses ordres au duc ou préfet de Rome, et aux sénateurs, qu'on appelait encore *Pères conscripts*. L'apparence du gouvernement municipal subsistait toujours dans cette ancienne capitale si déchue, et les sentiments républicains n'y furent jamais éteints. Ils se soutenaient par l'exemple de Venise, république fondée d'abord par la crainte et par la misère, et bientôt élevée par le commerce et par le courage. Venise était déjà si puissante qu'elle rétablit au viiie siècle l'exarque Scolastique, qui avait été chassé de Ravenne.

Quelle était donc aux viie et viiie siècles la situation de Rome ? celle d'une ville malheureuse, mal défendue par les exarques, continuellement menacée par les Lombards, et reconnaissant toujours les empereurs pour maîtres. Le crédit des papes augmentait dans la désolation de la ville. Ils en étaient souvent les consolateurs et les pères ; mais toujours sujets, ils ne pouvaient être consacrés qu'avec la permission expresse de l'exarque. Les formules par lesquelles cette permission était demandée et accordée subsistent encore [1]. Le clergé romain écrivait au métropolitain de Ravenne, et demandait la protection de *sa béatitude* auprès du gouverneur ; ensuite le pape envoyait à ce métropolitain sa profession de foi.

Le roi lombard Astolfe s'empara enfin de tout l'exarchat de Ravenne, en 751, et mit fin à cette vice-royauté impériale qui avait duré cent quatre-vingt-trois ans.

Comme le duché de Rome dépendait de l'exarchat de Ravenne,

---

1. Dans le *Diarium romanum*. (*Note de Voltaire.*)

Astolfe prétendit avoir Rome par le droit de sa conquête. Le pape Étienne II, seul défenseur des malheureux Romains, envoya demander du secours à l'empereur Constantin, surnommé Copronyme. Ce misérable empereur envoya pour tout secours un officier du palais, avec une lettre pour le roi lombard. C'est cette faiblesse des empereurs grecs qui fut l'origine du nouvel empire d'Occident et de la grandeur pontificale.

Vous ne voyez avant ce temps aucun évêque qui ait aspiré à la moindre autorité temporelle, au moindre territoire. Comment l'auraient-ils osé? leur législateur fut un pauvre qui catéchisa des pauvres. Les successeurs de ces premiers chrétiens furent pauvres. Le clergé ne fit un corps que sous Constantin Ier; mais cet empereur ne souffrit pas qu'un évêque fût propriétaire d'un seul village. Ce ne peut être que dans des temps d'anarchie que les papes aient obtenu quelques seigneuries. Ces domaines furent d'abord médiocres. Tout s'agrandit, et tout tombe avec le temps.

Lorsqu'on passe de l'histoire de l'empire romain à celle des peuples qui l'ont déchiré dans l'Occident, on ressemble à un voyageur qui, au sortir d'une ville superbe, se trouve dans des déserts couverts de ronces. Vingt jargons barbares succèdent à cette belle langue latine qu'on parlait du fond de l'Illyrie au mont Atlas. Au lieu de ces sages lois qui gouvernaient la moitié de notre hémisphère, on ne trouve plus que des coutumes sauvages. Les cirques, les amphithéâtres élevés dans toutes les provinces sont changés en masures couvertes de paille. Ces grands chemins si beaux, si solides, établis du pied du Capitole jusqu'au mont Taurus, sont couverts d'eaux croupissantes. La même révolution se fait dans les esprits; et Grégoire de Tours, le moine de Saint-Gall, Frédégaire, sont nos Polybe et nos Tite-Live. L'entendement humain s'abrutit dans les superstitions les plus lâches et les plus insensées. Ces superstitions sont portées au point que des moines deviennent seigneurs et princes; ils ont des esclaves, et ces esclaves n'osent pas même se plaindre. L'Europe entière croupit dans cet avilissement jusqu'au xvie siècle, et n'en sort que par des convulsions terribles.

CHAPITRE XIII.

ORIGINE DE LA PUISSANCE DES PAPES. DIGRESSION SUR LE SACRE DES ROIS. LETTRE DE SAINT PIERRE A PEPIN, MAIRE DE FRANCE, DEVENU ROI. PRÉTENDUES DONATIONS AU SAINT SIÉGE.

Il n'y a que trois manières de subjuguer les hommes : celle de les policer en leur proposant des lois, celle d'employer la religion pour appuyer ces lois, celle enfin d'égorger une partie d'une nation pour gouverner l'autre ; je n'en connais pas une quatrième. Toutes les trois demandent des circonstances favorables. Il faut remonter à l'antiquité la plus reculée pour trouver des exemples de la première ; encore sont-ils suspects. Charlemagne, Clovis, Théodoric, Alboin, Alaric, se servirent de la troisième ; les papes employèrent la seconde.

Le pape n'avait pas originairement plus de droit sur Rome que saint Augustin n'en aurait eu, par exemple, à la souveraineté de la petite ville d'Hippone. Quand même saint Pierre aurait demeuré à Rome, comme on l'a dit sur ce qu'une de ses épîtres est datée de Babylone ; quand même il eût été évêque de Rome, dans un temps où il n'y avait certainement aucun siége particulier, ce séjour dans Rome ne pouvait donner le trône des Césars ; et nous avons vu que les évêques de Rome ne se regardèrent, pendant sept cents ans, que comme des sujets.

Rome, tant de fois saccagée par les barbares, abandonnée des empereurs, pressée par les Lombards, incapable de rétablir l'ancienne république, ne pouvait plus prétendre à la grandeur. Il lui fallait du repos : elle l'aurait goûté si elle avait pu dès lors être gouvernée par son évêque, comme le furent depuis tant de villes d'Allemagne ; et l'anarchie eût au moins produit ce bien. Mais il n'était pas encore reçu dans l'opinion des chrétiens qu'un évêque pût être souverain, quoiqu'on eût, dans l'histoire du monde, tant d'exemples de l'union du sacerdoce et de l'empire dans d'autres religions.

Le pape Grégoire III recourut le premier à la protection des Francs contre les Lombards et contre les empereurs. Zacharie, son successeur, animé du même esprit, reconnut Pepin ou Pipin, maire du palais, usurpateur du royaume de France, pour roi légitime. On a prétendu que Pepin, qui n'était que premier ministre, fit demander d'abord au pape quel était le vrai roi, ou de celui qui n'en avait que le droit et le nom, ou de celui qui en avait l'autorité et le mérite ; et que le pape décida que le ministre devait être roi. Il n'a jamais été prouvé qu'on ait joué cette comédie ; mais ce qui est vrai, c'est que le pape Étienne III appela Pepin à son secours contre les Lombards, qu'il vint en France se jeter aux pieds de Pepin, en 754, et ensuite le couronner avec des cérémonies qu'on appelait sacre. C'était une imitation d'un ancien appareil judaïque. Samuel avait versé de l'huile sur la tête de Saül ; les rois lombards se faisaient ainsi sacrer ; les ducs de Bénévent même avaient adopté cet usage, pour en imposer aux peuples. On employait l'huile dans l'installation des évêques ; et on croyait imprimer un caractère de sainteté au diadème, en y joignant une cérémonie épiscopale. Un roi goth, nommé Vamba, fut sacré en Espagne avec de l'huile bénite, en 674. Mais les Arabes vainqueurs firent bientôt oublier cette cérémonie, que les Espagnols n'ont jamais renouvelée.

Pepin ne fut donc pas le premier roi sacré en Europe, comme nous l'écrivons tous les jours. Il avait déjà reçu cette onction de l'Anglais Boniface, missionnaire en Allemagne, et évêque de Mayence, qui, ayant voyagé longtemps en Lombardie, le sacra suivant l'usage de ce pays.

Remarquez attentivement que ce Boniface avait été créé évêque de Mayence par Carloman, frère de l'usurpateur Pepin, sans aucun concours du pape, sans que la cour romaine influât alors sur la nomination des évêchés dans le royaume des Francs. Rien ne vous convaincra plus que toutes les lois civiles et ecclésiastiques sont dictées par la convenance, que la force les maintient, que la faiblesse les détruit, et que le temps les change. Les évêques de Rome prétendaient une autorité suprême, et ne l'avaient pas. Les papes, sous le joug des rois lombards, auraient laissé toute la puissance ecclésiastique en France au premier Franc qui les aurait délivrés du joug en Italie.

Le pape Étienne avait plus besoin de Pepin que Pepin n'avait besoin de lui ; il y paraît bien, puisque ce fut le prêtre qui vint implorer la protection du guerrier. Le nouveau roi fit renouveler son sacre par l'évêque de Rome dans l'église de Saint-Denis : ce fait paraît singulier. On ne se fait pas couronner deux fois quand on croit la première cérémonie suffisante. Il paraît donc que, dans l'opinion des peuples, un évêque de Rome était quelque chose de plus saint, de plus autorisé qu'un évêque d'Allemagne ; que les moines de Saint-Denis, chez qui se faisait le second sacre, attachaient plus d'efficacité à l'huile répandue sur la tête d'un Franc par un évêque romain qu'à l'huile répandue par un missionnaire de Mayence ; et que le successeur de saint Pierre avait plus droit qu'un autre de légitimer une usurpation.

Pepin fut le premier roi sacré en France, et non le seul qui l'y ait été par un pontife de Rome ; car Innocent III couronna depuis, et sacra Louis le Jeune à Reims. Clovis n'avait été ni couronné ni sacré roi par l'évêque Remi. Il y avait longtemps qu'il régnait quand il fut baptisé. S'il avait reçu l'onction royale, ses successeurs auraient adopté une cérémonie si solennelle, devenue bientôt nécessaire. Aucun ne fut sacré jusqu'à Pepin, qui reçut l'onction dans l'abbaye de Saint-Denis.

Ce ne fut que trois cents ans après Clovis que l'archevêque de Reims, Hincmar, écrivit qu'au sacre de Clovis un pigeon avait apporté du ciel une fiole qu'on appelle la sainte ampoule. Peut-être crut-il fortifier par cette fable le droit de sacrer les rois, que ces métropolitains commençaient alors à exercer. Ce droit ne s'établit qu'avec le temps, comme tous les autres usages ; et ces prélats, longtemps après, sacrèrent constamment les rois, depuis Philippe Ier jusqu'à Henri IV, qui fut couronné à Chartres, et oint de l'ampoule de saint Martin, parce que les ligueurs étaient maîtres de l'ampoule de saint Remi.

Il est vrai que ces cérémonies n'ajoutent rien aux droits des monarques, mais elles semblent ajouter à la vénération des peuples.

Il n'est pas douteux que cette cérémonie du sacre, aussi bien que l'usage d'élever les rois francs, goths et lombards, sur un bouclier, ne vinssent de Constantinople. L'empereur Cantacuzène nous apprend lui-même que c'était un usage immémorial d'élever les empereurs sur un bouclier, soutenu par les grands officiers de l'empire et par le patriarche ; après quoi l'empereur montait du trône au pupitre de l'église, et le patriarche faisait le signe de la croix sur sa tête avec un plumasseau trempé dans de l'huile bénite ; les diacres apportaient la couronne ; le principal officier, ou le prince du sang impérial le plus proche, mettait la couronne sur la tête du nouveau César ; le patriarche et le peuple criaient : « Il en est digne. » Mais au sacre des rois d'Occident, l'évêque dit au peuple : « Voulez-vous ce roi ? » et ensuite le roi fait serment au peuple, après l'avoir fait aux évêques.

Le pape Étienne ne s'en tint pas avec Pepin à cette cérémonie ; il défendit aux Français, sous peine d'excommunication, de se donner jamais des rois d'une autre race. Tandis que cet évêque, chassé de sa patrie, et suppliant dans une terre étrangère, avait le courage de donner des lois, sa politique prenait une autorité qui assurait celle de Pepin ; et ce prince, pour mieux jouir de ce qui ne lui était pas dû, laissait au pape des droits qui ne lui appartenaient pas.

Hugues Capet en France, et Conrad en Allemagne, firent voir depuis qu'une telle excommunication n'est pas une loi fondamentale.

Cependant l'opinion, qui gouverne le monde, imprima d'abord dans les esprits un si grand respect pour la cérémonie faite par le pape à Saint-Denis qu'Éginhard, secrétaire de Charlemagne, dit en termes exprès que « le roi Hilderic fut déposé par ordre du pape Étienne ».

Tous ces événements ne sont qu'un tissu d'injustice, de rapine, de fourberie. Le premier des domestiques d'un roi de France dépouillait son maître Hilderic III, l'enfermait dans le couvent de Saint-Bertin, tenait en prison le fils de son maître dans le couvent de Fontenelle en Normandie ; un pape venait de Rome consacrer ce brigandage.

On croirait que c'est une contradiction que ce pape fût venu en France se prosterner aux pieds de Pepin, et disposer ensuite de la couronne ; mais non : ces prosternements n'étaient regardés alors que comme le sont aujourd'hui nos révérences ; c'était l'ancien usage de l'Orient. On saluait les évêques à genoux ; les évêques saluaient de même les gouverneurs de leurs diocèses. Charles, fils de Pepin, avait embrassé les pieds du pape Étienne à Saint-Maurice en Valais ; Étienne embrassa ceux de Pepin. Tout cela était sans conséquence. Mais peu à peu les papes attribuèrent à eux seuls cette marque de respect. On prétend que le pape Adrien Ier fut celui qui exigea qu'on ne parût jamais devant lui sans lui baiser les pieds [1]. Les empereurs et les rois se soumirent depuis, comme les autres, à cette cérémonie, qui rendait la religion romaine plus vénérable à la populace, mais qui a toujours indigné tous les hommes d'un ordre supérieur.

On nous dit que Pepin passa les monts en 754 ; que le Lombard Astolfe, intimidé par la seule présence du Franc, céda aussitôt au pape tout l'exarchat de Ravenne ; que Pepin repassa les monts, et qu'à peine s'en fut-il retourné qu'Astolfe, au lieu de donner Ravenne au pape, mit le siége devant Rome. Toutes les démarches de ces temps-là étaient si irrégulières qu'il se pourrait à toute force que Pepin eût donné aux papes l'exarchat de

---

[1]. Voyez la note des éditeurs de Kehl, tome IV du *Théâtre*, page 502, et la pièce de vers intitulée *la Mule du Pape*, tome IX, page 573.

Ravenne, qui ne lui appartenait point, et qu'il eût même fait cette donation du bien d'autrui sans prendre aucune mesure pour la faire exécuter. Cependant il est bien peu vraisemblable qu'un homme tel que Pepin, qui avait détrôné son roi, n'ait passé en Italie avec une armée que pour y aller faire des présents. Rien n'est plus douteux que cette donation citée dans tant de livres. Le bibliothécaire Anastase, qui écrivait cent quarante ans après l'expédition de Pepin, est le premier qui parle de cette donation. Mille auteurs l'ont citée, les meilleurs publicistes d'Allemagne la réfutent, la cour romaine ne peut la prouver, mais elle en jouit.

Il régnait alors dans les esprits un mélange bizarre de politique et de simplicité, de grossièreté et d'artifice, qui caractérise bien la décadence générale. Étienne feignit une lettre de saint Pierre, adressée du ciel à Pepin et à ses enfants; elle mérite d'être rapportée; la voici : « Pierre, appelé apôtre par Jésus-Christ, fils du Dieu vivant, etc... Comme par moi toute l'Église catholique, apostolique, romaine, mère de toutes les autres Églises, est fondée sur la pierre, qu'Étienne est évêque de cette douce Église romaine; et afin que la grâce et la vertu soient pleinement accordées du Seigneur notre Dieu, pour arracher l'Église de Dieu des mains des persécuteurs : à vous, excellents Pepin, Charles et Carloman, trois rois, et à tous saints évêques et abbés, prêtres et moines, et même aux ducs, aux comtes, et aux peuples, moi Pierre, apôtre, etc... je vous conjure, et la vierge Marie, qui vous aura obligation, vous avertit et vous commande, aussi bien que les trônes, les dominations... Si vous ne combattez pour moi, je vous déclare, par la sainte Trinité et par mon apostolat, que vous n'aurez jamais de part au paradis[1]. »

La lettre eut son effet. Pepin passa les Alpes pour la seconde fois; il assiégea Pavie, et fit encore la paix avec Astolfe. Mais est-il probable qu'il ait passé deux fois les monts uniquement pour donner des villes au pape Étienne? Pourquoi saint Pierre, dans sa lettre, ne parle-t-il pas d'un fait si important? pourquoi ne se plaint-il pas à Pepin de n'être pas en possession de l'exarchat? pourquoi ne le redemande-t-il pas expressément?

Tout ce qui est vrai, c'est que les Francs, qui avaient envahi les Gaules, voulurent toujours subjuguer l'Italie, objet de la cupidité de tous les barbares; non que l'Italie soit en effet un meilleur pays que les Gaules, mais alors elle était mieux cultivée; les villes

---

1. Comment accorder tant d'artifice et tant de bêtise? C'est que les hommes ont toujours été fourbes, et qu'alors ils étaient fourbes et grossiers. (*Note de Voltaire.*)

bâties, accrues, et embellies par les Romains, subsistaient ; et la réputation de l'Italie tenta toujours un peuple pauvre, inquiet et guerrier. Si Pepin avait pu prendre la Lombardie, comme fit Charlemagne, il l'aurait prise sans doute ; et s'il conclut un traité avec Astolfe, c'est qu'il y fut obligé. Usurpateur de la France, il n'y était pas affermi : il avait à combattre des ducs d'Aquitaine et de Gascogne, dont les droits sur ces pays valaient mieux que les siens sur la France. Comment donc aurait-il donné tant de terres aux papes, quand il était forcé de revenir en France pour y soutenir son usurpation ?

Le titre primordial de cette donation n'a jamais paru ; on est donc réduit à douter. C'est le parti qu'il faut prendre souvent en histoire comme en philosophie. Le saint siége, d'ailleurs, n'a pas besoin de ces titres équivoques ; le temps lui a donné des droits aussi réels sur ses États que les autres souverains de l'Europe en ont sur les leurs. Il est certain que les pontifes de Rome avaient dès lors de grands patrimoines dans plus d'un pays ; que ces patrimoines étaient respectés, qu'ils étaient exempts de tribut. Ils en avaient dans les Alpes, en Toscane, à Spolette, dans les Gaules, en Sicile, et jusque dans la Corse, avant que les Arabes se fussent rendus maîtres de cette île, au viiie siècle. Il est à croire que Pepin fit augmenter beaucoup ce patrimoine dans le pays de la Romagne, et qu'on l'appela le patrimoine de l'exarchat. C'est probablement ce mot *patrimoine* qui fut la source de la méprise. Les auteurs postérieurs supposèrent, dans des temps de ténèbres, que les papes avaient régné dans tous les pays où ils avaient seulement possédé des villes et des territoires.

Si quelque pape, sur la fin du viiie siècle, prétendit être au rang des princes, il paraît que c'est Adrien Ier. La monnaie qui fut frappée en son nom (si cette monnaie fut en effet fabriquée de son temps) fait voir qu'il eut les droits régaliens ; et l'usage qu'il introduisit de se faire baiser les pieds fortifie encore cette conjecture. Cependant il reconnut toujours l'empereur grec pour son souverain. On pouvait très-bien rendre à ce souverain éloigné un vain hommage, et s'attribuer une indépendance réelle, appuyée de l'autorité du ministère ecclésiastique.

Voyez par quels degrés la puissance pontificale de Rome s'est élevée. Ce sont d'abord des pauvres qui instruisent des pauvres dans les souterrains de Rome ; ils sont, au bout de deux siècles, à la tête d'un troupeau considérable. Ils sont riches et respectés sous Constantin ; ils deviennent patriarches de l'Occident ; ils ont d'immenses revenus et des terres ; enfin ils deviennent de grands souverains; mais c'est ainsi que tout s'est écarté de son origine. Si les fondateurs de Rome, de l'empire des Chinois, de celui des califes, revenaient au monde, ils verraient sur leurs trônes des Goths, des Tartares, et des Turcs.

Avant d'examiner comment tout changea en Occident par la translation de l'empire, il est nécessaire de vous faire une idée de l'Église d'Orient. Les disputes de cette Église ne servirent pas peu à cette grande révolution.

CHAPITRE XIV.

ÉTAT DE L'ÉGLISE EN ORIENT AVANT CHARLEMAGNE. QUERELLES POUR LES IMAGES. RÉVOLUTION DE ROME COMMENCÉE.

Que les usages de l'Église grecque et de la latine aient été différents comme leurs langues; que la liturgie, les habillements, les ornements, la forme des temples, celle de la croix, n'aient pas été les mêmes; que les Grecs priassent debout, et les Latins à genoux [1] : ce n'est pas ce que j'examine. Ces différentes coutumes ne mirent point aux prises l'Orient et l'Occident; elles servaient seulement à nourrir l'aversion naturelle des nations devenues rivales. Les Grecs surtout, qui n'ont jamais reçu le baptême que par immersion, en se plongeant dans les cuves des baptistères, haïssaient les Latins, qui, en faveur des chrétiens septentrionaux, introduisirent le baptême par aspersion. Mais ces oppositions n'excitèrent aucun trouble.

La domination temporelle, cet éternel sujet de discorde dans l'Occident, fut inconnue aux Églises d'Orient. Les évêques sous les yeux du maître restèrent sujets; mais d'autres querelles non

---

1. L'usage de prier à genoux dans les temples s'introduisit peu à peu avec l'opinion de la présence réelle; il dut par conséquent commencer dans l'Occident, où il paraît que cette opinion a pris naissance. Après avoir été une idée pieuse de dévots enthousiastes, cette opinion devint la croyance commune du peuple et d'une grande partie des théologiens, vers le xv⁵ siècle, et enfin un dogme de l'Église romaine, au temps du concile de Trente. L'Église de Lyon avait conservé jusqu'à ces dernières années l'ancien usage d'assister debout à la messe, sans savoir que cet usage était une preuve toujours subsistante de la nouveauté du dogme de la présence réelle.

moins funestes y furent excitées par ces disputes interminables, nées de l'esprit sophistique des Grecs et de leurs disciples.

La simplicité des premiers temps disparut sous le grand nombre de questions que forma la curiosité humaine ; car le fondateur de la religion n'ayant jamais rien écrit, et les hommes voulant tout savoir, chaque mystère fit naître des opinions, et chaque opinion coûta du sang.

C'est une chose très-remarquable que, de près de quatre-vingts sectes qui avaient déchiré l'Église depuis sa naissance, aucune n'avait eu un Romain pour auteur, si l'on excepte Novatien, qu'à peine encore on peut regarder comme un hérétique. Aucun Romain, dans les cinq premiers siècles, ne fut compté, ni parmi les pères de l'Église, ni parmi les hérésiarques. Il semble qu'ils ne furent que prudents. De tous les évêques de Rome, il n'y en eut qu'un seul qui favorisa un de ces systèmes condamnés par l'Église : c'est le pape Honorius Ier. On l'accuse encore tous les jours d'avoir été monothélite. On croit par là flétrir sa mémoire ; mais si on se donne la peine de lire sa fameuse lettre pastorale, dans laquelle il n'attribue qu'une volonté à Jésus-Christ, on verra un homme très-sage. « Nous confessons, dit-il, une seule volonté dans Jésus-Christ. Nous ne voyons point que les conciles ni l'Écriture nous autorisent à penser autrement ; mais de savoir si à cause des œuvres de divinité et d'humanité qui sont en lui, on doit entendre une opération ou deux, c'est ce que je laisse aux grammairiens, et ce qui n'importe guère [1]. »

Peut-être n'y a-t-il rien de plus précieux dans toutes les lettres des papes que ces paroles. Elles nous convainquent que toutes les disputes des Grecs étaient des disputes de mots, et qu'on aurait dû assoupir ces querelles de sophistes dont les suites ont été si funestes. Si on les avait abandonnées aux grammairiens, comme le veut ce judicieux pontife, l'Église eût été dans une paix inaltérable. Mais voulut-on savoir si le Fils était consubstantiel au Père, ou seulement de même nature, ou d'une nature inférieure : le monde chrétien fut partagé, la moitié persécuta l'autre et en fut persécutée. Voulut-on savoir si la mère de Jésus-Christ était la mère de Dieu ou de Jésus ; si le Christ avait deux natures et deux volontés dans une même personne, ou deux personnes et une

---

[1]. En effet toutes les misérables querelles des théologiens n'ont jamais été que des disputes de grammaire, fondées sur des équivoques, sur des questions absurdes, inintelligibles, qu'on a mises pendant quinze cents ans à la place de la vertu, (*Note de Voltaire.*)

volonté, ou une volonté et une personne; toutes ces disputes, nées dans Constantinople, dans Antioche, dans Alexandrie, excitèrent des séditions. Un parti anathématisait l'autre ; la faction dominante condamnait à l'exil, à la prison, à la mort et aux peines éternelles après la mort, l'autre faction, qui se vengeait à son tour par les mêmes armes.

De pareils troubles n'avaient point été connus dans l'ancienne religion des Grecs et des Romains, que nous appelons le paganisme ; la raison en est que les païens, dans leurs erreurs grossières, n'avaient point de dogmes, et que les prêtres des idoles, encore moins les séculiers, ne s'assemblèrent jamais juridiquement pour disputer.

Dans le viii° siècle, on agita dans les Églises d'Orient s'il fallait rendre un culte aux images : la loi de Moïse l'avait expressément défendu. Cette loi n'avait jamais été révoquée; et les premiers chrétiens, pendant plus de deux cents ans, n'avaient même jamais souffert d'images dans leurs assemblées.

Peu à peu la coutume s'introduisit partout d'avoir chez soi des crucifix. Ensuite on eut les portraits vrais ou faux des martyrs ou des confesseurs. Il n'y avait point encore d'autels érigés pour les saints, point de messes célébrées en leur nom. Seulement, à la vue d'un crucifix et de l'image d'un homme de bien, le cœur, qui surtout dans ces climats a besoin d'objets sensibles, s'excitait à la piété.

Cet usage s'introduisit dans les églises. Quelques évêques ne l'adoptèrent pas. On voit qu'en 393, saint Épiphane arracha d'une église de Syrie une image devant laquelle on priait. Il déclara que la religion chrétienne ne permettait pas ce culte ; et sa sévérité ne causa point de schisme.

Enfin cette pratique pieuse dégénéra en abus, comme toutes les choses humaines. Le peuple, toujours grossier, ne distingua point Dieu et les images ; bientôt on en vint jusqu'à leur attribuer des vertus et des miracles : chaque image guérissait une maladie. On les mêla même aux sortiléges, qui ont presque toujours séduit la crédulité du vulgaire ; je dis non-seulement le vulgaire du peuple, mais celui des princes, et même celui des savants.

En 727, l'empereur Léon l'Isaurien voulut, à la persuasion de quelques évêques, déraciner l'abus ; mais, par un abus peut-être plus grand, il fit effacer toutes les peintures : il abattit les statues et les représentations de Jésus-Christ avec celles des saints. En ôtant ainsi tout d'un coup aux peuples les objets de leur culte, il les révolta : on désobéit, il persécuta ; il devint tyran parce qu'il avait été imprudent.

Il est honteux pour notre siècle qu'il y ait encore des compilateurs et des déclamateurs, comme Maimbourg [1], qui répètent cette ancienne fable que deux Juifs avaient prédit l'empire à Léon, et qu'ils avaient exigé de lui qu'il abolît le culte des images; comme s'il eût importé à des Juifs que les chrétiens eussent ou non des figures dans leurs églises. Les historiens qui croient qu'on peut ainsi prédire l'avenir sont bien indignes d'écrire ce qui s'est passé.

Son fils Constantin Copronyme fit passer en loi civile et ecclésiastique l'abolition des images. Il tint à Constantinople un concile de trois cent trente-huit évêques; ils proscrivirent d'une commune voix ce culte, reçu dans plusieurs églises, et surtout à Rome.

Cet empereur eût voulu abolir aussi aisément les moines, qu'il avait en horreur, et qu'il n'appelait que les *abominables;* mais il ne put y réussir : ces moines, déjà fort riches, défendirent plus habilement leurs biens que les images de leurs saints.

Les papes Grégoire II et III, et leurs successeurs, ennemis secrets des empereurs, et opposés ouvertement à leur doctrine, ne lancèrent pourtant point ces sortes d'excommunications, depuis si fréquemment et si légèrement employées. Mais soit que ce vieux respect pour les successeurs des Césars contînt encore les métropolitains de Rome, soit plutôt qu'ils vissent combien ces excommunications, ces interdits, ces dispenses du serment de fidélité seraient méprisés dans Constantinople, où l'Église patriarcale s'égalait au moins à celle de Rome, les papes tinrent deux conciles en 728 et en 732, où l'on décida que tout ennemi des images serait excommunié, sans rien de plus, et sans parler de l'empereur. Ils songèrent dès lors plus à négocier qu'à disputer. Grégoire II se rendit maître des affaires dans Rome, pendant que le peuple, soulevé contre les empereurs, ne payait plus les tributs. Grégoire III se conduisit suivant les mêmes principes. Quelques auteurs grecs postérieurs, voulant rendre les papes odieux, ont écrit que Gré-

---

[1]. Dans son *Histoire des iconoclastes,* tome X de ses Œuvres complètes, publiées, en 1686 et 1687, à Paris, en quatorze volumes in-4°. Le *Catalogue des principaux écrivains du Siècle de Louis XIV* contient, de Voltaire, une note favorable à cet auteur, dont les histoires de la Ligue, des Croisades, du Luthéranisme, du Calvinisme, de la Décadence de l'Empire, eurent un moment de grande vogue. Louis Maimbourg, né à Nancy en 1620, était entré tout jeune dans la compagnie de Jésus; mais il en fut expulsé par ordre du pape à cause de son attachement aux idées gallicanes. Louis XIV le pensionna, et lui assura une retraite à l'abbaye de Saint-Victor, où Maimbourg mourut en 1686. (E. B.)

goire II excommunia et déposa l'empereur, et que tout le peuple romain reconnut Grégoire II pour son souverain. Ces Grecs ne songeaient pas que les papes, qu'ils voulaient faire regarder comme des usurpateurs, auraient été dès lors les princes les plus légitimes. Ils auraient tenu leur puissance des suffrages du peuple romain : ils eussent été souverains de Rome à plus juste titre que beaucoup d'empereurs. Mais il n'est ni vraisemblable ni vrai que les Romains, menacés par Léon l'Isaurien, pressés par les Lombards, eussent élu leur évêque pour seul maître, quand ils avaient besoin de guerriers. Si les papes avaient eu dès lors un si beau droit au rang des Césars, ils n'auraient pas depuis transféré ce droit à Charlemagne.

CHAPITRE XV.

DE CHARLEMAGNE. SON AMBITION, SA POLITIQUE. IL DÉPOUILLE SES NEVEUX DE LEURS ÉTATS. OPPRESSION ET CONVERSION DES SAXONS, ETC.

Le royaume de Pepin, ou Pipin, s'étendait de la Bavière aux Pyrénées et aux Alpes. Karl, son fils, que nous respectons sous le nom de Charlemagne, recueillit cette succession tout entière, car un de ses frères était mort après le partage, et l'autre s'était fait moine auparavant au monastère de Saint-Silvestre. Une espèce de piété qui se mêlait à la barbarie de ces temps enferma plus d'un prince dans le cloître ; ainsi Rachis, roi des Lombards, un Carloman, frère de Pepin, un duc d'Aquitaine, avaient pris l'habit de bénédictin. Il n'y avait presque alors que cet ordre dans l'Occident. Les couvents étaient riches, puissants, respectés ; c'étaient des asiles honorables pour ceux qui cherchaient une vie paisible. Bientôt après, ces asiles furent les prisons des princes détrônés.

La réputation de Charlemagne est une des plus grandes preuves que les succès justifient l'injustice, et donnent la gloire. Pepin, son père, avait partagé en mourant ses États entre ses deux enfants, Karlman, ou Carloman, et Karl : une assemblée solennelle de la nation avait ratifié le testament. Carloman avait la Provence, le Languedoc, la Bourgogne, la Suisse, l'Alsace, et quelques pays circonvoisins ; Karl, ou Charles, jouissait de tout le reste. Les deux frères furent toujours en mésintelligence. Carloman mourut subitement, et laissa une veuve et deux enfants en bas âge. Charles s'empara d'abord de leur patrimoine (771). La malheureuse mère fut obligée de fuir avec ses enfants chez le roi des Lombards, Desiderius, que nous nommons Didier, ennemi naturel des Francs : ce Didier était beau-père de Charlemagne, et ne l'en haïssait pas moins, parce qu'il le redoutait. On voit évidemment que Charlemagne ne respecta pas plus le droit naturel et les liens du sang que les autres conquérants.

Pepin son père n'avait pas eu à beaucoup près le domaine direct de tous les États que posséda Charlemagne. L'Aquitaine, la Bavière, la Provence, la Bretagne, pays nouvellement conquis, rendaient hommage et payaient tribut.

Deux voisins pouvaient être redoutables à ce vaste État, les Germains septentrionaux et les Sarrasins. L'Angleterre, conquise par les Anglo-Saxons, partagée en sept dominations, toujours en guerre avec l'Albanie qu'on nomme Écosse, et avec les Danois, était sans politique et sans puissance. L'Italie, faible et déchirée, n'attendait qu'un nouveau maître qui voulût s'en emparer.

Les Germains septentrionaux étaient alors appelés Saxons. On connaissait sous ce nom tous les peuples qui habitaient les bords du Véser et ceux de l'Elbe, de Hambourg à la Moravie, et du bas Rhin à la mer Baltique. Ils étaient païens ainsi que tout le septentrion. Leurs mœurs et leurs lois étaient les mêmes que du temps des Romains. Chaque canton se gouvernait en république, mais ils élisaient un chef pour la guerre. Leurs lois étaient simples comme leurs mœurs, leur religion grossière : ils sacrifiaient, dans les grands dangers, des hommes à la Divinité, ainsi que tant d'autres nations ; car c'est le caractère des barbares de croire la Divinité malfaisante : les hommes font Dieu à leur image. Les Francs, quoique déjà chrétiens, eurent sous Théodebert cette superstition horrible : ils immolèrent des victimes humaines en Italie, au rapport de Procope ; et vous n'ignorez pas que trop de nations, ainsi que les Juifs, avaient commis ces sacriléges par piété. D'ailleurs les Saxons avaient conservé les anciennes mœurs des Germains, leur simplicité, leur superstition, leur pauvreté. Quelques cantons avaient surtout gardé l'esprit de rapine, et tous mettaient dans leur liberté leur bonheur et leur gloire. Ce sont eux qui, sous le nom de Cattes, de Chérusques et de Bructères, avaient vaincu Varus, et que Germanicus avait ensuite défaits.

Une partie de ces peuples, vers le v⁰ siècle, appelée par les Bretons insulaires contre les habitants de l'Écosse, subjugua la

Bretagne qui touche à l'Écosse, et lui donna le nom d'Angleterre. Ils y avaient déjà passé au III° siècle ; et au temps de Constantin, les côtes orientales de cette île étaient appelées les Côtes Saxoniques.

Charlemagne, le plus ambitieux, le plus politique, et le plus grand guerrier de son siècle, fit la guerre aux Saxons trente années avant de les assujettir pleinement. Leur pays n'avait point encore ce qui tente aujourd'hui la cupidité des conquérants : les riches mines de Goslar et de Friedberg, dont on a tiré tant d'argent, n'étaient point découvertes ; elles ne le furent que sous Henri l'Oiseleur. Point de richesses accumulées par une longue industrie, nulle ville digne de l'ambition d'un usurpateur. Il ne s'agissait que d'avoir pour esclaves des millions d'hommes qui cultivaient la terre sous un climat triste, qui nourrissaient leurs troupeaux, et qui ne voulaient point de maîtres.

La guerre contre les Saxons avait commencé pour un tribut de trois cents chevaux et quelques vaches que Pepin avait exigé d'eux ; et cette guerre dura trente années. Quel droit les Francs avaient-ils sur eux ? le même droit que les Saxons avaient eu sur l'Angleterre.

Il étaient mal armés, car je vois dans les *Capitulaires* de Charlemagne une défense rigoureuse de vendre des cuirasses aux Saxons. Cette différence des armes, jointe à la discipline, avait rendu les Romains vainqueurs de tant de peuples : elle fit triompher enfin Charlemagne.

Le général de la plupart de ces peuples était ce fameux Vitikind, dont on fait aujourd'hui descendre les principales maisons de l'Empire : homme tel qu'Arminius, mais qui eut enfin plus de faiblesse. (772) Charles prend d'abord la fameuse bourgade d'Éresbourg : car ce lieu ne méritait ni le nom de ville ni celui de forteresse. Il fait égorger les habitants ; il y pille, et rase ensuite le principal temple du pays, élevé autrefois au dieu Tanfana, principe universel, si jamais ces sauvages ont connu un principe universel. Il était alors dédié au dieu Irminsul ; soit que ce dieu fût celui de la guerre, l'Arès des Grecs, le Mars des Romains ; soit qu'il eût été consacré au célèbre Hermann-Arminius, vainqueur de Varus, et vengeur de la liberté germanique.

On y massacra les prêtres sur les débris de l'idole renversée. On pénétra jusqu'au Véser avec l'armée victorieuse. Tous ces cantons se soumirent. Charlemagne voulut les lier à son joug par le christianisme. Tandis qu'il court à l'autre bout de ses États, à d'autres conquêtes, il leur laisse des missionnaires pour les persuader, et des soldats pour les forcer. Presque tous ceux qui habitaient vers le Véser se trouvèrent en un an chrétiens, mais esclaves.

Vitikind, retiré chez les Danois, qui tremblaient déjà pour leur liberté et pour leurs dieux, revient au bout de quelques années. Il ranime ses compatriotes, il les rassemble. Il trouve dans Brême, capitale du pays qui porte ce nom, un évêque, une église, et ses Saxons désespérés, qu'on traîne à des autels nouveaux. Il chasse l'évêque, qui a le temps de fuir et de s'embarquer ; il détruit le christianisme, qu'on n'avait embrassé que par la force ; il vient jusqu'auprès du Rhin, suivi d'une multitude de Germains ; il bat les lieutenants de Charlemagne.

Ce prince accourt : il défait à son tour Vitikind ; mais il traite de révolte cet effort courageux de liberté. Il demande aux Saxons tremblants qu'on lui livre leur général ; et, sur la nouvelle qu'ils l'ont laissé retourner en Danemark, il fait massacrer quatre mille cinq cents prisonniers au bord de la petite rivière d'Aller. Si ces prisonniers avaient été des sujets rebelles, un tel châtiment aurait été une sévérité horrible ; mais traiter ainsi des hommes qui combattaient pour leur liberté et pour leurs lois, c'est l'action d'un brigand, que d'illustres succès et des qualités brillantes ont d'ailleurs fait grand homme.

Il fallut encore trois victoires avant d'accabler ces peuples sous le joug. Enfin le sang cimenta le christianisme et la servitude. Vitikind lui-même, lassé de ses malheurs, fut obligé de recevoir le baptême, et de vivre désormais tributaire de son vainqueur.

(803-804) Charles, pour mieux s'assurer du pays, transporta environ dix mille familles saxonnes en Flandre, en France, et dans Rome. Il établit des colonies de Francs dans les terres des vaincus. On ne voit depuis lui aucun prince en Europe qui transporte ainsi des peuples malgré eux. Vous verrez de grandes émigrations, mais aucun souverain qui établisse ainsi des colonies suivant l'ancienne méthode romaine : c'est la preuve de l'excès du despotisme de contraindre ainsi les hommes à quitter le lieu de leur naissance. Charles joignit à cette politique la cruauté de faire poignarder par des espions les Saxons qui voulaient retourner à leur culte. Souvent les conquérants ne sont cruels que dans la guerre : la paix amène des mœurs et des lois plus douces. Charlemagne, au contraire, fit des lois qui tenaient de l'inhumanité de ses conquêtes.

Il institua une uridiction plus abominable que l'Inquisition ne le fut depuis, c'était a cour Veimique, ou la cour de Vestphalie, dont le siége subsista longtemps dans le bourg de Dortmund. Les juges prononçaient peine de mort sur des délations secrètes, sans appeler les accusés. On dénonçait un Saxon, possesseur de quelques bestiaux, de n'avoir pas jeûné en carême ; les juges le condamnaient, et on envoyait des assassins qui l'exécutaient et qui saisissaient ses vaches. Cette cour étendit bientôt son pouvoir sur toute l'Allemagne : il n'y a point d'exemple d'une telle tyrannie, et elle était exercée sur des peuples libres. Daniel ne dit pas un mot de cette cour Veimique ; et Velli, qui a écrit sa sèche histoire, n'a pas été instruit de ce fait si public : et il appelle Charlemagne *religieux monarque, ornement de l'humanité!* C'est ainsi parmi nous que des auteurs gagés par des libraires écrivent l'histoire [1] !

Ayant vu comment ce conquérant traita les Germains, observons comment il se conduisit avec les Arabes d'Espagne. Il arrivait déjà parmi eux ce qu'on vit bientôt après en Allemagne, en France, et en Italie. Les gouverneurs se rendaient indépendants. Les émirs de Barcelone et ceux de Saragosse s'étaient mis sous la protection de Pepin. L'émir de Saragosse, nommé Ibnal Arabi, c'est-à-dire Ibnal l'Arabe, en 778, vient jusqu'à Paderborn prier Charlemagne de le soutenir contre son souverain. Le prince français prit le parti de ce musulman ; mais il se donna bien garde de le faire chrétien. D'autres intérêts, d'autres soins. Il s'allie avec des Sarrasins contre des Sarrasins ; mais, après quelques avantages sur les frontières d'Espagne, son arrière-garde est défaite à Roncevaux, vers les montagnes des Pyrénées, par les chrétiens mêmes de ces montagnes, mêlés aux musulmans. C'est là que périt Roland son neveu. Ce malheur est l'origine de ces fables qu'un moine écrivit au xie siècle, sous le nom de l'archevêque Turpin, et qu'ensuite l'imagination de l'Arioste a embellies. On ne sait point en quel temps Charles essuya cette disgrâce ; et on ne voit point qu'il ait tiré vengeance de sa défaite. Content d'assurer ses frontières contre des ennemis trop aguerris, il n'embrasse que ce qu'il peut retenir, et règle son ambition sur les conjonctures qui la favorisent.

---

1. On peut voir dans les *Capitulaires* la loi par laquelle Charles établit la peine de mort contre les Saxons qui se cacheront pour ne point venir au baptême, ou qui mangeront de la chair en carême. Des fanatiques ignorants ont nié l'existence de cette loi, que Fleuri a eu la bonne foi de rapporter. Quant au tribunal Veimique, établi par Charlemagne et détruit par Maximilien, on peut consulter l'article *Tribunal secret de Vestphalie* dans l'*Encyclopédie*, tome XVI. On a eu soin d'y citer les historiens et les publicistes allemands qui ont parlé de cette pieuse institution de saint Charlemagne. (K.)

CHAPITRE XVI.

CHARLEMAGNE, EMPEREUR D'OCCIDENT.

C'est à Rome et à l'empire d'Occident que cette ambition aspirait. La puissance des rois de Lombardie était le seul obstacle ; l'Église de Rome, et toutes les Églises sur lesquelles elle influait, les moines déjà puissants, les peuples déjà gouvernés par eux, tout appelait Charlemagne à l'empire de Rome. Le pape Adrien, né Romain, homme d'un génie adroit et ferme, aplanit la route. D'abord il l'engage à répudier la fille du roi lombard, Didier, chez qui l'infortunée belle-sœur de Charles s'était réfugiée avec ses enfants.

Les mœurs et les lois de ce temps-là n'étaient pas gênantes, du moins pour les princes. Charles avait épousé cette fille du roi des Lombards dans le temps qu'il avait déjà, dit-on, une autre femme. Il n'était pas rare d'en avoir plusieurs à la fois. Grégoire de Tours rapporte que les rois Gontran, Caribert, Sigebert, Chilpéric, avaient plus d'une épouse. Charles répudie la fille de Didier sans aucune raison, sans aucune formalité.

Le roi lombard, qui voit cette union fatale du roi et du pape contre lui, prend un parti courageux. Il veut surprendre Rome, et s'assurer de la personne du pape ; mais l'évêque habile fait tourner la guerre en négociation. Charles envoie des ambassadeurs pour gagner du temps. Il redemande au roi de Lombardie sa belle-sœur et ses deux neveux. Non-seulement Didier refuse ce sacrifice, mais il veut faire sacrer rois ces deux enfants, et leur faire rendre leur héritage. Charlemagne vient de Thionville à Genève, tient dans Genève un de ces parlements qui, en tout pays, souscrivirent toujours aux volontés d'un conquérant habile. Il passe le mont Cenis, il entre dans la Lombardie. Didier, après quelques défaites, s'enferme dans Pavie, sa capitale ; Charlemagne l'y assiége au milieu de l'hiver. La ville, réduite à l'extrémité, se rend après un siége de six mois (774). Ainsi finit ce royaume des Lombards, qui avaient détruit en Italie la puissance romaine, et qui avaient substitué leurs lois à celles des empereurs. Didier, le dernier de ces rois, fut conduit en France dans le monastère de Corbie, où il vécut et mourut captif et moine, tandis que son fils allait inutilement demander des secours dans Constantinople à ce fantôme d'empire romain, détruit en Occident par ses ancêtres. Il faut remarquer que Didier ne fut pas le seul souverain que Charlemagne enferma ; il traita ainsi un duc de Bavière et ses enfants.

La belle-sœur de Charles et ses deux enfants furent remis entre les mains du vainqueur. Les chroniques ne nous apprennent point s'ils furent aussi confinés dans un monastère, ou mis à mort. Le silence de l'histoire sur cet événement est une accusation contre Charlemagne.

Il n'osait pas encore se faire souverain de Rome ; il ne prit que le titre de roi d'Italie, tel que le portaient les Lombards. Il se fit couronner comme eux dans Pavie, d'une couronne de fer qu'on garde encore dans la petite ville de Monza. La justice s'administrait toujours à Rome au nom de l'empereur grec. Les papes recevaient de lui la confirmation de leur élection : c'était l'usage que le sénat écrivît à l'empereur, ou à l'exarque de Ravenne quand il y en avait un : « Nous vous supplions d'ordonner la consécration de notre père et pasteur. » On en donnait part au métropolitain de Ravenne. L'élu était obligé de prononcer deux professions de foi. Il y a loin de là à la tiare ; mais est-il quelque grandeur qui n'ait eu de faibles commencements ?

Charlemagne prit, ainsi que Pepin, le titre de patrice, que Théodoric et Attila avaient aussi daigné prendre. Ainsi ce nom d'empereur, qui dans son origine ne désignait qu'un général d'armée, signifiait encore le maître de l'Orient et de l'Occident. Tout vain qu'il était, on le respectait, on craignait de l'usurper ; on n'affectait que celui de patrice[1], qui autrefois voulait dire sénateur romain.

Les papes, déjà très-puissants dans l'Église, très-grands seigneurs à Rome, et possesseurs de plusieurs terres, n'avaient dans Rome même qu'une autorité précaire et chancelante. Le préfet, le peuple, le sénat, dont l'ombre subsistait, s'élevaient souvent contre eux. Les inimitiés des familles qui prétendaient au pontificat remplissaient Rome de confusion.

Les deux neveux d'Adrien conspirèrent contre Léon III, son successeur, élu père et pasteur, selon l'usage, par le peuple et le clergé romains. Ils l'accusent de beaucoup de crimes ; ils animent les Romains contre lui ; on traîne en prison, on accable de coups à Rome celui qui était si respecté partout ailleurs. Il s'évade, il

---

1. M. Renouard a remarqué que Voltaire confond ici le patrice avec le patricien. (B.)

vient se jeter aux genoux du patrice Charlemagne à Paderborn. Ce prince, qui agissait déjà en maître absolu, le renvoya avec une escorte et des commissaires pour le juger. Ils avaient ordre de le trouver innocent. Enfin Charlemagne, maître de l'Italie, comme de l'Allemagne et de la France, juge du pape, arbitre de l'Europe, vient à Rome à la fin de l'année 799. L'année commençait alors à Noël chez les Romains. Léon III le proclame empereur d'Occident pendant la messe, le jour de Noël, en 800. Le peuple joint ses acclamations à cette cérémonie. Charles feint d'être étonné, et notre abbé Velli, copiste de nos légendaires, dit que « rien ne fut égal à sa surprise ». Mais la vérité est que tout était concerté entre lui et le pape, et qu'il avait apporté des présents immenses qui lui assuraient le suffrage de l'évêque et des premiers de Rome. On voit, par des chartes accordées aux Romains en qualité de patrice, qu'il avait déjà brigué hautement l'empire; on y lit ces propres mots : « Nous espérons que notre munificence pourra nous élever à la dignité impériale[1]. »

Voilà donc le fils d'un domestique, d'un de ces capitaines francs que Constantin avait condamnés aux bêtes, élevé à la dignité de Constantin. D'un côté un Franc, de l'autre une famille thrace, partagent l'empire romain. Tel est le jeu de la fortune.

On a écrit, et on écrit encore que Charles, avant même d'être empereur, avait confirmé la donation de l'exarchat de Ravenne; qu'il y avait ajouté la Corse, la Sardaigne, la Ligurie, Parme, Mantoue, les duchés de Spolette et de Bénévent, la Sicile, Venise, et qu'il déposa l'acte de cette donation sur le tombeau dans lequel on prétend que reposent les cendres de saint Pierre et saint Paul.

On pourrait mettre cette donation à côté de celle de Constantin[2]. On ne voit point que jamais les papes aient possédé aucun de ces pays jusqu'au temps d'Innocent III. S'ils avaient eu l'exarchat, ils auraient été souverains de Ravenne et de Rome; mais dans le testament de Charlemagne, qu'Éginhard nous a conservé, ce monarque nomme, à la tête des villes métropolitaines qui lui appartiennent, Rome et Ravenne, auxquelles il fait des présents. Il ne put donner ni la Sicile, ni la Corse, ni la Sardaigne, qu'il ne possédait pas; ni le duché de Bénévent, dont il avait à peine la souveraineté, encore moins Venise, qui ne le reconnaissait pas pour empereur. Le duc de Venise reconnaissait

---

1. Voyez l'annaliste *Rerum Italicarum*, tome II. (*Note de Voltaire.*)
2. Voyez *les Éclaircissements* (*Mélanges*, année 1763). (*Id.*)

alors, pour la forme, l'empereur d'Orient, et en recevait le titre d'*hypatos*. Les lettres du pape Adrien parlent des patrimoines de Spolette et de Bénévent; mais ces patrimoines ne se peuvent entendre que des domaines que les papes possédaient dans ces deux duchés. Grégoire VII lui-même avoue dans ses lettres que Charlemagne donnait douze cents livres de pension au saint-siége. Il n'est guère vraisemblable qu'il eût donné un tel secours à celui qui aurait possédé tant de belles provinces. Le saint-siége n'eut Bénévent que longtemps après, par la concession très-équivoque qu'on croit que l'empereur Henri le Noir lui en fit vers l'an 1047. Cette concession se réduisit à la ville, et ne s'étendit point jusqu'au duché. Il ne fut point question de confirmer le don de Charlemagne.

Ce qu'on peut recueillir de plus probable au milieu de tant de doutes, c'est que, du temps de Charlemagne, les papes obtinrent en propriété une partie de la Marche d'Ancône, outre les villes, les châteaux et les bourgs qu'ils avaient dans les autres pays. Voici sur quoi je pourrais me fonder. Lorsque l'empire d'Occident se renouvela dans la famille des Othons, au xe siècle, Othon III assigna particulièrement au saint-siége la Marche d'Ancône, en confirmant toutes les concessions faites à cette Église[1] : il paraît donc que Charlemagne avait donné cette Marche, et que les troubles survenus depuis en Italie avaient empêché les papes d'en jouir. Nous verrons qu'ils perdirent ensuite le domaine utile de ce petit pays sous l'empire de la maison de Souabe. Nous les verrons tantôt grands terriens, tantôt dépouillés presque de tout, comme plusieurs autres souverains. Qu'il nous suffise de savoir qu'ils possèdent aujourd'hui la souveraineté reconnue d'un pays de cent quatre-vingts grands milles d'Italie en longueur, des portes de Mantoue aux confins de l'Abruzze, le long de la mer Adriatique, et qu'ils en ont plus de cent milles en largeur depuis Civita-Vecchia jusqu'au rivage d'Ancône, d'une mer à l'autre. Il a fallu négocier toujours, et souvent combattre, pour s'assurer cette domination.

Tandis que Charlemagne devenait empereur d'Occident, régnait en Orient cette impératrice Irène, fameuse par son courage et par ses crimes, qui avait fait mourir son fils unique, après lui avoir arraché les yeux. Elle eût voulu perdre Charlemagne; mais, trop faible pour lui faire la guerre, elle voulut, dit-on,

---

1. On prétend que cet acte d'Othon est faux, ce qui réduirait cette opinion à une simple tradition. (*Note de Voltaire.*)

l'épouser, et réunir les deux empires. Ce mariage est une idée chimérique. Une révolution chasse Irène d'un trône qui lui avait tant coûté (802). Charles n'eut donc que l'empire d'Occident. Il ne posséda presque rien dans les Espagnes, car il ne faut pas compter pour domaine le vain hommage de quelques Sarrasins. Il n'avait rien sur les côtes d'Afrique. Tout le reste était sous sa domination.

S'il eût fait de Rome sa capitale, si ses successeurs y eussent fixé leur principal séjour, et surtout si l'usage de partager ses États à ses enfants n'eût point prévalu chez les barbares, il est vraisemblable qu'on eût vu renaître l'empire romain. Tout concourut depuis à démembrer ce vaste corps, que la valeur et la fortune de Charlemagne avaient formé; mais rien n'y contribua plus que ses descendants.

Il n'avait point de capitale : seulement Aix-la-Chapelle était le séjour qui lui plaisait le plus. Ce fut là qu'il donna des audiences, avec le faste le plus imposant, aux ambassadeurs des califes et à ceux de Constantinople. D'ailleurs il était toujours en guerre ou en voyage, ainsi que vécut Charles-Quint longtemps après lui. Il partagea ses États, et même de son vivant, comme tous les rois de ce temps-là.

Mais enfin, quand de ses fils qu'il avait désignés pour régner il ne resta plus que ce Louis si connu sous le nom de Débonnaire, auquel il avait déjà donné le royaume d'Aquitaine, il l'associa à l'empire dans Aix-la-Chapelle, et lui commanda de prendre lui-même sur l'autel la couronne impériale, pour faire voir au monde que cette couronne n'était due qu'à la valeur du père et au mérite du fils, et comme s'il eût pressenti qu'un jour les ministres de l'autel voudraient disposer de ce diadème.

Il avait raison de déclarer son fils empereur de son vivant: car cette dignité, acquise par la fortune de Charlemagne, n'était point assurée au fils par le droit d'héritage. Mais en laissant l'empire à Louis, et en donnant l'Italie à Bernard, fils de son fils Pepin, ne déchirait-il pas lui-même cet empire qu'il voulait conserver à sa postérité? N'était-ce pas armer nécessairement ses successeurs les uns contre les autres? Était-il à présumer que le neveu, roi d'Italie, obéirait à son oncle empereur, ou que l'empereur voudrait bien n'être pas le maître en Italie?

Charlemagne mourut en 814, avec la réputation d'un empereur aussi heureux qu'Auguste, aussi guerrier qu'Adrien, mais non tel que les Trajan et les Antonins, auxquels nul souverain n'a été comparable.

Il y avait alors en Orient un prince qui l'égalait en gloire comme en puissance : c'était le célèbre calife Aaron-al-Raschild, qui le surpassa beaucoup en justice, en science, en humanité.

J'ose presque ajouter à ces deux hommes illustres le pape Adrien, qui, dans un rang moins élevé, dans une fortune presque privée, et avec des vertus moins héroïques, montra une prudence à laquelle ses successeurs ont dû leur agrandissement.

La curiosité des hommes, qui pénètre dans la vie privée des princes, a voulu savoir jusqu'au détail de la vie de Charlemagne, et jusqu'au secret de ses plaisirs. On a écrit qu'il avait poussé l'amour des femmes jusqu'à jouir de ses propres filles. On en a dit autant d'Auguste ; mais qu'importe au genre humain le détail de ces faiblesses qui n'ont influé en rien sur les affaires publiques ? L'Église a mis au nombre des saints cet homme qui répandit tant de sang, qui dépouilla ses neveux, et qui fut soupçonné d'inceste !

J'envisage son règne par un endroit plus digne de l'attention d'un citoyen. Les pays qui composent aujourd'hui la France et l'Allemagne jusqu'au Rhin furent tranquilles pendant près de cinquante ans, et l'Italie pendant treize, depuis son avénement à l'empire. Point de révolution, point de calamité pendant ce demi-siècle, qui par là est unique. Un bonheur si long ne suffit pas pourtant pour rendre aux hommes la politesse et les arts. La rouille de la barbarie était trop forte, et les âges suivants l'épaissirent encore.

CHAPITRE XVII.

MŒURS, GOUVERNEMENT ET USAGES, VERS LE TEMPS DE CHARLEMAGNE.

Je m'arrête à cette célèbre époque pour considérer les usages, les lois, la religion, les mœurs, qui régnaient alors. Les Francs avaient toujours été des barbares, et le furent encore après Charlemagne. Remarquons attentivement que Charlemagne paraissait ne se point regarder comme un Franc. La race de Clovis et de ses compagnons francs fut toujours distincte des Gaulois. L'Allemand Pepin et Karl son fils furent distincts des Francs. Vous en trouverez la preuve dans le capitulaire de Karl ou Charlemagne, concernant ses métairies, art. 4 : « Si les Francs commettent quelque délit dans nos possessions, qu'ils soient jugés suivant leur loi. » Il semble par cet ordre que les Francs alors n'étaient pas regardés comme la nation de Charlemagne. A Rome, la race carlovingienne passa toujours pour allemande. Le pape Adrien IV, dans sa lettre aux archevêques de Mayence, de Cologne et de Trèves, s'exprime en ces termes remarquables : « L'empire fut transféré des Grecs aux Allemands ; leur roi ne fut empereur qu'après avoir été couronné par le pape... tout ce que l'empereur possède, il le tient de nous. Et comme Zacharie donna l'empire grec aux Allemands, nous pouvons donner celui des Allemands aux Grecs. »

Cependant en France le nom de Franc prévalut toujours. La race de Charlemagne fut souvent appelée *Franca* dans Rome même et à Constantinople. La cour grecque désignait, même du temps des Othons, les empereurs d'Occident par le nom d'usurpateurs francs, barbares francs : elle affectait pour ces Francs un mépris qu'elle n'avait pas.

Le règne seul de Charlemagne eut une lueur de politesse qui fut probablement le fruit du voyage de Rome, ou plutôt de son génie.

Ses prédécesseurs ne furent illustres que par des déprédations : ils détruisirent des villes, et n'en fondèrent aucune. Les Gaulois avaient été heureux d'être vaincus par les Romains. Marseille, Arles, Autun, Lyon, Trèves, étaient des villes florissantes qui jouissaient paisiblement de leurs lois municipales, subordonnées aux sages lois romaines : un grand commerce les animait. On voit, par une lettre d'un proconsul à Théodose, qu'il y avait dans Autun et dans sa banlieue vingt-cinq mille chefs de famille. Mais, dès que les Bourguignons, les Goths, les Francs, arrivent dans la Gaule, on ne voit plus de grandes villes peuplées. Les cirques, les amphithéâtres construits par les Romains jusqu'au bord du Rhin, sont démolis ou négligés. Si la criminelle et malheureuse reine Brunehaut conserve quelques lieues de ces grands chemins qu'on n'imita jamais, on en est encore étonné.

Qui empêchait ces nouveaux venus de bâtir des édifices réguliers sur des modèles romains ? Ils avaient la pierre, le marbre, et de plus beaux bois que nous. Les laines fines couvraient les troupeaux anglais et espagnols comme aujourd'hui : cependant les beaux draps ne se fabriquaient qu'en Italie. Pourquoi le reste de l'Europe ne faisait-il venir aucune des denrées de l'Asie ? Pourquoi toutes les commodités qui adoucissent l'amertume de la vie étaient-elles inconnues, sinon parce que les sauvages qui passèrent le Rhin rendirent les autres peuples sauvages ? Qu'on en juge par ces lois saliques, ripuaires, bourguignonnes, que Charlemagne lui-même confirma, ne pouvant les abroger. La pauvreté et la rapacité avaient évalué à prix d'argent la vie des hommes, la mutilation des membres, le viol, l'inceste, l'empoisonnement. Quiconque avait quatre cents sous, c'est-à-dire quatre cents écus du temps, à donner, pouvait tuer impunément un évêque. Il en coûtait deux cents sous pour la vie d'un prêtre, autant pour le viol, autant pour avoir empoisonné avec des herbes. Une sorcière qui avait mangé de la chair humaine en était quitte pour deux cents sous; et cela prouve qu'alors les sorcières ne se trouvaient pas seulement dans la lie du peuple, comme dans nos derniers siècles, mais que ces horreurs extravagantes étaient pratiquées chez les riches. Les combats et les épreuves décidaient, comme nous le verrons, de la possession d'un héritage, de la validité d'un testament. La jurisprudence était celle de la férocité et de la superstition.

Qu'on juge des mœurs des peuples par celles des princes. Nous ne voyons aucune action magnanime. La religion chrétienne, qui devait humaniser les hommes, n'empêche point le roi Clovis de faire assassiner les petits régas, ses voisins et ses parents. Les deux enfants de Clodomir sont massacrés dans Paris, en 533, par un Childebert et un Clotaire, ses oncles, qu'on appelle rois de France; et Clodoald, le frère de ces innocents égorgés, est invoqué sous le nom de saint Cloud, parce qu'on l'a fait moine. Un jeune barbare, nommé Chram, fait la guerre à Clotaire son père, réga d'une partie de la Gaule. Le père fait brûler son fils avec tous ses amis prisonniers, en 559.

Sous un Chilpéric, roi de Soissons, en 562, les sujets esclaves désertent ce prétendu royaume, lassés de la tyrannie de leur maître, qui prenait leur pain et leur vin, ne pouvant prendre l'argent qu'ils n'avaient pas. Un Sigebert, un autre Chilpéric, sont assassinés. Brunehaut, d'arienne devenue catholique, est accusée de mille meurtres; et un Clotaire II, non moins barbare qu'elle, la fait traîner, dit-on, à la queue d'un cheval dans son camp, et la fait mourir par ce nouveau genre de supplice, en 616. Si cette aventure n'est pas vraie, il est du moins prouvé qu'elle a été crue comme une chose ordinaire, et cette opinion même atteste la barbarie du temps. Il ne reste de monuments de ces âges affreux que des fondations de monastères, et un confus souvenir de misère et de brigandages. Figurez-vous des déserts où les loups, les tigres, et les renards, égorgent un bétail épars et timide : c'est le portrait de l'Europe pendant tant de siècles.

Il ne faut pas croire que les empereurs reconnussent pour rois ces chefs sauvages qui dominaient en Bourgogne, à Soissons, à Paris, à Metz, à Orléans ; jamais ils ne leur donnèrent le titre de *basileus*. Ils ne le donnèrent pas même à Dagobert II, qui réunissait sous son pouvoir toute la France occidentale jusqu'auprès du Véser. Les historiens parlent beaucoup de la magnificence de ce Dagobert, et ils citent en preuve l'orfévre saint Éloi, qui arriva, dit-on, à la cour avec une ceinture garnie de pierreries, c'est-à-dire qu'il vendait des pierreries, et qu'il les portait à sa ceinture. On parle des édifices magnifiques qu'il fit construire ; où sont-ils? la vieille église de Saint-Paul n'est qu'un petit monument gothique. Ce qu'on connaît de Dagobert, c'est qu'il avait à la fois trois épouses, qu'il assemblait des conciles, et qu'il tyrannisait son pays.

Sous lui, un marchand de Sens, nommé Samon, va trafiquer en Germanie. Il passe jusque chez les Slaves, barbares qui dominaient vers la Pologne et la Bohême. Ces autres sauvages sont si étonnés de voir un homme qui a fait tant de chemin pour leur apporter les choses dont ils manquent qu'ils le font roi. Ce Samon fit, dit-on, la guerre à Dagobert ; et si le roi des Francs eut trois femmes, le nouveau roi slavon en eut quinze.

C'est sous ce Dagobert que commence l'autorité des maires du palais. Après lui viennent les rois fainéants, la confusion, le despotisme de ces maires. C'est du temps de ces maires, au commencement du viiie siècle, que les Arabes, vainqueurs de l'Espagne, pénètrent jusqu'à Toulouse, prennent la Guienne, ravagent tout jusqu'à la Loire, et sont près d'enlever les Gaules entières aux Francs, qui les avaient enlevées aux Romains. Jugez en quel état devaient être alors les peuples, l'Église, et les lois.

Les évêques n'eurent aucune part au gouvernement jusqu'à Pepin ou Pipin, père de Charles Martel, et grand-père de l'autre Pepin qui se fit roi. Les évêques n'assistaient point aux assemblées de la nation franque. Ils étaient tous ou Gaulois ou Italiens, peuples regardés comme serfs. En vain l'évêque Remi, qui baptisa Clovis, avait écrit à ce roi sicambre cette fameuse lettre où l'on trouve ces mots : « Gardez-vous bien surtout de prendre la préséance sur les évêques ; prenez leurs conseils : tant que vous serez en intelligence avec eux, votre administration sera facile. » Ni Clovis ni ses successeurs ne firent du clergé un ordre de l'État : le gouvernement ne fut que militaire. On ne peut mieux le comparer qu'à ceux d'Alger et de Tunis, gouvernés par un chef et une milice. Seulement les rois consultaient quelquefois les évêques quand ils avaient besoin d'eux.

Mais quand les majordomes ou maires de cette milice usurpèrent insensiblement le pouvoir, ils voulurent cimenter leur autorité par le crédit des prélats et des abbés, en les appelant aux assemblées du champ de mai.

Ce fut, selon les annales de Metz, en 692 que le maire Pepin, premier du nom, procura cette prérogative au clergé : époque bien négligée par la plupart des historiens, mais époque très-considérable, et premier fondement du pouvoir temporel des évêques et des abbés, en France et en Allemagne.

CHAPITRE XVIII.

SUITE DES USAGES DU TEMPS DE CHARLEMAGNE, ET AVANT LUI. S'IL ÉTAIT DESPOTIQUE, ET LE ROYAUME HÉRÉDITAIRE.

On demande si Charlemagne, ses prédécesseurs, et ses successeurs, étaient despotiques, et si leur royaume était héréditaire par le droit de ces temps-là. Il est certain que par le fait Charlemagne était despotique, et que par conséquent son royaume fut héréditaire, puisqu'il déclare son fils empereur en plein parlement. Le droit est un peu plus incertain que le fait; voici sur quoi tous les droits étaient alors fondés.

Les habitants du Nord et de la Germanie étaient originairement des peuples chasseurs; et les Gaulois, soumis par les Romains, étaient agriculteurs ou bourgeois. Des peuples chasseurs, toujours armés, doivent nécessairement subjuguer des laboureurs et des pasteurs, occupés toute l'année de leurs travaux continuels et pénibles, et encore plus aisément des bourgeois paisibles dans leurs foyers. Ainsi les Tartares ont asservi l'Asie; ainsi les Goths sont venus à Rome. Toutes les hordes de Tartares et de Goths, de Huns, de Vandales et de Francs, avaient des chefs. Ces chefs d'émigrants étaient élus à la pluralité des voix, et cela ne pouvait être autrement; car, quel droit pourrait avoir un voleur de commander à ses camarades? Un brigand habile et hardi, surtout heureux, dut à la longue acquérir beaucoup d'empire sur des brigands subordonnés, moins habiles, moins hardis, et moins heureux que lui. Ils avaient tous également part au butin; et c'est la loi la plus inviolable de tous les premiers peuples conquérants. Si on avait besoin de preuve pour faire connaître cette première loi des barbares, on la trouverait aisément dans l'exemple de ce guerrier franc qui ne voulut jamais permettre que Clovis ôtât du butin général un vase de l'église de Reims, et qui fendit le vase à coups de hache, sans que le chef osât l'en empêcher.

Clovis devint despotique à mesure qu'il devint puissant; c'est la marche de la nature humaine. Il en fut ainsi de Charlemagne ; il était fils d'un usurpateur. Le fils du roi légitime était rasé et condamné à dire son bréviaire dans un couvent de Normandie. Il était donc obligé à de très-grands ménagements devant une nation de guerriers assemblée en parlement. « Nous vous avertissons, dit-il dans un de ses *Capitulaires*, qu'en considération de notre humilité, et de notre obéissance à vos conseils, que nous vous rendons par la crainte de Dieu, vous nous conserviez l'honneur que Dieu nous a accordé, comme vos ancêtres l'ont fait à l'égard de nos ancêtres. »

Ses ancêtres se réduisaient à son père, qui avait envahi le royaume : lui-même avait usurpé le partage de son frère, et avait dépouillé ses neveux. Il flattait les seigneurs en parlement; mais, le parlement dissous, malheur à quiconque eût bravé ses volontés !

Quant à la succession, il est naturel qu'un chef de conquérants les ait engagés à élire son fils pour son successeur. Cette coutume d'élire, devenue avec le temps plus légale et plus consacrée, se maintient encore de nos jours dans l'empire d'Allemagne. L'élection était si bien regardée comme un droit du peuple conquérant que, lorsque Pepin usurpa le royaume des Francs sur le roi dont il était le domestique, le pape Étienne, avec lequel cet usurpateur était d'accord, prononça une excommunication contre ceux qui éliraient pour roi un autre qu'un descendant de la race de Pepin. Cette excommunication était à la vérité un grand exemple de superstition, comme l'entreprise de Pepin était un exemple d'audace; mais cette superstition même est une preuve du droit d'élire; elle fait voir encore que la nation conquérante élisait, parmi les descendants d'un chef, celui qui lui plaisait davantage. Le pape ne dit pas : « Vous élirez les premiers nés de la maison de Pepin » ; mais : « vous ne choisirez point ailleurs que dans sa maison ».

Charlemagne dit dans un capitulaire[1] : « Si de l'un des trois

---

1. *Code diplomatique*, p. 4. (*Note de Voltaire.*)

princes, mes enfants, il naît un fils tel que la nation le veuille pour succéder à son père, nous voulons que ses oncles y consentent. »
Il est évident, par ce titre et par plusieurs autres, que la nation des Francs eut, du moins en apparence, le droit d'élection. Cet usage a été d'abord celui de tous les peuples, dans toutes les religions, et dans tous les pays. On le voit s'établir chez les Juifs, chez les autres Asiatiques, chez les Romains. Les premiers successeurs de Mahomet sont élus ; les soudans d'Égypte, les premiers miramolins, ne règnent que par ce droit ; et ce n'est qu'avec le temps qu'un État devient purement héréditaire. Le courage, l'habileté, et le besoin, font toutes les lois.

CHAPITRE XIX.

SUITE DES USAGES DU TEMPS DE CHARLEMAGNE. COMMERCE, FINANCES, SCIENCES.

Charles Martel, usurpateur et soutien du pouvoir suprême dans une grande monarchie, vainqueur des conquérants arabes, qu'il repoussa jusqu'en Gascogne, n'est cependant appelé que sous-roitelet, *subregulus*, par le pape Grégoire II, qui implore sa protection contre les rois lombards. Il se dispose à aller secourir l'Église romaine ; mais il pille en attendant l'Église des Francs, il donne les biens des couvents à ses capitaines, il tient son roi Thierri en captivité. Pepin, fils de Charles Martel, lassé d'être *subregulus*, se fait roi, et reprend l'usage des parlements francs. Il a toujours des troupes aguerries sous le drapeau ; et c'est à cet établissement que Charlemagne doit toutes ses conquêtes. Ces troupes se levaient par des ducs, gouverneurs des provinces, comme elles se lèvent aujourd'hui chez les Turcs par les béglierbeys. Ces ducs avaient été institués en Italie par Dioclétien. Les comtes, dont l'origine me paraît du temps de Théodose, commandaient sous les ducs, et assemblaient les troupes, chacun dans son canton. Les métairies, les bourgs, les villages, fournissaient un nombre de soldats proportionné à leurs forces. Douze métairies donnaient un cavalier armé d'un casque et d'une cuirasse ; les autres soldats n'en portaient point : mais tous avaient le bouclier carré long, la hache d'armes, le javelot, et l'épée. Ceux qui se servaient de flèches étaient obligés d'en avoir au moins douze dans leur carquois. La province qui fournissait la milice lui distribuait du blé et les provisions nécessaires pour six mois : le roi en fournissait pour le reste de la campagne. On faisait la revue au premier de mars, ou au premier de mai. C'est d'ordinaire dans ces temps qu'on tenait les parlements.

Dans les siéges on employait le bélier, la baliste, la tortue, et la plupart des machines des Romains. Les seigneurs, nommés barons, leudes, richeomes, composaient, avec leurs suivants, le peu de cavalerie qu'on voyait alors dans les armées. Les musulmans d'Afrique et d'Espagne avaient plus de cavaliers.

Charles avait des forces navales, c'est-à-dire de grands bateaux aux embouchures de toutes les grandes rivières de son empire. Avant lui on ne les connaissait pas chez les barbares ; après lui on les ignora longtemps. Par ce moyen, et par sa police guerrière, il arrêta les inondations des peuples du Nord : il les contint dans leurs climats glacés ; mais, sous ses faibles descendants, ils se répandirent dans l'Europe.

Les affaires générales se réglaient dans des assemblées qui représentaient la nation. Sous lui, ses parlements n'avaient d'autre volonté que celle d'un maître qui savait commander et persuader.

Il fit fleurir le commerce, parce qu'il était le maître des mers ; ainsi les marchands des côtes de Toscane et ceux de Marseille allaient trafiquer à Constantinople chez les chrétiens, et au port d'Alexandrie chez les musulmans, qui les recevaient, et dont ils tiraient les richesses de l'Asie.

Venise et Gênes, si puissantes depuis par le négoce, n'attiraient pas encore à elles les richesses des nations ; mais Venise commençait à s'enrichir et à s'agrandir. Rome, Ravenne, Milan, Lyon, Arles, Tours, avaient beaucoup de manufactures d'étoffes de laine. On damasquinait le fer, à l'exemple de l'Asie ; on fabriquait le verre ; mais les étoffes de soie n'étaient tissues dans aucune ville de l'empire d'Occident.

Les Vénitiens commençaient à les tirer de Constantinople ; mais ce ne fut que près de quatre cents ans après Charlemagne que les princes normands établirent à Palerme une manufacture de soie. Le linge était peu commun. Saint Boniface, dans une lettre à un évêque d'Allemagne, lui mande qu'il lui envoie du drap à longs poils pour se laver les pieds. Probablement ce manque de linge était la cause de toutes ces maladies de la peau, connues sous le nom de *lèpre*, si générales alors ; car les hôpitaux nommés *léproseries* étaient déjà très-nombreux.

La monnaie avait à peu près la même valeur que celle de l'empire romain depuis Constantin. Le sou d'or était le *solidum* romain. Ce sou d'or équivalait à quarante deniers d'argent fin. Ces deniers, tantôt plus forts, tantôt plus faibles, pesaient, l'un portant l'autre, trente grains.

Le sou d'or vaudrait aujourd'hui, en 1778, environ 14 livres 6 sous 3 deniers ; le denier d'argent, à peu près 7 sous 1 denier 7/8, monnaie de compte.

Il faut toujours, en lisant les histoires, se ressouvenir qu'outre ces monnaies réelles d'or et d'argent, on se servait dans le calcul d'une autre dénomination. On s'exprimait souvent en monnaie de compte, monnaie fictive, qui n'était, comme aujourd'hui, qu'une manière de compter.

Les Asiatiques et les Grecs comptaient par mines et par talents, les Romains par grands sesterces, sans qu'il y eût aucune monnaie qui valût un grand sesterce ou un talent.

La livre numéraire, du temps de Charlemagne, était réputée le poids d'une livre d'argent de douze onces. Cette livre se divisait numériquement en vingt parties. Il y avait, à la vérité, des sous d'argent semblables à nos écus, dont chacun pesait la 20e, 22e ou 24e partie d'une livre de douze onces ; et ce sou se divisait comme le nôtre en douze deniers. Mais Charlemagne ayant ordonné que le sou d'argent serait précisément la 20e partie de douze onces, on s'accoutuma à regarder dans les comptes numéraires vingt sous comme une livre.

Pendant deux siècles les monnaies restèrent sur le pied où Charlemagne les avait mises ; mais, petit à petit, les rois, dans leurs besoins, tantôt chargèrent les sous d'alliage, tantôt en diminuèrent le poids, de sorte que, par un changement qui est peut-être la honte des gouvernements de l'Europe, ce sou, qui était autrefois une pièce d'argent du poids d'environ cinq gros, n'est plus qu'une légère pièce de cuivre avec un 11e d'argent tout au plus ; et la livre, qui était le signe représentatif de douze onces d'argent, n'est plus en France que le signe représentatif de vingt de nos sous de cuivre. Le denier, qui était la deux cent quarantième partie d'une livre d'argent de douze onces, n'est plus que le tiers de cette vile monnaie qu'on appelle un liard. Supposé donc qu'une ville de France dût à une autre, au temps de Charlemagne, cent vingt sous ou solides de rente, soixante-douze onces d'argent, elle s'acquitterait aujourd'hui de sa dette en payant ce que nous appelons un écu de six francs.

La livre de compte des Anglais, celle des Hollandais, ont moins varié. Une livre sterling d'Angleterre vaut environ vingt-deux francs de France, et une livre de compte hollandaise vaut environ douze francs de France : ainsi les Hollandais se sont écartés moins que les Français de la loi primitive, et les Anglais encore moins.

Toutes les fois donc que l'histoire nous parle de monnaie sous le nom de livres, nous n'avons qu'à examiner ce que valait la livre au temps et dans le pays dont on parle, et la comparer à la valeur de la nôtre. Nous devons avoir la même attention en lisant l'histoire grecque et romaine. C'est, par exemple, un très-grand embarras pour le lecteur d'être obligé de réformer toujours les comptes qui se trouvent dans l'*Histoire ancienne* d'un célèbre professeur de l'Université de Paris[1], dans l'*Histoire ecclésiastique* de Fleuri, et dans tant d'autres auteurs utiles. Quand ils veulent exprimer en monnaie de France les talents, les mines, les sesterces, ils se servent toujours de l'évaluation que quelques savants ont faite avant la mort du grand Colbert. Mais le marc de huit onces, qui valait vingt-six francs et dix sous dans les premiers temps du ministère de Colbert, vaut depuis longtemps quarante-neuf livres seize sous, ce qui fait une différence de près de la moitié. Cette différence, qui a été quelquefois beaucoup plus grande, pourra augmenter ou être réduite. Il faut songer à ces variations ; sans quoi on aurait une idée très-fausse des forces des anciens États, de leur commerce, de la paye de leurs soldats, et de toute leur économie.

Il paraît qu'il y avait alors huit fois moins d'espèces circulantes en Italie, et vers les bords du Rhin, qu'il ne s'en trouve aujourd'hui. On n'en peut guère juger que par le prix des denrées nécessaires à la vie ; et je trouve la valeur de ces denrées, du temps de Charlemagne, huit fois moins chère qu'elle ne l'est de nos jours. Vingt-quatre livres de pain blanc valaient un denier d'argent, par les *Capitulaires*. Ce denier était la quarantième partie d'un sou d'or, qui valait environ quatorze livres six sous de notre monnaie d'aujourd'hui. Ainsi la livre de pain revenait à un liard et quelque chose ; ce qui est en effet la huitième partie de notre prix ordinaire.

Dans les pays septentrionaux l'argent était beaucoup plus rare :

---

1. Voltaire désigne ici Charles Rollin, qui fut successivement professeur d'éloquence au collége de France, recteur de l'Université, et principal du collége de Beauvais. Il publia, en 1730, l'*Histoire ancienne des Égyptiens, des Carthaginois, des Assyriens, des Medes, des Perses, des Grecs*, etc. 12 vol. in-12. (E. B.)

le prix d'un bœuf y fut fixé, par exemple, à un sou d'or. Nous verrons dans la suite comment le commerce et les richesses se sont étendus de proche en proche.

Les sciences et les beaux-arts ne pouvaient avoir que des commencements bien faibles dans ces vastes pays tout sauvages encore. Éginhard, secrétaire de Charlemagne, nous apprend que ce conquérant ne savait pas signer son nom. Cependant il conçut, par la force de son génie, combien les belles-lettres étaient nécessaires. Il fit venir de Rome des maîtres de grammaire et d'arithmétique. Les ruines de Rome fournissent tout à l'Occident, qui n'est pas encore formé. Alcuin, cet Anglais alors fameux, et Pierre de Pise, qui enseigna un peu de grammaire à Charlemagne, avaient tous deux étudié à Rome.

Il y avait des chantres dans les églises de France; et ce qui est à remarquer, c'est qu'ils s'appelaient *chantres gaulois*. La race des conquérants francs n'avait cultivé aucun art. Ces Gaulois prétendaient, comme aujourd'hui, disputer du chant avec les Romains. La musique grégorienne, qu'on attribue à saint Grégoire, surnommé *le Grand*, n'était pas sans mérite, et avait quelque dignité dans sa simplicité. Les chantres gaulois, qui n'avaient point l'usage des anciennes notes alphabétiques, avaient corrompu ce chant, et prétendaient l'avoir embelli. Charlemagne, dans un de ses voyages en Italie, les obligea de se conformer à la musique de leurs maîtres. Le pape Adrien leur donna des livres de chant notés; et deux musiciens italiens furent établis pour enseigner la note alphabétique, l'un dans Metz, l'autre dans Soissons. Il fallut encore envoyer des orgues de Rome.

Il n'y avait point d'horloge sonnante dans les villes de son empire, et il n'y en eut que vers le xiii° siècle. De là vient l'ancienne coutume qui se conserve encore en Allemagne, en Flandre, en Angleterre, d'entretenir des hommes qui avertissent de l'heure pendant la nuit. Le présent que le calife Aaron-al-Raschild fit à Charlemagne d'une horloge sonnante fut regardé comme une merveille. A l'égard des sciences de l'esprit, de la saine philosophie, de la physique, de l'astronomie, des principes de la médecine, comment auraient-elles pu être connues? elles ne viennent que de naître parmi nous.

On comptait encore par nuits, et de là vient qu'en Angleterre on dit encore *sept nuits*, pour signifier une semaine, et *quatorze nuits* pour deux semaines. La langue romance commençait à se former du mélange du latin avec le tudesque. Ce langage est l'origine du français, de l'espagnol, et de l'italien. Il dura jusqu'au temps de Frédéric II, et on le parle encore dans quelques villages des Grisons, et vers la Suisse.

Les vêtements, qui ont toujours changé en Occident depuis la ruine de l'empire romain, étaient courts, excepté aux jours de cérémonie, où la saie était couverte d'un manteau souvent doublé de pelleterie. On tirait, comme aujourd'hui, ces fourrures du Nord, et surtout de la Russie. La chaussure des Romains s'était conservée. On remarque que Charlemagne se couvrait les jambes de bandes entrelacées en forme de brodequins, comme en usent encore les montagnards d'Écosse, seul peuple chez qui l'habillement guerrier des Romains s'est conservé jusqu'à nos jours.

CHAPITRE XX.

DE LA RELIGION, DU TEMPS DE CHARLEMAGNE.

Si nous tournons à présent les yeux sur les maux que les hommes s'attirèrent quand ils firent de la religion un instrument de leurs passions, sur les usages consacrés, sur les abus de ces usages, la querelle des *Iconoclastes* et des *Iconolâtres* est d'abord ce qui présente le plus grand objet.

L'impératrice Irène, tutrice de son malheureux fils Constantin Porphyrogénète, pour se frayer le chemin à l'empire, flatte le peuple et les moines, à qui le culte des images, proscrit par tant d'empereurs depuis Léon l'Isaurien, plaisait encore. Elle y était elle-même attachée, parce que son mari les avait eues en horreur. On avait persuadé à Irène que, pour gouverner son époux, il fallait mettre sous le chevet de son lit les images de certaines saintes. La crédulité entre même dans les esprits politiques. L'empereur son mari avait puni les auteurs de cette superstition. Irène, après la mort de son mari, donne un libre cours à son goût et à son ambition. Voilà ce qui assemble, en 786, le second concile de Nicée, septième concile œcuménique, commencé d'abord à Constantinople. Elle fait élire pour patriarche un laïque, secrétaire d'État, nommé Taraise. Il y avait eu autrefois quelques exemples de séculiers élevés ainsi à l'évêché sans passer par les autres grades ; mais alors cette coutume ne subsistait plus.

Ce patriarche ouvrit le concile. La conduite du pape Adrien est très-remarquable : il n'anathématise pas ce secrétaire d'État qui se fait patriarche ; il proteste seulement avec modestie, dans ses lettres à Irène, contre le titre de patriarche universel ; mais il insiste pour qu'on lui rende les patrimoines de la Sicile[1]. Il redemande hautement ce peu de bien, tandis qu'il arrachait, ainsi que ses prédécesseurs, le domaine utile de tant de belles terres qu'il assure avoir été données par Pepin et par Charlemagne. Cependant le concile œcuménique de Nicée, auquel président les légats du pape et ce ministre patriarche, rétablit le culte des images.

C'est une chose avouée de tous les sages critiques, que les pères de ce concile, qui étaient au nombre de trois cent cinquante, y rapportèrent beaucoup de pièces évidemment fausses, beaucoup de miracles dont le récit scandaliserait dans nos jours, beaucoup de livres apocryphes. Ces pièces fausses ne firent point de tort aux vraies, sur lesquelles on décida.

Mais quand il fallut faire recevoir ce concile par Charlemagne, et par les églises de France, quel fut l'embarras du pape! Charles s'était déclaré hautement contre les images. Il venait de faire écrire les livres qu'on nomme *Carolins*, dans lesquels ce culte est anathématisé. Ces livres sont écrits dans un latin assez pur : ils font voir que Charlemagne avait réussi à faire revivre les lettres ; mais ils font voir aussi qu'il n'y a jamais eu de dispute théologique sans invectives. Le titre même est une injure. « Au nom de notre Seigneur et Sauveur Jésus-Christ, commence le livre de l'illustrissime et excellentissime Charles, etc., contre le synode impertinent et arrogant tenu en Grèce pour adorer des images. » Le livre était attribué par le titre au roi Charles, comme on met sous le nom des rois les édits qu'ils n'ont point rédigés : il est certain que tous les peuples des royaumes de Charlemagne regardaient les Grecs comme des idolâtres.

Ce prince, en 794, assembla un concile à Francfort, auquel il présida selon l'usage des empereurs et des rois : concile composé de trois cents évêques ou abbés, tant d'Italie que de France, qui rejetèrent d'un consentement unanime le service *(servitium)* et

---

1. Toute cette partie des lettres du pape ne fut pas même lue dans le concile, par ménagement pour Irène et pour Taraise. M. de Voltaire a fort adouci le scandale de la conduite plus politique que religieuse d'Adrien. *Voyez* Fleuri, et les pièces originales de ces temps barbares, qui ont été recueillies par les érudits des derniers siècles. (K.)

l'adoration des images[1]. Ce mot équivoque d'adoration était la source de tous ces différends ; car si les hommes définissaient les mots dont ils se servent, il y aurait moins de disputes : et plus d'un royaume a été bouleversé pour un malentendu.

Tandis que le pape Adrien envoyait en France les actes du second concile de Nicée, il reçoit les livres Carolins opposés à ce concile ; et on le presse au nom de Charles de déclarer hérétiques l'empereur de Constantinople et sa mère. On voit assez par cette conduite de Charles qu'il voulait se faire un nouveau droit de l'hérésie prétendue de l'empereur pour lui enlever Rome sous couleur de justice.

Le pape, partagé entre le concile de Nicée qu'il adoptait, et Charlemagne qu'il ménageait, prit un tempérament politique, qui devrait servir d'exemple dans toutes ces malheureuses disputes qui ont toujours divisé les chrétiens. Il explique les livres Carolins d'une manière favorable au concile de Nicée, et par là réfute le roi sans lui déplaire ; il permet qu'on ne rende point de culte aux images ; ce qui était très-raisonnable chez les Germains à peine sortis de l'idolâtrie, et chez les Francs encore grossiers, qui n'avaient ni sculpteurs ni peintres. Il exhorte en même temps à ne point briser ces mêmes images. Ainsi il satisfait tout le monde, et laisse au temps à confirmer ou à abolir un culte encore douteux. Attentif à ménager les hommes et à faire servir la religion à ses intérêts, il écrit à Charlemagne : « Je ne puis déclarer Irène et son fils hérétiques après le concile de Nicée ; mais je les déclarerai tels s'ils ne me rendent les biens de Sicile. »

On voit la même politique intéressée de ce pape dans une dispute encore plus délicate, et qui seule eût suffi en d'autres temps pour allumer des guerres civiles. On avait voulu savoir si le *Saint-Esprit* procède du *Père* et du *Fils*, ou du *Père* seulement.

On avait d'abord dans l'Orient ajouté au premier concile de Nicée qu'il procédait du *Père*. Ensuite en Espagne, et puis en France et en Allemagne, on ajouta qu'il procédait du *Père* et du *Fils* : c'était la croyance de presque tout l'empire de Charles. Ces mots du Symbole attribué aux apôtres : *qui ex Patre Filioque procedit*, étaient sacrés pour les Français ; mais ces mêmes mots n'avaient jamais été adoptés à Rome. On presse, de la part de Charlemagne, le pape de se déclarer. Cette question, décidée avec le temps par les lumières de l'Église romaine infaillible,

---

1. Autrement dit : le culte de latrie. (G. A.)

semblait alors très-obscure. On citait des passages des pères, et surtout celui de saint Grégoire de Nice, où il est dit « qu'une personne est cause, et l'autre vient de cause : l'une sort immédiatement de la première, l'autre en sort par le moyen du Fils, par lequel moyen le Fils se réserve la propriété d'unique, sans exclure l'Esprit-Saint de la relation du Père ».

Ces autorités ne parurent pas alors assez claires [1]. Adrien Ier ne décida rien : il savait qu'on pouvait être chrétien sans pénétrer dans la profondeur de tous les mystères. Il répond qu'il ne condamne point le sentiment du roi, mais ne change rien au Symbole de Rome. Il apaise la dispute en ne la jugeant pas, et en laissant à chacun ses usages. Il traite, en un mot, les affaires spirituelles en prince ; et trop de princes les ont traitées en évêques.

Dès lors la politique profonde des papes établissait peu à peu leur puissance. On fait bientôt après un recueil de faux actes connus aujourd'hui sous le nom de *Fausses Décrétales* [2]. C'est, dit-on, un Espagnol nommé Isidore Mercator, ou Piscator, ou Peccator, qui les digère. Ce sont les évêques allemands, dont la bonne foi fut trompée, qui les répandent et les font valoir. On prétend avoir aujourd'hui des preuves incontestables qu'elles furent composées par un Algeram, abbé de Senones, évêque de Metz : elles sont en manuscrit dans la bibliothèque du Vatican. Mais qu'importe leur auteur ? Dans ces fausses Décrétales on suppose d'anciens canons qui ordonnent qu'on ne tiendra jamais un seul concile provincial sans la permission du pape, et que toutes les causes ecclésiastiques ressortiront à lui. On y fait parler les successeurs immédiats des apôtres, on leur suppose des écrits. Il est vrai que tout étant de ce mauvais style du VIIIe siècle, tout étant plein de fautes contre l'histoire et la géographie, l'artifice était grossier ; mais c'étaient des hommes grossiers qu'on trompait. On avait forgé dès la naissance du christianisme, comme on l'a déjà dit [3], de faux évangiles, les *vers sibyllins*, les livres d'*Hermas*, les *Constitutions apostoliques*, et mille autres écrits que la saine critique a réprouvés. Il est triste que pour enseigner la vérité on ait si souvent employé des actes de faussaire.

Ces fausses Décrétales ont abusé les hommes pendant huit

---

1. Il s'agissait de l'hérésie des *adoptiens*, soutenue par Félix et Élipaud. Ils disaient que Jésus-Christ n'est fils de Dieu que par adoption et par grâce, le distinguant ainsi du Verbe, fils de Dieu par nature. Voltaire explique mal cette affaire. (G. A.)

2. Voyez, dans le *Dictionnaire philosophique*, l'article FAUSSES DÉCRÉTALES.

3. Chapitre IX.

siècles ; et enfin, quand l'erreur a été reconnue, les usages établis par elles ont subsisté dans une partie de l'Église : l'antiquité leur a tenu lieu d'authenticité.

Dès ces temps, les évêques d'Occident étaient des seigneurs temporels, et possédaient plusieurs terres en fief ; mais aucun n'était souverain indépendant. Les rois de France nommaient souvent aux évêchés ; plus hardis en cela et plus politiques que les empereurs des Grecs et que les rois de Lombardie, qui se contentaient d'interposer leur autorité dans les élections.

Les premières églises chrétiennes s'étaient gouvernées en républiques sur le modèle des synagogues. Ceux qui présidaient à ces assemblées avaient pris insensiblement le titre d'évêque, d'un mot grec dont les Grecs appelaient les gouverneurs de leurs colonies, et qui signifie *inspecteur*. Les anciens de ces assemblées se nommaient prêtres, d'un autre mot grec qui signifie *vieillard*.

Charlemagne, dans sa vieillesse, accorda aux évêques un droit dont son propre fils devint la victime. Ils firent accroire à ce prince que, dans le code rédigé sous Théodose, une loi portait que si de deux séculiers en procès l'un prenait un évêque pour juge, l'autre était obligé de se soumettre à ce jugement sans en pouvoir appeler. Cette loi, qui jamais n'avait été exécutée, passe chez tous les critiques pour supposée. C'est la dernière du code Théodosien ; elle est sans date, sans nom de consuls. Elle a excité une guerre civile sourde entre les tribunaux de la justice et les ministres du sanctuaire ; mais comme en ce temps-là tout ce qui n'était pas clergé était en Occident d'une ignorance profonde, il faut s'étonner qu'on n'ait pas donné encore plus d'empire à ceux qui, seuls étant un peu instruits, semblaient seuls mériter de juger les hommes.

Ainsi que les évêques disputaient l'autorité aux séculiers, les moines commençaient à la disputer aux évêques, qui pourtant étaient leurs maîtres par les canons. Ces moines étaient déjà trop riches pour obéir. Cette célèbre formule de Marculfe était bien souvent mise en usage : « Moi, pour le repos de mon âme, et pour n'être pas placé après ma mort parmi les boucs, je donne à tel monastère, etc. [1] » On crut, dès le Ier siècle de l'Église,

---

1. Marculfe, moine du VIIe siècle, a laissé un recueil précieux des formules de tous les actes publics et privés, donations, testaments, contrats de mariage, manumissions, ventes, etc. Ce recueil a été publié à Paris, en 1613, par Jérôme Bignon ; à Francfort, la même année, dans le *Codex legum antiquarum*, de Lindenbrok ; et à la suite des *Capitularia regum francorum*, en 1677. (E. B.)

que le monde allait finir; on se fondait sur un passage de saint Luc, qui met ces paroles dans la bouche de Jésus-Christ : « Il y aura des signes dans le soleil, dans la lune, et dans les étoiles; les nations seront consternées ; la mer et les fleuves feront un grand bruit; les hommes sécheront de frayeur dans l'attente de la révolution de l'univers; les puissances des cieux seront ébranlées, et alors ils verront le Fils de l'homme venant dans une nuée avec une grande puissance et une grande majesté. Lorsque vous verrez arriver ces choses, sachez que le royaume de Dieu est proche. Je vous dis en vérité, en vérité, que cette génération ne finira point sans que ces choses soient accomplies. »

Plusieurs personnages pieux, ayant toujours pris à la lettre cette prédiction non accomplie, en attendaient l'accomplissement : ils pensaient que l'univers allait être détruit, et voyaient clairement le jugement dernier, où Jésus-Christ devait venir dans les nuées. On se fondait aussi sur l'épître de saint Paul à ceux de Thessalonique, qui dit : « Nous qui sommes vivants, nous serons emportés dans l'air au-devant de Jésus. » De là toutes ces suppositions de tant de prodiges aperçus dans les airs. Chaque génération croyait être celle qui devait voir la fin du monde, et cette opinion se fortifiant dans les siècles suivants, on donnait ses terres aux moines comme si elles eussent dû être préservées dans la conflagration générale. Beaucoup de chartes de donation commencent par ces mots : *Adventante mundi vespero.*

Des abbés bénédictins, longtemps avant Charlemagne, étaient assez puissants pour se révolter. Un abbé de Fontenelle avait osé se mettre à la tête d'un parti contre Charles Martel, et assembler des troupes. Le héros fit trancher la tête au religieux : exécution qui ne contribua pas peu à toutes ces révélations que tant de moines eurent depuis de la damnation de Charles Martel.

Avant ce temps on voit un abbé de Saint-Remi de Reims, et l'évêque de cette ville, susciter une guerre civile contre Childebert, au vi^e siècle : crime qui n'appartient qu'aux hommes puissants.

Les évêques et les abbés avaient beaucoup d'esclaves. On reproche à l'abbé Alcuin d'en avoir eu jusqu'à vingt mille. Ce nombre n'est pas incroyable; Alcuin possédait plusieurs abbayes, dont les terres pouvaient être habitées par vingt mille hommes. Ces esclaves, connus sous le nom de *serfs*, ne pouvaient se marier ni changer de demeure sans la permission de l'abbé. Ils étaient obligés de marcher cinquante lieues avec leurs charrettes quand il l'ordonnait ; ils travaillaient pour lui trois jours de la semaine, et il partageait tous les fruits de la terre.

On ne pouvait, à la vérité, reprocher à ces bénédictins de violer, par leurs richesses, leur vœu de pauvreté ; car ils ne font point expressément ce vœu : ils ne s'engagent, quand ils sont reçus dans l'ordre, qu'à obéir à leur *abbé*. On leur donna même souvent des terres incultes qu'ils défrichèrent de leurs mains, et qu'ils firent ensuite cultiver par des serfs. Ils formèrent des bourgades, des petites villes même autour de leurs monastères. Ils étudièrent ; ils furent les seuls qui conservèrent les livres en les copiant ; et enfin, dans ces temps barbares où les peuples étaient si misérables, c'était une grande consolation de trouver dans les cloîtres une retraite assurée contre la tyrannie.

En France et en Allemagne, plus d'un évêque allait au combat avec ses serfs. Charlemagne, dans une lettre à Frastade [1], une de ses femmes, lui parle d'un évêque qui a vaillamment combattu auprès de lui dans une bataille contre les Avares, peuples descendus des Scythes, qui habitaient vers le pays qu'on nomme à présent l'Autriche. Je vois de son temps quatorze monastères qui doivent fournir des soldats. Pour peu qu'un abbé fût guerrier, rien ne l'empêchait de les conduire lui-même. Il est vrai qu'en 803 un parlement se plaignit à Charlemagne du trop grand nombre de prêtres qu'on avait tués à la guerre. Il fut défendu alors, mais inutilement, aux ministres de l'autel d'aller aux combats.

Il n'était pas permis de se dire clerc sans l'être, de porter la tonsure sans appartenir à un évêque : de tels clercs s'appelaient *acéphales*. On les punissait comme vagabonds. On ignorait cet état, aujourd'hui si commun, qui n'est ni séculier, ni ecclésiastique. Le titre d'abbé, qui signifie père, n'appartenait qu'aux chefs des monastères.

Les abbés avaient dès lors le bâton pastoral que portaient les évêques, et qui avait été autrefois la marque de la dignité pontificale dans Rome païenne. Telle était la puissance de ces abbés sur les moines qu'ils les condamnaient quelquefois aux peines afflictives les plus cruelles. Ils prirent le barbare usage des empereurs grecs de faire brûler les yeux ; et il fallut qu'un concile leur défendît cet attentat, qu'ils commençaient à regarder comme un droit.

---

1. Ou plutôt Fastrade. (G. A.)

CHAPITRE XXI.

SUITE DES RITES RELIGIEUX DU TEMPS DE CHARLEMAGNE.

La messe était différente de ce qu'elle est aujourd'hui, et plus encore de ce qu'elle était dans les premiers temps. Elle fut d'abord une cène, un festin nocturne ; ensuite, la majesté du culte augmentant avec le nombre des fidèles, cette assemblée de nuit se changea en une assemblée du matin : la messe devint à peu près ce qu'est la grand'messe aujourd'hui. Il n'y eut, jusqu'au xvi° siècle, qu'une messe commune dans chaque église. Le nom de *synaxe* qu'elle a chez les Grecs, et qui signifie *assemblée*, les formules qui subsistent et qui s'adressent à cette assemblée, tout fait voir que les messes privées durent être longtemps inconnues. Ce sacrifice, cette assemblée, cette commune prière avait le nom de *missa* chez les Latins, parce que, selon quelques-uns, on renvoyait, *mittebantur*, les pénitents qui ne communiaient pas ; et, selon d'autres, parce que la communion était envoyée, *missa erat*, à ceux qui ne pouvaient venir à l'église.

Il semble qu'on devrait savoir la date précise des établissements de nos rites ; mais aucune n'est connue. On ne sait en quel temps commença la messe telle qu'on la dit aujourd'hui ; on ignore l'origine précise du baptême par aspersion, de la confession auriculaire, de la communion avec du pain azyme, et sans vin ; on ne sait qui donna le premier le nom de sacrement au mariage, à la confirmation, à l'onction qu'on administre aux malades.

Quand le nombre des prêtres fut augmenté, on fut obligé de dire des messes particulières. Les hommes puissants eurent des aumôniers ; Agobard, évêque de Lyon, s'en plaint au ix° siècle. Denys le Petit, dans son *Recueil des canons*, et beaucoup d'autres, confirment que tous les fidèles communiaient à la messe publique. Ils apportaient, de son temps, le pain et le vin que le prêtre consacrait ; chacun recevait le pain dans ses mains. Ce pain était fermenté comme le pain ordinaire ; il y avait très-peu d'églises où le pain sans levain fût en usage : on donnait ce pain aux enfants comme aux adultes. La communion sous les deux espèces était un usage universel sous Charlemagne ; il se conserva toujours chez les Grecs, et dura chez les Latins jusqu'au xii° siècle : on voit même que dans le xiii° il était encore pratiqué quelquefois. L'auteur de la relation de la victoire que remporta Charles d'Anjou sur Mainfroi, en 1264, rapporte que ses chevaliers communièrent avec le pain et le vin avant la bataille. L'usage de tremper le pain dans le vin s'était établi avant Charlemagne ; celui de sucer le vin avec un chalumeau, ou un siphon de métal, ne s'introduisit qu'environ deux cents ans après, et fut bientôt aboli. Tous ces rites, toutes ces pratiques, changèrent selon la conjoncture des temps, et selon la prudence des pasteurs, ou selon le caprice, comme tout change.

L'Église latine était la seule qui priât dans une langue étrangère, inconnue au peuple. Les inondations des barbares qui avaient introduit dans l'Europe leurs idiomes en étaient cause. Les Latins étaient encore les seuls qui conférassent le baptême par la seule aspersion : indulgence très-naturelle pour des enfants nés dans les climats rigoureux du septentrion, et convenance décente dans le climat chaud d'Italie. Les cérémonies du baptême des adultes, et de celui qu'on donnait aux enfants, n'étaient pas les mêmes : cette différence était indiquée par la nature.

La confession auriculaire s'était introduite, dit-on, dès le VIᵉ siècle. Les évêques exigèrent d'abord que les clercs se confessassent à eux deux fois l'année, par les canons du concile d'Attigny, en 363 ; et c'est la première fois qu'elle fut commandée expressément. Les abbés soumirent leurs moines à ce joug, et les séculiers peu à peu le portèrent. La confession publique ne fut jamais en usage dans l'Occident ; car, lorsque les barbares embrassèrent le christianisme, les abus et les scandales qu'elle entraînait après elle l'avaient abolie en Orient, sous le patriarche Nectaire, à la fin du IVᵉ siècle ; mais souvent les pécheurs publics faisaient des pénitences publiques dans les églises d'Occident, surtout en Espagne, où l'invasion des Sarrasins redoublait la ferveur des chrétiens humiliés. Je ne vois aucune trace, jusqu'au XIIᵉ siècle, de la formule de la confession, ni des confessionnaux établis dans les églises, ni de la nécessité préalable de se confesser immédiatement avant la communion.

Vous observerez que la confession auriculaire n'était point reçue aux VIIIᵉ et IXᵉ siècles dans les pays au delà de la Loire, dans le Languedoc, dans les Alpes. Alcuin s'en plaint dans ses lettres. Les peuples de ces contrées semblent avoir eu toujours quelques dispositions à s'en tenir aux usages de la primitive Église, et à rejeter les dogmes et les coutumes que l'Église plus étendue jugea convenable d'adopter.

Aux VIIIᵉ et IXᵉ siècles il y avait trois carêmes, et quelquefois quatre, comme dans l'Église grecque ; et on se confessait d'ordinaire à ces quatre temps de l'année. Les commandements de l'Église, qui ne sont bien connus qu'après le troisième [1] concile de Latran, en 1215, imposèrent la nécessité de faire une fois l'année ce qui semblait auparavant plus arbitraire.

Au temps de Charlemagne il y avait des confesseurs dans les armées. Charles en avait un pour lui en titre d'office; il s'appelait Valdon, et était abbé d'Augie près de Constance.

Il était permis de se confesser à un laïque, et même à une femme, en cas de nécessité [2]. Cette permission dura très-longtemps; c'est pourquoi Joinville dit qu'il confessa en Afrique un chevalier, et qu'il lui donna l'absolution, selon le pouvoir qu'il en avait. « Ce n'est pas tout à fait un sacrement, dit saint Thomas, mais c'est comme sacrement. »

On peut regarder la confession comme le plus grand frein des crimes secrets. Les sages de l'antiquité avaient embrassé l'ombre de cette pratique salutaire. On s'était confessé dans les expiations chez les Égyptiens et chez les Grecs, et dans presque toutes les célébrations de leurs mystères. Marc-Aurèle, en s'associant aux mystères de Cérès-Éleusine, se confessa à l'hiérophante.

Cet usage, si saintement établi chez les chrétiens, fut malheureusement depuis l'occasion des plus funestes abus. La faiblesse du sexe rendit quelquefois les femmes plus dépendantes de leurs confesseurs que de leurs époux. Presque tous ceux qui confessèrent les reines se servirent de cet empire secret et sacré pour entrer dans les affaires d'État. Lorsqu'un religieux domina sur la conscience d'un souverain, tous ses confrères s'en prévalurent; et plusieurs employèrent le crédit du confesseur pour se venger de leurs ennemis. Enfin il arriva que, dans les divisions entre les empereurs et les papes, dans les factions des villes, les prêtres ne donnaient pas l'absolution à ceux qui n'étaient pas de leur parti. C'est ce qu'on a vu en France du temps du roi Henri IV; presque tous les confesseurs refusaient d'absoudre les sujets qui reconnaissaient leur roi. La facilité de séduire les jeunes personnes et de les porter au crime dans le tribunal même de la pénitence fut encore un écueil très-dangereux. Telle est la déplorable condition des hommes, que les remèdes les plus divins ont été tournés en poisons.

La religion chrétienne ne s'était point encore étendue au nord plus loin que les conquêtes de Charlemagne. La Scandinavie, le

---

1. Que d'autres nomment le quatrième. (*Note de Voltaire.*)
2. Voyez *les Éclaircissements*. (*Mélanges*, année 1763). (*Id.*)

Danemark, qu'on appelait le *pays des Normands*, avaient un culte que nous appelons ridiculement *idolâtrie*. La religion des idolâtres serait celle qui attribuerait la puissance divine à des figures, à des images ; ce n'était pas celle des Scandinaves : ils n'avaient ni peintre ni sculpteur. Ils adoraient Odin ; et ils se figuraient qu'après la mort le bonheur de l'homme consistait à boire, dans la salle d'Odin, de la bière dans le crâne de ses ennemis. On a encore de leurs anciennes chansons traduites, qui expriment cette idée. Il y avait longtemps que les peuples du Nord croyaient une autre vie. Les druides avaient enseigné aux Celtes qu'ils renaîtraient pour combattre, et les prêtres de la Scandinavie persuadaient aux hommes qu'ils boiraient de la bière après leur mort.

La Pologne n'était ni moins barbare ni moins grossière. Les Moscovites, aussi sauvages que le reste de la Grande-Tartarie, en savaient à peine assez pour être païens ; mais tous ces peuples vivaient en paix dans leur ignorance, heureux d'être inconnus à Charlemagne, qui vendait si cher la connaissance du christianisme.

Les Anglais commençaient à recevoir la religion chrétienne. Elle leur avait été apportée par Constance Chlore, protecteur secret de cette religion, alors opprimée. Elle n'y domina point ; l'ancien culte du pays eut le dessus encore longtemps. Quelques missionnaires des Gaules cultivèrent grossièrement un petit nombre de ces insulaires. Le fameux Pélage, trop zélé défenseur de la nature humaine, était né en Angleterre ; mais il n'y fut point élevé, et il faut le compter parmi les Romains.

L'Irlande, qu'on appelait Écosse, et l'Écosse connue alors sous le nom d'Albanie, ou du pays des Pictes, avaient reçu aussi quelques semences du christianisme, étouffées toujours par l'ancien culte qui dominait. Le moine Colomban, né en Irlande, était du vi[e] siècle ; mais il paraît, par sa retraite en France, et par les monastères qu'il fonda en Bourgogne, qu'il y avait peu à faire, et beaucoup à craindre pour ceux qui cherchaient en Irlande et en Angleterre de ces établissements riches et tranquilles qu'on trouvait ailleurs à l'abri de la religion.

Après une extinction presque totale du christianisme dans l'Angleterre, l'Écosse et l'Irlande, la tendresse conjugale l'y fit renaître. Éthelbert, un des rois barbares anglo-saxons de l'heptarchie d'Angleterre, qui avait son petit royaume dans la province de Kent, où est Cantorbéry, voulut s'allier avec un roi de France. Il épousa la fille de Childebert, roi de Paris. Cette princesse chrétienne, qui passa la mer avec un évêque de Soissons, disposa son mari à recevoir le baptême, comme Clotilde avait soumis Clovis. Le pape Grégoire le Grand envoya Augustin, que les Anglais nomment Austin, avec d'autres moines romains, en 598. Ils firent peu de conversions : car il faut au moins entendre la langue du pays pour en changer la religion ; mais, favorisés par la reine, ils bâtirent un monastère.

Ce fut proprement la reine qui convertit le petit royaume de Cantorbéry. Ses sujets barbares, qui n'avaient point d'opinions, suivirent aisément l'exemple de leurs souverains. Cet Augustin n'eut pas de peine à se faire déclarer primat par Grégoire le Grand : il eût voulu même l'être des Gaules ; mais Grégoire lui écrivit qu'il ne pouvait lui donner de juridiction que sur l'Angleterre. Il fut donc premier archevêque de Cantorbéry, premier primat de l'Angleterre. Il donna à l'un de ses moines le titre d'évêque de Londres, à l'autre celui de Rochester. On ne peut mieux comparer ces évêques qu'à ceux d'Antioche et de Babylone, qu'on appelle évêques *in partibus infidelium*. Mais avec le temps, la hiérarchie d'Angleterre se forma. Les monastères surtout étaient très-riches au VIIIe et au IXe siècle. Ils mettaient au catalogue des saints tous les grands seigneurs qui leur avaient donné des terres ; d'où vient que l'on trouve parmi leurs saints de ce temps-là sept rois, sept reines, huit princes, seize princesses. Leurs chroniques disent que dix rois et onze reines finirent leurs jours dans des cloîtres. Il est croyable que ces dix rois et ces onze reines se firent seulement revêtir à leur mort d'habits religieux, et peut-être porter, à leurs dernières maladies, dans des couvents, comme on en a usé en Espagne ; mais non pas qu'en effet ils aient, en santé, renoncé aux affaires publiques pour vivre en cénobites.

CHAPITRE XXII.

SUITE DES USAGES DU TEMPS DE CHARLEMAGNE. DE LA JUSTICE, DES LOIS. COUTUMES SINGULIÈRES. ÉPREUVES.

Des comtes nommés par le roi rendaient sommairement la justice. Ils avaient leurs districts assignés. Ils devaient être instruits des lois, qui n'étaient ni si difficiles ni si nombreuses que les nôtres. La procédure était simple, chacun plaidait sa cause en France et en Allemagne. Rome seule, et ce qui en dépendait, avait encore retenu beaucoup de lois et de formalités de l'empire romain. Les lois lombardes avaient lieu dans le reste de l'Italie citérieure.

Chaque comte avait sous lui un lieutenant, nommé *viguier;* sept assesseurs, *scabini;* et un greffier, *notarius.* Les comtes publiaient dans leur juridiction l'ordre des marches pour la guerre, enrôlaient les soldats sous des centeniers, les menaient aux rendez-vous, et laissaient alors leurs lieutenants faire les fonctions de juges.

Les rois envoyaient des commissaires avec lettres expresses, *missi dominici,* qui examinaient la conduite des comtes. Ni ces commissaires ni ces comtes ne condamnaient presque jamais à la mort ni à aucun supplice ; car, si on en excepte la Saxe, où Charlemagne fit des lois de sang, presque tous les délits se rachetaient dans le reste de son empire. Le seul crime de rébellion était puni de mort, et les rois s'en réservaient le jugement. La loi salique, celle des Lombards, celle des Ripuaires, avaient évalué à prix d'argent la plupart des autres attentats, ainsi que nous l'avons vu [1].

Leur jurisprudence, qui paraît humaine, était peut-être en effet plus cruelle que la nôtre : elle laissait la liberté de mal faire à quiconque pouvait la payer. La plus douce loi est celle qui, mettant le frein le plus terrible à l'iniquité, prévient ainsi le plus de crimes ; mais on ne connaissait pas encore la question, la torture, usage dangereux qui, comme on sait, ne sert que trop souvent à perdre l'innocent et à sauver le coupable.

Les lois saliques furent remises en vigueur par Charlemagne. Parmi ces lois saliques, il s'en trouve une qui marque bien expressément dans quel mépris étaient tombés les Romains chez les peuples barbares. Le Franc qui avait tué un citoyen romain ne payait que mille cinquante deniers ; et le Romain payait pour le sang d'un Franc deux mille cinq cents deniers.

Dans les causes criminelles indécises, on se purgeait par serment. Il fallait non-seulement que la partie accusée jurât, mais elle était obligée de produire un certain nombre de témoins qui juraient avec elle. Quand les deux parties opposaient serment à serment, on permettait quelquefois le combat, tantôt à fer émoulu, tantôt à outrance.

1. Chapitre XVII.

Ces combats [1] étaient appelés *le jugement de Dieu;* c'est aussi le nom qu'on donnait à une des plus déplorables folies de ce gouvernement barbare. Les accusés étaient soumis à l'épreuve de l'eau froide, de l'eau bouillante, ou du fer ardent. Le célèbre Étienne Baluze a rassemblé toutes les anciennes cérémonies de ces épreuves [2]. Elles commençaient par la messe; on y communiait l'accusé. On bénissait l'eau froide, on l'exorcisait; ensuite l'accusé était jeté garrotté dans l'eau. S'il tombait au fond, il était réputé innocent; s'il surnageait, il était jugé coupable. M. de Fleuri, dans son *Histoire ecclésiastique*, dit que c'était une manière sûre de ne trouver personne criminel. J'ose croire que c'était une manière de faire périr beaucoup d'innocents. Il y a bien des gens qui ont la poitrine assez large et les poumons assez légers pour ne point enfoncer, lorsqu'une grosse corde qui les lie par plusieurs tours fait avec leur corps un volume moins pesant qu'une pareille quantité d'eau. Cette malheureuse coutume, proscrite depuis dans les grandes villes, s'est conservée jusqu'à nos jours dans beaucoup de provinces. On y a très-souvent assujetti, même par sentence de juge, ceux qu'on faisait passer pour sorciers; car rien ne dure si longtemps que la superstition, et il en a coûté la vie à plus d'un malheureux

Le jugement de Dieu par l'eau chaude s'exécutait en faisant plonger le bras nu de l'accusé dans une cuve d'eau bouillante; il fallait prendre au fond de la cuve un anneau bénit. Le juge, en présence des prêtres et du peuple, enfermait dans un sac le bras du patient, scellait le sac de son cachet; et si, trois jours après, il ne paraissait sur le bras aucune marque de brûlure, l'innocence était reconnue.

Tous les historiens rapportent l'exemple de la reine Teutberge, bru de l'empereur Lothaire, petit-fils de Charlemagne, accusée d'avoir commis un inceste avec son frère, moine et sous-diacre. Elle nomma un champion qui se soumit pour elle à l'épreuve de l'eau bouillante, en présence d'une cour nombreuse. Il prit l'anneau bénit sans se brûler. Il est certain qu'on a des secrets pour soutenir l'action d'un petit feu sans péril pendant quelques secondes : j'en ai vu des exemples. Ces secrets étaient alors d'au-

---

1. Voyez le chapitre des Duels, ci-après, chapitre c. (*Note de Voltaire.*)
2. Dans le recueil intitulé *Capitularia regum francorum*, Paris, 1677, 2 vol. in-folio. Étienne Baluze était bibliothécaire de Colbert et professeur de droit canon au Collége de France. Quelques allégations de son *Histoire de la maison d'Auvergne* ayant déplu à Louis XIV, le savant fut relégué successivement à Rouen, à Tours et à Orléans, et ne rentra en grâce qu'après un long exil. (E. B.)

tant plus communs qu'ils étaient plus nécessaires. Mais il n'en est point pour nous rendre absolument impassibles. Il y a grande apparence que, dans ces étranges jugements, on faisait subir l'épreuve d'une manière plus ou moins rigoureuse, selon qu'on voulait condamner ou absoudre.

Cette épreuve de l'eau bouillante était destinée particulièrement à la conviction de l'adultère. Ces coutumes sont plus anciennes, et se sont étendues plus loin qu'on ne pense.

Les savants n'ignorent pas qu'en Sicile, dans le temple des dieux Paliques, on écrivait son serment qu'on jetait dans un bassin d'eau, et que si le serment surnageait, l'accusé était absous. Le temple de Trézène était fameux par de pareilles épreuves. On trouve encore au bout de l'Orient, dans le Malabar et dans le Japon, des usages semblables, fondés sur la simplicité des premiers temps, et sur la superstition commune à toutes les nations. Ces épreuves étaient autrefois si autorisées en Phénicie qu'on voit dans le *Pentateuque* que lorsque les Juifs errèrent dans le désert, ils faisaient boire d'une eau mêlée avec de la cendre à leurs femmes soupçonnées d'adultère. Les coupables ne manquaient pas sans doute d'en crever, mais les femmes fidèles à leurs maris buvaient impunément. Il est dit, dans l'Évangile de saint Jacques, que le grand-prêtre ayant fait boire de cette eau à Marie et à Joseph, les deux époux se réconcilièrent.

La troisième épreuve était celle d'une barre de fer ardent, qu'il fallait porter dans la main l'espace de neuf pas. Il était plus difficile de tromper dans cette épreuve que dans les autres ; aussi je ne vois personne qui s'y soit soumis dans ces siècles grossiers. On veut savoir qui de l'Église grecque ou de la latine établit ces usages la première. On voit des exemples de ces épreuves à Constantinople jusqu'au XIIIe siècle, et Pachimère dit qu'il en a été témoin. Il est vraisemblable que les Grecs communiquèrent aux Latins ces superstitions orientales.

A l'égard des lois civiles, voici ce qui me paraît de plus remarquable. Un homme qui n'avait point d'enfants pouvait en adopter. Les époux pouvaient se répudier en justice ; et, après le divorce, il leur était permis de passer à d'autres noces. Nous avons dans Marculfe le détail de ces lois.

Mais ce qui paraîtra peut-être plus étonnant, et ce qui n'en est pas moins vrai, c'est qu'au livre IIe de ces formules de Marculfe, on trouve que rien n'était plus permis ni plus commun que de déroger à cette fameuse loi salique, par laquelle les filles n'héritaient pas. On amenait sa fille devant le comte ou le commissaire, et on disait : « Ma chère fille, un usage ancien et impie ôte parmi nous toute portion paternelle aux filles ; mais ayant considéré cette impiété, j'ai vu que, comme vous m'avez été donnés tous de Dieu également, je dois vous aimer de même : ainsi, ma chère fille, je veux que vous héritiez par portion égale avec vos frères dans toutes mes terres, etc. »

On ne connaissait point chez les Francs, qui vivaient suivant la loi salique et ripuaire, cette distinction de nobles et de roturiers, de nobles de nom et d'armes, et de nobles *ab avo*, ou gens vivant noblement. Il n'y avait que deux ordres de citoyens : les libres et les serfs, à peu près comme aujourd'hui dans les empires mahométans, et à la Chine. Le terme *nobilis* n'est employé qu'une seule fois dans les *Capitulaires*, au livre V^e, pour signifier les officiers, les comtes, les centeniers.

Toutes les villes de l'Italie et de la France étaient gouvernées selon leur droit municipal. Les tributs qu'elles payaient au souverain consistaient en *foderum, paratum, mansionaticum,* fourrages, vivres, meubles de séjour. Les empereurs et les rois entretinrent longtemps leurs cours avec leurs domaines, et ces droits étaient payés en nature quand ils voyageaient. Il nous reste un capitulaire de Charlemagne concernant ses métairies. Il entre dans le plus grand détail. Il ordonne qu'on lui rende un compte exact de ses troupeaux. Un des grands biens de la campagne consistait en abeilles, ce qui prouve que beaucoup de terres restaient en friche. Enfin les plus grandes choses et les plus petites de ce temps-là nous font voir des lois, des mœurs, et des usages, dont à peine il reste des traces.

CHAPITRE XXIII.

LOUIS LE FAIBLE, OU LE DÉBONNAIRE, DÉPOSÉ PAR SES ENFANTS ET PAR DES PRÉLATS.

L'histoire des grands événements de ce monde n'est guère que l'histoire des crimes. Il n'est point de siècle que l'ambition des séculiers et des ecclésiastiques n'ait rempli d'horreurs.

A peine Charlemagne est-il au tombeau qu'une guerre civile désole sa famille et l'empire.

Les archevêques de Milan et de Crémone allument les premiers feux. Leur prétexte est que Bernard, roi d'Italie, est le chef de la maison carlovingienne, comme né du fils aîné de Charlemagne. Ces évêques se servent de ce roi Bernard pour exciter une guerre civile. On en voit assez la véritable raison dans cette fureur de remuer, et dans cette frénésie d'ambition qui s'autorise toujours des lois mêmes faites pour la réprimer. Un évêque d'Orléans entre dans leurs intrigues; l'empereur et Bernard, l'oncle et le neveu, lèvent des armées. On est près d'en venir aux mains à Chalon-sur-Saône; mais le parti de l'empereur gagne, par argent et par promesses, la moitié de l'armée d'Italie. On négocie, c'est-à-dire on veut tromper. Le roi est assez imprudent pour venir dans le camp de son oncle. Louis, qu'on a nommé *le Débonnaire* parce qu'il était faible, et qui fut cruel par faiblesse, fait crever les yeux à son neveu, qui lui demandait grâce à genoux. (819) Le malheureux roi meurt dans les tourments du corps et de l'esprit, trois jours après cette exécution cruelle. Il fut enterré à Milan, et on grava sur son tombeau : *Ci gît Bernard de sainte mémoire.* Il semble que le nom de *saint* en ce temps-là ne fut qu'un titre honorifique. Alors Louis fait tondre et enfermer dans un monastère trois de ses frères, dans la crainte qu'un jour le sang de Charlemagne, trop respecté en eux, ne suscitât des guerres. Ce ne fut pas tout. L'empereur fait arrêter tous les partisans de Bernard, que ce roi misérable avait dénoncés à son oncle sous l'espoir de sa grâce. Ils éprouvent le même supplice que le roi : les ecclésiastiques sont exceptés de la sentence; on les épargne, eux qui étaient les auteurs de la guerre : la déposition ou l'exil sont leur seul châtiment. Louis ménageait l'Église, et l'Église lui fit bientôt sentir qu'il eût dû être moins cruel et plus ferme.

Dès l'an 817, Louis avait suivi le mauvais exemple de son père, en donnant des royaumes à ses enfants; et, n'ayant ni le courage d'esprit de son père, ni l'autorité que ce courage donne, il s'exposait à l'ingratitude. Oncle barbare et frère trop dur, il fut un père trop facile.

Ayant associé à l'empire son fils aîné, Lothaire, donné l'Aquitaine au second, nommé Pepin, la Bavière à Louis, son troisième fils, il lui restait un jeune enfant d'une nouvelle femme. C'est ce Charles le Chauve, qui fut depuis empereur. Il voulut, après le partage, ne pas laisser sans États cet enfant d'une femme qu'il aimait.

Une des sources du malheur de Louis le Faible, et de tant de désastres plus grands qui depuis ont affligé l'Europe, fut cet abus qui commençait à naître, d'accorder de la puissance dans le monde à ceux qui ont renoncé au monde.

Vala, abbé de Corbie, son parent par bâtardise, commença cette scène mémorable. C'était un homme furieux par zèle ou par esprit de faction, ou par tous les deux ensemble, et l'un de ces chefs de parti qu'on a vus si souvent faire le mal en prêchant la vertu et troubler tout par l'esprit de la règle.

Dans un parlement tenu en 829 à Aix-la-Chapelle, parlement où étaient entrés les abbés parce qu'ils étaient seigneurs de grandes terres, ce Vala reproche publiquement à l'empereur tous les désordres de l'État. *C'est vous,* lui dit-il, *qui en êtes coupable.* Il parle ensuite en particulier à chaque membre du parlement avec plus de sédition. Il ose accuser l'impératrice Judith d'adultère. Il veut prévenir et empêcher les dons que l'empereur veut faire à ce fils qu'il a eu de l'impératrice. Il déshonore et trouble la famille royale, et par conséquent l'État, sous prétexte du bien de l'État même.

Enfin l'empereur irrité renvoie Vala dans son monastère, d'où il n'eût jamais dû sortir. Il se résout, pour satisfaire sa femme, à donner à son fils une petite partie de l'Allemagne vers le Rhin, le pays des Suisses, et la Franche-Comté.

Si dans l'Europe les lois avaient été fondées sur la puissance paternelle, si les esprits eussent été pénétrés de la nécessité du respect filial comme du premier de tous les devoirs, ainsi que je l'ai remarqué de la Chine[1], les trois enfants de l'empereur, qui avaient reçu de lui des couronnes, ne se seraient point révoltés contre leur père, qui donnait un héritage à un enfant du second lit.

D'abord ils se plaignirent; aussitôt l'abbé de Corbie se joint à l'abbé de Saint-Denis, plus factieux encore, et qui, ayant les abbayes de Saint-Médard de Soissons et de Saint-Germain des Prés, pouvait lever des troupes, et en leva ensuite. Les évêques de Vienne, de Lyon, d'Amiens, unis à ces moines, poussent les princes à la guerre civile, en déclarant rebelles à Dieu et à l'Église ceux qui ne seront pas de leur parti. En vain Louis le Débonnaire, au lieu d'assembler des armées, convoque quatre conciles, dans lesquels on fait de bonnes et d'inutiles lois. Ses trois fils prennent les armes. C'est, je crois, la première fois qu'on a vu trois enfants soulevés ensemble contre leur père. L'empereur arme à la fin. On voit deux camps remplis d'évêques, d'abbés, et de moines. Mais du côté des princes est le pape Grégoire IV,

---

1. Chapitre 1ᵉʳ.

dont le nom donne un grand poids à leur parti. C'était déjà l'intérêt des papes d'abaisser les empereurs. Déjà Étienne, prédécesseur de Grégoire, s'était installé dans la chaire pontificale sans l'agrément de Louis le Débonnaire. Brouiller le père avec les enfants semblait le moyen de s'agrandir sur leurs ruines. Le pape Grégoire vient donc en France, et menace l'empereur de l'excommunier. Cette cérémonie d'excommunication n'emportait pas encore l'idée qu'on voulut lui attacher depuis. On n'osait pas prétendre qu'un excommunié dût être privé de ses biens par la seule excommunication ; mais on croyait rendre un homme exécrable, et rompre par ce glaive tous les liens qui peuvent attacher les hommes à lui.

(829) Les évêques du parti de l'empereur se servent de leur droit, et font dire courageusement au pape : *Si excommunicaturus veniet, excommunicatus abibit;* « s'il vient pour excommunier, il retournera excommunié lui-même ». Ils lui écrivent avec fermeté, en le traitant, à la vérité, de pape, mais en même temps de frère. Grégoire, plus fier encore, leur mande : « Le terme de frère sent trop l'égalité, tenez-vous-en à celui de pape : reconnaissez ma supériorité ; sachez que l'autorité de ma chaire est au-dessus de celle du trône de Louis. » Enfin il élude dans cette lettre le serment qu'il a fait à l'empereur.

La guerre tourne en négociation. Le pontife se rend arbitre. Il va trouver l'empereur dans son camp. Il y a le même avantage que Louis avait eu autrefois sur Bernard. Il séduit ses troupes, ou il souffre qu'elles soient séduites ; il trompe Louis, ou il est trompé lui-même par les rebelles, au nom desquels il porte la parole. A peine le pape est-il sorti du camp que, la nuit même, la moitié des troupes impériales passe du côté de Lothaire, son fils (830). Cette désertion arriva près de Bâle, sur les confins de l'Alsace ; et la plaine où le pape avait négocié s'appelle encore le *Champ du mensonge,* nom qui pourrait être commun à plusieurs lieux où l'on a négocié. Alors le monarque malheureux se rend prisonnier à ses fils rebelles, avec sa femme Judith, objet de leur haine. Il leur livre son fils Charles, âgé de dix ans, prétexte innocent de la guerre. Dans des temps plus barbares, comme sous Clovis et ses enfants, ou dans des pays tels que Constantinople, je ne serais point surpris qu'on eût fait périr Judith et son fils, et même l'empereur. Les vainqueurs se contentèrent de faire raser l'impératrice, de la mettre en prison en Lombardie, de renfermer le jeune Charles dans le couvent de Prum, au milieu de la forêt des Ardennes, et de détrôner leur père. Il me semble qu'en lisant le désastre de ce père trop bon, on ressent au moins une satisfaction secrète, quand on voit que ses fils ne furent guère moins ingrats envers cet abbé Vala, le premier auteur de ces troubles, et envers le pape qui les avait si bien soutenus. Le pontife retourna à Rome, méprisé des vainqueurs, et Vala se renferma dans un monastère en Italie.

Lothaire, d'autant plus coupable qu'il était associé à l'empire, traîne son père prisonnier à Compiègne. Il y avait alors un abus funeste introduit dans l'Église, qui défendait de porter les armes et d'exercer les fonctions civiles pendant le temps de la pénitence publique. Ces pénitences étaient rares, et ne tombaient guère que sur quelques malheureux de la lie du peuple. On résolut de faire subir à l'empereur ce supplice infamant, sous le voile d'une humiliation chrétienne et volontaire, et de lui imposer une pénitence perpétuelle, qui le dégraderait pour toujours.

(833) Louis est intimidé : il a la lâcheté de condescendre à cette proposition qu'on a la hardiesse de lui faire. Un archevêque de Reims, nommé Ebbon, tiré de la condition servile, élevé à cette dignité par Louis même, malgré les lois, dépose ainsi son souverain et son bienfaiteur. On fait comparaître le souverain, entouré de trente évêques, de chanoines, de moines, dans l'église de Notre-Dame de Soissons. Son fils Lothaire, présent, y jouit de l'humiliation de son père. On fait étendre un cilice devant l'autel. L'archevêque ordonne à l'empereur d'ôter son baudrier, son épée, son habit, et de se prosterner sur ce cilice. Louis, le visage contre terre, demande lui-même la pénitence publique, qu'il ne méritait que trop en s'y soumettant. L'archevêque le force de lire à haute voix un écrit dans lequel il s'accuse de sacrilége et d'homicide. Le malheureux lit posément la liste de ses crimes, parmi lesquels il est spécifié qu'il avait fait marcher ses troupes en carême, et indiqué un parlement un jeudi saint. On dresse un procès-verbal de toute cette action : monument encore subsistant d'insolence et de bassesse. Dans ce procès-verbal on ne daigne pas seulement nommer Louis du nom d'empereur : il y est appelé *Dominus Ludovicus*, « noble homme, vénérable homme » : c'est le titre qu'on donne aujourd'hui aux marguilliers de paroisse.

On tâche toujours d'appuyer par des exemples les entreprises extraordinaires. Cette pénitence de Louis fut autorisée par le souvenir d'un certain roi visigoth, nommé Vamba, qui régnait en Espagne, en 681. C'est le même qui avait été oint à son couronnement. Il devint imbécile, et fut soumis à la pénitence publique dans un concile de Tolède. Il s'était mis dans un cloître. Son successeur, Hervique, avait reconnu qu'il tenait sa couronne des évêques. Ce fait était cité, comme si un exemple pouvait justifier un attentat. On alléguait encore la pénitence de l'empereur Théodose; mais elle fut bien différente. Il avait fait massacrer quinze mille citoyens à Thessalonique, non pas dans un mouvement de colère, comme on le dit tous les jours très-faussement dans de vains panégyriques, mais après une longue délibération. Ce crime réfléchi pouvait attirer sur lui la vengeance des peuples, qui ne l'avaient pas élu pour en être égorgés. Saint Ambroise fit une très-belle action en lui refusant l'entrée de l'église, et Théodose en fit une très-sage d'apaiser un peu la haine de l'empire, en s'abstenant d'entrer dans l'église pendant huit mois. Est-ce une satisfaction pour le forfait le plus horrible dont jamais un souverain se soit souillé, d'être huit mois sans entendre la grand'messe?

Louis fut enfermé un an dans une cellule du couvent de Saint-Médard de Soissons, vêtu du sac de pénitent, sans domestiques, sans consolation, mort pour le reste du monde. S'il n'avait eu qu'un fils, il était perdu pour toujours; mais ses trois enfants disputant ses dépouilles, leur désunion rendit au père sa liberté et sa couronne.

(834) Transféré à Saint-Denis, deux de ses fils, Louis et Pepin, vinrent le rétablir, et remettre en ses bras sa femme et son fils Charles. L'assemblée de Soissons est anathématisée par une autre à Thionville; mais il n'en coûta à l'archevêque de Reims que la perte de son siége; encore fut-il jugé et déposé dans la sacristie : l'empereur l'avait été en public, au pied de l'autel. Quelques évêques furent déposés aussi. L'empereur ne put ou n'osa les punir davantage.

Bientôt après, un de ces mêmes enfants qui l'avaient rétabli, Louis de Bavière, se révolte encore. Le malheureux père mourut de chagrin dans une tente, auprès de Mayence, en disant: « Je pardonne à Louis; mais qu'il sache qu'il m'a donné la mort. » (20 juin 840.)

Il confirma, dit-on, solennellement par son testament la donation de Pepin et de Charlemagne à l'Église de Rome.

Les mêmes doutes s'élèvent sur cette confirmation, et sur les dons qu'elle ratifie. Il est difficile de croire que Charlemagne et son fils aient donné aux papes Venise, la Sicile, la Sardaigne, et la Corse, pays sur lesquels ils n'avaient, tout au plus, que la prétention disputée du domaine suprême. Et dans quel temps Louis eût-il donné la Sicile, qui appartenait aux empereurs grecs, et qui était infestée par les descentes continuelles des Arabes?

CHAPITRE XXIV.

ÉTAT DE L'EUROPE APRÈS LA MORT DE LOUIS LE DÉBONNAIRE OU LE FAIBLE. L'ALLEMAGNE POUR TOUJOURS SÉPARÉE DE L'EMPIRE FRANC OU FRANÇAIS.

Après la mort du fils de Charlemagne, son empire éprouva ce qui était arrivé à celui d'Alexandre, et que nous verrons bientôt être la destinée de celui des califes. Fondé avec précipitation, il s'écroula de même : les guerres intestines le divisèrent.

Il n'est pas surprenant que des princes qui avaient détrôné leur père se soient voulu exterminer l'un l'autre. C'était à qui dépouillerait son frère. Lothaire, empereur, voulait tout. Charles le Chauve, roi de France, et Louis, roi de Bavière, s'unissent contre lui. Un fils de Pepin, ce roi d'Aquitaine, fils du Débonnaire, et devenu roi après la mort de son père, se joint à Lothaire. Ils désolent l'empire ; ils l'épuisent de soldats (841). Enfin deux rois contre deux rois, dont trois sont frères, et dont l'autre est leur neveu, se livrent une bataille à Fontenai, dans l'Auxerrois, dont l'horreur est digne des guerres civiles. Plusieurs auteurs assurent qu'il y périt cent mille hommes (842). Il est vrai que ces auteurs ne sont pas contemporains, et que du moins il est permis de douter que tant de sang ait été répandu. L'empereur Lothaire fut vaincu. Cette bataille, comme tant d'autres, ne décida de rien. Il faut observer seulement que les évêques qui avaient combattu dans l'armée de Charles et de Louis firent jeûner leurs troupes et prier Dieu pour les morts, et qu'il eût été plus chrétien de ne les point tuer que de prier pour eux. Lothaire donna alors au monde l'exemple d'une politique toute contraire à celle de Charlemagne.

Le vainqueur des Saxons les avait assujettis au christianisme, comme à un frein nécessaire. Quelques révoltes, et de fréquents retours à leur culte, avaient marqué leur horreur pour une religion qu'ils regardaient comme leur châtiment. Lothaire, pour se les attacher, leur donne une liberté entière de conscience. La moitié du pays redevint idolâtre, mais fidèle à son roi. Cette conduite, et celle de Charlemagne, son grand-père, firent voir aux hommes combien diversement les princes plient la religion à leurs intérêts. Ces intérêts font toujours la destinée de la terre. Un Franc, un Salien avait fondé le royaume de France ; un fils du maire ou majordome, Pepin, avait fondé l'empire franc. Trois frères le divisent à jamais. Ces trois enfants dénaturés, Lothaire, Louis de Bavière, et Charles le Chauve, après avoir versé tant de sang à Fontenai, démembrent enfin l'empire de Charlemagne par la fameuse paix de Verdun. Charles II, surnommé *le Chauve*, eut la France ; Lothaire, l'Italie, la Provence, le Dauphiné, le Languedoc, la Suisse, la Lorraine, l'Alsace, la Flandre ; Louis de Bavière, ou le Germanique, eut l'Allemagne (843).

C'est à cette époque que les savants dans l'histoire commencent à donner le nom de Français aux Francs ; c'est alors que l'Allemagne a ses lois particulières ; c'est l'origine de son droit public, et en même temps de la haine entre les Français et les Allemands. Chacun des trois frères fut troublé dans son partage par des querelles ecclésiastiques, autant que par les divisions qui arrivent toujours entre des ennemis qui ont fait la paix malgré eux.

C'est au milieu de ces discordes que Charles le Chauve, premier roi de la seule France, et Louis le Germanique, premier roi de la seule Allemagne, assemblèrent un concile à Aix-la-Chapelle contre Lothaire ; et ce Lothaire est le premier empereur franc privé de l'Allemagne et de la France.

Les prélats, d'un commun accord, déclarèrent Lothaire déchu de son droit à la couronne, et ses sujets déliés du serment de fidélité. « Promettez-vous de mieux gouverner que lui? disent-ils aux deux frères Charles et Louis. — Nous le promettons, répondirent les deux rois. — Et nous, dit l'évêque qui présidait, nous vous permettons par l'autorité divine, et nous vous commandons de régner à sa place. » Ce commandement ridicule n'eut alors aucune suite.

En voyant les évêques donner ainsi les couronnes, on se tromperait si on croyait qu'ils fussent alors tels que des électeurs de l'Empire. Ils s'étaient rendus puissants, à la vérité, mais aucun n'était souverain. L'autorité de leur caractère et le respect des peuples étaient des instruments dont les rois se servaient à leur gré. Il y avait dans ces ecclésiastiques bien plus de faiblesse que de grandeur à décider ainsi du droit des rois suivant les ordres du plus fort.

On ne doit pas être surpris que, quelques années après, un archevêque de Sens, avec vingt autres évêques, ait osé, dans des conjonctures pareilles, déposer Charles le Chauve, roi de France. Cet attentat fut commis pour plaire à Louis de Bavière. Ces monarques, aussi méchants rois que frères dénaturés, ne pouvant se faire périr l'un l'autre, se faisaient anathématiser tour à tour. Mais ce qui surprend, c'est l'aveu que fait Charles le Chauve, dans un écrit qu'il daigna publier contre l'archevêque de Sens : « Au moins, cet archevêque ne devait pas me déposer avant que j'eusse comparu devant les évêques qui m'avaient sacré roi ; il fallait qu'auparavant j'eusse subi leur jugement, ayant toujours été prêt à me soumettre à leurs corrections paternelles et à leur châtiment. » La race de Charlemagne, réduite à parler ainsi, marchait visiblement à sa ruine.

Je reviens à Lothaire, qui avait toujours un grand parti en Germanie, et qui était maître paisible en Italie. Il passe les Alpes, fait couronner son fils Louis, qui vient juger dans Rome le pape Sergius II. Le pontife comparaît, répond juridiquement aux accusations d'un évêque de Metz, se justifie, et prête ensuite serment de fidélité à ce même Lothaire, déposé par ses évêques. Lothaire même fit cette célèbre et inutile ordonnance, que, « pour éviter les séditions trop fréquentes, le pape ne sera plus élu par le peuple, et que l'on avertira l'empereur de la vacance du saint-siége ».

On s'étonne de voir l'empereur tantôt si humble, et tantôt si fier ; mais il avait une armée auprès de Rome quand le pape lui jura obéissance, et n'en avait point à Aix-la-Chapelle quand les évêques le détrônèrent.

Leur sentence ne fut qu'un scandale de plus ajouté aux désolations de l'Europe. Les provinces depuis les Alpes au Rhin ne savaient plus à qui elles devaient obéir. Les villes changeaient chaque jour de tyrans, les campagnes étaient ravagées tour à tour par différents partis. On n'entendait parler que de combats ; et dans ces combats il y avait toujours des moines, des abbés, des évêques, qui périssaient les armes à la main. Hugues, un des fils de Charlemagne, forcé jadis à être moine, devenu depuis abbé de Saint-Quentin, fut tué devant Toulouse, avec l'abbé de Ferrière : deux évêques y furent faits prisonniers.

Cet incendie s'arrêta un moment pour recommencer avec plus de fureur. Les trois frères, Lothaire, Charles, et Louis, firent de nouveaux partages, qui ne furent que de nouveaux sujets de divisions et de guerre.

(855) L'empereur Lothaire, après avoir bouleversé l'Europe sans succès et sans gloire, se sentant affaibli, vint se faire moine

dans l'abbaye de Prum. Il ne vécut dans le froc que six jours, et mourut imbécile après avoir régné en tyran.

A la mort de ce troisième empereur d'Occident, il s'éleva de nouveaux royaumes en Europe, comme des monceaux de terre après les secousses d'un grand tremblement.

Un autre Lothaire, fils de cet empereur, donna le nom de Lotharinge à une assez grande étendue de pays, nommée depuis, par contraction, Lorraine, entre le Rhin, l'Escaut, la Meuse, et la mer. Le Brabant fut appelé la Basse-Lorraine ; le reste fut connu sous le nom de la Haute. Aujourd'hui, de cette Haute-Lorraine il ne reste qu'une petite province de ce nom, engloutie depuis peu dans le royaume de France.

Un second fils de l'empereur Lothaire, nommé Charles, eut la Savoie, le Dauphiné, une partie du Lyonnais, de la Provence, et du Languedoc. Cet État composa le royaume d'Arles, du nom de la capitale, ville autrefois opulente et embellie par les Romains, mais alors petite, pauvre, ainsi que toutes les villes en-deçà des Alpes.

Un barbare, qu'on nomme Salomon, se fit bientôt après roi de la Bretagne, dont une partie était encore païenne ; mais tous ces royaumes tombèrent presque aussi promptement qu'ils furent élevés.

Le fantôme d'empire romain subsistait. Louis, second fils de Lothaire, qui avait eu en partage une partie de l'Italie, fut proclamé empereur par l'évêque de Rome, Sergius II, en 855. Il ne résidait point à Rome ; il ne possédait pas la neuvième partie de l'empire de Charlemagne, et n'avait en Italie qu'une autorité contestée par les papes et par les ducs de Bénévent, qui possédaient alors un État considérable.

Après sa mort, arrivée en 875, si la loi salique avait été en vigueur dans la maison de Charlemagne, c'était à l'aîné de la maison qu'appartenait l'empire. Louis de Germanie, aîné de la maison de Charlemagne, devait succéder à son neveu, mort sans enfants ; mais des troupes et de l'argent firent les droits de Charles le Chauve. Il ferma les passages des Alpes à son frère, et se hâta d'aller à Rome avec quelques troupes. Réginus, les Annales de Metz et de Fulde, assurent qu'il acheta l'empire du pape Jean VIII. Le pape non-seulement se fit payer, mais profitant de la conjoncture, il donna l'empire en souverain ; et Charles le reçut en vassal, protestant qu'il le tenait du pape, ainsi qu'il avait protesté auparavant en France, en 859, qu'il devait subir le jugement des évêques, laissant toujours avilir sa dignité pour en jouir.

Sous lui, l'empire romain était donc composé de la France et de l'Italie. On dit qu'il mourut empoisonné par son médecin, un Juif, nommé Sédécias ; mais personne n'a jamais dit par quelle raison ce médecin commit ce crime. Que pouvait-il gagner en empoisonnant son maître ? Auprès de qui eût-il trouvé une plus belle fortune ? Aucun auteur ne parle du supplice de ce médecin : il faut donc douter de l'empoisonnement, et faire réflexion seulement que l'Europe chrétienne était si ignorante que les rois étaient obligés de choisir pour leurs médecins des Juifs et des Arabes.

On voulait toujours saisir cette ombre d'empire romain ; et Louis le Bègue, roi de France, fils de Charles le Chauve, le disputait aux autres descendants de Charlemagne ; c'était toujours au pape qu'on le demandait. Un duc de Spolette, un marquis de Toscane, investis de ces États par Charles le Chauve, se saisirent du pape Jean VIII, et pillèrent une partie de Rome, pour le forcer, disaient-ils, à donner l'empire au roi de Bavière, Carloman, l'aîné de la race de Charlemagne. Non-seulement le pape Jean VIII était ainsi persécuté dans Rome par des Italiens, mais il venait, en 877, de payer vingt-cinq mille livres pesant d'argent aux mahométans possesseurs de la Sicile et du Garillan : c'était l'argent dont Charles le Chauve avait acheté l'empire. Il passa bientôt des mains du pape en celles des Sarrasins ; et le pape même s'obligea, par un traité authentique, à leur en payer autant tous les ans.

Cependant ce pontife, tributaire des musulmans, et prisonnier dans Rome, s'échappe, s'embarque, et passe en France. Il vient sacrer empereur Louis le Bègue, dans la ville de Troyes, à l'exemple de Léon III, d'Adrien, et d'Étienne III, persécutés chez eux, et donnant ailleurs des couronnes.

Sous Charles le Gros, empereur et roi de France, la désolation de l'Europe redoubla. Plus le sang de Charlemagne s'éloignait de sa source, et plus il dégénérait. (887) Charles le Gros fut déclaré incapable de régner par une assemblée de seigneurs français et allemands, qui le déposèrent auprès de Mayence, dans une diète convoquée par lui-même. Ce ne sont point ici des évêques qui, en servant la passion d'un prince, semblent disposer d'une couronne ; ce furent les principaux seigneurs qui crurent avoir le droit de nommer celui qui devait les gouverner et combattre à leur tête. On dit que le cerveau de Charles le Gros était affaibli ; il le fut toujours sans doute, puisqu'il se mit au point d'être détrôné sans résistance, de perdre à la fois l'Allemagne, la France et l'Italie, et de n'avoir enfin pour subsistance que la charité de l'archevêque de Mayence, qui daigna le nourrir. Il paraît bien qu'alors l'ordre de la succession était compté pour rien, puisque Arnould, bâtard de Carloman, fils de Louis le Bègue, fut déclaré empereur, et qu'Eudes ou Odon, comte de Paris, fut roi de France. Il n'y avait alors ni droit de naissance, ni droit d'élection reconnu. L'Europe était un chaos dans lequel le plus fort s'élevait sur les ruines du plus faible, pour être ensuite précipité par d'autres. Toute cette histoire n'est que celle de quelques capitaines barbares qui disputaient avec des évêques la domination sur des serfs imbéciles. Il manquait aux hommes deux choses nécessaires pour se soustraire à tant d'horreurs : la raison et le courage.

CHAPITRE XXV.

DES NORMANDS VERS LE IXe SIÈCLE.

Tout étant divisé, tout était malheureux et faible. Cette confusion ouvrit un passage aux peuples de la Scandinavie et aux habitants des bords de la mer Baltique. Ces sauvages trop nombreux, n'ayant à cultiver que des terres ingrates, manquant de manufactures, et privés des arts, ne cherchaient qu'à se répandre loin de leur patrie. Le brigandage et la piraterie leur étaient nécessaires, comme le carnage aux bêtes féroces. En Allemagne on les appelait *Normands, hommes du Nord,* sans distinction, comme nous disons encore en général les *corsaires de Barbarie*. Dès le IVe siècle ils se mêlèrent aux flots des autres barbares, qui portèrent la désolation jusqu'à Rome et en Afrique. On a vu que, resserrés sous Charlemagne, ils craignirent l'esclavage. Dès le temps de Louis le Débonnaire, ils commencèrent leurs courses. Les forêts, dont ces pays étaient hérissés, leur fournissaient assez de bois pour construire leurs barques à deux voiles et à rames. Environ cent hommes tenaient dans ces bâtiments, avec leurs provisions de bière, de biscuit de mer, de fromage, et de viande fumée. Ils côtoyaient les terres, descendaient où ils ne trouvaient point de résistance, et retournaient chez eux avec leur butin, qu'ils partageaient ensuite selon les lois du brigandage, ainsi qu'il se pratique en Barbarie. Dès l'an 843 ils entrèrent en France par l'embouchure de la rivière de Seine, et mirent la ville de Rouen au pillage. Une autre flotte entra par la Loire, et dévasta tout jusqu'en Touraine. Ils emmenaient les hommes en esclavage, ils partageaient entre eux les femmes et les filles, prenant jusqu'aux enfants pour les élever dans leur métier de pirates. Les bestiaux, les meubles, tout était emporté. Ils vendaient quelquefois sur une côte ce qu'ils avaient pillé sur une autre. Leurs premiers gains excitèrent la cupidité de leurs compatriotes indigents. Les habitants des côtes germaniques et gauloises se joignirent à eux, ainsi que tant de rénégats de Provence et de Sicile ont servi sur les vaisseaux d'Alger.

En 844 ils couvrirent la mer de vaisseaux. On les vit descendre presque à la fois en Angleterre, en France et en Espagne. Il faut que le gouvernement des Français et des Anglais fût moins bon que celui des mahométans qui régnaient en Espagne; car il n'y eut nulle mesure prise par les Français ni par les Anglais pour empêcher ces irruptions; mais en Espagne les Arabes gardèrent leurs côtes, et repoussèrent enfin les pirates.

En 845, les Normands pillèrent Hambourg, et pénétrèrent avant dans l'Allemagne. Ce n'était plus alors un ramas de corsaires sans ordre : c'était une flotte de six cents bateaux, qui portait une armée formidable. Un roi de Danemark, nommé Éric, était à leur tête. Il gagna deux batailles avant de se rembarquer. Ce roi des pirates, après être retourné chez lui avec les dépouilles allemandes, envoie en France un des chefs des corsaires, à qui les histoires donnent le nom de Régnier. Il remonte la Seine avec cent vingt voiles. Il n'y a point d'apparence que ces cent vingt voiles portassent dix mille hommes. Cependant, avec un nombre probablement inférieur, il pille Rouen une seconde fois, et vient jusqu'à Paris. Dans de pareilles invasions, quand la faiblesse du gouvernement n'a pourvu à rien, la terreur du peuple augmente le péril, et le plus grand nombre fuit devant le plus petit. Les Parisiens, qui se défendirent dans d'autres temps avec tant de courage, abandonnèrent alors leur ville; et les Normands n'y trouvèrent que des maisons de bois, qu'ils brûlèrent. Le malheureux roi, Charles le Chauve, retranché à Saint-Denis avec peu de troupes, au lieu de s'opposer à ces barbares, acheta de quatorze mille marcs d'argent la retraite qu'ils daignèrent faire. Il est croyable que ces marcs étaient ce qu'on a appelé longtemps des marques, *marcas*, qui valaient environ un de nos demi-écus. On est indigné quand on lit dans nos auteurs que plusieurs de ces barbares furent punis de mort subite pour avoir pillé l'église de Saint-Germain des Prés. Ni les peuples, ni leurs saints, ne se défendirent; mais les vaincus se donnent toujours la honteuse consolation de supposer des miracles opérés contre leurs vainqueurs.

Charles le Chauve, en achetant ainsi la paix, ne faisait que donner à ces pirates de nouveaux moyens de faire la guerre, et s'ôter celui de la soutenir. Les Normands se servirent de cet argent pour aller assiéger Bordeaux, qu'ils pillèrent. Pour comble d'humiliation et d'horreur, un descendant de Charlemagne, Pepin, roi d'Aquitaine, n'ayant pu leur résister, s'unit avec eux; et alors la France, vers l'an 858, fut entièrement ravagée. Les Normands, fortifiés de tout ce qui se joignait à eux, désolèrent longtemps l'Allemagne, la Flandre, l'Angleterre. Nous avons vu depuis peu des armées de cent mille hommes pouvoir à peine prendre deux villes après des victoires signalées : tant l'art de fortifier les places et de préparer les ressources a été perfectionné. Mais alors des barbares, combattant d'autres barbares désunis, ne trouvaient, après le premier succès, presque rien qui arrêtât leurs courses. Vaincus quelquefois, ils reparaissaient avec de nouvelles forces.

Godefroy, prince de Danemark, à qui Charles le Gros céda enfin une partie de la Hollande, en 882, pénètre de la Hollande en Flandre; ses Normands passent de la Somme à l'Oise sans résistance, prennent et brûlent Pontoise, et arrivent par eau et par terre devant Paris.

(885) Les Parisiens, qui s'attendaient alors à l'irruption des barbares, n'abandonnèrent point la ville, comme autrefois. Le comte de Paris, Odon ou Eudes, que sa valeur éleva depuis sur le trône de France, mit dans la ville un ordre qui anima les courages, et qui leur tint lieu de tours et de remparts.

Sigefroy, chef des Normands, pressa le siége avec une fureur opiniâtre, mais non destituée d'art. Les Normands se servirent du bélier pour battre les murs. Cette invention est presque aussi ancienne que celle des murailles; car les hommes sont aussi industrieux pour détruire que pour édifier. Je ne m'écarterai ici qu'un moment de mon sujet, pour observer que le cheval de Troie n'était précisément que la même machine, laquelle on armait d'une tête de cheval de métal, comme on y mit depuis une tête de bélier; et c'est ce que Pausanias nous apprend dans sa description de la Grèce. Ils firent brèche, et donnèrent trois assauts. Les Parisiens les soutinrent avec un courage inébranlable. Ils avaient à leur tête non-seulement le comte Eudes, mais encore leur évêque Goslin, qui chaque jour, après avoir donné la bénédiction à son peuple, se mettait sur la brèche, le casque en tête, un carquois sur le dos, et une hache à sa ceinture, et, ayant planté la croix sur le rempart, combattait à sa vue. Il paraît que cet évêque avait dans la ville autant d'autorité, pour le moins, que le comte Eudes, puisque ce fut à lui que Sigefroy s'était d'abord adressé pour entrer par sa permission dans Paris. Ce prélat mourut de ses fatigues au milieu du siége, laissant une mémoire respectable et chère : car s'il arma des mains que la religion réservait seulement au ministère de l'autel, il les arma pour cet autel même et pour ses citoyens, dans la cause la plus juste, et pour la défense la plus nécessaire, première loi naturelle, qui est toujours au-dessus des lois de convention. Ses confrères ne s'étaient armés que dans des guerres civiles et contre des chrétiens. Peut-être, si l'apothéose est due à quelques hommes, eût-il mieux valu mettre dans le ciel ce prélat qui combattit et mourut pour son pays que tant d'hommes obscurs dont la vertu, s'ils en ont eu, a été pour le moins inutile au monde.

Les Normands tinrent la ville assiégée une année et demie : les Parisiens éprouvèrent toutes les horreurs qu'entraînent dans un long siége la famine et la contagion qui en sont les suites, et ne furent point ébranlés. Au bout de ce temps, l'empereur Charles le Gros, roi de France, parut enfin à leur secours, sur le mont de Mars, qu'on appelle aujourd'hui *Montmartre;* mais il n'osa pas attaquer les Normands : il ne vint que pour acheter encore une trêve honteuse. Ces barbares quittèrent Paris pour aller assiéger Sens et piller la Bourgogne, tandis que Charles alla dans Mayence assembler ce parlement qui lui ôta un trône dont il était si indigne.

Les Normands continuèrent leurs dévastations ; mais, quoique ennemis du nom chrétien, il ne leur vint jamais en pensée de forcer personne à renoncer au christianisme. Ils étaient à peu près tels que les Francs, les Goths, les Alains, les Huns, les Hérules, qui, en cherchant au ve siècle de nouvelles terres, loin d'imposer une religion aux Romains, s'accommodèrent aisément de la leur : ainsi les Turcs, en pillant l'empire des califes, se sont soumis à la religion mahométane.

Enfin Rollon ou Raoul, le plus illustre de ces brigands du Nord, après avoir été chassé du Danemark, ayant rassemblé en Scandinavie tous ceux qui voulurent s'attacher à sa fortune, tenta de nouvelles aventures, et fonda l'espérance de sa grandeur sur la faiblesse de l'Europe. Il aborda l'Angleterre, où ses compatriotes étaient déjà établis ; mais, après deux victoires inutiles, il tourna du côté de la France, que d'autres Normands savaient ruiner, mais qu'ils ne savaient pas asservir.

Rollon fut le seul de ces barbares qui cessa d'en mériter le nom, en cherchant un établissement fixe. Maître de Rouen sans peine, au lieu de la détruire il en fit relever les murailles et les tours. Rouen devint sa place d'armes ; de là il volait tantôt en Angleterre, tantôt en France, faisant la guerre avec politique comme avec fureur. La France était expirante sous le règne de Charles le Simple, roi de nom, et dont la monarchie était encore plus démembrée par les ducs, par les comtes, et par les barons, ses sujets, que par les Normands. Charles le Gros n'avait donné que de l'or aux barbares : Charles le Simple offrit à Rollon sa fille et des provinces.

(912) Rollon demanda d'abord la Normandie ; et on fut trop heureux de la lui céder. Il demanda ensuite la Bretagne : on disputa ; mais il fallut la céder encore avec des clauses que le plus fort explique toujours à son avantage. Ainsi la Bretagne, qui était tout à l'heure un royaume, devient un fief de la Neustrie ; et la Neustrie, qu'on s'accoutuma bientôt à nommer Normandie, du nom de ses usurpateurs, fut un État séparé, dont les ducs rendaient un vain hommage à la couronne de France.

L'archevêque de Rouen sut persuader à Rollon de se faire chrétien. Ce prince embrassa volontiers une religion qui affermissait sa puissance.

Les véritables conquérants sont ceux qui savent faire des lois. Leur puissance est stable ; les autres sont des torrents qui passent. Rollon, paisible, fut le seul législateur de son temps dans le continent chrétien. On sait avec quelle inflexibilité il rendit la justice. Il abolit le vol chez les Danois, qui n'avaient jusque-là vécu que de rapine. Longtemps après lui, son nom prononcé était un ordre aux officiers de justice d'accourir pour réprimer la violence ; et de là est venu cet usage de la clameur de *haro*, si connue en Normandie. Le sang des Danois et des Francs mêlés ensemble produisit ensuite dans ce pays ces héros qu'on verra conquérir l'Angleterre, Naples, et la Sicile.

CHAPITRE XXVI.

DE L'ANGLETERRE VERS LE IX° SIÈCLE. ALFRED LE GRAND.

Les Anglais, ce peuple devenu puissant, célèbre par le commerce et par la guerre, gouverné par l'amour de ses propres lois et de la vraie liberté, qui consiste à n'obéir qu'aux lois, n'étaient rien alors de ce qu'ils sont aujourd'hui.

Ils n'étaient échappés du joug des Romains que pour tomber sous celui de ces Saxons qui, ayant conquis l'Angleterre vers le VI° siècle, furent conquis au VIII° par Charlemagne dans leur propre pays natal. (828) Ces usurpateurs partagèrent l'Angleterre en sept petits cantons malheureux, qu'on appela royaumes. Ces sept provinces s'étaient enfin réunies sous le roi Egbert, de la race saxonne, lorsque les Normands vinrent ravager l'Angleterre, aussi bien que la France. On prétend qu'en 852 ils remontèrent la Tamise avec trois cents voiles. Les Anglais ne se défendirent guère mieux que les Francs. Ils payèrent comme eux leurs vainqueurs. Un roi, nommé Éthelbert, suivit le malheureux exemple de Charles le Chauve : il donna de l'argent; la même faute eut la même punition. Les pirates se servirent de cet argent pour mieux subjuguer le pays. Ils conquirent la moitié de l'Angleterre. Il fallait que les Anglais, nés courageux, et défendus par leur situation, eussent dans leur gouvernement des vices bien essentiels, puisqu'ils furent toujours assujettis par des peuples qui ne devaient pas aborder impunément chez eux. Ce qu'on raconte des horribles dévastations qui désolèrent cette île surpasse encore ce qu'on vient de voir en France. Il y a des temps où la terre entière n'est qu'un théâtre de carnage, et ces temps sont trop fréquents.

Le lecteur respire enfin un peu lorsque, dans ces horreurs, il voit s'élever quelque grand homme qui tire sa patrie de la servitude, et qui la gouverne en bon roi.

Je ne sais s'il y a jamais eu sur la terre un homme plus digne des respects de la postérité qu'Alfred le Grand, qui rendit ces services à sa patrie, supposé que tout ce qu'on raconte de lui soit véritable.

(872) Il succédait à son frère Éthelred Ier, qui ne lui laissa qu'un droit contesté sur l'Angleterre, partagée plus que jamais en souverainetés, dont plusieurs étaient possédées par les Danois. De

nouveaux pirates venaient encore presque chaque année disputer aux premiers usurpateurs le peu de dépouilles qui pouvaient rester.

Alfred, n'ayant pour lui qu'une province de l'ouest, fut vaincu d'abord en bataille rangée par ces barbares, et abandonné de tout le monde. Il ne se retira point à Rome dans le collége anglais, comme Butred son oncle, devenu roi d'une petite province, et chassé par les Danois; mais, seul et sans secours, il voulut périr ou venger sa patrie. Il se cacha six mois chez un berger dans une chaumière environnée de marais. Le seul comte de Dévon, qui défendait encore un faible château, savait son secret. Enfin, ce comte ayant rassemblé des troupes et gagné quelque avantage, Alfred, couvert des haillons d'un berger, osa se rendre dans le camp des Danois, en jouant de la harpe. Voyant ainsi par ses yeux la situation du camp et ses défauts, instruit d'une fête que les barbares devaient célébrer, il court au comte de Dévon, qui avait des milices prêtes; il revient aux Danois avec une petite troupe, mais déterminée; il les surprend, et remporte une victoire complète. La discorde divisait alors les Danois. Alfred sut négocier comme combattre; et, ce qui est étrange, les Anglais et les Danois le reconnurent unanimement pour roi. Il n'y avait plus à réduire que Londres; il la prit, la fortifia, l'embellit, équipa des flottes, contint les Danois d'Angleterre, s'opposa aux descentes des autres, et s'appliqua ensuite, pendant douze années d'une possession paisible, à policer sa patrie. Ses lois furent douces, mais sévèrement exécutées. C'est lui qui fonda les jurés, qui partagea l'Angleterre en shires ou comtés, et qui le premier encouragea ses sujets à commercer. Il prêta des vaisseaux et de l'argent à des hommes entreprenants et sages, qui allèrent jusqu'à Alexandrie, et de là, passant l'isthme de Suez, trafiquèrent dans la mer de Perse. Il institua des milices, il établit divers conseils, mit partout la règle, et la paix qui en est la suite.

Qui croirait même que cet Alfred, dans des temps d'une ignorance générale, osa envoyer un vaisseau pour tenter de trouver un passage aux Indes par le nord de l'Europe et de l'Asie? On a la relation de ce voyage écrite en anglo-saxon, et traduite en latin, à Copenhague, à la prière du comte de Plelo, ambassadeur de Louis XV. Alfred est le premier auteur de ces tentatives hardies que les Anglais, les Hollandais, et les Russes, ont faites dans nos derniers temps. On voit par là combien ce prince était au-dessus de son siècle.

Il n'est point de véritablement grand homme qui n'ait un bon esprit. Alfred jeta les fondements de l'Académie d'Oxford. Il fit venir des livres de Rome : l'Angleterre, toute barbare, n'en avait presque point. Il se plaignait qu'il n'y eût pas alors un prêtre anglais qui sût le latin. Pour lui, il le savait : il était même assez bon géomètre pour ce temps-là. Il possédait l'histoire : on dit même qu'il faisait des vers en anglo-saxon. Les moments qu'il ne donnait pas aux soins de l'État, il les donnait à l'étude. Une sage économie le mit en état d'être libéral. On voit qu'il rebâtit plusieurs églises, mais aucun monastère. Il pensait sans doute que, dans un État désolé qu'il fallait repeupler, il eût mal servi sa patrie en favorisant trop ces familles immenses sans père et sans enfants, qui se perpétuent aux dépens de la nation : aussi ne fut-il pas mis au nombre des saints ; mais l'histoire, qui d'ailleurs ne lui reproche ni défaut ni faiblesse, le met au premier rang des héros utiles au genre humain, qui, sans ces hommes extraordinaires, eût toujours été semblable aux bêtes farouches.

CHAPITRE XXVII.

DE L'ESPAGNE ET DES MUSULMANS MAURES AUX VIIIe ET IXe SIÈCLES.

Vous avez vu des États bien malheureux et bien mal gouvernés ; mais l'Espagne, dont il faut tracer le tableau, fut plongée longtemps dans un état plus déplorable. Les barbares dont l'Europe fut inondée au commencement du ve siècle ravagèrent l'Espagne comme les autres pays. Pourquoi l'Espagne, qui s'était si bien défendue contre les Romains, céda-t-elle tout d'un coup aux barbares? C'est qu'elle était composée de patriotes lorsque les Romains l'attaquèrent ; mais sous le joug des Romains, elle ne fut plus composée que d'esclaves maltraités par des maîtres amollis ; elle fut donc tout d'un coup la proie des Suèves, des Alains, des Vandales. Aux Vandales succédèrent les Visigoths, qui commencèrent à s'établir dans l'Aquitaine et dans la Catalogne, tandis que les Ostrogoths détruisaient le siége de l'empire romain en Italie. Ces Ostrogoths et ces Visigoths étaient, comme on sait, chrétiens ; non pas de la communion romaine, non pas de la communion des empereurs d'Orient qui régnaient alors, mais de celle qui avait été longtemps reçue de l'Église grecque, et qui croyait au Christ, sans le croire égal à Dieu. Les Espagnols, au contraire, étaient attachés au rite romain ; ainsi les vainqueurs étaient d'une religion, et les vaincus d'une autre, ce qui appesantissait encore l'esclavage. Les diocèses étaient partagés en évêques ariens et en évêques athanasiens, comme en Italie ; partage qui augmentait encore les malheurs publics. Les rois visigoths voulurent faire en Espagne ce que fit, comme nous l'avons vu [1], le roi lombard Rotharic en Italie, et ce qu'avait fait Constantin à son avénement à l'empire : c'était de réunir par la liberté de conscience les peuples divisés par les dogmes.

Le roi visigoth, Leuvigilde, prétendit réunir ceux qui croyaient à la consubstantialité et ceux qui n'y croyaient pas. Son fils Herminigilde se révolta contre lui. Il y avait encore alors un roitelet suève qui possédait la Galice et quelques places aux environs : le fils rebelle se ligua avec ce Suève, et fit longtemps la guerre à son père ; enfin, n'ayant jamais voulu se soumettre, il fut vaincu, pris dans Cordoue, et tué par un officier du roi. L'Église romaine en a fait un saint, ne considérant en lui que la religion romaine, qui fut le prétexte de sa révolte.

Cette mémorable aventure arriva en 584, et je ne la rapporte que comme un des exemples de l'état funeste où l'Espagne était réduite.

Ce royaume des Visigoths n'était point héréditaire ; les évêques, qui eurent d'abord en Espagne la même autorité qu'ils acquirent en France du temps des Carlovingiens, faisaient et défaisaient les rois, avec les principaux seigneurs. Ce fut une nouvelle source de troubles continuels ; par exemple, ils élurent le bâtard Liuva, au mépris de ses frères légitimes ; et ce Liuva ayant été assassiné par un capitaine goth nommé Vitteric, ils élurent ce Vitteric sans difficulté.

Un de leurs meilleurs rois, nommé Vamba, dont nous avons déjà parlé [2], étant tombé malade, fut revêtu d'un sac de pénitent, et se soumit à la pénitence publique, qui devait, dit-on, le guérir : il guérit en effet ; mais, en qualité de pénitent, on lui déclara qu'il n'était pas capable des fonctions de la royauté, et il fut mis sept jours dans un monastère. Cet exemple fut cité en France, à la déposition de Louis le Faible [3].

---

1. Chapitre xii.
2. Chapitre xiii.
3. Il est le premier roi qui ait cru ajouter à ses droits on se faisant sacrer, et

Ce n'était pas ainsi que se laissaient traiter les premiers conquérants goths, qui subjuguèrent les Espagnes. Ils fondèrent un empire qui s'étendit de la Provence et du Languedoc à Ceuta et à Tanger en Afrique; mais cet empire si mal gouverné périt bientôt. Il y eut tant de rébellions en Espagne, qu'enfin le roi Vitiza désarma une partie des sujets, et fit abattre les murailles de plusieurs villes. Par cette conduite il forçait à l'obéissance, mais il se privait lui-même de secours et de retraites. Pour mettre le clergé dans son parti, il rendit dans une assemblée de la nation un édit par lequel il était permis aux évêques et aux prêtres de se marier.

Rodrigue, dont il avait assassiné le père, l'assassina à son tour, et fut encore plus méchant que lui. Il ne faut pas chercher ailleurs la cause de la supériorité des musulmans en Espagne. Je ne sais s'il est bien vrai que Rodrigue eût violé Florinde, nommée la *Cava* ou la *Méchante*, fille malheureusement célèbre du comte Julien, et si ce fut pour venger son honneur que ce comte appela les Maures. Peut-être l'aventure de la Cava est copiée en partie sur celle de Lucrèce; et ni l'une ni l'autre ne paraît appuyée sur des monuments bien authentiques. Il paraît que, pour appeler les Africains, on n'avait pas besoin du prétexte d'un viol, qui est d'ordinaire aussi difficile à prouver qu'à faire. Déjà, sous le roi Vamba, le comte Hervig, depuis roi, avait fait venir une armée de Maures. Opas, archevêque de Séville, qui fut le principal instrument de la grande révolution, avait des intérêts plus chers à soutenir que la pudeur d'une fille. Cet évêque, fils de l'usurpateur Vitiza, détrôné et assassiné par l'usurpateur Rodrigue, fut celui dont l'ambition fit venir les Maures pour la seconde fois. Le comte Julien, gendre de Vitiza, trouvait dans cette seule alliance assez de raisons pour se soulever contre le tyran. Un autre évêque, nommé Torizo, entre dans la conspiration d'Opas et du comte. Y a-t-il apparence que deux évêques se fussent ligués ainsi avec les ennemis du nom chrétien, s'il ne s'était agi que d'une fille?

---

il fut le premier que les prêtres chassèrent du trône. Obligé, en qualité de pénitent et de moine, de quitter la royauté, il choisit un successeur qui assembla un concile à Tolède. Ce concile formé, comme tous ceux d'Espagne et des Gaules du même temps, d'un grand nombre d'évêques et de quelques seigneurs laïques, déclara les sujets de Vamba dégagés envers lui du serment de fidélité, et anathématisa quiconque ne reconnaîtrait point le nouveau roi, qui se garda bien de se faire sacrer. L'aventure de Vamba dégoûta les rois d'Espagne de cette cérémonie. (K.)

Les mahométans étaient maîtres, comme ils le sont encore, de toute cette partie de l'Afrique qui avait appartenu aux Romains. Ils venaient d'y jeter les premiers fondements de la ville de Maroc, près du mont Atlas. Le calife Valid Almanzor, maître de cette belle partie de la terre, résidait à Damas en Syrie. Son viceroi, Muzza, qui gouvernait l'Afrique, fit par un de ses lieutenants la conquête de toute l'Espagne. Il y envoya d'abord son général Tarik, qui gagna, en 714, cette célèbre bataille dans les plaines de Xérès, où Rodrigue perdit la vie. On prétend que les Sarrasins ne tinrent pas leurs promesses à Julien, dont ils se défiaient sans doute. L'archevêque Opas fut plus satisfait d'eux. Il prêta serment de fidélité aux mahométans, et conserva sous eux beaucoup d'autorité sur les églises chrétiennes, que les vainqueurs toléraient.

Pour le roi Rodrigue, il fut si peu regretté que sa veuve Égilone épousa publiquement le jeune Abdélazis, fils du conquérant Muzza, dont les armes avaient fait périr son mari, et réduit en servitude son pays et sa religion.

Les vainqueurs n'abusèrent point du succès de leurs armes; ils laissèrent aux vaincus leurs biens, leurs lois, leur culte, satisfaits d'un tribut et de l'honneur de commander. Non-seulement la veuve du roi Rodrigue épousa le jeune Abdélazis, mais, à son exemple, le sang des Maures et des Espagnols se mêla souvent. Les Espagnols, si scrupuleusement attachés depuis à leur religion, la quittèrent en assez grand nombre pour qu'on leur donnât alors le nom de Mosarabes, qui signifiait, dit-on, moitié Arabes, au lieu de celui de Visigoths que portait auparavant leur royaume. Ce nom de Mosarabes n'était point outrageant, puisque les Arabes étaient les plus cléments de tous les conquérants de la terre, et qu'ils apportèrent en Espagne de nouvelles sciences et de nouveaux arts.

L'Espagne avait été soumise en quatorze mois à l'empire des califes, à la réserve des cavernes et des rochers de l'Asturie. Le Goth Pélage Teudomer, parent du dernier roi Rodrigue, caché dans ces retraites, y conserva sa liberté. Je ne sais comment on a pu donner le nom de roi à ce prince, qui en était peut-être digne, mais dont toute la royauté se borna à n'être point captif. Les historiens espagnols, et ceux qui les ont suivis, lui font remporter de grandes victoires, imaginent des miracles en sa faveur, lui établissent une cour, lui donnent son fils Favila et son gendre Alfonse pour successeurs tranquilles dans ce prétendu royaume. Mais comment dans ce temps-là même les mahométans, qui, ous Abdérame, vers l'an 734, subjuguèrent la moitié de la France, auraient-ils laissé subsister derrière les Pyrénées ce royaume des Asturies? C'était beaucoup pour les chrétiens de pouvoir se réfugier dans ces montagnes et d'y vivre de leurs courses, en payant tribut aux mahométans. Ce ne fut que vers l'an 759 que les chrétiens commencèrent à tenir tête à leurs vainqueurs, affaiblis par les victoires de Charles Martel et par leurs divisions; mais eux-mêmes, plus divisés entre eux que les mahométans, retombèrent bientôt sous le joug. (783) Mauregat, à qui il a plu aux historiens de donner le titre de roi, eut la permission de gouverner les Asturies et quelques terres voisines, en rendant hommage et en payant tribut. Il se soumit surtout à fournir cent belles filles tous les ans pour le sérail d'Abdérame. Ce fut longtemps la coutume des Arabes d'exiger de pareils tributs; et aujourd'hui les caravanes, dans les présents qu'elles font aux Arabes du désert, offrent toujours des filles nubiles.

Cette coutume est immémoriale. Un des anciens livres juifs, nommé en grec *Exode*, rapporte qu'un Éléazar prit trente-deux mille pucelles dans le désert affreux du Madian. De ces trente-deux mille vierges on n'en sacrifia que trente-deux au dieu d'Éléazar : le reste fut abandonné aux prêtres et aux soldats pour peupler.

On donne pour successeur à ce Mauregat un diacre nommé Vérémond, chef de ces montagnards réfugiés, faisant le même hommage et payant le même nombre de filles qu'il était obligé de fournir souvent. Est-ce là un royaume, et sont-ce là des rois?

Après la mort d'Abdérame, les émirs des provinces d'Espagne voulurent être indépendants. On a vu dans l'article de Charlemagne qu'un d'eux, nommé Ibna, eut l'imprudence d'appeler ce conquérant à son secours. S'il y avait eu alors un véritable royaume chrétien en Espagne, Charles n'eût-il pas protégé ce royaume par ses armes, plutôt que de se joindre à des mahométans? Il prit cet émir sous sa protection, et se fit rendre hommage des terres qui sont entre l'Èbre et les Pyrénées, que les musulmans gardèrent. On voit, en 794, le Maure Abufar rendre hommage à Louis le Débonnaire, qui gouvernait l'Aquitaine sous son père avec le titre de roi.

Quelque temps après, les divisions augmentèrent chez les Maures d'Espagne. Le conseil de Louis le Débonnaire en profita; ses troupes assiégèrent deux ans Barcelone, et Louis y entra en triomphe en 796. Voilà le commencement de la décadence des Maures. Ces vainqueurs n'étaient plus soutenus par les Africains et par les califes, dont ils avaient secoué le joug. Les successeurs d'Abdérame, ayant établi le siége de leur royaume à Cordoue étaient mal obéis des gouverneurs des autres provinces.

Alfonse, de la race de Pélage, commença, dans ces conjonctures heureuses, à rendre considérables les chrétiens espagnols retirés dans les Asturies. Il refusa le tribut ordinaire à des maîtres contre lesquels il pouvait combattre ; et après quelques victoires il se vit maître paisible des Asturies et de Léon, au commencement du ixe siècle.

C'est par lui qu'il faut commencer de retrouver en Espagne des rois chrétiens. Cet Alfonse était artificieux et cruel. On l'appelle *le Chaste*, parce qu'il fut le premier qui refusa les cent filles aux Maures. On ne songe pas qu'il ne soutint point la guerre pour avoir refusé le tribut, mais que, voulant se soustraire à la domination des Maures, et ne plus être tributaire, il fallait bien qu'il refusât les cent filles ainsi que le reste.

Les succès d'Alfonse, malgré beaucoup de traverses, enhardirent les chrétiens de Navarre à se donner un roi. Les Aragonais levèrent l'étendard sous un comte : ainsi, sur la fin de Louis le Débonnaire, ni les Maures, ni les Français, n'eurent plus rien dans ces contrées stériles ; mais le reste de l'Espagne obéissait aux rois musulmans. Ce fut alors que les Normands ravagèrent les côtes d'Espagne ; mais, étant repoussés, ils retournèrent piller la France et l'Angleterre.

On ne doit point être surpris que les Espagnols des Asturies, de Léon, d'Aragon, aient été alors des barbares. La guerre, qui avait succédé à la servitude, ne les avait pas polis. Ils étaient dans une si profonde ignorance qu'un autre Alfonse, roi de Léon et des Asturies, surnommé *le Grand*, fut obligé de livrer l'éducation de son fils à des précepteurs mahométans.

Je ne cesse d'être étonné quand je vois quels titres les historiens prodiguent aux rois. Cet Alfonse, qu'ils appellent *le Grand*, fit crever les yeux à ses quatre frères. Sa vie n'est qu'un tissu de cruautés et de perfidies. Ce roi finit par faire révolter contre lui ses sujets, et fut obligé de céder son petit royaume à son fils don Garcie, l'an 910.

Ce titre de *Don*[1] était un abrégé de *Dominus*, titre qui parut trop ambitieux à l'empereur Auguste, parce qu'il signifiait *Maître*, et que depuis on donna aux bénédictins, aux seigneurs espagnols,

---

1. Le *Dictionnaire de l'Académie*, édition de 1762, dit que le *Dom* est pour les religieux. (B.)

et enfin aux rois de ce pays. Les seigneurs de terres commencèrent alors à prendre le titre de *rich-homes, ricos hombres :* riche signifiait possesseur de terres ; car dans ces temps-là il n'y avait point parmi les chrétiens d'Espagne d'autres richesses. La grandesse n'était point encore connue. Le titre de grand ne fut en usage que trois siècles après, sous Alfonse le Sage, dixième du nom, roi de Castille, dans le temps que l'Espagne commençait à devenir florissante.

CHAPITRE XXVIII.

PUISSANCE DES MUSULMANS EN ASIE ET EN EUROPE AUX VIIIe ET IXe SIÈCLES. L'ITALIE ATTAQUÉE PAR EUX. CONDUITE MAGNANIME DU PAPE LÉON IV.

Les mahométans, qui perdaient cette partie de l'Espagne qui confine à la France, s'étendaient partout ailleurs. Si j'envisage leur religion, je la vois embrassée dans l'Inde et sur les côtes orientales de l'Afrique, où ils trafiquaient. Si je regarde leurs conquêtes, d'abord le calife Aaron-al-Raschild, ou *le Juste,* impose en 782 un tribut de soixante et dix mille écus d'or par an à l'impératrice Irène. L'empereur Nicéphore ayant ensuite refusé de payer le tribut, Aaron prend l'île de Chypre, et vient ravager la Grèce. Almamon, son petit-fils, prince d'ailleurs si recommandable par son amour pour les sciences et par son savoir, s'empare par ses lieutenants de l'île de Crète, en 826. Les musulmans bâtirent Candie, qu'ils ont reprise de nos jours.

En 828, les mêmes Africains qui avaient subjugué l'Espagne, et fait des incursions en Sicile, reviennent encore désoler cette île fertile, encouragés par un Sicilien nommé Euphemius, qui, ayant, à l'exemple de son empereur, Michel, épousé une religieuse, poursuivi par les lois que l'empereur s'était rendues favorables, fit à peu près en Sicile ce que le comte Julien avait fait en Espagne.

Ni les empereurs grecs, ni ceux d'Occident, ne purent alors chasser de Sicile les musulmans ; tant l'Orient et l'Occident étaient mal gouvernés. Ces conquérants allaient se rendre maîtres de l'Italie, s'ils avaient été unis ; mais leurs fautes sauvèrent Rome, comme celles des Carthaginois la sauvèrent autrefois. Ils partent de Sicile, en 846, avec une flotte nombreuse. Ils entrent par l'embouchure du Tibre, et, ne trouvant qu'un pays presque désert, ils vont assiéger Rome. Ils prirent les dehors, et ayant pillé la riche église de Saint-Pierre hors des murs, ils levèrent le siége pour aller combattre une armée de Français qui venait secourir Rome, sous un général de l'empereur Lothaire. L'armée française fut battue, mais la ville, rafraîchie, fut manquée; et cette expédition, qui devait être une conquête, ne devint, par la mésintelligence, qu'une incursion de barbares. Ils revinrent bientôt après avec une armée formidable, qui semblait devoir détruire l'Italie, et faire une bourgade mahométane de la capitale du christianisme. Le pape Léon IV, prenant dans ce danger une autorité que les généraux de l'empereur Lothaire semblaient abandonner, se montra digne, en défendant Rome, d'y commander en souverain. Il avait employé les richesses de l'Église à réparer les murailles, à élever des tours, à tendre des chaînes sur le Tibre. Il arma les milices à ses dépens, engagea les habitants de Naples et de Gaïète à venir défendre les côtes et le port d'Ostie, sans manquer à la sage précaution de prendre d'eux des otages, sachant bien que ceux qui sont assez puissants pour nous secourir le sont assez pour nous nuire. Il visita lui-même tous les postes, et reçut les Sarrasins à leur descente, non pas en équipage de guerrier, ainsi qu'en avait usé Goslin, évêque de Paris, dans une occasion encore plus pressante [1], mais comme un pontife qui exhortait un peuple chrétien, et comme un roi qui veillait à la sûreté de ses sujets. Il était né Romain (849). Le courage des premiers âges de la république revivait en lui dans un temps de lâcheté et de corruption, tel qu'un des beaux monuments de l'ancienne Rome, qu'on trouve quelquefois dans les ruines de la nouvelle.

Son courage et ses soins furent secondés. On reçut les Sarrasins courageusement à leur descente; et la tempête ayant dissipé la moitié de leurs vaisseaux, une partie de ces conquérants échappés au naufrage fut mise à la chaîne. Le pape rendit sa victoire utile en faisant travailler aux fortifications de Rome et à ses embellissements les mêmes mains qui devaient les détruire. Les mahométans restèrent cependant maîtres du Garillan, entre Capoue et Gaïète, mais plutôt comme une colonie de corsaires indépendants que comme des conquérants disciplinés.

Je vois donc, au IXe siècle, les musulmans redoutables à la fois à Rome et à Constantinople, maîtres de la Perse, de la Syrie, de

---

[1]. Voyez chapitre xxv.

l'Arabie, de toutes les côtes d'Afrique jusqu'au mont Atlas, des trois quarts de l'Espagne ; mais ces conquérants ne forment pas une nation, comme les Romains, qui, étendus presque autant qu'eux, n'avaient fait qu'un seul peuple.

Sous le fameux calife Almamon, vers l'an 815, un peu après la mort de Charlemagne, l'Égypte était indépendante, et le Grand-Caire fut la résidence d'un autre calife. Le prince de la Mauritanie Tangitane, sous le titre de Miramolin, étant maître absolu de l'empire de Maroc, la Nubie et la Libye obéissaient à un autre calife. Les Abdérames, qui avaient fondé le royaume de Cordoue, ne purent empêcher d'autres mahométans de fonder celui de Tolède. Toutes ces nouvelles dynasties révéraient dans le calife le successeur de leur prophète. Ainsi que les chrétiens allaient en foule en pèlerinage à Rome, les mahométans de toutes les parties du monde allaient à la Mecque, gouvernée par un shérif que nommait le calife ; et c'était principalement par ce pèlerinage que le calife, maître de la Mecque, était vénérable à tous les princes de sa croyance. Mais ces princes, distinguant la religion de leurs intérêts, dépouillaient le calife en lui rendant hommage.

CHAPITRE XXIX.

DE L'EMPIRE DE CONSTANTINOPLE AUX VIIIᵉ ET IXᵉ SIÈCLES.

Tandis que l'empire de Charlemagne se démembrait, que les inondations des Sarrasins et des Normands désolaient l'Occident, l'empire de Constantinople subsistait comme un grand arbre, vigoureux encore, mais déjà vieux, dépouillé de quelques racines, et assailli de tous côtés par la tempête. Cet empire n'avait plus rien en Afrique ; la Syrie et une partie de l'Asie Mineure lui étaient enlevées. Il défendait contre les musulmans ses frontières vers l'orient de la mer Noire ; et, tantôt vaincu, tantôt vainqueur, il aurait pu au moins se fortifier contre eux par cet usage continuel de la guerre. Mais du côté du Danube, et vers le bord occidental de la mer Noire, d'autres ennemis le ravageaient. Une nation de Scythes, nommés les Abares ou Avares, les Bulgares, autres Scythes, dont la Bulgarie tient son nom, désolaient tous ces beaux climats de la Romanie où Adrien et Trajan avaient construit de si belles villes, et ces grands chemins, desquels ils ne subsiste plus que quelques chaussées.

Les Abares surtout, répandus dans la Hongrie et dans l'Autriche, se jetaient tantôt sur l'empire d'Orient, tantôt sur celui de Charlemagne. Ainsi, des frontières de la Perse à celles de France, la terre était en proie à des incursions presque continuelles.

Si les frontières de l'empire grec étaient toujours resserrées et toujours désolées, la capitale était le théâtre des révolutions et des crimes. Un mélange de l'artifice des Grecs et de la férocité des Thraces formait le caractère qui régnait à la cour. En effet, quel spectacle nous présente Constantinople? Maurice et ses cinq enfants massacrés; Phocas assassiné pour prix de ses meurtres et de ses incestes; Constantin empoisonné par l'impératrice Martine; à qui on arrache la langue, tandis qu'on coupe le nez à Héracléonas son fils; Constant qui fait égorger son frère; Constant assommé dans un bain par ses domestiques; Constantin Pogonat qui fait crever les yeux à ses deux frères; Justinien II, son fils, prêt à faire à Constantinople ce que Théodose fit à Thessalonique, surpris, mutilé et enchaîné par Léonce, au moment qu'il allait faire égorger les principaux citoyens; Léonce bientôt traité lui-même comme il avait traité Justinien II; ce Justinien rétabli, faisant couler sous ses yeux, dans la place publique, le sang de ses ennemis, et périssant enfin sous la main d'un bourreau; Philippe Bardane détrôné et condamné à perdre les yeux; Léon l'Isaurien et Constantin Copronyme morts, à la vérité, dans leur lit, mais après un règne sanguinaire, aussi malheureux pour le prince que pour les sujets; l'impératrice Irène, la première femme qui monta sur le trône des Césars, et la première qui fit périr son fils pour régner; Nicéphore, son successeur, détesté de ses sujets, pris par les Bulgares, décollé, servant de pâture aux bêtes, tandis que son crâne sert de coupe à son vainqueur; enfin Michel Curopalate, contemporain de Charlemagne, confiné dans un cloître, et mourant ainsi moins cruellement, mais plus honteusement que ses prédécesseurs. C'est ainsi que l'empire est gouverné pendant trois cents ans. Quelle histoire de brigands obscurs, punis en place publique pour leurs crimes, est plus horrible et plus dégoûtante?

Cependant il faut poursuivre : il faut voir, au IXe siècle, Léon l'Arménien, brave guerrier, mais ennemi des images, assassiné à la messe dans le temps qu'il chantait une antienne : ses assassins, s'applaudissant d'avoir tué un hérétique, vont tirer de prison un officier, nommé Michel le Bègue, condamné à la mort par le sénat, et qui, au lieu d'être exécuté, reçoit la pourpre impériale. Ce fut lui qui, étant amoureux d'une religieuse, se fit prier par le sénat de l'épouser, sans qu'aucun évêque osât être d'un sentiment contraire. Ce fait est d'autant plus digne d'attention que, presque en même temps, on voit Euphemius, en Sicile, poursuivi criminellement pour un semblable mariage; et, quelque temps après, on condamne à Constantinople le mariage très-légitime de l'empereur Léon le Philosophe. Où est donc le pays où l'on trouve alors des lois et des mœurs ? ce n'est pas dans notre Occident.

Cette ancienne querelle des images troublait toujours l'empire. La cour était tantôt favorable, tantôt contraire à leur culte, selon qu'elle voyait pencher l'esprit du plus grand nombre. Michel le Bègue commença par les consacrer, et finit par les abattre.

Son successeur Théophile, qui régna environ douze ans, depuis 829 jusqu'à 842, se déclara contre ce culte : on a écrit qu'il ne croyait point à la résurrection, qu'il niait l'existence des démons, et qu'il n'admettait pas Jésus-Christ pour Dieu. Il se peut faire qu'un empereur pensât ainsi; mais faut-il croire, je ne dis pas sur les princes seulement, mais sur les particuliers, la voix des ennemis, qui, sans prouver aucun fait, décrient la religion et les mœurs des hommes qui n'ont pas pensé comme eux?

Ce Théophile, fils de Michel le Bègue, fut presque le seul empereur qui eût succédé paisiblement à son père depuis deux siècles. Sous lui les adorateurs des images furent plus persécutés que jamais. On conçoit aisément, par ces longues persécutions, que tous les citoyens étaient divisés.

Il est remarquable que deux femmes aient rétabli les images. L'une est l'impératrice Irène, veuve de Léon IV ; et l'autre, l'impératrice Théodora, veuve de Théophile.

Théodora, maîtresse de l'empire d'Orient sous le jeune Michel, son fils, persécuta à son tour les ennemis des images. Elle porta son zèle ou sa politique plus loin. Il y avait encore dans l'Asie Mineure un grand nombre de manichéens qui vivaient paisibles, parce que la fureur d'enthousiasme, qui n'est guère que dans les sectes naissantes, était passée. Ils étaient riches par le commerce. Soit qu'on en voulût à leurs opinions ou à leurs biens, on fit contre eux des édits sévères, qui furent exécutés avec cruauté. La persécution leur rendit leur premier fanatisme. (846) On en fit périr des milliers dans les supplices; le reste, désespéré, se révolta. Il en passa plus de quarante mille chez les musulmans; et ces manichéens, auparavant si tranquilles, devinrent des ennemis irréconciliables qui, joints aux Sarrasins, ravagèrent l'Asie Mineure jusqu'aux portes de la ville impériale, dépeuplée par une peste horrible, en 842, et devenue un objet de pitié.

La peste, proprement dite, est une maladie particulière aux peuples de l'Afrique, comme la petite vérole. C'est de ces pays qu'elle vient toujours par des vaisseaux marchands. Elle inonderait l'Europe, sans les sages précautions qu'on prend dans nos ports; et probablement l'inattention du gouvernement laissa entrer la contagion dans la ville impériale.

Cette même inattention exposa l'empire à un autre fléau. Les Russes s'embarquèrent vers le port qu'on nomme aujourd'hui Azof, sur la mer Noire, et vinrent ravager tous les rivages du Pont-Euxin. Les Arabes, d'un autre côté, poussèrent encore leurs conquêtes par delà l'Arménie, et dans l'Asie Mineure. Enfin Michel le Jeune, après un règne cruel et infortuné, fut assassiné par Basile, qu'il avait tiré de la plus basse condition pour l'associer à l'empire (867).

L'administration de Basile ne fut guère plus heureuse. C'est sous son règne qu'est l'époque du grand schisme qui divisa l'Église grecque de la latine. C'est cet assassin qu'on regarda comme juste, quand il fit déposer le patriarche Photius.

Les malheurs de l'empire ne furent pas beaucoup réparés sous Léon, qu'on appela le Philosophe; non qu'il fût un Antonin, un Marc-Aurèle, un Julien, un Aaron-al-Raschild, un Alfred, mais parce qu'il était savant. Il passe pour avoir le premier ouvert un chemin aux Turcs, qui, si longtemps après, ont pris Constantinople.

Les Turcs, qui combattirent depuis les Sarrasins, et qui, mêlés à eux, furent leur soutien et les destructeurs de l'empire grec, avaient-ils déjà envoyé des colonies dans ces contrées voisines du Danube? On n'a guère d'histoires véritables de ces émigrations des barbares.

Il n'y a que trop d'apparence que les hommes ont ainsi vécu longtemps. A peine un pays était un peu cultivé, qu'il était envahi par une nation affamée, chassée à son tour par une autre. Les Gaulois n'étaient-ils pas descendus en Italie? n'avaient-ils pas couru jusque dans l'Asie Mineure? vingt peuples de la Grande-Tartarie n'ont-ils pas cherché de nouvelles terres? les Suisses n'avaient-ils pas mis le feu à leurs bourgades, pour aller se transplanter en Languedoc, quand César les contraignit de retourner labourer leurs terres? Et qu'étaient Pharamond et Clovis, sinon des barbares transplantés qui ne trouvèrent point de César?

Malgré tant de désastres, Constantinople fut encore longtemps la ville chrétienne la plus opulente, la plus peuplée, la plus recommandable par les arts. Sa situation seule, par laquelle elle domine sur deux mers, la rendait nécessairement commerçante. La peste de 842, toute destructive qu'elle avait été, ne fut qu'un fléau passager. Les villes de commerce, et où la cour réside, se repeuplent toujours par l'affluence des voisins. Les arts mécaniques et les beaux-arts même ne périssent point dans une vaste capitale qui est le séjour des riches.

Toutes ces révolutions subites du palais, les crimes de tant d'empereurs égorgés les uns par les autres, sont des orages qui ne tombent guère sur des hommes cachés qui cultivent en paix des professions qu'on n'envie point.

Les richesses n'étaient point épuisées : on dit qu'en 857, Théodora, mère de Michel, en se démettant malgré elle de la régence, et traitée à peu près par son fils comme Marie de Médicis le fut de nos jours par Louis XIII, fit voir à l'empereur qu'il y avait dans le trésor cent neuf mille livres pesant d'or, et trois cent mille livres d'argent.

Un gouvernement sage pouvait donc encore maintenir l'empire dans sa puissance. Il était resserré, mais non tout à fait démembré ; changeant d'empereurs, mais toujours uni sous celui qui se revêtait de la pourpre ; enfin plus riche, plus plein de ressources, plus puissant que celui d'Allemagne. Cependant il n'est plus, et l'empire d'Allemagne subsiste encore.

Les horribles révolutions qu'on vient de voir effrayent et dégoûtent ; cependant il faut convenir que depuis Constantin, surnommé le Grand, l'empire de Constantinople n'avait guère été autrement gouverné ; et, si vous en exceptez Julien et deux ou trois autres, quel empereur ne souilla pas le trône d'abominations et de crimes ?

CHAPITRE XXX.

DE L'ITALIE ; DES PAPES ; DU DIVORCE DE LOTHAIRE, ROI DE LORRAINE ; ET DES AUTRES AFFAIRES DE L'ÉGLISE, AUX VIII° ET IX° SIÈCLES.

Pour ne pas perdre le fil qui lie tant d'événements, souvenons-nous avec quelle prudence les papes se conduisirent sous Pepin et sous Charlemagne, comme ils assoupirent habilement les querelles de religion, et comme chacun d'eux établit sourdement les fondements de la grandeur pontificale.

Leur pouvoir était déjà très-grand, puisque Grégoire IV rebâtit le port d'Ostie, et que Léon IV fortifia Rome à ses dépens ; mais tous les papes ne pouvaient être de grands hommes, et toutes les conjonctures ne pouvaient leur être favorables. Chaque vacance de siège causait les mêmes troubles que l'élection d'un roi en produit en Pologne. Le pape élu avait à ménager à la fois le sénat romain, le peuple, et l'empereur. La noblesse romaine avait grande part au gouvernement : elle élisait alors deux consuls tous les ans. Elle créait un préfet, qui était une espèce de tribun du peuple. Il y avait un tribunal de douze sénateurs ; et c'étaient ces sénateurs qui nommaient les principaux officiers du duché de Rome. Ce gouvernement municipal avait tantôt plus, tantôt moins d'autorité. Les papes avaient à Rome plutôt un grand crédit qu'une puissance législative.

S'ils n'étaient pas souverains de Rome, ils ne perdaient aucune occasion d'agir en souverains de l'Église d'Occident. Les évêques se constituaient juges des rois ; et les papes, juges des évêques. Tant de conflits d'autorité, ce mélange de religion, de superstition, de faiblesse, de méchanceté dans toutes les cours, l'insuffisance des lois, tout cela ne peut être mieux connu que par l'aventure du mariage et du divorce de Lothaire, roi de Lorraine, neveu de Charles le Chauve.

Charlemagne avait répudié une de ses femmes, et en avait épousé une autre, non-seulement avec l'approbation du pape Étienne, mais sur ses pressantes sollicitations. Les rois francs, Gontran, Caribert, Sigebert, Chilpéric, Dagobert, avaient eu plusieurs femmes à la fois, sans qu'on eût murmuré ; et si c'était un scandale, il était sans trouble. Le temps change tout. Lothaire, marié avec Teutberge, fille d'un duc de la Bourgogne Transjurane, prétend la répudier pour un inceste avec son frère, dont elle est accusée, et épouser sa maîtresse Valrade. Toute la suite de cette aventure est d'une singularité nouvelle. D'abord la reine Teutberge se justifie par l'épreuve de l'eau bouillante. Son avocat plonge la main dans un vase, au fond duquel il ramasse impunément un anneau bénit. Le roi se plaint qu'on a employé la fourberie dans cette épreuve. Il est bien sûr que si elle fut faite, l'avocat de la reine était instruit d'un secret de préparer la peau à soutenir l'action de l'eau bouillante. Aucune académie des sciences n'a, de nos jours, tenté de connaître sur ces épreuves ce que savaient alors les charlatans.

(862) Le succès de cette épreuve passait pour un miracle, pour le jugement de Dieu même; et cependant Teutberge, que le ciel justifie, avoue à plusieurs évêques, en présence de son confesseur, qu'elle est coupable. Il n'y a guère d'apparence qu'un roi qui voulait se séparer de sa femme sur une imputation d'adultère eût imaginé de l'accuser d'un inceste avec son frère, si le fait n'avait pas été public. On ne va pas supposer un crime si recherché, si rare, si difficile à prouver : il faut d'ailleurs que, dans ces temps-là, ce qu'on appelle aujourd'hui honneur ne fût point du tout connu. Le roi et la reine se couvrent tous deux de honte, l'un par son accusation, l'autre par son aveu. Deux conciles nationaux sont assemblés, qui permettent le divorce.

Le pape Nicolas Ier casse les deux conciles. Il dépose Gontier, archevêque de Cologne, qui avait été le plus ardent dans l'affaire du divorce. Gontier écrit aussitôt à toutes les églises : « Quoique le seigneur Nicolas, qu'on nomme pape, et qui se compte pape et empereur, nous ait excommunié, nous avons résisté à sa folie. » Ensuite dans son écrit, s'adressant au pape même : « Nous ne recevons point, dit-il, votre maudite sentence; nous la méprisons; nous vous rejetons vous-même de notre communion, nous contentant de celle des évêques, nos frères, que vous méprisez, etc. »

Un frère de l'archevêque de Cologne porta lui-même cette protestation à Rome, et la mit, l'épée à la main, sur le tombeau où les Romains prétendent que reposent les cendres de saint Pierre. Mais bientôt après, l'état politique des affaires ayant changé, ce même archevêque changea aussi. Il vint au mont Cassin se jeter aux genoux du pape Adrien II, successeur de Nicolas. « Je déclare, dit-il, devant Dieu et devant ses saints, à vous monseigneur Adrien, souverain pontife, aux évêques qui vous sont soumis, et à toute l'assemblée, que je supporte humblement la sentence de déposition donnée canoniquement contre moi par le pape Nicolas, etc. » On sent combien un exemple de cette espèce affermissait la supériorité de l'Église romaine; et les conjonctures rendaient ces exemples fréquents.

Ce même Nicolas Ier excommunie la seconde femme de Lothaire, et ordonne à ce prince de reprendre la première. Toute l'Europe prend part à ces événements. L'empereur Louis II, frère de Charles le Chauve, et oncle de Lothaire, se déclare d'abord violemment pour son neveu contre le pape. Cet empereur, qui résidait alors en Italie, menace Nicolas Ier; il y a du sang de répandu, et l'Italie est en alarme. On négocie, on cabale de tous côtés. Teutberge va plaider à Rome ; Valrade, sa rivale, entreprend le voyage, et n'ose l'achever. Lothaire, excommunié, s'y transporte, et va demander pardon à Adrien, successeur de Nicolas, dans la crainte où il est que son oncle *le Chauve*, armé contre lui au nom de l'Église, ne s'empare de son royaume de Lorraine. Adrien II, en lui donnant la communion dans Rome, lui fait jurer qu'il n'a point usé des droits du mariage avec Valrade depuis l'ordre que le pape Nicolas lui avait donné de s'en abstenir. Lothaire fait serment, communie, et meurt quelque temps après. Tous les historiens ne manquent pas de dire qu'il est mort en punition de son parjure, et que les domestiques qui ont juré avec lui sont morts dans l'année.

Le droit qu'exercèrent en cette occasion Nicolas Ier et Adrien II était fondé sur les fausses Décrétales, déjà regardées comme un code universel. Le contrat civil qui unit deux époux, étant devenu un sacrement, était soumis au jugement de l'Église.

Cette aventure est le premier scandale touchant le mariage des têtes couronnées en Occident. On a vu depuis les rois de France Robert, Philippe Ier, Philippe-Auguste, excommuniés par les papes pour des causes à peu près semblables, ou même pour des mariages contractés entre parents très-éloignés. Les évêques nationaux prétendirent longtemps devoir être les juges de ces causes : les pontifes de Rome les évoquèrent toujours à eux.

On n'examine point ici si cette nouvelle jurisprudence est utile ou dangereuse : on n'écrit ni comme jurisconsulte, ni comme controversiste ; mais toutes les provinces chrétiennes ont été troublées par ces scandales. Les anciens Romains et les peuples orientaux furent plus heureux en ce point. Les droits des pères de famille, le secret de leur lit, n'y furent jamais en proie à la curiosité publique. On ne connaît point chez eux de pareils procès au sujet d'un mariage ou d'un divorce.

Ce descendant de Charlemagne fut le premier qui alla plaider à trois cents lieues de chez lui devant un juge étranger, pour savoir quelle femme il devait aimer. Les peuples furent sur le point d'être les victimes de ce différend. Louis le Débonnaire avait été le premier exemple du pouvoir des évêques sur les empereurs ; Lothaire de Lorraine fut l'époque du pouvoir des papes sur les évêques. Il résulte de toute l'histoire de ces temps-là que la société avait peu de règles certaines chez les nations occidentales, que les États avaient peu de lois, et que l'Église voulait leur en donner.

CHAPITRE XXXI.

DE PHOTIUS, ET DU SCHISME ENTRE L'ORIENT ET L'OCCIDENT.

(858) La plus grande affaire que l'Église eût alors, et qui en est encore une très-importante aujourd'hui, fut l'origine de la séparation totale des Grecs et des Latins. La chaire patriarcale de Constantinople étant, ainsi que le trône, l'objet de l'ambition, était sujette aux mêmes révolutions. L'empereur Michel III, mécontent du patriarche Ignace, l'obligea à signer lui-même sa déposition, et mit à sa place Photius, eunuque du palais, homme d'une grande qualité, d'un vaste génie, et d'une science universelle. Il était grand écuyer et ministre d'État. Les évêques, pour l'ordonner patriarche, le firent passer en six jours par tous les degrés. Le premier jour on le fit moine, parce que les moines étaient regardés dans l'Église grecque comme faisant partie de la hiérarchie; le second jour, il fut lecteur; le troisième, sous-diacre; puis diacre, prêtre, et enfin patriarche, le jour de Noël, en 858.

Le pape Nicolas prit le parti d'Ignace, et excommunia Photius. Il lui reprochait surtout d'avoir passé de l'état de laïque à celui d'évêque avec tant de rapidité; mais Photius répondait avec raison que saint Ambroise, gouverneur de Milan, et à peine chrétien, avait joint la dignité d'évêque à celle de gouverneur plus rapidement encore. Photius excommunia donc le pape à son tour, et le déclara déposé. Il prit le titre de patriarche œcuménique, et accusa hautement d'hérésie les évêques d'Occident de la communion du pape. Le plus grand reproche qu'il leur faisait roulait sur la procession du Père et du Fils. « Des hommes, dit-il dans une de ses lettres, sortis des ténèbres de l'Occident, ont tout corrompu par leur ignorance. Le comble de leur impiété est d'ajouter de nouvelles paroles au sacré symbole autorisé par tous les conciles, en disant que le Saint-Esprit ne procède pas du Père seulement, mais encore du Fils; ce qui est renoncer au christianisme. »

On voit, par ce passage et par beaucoup d'autres, quelle supériorité les Grecs affectaient en tout sur les Latins. Ils prétendaient que l'Église romaine devait tout à la grecque, jusqu'aux noms des usages, des cérémonies, des mystères, des dignités. *Baptême, eucharistie, liturgie, diocèse, paroisse, évêque, prêtre, diacre, moine, église*, tout est grec. Ils regardaient les Latins comme des disciples ignorants, révoltés contre leurs maîtres, dont ils ne savaient pas même la langue. Ils nous accusaient d'ignorer le catéchisme, enfin de n'être pas chrétiens.

Les autres sujets d'anathème étaient que les Latins se servaient alors communément de pain non levé pour l'eucharistie, mangeaient des œufs et du fromage en carême, et que leurs prêtres ne se faisaient point raser la barbe. Étranges raisons pour brouiller l'Occident avec l'Orient !

Mais quiconque est juste avouera que Photius était non-seulement le plus savant homme de l'Église, mais un grand évêque. (867) Il se conduisit comme saint Ambroise quand Basile, assassin de l'empereur Michel, se présenta dans l'église de Sophie. « Vous êtes indigne d'approcher des saints mystères, lui dit-il à haute voix, vous qui avez les mains encore souillées du sang de votre bienfaiteur. » Photius ne trouva pas un Théodose dans Basile. Ce tyran fit une chose juste par vengeance. Il rétablit Ignace dans le siége patriarcal, et chassa Photius. (869) Rome profita de cette conjoncture pour faire assembler à Constantinople le huitième concile œcuménique, composé de trois cents évêques. Les légats du pape présidèrent, mais ils ne savaient pas le grec, et parmi les autres évêques, très-peu savaient le latin. Photius y fut universellement condamné comme intrus, et soumis à la pénitence publique. On signa pour les cinq patriarches avant de signer pour le pape, ce qui est fort extraordinaire : car, puisque les légats eurent la première place, ils devaient signer les premiers. Mais, en tout cela, les questions qui partageaient l'Orient et l'Occident ne furent point agitées : on ne voulait que déposer Photius.

Quelque temps après, le vrai patriarche Ignace étant mort, Photius eut l'adresse de se faire rétablir par l'empereur Basile. Le pape Jean VIII le reçut à sa communion, le reconnut, lui écrivit ; et, malgré ce huitième concile œcuménique qui avait anathématisé ce patriarche, (879) le pape envoya ses légats à un autre concile à Constantinople, dans lequel Photius fut reconnu innocent par quatre cents évêques, dont trois cents l'avaient auparavant condamné. Les légats de ce même siége de Rome, qui l'avaient anathématisé, servirent eux-mêmes à casser le huitième concile œcuménique.

Combien tout change chez les hommes ! combien ce qui était faux devient vrai selon les temps ! Les légats de Jean VIII s'écrient en plein concile : « Si quelqu'un ne reconnaît pas Photius, que son partage soit avec Judas. » Le concile s'écrie : « Longues années au patriarche Photius, et au patriarche de Rome, Jean! »

Enfin, à la suite des actes du concile on voit une lettre du pape à ce savant patriarche, dans laquelle il lui dit : « Nous pensons comme vous ; nous tenons pour transgresseurs de la parole de Dieu, nous rangeons avec Judas, ceux qui ont ajouté au symbole que le Saint-Esprit procède du Père et du Fils ; mais nous croyons qu'il faut user de douceur avec eux, et les exhorter à renoncer à ce blasphème. »

Il est donc clair que l'Église romaine et la grecque pensaient alors différemment de ce qu'on pense aujourd'hui. L'Église romaine adopta depuis la procession du Père et du Fils ; et il arriva même qu'en 1274 l'empereur des Grecs, Michel Paléologue, implorant contre les Turcs une nouvelle croisade, envoya au second concile de Lyon son patriarche et son chancelier, qui chantèrent avec le concile, en latin, *qui ex Patre Filioque procedit*. Mais l'Église grecque retourna encore à son opinion, et sembla la quitter encore dans la réunion passagère qui se fit avec Eugène IV. Que les hommes apprennent de là à se tolérer les uns les autres. Voilà des variations et des disputes sur un point fondamental, qui n'ont ni excité de troubles, ni rempli les prisons, ni allumé les bûchers.

On a blâmé les déférences du pape Jean VIII pour le patriarche Photius ; on n'a pas assez songé que ce pontife avait alors besoin de l'empereur Basile. Un roi de Bulgarie, nommé Bogoris, gagné par l'habileté de sa femme, qui était chrétienne, s'était converti, à l'exemple de Clovis et du roi Egbert. Il s'agissait de savoir de quel patriarcat cette nouvelle province chrétienne dépendrait. Constantinople et Rome se la disputaient. La décision dépendait de l'empereur Basile. Voilà en partie le sujet des complaisances qu'eut l'évêque de Rome pour celui de Constantinople.

Il ne faut pas oublier que dans ce concile, ainsi que dans le précédent, il y eut des *cardinaux*. On nommait ainsi des prêtres et des diacres qui servaient de conseils aux métropolitains. Il y en avait à Rome comme dans d'autres Églises. Ils étaient déjà distingués, mais ils signaient après les évêques et les abbés.

Le pape donna, par ses lettres et par ses légats, le titre de *votre sainteté* au patriarche Photius. Les autres patriarches sont aussi appelés *papes* dans ce concile. C'est un nom grec, commun à tous les prêtres, et qui peu à peu est devenu le titre distinctif du métropolitain de Rome.

Il paraît que Jean VIII se conduisait avec prudence ; car ses successeurs s'étant brouillés avec l'empire grec, et ayant adopté le huitième concile œcuménique de 869, et rejeté l'autre, qui absolvait Photius, la paix établie par Jean VIII fut alors rompue. Photius éclata contre l'Église romaine, la traita d'hérétique au sujet de cet article du *Filioque procedit*, des œufs en carême, de l'eucharistie faite avec du pain sans levain, et de plusieurs autres usages. Mais le grand point de la division était la primatie. Photius et ses successeurs voulaient être les premiers évêques du christianisme, et ne pouvaient souffrir que l'évêque de Rome, d'une ville qu'ils regardaient alors comme barbare, séparée de de l'empire par sa rébellion, et en proie à qui voudrait s'en emparer, jouît de la préséance sur l'évêque de la ville impériale. Le patriarche de Constantinople avait alors dans son district toutes les églises de la Sicile et de la Pouille; et le siége romain, en passant sous une domination étrangère, avait perdu à la fois dans ces provinces son patrimoine et ses droits de métropolitain. L'Église grecque méprisait l'Église romaine. Les sciences florissaient à Constantinople; mais à Rome tout tombait, jusqu'à la langue latine; et quoiqu'on y fût plus instruit que dans tout le reste de l'Occident, ce peu de science se ressentait de ces temps malheureux. Les Grecs se vengeaient bien de la supériorité que les Romains avaient eue sur eux depuis le temps de Lucrèce et de Cicéron jusqu'à Corneille Tacite. Ils ne parlaient des Romains qu'avec ironie. L'évêque Luitprand, envoyé depuis en ambassade à Constantinople par les Othons, rapporte que les Grecs n'appelaient saint Grégoire le Grand que Grégoire-Dialogue, parce qu'en effet ses dialogues sont d'un homme trop simple. Le temps a tout changé. Les papes sont devenus de grands souverains, Rome le centre de la politesse et des arts, l'Église latine savante; et le patriarche de Constantinople n'est plus qu'un esclave, évêque d'un peuple esclave.

Photius, qui eut dans sa vie plus de revers que de gloire, fut déposé par des intrigues de cour, et mourut malheureux; mais ses successeurs, attachés à ses prétentions, les soutinrent avec vigueur.

(882) Le pape Jean VIII mourut encore plus malheureusement. Les annales de Fulde disent qu'il fut assassiné à coups de marteau. Les temps suivants nous feront voir le siége pontifical souvent ensanglanté, et Rome toujours un grand objet pour les nations, mais toujours à plaindre.

Le dogme ne troubla point encore l'Église d'Occident : à peine a-t-on conservé la mémoire d'une petite dispute excitée en 846 par un bénédictin, nommé Jean Godescalc, sur la prédestination et sur la grâce : l'événement fit voir combien il est dangereux de traiter ces matières, et surtout de disputer contre un adversaire puissant. Ce moine, prenant à la lettre plusieurs expressions de saint Augustin, enseignait la prédestination absolue et éternelle du petit nombre des élus, et du grand nombre des réprouvés. L'archevêque de Reims, Hincmar, homme violent dans les affaires ecclésiastiques comme dans les civiles, lui dit « qu'il était prédestiné à être condamné et à être fouetté ». En effet, il le fit anathématiser dans un petit concile, en 850. On l'exposa tout nu en présence de l'empereur Charles le Chauve, et il fut fouetté depuis les épaules jusqu'aux jambes par des moines.

Cette dispute impertinente, dans laquelle les deux partis ont également tort, ne s'est que trop renouvelée. Vous verrez chez les Hollandais un synode de Dordrecht, composé des partisans de l'opinion de Godescalc, faire pis que fouetter les sectateurs d'Hincmar[1]. Vous verrez au contraire, en France, les jésuites du parti d'Hincmar poursuivre autant qu'ils le pourront les jansénistes attachés aux dogmes de Godescalc; et ces querelles, qui sont la honte des nations policées, ne finiront que quand il y aura plus de philosophes que de docteurs.

Je ne ferais aucune mention d'une folie épidémique qui saisit le peuple de Dijon, en 844, à l'occasion d'un saint Bénigne, qui donnait, disait-on, des convulsions à ceux qui priaient sur son tombeau : je ne parlerais pas, dis-je, de cette superstition populaire, si elle ne s'était renouvelée de nos jours avec fureur, dans des circonstances toutes pareilles[2]. Les mêmes folies semblent être destinées à reparaître de temps en temps sur la scène du monde; mais aussi le bon sens est le même dans tous les temps, et on n'a rien dit de si sage sur les miracles modernes opérés au tombeau de je ne sais quel diacre de Paris[3], que ce que dit, en 844, un évêque de Lyon sur ceux de Dijon : « Voilà un étrange saint, qui estropie ceux qui ont recours à lui : il me semble que les miracles devraient être faits pour guérir les maladies, et non pour en donner. »

Ces minuties ne troublaient point la paix en Occident, et les

---

1. Allusion à la mort de Barneveldt. Voyez chapitre CLXXXVII.
2. Sur les convulsionnaires modernes voyez une note du *Pauvre Diable* et une note des *Cabales* (tome X, pages 109 et 182); le chapitre XXXVII du *Siècle de Louis XIV;* et le *Dictionnaire philosophique,* au mot CONVULSIONS.
3. Voltaire joue sur le nom du diacre Pâris.

querelles théologiques y étaient alors comptées pour rien, parce qu'on ne pensait qu'à s'agrandir. Elles avaient plus de poids en Orient, parce que les prélats, n'y ayant jamais eu de puissance temporelle, cherchaient à se faire valoir par les guerres de plume. Il y a encore une autre cause de la paix théologique en Occident : c'est l'ignorance, qui au moins produisit ce bien parmi les maux infinis dont elle était cause.

CHAPITRE XXXII.

ÉTAT DE L'EMPIRE D'OCCIDENT A LA FIN DU IXe SIÈCLE.

L'empire d'Occident ne subsista plus que de nom. (888) Arnould, Arnolfe, ou Arnold, bâtard de Carloman, se rendit maître de l'Allemagne; mais l'Italie était partagée entre deux seigneurs, tous deux du sang de Charlemagne par les femmes : l'un était un duc de Spolette, nommé Gui; l'autre Bérenger, duc de Frioul, tous deux investis de ces duchés par Charles le Chauve, tous deux prétendants à l'empire aussi bien qu'au royaume de France. Arnould, en qualité d'empereur, regardait aussi la France comme lui appartenant de droit, tandis que la France, détachée de l'empire, était partagée entre Charles le Simple, qui la perdait, et le roi Eudes, grand oncle de Hugues Capet, qui l'usurpait.

Un Bozon, roi d'Arles, disputait encore l'empire. Le pape Formose, évêque peu accrédité de la malheureuse Rome, ne pouvait que donner l'onction sacrée au plus fort. Il couronna ce Gui de Spolette. (894) L'année d'après, il couronna Bérenger vainqueur; et il fut forcé de sacrer enfin cet Arnould, qui vint assiéger Rome, et la prit d'assaut. Le serment équivoque que reçut Arnould des Romains prouve que déjà les papes prétendaient à la souveraineté de Rome. Tel était ce serment : « Je jure par les saints mystères que, sauf mon honneur, ma loi, et ma fidélité à monseigneur Formose, pape, je serai fidèle à l'empereur Arnould. »

Les papes étaient alors en quelque sorte semblables aux califes de Bagdad, qui, révérés dans tous les États musulmans comme les chefs de la religion, n'avaient plus guère d'autre droit que celui de donner les investitures des royaumes à ceux qui les demandaient les armes à la main; mais il y avait entre les califes et les papes cette différence que les califes étaient tombés du premier trône de la terre, et que les papes s'élevaient insensiblement.

Il n'y avait réellement plus d'empire, ni de droit, ni de fait. Les Romains, qui s'étaient donnés à Charlemagne par acclamation, ne voulaient plus reconnaître des bâtards, des étrangers, à peine maîtres d'une partie de la Germanie.

Le peuple romain, dans son abaissement, dans son mélange avec tant d'étrangers, conservait encore, comme aujourd'hui, cette fierté secrète que donne la grandeur passée. Il trouvait insupportable que des Bructères, des Cattes, des Marcomans, se dissent les successeurs des Césars, et que les rives du Mein et la forêt Hercynie fussent le centre de l'empire de Titus et de Trajan.

On frémissait à Rome d'indignation, et on riait en même temps de pitié, lorsqu'on apprenait qu'après la mort d'Arnould, son fils Hiludovic, que nous appelons Louis, avait été désigné empereur des Romains à l'âge de trois ou quatre ans, dans un village barbare nommé Forcheim, par quelques leudes et évêques germains. Cet enfant ne fut jamais compté parmi les empereurs; mais on le regardait dans l'Allemagne comme celui qui devait succéder à Charlemagne et aux Césars. C'était en effet un étrange empire romain que ce gouvernement qui n'avait alors ni les pays entre le Rhin et la Meuse, ni la France, ni la Bourgogne, ni l'Espagne, ni rien enfin dans l'Italie, et pas même une maison dans Rome qu'on pût dire appartenir à l'empereur.

Du temps de ce Louis, dernier prince allemand du sang de Charlemagne par bâtardise, mort en 912, l'Allemagne fut ce qu'était la France, une contrée dévastée par les guerres civiles et étrangères, sous un prince élu en tumulte et mal obéi.

Tout est révolution dans les gouvernements : c'en est une frappante que de voir une partie de ces Saxons sauvages, traités par Charlemagne comme les Ilotes par les Lacédémoniens, donner ou prendre au bout de cent douze ans cette même dignité qui n'était plus dans la maison de leur vainqueur. (912) Othon, duc de Saxe, après la mort de Louis, met, dit-on, par son crédit, la couronne d'Allemagne sur la tête de Conrad, duc de Franconie; et après la mort de Conrad, le fils du duc Othon de Saxe, Henri l'Oiseleur, est élu (919). Tous ceux qui s'étaient faits princes héréditaires en Germanie, joints aux évêques, faisaient ces élections, et y appelaient alors les principaux citoyens des bourgades.

CHAPITRE XXXIII.

DES FIEFS, ET DE L'EMPIRE.

La force, qui a tout fait dans ce monde, avait donné l'Italie et les Gaules aux Romains : les barbares usurpèrent leurs conquêtes ; le père de Charlemagne usurpa les Gaules sur les rois francs ; les gouverneurs, sous la race de Charlemagne, usurpèrent tout ce qu'ils purent. Les rois lombards avaient déjà établi des fiefs en Italie ; ce fut le modèle sur lequel se réglèrent les ducs et les comtes dès le temps de Charles le Chauve. Peu à peu leurs gouvernements devinrent des patrimoines. Les évêques de plusieurs grands siéges, déjà puissants par leur dignité, n'avaient plus qu'un pas à faire pour être princes ; et ce pas fut bientôt fait. De là vient la puissance séculière des évêques de Mayence, de Cologne, de Trèves, de Vurtzbourg, et de tant d'autres en Allemagne et en France. Les archevêques de Reims, de Lyon, de Beauvais, de Langres, de Laon, s'attribuèrent les droits régaliens. Cette puissance des ecclésiastiques ne dura pas en France ; mais en Allemagne elle est affermie pour longtemps. Enfin les moines eux-mêmes devinrent princes : les abbés de Fulde, de Saint-Gall, de Kempten, de Corbie, etc., étaient de petits rois dans les pays où, quatre-vingts ans auparavant, ils défrichaient de leurs mains quelques terres que des propriétaires charitables leur avaient données. Tous ces seigneurs, ducs, comtes, marquis, évêques, abbés, rendaient hommage au souverain. On a longtemps cherché l'origine de ce gouvernement féodal. Il est à croire qu'il n'en a point d'autre que l'ancienne coutume de toutes les nations d'imposer un hommage et un tribut au plus faible. On sait qu'ensuite les empereurs romains donnèrent des terres à perpétuité, à de certaines conditions : on en trouve des exemples dans les vies d'Alexandre Sévère et de Probus. Les Lombards furent les premiers qui érigèrent des duchés dans un temps de troubles, vers 576 ; et lorsque la monarchie se rétablit, ces duchés en relevèrent comme fiefs. Spolette et Bénévent furent, sous les rois lombards, des duchés héréditaires.

Avant Charlemagne, Tassillon possédait le duché de Bavière, à condition d'un hommage ; et ce duché eût appartenu à ses descendants si Charlemagne, ayant vaincu ce prince, n'eût dépouillé le père et les enfants.

Bientôt point de ville libre en Allemagne, ainsi point de commerce, point de grandes richesses : les villes au delà du Rhin n'avaient pas même de murailles. Cet État, qui pouvait être si puissant, était devenu si faible par le nombre et la division de ses maîtres que l'empereur Conrad fut obligé de promettre un tribut annuel aux Hongrois, Huns, ou Pannoniens, si bien contenus par Charlemagne, et soumis depuis par les empereurs de la maison d'Autriche. Mais alors ils semblaient être ce qu'ils avaient été sous Attila : ils ravageaient l'Allemagne, les frontières de la France; ils descendaient en Italie par le Tyrol, après avoir pillé la Bavière, et revenaient ensuite avec les dépouilles de tant de nations.

C'est au règne de Henri l'Oiseleur que se débrouilla un peu le chaos de l'Allemagne. Ses limites étaient alors le fleuve de l'Oder, la Bohême, la Moravie, la Hongrie, les rivages du Rhin, de l'Escaut, de la Moselle, de la Meuse; et vers le septentrion, la Poméranie et le Holstein étaient ses barrières.

Il faut que Henri l'Oiseleur fût un des rois les plus dignes de régner. Sous lui les seigneurs de l'Allemagne, si divisés, sont réunis. (920) Le premier fruit de cette réunion est l'affranchissement du tribut qu'on payait aux Hongrois, et une grande victoire remportée sur cette nation terrible. Il fit entourer de murailles la plupart des villes d'Allemagne; il institua des milices : on lui attribua même l'invention de quelques jeux militaires qui donnaient quelque idée des tournois. Enfin l'Allemagne respirait; mais il ne paraît pas qu'elle prétendît être l'empire romain. L'archevêque de Mayence avait sacré Henri l'Oiseleur; aucun légat du pape, aucun envoyé des Romains n'y avait assisté. L'Allemagne sembla pendant tout ce règne oublier l'Italie.

Il n'en fut pas ainsi sous Othon le Grand, que les princes allemands, les évêques, et les abbés, élurent unanimement après la mort de Henri, son père. L'héritier reconnu d'un prince puissant, qui a fondé ou rétabli un État, est toujours plus puissant que son père, s'il ne manque pas de courage : car il entre dans une carrière déjà ouverte, il commence où son prédécesseur a fini. Ainsi Alexandre avait été plus loin que Philippe son père; Charlemagne, plus loin que Pepin; et Othon le Grand passa de beaucoup Henri l'Oiseleur.

CHAPITRE XXXIV.

D'OTHON LE GRAND AU Xe SIÈCLE.

Othon, qui rétablit une partie de l'empire de Charlemagne, étendit comme lui la religion chrétienne en Germanie par des victoires. (948) Il força les Danois, les armes à la main, à payer tribut, et à recevoir le baptême, qui leur avait été prêché un siècle auparavant, et qui était presque entièrement aboli.

Ces Danois, ou Normands, qui avaient conquis la Neustrie et l'Angleterre, ravagé la France et l'Allemagne, reçurent des lois d'Othon. Il établit des évêques en Danemark, qui furent alors soumis à l'archevêque de Hambourg, métropolitain des églises des barbares, fondées depuis peu dans le Holstein, dans la Suède, dans le Danemark. Tout le christianisme consistait à faire le signe de la croix. Il soumit la Bohême après une guerre opiniâtre. C'est depuis lui que la Bohême, et même le Danemark, furent réputés provinces de l'empire ; mais les Danois secouèrent bientôt le joug.

Othon s'était ainsi rendu l'homme le plus considérable de l'Occident, et l'arbitre des princes. Son autorité était si grande, et l'état de la France si déplorable alors, que Louis d'Outremer, fils de Charles le Simple, descendant de Charlemagne, était venu, en 948, à un concile d'évêques que tenait Othon près de Mayence ; ce roi de France dit ces propres mots rédigés dans les actes : « J'ai été reconnu roi, et sacré par les suffrages de tous les seigneurs et de toute la noblesse de France. Hugues toutefois m'a chassé, m'a pris frauduleusement, et m'a retenu prisonnier un an entier ; et je n'ai pu obtenir ma liberté qu'en lui laissant la ville de Laon, qui restait seule à la reine Gerberge pour y tenir sa cour avec mes serviteurs. Si on prétend que j'aie commis quelque crime qui méritât un tel traitement, je suis prêt à m'en purger, au jugement d'un concile, et suivant l'ordre du roi Othon, ou par le combat singulier. »

Ce discours important prouve à la fois bien des choses : les prétentions des empereurs de juger les rois, la puissance d'Othon, la faiblesse de la France, la coutume des combats singuliers, et enfin l'usage qui s'établissait de donner les couronnes, non par le droit du sang, mais par les suffrages des seigneurs, usage bientôt après aboli en France.

Tel était le pouvoir d'Othon le Grand, quand il fut invité à passer les Alpes par les Italiens mêmes, qui, toujours factieux et faibles, ne pouvaient ni obéir à leurs compatriotes, ni être libres, ni se défendre à la fois contre les Sarrasins et les Hongrois, dont les incursions infestaient encore leur pays.

L'Italie, qui dans ses ruines était toujours la plus riche et la plus florissante contrée de l'Occident, était déchirée sans cesse par des tyrans. Mais Rome, dans ces divisions, donnait encore le mouvement aux autres villes d'Italie. Qu'on songe à ce qu'était Paris dans le temps de la Fronde, et plus encore sous Charles l'Insensé, et à ce qu'était Londres sous l'infortuné Charles Ier, ou dans les guerres civiles des York et des Lancastre, on aura quelque idée de l'état de Rome au xe siècle. La chaire pontificale était opprimée, déshonorée, et sanglante. L'élection des papes se faisait d'une manière dont on n'a guère d'exemples ni avant, ni après.

CHAPITRE XXXV.

DE LA PAPAUTÉ AU Xe SIÈCLE, AVANT QU'OTHON LE GRAND SE RENDÎT MAÎTRE DE ROME.

Les scandales et les troubles intestins qui affligèrent Rome et son Église au xe siècle, et qui continuèrent longtemps après, n'étaient arrivés ni sous les empereurs grecs et latins, ni sous les rois goths, ni sous les rois lombards, ni sous Charlemagne : ils sont visiblement la suite de l'anarchie ; et cette anarchie eut sa source dans ce que les papes avaient fait pour la prévenir, dans la politique qu'ils avaient eue d'appeler les Francs en Italie. S'ils avaient en effet possédé toutes les terres qu'on prétend que Charlemagne leur donna, ils auraient été plus grands souverains qu'ils ne le sont aujourd'hui. L'ordre et la règle eussent été dans les élections et dans le gouvernement, comme on les y voit. Mais on leur disputa tout ce qu'ils voulurent avoir ; l'Italie fut toujours l'objet de l'ambition des étrangers ; le sort de Rome fut toujours incertain. Il ne faut jamais perdre de vue que le grand but des Romains était de rétablir l'ancienne république, que des tyrans s'élevaient dans l'Italie et dans Rome, que les élections des évêques ne furent presque jamais libres, et que tout était abandonné aux factions.

Formose, fils du prêtre Léon, étant évêque de Porto, avait été à la tête d'une faction contre Jean VIII, et deux fois excommunié par ce pape ; mais ces excommunications, qui furent bientôt après si terribles aux têtes couronnées, le furent si peu pour Formose qu'il se fit élire pape en 890.

Étienne VI ou VII, aussi fils de prêtre, successeur de Formose, homme qui joignit l'esprit du fanatisme à celui de la faction, ayant toujours été l'ennemi de Formose, fit exhumer son corps qui était embaumé, et, l'ayant revêtu des habits pontificaux, le fit comparaître dans un concile assemblé pour juger sa mémoire. On donna au mort un avocat ; on lui fit son procès en forme, le cadavre fut déclaré coupable d'avoir changé d'évêché, et d'avoir quitté celui de Porto pour celui de Rome ; et pour réparation de ce crime, on lui trancha la tête par la main du bourreau, on lui coupa trois doigts, et on le jeta dans le Tibre.

Le pape Étienne VI ou VII se rendit si odieux par cette farce aussi horrible que folle, que les amis de Formose, ayant soulevé les citoyens, le chargèrent de fers, et l'étranglèrent en prison.

La faction ennemie de cet Étienne fit repêcher le corps de Formose, et le fit enterrer pontificalement une seconde fois.

Cette querelle échauffait les esprits. Sergius III, qui remplissait Rome de ses brigues pour se faire pape, (907) fut exilé par son rival, Jean IX, ami de Formose ; mais, reconnu pape après la mort de Jean IX, il condamna Formose encore. Dans ces troubles, Théodora, mère de Marozie, qu'elle maria depuis au marquis de Toscanelle, et d'une autre Théodora, toutes trois célèbres par leurs galanteries, avait à Rome la principale autorité. Sergius n'avait été élu que par les intrigues de Théodora la mère. Il eut, étant pape, un fils de Marozie, qu'il éleva publiquement dans son palais. Il ne paraît pas qu'il fût haï des Romains, qui, naturellement voluptueux, suivaient ses exemples plus qu'ils ne les blâmaient.

Après sa mort et celle de l'imbécile Anastase, les deux sœurs Marozie et Théodora procurèrent la chaire de Rome à un de leurs favoris nommé Landon (913) ; mais ce Landon étant mort (914), la jeune Théodora fit élire pape son amant, Jean X, évêque de Bologne, puis de Ravenne, et enfin de Rome. On ne lui reprocha point, comme à Formose, d'avoir changé d'évêché. Ces papes, condamnés par la postérité comme évêques peu religieux, n'étaient point d'indignes princes, il s'en faut beaucoup. Ce

Jean X, que l'amour fit pape, était un homme de génie et de courage : il fit ce que tous les papes ses prédécesseurs n'avaient pu faire ; il chassa les Sarrasins de cette partie de l'Italie nommée le Garillan.

Pour réussir dans cette expédition, il eut l'adresse d'obtenir des troupes de l'empereur de Constantinople, quoique cet empereur eût à se plaindre autant des Romains rebelles que des Sarrasins. Il fit armer le comte de Capoue ; il obtint des milices de Toscane, et marcha lui-même à la tête de cette armée, menant avec lui un jeune fils de Marozie et du marquis Adelbert. Ayant chassé les mahométans du voisinage de Rome, il voulait aussi délivrer l'Italie des Allemands et des autres étrangers.

L'Italie était envahie presque à la fois par les Bérengers, par un roi de Bourgogne, par un roi d'Arles. Il les empêcha tous de dominer dans Rome. Mais au bout de quelques années, Guido, frère utérin de Hugo, roi d'Arles, tyran de l'Italie, ayant épousé Marozie toute-puissante à Rome, cette même Marozie conspira contre le pape, si longtemps amant de sa sœur. Il fut surpris, mis aux fers, et étouffé entre deux matelas.

(928) Marozie, maîtresse de Rome, fit élire pape un nommé Léon, qu'elle fit mourir en prison au bout de quelques mois. Ensuite, ayant donné le siège de Rome à un homme obscur, qui ne vécut que deux ans, (931) elle mit enfin sur la chaire pontificale Jean XI, son propre fils, qu'elle avait eu de son adultère avec Sergius III.

Jean XI n'avait que vingt-quatre ans quand sa mère le fit pape ; elle ne lui conféra cette dignité qu'à condition qu'il s'en tiendrait uniquement aux fonctions d'évêque, et qu'il ne serait que le chapelain de sa mère.

On prétend que Marozie empoisonna alors son mari Guido, marquis de Toscanelle. Ce qui est vrai, c'est qu'elle épousa le frère de son mari, Hugo, roi de Lombardie, et le mit en possession de Rome, se flattant d'être avec lui impératrice ; mais un fils du premier lit de Marozie se mit alors à la tête des Romains contre sa mère, chassa Hugo de Rome, renferma Marozie et le pape son fils dans le môle d'Adrien, qu'on appelle aujourd'hui le château Saint-Ange. On prétend que Jean XI y mourut empoisonné.

Un Étienne VIII ou IX, Allemand de naissance, élu en 939, fut par cette naissance seule si odieux aux Romains que, dans une sédition, le peuple lui balafra le visage au point qu'il ne put jamais depuis paraître en public.

(956) Quelque temps après, un petit-fils de Marozie, nommé

Octavien Sporco, fut élu pape à l'âge de dix-huit ans par le crédit de sa famille. Il prit le nom de Jean XII, en mémoire de Jean XI, son oncle. C'est le premier pape qui ait changé son nom à son avénement au pontificat. Il n'était point dans les ordres quand sa famille le fit pontife. Ce Jean était patrice de Rome, et, ayant la même dignité qu'avait eue Charlemagne, il réunissait par le siége pontifical les droits des deux puissances et le pouvoir le plus légitime; mais il était jeune, livré à la débauche, et n'était pas d'ailleurs un puissant prince.

On s'étonne que sous tant de papes si scandaleux et si peu puissants l'Église romaine ne perdit ni ses prérogatives, ni ses prétentions; mais alors presque toutes les autres Églises étaient ainsi gouvernées. Le clergé d'Italie pouvait mépriser de tels papes, mais il respectait la papauté d'autant plus qu'il y aspirait; enfin, dans l'opinion des hommes, la place était sacrée, quand la personne était odieuse.

Pendant que Rome et l'Église étaient ainsi déchirées, Bérenger, qu'on appelle le Jeune, disputait l'Italie à Hugues d'Arles. Les Italiens, comme le dit Luitprand, contemporain, voulaient toujours avoir deux maîtres pour n'en avoir réellement aucun : fausse et malheureuse politique qui les faisait changer de tyrans et de malheurs. Tel était l'état déplorable de ce beau pays, lorsque Othon le Grand y fut appelé par les plaintes de presque toutes les villes, et même par ce jeune pape Jean XII, réduit à faire venir les Allemands, qu'il ne pouvait souffrir.

CHAPITRE XXXVI.

SUITE DE L'EMPIRE D'OTHON, ET DE L'ÉTAT DE L'ITALIE.

(961, 962) Othon entra en Italie, et il s'y conduisit comme Charlemagne : il vainquit Bérenger, qui en affectait la souveraineté. Il se fit sacrer et couronner empereur des Romains par les mains du pape, prit le nom de César et d'Auguste, et obligea le pape à lui faire serment de fidélité, sur le tombeau dans lequel on dit que repose le corps de saint Pierre. On dressa un instrument authentique de cet acte. Le clergé et la noblesse romaine se soumettent à ne jamais élire de pape qu'en présence des commissaires de l'empereur. Dans cet acte Othon confirme les donations de Pepin, de Charlemagne, de Louis le Débonnaire, sans spécifier quelles sont ces donations si contestées; « sauf en tout notre puissance, dit-il, et celle de notre fils et de nos descendants ». Cet instrument, écrit en lettres d'or, souscrit par sept évêques d'Allemagne, cinq comtes, deux abbés, et plusieurs prélats italiens, est gardé encore au château Saint-Ange, à ce que dit Baronius[1]. La date est du 13 février 962.

Mais comment l'empereur Othon pouvait-il donner par cet acte, confirmatif de celui de Charlemagne, la ville même de Rome, que jamais Charlemagne ne donna? Comment pouvait-il faire présent du duché de Bénévent, qu'il ne possédait pas, et qui appartenait encore à ses ducs? Comment aurait-il donné la Corse et la Sicile, que les Sarrasins occupaient? Ou Othon fut trompé, ou cet acte est faux, il en faut convenir.

On dit, et Mézerai le dit après d'autres, que Lothaire, roi de France, et Hugues Capet, depuis roi, assistèrent à ce couronnement. Les rois de France étaient en effet alors si faibles, qu'ils pouvaient servir d'ornement au sacre d'un empereur; mais les noms de Lothaire et de Hugues Capet ne se trouvent pas dans les signatures vraies ou fausses de cet acte.

Quoi qu'il en soit, l'imprudence de Jean XII d'avoir appelé les Allemands à Rome fut la source de toutes les calamités dont Rome et l'Italie furent affligées pendant tant de siècles.

Le pape s'étant ainsi donné un maître, quand il ne voulait qu'un protecteur, lui fut bientôt infidèle. Il se ligua contre l'empereur avec Bérenger même, réfugié chez les mahométans, qui venaient de se cantonner sur les côtes de Provence. Il fit venir le fils de Bérenger à Rome tandis qu'Othon était à Pavie. Il envoya chez les Hongrois pour les solliciter à rentrer en Allemagne; mais il n'était pas assez puissant pour soutenir cette action hardie, et l'empereur l'était assez pour le punir.

Othon revint donc de Pavie à Rome; et, s'étant assuré de la ville, il tint un concile dans lequel il fit juridiquement le procès au pape. On assembla les seigneurs allemands et romains, quarante évêques, dix-sept cardinaux, dans l'église de Saint-Pierre;

---

1. César Baronius, né en 1558, à Sora, dans le royaume de Naples, fut confesseur de Clément VIII, bibliothécaire du Vatican et cardinal. Il fit paraître à Rome, de 1588 à 1593, en douze volumes in-folio, des annales ecclésiastiques qui vont de l'ère chrétienne à l'année 1198. (E. B.)

et là, en présence de tout le peuple, on accusa le saint-père d'avoir joui de plusieurs femmes, et surtout d'une nommée Étiennette, concubine de son père, qui était morte en couche. Les autres chefs d'accusation étaient d'avoir fait évêque de Todi un enfant de dix ans, d'avoir vendu les ordinations et les bénéfices, d'avoir fait crever les yeux à son parrain, d'avoir châtré un cardinal, et ensuite de l'avoir fait mourir; enfin de ne pas croire en Jésus-Christ, et d'avoir invoqué le diable, deux choses qui semblent se contredire. On mêlait donc, comme il arrive presque toujours, de fausses accusations à de véritables ; mais on ne parla point du tout de la seule raison pour laquelle le concile était assemblé. L'empereur craignait sans doute de réveiller cette révolte et cette conspiration dans laquelle les accusateurs même du pape avaient trempé. Ce jeune pontife, qui avait alors vingt-sept ans, parut déposé pour ses incestes et ses scandales, et le fut en effet pour avoir voulu, ainsi que tous les Romains, détruire la puissance allemande dans Rome.

Othon ne put se rendre maître de sa personne ; ou s'il le put, il fit une faute en le laissant libre. A peine avait-il fait élire le pape Léon VIII, qui, si l'on en croit le discours d'Arnoud, évêque d'Orléans, n'était ni ecclésiastique ni même chrétien ; à peine en avait-il reçu l'hommage, et avait-il quitté Rome, dont probablement il ne devait pas s'écarter, que Jean XII eut le courage de faire soulever les Romains ; et, opposant alors concile à concile, on déposa Léon VIII ; on ordonna que « jamais l'inférieur ne pourrait ôter le rang à son supérieur ».

Le pape, par cette décision, n'entendait pas seulement que jamais les évêques et les cardinaux ne pourraient déposer le pape ; mais on désignait aussi l'empereur, que les évêques de Rome regardaient toujours comme un séculier qui devait à l'Église l'hommage et les serments qu'il exigeait d'elle. Le cardinal, nommé Jean, qui avait écrit et lu les accusations contre le pape, eut la main droite coupée. On arracha la langue, on coupa le nez et deux doigts à celui qui avait servi de greffier au concile de déposition.

Au reste, dans tous ces conciles où présidaient la faction et la vengeance, on citait toujours l'Évangile et les pères, on implorait les lumières du Saint-Esprit, on parlait en son nom, on faisait des règlements utiles ; et qui lirait ces actes sans connaître l'histoire croirait lire les actes des saints. Si Jésus-Christ était alors revenu au monde, qu'aurait-il dit en voyant tant d'hypocrisie et tant d'abominations dans son Église ?

Tout cela se faisait presque sous les yeux de l'empereur ; et qui sait jusqu'où le courage et le ressentiment du jeune pontife, le soulèvement des Romains en sa faveur, la haine des autres villes d'Italie contre les Allemands, eussent pu porter cette révolution ? (964) Mais le pape Jean XII fut assassiné trois mois après, entre les bras d'une femme mariée, par les mains du mari qui vengeait sa honte. Il mourut de ses blessures au bout de huit jours. On a écrit que, ne croyant pas à la religion dont il était pontife, il ne voulut pas recevoir en mourant le viatique.

Ce pape, ou plutôt ce patrice, avait tellement animé les Romains qu'ils osèrent, même après sa mort, soutenir un siége, et ne se rendirent qu'à l'extrémité. Othon, deux fois vainqueur de Rome, fut le maître de l'Italie comme de l'Allemagne.

Le pape Léon, créé par lui, le sénat, les principaux du peuple, le clergé de Rome, solennellement assemblés dans Saint-Jean de Latran, confirmèrent à l'empereur le droit de se choisir un successeur au royaume d'Italie, d'établir le pape, et de donner l'investiture aux évêques. Après tant de traités et de serments formés par la crainte, il fallait des empereurs qui demeurassent à Rome pour les faire observer.

A peine l'empereur Othon était retourné en Allemagne que les Romains voulurent être libres. Ils mirent en prison leur nouveau pape, créature de l'empereur. Le préfet de Rome, les tribuns, le sénat, voulurent faire revivre les anciennes lois ; mais ce qui dans un temps est une entreprise de héros devient dans d'autres une révolte de séditieux. Othon revole en Italie, fait pendre une partie du sénat ; (966) et le préfet de Rome, qui avait voulu être un Brutus, fut fouetté dans les carrefours, promené nu sur un âne, et jeté dans un cachot, où il mourut de faim.

CHAPITRE XXXVII.

DES EMPEREURS OTHON II ET III, ET DE ROME.

Tel fut à peu près l'état de Rome sous Othon le Grand, Othon II, et Othon III. Les Allemands tenaient les Romains subjugués, et les Romains brisaient leurs fers dès qu'ils le pouvaient.

Un pape élu par l'ordre de l'empereur, ou nommé par lui, devenait l'objet de l'exécration des Romains. L'idée de rétablir la république vivait toujours dans leurs cœurs ; mais cette noble ambition ne produisait que des misères humiliantes et affreuses.

Othon II marche à Rome comme son père. Quel gouvernement ! quel empire ! et quel pontificat ! Un consul nommé Crescentius, fils du pape Jean X et de la fameuse Marozie, prenant avec ce titre de consul la haine de la royauté, souleva Rome contre Othon II. Il fit mourir en prison Benoît VI, créature de l'empereur ; et l'autorité d'Othon, quoique éloigné, ayant, dans ces troubles, donné avant son arrivée la chaire romaine au chancelier de l'empire en Italie, qui fut pape sous le nom de Jean XIV, ce malheureux pape fut une nouvelle victime que le parti romain immola. Le pape Boniface VII, créature du consul Crescentius, déjà souillé du sang de Benoît VI, fit encore périr Jean XIV. Les temps de Caligula, de Néron, de Vitellius, ne produisirent ni des infortunes plus déplorables, ni de plus grandes barbaries ; mais les attentats et les malheurs de ces papes sont obscurs comme eux. Ces tragédies sanglantes se jouaient sur le théâtre de Rome, mais petit et ruiné, et celles des Césars avaient pour théâtre le monde connu.

Cependant Othon II arrive à Rome en 981. Les papes autrefois avaient fait venir les Francs en Italie, et s'étaient soustraits à l'autorité des empereurs d'Orient. Que font-ils maintenant ? Ils essayent de retourner en apparence à leurs anciens maîtres ; et, ayant imprudemment appelé les empereurs saxons, ils veulent les chasser. Ce même Boniface VII était allé à Constantinople presser les empereurs Basile et Constantin de venir rétablir le trône des Césars. Rome ne savait ni ce qu'elle était, ni à qui elle était. Le consul Crescentius et le sénat voulaient rétablir la république ; le pape ne voulait en effet ni république ni maître ; Othon II voulait régner. Il entre donc dans Rome ; il y invite à dîner les principaux sénateurs et les partisans du consul, et, si l'on en croit Geoffroi de Viterbe, il les fit tous égorger au milieu d'un repas. Voilà le pape délivré par son ennemi des sénateurs républicains ; mais il faut se délivrer de ce tyran. Ce n'est pas assez des troupes de l'empereur d'Orient qui viennent dans la Pouille, le pape y joint les Sarrasins. Si le massacre des sénateurs dans ce repas sanglant, rapporté par Geoffroi, est véritable, il valait mieux sans doute avoir les mahométans pour protecteurs que ce Saxon sanguinaire pour maître. Il est vaincu par les Grecs ; il l'est par les musulmans ; il tombe captif entre leurs mains, mais il leur échappe ; et, profitant de la division de ses ennemis, il rentre encore dans Rome, où il meurt en 983.

Après sa mort, le consul Crescentius maintint quelque temps l'ombre de la république romaine. Il chassa du siége pontifical Grégoire V, neveu de l'empereur Othon III. Mais enfin Rome fut encore assiégée et prise. Crescentius, attiré hors du château Saint-Ange sur l'espérance d'un accommodement, et sur la foi des serments de l'empereur, eut la tête tranchée. Son corps fut pendu par les pieds ; et le nouveau pape, élu par les Romains, sous le nom de Jean XVI, ou XVII selon d'autres, eut les yeux crevés et le nez coupé. On le jeta en cet état du haut du château Saint-Ange dans la place.

Les Romains renouvelèrent alors à Othon III les serments faits à Othon I*er* et à Charlemagne ; et il assigna aux papes les terres de la Marche d'Ancône pour soutenir leur dignité.

Après les trois Othons, ce combat de la domination allemande et de la liberté italique resta longtemps dans les mêmes termes. Sous les empereurs Henri II de Bavière et Conrad II le Salique, dès qu'un empereur était occupé en Allemagne, il s'élevait un parti en Italie. Henri II y vint, comme les Othons, dissiper des factions, confirmer aux papes les donations des empereurs, et recevoir les mêmes hommages. Cependant la papauté était à l'encan, ainsi que presque tous les autres évêchés.

Benoît VIII, et Jean XIX ou XX, l'achetèrent publiquement l'un après l'autre : ils étaient frères, de la maison des marquis de Toscanelle, toujours puissante à Rome depuis le temps des Marozie et des Théodora.

Après leur mort, pour perpétuer le pontificat dans leur maison, on acheta encore les suffrages pour un enfant de douze ans. (1034) C'était Benoît IX, qui eut l'évêché de Rome de la même manière qu'on voit encore aujourd'hui tant de familles acheter, mais en secret, des bénéfices pour des enfants.

Le désordre n'eut plus de bornes. On vit, sous le pontificat de ce Benoît IX, deux autres papes élus à prix d'argent, et trois papes dans Rome s'excommunier réciproquement ; mais par une conciliation heureuse qui étouffa une guerre civile, ces trois papes s'accordèrent à partager les revenus de l'Église, et à vivre en paix chacun avec sa maîtresse.

Ce triumvirat pacifique et singulier ne dura qu'autant qu'ils eurent de l'argent ; et enfin, quand ils n'en eurent plus, chacun vendit sa part de la papauté au diacre Gratien, homme de qualité, fort riche. Mais, comme le jeune Benoît IX avait été élu longtemps avant les deux autres, on lui laissa, par un accord solennel, la jouissance du tribut que l'Angleterre payait alors à Rome, qu'on appelait le *denier de saint Pierre*, et auquel un roi saxon d'Angleterre, nommé Ételvolft, Édelvolf, ou Éthelulfe, s'était soumis en 852.

Ce Gratien, qui prit le nom de Grégoire VI, jouissait paisiblement du pontificat, lorsque l'empereur Henri III, fils de Conrad II le Salique, vint à Rome.

Jamais empereur n'y exerça plus d'autorité. Il exila Grégoire VI, et nomma pape Suidger, son chancelier, évêque de Bamberg, sans qu'on osât murmurer.

(1048) Après la mort de cet Allemand, qui, parmi les papes, est appelé Clément II, l'empereur, qui était en Allemagne, y créa pape un Bavarois, nommé Popon : c'est Damase II, qui, avec le brevet de l'empereur, alla se faire reconnaître à Rome. Il fut intronisé, malgré ce Benoît IX qui voulait encore rentrer dans la chaire pontificale après l'avoir vendue.

Ce Bavarois étant mort vingt-trois jours après son intronisation, l'empereur donna la papauté à son cousin Brunon, de la maison de Lorraine, qu'il transféra de l'évêché de Toul à celui de Rome, par une autorité absolue. Si cette autorité des empereurs avait duré, les papes n'eussent été que leurs chapelains, et l'Italie eût été esclave.

Ce pontife prit le nom de Léon IX; on l'a mis au rang des saints. Nous le verrons à la tête d'une armée combattre les princes normands fondateurs du royaume de Naples, et tomber captif entre leurs mains.

Si les empereurs eussent pu demeurer à Rome, on voit par la faiblesse des Romains, par les divisions de l'Italie, et par la puissance de l'Allemagne, qu'ils eussent été toujours les souverains des papes, et qu'en effet il y aurait eu un empire romain. Mais ces rois électifs d'Allemagne ne pouvaient se fixer à Rome, loin des princes allemands trop redoutables à leurs maîtres. Les voisins étaient toujours prêts à envahir les frontières. Il fallait combattre tantôt les Danois, tantôt les Polonais et les Hongrois. C'est ce qui sauva quelque temps l'Italie d'un joug contre lequel elle se serait en vain débattue.

Jamais Rome et l'Église latine ne furent plus méprisées à Constantinople que dans ces temps malheureux. Luitprand, l'ambassadeur d'Othon Ier auprès de l'empereur Nicéphore Phocas, nous apprend que les habitants de Rome n'étaient point appelés Romains, mais Lombards, dans la ville impériale. Les évêques de Rome n'y étaient regardés que comme des brigands schismatiques. Le séjour de saint Pierre à Rome était considéré comme une fable absurde, fondée uniquement sur ce que saint Pierre avait dit, dans une de ses épîtres, qu'il était à Babylone, et qu'on s'était avisé de prétendre que Babylone signifiait Rome : on ne faisait guère plus de cas à Constantinople des empereurs saxons, qu'on traitait de barbares.

Cependant la cour de Constantinople ne valait pas mieux que celle des empereurs germaniques. Mais il y avait dans l'empire grec plus de commerce, d'industrie, de richesses, que dans l'empire latin : tout était déchu dans l'Europe occidentale depuis les temps brillants de Charlemagne. La férocité et la débauche, l'anarchie et la pauvreté, étaient dans tous les États. Jamais l'ignorance ne fut plus universelle. Il ne se faisait pourtant pas moins de miracles que dans d'autres temps : il y en a eu dans chaque siècle, et ce n'est guère que depuis l'établissement des académies des sciences dans l'Europe qu'on ne voit plus de miracles chez les nations éclairées ; et que, si l'on en voit, la saine physique les réduit bientôt à leur valeur.

CHAPITRE XXXVIII.

DE LA FRANCE, VERS LE TEMPS DE HUGUES CAPET.

Pendant que l'Allemagne commençait à prendre ainsi une nouvelle forme d'administration, et que Rome et l'Italie n'en avaient aucune, la France devenait, comme l'Allemagne, un gouvernement entièrement féodal.

Ce royaume s'étendait des environs de l'Escaut et de la Meuse jusqu'à la mer Britannique, et des Pyrénées au Rhône. C'étaient alors ses bornes ; car, quoique tant d'historiens prétendent que ce grand fief de la France allait par delà les Pyrénées jusqu'à l'Èbre, il ne paraît point du tout que les Espagnols de ces provinces, entre l'Èbre et les Pyrénées, fussent soumis au faible gouvernement de France, en combattant contre les mahométans.

La France, dans laquelle ni la Provence ni le Dauphiné n'étaient compris, était un assez grand royaume ; mais il s'en fallait beaucoup que le roi de France fût un grand souverain. Louis, le dernier des descendants de Charlemagne, n'avait plus pour tout domaine que les villes de Laon et de Soissons, et quelques terres qu'on lui contestait. L'hommage rendu par la Normandie ne servait qu'à donner au roi un vassal qui aurait pu soudoyer son maître. Chaque province avait ou ses comtes ou ses ducs héréditaires ; celui qui n'avait pu se saisir que de deux ou trois bourgades rendait hommage aux usurpateurs d'une province ; et qui n'avait qu'un château relevait de celui qui avait usurpé une ville. De tout cela s'était fait cet assemblage monstrueux de membres qui ne formaient point un corps.

Le temps et la nécessité établirent que les seigneurs des grands fiefs marcheraient avec des troupes au secours du roi. Tel seigneur devait quarante jours de service, tel autre vingt-cinq. Les arrière-vassaux marchaient aux ordres de leurs seigneurs immédiats. Mais, si tous ces seigneurs particuliers servaient l'État quelques jours, ils se faisaient la guerre entre eux presque toute l'année. En vain les conciles, qui dans ces temps de crimes ordonnèrent souvent des choses justes, avaient réglé qu'on ne se battrait point depuis le jeudi jusqu'au point du jour du lundi, et dans les temps de Pâques et dans d'autres solennités ; ces règlements, n'étant point appuyés d'une justice coercitive, étaient sans vigueur. Chaque château était la capitale d'un petit État de brigands ; chaque monastère était en armes : leurs avocats, qu'on appelait *avoyers*, institués dans les premiers temps pour présenter leurs requêtes au prince et ménager leurs affaires, étaient les généraux de leurs troupes : les moissons étaient ou brûlées, ou coupées avant le temps, ou défendues l'épée à la main ; les villes presque réduites en solitude, et les campagnes dépeuplées par de longues famines.

Il semble que ce royaume sans chef, sans police, sans ordre, dût être la proie de l'étranger ; mais une anarchie presque semblable dans tous les royaumes fit sa sûreté ; et quand, sous les Othons, l'Allemagne fut plus à craindre, les guerres intestines l'occupèrent.

C'est de ces temps barbares que nous tenons l'usage de rendre hommage, pour une maison et pour un bourg, au seigneur d'un autre village. Un praticien, un marchand qui se trouve possesseur d'un ancien fief, reçoit foi et hommage d'un autre bourgeois ou d'un pair du royaume qui aura acheté un arrière-fief dans sa mouvance. Les lois de fiefs ne subsistent plus ; mais ces vieilles coutumes de mouvances, d'hommages, de rodevances, subsistent encore ; dans la plupart des tribunaux on admet cette maxime : *Nulle terre sans seigneur;* comme si ce n'était pas assez d'appartenir à la patrie.

Quand la France, l'Italie, et l'Allemagne, furent ainsi partagées sous un nombre innombrable de petits tyrans, les armées, dont la principale force avait été l'infanterie, sous Charlemagne ainsi que sous les Romains, ne furent plus que de la cavalerie. On ne connut plus que les gendarmes ; les gens de pied n'avaient pas ce nom, parce que, en comparaison des hommes de cheval, ils n'étaient point armés.

Les moindres possesseurs de châtellenies ne se mettaient en campagne qu'avec le plus de chevaux qu'ils pouvaient ; et le faste consistait alors à mener avec soi des écuyers, qu'on appela *vaslets*, du mot *vassalet*, petit vassal. L'honneur étant donc mis à ne combattre qu'à cheval, on prit l'habitude de porter une armure complète de fer, qui eût accablé un homme à pied de son poids. Les brassards, les cuissards, furent une partie de l'habillement. On prétend que Charlemagne en avait eu ; mais ce fut vers l'an 1000 que l'usage en fut commun.

Quiconque était riche devint presque invulnérable à la guerre ; et c'était alors qu'on se servit plus que jamais de massues, pour assommer ces chevaliers que les pointes ne pouvaient percer. Le plus grand commerce alors fut en cuirasses, en boucliers, en casques ornés de plumes.

Les paysans qu'on traînait à la guerre, seuls exposés et méprisés, servaient de pionniers plutôt que de combattants. Les chevaux, plus estimés qu'eux, furent bardés de fer ; leur tête fut armée de chanfreins.

On ne connut guère alors de lois que celles que les plus puissants firent pour le service des fiefs. Tous les autres objets de la justice distributive furent abandonnés au caprice des maîtres-d'hôtel, prévôts, baillis, nommés par les possesseurs des terres.

Les sénats de ces villes, qui, sous Charlemagne et sous les Romains, avaient joui du gouvernement municipal, furent abolis presque partout. Le mot de *senior*, seigneur, affecté longtemps à ces principaux du sénat des villes, ne fut plus donné qu'aux possesseurs des fiefs.

Le terme de pair commençait alors à s'introduire dans la langue gallo-tudesque, qu'on parlait en France. On sait qu'il venait du mot latin *par*, qui signifie égal ou confrère. On ne s'en était servi que dans ce sens sous la première et la seconde race des rois de France. Les enfants de Louis le Débonnaire s'appelèrent *Pares* dans une de leurs entrevues, l'an 851 ; et longtemps auparavant, Dagobert donne le nom de pairs à des moines. Godegrand, évêque de Metz, du temps de Charlemagne, appelle pairs des évêques et des abbés, ainsi que le marque le savant du Cange. Les vassaux d'un même seigneur s'accoutumèrent donc à s'appeler pairs.

Alfred le Grand avait établi en Angleterre les jurés : c'étaient des pairs dans chaque profession. Un homme, dans une cause criminelle, choisissait douze hommes de sa profession pour être ses juges. Quelques vassaux, en France, en usèrent ainsi ; mais le nombre des pairs n'était pas pour cela déterminé à douze. Il y en avait dans chaque fief autant que de barons, qui relevaient du même seigneur, et qui étaient pairs entre eux, mais non pairs de leur seigneur féodal.

Les princes qui rendaient un hommage immédiat à la couronne, tels que les ducs de Guienne, de Normandie, de Bourgogne, les comtes de Flandre, de Toulouse, étaient donc en effet des pairs de France.

Hugues Capet n'était pas le moins puissant. Il possédait depuis longtemps le duché de France, qui s'étendait jusqu'en Touraine ; il était comte de Paris ; de vastes domaines en Picardie et en Champagne lui donnaient encore une grande autorité dans ces provinces. Son frère avait ce qui compose aujourd'hui le duché de Bourgogne. Son grand-père Robert, et son grand-oncle Eudes ou Odon, avaient tous deux porté la couronne du temps de Charles le Simple ; Hugues son père, surnommé l'Abbé, à cause des abbayes de Saint-Denis, de Saint-Martin de Tours, de Saint-Germain des Prés, et de tant d'autres qu'il possédait, avait ébranlé et gouverné la France. Ainsi l'on peut dire que depuis l'année 910, où le roi Eudes commença son règne, sa maison a gouverné presque sans interruption ; et que, si on excepte Hugues l'Abbé, qui ne voulut pas prendre la couronne royale, elle forme une suite de souverains de plus de huit cent cinquante ans : filiation unique parmi les rois.

(987) On sait comment Hugues Capet, duc de France, comte de Paris, enleva la couronne au duc Charles, oncle du dernier roi Louis V. Si les suffrages eussent été libres, le sang de Charlemagne respecté, et le droit de succession aussi sacré qu'aujourd'hui, Charles aurait été roi de France. Ce ne fut point un parlement de la nation qui le priva du droit de ses ancêtres, comme l'ont dit tant d'historiens, ce fut ce qui fait et défait les rois : la force aidée de la prudence.

Tandis que Louis, ce dernier roi du sang carlovingien, était prêt à finir, à l'âge de vingt-trois ans, sa vie obscure, par une maladie de langueur, Hugues Capet assemblait déjà ses forces; et, loin de recourir à l'autorité d'un parlement, il sut dissiper avec ses troupes un parlement qui se tenait à Compiègne pour assurer la succession à Charles. La lettre de Gerbert, depuis archevêque de Reims, et pape sous le nom de Silvestre II, déterrée par Duchesne, en est un témoignage authentique [1].

Charles, duc de Brabant et de Hainaut, États qui composaient la Basse-Lorraine, succomba sous un rival plus puissant et plus heureux que lui : trahi par l'évêque de Laon, surpris et livré à Hugues Capet, il mourut captif dans la tour d'Orléans; et deux enfants mâles qui ne purent le venger, mais dont l'un eut cette Basse-Lorraine, furent les derniers princes de la postérité masculine de Charlemagne. Hugues Capet, devenu roi de ses pairs, n'en eut pas un plus grand domaine.

CHAPITRE XXXIX.

ÉTAT DE LA FRANCE AUX Xe ET XIe SIÈCLES. EXCOMMUNICATION DU ROI ROBERT.

La France, démembrée, languit dans des malheurs obscurs, depuis Charles le Gros jusqu'à Philippe Ier, arrière-petit-fils de Hugues Capet, près de deux cent cinquante années. Nous verrons si les croisades qui signalèrent le règne de Philippe Ier, à la fin du XIe siècle, rendirent la France plus florissante. Mais dans l'espace de temps dont je parle, tout ne fut que confusion, tyrannie, barbarie, et pauvreté. Chaque seigneur un peu considérable faisait battre monnaie; mais c'était à qui l'altérerait. Les belles manufactures étaient en Grèce et en Italie. Les Français ne pouvaient les imiter dans les villes sans liberté, ou, comme on a parlé longtemps, sans priviléges, et dans un pays sans union.

---

1. Les lettres de Gerbert, intéressantes pour l'histoire du Xe siècle, ont été publiées par André Duchesne, dans le tome II de l'ouvrage intitulé *Historiæ Francorum scriptores coœtani*. Paris, 1636, in-folio. (E. B.)

(999) De tous les événements de ce temps, le plus digne de l'attention d'un citoyen est l'excommunication du roi Robert. Il avait épousé Berthe, sa commère et sa cousine au quatrième degré ; mariage en soi légitime, et, de plus, nécessaire au bien de l'État, et que les évêques avaient approuvé dans un concile national. Nous avons vu, de nos jours, des particuliers épouser leurs nièces, et acheter au prix ordinaire les dispenses à Rome, comme si Rome avait des droits sur des mariages qui se font à Paris. Le roi de France n'éprouva pas autant d'indulgence. L'Église romaine, dans l'avilissement et les scandales où elle était plongée, osa imposer au roi une pénitence de sept ans, lui ordonna de quitter sa femme, l'excommunia en cas de refus. Le pape interdit tous les évêques qui avaient assisté à ce mariage, et leur ordonna de venir à Rome lui demander pardon. Tant d'insolence paraît incroyable ; mais l'ignorante superstition de ces temps peut l'avoir soufferte, et la politique peut l'avoir causée. Grégoire V, qui fulmina cette excommunication, était Allemand, et gouverné par Gerbert, ci-devant archevêque de Reims, devenu ennemi de la maison de France. L'empereur Othon III, peu ami de Robert, assista lui-même au concile où l'excommunication fut prononcée. Tout cela fait croire que la raison d'État eut autant de part à cet attentat que le fanatisme.

Les historiens disent que cette excommunication fit en France tant d'effet que tous les courtisans du roi et ses propres domestiques l'abandonnèrent, et qu'il ne lui resta que deux serviteurs, qui jetaient au feu le reste de ses repas, ayant horreur de ce qu'avait touché un excommunié. Quelque dégradée que fût alors la raison humaine, il n'y a pas d'apparence que l'absurdité pût aller si loin. Le premier auteur qui rapporte cet excès de l'abrutissement de la cour de France est le cardinal Pierre Damien, qui n'écrivit que soixante-cinq ans après. Il rapporte qu'en punition de cet inceste prétendu, la reine accoucha d'un monstre ; mais il n'y eut rien de monstrueux dans toute cette affaire que l'audace du pape, et la faiblesse du roi, qui se sépara de sa femme.

Les excommunications, les interdits, sont des foudres qui n'embrasent un État que quand ils trouvent des matières combustibles. Il n'y en avait point alors ; mais peut-être Robert craignait-il qu'il ne s'en formât.

La condescendance du roi Robert enhardit tellement les papes, que son petit-fils, Philippe Ier, fut excommunié comme lui. (1075) D'abord le fameux Grégoire VII le menaça de le déposer, s'il ne se justifiait de l'accusation de simonie devant ses nonces.

Un autre pape l'excommunia en effet. Philippe s'était dégoûté de sa femme, et était amoureux de Bertrade, épouse du comte d'Anjou. Il se servit du ministère des lois pour casser son mariage sous prétexte de parenté, et Bertrade, sa maîtresse, fit casser le sien avec le comte d'Anjou sous le même prétexte.

Le roi et sa maîtresse furent ensuite mariés solennellement par les mains d'un évêque de Bayeux. Ils étaient condamnables; mais ils avaient au moins rendu ce respect aux lois, de se servir d'elles pour couvrir leurs fautes. Quoi qu'il en soit, un pape avait excommunié Robert pour avoir épousé sa parente, et un autre pape excommunia Philippe pour avoir quitté sa parente. Ce qu'il y a de plus singulier, c'est qu'Urbain II, qui prononça cette sentence en 1094, la prononça et la soutint dans les propres États du roi, à Clermont en Auvergne, où il vint chercher un asile l'année suivante, et dans ce même concile où nous verrons qu'il prêcha la croisade.

Cependant il ne paraît pas que Philippe excommunié ait été en horreur à ses sujets : c'est une raison de plus pour douter de cet abandon général où l'on dit que le roi Robert avait été réduit.

Ce qu'il y eut d'assez remarquable, c'est le mariage du roi Henri, père de Philippe, avec une princesse de Russie, fille d'un duc nommé Jaraslau. On ne sait si cette Russie était la Russie Noire, la Blanche, ou la Rouge. Cette princesse était-elle née idolâtre, ou chrétienne, ou grecque? Changea-t-elle de religion pour épouser un roi de France? Comment, dans un temps où la communication entre les États de l'Europe était si rare, un roi de France eut-il connaissance d'une princesse du pays des anciens Scythes? Qui proposa cet étrange mariage? L'histoire de ces temps obscurs ne satisfait à aucune de ces questions[1].

Il est à croire que le roi des Français, Henri I*er*, rechercha cette alliance afin de ne pas s'exposer à des querelles ecclésiastiques. De toutes les superstitions de ces temps-là, ce n'était pas la moins nuisible au bien des États que celle de ne pouvoir épouser sa parente au septième degré. Presque tous les souverains de l'Europe étaient parents de Henri. Quoi qu'il en soit, Anne, fille d'un Jaraslau (Jaroslaw), duc inconnu d'une Russie alors ignorée, fut reine de France; et il est à remarquer qu'après la mort de son mari elle n'eut point la régence, et n'y prétendit point. Les lois

---

1. Jaroslaw, tsar des Russiens, dont Henri épousa la fille, résidait à Kiew (Kiovie); sa nation venait de se convertir à la foi chrétienne.

changent selon les temps. Ce fut le comte de Flandre, un des vassaux du royaume, qui en fut régent. La reine veuve se remaria à un comte de Crépy. Tout cela serait singulier aujourd'hui, et ne le fut point alors.

En général, si on compare ces siècles au nôtre, ils paraissent l'enfance du genre humain, dans tout ce qui regarde le gouvernement, la religion, le commerce, les arts, les droits des citoyens.

C'est surtout un spectacle étrange que l'avilissement, le scandale de Rome, et sa puissance d'opinion, subsistant dans les esprits au milieu de son abaissement; cette foule de papes créés par les empereurs, l'esclavage de ces pontifes, leur pouvoir immense dès qu'ils sont maîtres, et l'excessif abus de ce pouvoir. Silvestre II, Gerbert, ce savant du xe siècle, qui passa pour un magicien, parce qu'un Arabe lui avait enseigné l'arithmétique et quelques éléments de géométrie, ce précepteur d'Othon III, chassé de son archevêché de Reims du temps du roi Robert, nommé pape par l'empereur Othon III, conserve encore la réputation d'un homme éclairé, et d'un pape sage. Cependant voici ce que rapporte la chronique d'Ademar Chabanois, son contemporain et son admirateur.

Un seigneur de France, Gui, vicomte de Limoges, dispute quelques droits de l'abbaye de Brantôme à un Grimoad, évêque d'Angoulême; l'évêque l'excommunie; le vicomte fait mettre l'évêque en prison. Ces violences réciproques étaient très-communes dans toute l'Europe, où la violence tenait lieu de loi.

Le respect pour Rome était alors si grand dans cette anarchie universelle que l'évêque, sorti de sa prison, et le vicomte de Limoges, allèrent tous deux de France à Rome plaider leur cause devant le pape Silvestre II, en plein consistoire. Le croira-t-on? ce seigneur fut condamné à être tiré à quatre chevaux, et la sentence eût été exécutée s'il ne se fût évadé. L'excès commis par ce seigneur, en faisant emprisonner un évêque qui n'était pas son sujet, ses remords, sa soumission pour Rome, la sentence aussi barbare qu'absurde du consistoire, peignent parfaitement le caractère de ces temps agrestes.

Au reste, ni le roi des Français, Henri Ier, fils de Robert, ni Philippe Ier, fils de Henri, ne furent connus par aucun événement mémorable; mais, de leur temps, leurs vassaux et arrière-vassaux conquirent des royaumes.

Nous allons voir comment quelques aventuriers de la province de Normandie, sans biens, sans terres, et presque sans soldats, fondèrent la monarchie des Deux-Siciles, qui depuis fut un si grand sujet de discorde entre les empereurs de la dynastie de Souabe et les papes, entre les maisons d'Anjou et d'Aragon, entre celles d'Autriche et de France.

CHAPITRE XL.

CONQUÊTE DE NAPLES ET DE SICILE PAR DES GENTILSHOMMES NORMANDS.

Quand Charlemagne prit le nom d'empereur, ce nom ne lui donna que ce que ses armes pouvaient lui assurer. Il se prétendait dominateur suprême du duché de Bénévent, qui composait alors une grande partie des États connus aujourd'hui sous le nom de royaume de Naples. Les ducs de Bénévent, plus heureux que les rois lombards, lui résistèrent ainsi qu'à ses successeurs. La Pouille, la Calabre, la Sicile, furent en proie aux incursions des Arabes. Les empereurs grecs et latins se disputaient en vain la souveraineté de ces pays. Plusieurs seigneurs particuliers en partageaient les dépouilles avec les Sarrasins. Les peuples ne savaient à qui ils appartenaient, ni s'ils étaient de la communion romaine, ou de la grecque, ou mahométans. L'empereur Othon Ier exerça son autorité dans ces pays en qualité de plus fort. Il érigea Capoue en principauté. Othon II, moins heureux, fut battu par les Grecs et par les Arabes réunis contre lui. Les empereurs d'Orient restèrent alors en possession de la Pouille et de la Calabre, qu'ils gouvernaient par un catapan. Des seigneurs avaient usurpé Salerne. Ceux qui possédaient Bénévent et Capoue envahissaient ce qu'ils pouvaient des terres du catapan, et le catapan les dépouillait à son tour. Naples et Gaïète étaient de petites républiques comme Sienne et Lucques : l'esprit de l'ancienne Grèce semblait s'être réfugié dans ces deux petits territoires. Il y avait de la grandeur à vouloir être libres, tandis que tous les peuples d'alentour étaient des esclaves qui changeaient de maîtres. Les mahométans, cantonnés dans plusieurs châteaux, pillaient également les Grecs et les Latins : les Églises des provinces du catapan étaient soumises au métropolitain de Constantinople; les autres, à celui de Rome. Les mœurs se ressentaient du mélange de tant de peuples, de tant de gouvernements et de religions. L'esprit naturel des habitants ne jetait aucune étincelle : on ne reconnaissait plus le pays qui avait produit Horace et Cicéron, et qui devait faire naître le Tasse. Voilà dans quelle situation était cette fertile contrée, aux x⁰ et xi⁰ siècles, de Gaïète et du Garillan jusqu'à Otrante.

Le goût des pèlerinages et des aventures de chevalerie régnait alors. Les temps d'anarchie sont ceux qui produisent l'excès de l'héroïsme : son essor est plus retenu dans les gouvernements réglés. Cinquante ou soixante Français étant partis, en 983, des côtes de Normandie pour aller à Jérusalem, passèrent, à leur retour, sur la mer de Naples, et arrivèrent dans Salerne, dans le temps que cette ville, assiégée par les mahométans, venait de se racheter à prix d'argent. Ils trouvent les Salertins occupés à rassembler le prix de leur rançon, et les vainqueurs livrés dans leur camp à la sécurité d'une joie brutale et de la débauche. Cette poignée d'étrangers reproche aux assiégés la lâcheté de leur soumission ; et, dans l'instant, marchant avec audace au milieu de la nuit, suivis de quelques Salertins qui osent les imiter, ils fondent dans le camp des Sarrasins, les étonnent, les mettent en fuite, les forcent de remonter en désordre sur leurs vaisseaux, et non-seulement sauvent les trésors de Salerne, mais ils y ajoutent les dépouilles des ennemis.

Le prince de Salerne, étonné, veut les combler de présents, et est encore plus étonné qu'ils les refusent : ils sont traités longtemps à Salerne comme des héros libérateurs le méritaient. On leur fait promettre de revenir. L'honneur attaché à un événement si surprenant engage bientôt d'autres Normands à passer à Salerne et à Bénévent. Les Normands reprennent l'habitude de leurs pères, de traverser les mers pour combattre. Ils servent tantôt l'empereur grec, tantôt les princes du pays, tantôt les papes : il ne leur importe pour qui ils se signalent, pourvu qu'ils recueillent le fruit de leurs travaux. Il s'était élevé un duc à Naples, qui avait asservi la république naissante. Ce duc de Naples est trop heureux de faire alliance avec ce petit nombre de Normands, qui le secourent contre un duc de Bénévent. (1030) Ils fondent la ville d'Averse entre ces deux territoires : c'est la première souveraineté acquise par leur valeur.

Bientôt après arrivent trois fils de Tancrède de Hauteville, du territoire de Coutances, Guillaume, surnommé Fier-à-bras, Drogon, et Humfroi. Rien ne ressemble plus aux temps fabuleux. Ces trois frères, avec les Normands d'Averse, accompagnent le catapan dans la Sicile. Guillaume Fier-à-bras tue le général arabe, donne aux Grecs la victoire; et la Sicile allait retourner aux Grecs s'ils n'avaient pas été ingrats. Mais le catapan craignit ces Français qui le défendaient; il leur fit des injustices, et il s'attira leur vengeance. Ils tournent leurs armes contre lui. Trois à quatre cents Normands s'emparent de presque toute la Pouille (1041). Le fait paraît incroyable; mais les aventuriers du pays se joignaient à eux, et devenaient de bons soldats sous de tels maîtres. Les Calabrois qui cherchaient la fortune par le courage devenaient autant de Normands. Guillaume Fier-à-bras se fait lui-même comte de la Pouille, sans consulter ni empereur, ni pape, ni seigneurs voisins. Il ne consulta que les soldats, comme ont fait tous les premiers rois de tous les pays. Chaque capitaine normand eut une ville ou un village pour son partage.

(1046) Fier-à-bras étant mort, son frère Drogon est élu souverain de la Pouille. Alors Robert Guiscard et ses deux jeunes frères quittent encore Coutances pour avoir part à tant de fortune. Le vieux Tancrède est étonné de se voir père d'une race de conquérants. Le nom des Normands faisait trembler tous les voisins de la Pouille, et même les papes. Robert Guiscard et ses frères, suivis d'une foule de leurs compatriotes, vont par petites troupes en pèlerinage à Rome. Ils marchent inconnus, le bourdon à la main, et arrivent enfin dans la Pouille.

(1047) L'empereur Henri III, assez fort alors pour régner dans Rome, ne le fut pas assez pour s'opposer d'abord à ces conquérants. Il leur donna solennellement l'investiture de ce qu'ils avaient envahi. Ils possédaient alors la Pouille entière, le comté d'Averse, la moitié du Bénéventin.

Voilà donc cette maison, devenue bientôt après maison royale, fondatrice des royaumes de Naples et de Sicile, feudataire de l'empire. Comment s'est-il pu faire que cette portion de l'empire en ait été sitôt détachée, et soit devenue un fief de l'évêché de Rome, dans le temps que les papes ne possédaient presque point de terrain, qu'ils n'étaient point maîtres à Rome, qu'on ne les reconnaissait pas même dans la Marche d'Ancône, qu'Othon le Grand leur avait, dit-on, donnée? Cet événement est presque aussi étonnant que les conquêtes des gentilshommes normands. Voici l'explication de cette énigme. Le pape Léon IX voulut avoir la ville de Bénévent, qui appartenait aux princes de la race des rois lombards dépossédés par Charlemagne. (1053) L'empereur Henri III lui donna en effet cette ville, qui n'était point à lui, en échange du fief de Bamberg, en Allemagne. Les souverains pontifes sont maîtres aujourd'hui de Bénévent, en vertu de cette donation. Les nouveaux princes normands étaient des voisins dangereux. Il n'y a point de conquêtes sans de très-grandes injustices : ils en commettaient, et l'empereur aurait voulu avoir des vassaux moins redoutables. Léon IX, après les avoir excommuniés, se mit en tête de les aller combattre avec une armée d'Allemands que Henri III lui fournit. L'histoire ne dit point comment les dépouilles devaient être partagées : elle dit seulement que l'armée était nombreuse, que le pape y joignit des troupes italiennes, qui s'enrôlèrent comme pour une guerre sainte, et que parmi les capitaines il y eut beaucoup d'évêques. Les Normands, qui avaient toujours vaincu en petit nombre, étaient quatre fois moins forts que le pape; mais ils étaient accoutumés à combattre. Robert Guiscard, son frère Humfroi, le comte d'Averse, Richard, chacun à la tête d'une troupe aguerrie, taillèrent en pièces l'armée allemande, et firent disparaître l'italienne. Le pape s'enfuit à Civitade, dans la Capitanate, près du champ de bataille; les Normands le suivent, le prennent, l'emmènent prisonnier dans cette même ville de Bénévent, qui était le premier sujet de cette entreprise (1053).

On a fait un saint de ce pape Léon IX : apparemment qu'il fit pénitence d'avoir fait inutilement répandre tant de sang, et d'avoir mené tant d'ecclésiastiques à la guerre. Il est sûr qu'il s'en repentit, surtout quand il vit avec quel respect le traitèrent ses vainqueurs, et avec quelle inflexibilité ils le gardèrent prisonnier une année entière. Ils rendirent Bénévent aux princes lombards, et ce ne fut qu'après l'extinction de cette maison que les papes eurent enfin la ville.

On conçoit aisément que les princes normands étaient plus piqués contre l'empereur, qui avait fourni une armée redoutable, que contre le pape, qui l'avait commandée. Il fallait s'affranchir pour jamais des prétentions ou des droits de deux empires entre lesquels ils se trouvaient. Ils continuent leurs conquêtes; ils s'emparent de la Calabre et de Capoue pendant la minorité de l'empereur Henri IV, et tandis que le gouvernement des Grecs est plus faible qu'une minorité.

C'étaient les enfants de Tancrède de Hauteville qui conquéraient la Calabre; c'étaient les descendants des premiers libérateurs qui conquéraient Capoue. Ces deux dynasties victorieuses n'eurent point de ces querelles qui divisent si souvent les vainqueurs, et qui les affaiblissent. L'utilité de l'histoire demande ici que je m'arrête un moment pour observer que Richard d'Averse, qui subjugua Capoue, se fit couronner avec les mêmes cérémonies du sacre et de l'huile sainte qu'on avait employées pour l'usurpateur Pepin, père de Charlemagne. Les ducs de Bénévent s'étaient toujours fait sacrer ainsi. Les successeurs de Richard en usèrent de même. Rien ne fait mieux voir que chacun établit les usages à son choix,

Robert Guiscard, duc de la Pouille et de la Calabre, Richard, comte d'Averse et de Capoue, tous deux par le droit de l'épée, tous deux voulant être indépendants des empereurs, mirent en usage pour leurs souverainetés une précaution que beaucoup de particuliers prenaient, dans ces temps de troubles et de rapines, pour leurs biens de patrimoine : on les donnait à l'Église sous le nom d'offrande, d'*oblata*, et on en jouissait moyennant une légère redevance ; c'était la ressource des faibles, dans les gouvernements orageux de l'Italie. Les Normands, quoique puissants, l'employèrent comme une sauvegarde contre des empereurs qui pouvaient devenir plus puissants. Robert Guiscard, et Richard de Capoue, excommuniés par le pape Léon IX, l'avaient tenu en captivité. Ces mêmes vainqueurs, excommuniés par Nicolas II, lui rendirent hommage.

(1059) Robert Guiscard et le comte de Capoue mirent donc sous la protection de l'Église, entre les mains de Nicolas II, non-seulement tout ce qu'ils avaient pris, mais tout ce qu'ils pourraient prendre. Le duc Robert fit hommage de la Sicile même qu'il n'avait point encore. Il se déclara feudataire du saint-siége pour tous ses États, promit une redevance de douze deniers par chaque charrue, ce qui était beaucoup. Cet hommage était un acte de piété politique, qui pouvait être regardé comme le denier de saint Pierre que payait l'Angleterre au saint-siége, comme les deux livres d'or que lui donnèrent les premiers rois de Portugal ; enfin comme la soumission volontaire de tant de royaumes à l'Église.

Mais selon toutes les lois du droit féodal, établies en Europe, ces princes, vassaux de l'empire, ne pouvaient choisir un autre suzerain. Ils devenaient coupables de félonie envers l'empereur ; ils le mettaient en droit de confisquer leurs États. Les querelles qui survinrent entre le sacerdoce et l'empire, et encore plus les propres forces des princes normands, mirent les empereurs hors d'état d'exercer leurs droits. Ces conquérants, en se faisant vassaux des papes, devinrent les protecteurs, et souvent les maîtres de leurs nouveaux suzerains. Le duc Robert ayant reçu un étendard du pape, et devenu capitaine de l'Église, de son ennemi qu'il était, passe en Sicile avec son frère Roger : ils font la conquête de cette île sur les Grecs et sur les Arabes, qui la partageaient alors. (1067) Les mahométans et les Grecs se soumirent, à condition qu'ils conserveraient leurs religions et leurs usages.

Il fallait achever la conquête de tout ce qui compose aujourd'hui le royaume de Naples. Il restait encore des princes de Salerne, descendants de ceux qui avaient les premiers attiré les Normands dans ce pays. Les Normands enfin les chassèrent ; le duc Robert leur prit Salerne : ils se réfugièrent dans la campagne de Rome, sous la protection de Grégoire VII, de ce même pape qui faisait trembler les empereurs. Robert, ce vassal et ce défenseur de l'Église, les y poursuit : Grégoire VII ne manque pas de l'excommunier ; et le fruit de l'excommunication est la conquête de tout le Bénéventin, que fait Robert après la mort du dernier duc de Bénévent de la race lombarde.

Grégoire VII, que nous verrons si fier et si terrible avec les empereurs et les rois, n'a plus que des complaisances pour l'excommunié Robert. (1077) Il lui donne l'absolution, et en reçoit la ville de Bénévent, qui depuis ce temps-là est toujours demeurée au saint-siége.

Bientôt après éclatent les grandes querelles, dont nous parlerons, entre l'empereur Henri IV et ce même Grégoire VII. (1084) Henri s'était rendu maître de Rome, et assiégeait le pape dans ce château qu'on a depuis appelé le château Saint-Ange. Robert accourt alors de la Dalmatie, où il faisait des conquêtes nouvelles, délivre le pape, malgré les Allemands et les Romains réunis contre lui, se rend maître de sa personne, et l'emmène à Salerne, où ce pape, qui déposait tant de rois, mourut le captif et le protégé d'un gentilhomme normand.

Il ne faut point être étonné si tant de romans nous représentent des chevaliers errants devenus de grands souverains par leurs exploits, et entrant dans la famille des empereurs. C'est précisément ce qui arriva à Robert Guiscard, et ce que nous verrons plus d'une fois au temps des croisades. Robert maria sa fille à Constantin, fils de l'empereur de Constantinople, Michel Ducas. Ce mariage ne fut pas heureux. Il eut bientôt sa fille et son gendre à venger, et résolut d'aller détrôner l'empereur d'Orient après avoir humilié celui d'Occident.

La cour de Constantinople n'était qu'un continuel orage. Michel Ducas fut chassé du trône par Nicéphore, surnommé Botoniate. Constantin, gendre de Robert, fut fait eunuque ; et enfin Alexis Comnène, qui eut depuis tant à se plaindre des croisés, monta sur le trône. (1084) Robert, pendant ces révolutions, s'avançait déjà par la Dalmatie, par la Macédoine, et portait la terreur jusqu'à Constantinople. Bohémond, son fils d'un premier lit, si fameux dans les croisades, l'accompagnait à cette conquête d'un empire. Nous voyons par là combien Alexis Comnène eut raison de craindre les croisades, puisque Bohémond commença par vouloir le détrôner.

(1085) La mort de Robert, dans l'île de Corfou, mit fin à ses entreprises. La princesse Anne Comnène, fille de l'empereur Alexis, laquelle écrivit une partie de cette histoire, ne regarde Robert que comme un brigand, et s'indigne qu'il ait eu l'audace de marier sa fille au fils d'un empereur. Elle devait songer que l'histoire même de l'empire lui fournissait des exemples de fortunes plus considérables, et que tout cède dans le monde à la force et à la puissance.

CHAPITRE XLI[1].

DE LA SICILE EN PARTICULIER, ET DU DROIT DE LÉGATION DANS CETTE ÎLE.

L'idée de conquérir l'empire de Constantinople s'évanouit avec la vie de Robert; mais les établissements de sa famille s'affermirent en Italie. Le comte Roger, son frère, resta maître de la Sicile ; le duc Roger, son fils, demeura possesseur de presque tous les pays qui ont le nom de royaume de Naples ; Bohémond, son autre fils, alla depuis conquérir Antioche, après avoir inutilement tenté de partager les États du duc Roger, son frère.

Pourquoi ni le comte Roger, souverain de Sicile, ni son neveu Roger, duc de la Pouille, ne prirent-ils point dès lors le titre de rois? Il faut du temps à tout. Robert Guiscard, le premier conquérant, avait été investi comme duc par le pape Nicolas II. Roger, son frère, avait été investi par Robert Guiscard, en qualité de comte de Sicile. Toutes ces cérémonies ne donnaient que des noms, et n'ajoutaient rien au pouvoir. Mais ce comte de Sicile eut un droit qui s'est conservé toujours, et qu'aucun roi de l'Europe n'a eu : il devint un second pape dans son île.

---

1. M. Ed. Gauttier, auteur de l'*Histoire des conquêtes des Normands en Italie, en Sicile et en Grèce*, a trouvé quelques inexactitudes dans ce chapitre. (B.)

Les papes s'étaient mis en possession d'envoyer dans toute la chrétienté des légats qu'on nommait *a latere* [1], qui exerçaient une juridiction sur toutes les églises, en exigeaient des décimes, donnaient les bénéfices, exerçaient et étendaient le pouvoir pontifical autant que les conjonctures et les intérêts des rois le permettaient. Le temporel, presque toujours mêlé au spirituel, leur était soumis ; ils attiraient à leur tribunal les causes civiles, pour peu que le sacré s'y joignît au profane : mariages, testaments, promesses par serment, tout était de leur ressort. C'étaient des proconsuls que l'empereur ecclésiastique des chrétiens déléguait dans tout l'Occident. C'est par là que Rome, toujours faible, toujours dans l'anarchie, esclave quelquefois des Allemands, et en proie à tous les fléaux, continua d'être la maîtresse des nations. C'est par là que l'histoire de chaque peuple est toujours l'histoire de Rome.

Urbain II envoya un légat en Sicile dès que le comte Roger eut enlevé cette île aux mahométans et aux Grecs, et que l'Église latine y fut établie. C'était de tous les pays celui qui semblait en effet avoir le plus de besoin d'un légat, pour y régler la hiérarchie, chez un peuple dont la moitié était musulmane, et dont l'autre était de la communion grecque ; cependant ce fut le seul pays où la légation fut proscrite pour toujours. Le comte Roger, bienfaiteur de l'Église latine, à laquelle il rendait la Sicile, ne put souffrir qu'on envoyât un roi sous le nom de légat dans le pays de sa conquête.

Le pape Urbain, uniquement occupé des croisades, et voulant ménager une famille de héros si nécessaire à cette grande entreprise, accorda, la dernière année de sa vie (1098), une bulle au comte Roger, par laquelle il révoqua son légat, et créa Roger et ses successeurs légats-nés du saint-siège en Sicile, leur attribuant tous les droits et toute l'autorité de cette dignité, qui était à la fois spirituelle et temporelle. C'est là ce fameux droit qu'on appelle la *monarchie de Sicile*, c'est-à-dire le droit attaché à cette monarchie, droit que, depuis, les papes ont voulu anéantir, et que les rois de Sicile ont maintenu. Si cette prérogative est incompatible avec la hiérarchie chrétienne, il est évident qu'Urbain ne put pas la donner ; si c'est un objet de discipline que la religion ne réprouve pas, il est aussi évident que chaque royaume est en droit de se l'attribuer. Ce privilége, au fond, n'est que le droit de Constantin

---

1. Les légats *a latere*, les plus éminents de tous, sont choisis parmi les personnes demeurant à Rome, *à côté* du pape; les légats envoyés prennent le titre de nonces; le titre de légat-né est attaché à quelques archevêchés. (B.)

et de tous les empereurs de présider à toute la police de leurs États; cependant il n'y a eu dans toute l'Europe catholique qu'un gentilhomme normand qui ait su se donner cette prérogative aux portes de Rome.

(1130) Le fils de ce comte Roger recueillit tout l'héritage de la maison normande; il se fit couronner et sacrer roi de Sicile et de la Pouille. Naples, qui était alors une petite ville, n'était point encore à lui, et ne pouvait donner le nom au royaume : elle s'était toujours maintenue en république, sous un duc qui relevait des empereurs de Constantinople; et ce duc avait jusqu'alors échappé, par des présents, à l'ambition de la famille conquérante.

Ce premier roi, Roger, fit hommage au saint-siége. Il y avait alors deux papes : l'un, le fils d'un Juif, nommé Léon, qui s'appelait Anaclet, et que saint Bernard appelle *judaïcam sobolem*, race hébraïque; l'autre s'appelait Innocent II. Le roi Roger reconnut Anaclet, parce que l'empereur Lothaire II reconnaissait Innocent; et ce fut à cet Anaclet qu'il rendit son vain hommage.

Les empereurs ne pouvaient regarder les conquérants normands que comme des usurpateurs : aussi saint Bernard, qui entrait dans toutes les affaires des papes et des rois, écrivait contre Roger, aussi bien que contre ce fils d'un Juif qui s'était fait élire pape à prix d'argent. « L'un, dit-il, a usurpé la chaire de saint Pierre, l'autre a usurpé la Sicile; c'est à César à les punir. » Il était donc évident alors que la suzeraineté du pape sur ces deux provinces n'était qu'une usurpation.

Le roi Roger soutenait Anaclet, qui fut toujours reconnu dans Rome. Lothaire prend cette occasion pour enlever aux Normands leurs conquêtes. Il marche vers la Pouille avec le pape Innocent II. Il paraît bien que ces Normands avaient eu raison de ne pas vouloir dépendre des empereurs, et de mettre entre l'empire et Naples une barrière. Roger, à peine roi, fut sur le point de tout perdre. Il assiégait Naples quand l'empereur s'avance contre lui : il perd des batailles; il perd presque toutes ses provinces dans le continent. Innocent II l'excommunie et le poursuit. Saint Bernard était avec l'empereur et le pape : il voulut en vain ménager un accommodement. (1137) Roger, vaincu, se retire en Sicile. L'empereur meurt. Tout change alors. Le roi Roger et son fils reprennent leurs provinces. Le pape Innocent II, reconnu enfin dans Rome, ligué avec les princes à qui Lothaire avait donné ces provinces, ennemi implacable du roi, marche, comme Léon IX, à la tête d'une armée. Il est vaincu et pris comme lui (1139). Que peut-il faire alors? Il fait comme ses prédécesseurs : il donne des absolutions et des investitures, et il se fait des protecteurs contre l'empire de cette même maison normande contre laquelle il avait appelé l'empire à son secours.

Bientôt après le roi subjugue Naples et le peu qui restait encore pour arrondir son royaume de Gaïète jusqu'à Brindes. La monarchie se forme telle qu'elle est aujourd'hui. Naples devient la capitale tranquille du royaume, et les arts commencent à renaître un peu dans ces belles provinces.

Après avoir vu comment des gentilshommes de Coutances fondèrent le royaume de Naples et de Sicile, il faut voir comment un duc de Normandie, pair de France, conquit l'Angleterre. C'est une chose bien frappante que toutes ces invasions, toutes ces émigrations, qui continuèrent depuis la fin du ive siècle jusqu'au commencement du xive, et qui finirent par les croisades. Toutes les nations de l'Europe ont été mêlées, et il n'y en a eu presque aucune qui n'ait eu ses usurpateurs.

CHAPITRE XLII.

CONQUÊTE DE L'ANGLETERRE PAR GUILLAUME, DUC DE NORMANDIE.

Tandis que les enfants de Tancrède de Hauteville fondaient si loin des royaumes, les ducs de leur nation en acquéraient un qui est devenu plus considérable que les Deux-Siciles. La nation britannique était, malgré sa fierté, destinée à se voir toujours gouvernée par des étrangers. Après la mort d'Alfred, arrivée en 900, l'Angleterre retomba dans la confusion et la barbarie. Les anciens Anglo-Saxons, ses premiers vainqueurs, et les Danois, ses usurpateurs nouveaux, s'en disputaient toujours la possession ; et de nouveaux pirates danois venaient encore souvent partager les dépouilles. Ces pirates continuaient d'être si terribles, et les Anglais si faibles, que, vers l'an 1000, on ne put se racheter d'eux qu'en payant quarante-huit mille livres sterling. On imposa, pour lever cette somme, une taxe qui dura, depuis, assez longtemps en Angleterre, ainsi que la plupart des autres taxes, qu'on continue toujours de lever après le besoin. Ce tribut humiliant fut appelé argent danois : *dann geld*.

CONQUÊTE DE L'ANGLETERRE. 365

Canut[1], roi de Danemark, qu'on a nommé *le Grand*, et qui n'a fait que de grandes cruautés, réunit sous sa domination le Danemark et l'Angleterre (1017). Les naturels anglais furent traités alors comme des esclaves. Les auteurs de ce temps avouent que quand un Anglais rencontrait un Danois, il fallait qu'il s'arrêtât jusqu'à ce que le Danois eût passé.

(1041) La race de Canut ayant manqué, les états du royaume, reprenant leur liberté, déférèrent la couronne, premièrement à Alfred II, qu'un traître assassina deux ans après; ensuite à Édouard III, un descendant des anciens Anglo-Saxons, qu'on appelle *le Saint* ou *le Confesseur*. Une des grandes fautes, ou un des grands malheurs de ce roi, fut de n'avoir point d'enfants de sa femme Édithe, fille du plus puissant seigneur du royaume. Il haïssait sa femme, ainsi que sa propre mère, pour des raisons d'État, et les fit éloigner l'une et l'autre. La stérilité de son mariage servit à sa canonisation. On prétendit qu'il avait fait vœu de chasteté : vœu téméraire dans un mari, et absurde dans un roi qui avait besoin d'héritiers. Ce vœu, s'il fut réel, prépara de nouveaux fers à l'Angleterre[2].

Au reste, les moines ont écrit que cet Édouard fut le premier roi de l'Europe qui eut le don de guérir les écrouelles. Il avait déjà rendu la vue à sept ou huit aveugles, quand une pauvre femme attaquée d'une humeur froide se présenta devant lui; il la guérit incontinent en faisant le signe de la croix, et la rendit féconde, de stérile qu'elle était auparavant. Les rois d'Angleterre se sont attribué depuis le privilège, non pas de guérir les aveugles, mais de toucher les écrouelles, qu'ils ne guérissaient pas[3].

Saint Louis en France, comme suzerain des rois d'Angleterre, toucha les écrouelles, et ses successeurs jouirent de cette prérogative. Guillaume III la négligea en Angleterre; et le temps viendra que la raison, qui commence à faire quelques progrès en France, abolira cette coutume[4].

---

1. Ou mieux Knut. (G. A.)
2. Ces quelques lignes sont insuffisantes pour donner une idée des événements. Voyez Aug. Thierry, liv. III.
3. C'était, au temps de Louis XIV, la principale occupation du roi Jacques à Saint-Germain. (G. A.)
4. Non-seulement Louis XVI a été sacré, ce qui, dans ce siècle, ne pouvait avoir d'autre avantage que de prolonger un peu parmi le peuple le règne de la superstition, et de valoir de gros profits aux fournisseurs de la cour, mais même il a touché des écrouelles suivant l'usage établi. Louis XV en avait touché à son sacre. Une bonne femme de Valenciennes imagina qu'elle ferait fortune si elle pouvait faire accroire que le roi l'avait guérie. Moitié espérance, moitié crainte, des méde-

CHAPITRE XLII.

Vous voyez toujours les usages et les mœurs de ces temps-là absolument différents des nôtres. Guillaume, duc de Normandie, qui conquit l'Angleterre, loin d'avoir aucun droit sur ce royaume, n'en avait pas même sur la Normandie, si la naissance donnait les droits. Son père, le duc Robert, qui ne s'était jamais marié, l'avait eu de la fille d'un pelletier de Falaise, que l'histoire appelle Harlot, terme qui signifiait et signifie encore aujourd'hui en anglais *concubine* ou *femme publique*[1]. L'usage des concubines, permis dans tout l'Orient et dans la loi des Juifs, ne l'était pas dans la nouvelle loi : il était autorisé par la coutume. On rougissait si peu d'être né d'une pareille union, que souvent Guillaume, en écrivant, signait *le bâtard Guillaume*. Il est resté une lettre de lui au comte Alain de Bretagne, dans laquelle il signe ainsi. Les bâtards héritaient souvent; car dans tous les pays où les hommes n'étaient pas gouvernés par des lois fixes, publiques et reconnues, il est clair que la volonté d'un prince puissant était le seul code. Guillaume fut déclaré par son père et par les états héritier du duché; et il se maintint ensuite par son habileté et par sa valeur contre tous ceux qui lui disputèrent son domaine. Il régnait paisiblement en Normandie, et la Bretagne lui rendait hommage, lorsque, Édouard le Confesseur étant mort, il prétendit au royaume d'Angleterre.

Le droit de succession ne paraissait alors établi dans aucun État de l'Europe. La couronne d'Allemagne était élective, l'Es-

---

cins constatèrent la guérison. L'intendant de Valenciennes (d'Argenson) s'empressa d'en envoyer le procès-verbal authentique; il reçut des bureaux la réponse suivante : *Monsieur, la prérogative qu'ont les rois de France de guérir les écrouelles est établie sur des preuves si authentiques qu'elle n'a pas besoin d'être confirmée par des faits particuliers.* Un siècle plus tôt, les bureaux eussent mis leur politique à paraître dupes; un siècle plus tard, aucun intendant n'osera plus leur envoyer des procès-verbaux de miracles, quand même il serait capable d'y croire. (K.) — La sainte ampoule avait été brisée le 6 octobre 1793; mais des fragments de la fiole et une partie du baume s'étant retrouvés, en 1825, on en fit la transfusion dans le saint chrême que renferme une fiole nouvelle (voyez le *Moniteur* du 26 mai 1825). Le sacre de S. M. Charles X eut lieu le 29 mai; et le surlendemain le roi alla à l'hôpital Saint-Marcoul : cent vingt et un malades scrofuleux avaient été réunis dans une salle, et furent présentés au roi qui, au lieu de les toucher, se contenta de leur dire, avec l'accent d'un tendre intérêt (voyez le *Moniteur* du 2 juin) : *Mes chers amis, je vous apporte des paroles de consolation; je désire bien vivement que vous guérissiez.* Voltaire avait déjà parlé de la sainte ampoule au chapitre XIII. Voyez ce qui est dit dans le *Dictionnaire philosophique*, au mot ÉCROUELLES; et dans la *Correspondance*, la lettre du roi de Prusse, du 27 juillet 1775. (B.)

1. Robert la rencontra près d'un ruisseau, lavant du linge, et fit marché avec les parents. Quant à son nom, Aug. Thierry dit qu'elle s'appelait Arlète, nom corrompu en langue romane de l'ancien nom danois Herlève. (G. A.)

pagne était partagée entre les chrétiens et les musulmans, la Lombardie changeait chaque jour de maître ; la race carlovingienne, détrônée en France, faisait voir ce que peut la force contre le droit du sang. Édouard le Confesseur n'avait point joui du trône à titre d'héritage : Harold, successeur d'Édouard, n'était point de sa race ; mais il avait le plus incontestable de tous les droits, les suffrages de toute la nation. Guillaume le Bâtard n'avait pour lui ni le droit d'élection, ni celui d'héritage, ni même aucun parti en Angleterre. Il prétendit que dans un voyage qu'il fit autrefois dans cette île, le roi Édouard avait fait en sa faveur un testament, que personne ne vit jamais ; il disait encore qu'autrefois il avait délivré de prison Harold, et qu'Harold lui avait cédé ses droits sur l'Angleterre : il appuya ses faibles raisons d'une forte armée.

Les barons de Normandie, assemblés en forme d'états, refusèrent de l'argent à leur duc pour cette expédition, parce que, s'il ne réussissait pas, la Normandie en resterait appauvrie, et qu'un heureux succès la rendrait province d'Angleterre ; mais plusieurs Normands hasardèrent leur fortune avec leur duc. Un seul seigneur, nommé Fitz-Othbern [1], équipa quarante vaisseaux à ses dépens. Le comte de Flandre, beau-père du duc Guillaume, le secourut de quelque argent. Le pape Alexandre II entra dans ses intérêts. Il excommunia tous ceux qui s'opposeraient aux desseins de Guillaume. C'était se jouer de la religion ; mais les peuples étaient accoutumés à ces profanations, et les princes en profitaient. Guillaume partit de Saint-Valery-sur-Somme (le 14 octobre 1066) avec une flotte nombreuse ; on ne sait combien il avait de vaisseaux ni de soldats. Il aborda sur les côtes de Sussex ; et bientôt après se donna dans cette province la fameuse bataille de Hastings, qui décida seule du sort de l'Angleterre. Les anciennes chroniques nous apprennent qu'au premier rang de l'armée normande, un écuyer, nommé Taillefer, monté sur un cheval armé, chanta la chanson de Roland, qui fut si longtemps dans la bouche des Français, sans qu'il en soit resté le moindre fragment. Ce Taillefer, après avoir entonné la chanson, que les soldats répétaient, se jeta le premier parmi les Anglais, et fut tué. Le roi Harold et le duc de Normandie quittèrent leurs chevaux, et combattirent à pied : la bataille dura six heures. La gendarmerie à cheval, qui commençait à faire ailleurs toute la force des armées, ne paraît pas avoir été employée dans cette jour-

---

1. Guillaume, fils d'Osbern, sénéchal de Normandie.

née[1]. Les troupes, de part et d'autre, étaient composées de fantassins. Harold et deux de ses frères y furent tués. Le vainqueur s'approcha de Londres, portant devant lui une bannière bénite que le pape lui avait envoyée. Cette bannière fut l'étendard auquel tous les évêques se rallièrent en sa faveur. Ils vinrent aux portes, avec le magistrat de Londres, lui offrir la couronne, qu'on ne pouvait refuser au vainqueur.

Quelques auteurs appellent ce couronnement une élection libre, un acte d'autorité du parlement d'Angleterre. C'est précisément l'autorité des esclaves faits à la guerre, qui accorderaient à leurs maîtres le droit de les fustiger.

Guillaume ayant reçu une bannière du pape pour cette expédition, lui envoya en récompense l'étendard du roi Harold tué dans la bataille, et une petite partie du petit trésor que pouvait avoir alors un roi anglais. C'était un présent considérable pour ce pape Alexandre II, qui disputait encore son siége à Honorius II, et qui, sur la fin d'une longue guerre civile dans Rome, était réduit à l'indigence. Ainsi un barbare, fils d'une prostituée, meurtrier d'un roi légitime, partage les dépouilles de ce roi avec un autre barbare : car, ôtez les noms de duc de Normandie, de ro d'Angleterre, et de pape, tout se réduit à l'action d'un voleur normand, et d'un recéleur lombard : et c'est au fond à quoi toute usurpation se réduit.

Guillaume sut gouverner comme il sut conquérir. Plusieurs révoltes étouffées, des irruptions de Danois rendues inutiles, des lois rigoureuses durement exécutées, signalèrent son règne. Anciens Bretons, Danois, Anglo-Saxons, tous furent confondus dans le même esclavage. Les Normands qui avaient eu part à sa victoire partagèrent par ses bienfaits les terres des vaincus. De là toutes ces familles normandes dont les descendants, ou du moins les noms, subsistent encore en Angleterre. Il fit faire un dénombrement exact de tous les biens des sujets, de quelque nature qu'ils fussent. On prétend qu'il en profita pour se faire en Angleterre un revenu de quatre cent mille livres sterling, environ cent vingt millions de France. Il est évident qu'en cela les historiens se sont trompés. L'État d'Angleterre d'aujourd'hui, qui comprend l'Écosse et l'Irlande, n'a pas un plus gros revenu, si vous en déduisez ce qu'on paye pour les anciennes dettes du gouvernement. Ce qui est sûr, c'est que Guillaume abolit toutes les lois du pays pour y introduire celles de Normandie. Il ordonna qu'on plaidât en nor-

---

1. C'est une erreur. Voyez le récit de la bataille dans Augustin Thierry.

mand, et depuis lui, tous les actes furent expédiés en cette langue jusqu'à Édouard III. Il voulut que la langue des vainqueurs fût la seule du pays. Des écoles de la langue normande furent établies dans toutes les villes et les bourgades. Cette langue était le français mêlé d'un peu de danois : idiome barbare, qui n'avait aucun avantage sur celui qu'on parlait en Angleterre. On prétend qu'il traitait non-seulement la nation vaincue avec dureté, mais qu'il affectait encore des caprices tyranniques. On en donne pour exemple *la loi du couvre-feu*, par laquelle il fallait, au son de la cloche, éteindre le feu dans chaque maison à huit heures du soir. Mais cette loi, bien loin d'être tyrannique, n'est qu'une ancienne police établie presque dans toutes les villes du Nord : elle s'est longtemps conservée dans les cloîtres. Les maisons étaient bâties de bois, et la crainte du feu était un objet des plus importants de la police générale.

On lui reproche encore d'avoir détruit tous les villages qui se trouvaient dans un circuit de quinze lieues, pour en faire une forêt dans laquelle il pût goûter le plaisir de la chasse. Une telle action est trop insensée pour être vraisemblable. Les historiens ne font pas attention qu'il faut au moins vingt années pour qu'un nouveau plant d'arbres devienne une forêt propre à la chasse. On lui fait semer cette forêt en 1080. Il avait alors soixante-trois ans. Quelle apparence y a-t-il qu'un homme raisonnable ait à cet âge détruit des villages, pour semer quinze lieues en bois, dans l'espérance d'y chasser un jour [1].

Le conquérant de l'Angleterre fut la terreur du roi de France Philippe Ier, qui voulut abaisser trop tard un vassal si puissant, et qui se jeta sur le Maine, dépendant alors de la Normandie. Guillaume repassa la mer, reprit le Maine, et contraignit le roi de France à demander la paix.

Les prétentions de la cour de Rome n'éclatèrent jamais plus singulièrement qu'avec ce prince. Le pape Grégoire VII prit le temps qu'il faisait la guerre à la France, pour demander qu'il lui rendît hommage du royaume d'Angleterre. Cet hommage était fondé sur cet ancien denier de saint Pierre que l'Angleterre payait à l'Église de Rome : il revenait à environ vingt sous de notre monnaie par chaque maison ; offrande regardée en Angleterre comme une forte aumône, et à Rome comme un tribut. Guillaume

---

1. Les soixante paroisses que Guillaume fit détruire étaient situées entre Salisbury et la mer. M. Aug. Thierry se demande si Guillaume n'avait pas pour objet spécial d'assurer à ses recrues de Normandie un lieu de débarquement sûr. (G. A.)

le Conquérant fit dire au pape qu'il pourrait bien continuer l'aumône; mais, au lieu de faire hommage, il fit défense, en Angleterre, de reconnaître d'autre pape que celui qu'il approuverait. La proposition de Grégoire VII devint par là ridicule à force d'être audacieuse. C'est ce même pape qui bouleversait l'Europe pour élever le sacerdoce au-dessus de l'empire; mais, avant de parler de cette querelle mémorable, et des croisades qui prirent naissance dans ces temps, il faut voir en peu de mots dans quel état étaient les autres pays de l'Europe.

CHAPITRE XLIII.

DE L'ÉTAT DE L'EUROPE AUX Xe ET XIe SIÈCLES.

La Moscovie, ou plutôt la Ziovie, avait commencé à connaître un peu de christianisme vers la fin du xe siècle. Les femmes étaient destinées à changer la religion des royaumes. Une sœur des empereurs Basile et Constantin, mariée à un grand-duc ou grand-knès de Moscovie, nommé Volodimer, obtint de son mari qu'il se fît baptiser. Les Moscovites, quoique esclaves de leur maître, ne suivirent qu'avec le temps son exemple; et enfin, dans ces siècles d'ignorance, ils ne prirent guère du rite grec que les superstitions.

Au reste, les ducs de Moscovie ne se nommaient pas encore czars, ou tsars, ou tchards; ils n'ont pris ce titre que quand ils ont été les maîtres des pays vers Casan appartenant à des tsars. C'est un terme slavon imité du persan; et dans la bible slavonne le roi David est appelé le csar David.

Environ dans ce temps-là une femme attira encore la Pologne au christianisme. Micislas, duc de Pologne, fut converti par sa femme, sœur du duc de Bohême. J'ai déjà remarqué[1] que les Bulgares avaient reçu la foi de la même manière. Giselle, sœur de l'empereur Henri II, fit encore chrétien son mari, roi de Hongrie, dans la première année du xie siècle; ainsi il est très-vrai que la moitié de l'Europe doit aux femmes son christianisme.

La Suède, où il avait été prêché dès le ixe siècle, était redeve-

---

1. Chapitre xxxi.

nue idolâtre. La Bohême, et tout ce qui est au nord de l'Elbe, renonça au christianisme (1013). Toutes les côtes de la mer Baltique vers l'Orient étaient païennes. Les Hongrois retournèrent au paganisme (1047). Mais toutes ces nations étaient beaucoup plus loin encore d'être polies que d'être chrétiennes.

La Suède, probablement depuis longtemps épuisée d'habitants par ces anciennes émigrations dont l'Europe fut inondée, paraît dans les VIIIe, IXe, X^e et XIe siècles, comme ensevelie dans sa barbarie, sans guerre et sans commerce avec ses voisins; elle n'a part à aucun grand événement, et n'en fut probablement que plus heureuse.

La Pologne, beaucoup plus barbare que chrétienne, conserva jusqu'au XIIIe siècle toutes les coutumes des anciens Sarmates, comme celle de tuer leurs enfants qui naissaient imparfaits, et les vieillards invalides. Albert, surnommé le Grand dans ces siècles d'ignorance, alla en Pologne pour y déraciner ces coutumes affreuses qui durèrent jusqu'au milieu du XIIIe siècle; et on n'en put venir à bout qu'avec le temps. Tout le reste du Nord vivait dans un état sauvage; état de la nature humaine quand l'art ne l'a pas changée.

L'empire de Constantinople n'était ni plus resserré ni plus agrandi que nous l'avons vu au IXe siècle. A l'occident, il se défendait contre les Bulgares; à l'orient, au nord, et au midi, contre les Turcs et les Arabes.

On a vu en général ce qu'était l'Italie : des seigneurs particuliers partageaient tout le pays depuis Rome jusqu'à la mer de la Calabre, et les Normands en avaient la plus grande partie. Florence, Milan, Pavie, se gouvernaient par leurs magistrats sous des comtes ou sous des ducs nommés par les empereurs. Bologne était plus libre.

La maison de Maurienne, dont descendent les ducs de Savoie, rois de Sardaigne, commençait à s'établir. (888) Elle possédait comme fief de l'empire le comté héréditaire de Savoie et de Maurienne, depuis qu'un Berthol, tige de cette maison, avait eu ce petit démembrement du royaume de Bourgogne. Il y eut cent seigneurs en France beaucoup plus considérables que les comtes de Savoie; mais tous ont été enfin accablés sous le pouvoir du seigneur dominant; tous ont cédé l'un après l'autre à des maisons nouvelles, élevées par la faveur des rois. Il ne reste plus de traces de leur ancienne grandeur. La maison de Maurienne, cachée dans ses montagnes, s'est agrandie de siècle en siècle, et est devenue égale aux plus grands monarques.

Les Suisses et les Grisons, qui composaient un État quatre fois plus puissant que la Savoie, et qui était, comme elle, un démembrement de la Bourgogne, obéissaient aux baillis que les empereurs nommaient. Deux villes maritimes d'Italie commençaient à s'élever, non pas par ces invasions subites qui ont fait les droits de presque tous les princes qui ont passé sous nos yeux, mais par une industrie sage, qui dégénéra aussi bientôt en esprit de conquête. Ces deux villes étaient Gênes et Venise. Gênes, célèbre du temps des Romains, regardait Charlemagne comme son restaurateur. Cet empereur l'avait rebâtie quelque temps après que les Goths l'avaient détruite. Gouvernée par des comtes sous Charlemagne et ses premiers descendants, elle fut saccagée au xe siècle par les mahométans, et presque tous ses citoyens furent emmenés en servitude. Mais comme c'était un port commerçant, elle fut bientôt repeuplée. Le négoce, qui l'avait fait fleurir, servit à la rétablir. Elle devint alors une république. Elle prit l'île de Corse sur les Arabes qui s'en étaient emparés. Les papes exigèrent un tribut pour cette île, non-seulement parce qu'ils y avaient possédé autrefois des patrimoines, mais parce qu'ils se prétendaient suzerains de tous les royaumes conquis sur les infidèles. Les Génois payèrent ce tribut au commencement du xie siècle; mais bientôt après ils s'en affranchirent sous le pontificat de Lucius II. Enfin, leur ambition croissant avec leurs richesses, de marchands ils voulurent devenir conquérants.

La ville de Venise, bien moins ancienne que Gênes, affectait le frivole honneur d'une plus ancienne liberté, et jouissait de la gloire solide d'une puissance bien supérieure. Ce ne fut d'abord qu'une retraite de pêcheurs et de quelques fugitifs, qui s'y réfugièrent au commencement du ve siècle, quand les Huns et les Goths ravageaient l'Italie. Il n'y avait pour toute ville que des cabanes sur le Rialto. Le nom de Venise n'était point encore connu. Ce Rialto, bien loin d'être libre, fut pendant trente années une simple bourgade appartenante à la ville de Padoue, qui la gouvernait par des consuls. La vicissitude des choses a mis depuis Padoue sous le joug de Venise.

Il n'y a aucune preuve que sous les rois lombards Venise ait eu une liberté reconnue. Il est plus vraisemblable que ses habitants furent oubliés dans leurs marais.

Le Rialto et les petites îles voisines ne commencèrent qu'en 709 à se gouverner par leurs magistrats. Ils furent alors indépendants de Padoue, et se regardèrent comme une république.

C'est en 709 qu'ils eurent le premier doge, qui ne fut qu'un tribun du peuple élu par des bourgeois. Plusieurs familles, qui donnèrent leurs voix à ce premier doge, subsistent encore. Elles sont les plus anciens nobles de l'Europe, sans en excepter aucune maison, et prouvent que la noblesse peut s'acquérir autrement qu'en possédant un château, ou en payant des patentes à un souverain.

 Héraclée fut le premier siége de cette république jusqu'à la mort de son troisième doge. Ce ne fut que vers la fin du ixe siècle que ces insulaires, retirés plus avant dans leurs lagunes, donnèrent à cet assemblage de petites îles, qui formèrent une ville, le nom de Venise, du nom de cette côte, qu'on appelait *terræ Venetorum*. Les habitants de ces marais ne pouvaient subsister que par leur commerce. La nécessité fut l'origine de leur puissance. Il n'est pas assurément bien décidé que cette république fût alors indépendante. (950) On voit que Bérenger, reconnu quelque temps empereur en Italie, accorda au doge le privilége de battre monnaie. Ces doges mêmes étaient obligés d'envoyer aux empereurs, en redevance, un manteau de drap d'or tous les ans; et Othon III leur remit en 998 cette espèce de petit tribut. Mais ces légères marques de vassalité n'ôtaient rien à la véritable puissance de Venise : car, tandis que les Vénitiens payaient un manteau d'étoffe d'or aux empereurs, ils acquirent par leur argent et par leurs armes toute la province d'Istrie, et presque toutes les côtes de Dalmatie, Spalatro, Raguse, Narenza. Leur doge prenait, vers le milieu du xe siècle, le titre de duc de Dalmatie; mais ces conquêtes enrichissaient moins Venise que le commerce, dans lequel elle surpassait encore les Génois : car, tandis que les barons d'Allemagne et de France bâtissaient des donjons et opprimaient les peuples, Venise attirait leur argent, en leur fournissant toutes les denrées de l'Orient. La Méditerranée était déjà couverte de ses vaisseaux, et elle s'enrichissait de l'ignorance et de la barbarie des nations septentrionales de l'Europe.

CHAPITRE XLIV.

DE L'ESPAGNE, ET DES MAHOMÉTANS DE CE ROYAUME, JUSQU'AU COMMENCEMENT DU XIIe SIÈCLE.

 L'Espagne était toujours partagée entre les mahométans et les chrétiens; mais les chrétiens n'en avaient pas la quatrième partie, et ce coin de terre était la contrée la plus stérile. L'Asturie, dont les princes prenaient le titre de roi de Léon ; une partie de la Vieille-Castille, gouvernée par des comtes ; Barcelone, et la moitié de la Catalogne, aussi sous un comte ; la Navarre, qui avait un roi ; une partie de l'Aragon, unie quelque temps à la Navarre : voilà ce qui composait les États des chrétiens. Les Maures possédaient le Portugal, la Murcie, l'Andalousie, Valence, Grenade, Tortose, et s'étendaient au milieu des terres par delà les montagnes de la Castille et de Saragosse. Le séjour des rois mahométans était toujours à Cordoue. Ils y avaient bâti cette grande mosquée dont la voûte est soutenue par trois cent soixante-cinq colonnes de marbre précieux, et qui porte encore parmi les chrétiens le nom de la *Mesquita*, mosquée, quoiqu'elle soit devenue cathédrale.

Les arts y fleurissaient ; les plaisirs recherchés, la magnificence, la galanterie, régnaient à la cour des rois maures. Les tournois, les combats à la barrière, sont peut-être de l'invention de ces Arabes. Ils avaient des spectacles, des théâtres, qui, tout grossiers qu'ils étaient, montraient du moins que les autres peuples étaient moins polis que ces mahométans. Cordoue était le seul pays de l'Occident où la géométrie, l'astronomie, la chimie, la médecine, fussent cultivées. (956) Sanche le Gros, roi de Léon, fut obligé de s'aller mettre à Cordoue entre les mains d'un fameux médecin arabe, qui, invité par le roi, voulut que le roi vînt à lui.

Cordoue est un pays de délices, arrosé par le Guadalquivir, où des forêts de citronniers, d'orangers, de grenadiers, parfument l'air, et où tout invite à la mollesse. Le luxe et le plaisir corrompirent enfin les rois musulmans. Leur domination fut, au xe siècle, comme celle de presque tous les princes chrétiens, partagée en petits États. Tolède, Murcie, Valence, Huesca même, eurent leurs rois. C'était le temps d'accabler cette puissance divisée ; mais les chrétiens d'Espagne étaient plus divisés encore. Ils se faisaient une guerre continuelle, se réunissaient pour se trahir, et s'alliaient souvent avec les musulmans. Alfonse V, roi de Léon, donna même sa sœur Thérèse en mariage au sultan Abdalla, roi de Tolède (1010).

Les jalousies produisent plus de crimes entre les petits princes qu'entre les grands souverains. La guerre seule peut décider du sort des vastes États ; mais les surprises, les perfidies, les assassinats, les empoisonnements, sont plus communs entre des rivaux voisins, qui, ayant beaucoup d'ambition et peu de ressources, mettent en œuvre tout ce qui peut suppléer à la force. C'est ainsi qu'un Sanche-Garcie, comte de Castille, empoisonna sa mère à la fin du x⁰ siècle, et que son fils, don Garcie, fut poignardé par trois seigneurs du pays, dans le temps qu'il allait se marier.

(1035) Enfin Ferdinand, fils de Sanche, roi de Navarre et d'Aragon, réunit sous sa puissance la Vieille-Castille, dont sa famille avait hérité par le meurtre de ce don Garcie, et le royaume de Léon, dont il dépouilla son beau-frère, qu'il tua dans une bataille (1036).

Alors la Castille devint un royaume, et Léon en fut une province. Ce Ferdinand, non content d'avoir ôté la couronne de Léon et la vie à son beau-frère, enleva aussi la Navarre à son propre frère, qu'il fit assassiner dans une bataille qu'il lui livra. C'est ce Ferdinand à qui les Espagnols ont prodigué le nom de Grand, apparemment pour déshonorer ce titre trop prodigué aux usurpateurs.

Son père, don Sanche, surnommé aussi le Grand, pour avoir succédé aux comtes de Castille, et pour avoir marié un de ses fils à la princesse des Asturies, s'était fait proclamer empereur, et don Ferdinand voulut aussi prendre ce titre. Il est sûr qu'il n'est ni ne peut être de titre affecté aux souverains que ceux qu'ils veulent prendre, et que l'usage leur donne. Le nom d'empereur signifiait partout l'héritier des Césars et le maître de l'empire romain, ou du moins celui qui prétendait l'être. Il n'y a pas d'apparence que cette appellation pût être le titre distinctif d'un prince mal affermi, qui gouvernait la quatrième partie de l'Espagne.

L'empereur Henri III mortifia la fierté castillane, en demandant à Ferdinand l'hommage de ses petits États comme d'un fief de l'empire. Il est difficile de dire quelle était la plus mauvaise prétention, celle de l'empereur allemand, ou celle de l'espagnol. Ces idées vaines n'eurent aucun effet, et l'État de Ferdinand resta un petit royaume libre.

C'est sous le règne de ce Ferdinand que vivait Rodrigue, surnommé *le Cid,* qui en effet épousa depuis Chimène, dont il avait tué le père. Tous ceux qui ne connaissent cette histoire que par la tragédie si célèbre dans le siècle passé croient que le roi don Ferdinand possédait l'Andalousie.

Les fameux exploits du Cid furent d'abord d'aider don Sanche, fils aîné de Ferdinand, à dépouiller ses frères et ses sœurs de l'héritage que leur avait laissé leur père. Mais don Sanche ayant été assassiné dans une de ces expéditions injustes, ses frères rentrèrent dans leurs États (1073).

Alors il y eut près de vingt rois en Espagne, soit chrétiens, soit musulmans; et, outre ces vingt rois, un nombre considérable de seigneurs indépendants et pauvres, qui venaient à cheval, armés de toutes pièces, et suivis de quelques écuyers, offrir leurs services aux princes ou aux princesses qui étaient en guerre. Cette coutume, déjà répandue en Europe, ne fut nulle part plus accréditée qu'en Espagne. Les princes à qui ces chevaliers s'engageaient leur ceignaient le baudrier, et leur faisaient présent d'une épée, dont ils leur donnaient un coup léger sur l'épaule. Les chevaliers chrétiens ajoutèrent d'autres cérémonies à l'accolade. Ils faisaient la veille des armes devant un autel de la Vierge : les musulmans se contentaient de se faire ceindre d'un cimeterre. Ce fut là l'origine des chevaliers errants, et de tant de combats particuliers. Le plus célèbre fut celui qui se fit après la mort du roi don Sanche, assassiné en assiégeant sa sœur Ouraca dans la ville de Zamore. Trois chevaliers soutinrent l'innocence de l'infante contre don Diègue de Lare, qui l'accusait. Ils combattirent l'un après l'autre en champ clos, en présence des juges nommés de part et d'autre. Don Diègue renversa et tua deux des chevaliers de l'infante; et le cheval du troisième ayant les rênes coupées, et emportant son maître hors des barrières, le combat fut jugé indécis.

Parmi tant de chevaliers, le Cid fut celui qui se distingua le plus contre les musulmans. Plusieurs chevaliers se rangèrent sous sa bannière ; et tous ensemble, avec leurs écuyers et leurs gendarmes, composaient une armée couverte de fer, montée sur les plus beaux chevaux du pays. Le Cid vainquit plus d'un petit roi maure ; et s'étant ensuite fortifié dans la ville d'Alcasas, il s'y forma une souveraineté.

Enfin il persuada à son maître Alfonse VI, roi de la Vieille-Castille, d'assiéger la ville de Tolède, et lui offrit tous ses chevaliers pour cette entreprise. Le bruit de ce siége et la réputation du Cid appelèrent de l'Italie et de la France beaucoup de chevaliers et de princes. Raimond, comte de Toulouse, et deux princes du sang de France, de la branche de Bourgogne, vinrent à ce siége. Le roi mahométan, nommé Hiaja, était fils d'un des plus généreux princes dont l'histoire ait conservé le nom. Almamon, son père, avait donné dans Tolède un asile à ce même roi Alfonse que son père Sanche persécutait alors. Ils avaient vécu longtemps ensemble dans une amitié peu commune ; et Almamon, loin de le retenir, quand après la mort de Sanche il devint roi, et par conséquent à craindre, lui avait fait part de ses trésors : on dit même qu'ils s'étaient séparés en pleurant. Plus d'un chevalier mahométan sortit des murs pour reprocher au roi Alfonse son ingratitude envers son bienfaiteur ; et il y eut plus d'un combat singulier sous les murs de Tolède.

Le siége dura une année. Enfin Tolède capitula, mais à condition que l'on traiterait les musulmans comme ils en avaient usé avec les chrétiens, qu'on leur laisserait leur religion et leurs lois : promesse qu'on tint d'abord, et que le temps fit violer. Toute la Castille-Neuve se rendit ensuite au Cid, qui en prit possession au nom d'Alfonse ; et Madrid, petite place qui devait un jour être la capitale de l'Espagne, fut pour la première fois au pouvoir des chrétiens.

Plusieurs familles vinrent de France s'établir dans Tolède. On leur donna des priviléges qu'on appelle même encore en Espagne *franchises*. Le roi Alfonse fit aussitôt une assemblée d'évêques, laquelle, sans le concours du peuple, autrefois nécessaire, élut pour évêque de Tolède un prêtre nommé Bertrand, à qui le pape Urbain II conféra la primatie d'Espagne, à la prière du roi. La conquête fut presque toute pour l'Église ; mais le primat eut l'imprudence d'en abuser, en violant les conditions que le roi avait jurées aux Maures. La grande mosquée devait rester aux mahométans. L'archevêque, pendant l'absence du roi, en fit une église, et excita contre lui une sédition. Alfonse revint à Tolède, irrité contre l'indiscrétion du prélat. Il apaisa le soulèvement, en rendant la mosquée aux Arabes, et en menaçant de punir l'archevêque. Il engagea les musulmans à lui demander eux-mêmes la grâce du prélat chrétien, et ils furent contents et soumis.

Alfonse augmenta encore par un mariage les États qu'il gagnait par l'épée du Cid. Soit politique, soit goût, il épousa Zaïde, fille de Benadat, nouveau roi maure d'Andalousie, et reçut en dot plusieurs villes. On ne dit point que cette épouse d'Alfonse ait embrassé le christianisme. Les Maures passaient encore pour une nation supérieure : on se tenait honoré de s'allier à eux ; le surnom de Rodrigue était maure ; et de là vient qu'on appela les Espagnols *Maranas*[1].

On reproche à ce roi Alfonse d'avoir, conjointement avec son

---

[1]. Voltaire a déjà parlé d'un mariage semblable. Mais, suivant l'usage musulman adopté par la plupart des princes de l'Espagne chrétienne, Alonzo n'admit dans sa couche Zaïda, fille de Ben-Aden, émir de Séville, que comme concubine et non comme épouse. Les réflexions dont Voltaire fait suivre ce fait sont également fausses. Quant au surnom de Rodrigue, *Al Cambitour* (*Campeador*), c'est tout bonnement celui qu'on trouve dans les chroniques arabes, comme chez les chrétiens on disait le *Cid*. (G. A.)

beau-père, appelé en Espagne d'autres mahométans d'Afrique. Il est difficile de croire qu'il ait fait une si étrange faute contre la politique ; mais les rois se conduisent quelquefois contre la vraisemblance. Quoi qu'il en soit, une armée de Maures vient fondre d'Afrique en Espagne, et augmenter la confusion où tout était alors. Le miramolin qui régnait à Maroc envoie son général Abénada au secours du roi d'Andalousie. Ce général trahit non-seulement ce roi même à qui il était envoyé, mais encore le miramolin, au nom duquel il venait. Enfin le miramolin irrité vient lui-même combattre son général perfide, qui faisait la guerre aux autres mahométans, tandis que les chrétiens étaient aussi divisés entre eux.

L'Espagne était ainsi déchirée par les mahométans et les chrétiens, lorsque le Cid, don Rodrigue, à la tête de sa chevalerie, subjugua le royaume de Valence. Il y avait en Espagne peu de rois plus puissants que lui ; mais il n'en prit pas le nom, soit qu'il préférât le titre de Cid, soit que l'esprit de chevalerie le rendît fidèle au roi Alfonse son maître. Cependant il gouverna Valence avec l'autorité d'un souverain, recevant des ambassadeurs, et respecté de toutes les nations. De tous ceux qui se sont élevés par leur courage, sans rien usurper, il n'y en a pas eu un seul qui ait eu autant de puissance et de gloire que le Cid [1].

Après sa mort, arrivée l'an 1096 [2], les rois de Castille et d'Aragon continuèrent toujours leurs guerres contre les Maures : l'Espagne ne fut jamais plus sanglante et plus désolée ; triste effet de l'ancienne conspiration de l'archevêque Opas et du comte Julien, qui faisait, au bout de quatre cents ans, et fit encore longtemps après les malheurs de l'Espagne.

C'était donc depuis le milieu du xi° siècle jusqu'à la fin que le Cid se rendit si célèbre en Europe : c'était le temps brillant de la chevalerie ; mais c'était aussi le temps des emportements audacieux de Grégoire VII, des malheurs de l'Allemagne et de l'Italie, et de la première croisade.

1. Voltaire, dans cette histoire du *Cid*, suit trop à la lettre la légende espagnole. Loin d'être un parfait chevalier, le Cid Campóador n'était qu'une espèce de *condottiere*, louant ses services à qui les payait le mieux, Arabes ou chrétiens. La petite souveraineté qu'il établit à Valence, vassale de nom de la Castille, était indépendante de fait. Sa femme s'appelait bien Ximena. (G. A.)

2. Ou plutôt 1099.

CHAPITRE XLV.

DE LA RELIGION ET DE LA SUPERSTITION AUX X' ET XI' SIÈCLES.

Les hérésies semblent être le fruit d'un peu de science et de loisir. On a vu que l'état où était l'Église au x° siècle ne permettait guère le loisir ni l'étude. Tout le monde était armé, et on ne disputait que des richesses. Cependant en France, du temps du roi Robert, il y eut quelques prêtres, et entre autres un nommé Étienne, confesseur de la reine Constance, accusés d'hérésie. On ne les appela manichéens que pour leur donner un nom plus odieux; car ni eux ni leurs juges ne pouvaient guère connaître la philosophie du Persan Manès. C'étaient probablement des enthousiastes qui tendaient à une perfection outrée pour dominer sur les esprits : c'est le caractère de tous les chefs de sectes. On leur imputa des crimes horribles, et des sentiments dénaturés, dont on charge toujours ceux dont on ne connaît pas les dogmes. (1028) Ils furent juridiquement accusés de réciter les litanies à l'honneur des diables, d'éteindre ensuite les lumières, de se mêler indifféremment, et de brûler le premier des enfants qui naissaient de ces incestes, pour en avaler les cendres. Ce sont à peu près les reproches qu'on faisait aux premiers chrétiens. Les hérétiques dont je parle étaient surtout accusés d'enseigner que Dieu n'est point venu sur la terre, qu'il n'a pu naître d'une vierge, qu'il n'est ni mort ni ressuscité. En ce cas ils n'étaient pas chrétiens. Je vois que les accusations de cette espèce se contredisent toujours.

Ceux qu'on appelait manichéens, ceux qu'on nomma depuis Albigeois, Vaudois, Lollars, et qui reparurent si souvent sous tant d'autres noms, étaient des restes des premiers chrétiens des Gaules, attachés à plusieurs anciens usages que la cour romaine changea depuis, et à des opinions vagues que le temps dissipe. Par exemple, ces premiers chrétiens n'avaient point connu les images ; la confession auriculaire ne leur avait pas d'abord été commandée. Il ne faut pas croire que du temps de Clovis, et avant lui, on fût parfaitement instruit dans les Alpes du dogme de la transsubstantiation et de plusieurs autres. On vit, au viii° siècle, Claude, archevêque de Turin, adopter la plupart des sentiments qui font aujourd'hui le fondement de la religion protestante, et prétendre que ces sentiments étaient ceux de la primitive Église. Il y a presque toujours un petit troupeau séparé du grand ; et, depuis le commencement du xie siècle, ce petit troupeau fut dispersé ou égorgé, quand il voulut trop paraître.

Le roi Robert et sa femme Constance se transportèrent à Orléans, où se tenaient quelques assemblées de ceux qu'on appelait manichéens. Les évêques firent brûler treize de ces malheureux. Le roi, la reine, assistèrent à ce spectacle indigne de leur majesté. Jamais, avant cette exécution, on n'avait en France livré au dernier supplice aucun de ceux qui dogmatisent sur ce qu'ils n'entendent point. Il est vrai que Priscillien, au ve siècle, avait été condamné à la mort dans Trèves, avec sept de ses disciples ; mais la ville de Trèves, qui était alors dans les Gaules, n'est plus annexée à la France depuis la décadence de la famille de Charlemagne. Ce qu'il faut observer, c'est que saint Martin ne voulut point communiquer avec les évêques qui avaient demandé le sang de Priscillien : il disait hautement qu'il était horrible de condamner des hommes à la mort parce qu'ils se trompent. Il ne se trouva point de saint Martin du temps du roi Robert.

Il s'élevait alors quelques légers nuages sur l'eucharistie ; mais ils ne formaient point encore d'orages. Ce sujet de querelle, qui ne devait être qu'un sujet d'adoration et de silence, avait échappé à l'imagination ardente des chrétiens grecs. Il fut probablement négligé, parce qu'il ne laissait aucune prise à cette métaphysique, cultivée par les docteurs depuis qu'ils eurent adopté les idées de Platon. Ils avaient trouvé de quoi exercer leur philosophie dans l'explication de la Trinité, dans la consubstantialité du Verbe, dans l'union des deux natures et des deux volontés, enfin dans l'abîme de la prédestination. La question si du pain et du vin sont changés en la seconde personne de la Trinité, et par conséquent en Dieu ; si on mange et on boit cette seconde personne réellement ou seulement par la foi : cette question, dis-je, était d'un autre genre, qui ne paraissait pas soumis à la philosophie de ces temps. Aussi on se contenta de faire la cène le soir dans les premiers âges du christianisme, et de communier à la messe sous les deux espèces, au temps dont je parle, sans que les peuples eussent une idée fixe et déterminée sur ce mystère étrange.

Il paraît que dans beaucoup d'Églises, et surtout en Angleterre, on croyait qu'on ne mangeait et qu'on ne buvait Dieu que spirituellement. On trouve dans la bibliothèque Bodléienne une homélie du xe siècle, dans laquelle sont ces propres mots : « C'est véritablement par la consécration le corps et le sang de Jésus-Christ, non corporellement, mais spirituellement. Le corps dans lequel Jésus-Christ souffrit, et le corps eucharistique, sont entièrement différents. Le premier était composé de chair et d'os animés par une âme raisonnable ; mais ce que nous nommons eucharistie n'a ni sang, ni os, ni âme. Nous devons donc l'entendre dans un sens spirituel[1]. »

Jean Scot, surnommé Érigène, parce qu'il était d'Irlande, avait longtemps auparavant, sous le règne de Charles le Chauve, et même, à ce qu'il dit, par ordre de cet empereur, soutenu à peu près la même opinion.

Du temps de Jean Scot, Ratram[2], moine de Corbie, et d'autres,

---

1. « Si vous trouvez un précepte qui défende ou un crime ou une action honteuse (*aut facinus aut flagitium*), qui prescrive une conduite sage ou un acte de bienfaisance, ce précepte n'est pas une figure ; mais si un précepte paraît ordonner un crime ou une action honteuse, s'il paraît condamner une conduite sage ou un acte de bienfaisance, il faut l'entendre dans le sens figuré. « Si vous ne mangez la « chair du fils de l'homme, si vous ne buvez point son sang, vous n'aurez point « la vie au dedans de vous. » Ce précepte semble ordonner *un crime ou une action honteuse*. C'est donc une figure qui nous ordonne de nous unir à la passion du Seigneur, et de garder dans notre mémoire avec douceur et avec fruit que sa chair a été crucifiée et blessée pour nous.

« Si præceptiva locutio est aut flagitium aut facinus vetans, aut utilitatem aut beneficentiam jubens, non est figurata. Si autem flagitium aut facinus videtur jubere, aut utilitatem aut beneficentiam vetare, figurata est. *Nisi manducaveritis, inquit, carnem filii hominis, et sanguinem biberitis, non habebitis vitam in vobis*, facinus vel flagitium videtur jubere : figura est ergo præcipiens passioni dominicæ communicandum, et suaviter atque utiliter recondendum in memoria, quod pro nobis caro ejus crucifixa et vulnerata sit. » Saint Augustin, livre IIIe de la *Doctrine chrétienne*.

Au concile de Constantinople, en 754, plus de trois cents évêques dirent que l'eucharistie était la seule *image* permise de Jésus-Christ ; que cette image était sous la figure de pain, parce que si elle avait eu l'apparence de la figure humaine, elle aurait pu entraîner à l'idolâtrie, etc. : ils paraissaient donc ne pas admettre la réalité. Dans le second concile de Nicée, où celui de Constantinople fut rejeté, et que nous regardons comme œcuménique, on répondit à ces raisonnements, et on se rapprocha davantage de la doctrine actuelle de l'Église romaine ; mais cette discussion paraît moins intéresser le concile que le culte des images, et on ne la traite qu'incidemment. Le concile de Francfort, en Occident, rejeta, comme on sait, ce second concile de Nicée, sans faire aucune attention à cette dispute sur l'eucharistie. Mais l'on pouvait présager dès lors que les querelles sur la réalité ne tarderaient pas à troubler l'Église.

Ces actes du second concile de Nicée, qui prouvent d'ailleurs dans quelle ignorance et dans quelle honteuse crédulité l'Église était alors plongée, sont antérieurs à *Paschase Ratbert*.

Remarquons que la réalité, ou du moins la doctrine qui s'en approchait le plus, avait pour partisans ceux du culte des images ; et que les décisions de l'Église ont toujours été en faveur de l'opinion la plus opposée à la raison, et la plus propre à frapper les esprits du peuple. Voyez pages 383 et 384. (K.)

2. Ou mieux Ratramne. (G. A.)

avaient écrit sur ce mystère d'une manière à faire penser qu'ils ne croyaient pas ce qu'on appela depuis la *présence réelle*. Car Ratram, dans son écrit adressé à l'empereur Charles le Chauve, dit en termes exprès : « C'est le corps de Jésus-Christ qui est vu, reçu, et mangé, non par les sens corporels, mais par les yeux de l'esprit fidèle. » « Il est évident, ajoute-t-il, qu'il n'y a aucun changement dans le pain et dans le vin ; ils ne sont donc que ce qu'ils étaient auparavant. » Il finit par dire, après avoir cité saint Augustin, que « le pain appelé corps, et le vin appelé sang, sont une figure, parce que c'est un mystère ».

D'autres passages de Ratram sont équivoques : quelques-uns, contradictoires aux premiers, paraissaient favorables à la *présence réelle*; mais, de quelque manière qu'il s'entendît et qu'on l'entendît, on écrivit contre lui. Un autre moine bénédictin, nommé Paschase Ratbert, qui vivait à peu près dans le même temps, a passé pour être le premier qui ait développé ce sentiment en termes exprès, en disant que « le pain était le véritable corps qui était sorti de la Vierge ; et le vin avec l'eau, le véritable sang coulé du côté de Jésus, réellement, et non pas en figure ». Cette dispute produisit celle des stercoristes ou stercoranistes, qui, osant examiner physiquement un objet de la foi, prétendirent qu'on digérait le pain et le vin sacrés, et qu'ils suivaient le sort ordinaire des aliments.

Comme ces questions se traitaient en latin, et que les laïques, alors occupés uniquement de la guerre, prenaient peu de part aux disputes de l'école, elles ne produisirent heureusement aucun trouble. Les peuples n'avaient qu'une idée vague et obscure de la plupart des mystères : ils ont toujours reçu leurs dogmes comme la monnaie, sans examiner le poids et le titre.

Enfin Bérenger, archidiacre d'Angers, enseigna vers 1050, par écrit et dans la chaire, que le corps véritable de Jésus-Christ n'est point et ne peut être sous les apparences du pain et du vin.

Il affirmait que ce qui aurait donné une indigestion, s'il avait été mangé en trop grande quantité, ne pouvait être qu'un aliment; que ce qui aurait enivré si on en avait trop bu, était une liqueur réelle ; qu'il n'y avait point de blancheur sans un objet blanc, point de rondeur sans un objet rond ; qu'il est physiquement impossible que le même corps puisse être en mille lieux à la fois. Ses propositions révoltèrent d'autant plus que Bérenger, ayant une très-grande réputation, avait d'autant plus d'ennemis. Celui qui se distingua le plus contre lui fut Lanfranc, de race lombarde, né à Pavie, qui était venu chercher une fortune en France : il balançait la réputation de Bérenger. Voici comme il s'y prenait pour le confondre dans son traité *de corpore Domini*.

« On peut dire avec vérité que le corps de notre Seigneur dans l'eucharistie est le même qui est sorti de la Vierge, et que ce n'est pas le même. C'est le même quant à l'essence et aux propriétés de la véritable nature, et ce n'est pas le même quant aux espèces du pain et du vin ; de sorte qu'il est le même quant à la substance, et qu'il n'est pas le même quant à la forme. »

Cette décision théologique parut être en général celle de l'Église. Bérenger n'avait raisonné qu'en philosophe. Il s'agissait d'un objet de la foi, d'un mystère, que l'Église reconnaissait comme incompréhensible. Il était du corps de l'Église ; il était payé par elle ; il devait donc avoir la même foi qu'elle, et soumettre sa raison comme elle, disait-on. Il fut condamné au concile de Paris en 1050, condamné encore à Rome en 1079, et obligé de prononcer sa rétractation ; mais cette rétractation forcée ne fit que graver plus avant ses sentiments dans son cœur. Il mourut dans son opinion, qui ne fit alors ni schisme ni guerre civile. Le temporel seul était le grand objet qui occupait l'ambition des bénéficiers et des moines. L'autre source, qui devait faire verser tant de sang, n'était pas encore ouverte[1].

C'est après la dispute et la condamnation de Bérenger que l'Église institua l'usage de l'élévation de l'hostie, afin que le peuple, en l'adorant, ne doutât pas de la réalité qu'on avait combattue ; mais le terme de transsubstantiation ne fut pas encore attaché à ce mystère ; il ne fut adopté qu'en 1215, dans un concile de Latran.

L'opinion de Scot, de Ratram, de Bérenger, ne fut pas ensevelie ; elle se perpétua chez quelques ecclésiastiques ; elle passa aux Vaudois, aux Albigeois, aux Hussites, aux protestants, comme nous le verrons.

Vous avez dû observer que dans toutes les disputes qui ont animé les chrétiens les uns contre les autres depuis la naissance de l'Église, Rome s'est toujours décidée pour l'opinion qui soumettait le plus l'esprit humain, et qui anéantissait le plus le raisonnement : je ne parle ici que de l'historique ; je mets à part

---

1. On pouvait cependant prévoir déjà les guerres purement religieuses. Le concile de Paris, tenu contre Bérenger, en 1050, déclare que « si Bérenger ne se rétractait avec ses sectateurs, toute l'armée de France ayant le clergé à la tête, *en habit ecclésiastique*, irait les chercher quelque part qu'ils fussent, et les assiéger jusqu'à ce qu'ils se soumissent à la foi catholique, ou qu'ils fussent pris pour *être punis de mort* ». (FLEURI.) (K.)

l'inspiration de l'Église et son infaillibilité, qui ne sont pas du ressort de l'histoire. Il est certain qu'en faisant du mariage un sacrement, on faisait de la fidélité des époux un devoir plus saint, et de l'adultère une faute plus odieuse; que la croyance d'un dieu réellement présent dans l'eucharistie, passant dans la bouche et dans l'estomac d'un communiant, le remplissait d'une terreur religieuse. Quel respect ne devait-on pas avoir pour ceux qui changeaient d'un mot le pain en dieu, et surtout pour le chef d'une religion qui opérait un tel prodige! Quand la simple raison humaine combattit ces mystères, elle affaiblit l'objet de sa vénération; et la multiplicité des prêtres, en rendant le prodige trop commun, le rendit moins respectable aux peuples.

Il ne faut pas omettre l'usage qui commença à s'introduire dans le XIe siècle, de racheter par les aumônes et par les prières des vivants les peines des morts, de délivrer leurs âmes du purgatoire, et l'établissement d'une fête solennelle consacrée à cette piété.

L'opinion d'un purgatoire, ainsi que d'un enfer, est de la plus haute antiquité; mais elle n'est nulle part si clairement exprimée que dans le VIe livre de *l'Énéide*[1] de Virgile, dans lequel on retrouve la plupart des mystères de la religion des gentils.

> Ergo exercentur pœnis, veterumque malorum
> Supplicia expendunt, etc.

Cette idée fut peu à peu sanctifiée dans le christianisme; et on la porta jusqu'à croire que l'on pouvait par des prières modérer les arrêts de la Providence, et obtenir de Dieu la grâce d'un mort condamné dans l'autre vie à des peines passagères.

Le cardinal Pierre Damien, celui-là même qui conte que la femme du roi Robert accoucha d'une oie, rapporte qu'un pèlerin revenant de Jérusalem fut jeté par la tempête dans une île où il trouva un bon ermite, lequel lui apprit que cette île était habitée par les diables; que son voisinage était tout couvert de flammes, dans lesquelles les diables plongeaient les âmes des trépassés; que ces mêmes diables ne cessaient de crier et de hurler contre saint Odillon, abbé de Cluny, leur ennemi mortel. Les prières de cet Odillon, disaient-ils, et celles de ses moines, nous enlèvent toujours quelque âme.

Ce rapport ayant été fait à Odillon, il institua dans son cou-

---

1. Vers 730 et suiv.

vent de Cluny la fête des morts. Il n'y avait dans cette fête qu'un grand fonds d'humanité et de piété; et ces sentiments pouvaient servir d'excuse à la fable du pèlerin. L'Église adopta bientôt cette solennité, et en fit une fête d'obligation : on attacha de grandes indulgences aux prières pour les morts. Si on s'en était tenu là, ce n'eût été qu'une dévotion; mais bientôt elle dégénéra en abus : on vendit cher les indulgences; les moines mendiants, surtout, se firent payer pour tirer les âmes du purgatoire; ils ne parlèrent que d'apparitions des trépassés, d'âmes plaintives qui venaient demander du secours, de morts subites et de châtiments éternels de ceux qui en avaient refusé; le brigandage succéda à la piété crédule, et ce fut une des raisons qui, dans la suite des temps, firent perdre à l'Église romaine la moitié de l'Europe.

On croit bien que l'ignorance de ces siècles affermissait les superstitions populaires. J'en rapporterai quelques exemples qui ont longtemps exercé la crédulité humaine. On prétend que l'empereur Othon III fit périr sa femme, Marie d'Aragon, pour cause d'adultère. Il est très-possible qu'un prince cruel et dévot, tel qu'on peint Othon III, envoie au supplice sa femme moins débauchée que lui; mais vingt auteurs ont écrit, et Maimbourg a répété après eux, et d'autres ont répété après Maimbourg, que l'impératrice ayant fait des avances à un jeune comte italien, qui les refusa par vertu, elle accusa ce comte auprès de l'empereur de l'avoir voulu séduire, et que le comte fut puni de mort. La veuve du comte, dit-on, vint, la tête de son mari à la main, demander justice, et prouver son innocence. Cette veuve demande d'être admise à l'épreuve du fer ardent : elle tint tant qu'on voulut une barre de fer toute rouge dans ses mains sans se brûler; et ce prodige servant de preuve juridique, l'impératrice fut condamnée à être brûlée vive.

Maimbourg aurait dû faire réflexion que cette fable est rapportée par des auteurs qui ont écrit très-longtemps après le règne d'Othon III; qu'on ne dit pas seulement les noms de ce comte italien, et de cette veuve qui maniait si impunément des barres de fer rouge : il est même très-douteux qu'il y ait jamais eu une Marie d'Aragon, femme d'Othon III. Enfin, quand même des auteurs contemporains auraient authentiquement rendu compte d'un tel événement, ils ne mériteraient pas plus de croyance que les sorciers qui déposent en justice qu'ils ont assisté au sabbat.

L'aventure de la barre de fer doit faire révoquer en doute le supplice de la prétendue impératrice Marie d'Aragon, rapporté dans tant de dictionnaires et d'histoires, où dans chaque page le mensonge est joint à la vérité.

Le second événement est du même genre. On prétend que Henri II, successeur d'Othon III, éprouva la fidélité de sa femme Cunégonde, en la faisant marcher pieds nus sur neuf socs de charrue rougis au feu. Cette histoire, rapportée dans tant de martyrologes, mérite la même réponse que celle de la femme d'Othon.

Didier, abbé du Mont-Cassin, et plusieurs autres écrivains, rapportent un fait à peu près semblable, et qui est plus célèbre. En 1063, des moines de Florence, mécontents de leur évêque, allèrent crier à la ville et à la campagne : « Notre évêque est un simoniaque et un scélérat; » et ils eurent, dit-on, la hardiesse de promettre qu'ils prouveraient cette accusation par l'épreuve du feu. On prit donc jour pour cette cérémonie, et ce fut le mercredi de la première semaine du carême. Deux bûchers furent dressés, chacun de dix pieds de long sur cinq de large, séparés par un sentier d'un pied et demi de largeur, rempli de bois sec. Les deux bûchers ayant été allumés, et cet espace réduit en charbon, le moine Pierre Aldobrandin passe à travers sur ce sentier, à pas graves et mesurés, et revient même prendre au milieu des flammes son manipule qu'il avait laissé tomber. Voilà ce que plusieurs historiens disent qu'on ne peut nier qu'en renversant tous les fondements de l'histoire ; mais il est sûr qu'on ne peut le croire sans renverser tous les fondements de la raison.

Il se peut faire sans doute qu'un homme passe très-rapidement entre deux bûchers, et même sur des charbons, sans en être tout à fait brûlé ; mais y passer et y repasser d'un pas grave pour reprendre son manipule, c'est une de ces aventures de la *Légende dorée* dont il n'est plus permis de parler à des hommes raisonnables.

La dernière épreuve que je rapporterai est celle dont on se servit pour décider en Espagne, après la prise de Tolède en 1085, si on devait réciter l'office romain, ou celui qu'on appelait mosarabique. On convint d'abord unanimement de terminer la querelle par le duel. Deux champions armés de toutes pièces combattirent dans toutes les règles de la chevalerie. Don Ruiz de Martanza, chevalier du missel mosarabique, fit perdre les arçons à son adversaire, et le renversa mourant. Mais la reine, qui avait beaucoup d'inclination pour le missel romain, voulut qu'on tentât l'épreuve du feu. Toutes les lois de la chevalerie s'y opposaient : cependant on jeta au feu les deux missels, qui probablement furent brûlés; et le roi, pour ne mécontenter personne, convint que quelques églises prieraient Dieu selon le rituel romain, et que d'autres garderaient le mosarabique.

Tout ce que la religion a de plus auguste était défiguré dans presque tout l'Occident par les coutumes les plus ridicules. La fête des fous, celle des ânes [1], étaient établies dans la plupart des églises. On créait aux jours solennels un évêque des fous; on faisait entrer dans la nef un âne en chape et en bonnet carré. L'âne était révéré en mémoire de celui qui porta Jésus-Christ.

Les danses dans l'église, les festins sur l'autel, les dissolutions, les farces obscènes, étaient les cérémonies de ces fêtes, dont l'usage extravagant dura environ sept siècles dans plusieurs diocèses. A n'envisager que les coutumes que je viens de rapporter, on croirait voir le portrait des Nègres et des Hottentots; et il faut avouer qu'en plus d'une chose nous n'avons pas été supérieurs à eux.

Rome a souvent condamné ces coutumes barbares, aussi bien que le duel et les épreuves. Il y eut toujours dans les rites de l'Église romaine, malgré tous les troubles et tous les scandales, plus de décence, plus de gravité qu'ailleurs; et on sentait qu'en tout cette Église, quand elle était libre et bien gouvernée, était faite pour donner des leçons aux autres.

CHAPITRE XLVI.

DE L'EMPIRE, DE L'ITALIE, DE L'EMPEREUR HENRI IV, ET DE GRÉGOIRE VII. DE ROME ET DE L'EMPIRE DANS LE XIe SIÈCLE. DE LA DONATION DE LA COMTESSE MATHILDE. DE LA FIN MALHEUREUSE DE L'EMPEREUR HENRI IV ET DU PAPE GRÉGOIRE VII.

Il est temps de revenir aux ruines de Rome, et à cette ombre du trône des Césars, qui reparaissait en Allemagne.

On ne savait encore qui dominerait dans Rome, et quel serait le sort de l'Italie. Les empereurs allemands se croyaient de droit maîtres de tout l'Occident; mais à peine étaient-ils sou-

---

1. Voyez ci-après chapitre LXXXII, et le *Dictionnaire philosophique*, au mot ANE.

verains en Allemagne, où le grand gouvernement féodal des seigneurs et des évêques commençait à jeter de profondes racines. Les princes normands, conquérants de la Pouille et de la Calabre, formaient une nouvelle puissance. L'exemple des Vénitiens inspirait aux grandes villes d'Italie l'amour de la liberté. Les papes n'étaient pas encore souverains, et voulaient l'être.

Le droit des empereurs de nommer les papes commençait à s'affermir; mais on sent bien que tout devait changer à la première circonstance favorable. (1056) Elle arriva bientôt, à la minorité de l'empereur Henri IV, reconnu du vivant de Henri III, son père, pour son successeur.

Dès le temps même de Henri III, la puissance impériale diminuait en Italie. Sa sœur, comtesse ou duchesse de Toscane, mère de cette véritable bienfaitrice des papes, la comtesse Mathilde d'Este, contribua plus que personne à soulever l'Italie contre son frère. Elle possédait, avec le marquisat de Mantoue, la Toscane, et une partie de la Lombardie. Ayant eu l'imprudence de venir à la cour d'Allemagne, on l'arrêta longtemps prisonnière. Sa fille, la comtesse Mathilde, hérita de son ambition, et de sa haine pour la maison impériale.

Pendant la minorité de Henri IV, les brigues, l'argent, et les guerres civiles, firent plusieurs papes. Enfin on élut, en 1061, Alexandre II, sans consulter la cour impériale. En vain cette cour nomma un autre pape : son parti n'était pas le plus fort en Italie; Alexandre II l'emporta, et chassa de Rome son compétiteur. C'est ce même Alexandre II que nous avons vu vendre sa bénédiction au bâtard Guillaume de Normandie, usurpateur de l'Angleterre.

Henri IV, devenu majeur, se vit empereur d'Italie et d'Allemagne presque sans pouvoir. Une partie des princes séculiers et ecclésiastiques de sa patrie se liguèrent contre lui, et l'on sait qu'il ne pouvait être maître de l'Italie qu'à la tête d'une armée, qui lui manquait. Son pouvoir était peu de chose, son courage était au-dessus de sa fortune.

(1073) Quelques auteurs rapportent qu'étant accusé, dans la diète de Vurtzbourg, d'avoir voulu faire assassiner les ducs de Souabe et de Carinthie, il offrit de se battre en duel contre l'accusateur, qui était un simple gentilhomme. Le jour fut déterminé pour le combat; et l'accusateur, en ne paraissant pas, sembla justifier l'empereur.

Dès que l'autorité d'un prince est contestée, ses mœurs sont toujours attaquées. On lui reprochait publiquement d'avoir des maîtresses, tandis que les moindres clercs en avaient impunément. Il voulait se séparer de sa femme, fille d'un marquis de Ferrare, avec laquelle il disait n'avoir jamais pu consommer son mariage. Quelques emportements de sa jeunesse aigrissaient encore les esprits, et sa conduite affaiblissait son pouvoir.

Il y avait alors à Rome un moine de Cluny, devenu cardinal, homme inquiet, ardent, entreprenant, qui savait mêler quelquefois l'artifice à l'ardeur de son zèle pour les prétentions de l'Église. Hildebrand était le nom de cet homme audacieux, qui fut depuis ce célèbre Grégoire VII, né à Soane en Toscane, de parents inconnus, élevé à Rome, reçu moine de Cluny sous l'abbé Odillon, député depuis à Rome pour les intérêts de son ordre, employé après par les papes dans toutes ces affaires qui demandent de la souplesse et de la fermeté, et déjà célèbre en Italie par un zèle intrépide. La voix publique le désignait pour le successeur d'Alexandre II, dont il gouvernait le pontificat. Tous les portraits, ou flatteurs ou odieux, que tant d'écrivains ont faits de lui se trouvent dans le tableau d'un peintre napolitain, qui peignit Grégoire tenant une houlette dans une main et un fouet dans l'autre, foulant des sceptres à ses pieds, et ayant à côté de lui les filets et les poissons de saint Pierre.

(1073) Grégoire engagea le pape Alexandre à faire un coup d'éclat inouï, à sommer le jeune Henri de venir comparaître à Rome devant le tribunal du saint-siége. C'est le premier exemple d'une telle entreprise. Et dans quel temps la hasarde-t-on? lorsque Rome était tout accoutumée par Henri III, père de Henri IV, à recevoir ses évêques sur un simple ordre de l'empereur. C'était précisément cette servitude dont Grégoire voulait secouer le joug; et pour empêcher les empereurs de donner des lois dans Rome, il voulait que le pape en donnât aux empereurs. Cette hardiesse n'eut point de suite. Il semble qu'Alexandre II était un enfant perdu qu'Hildebrand détachait contre l'empire avant d'engager la bataille. La mort d'Alexandre suivit bientôt ce premier acte d'hostilité.

(1073) Hildebrand eut le crédit de se faire élire et introniser par le peuple romain, sans attendre le permission de l'empereur. Bientôt il obtint cette permission, en promettant d'être fidèle. Henri IV reçut ses excuses. Son chancelier d'Italie alla confirmer à Rome l'élection du pape, et Henri, que tous ses courtisans avertissaient de craindre Grégoire VII, dit hautement que ce pape ne pouvait être ingrat à son bienfaiteur. Mais à peine Grégoire est-il assuré du pontificat qu'il déclare excommuniés tous ceux qui recevront des bénéfices des mains des laïques, et tout laïque qui les conférera. Il avait conçu le dessein d'ôter à tout les collateurs séculiers le droit d'investir les ecclésiastiques. C'était mettre l'Église aux prises avec tous les rois. Son humeur violente éclate en même temps contre Philippe I*r*, roi de France. Il s'agissait de quelques marchands italiens que les Français avaient rançonnés. Le pape écrit une lettre circulaire aux évêques de France. « Votre roi, leur dit-il, est moins roi que tyran ; il passe sa vie dans l'infamie et dans le crime. » Et, après ces paroles indiscrètes, suit la menace ordinaire de l'excommunication.

Bientôt après, tandis que l'empereur Henri est occupé dans une guerre civile contre les Saxons, le pape lui envoie deux légats pour lui ordonner de venir répondre aux accusations intentées contre lui d'avoir donné l'investiture des bénéfices, et pour l'excommunier en cas de refus. Les deux porteurs d'un ordre si étrange trouvent l'empereur vainqueur des Saxons, comblé de gloire et plus puissant qu'on ne l'espérait. On peut se figurer avec quelle hauteur un empereur de vingt-cinq ans, victorieux et jaloux de son rang, reçut une telle ambassade. Il n'en fit pas le châtiment exemplaire, que l'opinion de ces temps-là ne permettait pas, et n'opposa en apparence que du mépris à l'audace : il abandonna ces légats indiscrets aux insultes des valets de sa cour (1076).

Presque au même temps, le pape excommunia encore ces Normands, princes de la Pouille et de la Calabre (comme nous l'avons dit précédemment). Tant d'excommunications à la fois paraîtraient aujourd'hui le comble de la folie. Mais qu'on fasse réflexion que Grégoire VII, en menaçant le roi de France, adressait sa bulle au duc d'Aquitaine, vassal du roi, aussi puissant que le roi même; que, quand il éclatait contre l'empereur, il avait pour lui une partie de l'Italie, la comtesse Mathilde, Rome, et la moitié de l'Allemagne; qu'à l'égard des Normands, ils étaient dans ce temps-là ses ennemis déclarés ; alors Grégoire VII paraîtra plus violent et plus audacieux qu'insensé. Il sentait qu'en élevant sa dignité au-dessus de l'empereur et de tous les rois, il serait secondé des autres Églises, flattées d'être les membres d'un chef qui humiliait la puissance séculière. Son dessein était formé non-seulement de secouer le joug des empereurs, mais de mettre Rome, empereurs et rois, sous le joug de la papauté. Il pouvait lui en coûter la vie, il devait même s'y attendre, et le péril donne **de la gloire.**

Henri IV, trop occupé en Allemagne, ne pouvait passer en Italie. Il parut se venger d'abord moins comme un empereur allemand que comme un seigneur italien. Au lieu d'employer un général et une armée, il se servit, dit-on, d'un bandit nommé Cencius, très-considéré par ses brigandages, qui saisit le pape dans Sainte-Marie-Majeure, dans le temps qu'il officiait : des satellites déterminés frappèrent le pontife, et l'ensanglantèrent. On le mena prisonnier dans une tour dont Cencius s'était rendu maître, et on lui fit payer cher sa rançon.

(1076) Henri IV agit un peu plus en prince, en convoquant à Worms un concile d'évêques, d'abbés et de docteurs, dans lequel il fit déposer le pape. Toutes les voix, à deux près, conclurent à la déposition. Mais il manquait à ce concile des troupes pour l'aller faire respecter à Rome. Henri ne fit que commettre son autorité, en écrivant au pape qu'il le déposait, et au peuple romain qu'il lui défendait de reconnaître Grégoire.

Dès que le pape eut reçu ces lettres inutiles, il parla ainsi dans un concile à Rome : « De la part de Dieu tout-puissant, et par notre autorité, je défends à Henri, fils de notre empereur Henri, de gouverner le royaume teutonique et l'Italie ; j'absous tous les chrétiens du serment qu'ils lui ont fait ou feront ; et je défends que qui que ce soit le serve jamais comme roi. » On sait que c'est là le premier exemple d'un pape qui prétend ôter la couronne à un souverain. Nous avons vu auparavant des évêques déposer Louis le Débonnaire[1] ; mais il y avait au moins un voile à cet attentat. Ils condamnèrent Louis, en apparence seulement, à la pénitence publique ; et personne n'avait jamais osé parler, depuis la fondation de l'Église, comme Grégoire VII. Les lettres circulaires du pape respirèrent le même esprit que sa sentence. Il y redit plusieurs fois que les évêques sont au-dessus des rois, et faits pour les juger : expressions non moins adroites que hardies, qui devaient ranger sous son étendard tous les prélats du monde.

Il y a grande apparence que quand Grégoire VII déposa ainsi son souverain par de simples paroles, il savait bien qu'il serait secondé par les guerres civiles d'Allemagne, qui recommencèrent avec plus de fureur. Un évêque d'Utrecht avait servi à faire condamner Grégoire. On prétendit que cet évêque, mourant d'une mort soudaine et douloureuse, s'était repenti de la déposition du pape, comme d'un sacrilége. Les remords vrais ou faux de l'évêque en donnèrent au peuple. Ce n'était plus le temps où

---

1. Chapitre XXIII.

l'Allemagne était unie sous les Othons. Henri IV se vit entouré près de Spire par l'armée des confédérés, qui se prévalaient de la bulle du pape. Le gouvernement féodal devait alors amener de pareilles révolutions. Chaque prince allemand était jaloux de la puissance impériale, comme le haut baronnage en France était jaloux de celle de son roi. Le feu des guerres civiles couvait toujours, et une bulle lancée à propos pouvait l'allumer.

Les princes confédérés ne donnèrent la liberté à Henri IV qu'à condition qu'il vivrait en particulier et en excommunié dans Spire, sans faire aucune fonction ni de chrétien ni de roi, en attendant que le pape vînt présider dans Augsbourg à une assemblée de princes et d'évêques, qui devait le juger.

Il paraît que des princes qui avaient le droit d'élire l'empereur avaient aussi celui de le déposer; mais vouloir faire présider le pape à ce jugement, c'était le reconnaître pour juge naturel de l'empereur et de l'empire. Ce fut le triomphe de Grégoire VII et de la papauté. Henri IV, réduit à ces extrémités, augmenta encore beaucoup ce triomphe.

Il voulut prévenir ce jugement fatal d'Augsbourg, et par une résolution inouïe, passant par les Alpes du Tyrol avec peu de domestiques, il alla demander au pape son absolution. Grégoire VII était alors avec la comtesse Mathilde dans la ville de Canosse, l'ancien Canusium, sur l'Apennin, près de Reggio, forteresse qui passait alors pour imprenable. Cet empereur, déjà célèbre par des batailles gagnées, se présente à la porte de la forteresse, sans gardes, sans suite. On l'arrête dans la seconde enceinte, on le dépouille de ses habits, on le revêt d'un cilice, il reste pieds nus dans la cour; c'était au mois de janvier 1077. On le fit jeûner trois jours, sans l'admettre à baiser les pieds du pape, qui pendant ce temps était enfermé avec la comtesse Mathilde, dont il était depuis longtemps le directeur. Il n'est pas surprenant que les ennemis de ce pape lui aient reproché sa conduite avec Mathilde. Il est vrai qu'il avait soixante-deux ans; mais il était directeur, Mathilde était femme, jeune et faible. Le langage de la dévotion, qu'on trouve dans les lettres du pape à la princesse, comparé avec les emportements de son ambition, pouvait faire soupçonner que la religion servait de masque à toutes ses passions; mais aucun fait, aucun indice n'a jamais fait tourner ces soupçons en certitude. Les hypocrites voluptueux n'ont ni un enthousiasme si permanent, ni un zèle si intrépide. Grégoire passait pour austère, et c'était par là qu'il était dangereux.

Enfin l'empereur eut la permission de se prosterner aux pieds du pontife, qui voulut bien l'absoudre, en le faisant jurer qu'il attendrait le jugement juridique du pape à Augsbourg, et qu'il lui serait en tout parfaitement soumis. Quelques évêques et quelques seigneurs allemands du parti de Henri firent la même soumission. Grégoire VII, se croyant alors, non sans vraisemblance, le maître des couronnes de la terre, écrivit, dans plusieurs lettres, que son devoir était d'abaisser les rois.

La Lombardie, qui tenait encore pour l'empereur, fut si indignée de l'avilissement où il s'était réduit, qu'elle fut prête de l'abandonner. On y haïssait Grégoire VII beaucoup plus qu'en Allemagne. Heureusement pour l'empereur, cette haine des violences du pape l'emporta sur l'indignation qu'inspirait la bassesse du prince. Il en profita, et, par un changement de fortune nouveau pour des empereurs teutoniques, il se trouva enfin très-fort en Italie, quand l'Allemagne l'abandonnait. Toute la Lombardie fut en armes contre le pape, tandis que Grégoire VII soulevait l'Allemagne contre l'empereur.

D'un côté, ce pape agissait secrètement pour faire élire un autre César en Allemagne; et Henri n'omettait rien pour faire élire un autre pape par les Italiens (1078). Les Allemands élurent donc pour empereur Rodolphe, duc de Souabe ; et d'abord Grégoire VII écrivit qu'il jugerait entre Henri et Rodolphe, et qu'il donnerait la couronne à celui qui lui serait le plus soumis. Henri s'étant plus fié à ses troupes qu'au saint-père, mais ayant eu quelques mauvais succès, le pape, plus fier, excommunia encore Henri (1080). « Je lui ôte la couronne, dit-il, et je donne le royaume teutonique à Rodolphe. » Et pour faire croire qu'il donnait en effet les empires, il fit présent à ce Rodolphe d'une couronne d'or, où ce vers était gravé :

Petra dedit Petro, Petrus diadema Rodolpho.
La pierre a donné à Pierre la couronne, et Pierre la donne à Rodolphe.

Ce vers rassemble à la fois un jeu de mots puéril, et une fierté, qui étaient également la suite de l'esprit du temps.

Cependant, en Allemagne, le parti de Henri se fortifiait. Ce même prince qui, couvert d'un cilice et pieds nus, avait attendu trois jours la miséricorde de celui qu'il croyait son sujet, prit deux résolutions plus hardies, de déposer le pape, et de combattre son compétiteur (1080). Il rassemble à Brixen, dans le Tyrol, une vingtaine d'évêques qui, chargés de la procuration des prélats de Lombardie, excommunient et déposent Grégoire VII, *comme fauteur des tyrans, simoniaque, sacrilège, et magicien.* On élit pour pape dans cette assemblée Guibert, archevêque de Ravenne. Tandis que ce nouveau pape court en Lombardie exciter les peuples contre Grégoire, Henri IV, à la tête d'une armée, va combattre son rival Rodolphe. Est-ce excès d'enthousiasme, est-ce ce qu'on appelle fraude pieuse, qui portait alors Grégoire VII à prophétiser que Henri serait vaincu et tué dans cette guerre ? « Que je ne sois point pape, dit-il dans sa lettre aux évêques allemands de son parti, si cela n'arrive avant la Saint-Pierre. » La saine raison nous apprend que quiconque prédit l'avenir est un fourbe ou un insensé. Mais considérons quelles erreurs régnaient dans les esprits des hommes. L'astrologie judiciaire fut toujours la superstition des savants. On reproche à Grégoire d'avoir cru aux astrologues. L'acte de sa déposition à Brixen porte qu'il se mêlait de deviner, d'expliquer les songes; et c'est sur ce fondement qu'on l'accusait de magie. On l'a traité d'imposteur au sujet de cette fausse et étrange prophétie : il se peut faire qu'il ne fût que crédule, emporté, et fou furieux.

Sa prédiction retomba sur Rodolphe, sa créature. Il fut vaincu. Godefroi de Bouillon, neveu de la comtesse Mathilde, le même qui depuis conquit Jérusalem, (1080) tua dans la mêlée cet empereur que le pape se vantait d'avoir nommé. Qui croirait qu'alors le pape, au lieu de rechercher Henri, écrivit à tous les évêques teutoniques qu'il fallait élire un autre souverain, à condition qu'il rendrait hommage au pape, comme son vassal? De telles lettres prouvent que la faction contre Henri en Allemagne était encore très-puissante.

C'était dans ce temps même que ce pape ordonnait à ses légats en France d'exiger en tribut un denier d'argent par an pour chaque maison, ainsi qu'en Angleterre.

Il traitait l'Espagne plus despotiquement ; il prétendait en être le seigneur suzerain et domanial, et il dit dans sa seizième épître qu'*il vaut mieux qu'elle appartienne aux Sarrasins que de ne pas rendre hommage au saint-siége.*

Il écrivit au roi de Hongrie, Salomon, roi d'un pays à peine chrétien : « Vous pouvez apprendre des anciens de votre pays que le royaume de Hongrie appartient à l'Église romaine. »

Quelque téméraires que paraissent les entreprises, elles sont toujours la suite des opinions dominantes. Il faut certainement que l'ignorance eût mis alors dans beaucoup de têtes que l'Église était la maîtresse des royaumes, puisque le pape écrivait toujours de ce style.

Son inflexibilité avec Henri n'était pas non plus sans fondement. Il avait tellement prévalu sur l'esprit de la comtesse Mathilde qu'elle avait fait une donation authentique de ses États au saint-siége, s'en réservant seulement l'usufruit sa vie durant. On ne sait s'il y eut un acte, un contrat, de cette concession. La coutume était de mettre sur l'autel une motte de terre quand on donnait ses biens à l'Église : des témoins tenaient lieu de contrat. On prétend que Mathilde donna deux fois tous ses biens au saint-siége [1].

La vérité de cette donation, confirmée depuis par son testament, ne fut point révoquée en doute par Henri IV. C'est le titre le plus authentique que les papes aient réclamé. Mais ce titre même fut un nouveau sujet de querelles. La comtesse Mathilde possédait la Toscane, Mantoue, Parme, Reggio, Plaisance, Ferrare, Modène, une partie de l'Ombrie et du duché de Spolette, Vérone, presque tout ce qui est appelé aujourd'hui le patrimoine de Saint-Pierre, de Viterbe jusqu'à Orviette, avec une partie de la Marche d'Ancône.

Henri III avait concédé l'usufruit de cette Marche d'Ancône aux papes ; mais cette concession n'avait pas empêché la mère de la comtesse Mathilde de se mettre en possession des villes qu'elle avait cru lui appartenir. Il semble que Mathilde voulût réparer après sa mort le tort qu'elle faisait au saint-siége pendant sa vie. Mais elle ne pouvait donner les fiefs qui étaient inaliénables ; et les empereurs prétendirent que tout son patrimoine était fief de l'empire : c'était donner des terres à conquérir, et laisser des guerres après elle. Henri IV, comme héritier et comme seigneur suzerain, ne vit dans une telle donation que la violation des droits de l'empire. Cependant, à la longue, il a fallu céder au saint-siége une partie de ces États.

Henri IV, poursuivant sa vengeance, vint enfin assiéger le pape dans Rome. Il prend cette partie de la ville en deçà du Tibre qu'on appelle la Léonine. Il négocie avec les citoyens, tandis qu'il menace le pape ; il gagne les principaux de Rome par argent. Le peuple se jette aux genoux de Grégoire, pour le prier de détourner les malheurs d'un siége, et de fléchir sous l'empereur. Le pontife, inébranlable, répond qu'il faut que l'empereur renouvelle sa pénitence, s'il veut obtenir son pardon.

Cependant le siége traînait en longueur. Henri IV, tantôt présent au siége, tantôt forcé de courir éteindre des révoltes en Alle-

---

1. Voyez le *Dictionnaire philosophique*, à l'article DONATIONS. (*Note de Voltaire.*)

magne, prit enfin la ville d'assaut. Il est singulier que les empereurs d'Allemagne aient pris tant de fois Rome, et n'y aient jamais régné. Restait Grégoire VII à prendre. Réfugié dans le château Saint-Ange, il y bravait et excommuniait son vainqueur.

Rome était bien punie de l'intrépidité de son pape. Robert Guiscard, duc de la Pouille, l'un de ces fameux Normands dont j'ai parlé [1], prit le temps de l'absence de l'empereur pour venir délivrer le pontife ; mais en même temps il pilla Rome, également ravagée, et par les Impériaux qui assiégeaient le pontife, et par les Napolitains qui le délivraient. Grégoire VII mourut quelque temps après à Salerne (24 mai 1085), laissant une mémoire chère et respectable au clergé romain, qui partagea sa fierté odieuse aux empereurs et à tout bon citoyen qui considère les effets de son ambition inflexible. L'Église, dont il fut le vengeur et la victime, l'a mis au nombre des saints [2], comme les peuples de l'antiquité déifiaient leurs défenseurs ; les sages l'ont mis au nombre des fous.

La comtesse Mathilde, privée du pape Grégoire, se remaria bientôt après avec le jeune prince Guelfe, fils de Guelfe, duc de Bavière. On vit alors de quelle imprudence était sa donation, si elle est vraie. Elle avait quarante-deux ans, et elle pouvait encore avoir des enfants qui eussent hérité d'une guerre civile.

La mort de Grégoire VII n'éteignit point l'incendie qu'il avait allumé. Ses successeurs se gardèrent bien de faire approuver leurs élections par l'empereur. L'Église était loin de rendre hommage : elle en exigeait ; et l'empereur excommunié n'était pas d'ailleurs compté au rang des hommes. Un moine, abbé du Mont-Cassin, fut élu pape après le moine Hildebrand ; mais il ne

---

1. Chapitre XL.
2. Voyez le *Dictionnaire philosophique*, article GRÉGOIRE VII.

Benoît XIII imagina dans le XVIIIe siècle de canoniser ce pape ennemi des rois et de toute autorité séculière ; ce perturbateur de l'Europe, l'auteur de tant de guerres et de scandales ; l'amant hypocrite ou du moins le directeur très-indiscret de Mathilde ; le séducteur, qui avait abusé de son crédit sur sa pénitente pour se faire donner son patrimoine ; un homme enfin convaincu par ses propres lettres d'avoir commis un parjure, et d'avoir fait de fausses prophéties, c'est-à-dire d'avoir été un insensé ou un fripon. Voilà les hommes que, dans le siècle où nous vivons, Rome met au nombre des saints ! Et les prêtres de l'Église romaine osent encore parler de morale ! ils osent accuser de sédition ceux qui prennent la défense de l'humanité contre leurs prétentions séditieuses !

Le parlement de Paris voulut sévir contre cet attentat de Benoît XIII ; mais le cardinal de Fleury trahit, en faveur de la cour de Rome, les intérêts de son prince et ceux de la nation. Ce n'est pas que Fleury fût dévot, ni même hypocrite ; mais il aimait par goût les intrigues de prêtres, et il haïssait les parlements, que sa poltronnerie lui faisait croire dangereux pour l'autorité royale. (K.)

fit que passer. Ensuite Urbain II, né en France dans l'obscurité, qui siégea onze ans, fut un nouvel ennemi de l'empereur.

Il me paraît sensible que le vrai fond de la querelle était que les papes et les Romains ne voulaient point d'empereurs à Rome; et le prétexte, qu'on voulait rendre sacré, était que les papes, dépositaires des droits de l'Église, ne pouvaient souffrir que des princes profanes investissent les évêques par la crosse et l'anneau. Il était bien clair que les évêques, sujets des princes et enrichis par eux, devaient un hommage des terres qu'ils tenaient de leurs bienfaits. Les empereurs et les rois ne prétendaient pas donner le Saint-Esprit, mais ils voulaient l'hommage du temporel qu'ils avaient donné. La forme d'une crosse et d'un anneau étaient des accessoires à la question principale. Mais il arriva ce qui arrive presque toujours dans les disputes ; on négligea le fond, et on se battit pour une cérémonie indifférente.

Henri IV, toujours excommunié et toujours persécuté sur ce prétexte par tous les papes de son temps, éprouva les malheurs que peuvent causer les guerres de religion et les guerres civiles. Urbain II suscita contre lui son propre fils Conrad ; et, après la mort de ce fils dénaturé, son frère, qui fut depuis l'empereur Henri V, soulevé encore par Paschal II, fit la guerre à son père. Ce fut pour la seconde fois depuis Charlemagne que les papes contribuèrent à mettre les armes aux mains des enfants contre leurs pères. Et vous remarquerez que cet Urbain II est le même qui excommunia Philippe Ier en France, et qui ordonna la première croisade. Il ne fut pas seulement la cause de la mort malheureuse de Henri IV, il fut la cause de la mort de plus de deux millions d'hommes.

> Tantum relligio potuit suadere malorum!
> LUCR., lib. I, v. 102.

(1106) Henri IV, trompé par Henri son fils, comme Louis le Débonnaire l'avait été par les siens, fut enfermé dans Mayence. Deux légats l'y déposent; deux députés de la diète, envoyés par son fils, lui arrachent les ornements impériaux.

Bientôt après (7 auguste), échappé de sa prison, pauvre, errant, et sans secours, il mourut à Liége, plus misérable encore que Grégoire VII, et plus obscurément, après avoir si longtemps tenu les yeux de l'Europe ouverts sur ses victoires, sur ses grandeurs, sur ses infortunes, sur ses vices et ses vertus. Il s'écriait en mourant : « Dieu des vengeances, vous vengerez ce parricide! » De tout temps les hommes ont imaginé que Dieu exauçait les malédictions des mourants, et surtout des pères. Erreur utile et respectable, si elle arrêtait le crime. Une autre erreur, plus généralement répandue parmi nous, faisait croire que les excommuniés étaient damnés. Le fils de Henri IV mit le comble à son impiété en affectant la piété atroce de déterrer le corps de son père, inhumé dans la cathédrale de Liége, et de le faire porter dans une cave à Spire. Ce fut ainsi qu'il consomma son hypocrisie dénaturée.

Arrêtez-vous un moment près du cadavre exhumé de ce célèbre empereur Henri IV, plus malheureux que notre Henri IV, roi de France. Cherchez d'où viennent tant d'humiliations et d'infortunes d'un côté, tant d'audace de l'autre, tant de choses horribles réputées sacrées, tant de princes immolés à la religion : vous en verrez l'unique origine dans la populace; c'est elle qui donne le mouvement à la superstition. C'est pour les forgerons et les bûcherons de l'Allemagne que l'empereur avait paru pieds nus devant l'évêque de Rome; c'est le commun peuple, esclave de la superstition, qui veut que ses maîtres en soient les esclaves. Dès que vous avez souffert que vos sujets soient aveuglés par le fanatisme, ils vous forcent à paraître fanatique comme eux; et si vous secouez le joug qu'ils portent et qu'ils aiment, ils se soulèvent. Vous avez cru que plus les chaînes de la religion, qui doivent être douces, seraient pesantes et dures, plus vos peuples seraient soumis; vous vous êtes trompé : ils se servent de ces chaînes pour vous gêner sur le trône, ou pour vous en faire descendre.

CHAPITRE XLVII.

DE L'EMPEREUR HENRI V, ET DE ROME JUSQU'A FRÉDÉRIC Ier.

Ce même Henri V, qui avait détrôné et exhumé son père, une bulle du pape à la main, soutint les mêmes droits de Henri IV contre l'Église dès qu'il fut maître.

Déjà les papes savaient se faire un appui des rois de France contre les empereurs. Les prétentions de la papauté attaquaient, il est vrai, tous les souverains; mais on ménageait par des négociations ceux qu'on insultait par des bulles. Les rois de France ne prétendaient rien à Rome : ils étaient voisins et jaloux des empereurs, qui voulaient dominer sur les rois ; ils étaient donc les alliés naturels des papes. Aussi Paschal II vint en France, et implora le secours du roi Philippe Ier. Ses successeurs en usèrent souvent de même. Les domaines que possédait le saint-siége, le droit qu'il réclamait en vertu des prétendues donations de Pepin et de Charlemagne, la donation réelle de la comtesse Mathilde, ne faisaient point encore du pape un souverain puissant. Toutes ces terres étaient ou contestées, ou possédées par d'autres. L'empereur soutenait, non sans raison, que les États de Mathilde lui devaient revenir comme un fief de l'empire ; ainsi les papes combattaient pour le spirituel et pour le temporel. (1107) Paschal II n'obtint du roi Philippe que la permission de tenir un concile à Troyes. Le gouvernement était trop faible, trop divisé, pour lui donner des troupes.

Henri V, ayant terminé par des traités une guerre de peu de durée contre la Pologne, sut tellement intéresser les princes de l'empire à soutenir ses droits que ces mêmes princes, qui avaient aidé à détrôner son père en vertu des bulles des papes, se réunirent avec lui pour faire annuler dans Rome ces mêmes bulles.

Il descend donc des Alpes avec une armée, et Rome fut encore teinte de sang pour cette querelle de la crosse et de l'anneau. Les traités, les parjures, les excommunications, les meurtres, se suivirent avec rapidité. Paschal II, ayant solennellement rendu les investitures avec serment sur l'Évangile, fit annuler son serment par les cardinaux : nouvelle manière de manquer à sa parole. Il se laissa traiter de lâche et de prévaricateur en plein concile, afin d'être forcé à reprendre ce qu'il avait donné. Alors nouvelle irruption de l'empereur à Rome : car presque jamais ces Césars n'y allèrent que pour des querelles ecclésiastiques, dont la plus grande était le couronnement. Enfin après avoir créé, déposé, chassé, rappelé des papes, Henri V, aussi souvent excommunié que son père, et inquiété comme lui par ses grands vassaux d'Allemagne, fut obligé de terminer la guerre des investitures en renonçant à cette crosse et à cet anneau. Il fit plus : (1122) il se désista solennellement du droit que s'étaient attribué les empereurs, ainsi que les rois de France, de nommer aux évêchés ou d'interposer tellement leur autorité dans les élections qu'ils en étaient absolument les maîtres.

Il fut donc décidé, dans un concile tenu à Rome, que les rois ne donneraient plus aux bénéficiers canoniquement élus les investitures par un bâton recourbé, mais par une baguette. L'empereur ratifia en Allemagne les décrets de ce concile : ainsi finit cette guerre sanglante et absurde. Mais le concile, en décidant avec quelle espèce de bâton on donnerait les évêchés, se garda bien d'entamer la question si l'empereur devait confirmer l'élection du pape, si le pape était son vassal, si tous les biens de la comtesse Mathilde appartenaient à l'Église ou à l'empire. Il semblait qu'on tînt en réserve ces aliments d'une guerre nouvelle.

(1125) Après la mort de Henri V, qui ne laissa point d'enfants, l'empire, toujours électif, est conféré par dix électeurs à un prince de la maison de Saxe : c'est Lothaire II. Il y avait bien moins d'intrigues et de discorde pour le trône impérial que pour la chaire pontificale : car quoique en 1059 un concile tenu par Nicolas II eût ordonné que le pape serait élu par les cardinaux évêques, nulle forme, nulle règle certaine, n'était encore introduite dans les élections. Ce vice essentiel du gouvernement avait pour origine une institution respectable. Les premiers chrétiens, tous égaux et tous obscurs, liés ensemble par la crainte commune des magistrats, gouvernaient secrètement leur société pauvre et sainte à la pluralité des voix. Les richesses ayant pris depuis la place de l'indigence, il ne resta de la primitive Église que cette liberté populaire devenue quelquefois licence. Les cardinaux, évêques, prêtres et clercs, qui formaient le conseil des papes, avaient une grande part à l'élection ; mais le reste du clergé voulait jouir de son ancien droit, le peuple croyait son suffrage nécessaire, et toutes ces voix n'étaient rien au jugement des empereurs.

(1130) Pierre de Léon[1], petit-fils d'un Juif très-opulent, fut élu par une faction ; Innocent II le fut par une autre. Ce fut encore une guerre civile. Le fils du Juif, comme le plus riche, resta maître de Rome, et fut protégé par Roger, roi de Sicile (comme nous l'avons vu au chapitre XLI) ; l'autre, plus habile et plus heureux, fut reconnu en France et en Allemagne.

C'est ici un trait d'histoire qu'il ne faut pas négliger. Cet Innocent II, pour avoir le suffrage de l'empereur, lui cède, à lui et à ses enfants, l'usufruit de tous les domaines de la comtesse Mathilde, par un acte daté du 13 juin 1133. Enfin celui qu'on appelait le pape juif étant mort, après avoir siégé huit ans, Innocent II fut possesseur paisible : il y eut quelques années de trêve entre l'empire et le sacerdoce. L'enthousiasme des croisades, qui était alors dans sa force, entraînait ailleurs les esprits.

Mais Rome ne fut pas tranquille. L'ancien amour de la liberté

---

1. Autrement dit *Anaclet*. (G. A.)

reproduisait de temps en temps quelques racines. Plusieurs villes d'Italie avaient profité de ces troubles pour s'ériger en républiques, comme Florence, Sienne, Bologne, Milan, Pavie. On avait les grands exemples de Gênes, de Venise, de Pise ; et Rome se souvenait d'avoir été la ville des Scipions. Le peuple rétablit une ombre de sénat, que les cardinaux avaient aboli. On créa un patrice au lieu de deux consuls. (1144) Le nouveau sénat signifia au pape Lucius II que la souveraineté résidait dans le peuple romain, et que l'évêque ne devait avoir soin que de l'Église.

Ces sénateurs s'étant retranchés au Capitole, le pape Lucius les assiégea en personne. Il y reçut un coup de pierre à la tête, et en mourut quelques jours après.

En ce temps, Arnaud de Brescia, un de ces hommes à enthousiasme, dangereux aux autres et à eux-mêmes, prêchait de ville en ville contre les richesses immenses des ecclésiastiques, et contre leur luxe. Il vint à Rome, où il trouva les esprits disposés à l'entendre. Il se flattait de réformer les papes, et de contribuer à rendre Rome libre. Eugène III, auparavant moine à Cîteaux et à Clairvaux, était alors pontife. Saint Bernard lui écrivait : « Gardez-vous des Romains : ils sont odieux au ciel et à la terre, impies envers Dieu, séditieux entre eux, jaloux de leurs voisins, cruels envers les étrangers ; ils n'aiment personne, et ne sont aimés de personne, et, voulant se faire craindre de tous, ils craignent tout le monde, etc. » Si on comparait ces antithèses de Bernard avec la vie de tant de papes, on excuserait un peuple qui, portant le nom romain, cherchait à n'avoir point de maître.

(1155) Le pape Eugène III sut ramener ce peuple, accoutumé à tous les jougs. Le sénat subsista encore quelques années. Mais Arnaud de Brescia, pour fruit de ses sermons, fut brûlé à Rome sous Adrien IV ; destinée ordinaire des réformateurs qui ont plus d'indiscrétion que de puissance[1].

Je crois devoir observer que cet Adrien IV, né Anglais, était parvenu à ce faîte des grandeurs du plus vil état où les hommes puissent naître. Fils d'un mendiant, et mendiant lui-même, errant

---

1. Arnaud ou Arnaldo de Brescia tint dix ans à Rome, rappelant aux citoyens les gloires de la grande république. Le pape se réclama de l'empereur contre lui. On le brûla vif devant la porte du Peuple, à l'heure du matin où la ville dormait encore. Ses cendres furent jetées dans le Tibre, de peur que le peuple n'honorât ses reliques comme celles d'un martyr. Il y eut pourtant un mouvement populaire si violent que l'empereur dut prendre la fuite. Mais la république n'en était pas moins morte. (G. A.)

de pays en pays avant de pouvoir être reçu valet chez des moines de Valence en Dauphiné, il était enfin devenu pape.

On n'a jamais que les sentiments de sa fortune présente. Adrien IV eut d'autant plus d'élévation dans l'esprit qu'il était parvenu d'un état plus abject. L'Église romaine a toujours eu cet avantage de pouvoir donner au mérite ce qu'ailleurs on donne à la naissance; et on peut même remarquer que, parmi les papes, ceux qui ont montré le plus de hauteur sont ceux qui naquirent dans la condition la plus vile. Aujourd'hui, en Allemagne, il y a des couvents où l'on ne reçoit que des nobles. L'esprit de Rome a plus de grandeur et moins de vanité.

CHAPITRE XLVIII[1].

DE FRÉDÉRIC BARBEROUSSE. CÉRÉMONIES DU COURONNEMENT DES EMPEREURS ET DES PAPES. SUITE DES GUERRES DE LA LIBERTÉ ITALIQUE CONTRE LA PUISSANCE ALLEMANDE. BELLE CONDUITE DU PAPE ALEXANDRE III, VAINQUEUR DE L'EMPEREUR PAR LA POLITIQUE, ET BIENFAITEUR DU GENRE HUMAIN.

(1152) Frédéric Ier, qu'on nomme communément *Barberousse*, régnait alors en Allemagne; il avait été élu après la mort de Conrad III, son oncle, non-seulement par les seigneurs allemands, mais aussi par les Lombards, qui donnèrent cette fois leur suffrage. Frédéric était un homme comparable à Othon et à Charlemagne. Il fallut aller prendre à Rome cette couronne impériale, que les papes donnaient à la fois avec fierté et avec regret, voulant couronner un vassal, et affligés d'avoir un maître. Cette situation toujours équivoque des papes, des empereurs, des Romains, et des principales villes d'Italie, faisait répandre du sang à chaque couronnement d'un César. La coutume était que, quand l'empereur s'approchait pour se faire couronner, le pape se fortifiait, le peuple se cantonnait, l'Italie était en armes. L'empereur promettait qu'il n'attenterait ni à la vie, ni aux membres, ni à

---

1. Voltaire poursuit l'histoire de la querelle des investitures, laissant de côté les croisades qu'il doit raconter en bloc.

l'honneur du pape, des cardinaux, et des magistrats ; le pape, de son côté, faisait le même serment à l'empereur et à ses officiers. Telle était alors la confuse anarchie de l'Occident chrétien que les deux premiers personnages de cette petite partie du monde, l'un se vantant d'être le successeur des Césars, l'autre le successeur de Jésus-Christ, et l'un devant donner l'onction sacrée à l'autre, tous deux étaient obligés de jurer qu'ils ne seraient point assassins pour le temps de la cérémonie. Un chevalier armé de toutes pièces fit ce serment au pontife Adrien IV, au nom de l'empereur, et le pape fit son serment devant le chevalier.

Le couronnement, ou exaltation des papes, était accompagné alors de cérémonies aussi extraordinaires, et qui tenaient de la simplicité plus encore que de la barbarie. On posait d'abord le pape élu sur une chaise percée, appelée *stercorarium*; ensuite sur un siége de porphyre, sur lequel on lui donnait deux clefs, de là sur un troisième siége, où il recevait douze pièces de couleur. Toutes ces coutumes, que le temps avait introduites, ont été abolies par le temps. Quand l'empereur Frédéric eut fait son serment, le pape Adrien IV vint le trouver à quelques milles de Rome.

Il était établi par le cérémonial romain que l'empereur devait se prosterner devant le pape, lui baiser les pieds, lui tenir l'étrier, et conduire la haquenée blanche du saint-père par la bride l'espace de neuf pas romains. Ce n'était pas ainsi que les papes avaient reçu Charlemagne. L'empereur Frédéric trouva le cérémonial outrageant, et refusa de s'y soumettre. Alors tous les cardinaux s'enfuirent, comme si le prince, par un sacrilége, avait donné le signal d'une guerre civile. Mais la chancellerie romaine, qui tenait registre de tout, lui fit voir que ses prédécesseurs avaient rendu ces devoirs. Je ne sais si aucun autre empereur que Lothaire II, successeur de Henri V, avait mené le cheval du pape par la bride. La cérémonie de baiser les pieds, qui était d'usage, ne révoltait point la fierté de Frédéric ; et celle de la bride et de l'étrier l'indignait, parce qu'elle parut nouvelle. Son orgueil accepta enfin ces deux prétendus affronts, qu'il n'envisagea que comme de vaines marques d'humilité chrétienne, et que la cour de Rome regardait comme des preuves de sujétion. Celui qui se disait le maître du monde, *caput orbis*, se fit palefrenier d'un gueux qui avait vécu d'aumônes.

Les députés du peuple romain, devenus aussi plus hardis depuis que presque toutes les villes de l'Italie avaient sonné le tocsin de la liberté, voulurent traiter de leur côté avec l'empereur ; mais ayant commencé leur harangue en disant : « Grand roi, nous vous avons fait citoyen et notre prince, d'étranger que vous étiez », l'empereur, fatigué de tous côtés de tant d'orgueil, leur imposa silence, et leur dit en propres mots : « Rome n'est plus ce qu'elle a été ; il n'est pas vrai que vous m'ayez appelé et fait votre prince ; Charlemagne et Othon vous ont conquis par la valeur ; je suis votre maître par une possession légitime. » Il les renvoya ainsi, et fut inauguré hors des murs par le pape, qui lui mit le sceptre et l'épée en main, et la couronne sur la tête.

(1155, 18 juin) On savait si peu ce que c'était que l'empire, toutes les prétentions étaient si contradictoires, que, d'un côté, le peuple romain se souleva, et il y eut beaucoup de sang versé, parce que le pape avait couronné l'empereur sans l'ordre du sénat et du peuple ; et, de l'autre côté, le pape Adrien écrivait dans toutes ses lettres qu'il avait conféré à Frédéric le bénéfice de l'empire romain, *beneficium imperii romani*. Ce mot de *beneficium* signifiait un fief à la lettre. Il fit de plus exposer en public, à Rome, un tableau qui représentait Lothaire II aux genoux du pape Innocent II, tenant les mains jointes entre celles du pontife, ce qui était la marque distinctive de la vassalité. L'inscription du tableau était :

> Rex venit ante fores, jurans prius urbis honores :
> Post homo fit papæ, sumit quo dante coronam.

Le roi jure, à la porte, le maintien des honneurs de Rome, et devient vassal du pape, qui lui donne la couronne.

Frédéric, étant à Besançon (reste du royaume de Bourgogne, appartenant à Frédéric par son mariage), apprit ces attentats, et s'en plaignit. Un cardinal présent répondit : « Eh ! de qui tient-il donc l'empire, s'il ne le tient du pape ? » Othon, comte Palatin, fut près de le percer de l'épée de l'empire, qu'il tenait à la main. Le cardinal s'enfuit, le pape négocia. Les Allemands tranchaient tout alors par le glaive, et la cour romaine se sauvait par des équivoques.

Roger, vainqueur en Sicile des musulmans, et au royaume de Naples des chrétiens, avait, en baisant les pieds du pape Urbain II, son prisonnier, obtenu de lui l'investiture, et avait fait modérer la redevance à six cents *besants d'or* ou *squifates*, monnaie qui vaut environ dix livres de France d'aujourd'hui. Le pape Adrien, assiégé par Guillaume, lui céda jusqu'à des prétentions ecclésiastiques (1156). Il consentit qu'il n'y eût jamais dans l'île de Sicile ni légation, ni appellation au saint-siége, que quand le roi le voudrait ainsi. C'est depuis ce temps que les rois de Sicile, seuls rois vassaux des papes, sont eux-mêmes d'autres papes dans cette île. Les pontifes de Rome, ainsi adorés et maltraités, ressemblaient aux idoles que les Indiens battent pour en obtenir des bienfaits.

Adrien IV se dédommageait avec les autres rois qui avaient besoin de lui. Il écrivait au roi d'Angleterre, Henri II : « On ne doute pas, et vous le savez, que l'Irlande et toutes les îles qui ont reçu la foi appartiennent à l'Église de Rome : or, si vous voulez entrer dans cette île pour en chasser les vices, y faire observer les lois, et faire payer le denier de saint Pierre par an pour chaque maison, nous vous l'accordons avec plaisir. »

Si quelques réflexions me sont permises dans cet Essai sur l'histoire de ce monde, je considère qu'il est bien étrangement gouverné. Un mendiant d'Angleterre, devenu évêque de Rome, donne de son autorité l'île d'Irlande à un homme qui veut l'usurper. Les papes avaient soutenu des guerres pour cette investiture par la crosse et l'anneau, et Adrien IV avait envoyé au roi Henri II un anneau en signe de l'investiture de l'Irlande. Un roi qui eût donné un anneau en conférant une prébende eût été sacrilége.

L'intrépide activité de Frédéric Barberousse suffisait à peine pour subjuguer et les papes qui contestaient l'empire, et Rome qui refusait le joug, et toutes les villes d'Italie qui voulaient la liberté. Il fallait réprimer en même temps la Bohême qui l'inquiétait, les Polonais qui lui faisaient la guerre. Il vint à bout de tout. La Pologne vaincue devint un État tributaire de l'empire (1158). Il pacifia la Bohême, érigée déjà en royaume par Henri IV, en 1086[1]. On dit que le roi de Danemark reçut de lui l'investiture. Il s'assura de la fidélité des princes de l'empire, en se rendant redoutable aux étrangers, et revola dans l'Italie, qui fondait sa liberté sur les embarras du monarque. Il la trouva toute en confusion, moins encore par ces efforts des villes pour leur liberté que par cette fureur de parti qui troublait, comme vous l'avez vu, toutes les élections des papes.

(1160) Après la mort d'Adrien IV, deux factions élisent en tumulte ceux qu'on nomme Victor IV et Alexandre III. Il fallait

---

1. L'empereur Henri IV avait accordé le titre de roi à Vratislas II, sans que celui de royaume fût affecté au pays qu'il gouvernait. Cette singularité se présente plusieurs fois dans l'histoire de Bohême ; ce fut l'empereur Philippe qui, en 1198, créa héréditaire, en faveur de Prémislas II, le titre de roi de Bohême. Voyez plus loin la note de la page 409. (B.)

bien que les alliés de l'empereur reconnussent le même pape que lui, et que les rois jaloux de l'empereur reconnussent l'autre. Le scandale de Rome était donc nécessairement le signal de la division de l'Europe. Victor IV fut le pape de Frédéric Barberousse. L'Allemagne, la Bohême, la moitié de l'Italie, lui adhérèrent. Le reste reconnut Alexandre. Ce fut en l'honneur de cet Alexandre que les Milanais, ennemis de l'empereur, bâtirent Alexandrie. Les partisans de Frédéric voulurent en vain qu'on la nommât Césarée; mais le nom du pape prévalut, et elle fut nommée *Alexandrie de la paille;* surnom qui fait sentir la différence de cette petite ville, et des autres de ce nom bâties autrefois en l'honneur du véritable Alexandre.

Heureux ce siècle s'il n'eût produit que de telles disputes! mais les Allemands voulaient toujours dominer en Italie, et les Italiens voulaient être libres. Ils avaient certes un droit plus naturel à la liberté qu'un Allemand n'en avait d'être leur maître.

Les Milanais donnent l'exemple. Les bourgeois, devenus soldats, surprennent vers Lodi les troupes de l'empereur, et les battent. S'ils avaient été secondés par les autres villes, l'Italie prenait une face nouvelle. Mais Frédéric rétablit son armée. (1162) Il assiége Milan, il condamne par un édit les citoyens à la servitude, fait raser les murs et les maisons, et semer du sel sur leurs ruines. C'était bien justifier les papes que d'en user ainsi. Brescia, Plaisance, furent démantelées par le vainqueur. Les autres villes qui avaient aspiré à la liberté perdirent leurs priviléges. Mais le pape Alexandre, qui les avait toutes excitées, revint à Rome après la mort de son rival : il rapporta avec lui la guerre civile. Frédéric fit élire un autre pape, et, celui-ci mort, il en fit nommer encore un autre. Alors Alexandre III se réfugie en France, asile naturel de tout pape ennemi d'un empereur; mais le feu qu'il a allumé reste dans toute sa force. Les villes d'Italie se liguent ensemble pour le maintien de leur liberté. Les Milanais rebâtissent Milan malgré l'empereur. Le pape enfin, en négociant, fut plus fort que l'empereur en combattant. Il fallut que Frédéric Barberousse pliât. Venise[1] eut l'honneur de la réconciliation (1177). L'empereur, le pape, une foule de princes et de cardinaux, se rendirent dans cette ville, déjà maîtresse de la mer, et une des merveilles du monde. L'empereur y finit la querelle en reconnaissant le pape, en baisant ses pieds, et en tenant son étrier sur le rivage de la mer. Tout fut à l'avantage de l'Église. Frédéric Barberousse

---

1. Après avoir battu l'empereur à Lugnano.

promit de restituer ce qui appartenait au saint-siége ; cependant les terres de la comtesse Mathilde ne furent pas spécifiées. L'empereur fit une trêve de six ans avec les villes d'Italie. Milan, qu'on rebâtissait, Pavie, Brescia, et tant d'autres, remercièrent le pape de leur avoir rendu cette liberté précieuse pour laquelle elles combattaient ; et le saint-père, pénétré d'une joie pure, s'écriait : « Dieu a voulu qu'un vieillard et qu'un prêtre triomphât sans combattre d'un empereur puissant et terrible. »

Il est très-remarquable que, dans ces longues dissensions, le pape Alexandre III, qui avait fait souvent cette cérémonie d'excommunier l'empereur, n'alla jamais jusqu'à le déposer. Cette conduite ne prouve-t-elle pas non-seulement beaucoup de sagesse dans ce pontife, mais une condamnation générale des excès de Grégoire VII ?

(1190) Après la pacification de l'Italie, Frédéric Barberousse partit pour les guerres des croisades, et mourut, pour s'être baigné dans le Cydnus, de la maladie dont Alexandre le Grand avait échappé autrefois si difficilement pour s'être jeté tout en sueur dans ce fleuve. Cette maladie était probablement une pleurésie [1].

Frédéric fut de tous les empereurs celui qui porta le plus loin ses prétentions. Il avait fait décider à Bologne, en 1158, par les docteurs en droit, que l'empire du monde entier lui appartenait, et que l'opinion contraire était une hérésie. Ce qui était plus réel, c'est qu'à son couronnement dans Rome le sénat et le peuple lui prêtèrent serment de fidélité : serment devenu inutile quand le pape Alexandre III triompha de lui dans le congrès de Venise. L'empereur de Constantinople, Isaac l'Ange, ne lui donnait que le titre d'avocat de l'Église romaine ; et Rome fit tout le mal qu'elle put à son avocat.

Pour le pape Alexandre, il vécut encore quatre ans dans un repos glorieux, chéri dans Rome et dans l'Italie. Il établit dans un nombreux concile que, désormais, pour être élu pape canoniquement, il suffirait d'avoir les deux tiers des voix des seuls cardinaux ; mais cette règle ne put prévenir les schismes qui furent depuis causés par ce qu'on appelle en Italie *la rabbia*

---

1. On trouvera la mort de Frédéric Barberousse racontée avec plus de détails dans les *Annales de l'Empire*. Voltaire glissa dans cet ouvrage nombre de morceaux de son *Essai*, qui n'était pas encore publié. Aussi ne doit-on pas s'étonner de ne rien lire ici de l'histoire intérieure de l'Allemagne, puisqu'elle est entièrement esquissée dans les *Annales de l'Empire*.

papale. L'élection d'un pape fut longtemps accompagnée d'une guerre civile. Les horreurs des successeurs de Néron jusqu'à Vespasien n'ensanglantèrent l'Italie que pendant quatre ans ; et la rage du pontificat ensanglanta l'Europe pendant deux siècles.

CHAPITRE XLIX.

DE L'EMPEREUR HENRI VI, ET DE ROME.

La querelle de Rome et de l'empire, plus ou moins envenimée, subsistait toujours. On a écrit que Henri VI, fils de l'empereur Frédéric Barberousse, ayant reçu à genoux la couronne impériale de Célestin III, ce pape, âgé de plus de quatre-vingt-quatre ans, la fit tomber, d'un coup de pied, de la tête de l'empereur. Ce fait n'est pas vraisemblable ; mais c'est assez qu'on l'ait cru, pour faire voir jusqu'où l'animosité était poussée. Si le pape en eût usé ainsi, cette indécence n'eût été qu'un trait de faiblesse.

Ce couronnement de Henri VI présente un plus grand objet et de plus grands intérêts. Il voulait régner dans les Deux-Siciles. Il se soumettait, quoique empereur, à recevoir l'investiture du pape pour des États dont on avait fait d'abord hommage à l'empire, et dont il se croyait à la fois le suzerain, le propriétaire. Il demande à être le vassal lige du pape, et le pape le refuse. Les Romains ne voulaient point de Henri VI pour voisin ; Naples n'en voulait point pour maître ; mais il le fut malgré eux.

Il semble qu'il y ait des peuples faits pour servir toujours, et pour attendre quel sera l'étranger qui voudra les subjuguer. Il ne restait de la race légitime des conquérants normands que la princesse Constance[1], fille du roi Roger Ier, mariée à Henri VI. Tancrède, bâtard de cette race, avait été reconnu roi par le peuple et par le saint-siége. Qui devait l'emporter, ou ce Tancrède qui avait le droit de l'élection, ou Henri qui avait le droit de sa femme ? Les armes devaient décider. En vain, après la mort de

---

1. Voyez, dans la *Correspondance*, la lettre à Burigny, du 24 février 1757.

Tancrède, les Deux-Siciles proclamèrent son jeune fils (1193) : il fallait que Henri prévalût.

Une des plus grandes lâchetés qu'un souverain puisse commettre servit à ses conquêtes. L'intrépide roi d'Angleterre, Richard Cœur-de-Lion, en revenant d'une de ces croisades dont nous parlerons, fait naufrage près de la Dalmatie; il passe sur les terres d'un duc d'Autriche. (1194) Ce duc viole l'hospitalité, charge de fers le roi d'Angleterre, le vend à l'empereur Henri VI, comme les Arabes vendent leurs esclaves. Henri en tire une grosse rançon, et avec cet argent va conquérir les Deux-Siciles; il fait exhumer le corps du roi Tancrède, et par une barbarie aussi atroce qu'inutile, le bourreau coupe la tête au cadavre. On crève les yeux au jeune roi son fils, on le fait eunuque, on le confine dans une prison à Coire, chez les Grisons. On enferme ses sœurs en Alsace avec leur mère. Les partisans de cette famille infortunée, soit barons, soit évêques, périssent dans les supplices. Tous les trésors sont enlevés et portés en Allemagne.

Ainsi passèrent Naples et Sicile aux Allemands, après avoir été conquis par des Français. Ainsi vingt provinces ont été sous la domination de souverains que la nature a placés à trois cents lieues d'elles : éternel sujet de discorde, et preuve de la sagesse d'une loi telle que la *Salique*, loi qui serait encore plus utile à un petit État qu'à un grand. Henri VI alors fut beaucoup plus puissant que Frédéric Barberousse. Presque despotique en Allemagne, souverain en Lombardie, à Naples, en Sicile, suzerain de Rome, tout tremblait sous lui. Sa cruauté le perdit; sa propre femme Constance, dont il avait exterminé la famille, conspira contre ce tyran, et enfin, dit-on, le fit empoisonner.

(1198) A la mort de Henri VI, l'empire d'Allemagne est divisé. La France ne l'était pas; c'est que les rois de France avaient été assez prudents ou assez heureux pour établir l'ordre de la succession. Mais ce titre d'empire, que l'Allemagne affectait, servait à rendre la couronne élective. Tout évêque et tout grand seigneur donnait sa voix. Ce droit d'élire et d'être élu flattait l'ambition des princes, et fit quelquefois les malheurs de l'État.

(1198) Le jeune Frédéric II, fils de Henri VI, sortait du berceau. Une faction l'élit empereur, et donne à son oncle Philippe [1] le titre de *roi des Romains :* un autre parti couronne Othon de Brunswick, son neveu. Les papes tirèrent bien un autre fruit des

---

1. C'est cet empereur Philippe qui érigea la Bohême en royaume. Il fut assassiné par un seigneur de Vitelsbach, en 1208. (*Note de Voltaire.*)

divisions de l'Allemagne que les empereurs n'avaient fait de celles d'Italie.

Innocent III, fils d'un gentilhomme d'Agnani, près de Rome, bâtit enfin l'édifice de la puissance temporelle dont ses prédécesseurs avaient amassé les matériaux pendant quatre cents ans. Excommunier Philippe, vouloir détrôner le jeune Frédéric, prétendre exclure à jamais du trône d'Allemagne et d'Italie cette maison de Souabe si odieuse aux papes, se constituer juge des rois, c'était le style devenu ordinaire depuis Grégoire VII. Mais Innocent III ne s'en tint pas à ces formules. L'occasion était trop belle ; il obtint ce qu'on appelle le patrimoine de Saint-Pierre, si longtemps contesté. C'était une partie de l'héritage de la fameuse comtesse Mathilde.

La Romagne, l'Ombrie, la Marche d'Ancône, Orbitello, Viterbe, reconnurent le pape pour souverain. Il domina en effet d'une mer à l'autre. La république romaine n'en avait pas tant conquis dans ses quatre premiers siècles, et ces pays ne lui valaient pas ce qu'ils valaient aux papes. Innocent III conquit même Rome : le nouveau sénat plia sous lui, il fut le sénat du pape et non des Romains. Le titre de consul fut aboli. Les pontifes de Rome commencèrent alors à être rois en effet ; et la religion les rendait, suivant les occurrences, les maîtres des rois. Cette grande puissance temporelle en Italie ne fut pas de durée.

C'était un spectacle intéressant que ce qui se passait alors entre les chefs de l'Église, la France, l'Allemagne, et l'Angleterre. Rome donnait toujours le mouvement à toutes les affaires de l'Europe. Vous avez vu les querelles du sacerdoce et de l'empire jusqu'au pape Innocent III, et jusqu'aux empereurs Philippe, Henri, et Othon, pendant que Frédéric II était jeune encore. Il faut jeter les yeux sur la France, sur l'Angleterre, et sur les intérêts que ces royaumes avaient à démêler avec l'Allemagne.

CHAPITRE L.

ÉTAT DE LA FRANCE ET DE L'ANGLETERRE PENDANT LE XII° SIÈCLE JUSQU'AU RÈGNE DE SAINT LOUIS, DE JEAN SANS TERRE ET DE HENRI III. GRAND CHANGEMENT DANS L'ADMINISTRATION PUBLIQUE EN ANGLETERRE ET EN FRANCE. MEURTRE DE THOMAS BECKET, ARCHEVÊQUE DE CANTORBÉRY. L'ANGLETERRE DEVENUE PROVINCE DU DOMAINE DE ROME, ETC. LE PAPE INNOCENT III JOUE LES ROIS DE FRANCE ET D'ANGLETERRE.

Le gouvernement féodal était en vigueur dans presque toute l'Europe, et les lois de la chevalerie partout à peu près les mêmes. Il était surtout établi dans l'empire, en France, en Angleterre, en Espagne, par les lois des fiefs, que si le seigneur d'un fief disait à son homme lige : « Venez-vous-en avec moi, car je veux guerroyer le roi mon seigneur, qui me dénie justice », l'homme lige devait d'abord aller trouver le roi, et lui demander s'il était vrai qu'il eût refusé justice à ce seigneur. En cas de refus, l'homme lige devait marcher contre le roi, au service de ce seigneur, le nombre de jours prescrits, ou perdre son fief. Un tel règlement pouvait être intitulé *Ordonnance pour faire la guerre civile.*

(1158) L'empereur Frédéric Barberousse abolit cette loi établie par l'usage, et l'usage l'a conservée malgré lui dans l'empire, toutes les fois que les grands vassaux ont été assez puissants pour faire la guerre à leur chef. Elle fut en vigueur en France jusqu'au temps de l'extinction de la maison de Bourgogne. Le gouvernement féodal fit bientôt place en Angleterre à la liberté ; il a cédé en Espagne au pouvoir absolu.

Dans les premiers temps de la race de Hugues, nommée improprement Capétienne, du sobriquet donné à ce roi, tous les petits vassaux combattaient contre les grands, et les rois avaient souvent les armes à la main contre les barons du duché de France. La race des anciens pirates danois, qui régnait en Normandie et en Angleterre, favorisait toujours ce désordre. C'est ce qui fit que Louis le Gros eut tant de peine à soumettre un sire de Coucy, un baron de Corbeil, un sire de Montlhéry, un sire du village de Puiset, un seigneur de Baudouin, de Châteaufort ; on ne voit pas même qu'il ait osé et pu faire condamner à mort ces vassaux. Les choses sont bien changées en France.

L'Angleterre, dès le temps de Henri I*er*, fut gouvernée comme la France. On comptait en Angleterre, sous le roi Étienne, fils de Henri Iᵉʳ, mille châteaux fortifiés. Les rois de France et d'Angleterre ne pouvaient rien alors sans le consentement et le secours de cette multitude de barons, et c'était, comme on l'a déjà vu, le règne de la confusion [1].

(1152) Le roi de France, Louis le Jeune, acquit un grand domaine par un mariage, mais il le perdit par un divorce. Éléonore sa femme, héritière de la Guienne et du Poitou, lui fit des affronts qu'un mari devait ignorer. Fatiguée de l'accompagner dans ces croisades illustres et malheureuses, elle se dédommagea des ennuis que lui causait, à ce qu'elle disait, un roi qu'elle traitait toujours de moine. Le roi fit casser son mariage sous prétexte de parenté. Ceux qui ont blâmé ce prince de ne pas retenir la dot, en répudiant sa femme, ne songent pas qu'alors un roi de France n'était pas assez puissant pour commettre une telle injustice. Mais ce divorce est un des plus grands objets du droit public que les historiens auraient bien dû approfondir. Le mariage fut cassé à Beaugency par un concile d'évêques de France, sur le vain prétexte qu'Éléonore était arrière-cousine de Louis; encore fallut-il que les seigneurs gascons fissent serment que les deux époux étaient parents, comme si l'on ne pouvait connaître que par un serment une telle vérité. Il n'est que trop certain que ce mariage était nul par les lois superstitieuses de ces temps d'ignorance. Si le mariage était nul, les deux princesses qui en étaient nées étaient donc bâtardes; elles furent pourtant mariées en qualité de filles très-légitimes. Le mariage d'Éléonore, leur mère, fut donc toujours réputé valide, malgré la décision du concile. Ce concile ne prononça donc pas la nullité, mais la cassation, le divorce; et, dans ce procès de divorce, le roi se garda bien d'accuser sa femme d'adultère : ce fut proprement une répudiation en plein concile sur le plus frivole des motifs.

Il reste à savoir comment, selon la loi du christianisme, Éléonore et Louis pouvaient se remarier. Il est assez connu, par saint Matthieu [2] et par saint Luc [3], qu'un homme ne peut ni se marier après avoir répudié sa femme, ni épouser une répudiée. Cette loi est émanée expressément de la bouche du Christ, et cependant elle n'a jamais été observée. Que de sujets d'excom-

---

1. Voyez le chapitre xxxviii, où Voltaire dit que le royaume était *sans chef, sans police, sans ordre;* et le commencement du chapitre xxxix.
2. Saint Matthieu, V, 31-32.
3. Saint Luc, XVI, 18.

munications, d'interdits, de troubles, et de guerres, si les papes alors avaient voulu se mêler d'une pareille affaire, dans laquelle ils sont entrés tant de fois!

Un descendant du conquérant Guillaume, Henri II, depuis roi d'Angleterre, déjà maître de la Normandie, du Maine, de l'Anjou, de la Touraine, moins difficile que Louis le Jeune, crut pouvoir sans honte épouser une femme galante qui lui donnait la Guienne et le Poitou. Bientôt après il fut roi d'Angleterre, et le roi de France en reçut l'hommage lige, qu'il eût voulu rendre au roi anglais pour tant d'États.

Le gouvernement féodal déplaisait également aux rois de France, d'Angleterre, et d'Allemagne. Ces rois s'y prirent presque de même, et presque en même temps, pour avoir des troupes indépendamment de leurs vassaux. Le roi Louis le Jeune donna des priviléges à toutes les villes de son domaine, à condition que chaque paroisse marcherait à l'armée sous la bannière du saint de son église, comme les rois marchaient eux-mêmes sous la bannière de saint Denis. Plusieurs serfs, alors affranchis, devinrent citoyens; et les citoyens eurent le droit d'élire leurs officiers municipaux, leurs échevins, et leurs maires.

C'est vers les années 1137 et 1138 qu'il faut fixer cette époque du rétablissement de ce gouvernement municipal des cités et des bourgs. Henri II, roi d'Angleterre, donna les mêmes priviléges à plusieurs villes pour en tirer de l'argent, avec lequel il pourrait lever des troupes.

(1166) Les empereurs en usèrent à peu près de même en Allemagne. Spire, par exemple, acheta le droit de se choisir des bourgmestres, malgré l'évêque qui s'y opposa. La liberté, naturelle aux hommes, renaquit du besoin d'argent où étaient les princes; mais cette liberté n'était qu'une moindre servitude, en comparaison de ces villes d'Italie, qui alors s'érigèrent en républiques.

L'Italie citérieure se formait sur le plan de l'ancienne Grèce. La plupart de ces grandes villes libres et confédérées semblaient devoir former une république respectable; mais de petits et de grands tyrans la détruisirent bientôt.

Les papes avaient à négocier à la fois avec chacune de ces villes, avec le royaume de Naples, l'Allemagne, la France, l'Angleterre, et l'Espagne. Tous eurent avec les papes des démêlés, et l'avantage demeura toujours au pontife.

(1142) Le roi de France, Louis le Jeune, ayant donné l'exclusion à un de ses sujets, nommé Pierre la Châtre, pour l'évêché de Bourges, l'évêque, élu malgré lui, et soutenu par Rome, mit en interdit les domaines royaux de son évêché : de là suit une guerre civile ; mais elle ne finit que par une négociation, en reconnaissant l'évêque, et en priant le pape de faire lever l'interdit.

Les rois d'Angleterre eurent bien d'autres querelles avec l'Église. Un des rois dont la mémoire est la plus respectée chez les Anglais est Henri Ier, le troisième roi depuis la conquête, qui commença à régner en 1100. Ils lui savent bon gré d'avoir aboli la loi du couvre-feu, qui les gênait. Il fixa dans ses États les mêmes poids et les mêmes mesures, ouvrage d'un sage législateur, qui fut aisément exécuté en Angleterre, et toujours inutilement proposé en France. Il confirma les lois de saint Édouard, que son père Guillaume le Conquérant avait abrogées. Enfin, pour mettre le clergé dans ses intérêts, il renonça au droit de régale qui lui donnait l'usufruit des bénéfices vacants, droit que les rois de France ont conservé.

Il signa surtout une charte remplie de priviléges qu'il accordait à la nation : première origine des libertés d'Angleterre, tant accrues dans la suite. Guillaume le Conquérant, son père, avait traité les Anglais en esclaves qu'il ne craignait pas. Si Henri, son fils, les ménagea tant, c'est qu'il en avait besoin. Il était cadet, il ravissait le sceptre à son aîné, Robert (1103). Voilà la source de tant d'indulgences. Mais, tout adroit et tout maître qu'il était, il ne put empêcher son clergé et Rome de s'élever contre lui, pour ces mêmes investitures. Il fallut qu'il s'en désistât, et qu'il se contentât de l'hommage que les évêques lui faisaient pour le temporel.

La France était exempte de ces troubles ; la cérémonie de la crosse n'y avait pas lieu, et on ne peut attaquer tout le monde à la fois.

Il s'en fallait peu que les évêques anglais ne fussent princes temporels dans leurs évêchés ; du moins les plus grands vassaux de la couronne ne les surpassaient pas en grandeur et en richesses. Sous Étienne, successeur de Henri Ier, un évêque de Salisbury, nommé Roger, marié et vivant publiquement avec celle qu'il reconnaissait pour sa femme, fait la guerre au roi son souverain ; et, dans un de ses châteaux pris pendant cette guerre, on trouva, dit-on, quarante mille marcs d'argent. Si ce sont des marcs, des demi-livres, c'est une somme exorbitante ; si ce sont des marques, des écus, c'est encore beaucoup dans un temps où l'espèce était si rare.

Après ce règne d'Étienne, troublé par des guerres civiles, l'Angleterre prenait une nouvelle face sous Henri II, qui réunissait la Normandie, l'Anjou, la Touraine, la Saintonge, le Poitou, la Guienne, avec l'Angleterre, excepté la Cornouaille, non encore soumise. Tout y était tranquille, lorsque ce bonheur fut troublé par la grande querelle du roi et de Thomas Becket, qu'on appelle saint Thomas de Cantorbéry.

Ce Thomas Becket, avocat élevé par le roi Henri II à la dignité de chancelier, et enfin à celle d'archevêque de Cantorbéry, primat d'Angleterre et légat du pape, devint l'ennemi de la première personne de l'État dès qu'il fut la seconde. Un prêtre commit un meurtre. Le primat ordonna qu'il serait seulement privé de son bénéfice. Le roi, indigné, lui reprocha qu'un laïque en cas pareil étant puni de mort; c'était inviter les ecclésiastiques au crime que de proportionner si peu la peine au délit. L'archevêque soutint qu'aucun ecclésiastique ne pouvait être puni de mort, et renvoya ses lettres de chancelier pour être entièrement indépendant. Le roi, dans un parlement, proposa qu'aucun évêque n'allât à Rome, qu'aucun sujet n'appelât au saint-siége, qu'aucun vassal et officier de la couronne ne fût excommunié et suspendu de ses fonctions, sans permission du souverain ; qu'enfin les crimes du clergé fussent soumis aux juges ordinaires. Tous les pairs séculiers passèrent ces propositions. Thomas Becket les rejeta d'abord. Enfin il signa des lois si justes; mais il s'accusa auprès du pape d'avoir trahi les droits de l'Église, et promit de n'avoir plus de telles complaisances.

Accusé devant les pairs d'avoir malversé pendant qu'il était chancelier, il refusa de répondre, sous prétexte qu'il était archevêque. Condamné à la prison, comme séditieux, par les pairs ecclésiastiques et séculiers, il s'enfuit en France, et alla trouver Louis le Jeune, ennemi naturel du roi d'Angleterre. Quand il fut en France, il excommunia la plupart des seigneurs qui composaient le conseil de Henri. Il lui écrivait : « Je vous dois, à la vérité, révérence comme à mon roi ; mais je vous dois châtiment comme à mon fils spirituel. » Il le menaçait dans sa lettre d'être changé en bête comme Nabuchodonosor, quoique après tout il n'y eût pas un grand rapport entre Nabuchodonosor et Henri II.

Le roi d'Angleterre fit tout ce qu'il put pour engager l'archevêque à rentrer dans son devoir. Il prit, dans un de ses voyages, Louis le Jeune, son seigneur suzerain, pour arbitre. « Que l'archevêque, dit-il à Louis en propres mots, agisse avec moi comme le plus saint de ses prédécesseurs en a usé avec le moindre des miens, et je serai satisfait. » Il se fit une paix simulée entre le roi et le prélat. Becket revint donc en Angleterre ; mais il n'y revint que pour excommunier tous les ecclésiastiques, évêques, chanoines, curés, qui s'étaient déclarés contre lui. (1170) Ils se plaignirent au roi, qui était alors en Normandie. Enfin Henri II, outré de colère, s'écria : « Est-il possible qu'aucun de mes serviteurs ne me vengera de ce brouillon de prêtre? »

Ces paroles, plus qu'indiscrètes, semblaient mettre le poignard à la main de quiconque croirait le servir en assassinant celui qui ne devait être puni que par les lois.

(1170) Quatre de ses domestiques allèrent à Kenterbury, que nous nommons Cantorbéry ; ils assommèrent à coups de massue l'archevêque au pied de l'autel. Ainsi un homme qu'on aurait pu traiter en rebelle devint un martyr, et le roi fut chargé de la honte et de l'horreur de ce meurtre.

L'histoire ne dit point quelle justice on fit de ces quatre assassins : il semble qu'on n'en ait fait que du roi.

On a déjà vu[1] comme Adrien IV donna à Henri II la permission d'usurper l'Irlande. Le pape Alexandre III, successeur d'Adrien IV, confirma cette permission, à condition que le roi ferait serment qu'il n'avait jamais commandé cet assassinat, et qu'il irait pieds nus recevoir la discipline sur le tombeau de l'archevêque par la main des chanoines. Il eût été bien grand de donner l'Irlande, si Henri avait eu le droit de s'en emparer, et le pape celui d'en disposer ; mais il était plus grand de forcer un roi puissant et coupable à demander pardon de son crime.

(1172) Le roi alla donc conquérir l'Irlande. C'était un pays sauvage qu'un comte de Pembroke avait déjà subjugué en partie, avec douze cents hommes seulement. Ce comte de Pembroke voulait retenir sa conquête. Henri II, plus fort que lui, et muni d'une bulle du pape, s'empara aisément de tout. Ce pays est toujours resté sous la domination de l'Angleterre, mais inculte, pauvre, et inutile, jusqu'à ce qu'enfin, dans le XVIIIe siècle, l'agriculture, les manufactures, les arts, les sciences, tout s'y est perfectionné (1174) ; et l'Irlande, quoique subjuguée, est devenue une des plus florissantes provinces de l'Europe.

Henri II, contre lequel ses enfants se révoltaient, accomplit sa pénitence après avoir subjugué l'Irlande. Il renonça solennellement à tous les droits de la monarchie, qu'il avait soutenus contre Becket. Les Anglais condamnent cette renonciation, et même sa pénitence. Il ne devait certainement pas céder ses droits, mais il devait se repentir d'un assassinat : l'intérêt du genre humain demande un frein qui retienne les souverains, et

---

1. Chapitre XLVIII.

qui mette à couvert la vie des peuples. Ce frein de la religion aurait pu être, par une convention universelle, dans la main des papes, comme nous l'avons déjà remarqué[1]; ces premiers pontifes, en ne se mêlant des querelles temporelles que pour les apaiser, en avertissant les rois et les peuples de leurs devoirs, en reprenant leurs crimes, en réservant les excommunications pour les grands attentats, auraient toujours été regardés comme des images de Dieu sur la terre; mais les hommes sont réduits à n'avoir pour leur défense que les lois et les mœurs de leur pays : lois souvent méprisées, et mœurs souvent corrompues.

L'Angleterre fut tranquille sous Richard Cœur de Lion, fils et successeur de Henri II. Il fut malheureux par ses croisades dont nous ferons bientôt mention; mais son pays ne le fut pas. Richard eut avec Philippe-Auguste quelques-unes de ces guerres inévitables entre un suzerain et un vassal puissant : elles ne changèrent rien à la fortune de leurs États. Il faut regarder toutes les guerres pareilles entre les princes chrétiens comme des temps de contagion qui dépeuplent des provinces sans en changer les limites, les usages, et les mœurs. Ce qu'il y eut de plus remarquable dans ces guerres, c'est que Richard enleva, dit-on, à Philippe-Auguste son chartrier qui le suivait partout; il contenait un détail des revenus du prince, une liste de ses vassaux, un état des serfs et des affranchis. On ajoute que le roi de France fut obligé de faire un nouveau chartrier, dans lequel ses droits furent plutôt augmentés que diminués. Il n'est guère vraisemblable que dans les expéditions militaires on porte ses archives dans une charrette, comme du pain de munition. Mais que de choses invraisemblables nous disent les historiens!

(1194) Un autre fait digne d'attention, c'est la captivité d'un évêque de Beauvais, pris les armes à la main par le roi Richard. Le pape Célestin III redemanda l'évêque. « Rendez-moi mon fils », écrivit-il à Richard. Le roi, en envoyant au pape la cuirasse de l'évêque, lui répondit par ces paroles de l'histoire de Joseph : « Reconnaissez-vous la tunique de votre fils? »

Il faut observer encore, à l'égard de cet évêque guerrier, que si les lois des fiefs n'obligeaient pas les évêques à se battre, elles les obligeaient pourtant d'amener leurs vassaux au rendez-vous des troupes.

Philippe-Auguste saisit le temporel des évêques d'Orléans et

---

1. Voltaire veut probablement parler de ce qu'il a dit dans les *Annales de l'Empire*, années 858-865.

d'Auxerre pour n'avoir pas rempli cet abus, devenu un devoir. Ces évêques condamnés commencèrent par mettre le royaume en interdit, et finirent par demander pardon.

(1199) Jean sans Terre, qui succéda à Richard, devait être un très-grand terrien; car à ses grands domaines il joignit la Bretagne, qu'il usurpa sur le prince Artus, son neveu, à qui cette province était échue par sa mère. Mais pour avoir voulu ravir ce qui ne lui appartenait pas, il perdit tout ce qu'il avait, et devint enfin un grand exemple qui doit intimider les mauvais rois. Il commença par s'emparer de la Bretagne, qui appartenait à son neveu Artus; il le prit dans un combat, il le fit enfermer dans la tour de Rouen, sans qu'on ait jamais pu savoir ce que devint ce jeune prince. L'Europe accusa avec raison le roi Jean de la mort de son neveu.

Heureusement pour l'instruction de tous les rois, on peut dire que ce premier crime fut la cause de tous ses malheurs. Les lois féodales, qui d'ailleurs faisaient naître tant de désordres, furent signalées ici par un exemple mémorable de justice. La comtesse de Bretagne, mère d'Artus, fit présenter à la cour des pairs de France une requête signée des barons de Bretagne. Le roi d'Angleterre fut sommé par les pairs de comparaître. La citation lui fut signifiée à Londres par des sergents d'armes. Le roi accusé envoya un évêque demander à Philippe-Auguste un sauf-conduit. « Qu'il vienne, dit le roi, il le peut. — Y aura-t-il sûreté pour le retour? demanda l'évêque. — Oui, si le jugement des pairs le permet, » répondit le roi. (1203) L'accusé n'ayant point comparu, les pairs de France le condamnèrent à mort, déclarèrent toutes ses terres situées en France acquises et confisquées au roi. Mais qui étaient ces pairs qui condamnèrent un roi d'Angleterre à mort? ce n'étaient point les ecclésiastiques, lesquels ne peuvent assister à un jugement criminel. On ne dit point qu'il y eût alors à Paris un comte de Toulouse, et jamais on ne vit aucun acte de pairs signé par ces comtes. Baudouin IX, comte de Flandre, était alors à Constantinople, où il briguait les débris de l'empire d'Orient. Le comte de Champagne était mort, et la succession était disputée. C'était l'accusé lui-même qui était duc de Guienne et de Normandie. L'assemblée des pairs fut composée des hauts barons relevant immédiatement de la couronne. C'est un point très-important que nos historiens auraient dû examiner, au lieu de ranger à leur gré des armées en bataille, et de s'appesantir sur les siéges de quelques châteaux qui n'existent plus.

On ne peut douter que l'assemblée des pairs barons français

qui condamna le roi d'Angleterre ne fût celle-là même qui était convoquée alors à Melun pour régler les lois féodales, *Stabilimentum feudorum*. Eudes, duc de Bourgogne, y présidait sous le roi Philippe-Auguste. On voit encore au bas des chartes de cette assemblée les noms d'Hervé, comte de Nevers; de Renaud, comte de Boulogne; de Gaucher, comte de Saint-Paul; de Gui de Dampierre; et, ce qui est très-remarquable, on n'y trouve aucun grand officier de la couronne.

Philippe se mit bientôt en devoir de recueillir le fruit du crime du roi son vassal. Il paraît que le roi Jean était du naturel des rois tyrans et lâches. Il se laissa prendre la Normandie, la Guienne, le Poitou, et se retira en Angleterre, où il était haï et méprisé. Il trouva d'abord quelque ressource dans la fierté de la nation anglaise, indignée de voir son roi condamné en France; mais les barons d'Angleterre se lassèrent bientôt de donner de l'argent à un roi qui n'en savait pas user. Pour comble de malheur, Jean se brouilla avec la cour de Rome pour un archevêque de Cantorbéry, que le pape voulait nommer de son autorité, malgré les lois.

Innocent III, cet homme sous lequel le saint-siége fut si formidable, mit l'Angleterre en interdit, et défendit à tous les sujets de Jean de lui obéir. Cette foudre ecclésiastique était en effet terrible, parce que le pape la remettait entre les mains de Philippe-Auguste, auquel il transféra le royaume d'Angleterre en héritage perpétuel, l'assurant de la rémission de tous ses péchés s'il réussissait à s'emparer de ce royaume. Il accorda même pour ce sujet les mêmes indulgences qu'à ceux qui allaient à la Terre Sainte. Le roi de France ne publia pas alors qu'il n'appartenait pas au pape de donner des couronnes : lui-même avait été excommunié quelques années auparavant, en 1199, et son royaume avait aussi été mis en interdit par ce même pape Innocent III, parce qu'il avait voulu changer de femme [1]. Il avait déclaré alors les censures de Rome insolentes et abusives; il avait saisi le temporel de tout évêque et de tout prêtre assez mauvais Français pour obéir au pape. Il pensa tout différemment quand il se vit l'exécuteur d'une bulle qui lui donnait l'Angleterre. Alors il reprit sa femme, dont le divorce lui avait attiré tant d'excommunications, et ne songea qu'à exécuter la sentence de Rome. Il employa une année à faire construire dix-sept cents vaisseaux (c'est-à-dire mille sept cents grandes barques), et à préparer la plus belle

---

1. Voyez, dans le *Dictionnaire philosophique*, l'article Yvetot.

armée qu'on eût jamais vue en France. La haine qu'on portait en Angleterre au roi Jean valait au roi Philippe encore une autre armée. Philippe-Auguste était prêt de partir, et Jean, de son côté, faisait un dernier effort pour le recevoir. Tout haï qu'il était d'une partie de la nation, l'éternelle émulation des Anglais contre la France, l'indignation contre le procédé du pape, les prérogatives de la couronne, toujours puissantes, lui donnèrent enfin pour quelques semaines une armée de près de soixante mille hommes, à la tête de laquelle il s'avança jusqu'à Douvres pour recevoir celui qui l'avait jugé en France, et qui devait le détrôner en Angleterre.

L'Europe s'attendait donc à une bataille décisive entre les deux rois, lorsque le pape les joua tous deux, et prit adroitement pour lui ce qu'il avait donné à Philippe-Auguste. Un sous-diacre, son domestique, nommé Pandolfe, légat en France et en Angleterre, consomma cette singulière négociation. Il passe à Douvres, sous prétexte de négocier avec les barons en faveur du roi de France (1213). Il voit le roi Jean. « Vous êtes perdu, lui dit-il; l'armée française met à la voile; la vôtre va vous abandonner; vous n'avez qu'une ressource, c'est de vous en rapporter entièrement au saint-siége. » Jean y consentit, et en fit serment, et seize barons jurèrent la même chose sur l'âme du roi. Étrange serment qui les obligeait à faire ce qu'ils ne savaient pas qu'on leur proposerait ! L'artificieux Italien intimida tellement le prince, disposa si bien les barons, qu'enfin, le 15 mai 1213, dans la maison des chevaliers du Temple, au faubourg de Douvres, le roi à genoux, mettant ses mains entre celles du légat, prononça ces paroles :

« Moi Jean, par la grâce de Dieu, roi d'Angleterre et seigneur d'Hibernie, pour l'expiation de mes péchés, de ma pure volonté, et de l'avis de mes barons, je donne à l'Église de Rome, au pape Innocent, et à ses successeurs, les royaumes d'Angleterre et d'Irlande, avec tous leurs droits : je les tiendrai comme vassal du pape; je serai fidèle à Dieu, à l'Église romaine, au pape mon seigneur, et à ses successeurs légitimement élus. Je m'oblige de lui payer une redevance de mille marcs d'argent par an, savoir : sept cents pour le royaume d'Angleterre, et trois cents pour l'Hibernie. »

C'était beaucoup dans un pays qui avait alors très-peu d'argent, et dans lequel on ne frappait aucune monnaie d'or.

Alors on mit de l'argent entre les mains du légat, comme premier payement de la redevance. On lui remit la couronne et le sceptre. Le diacre italien foula l'argent aux pieds, et garda la couronne et le sceptre cinq jours. Il rendit ensuite ces ornements au roi, comme un bienfait du pape, leur commun maître.

Philippe-Auguste n'attendait à Boulogne que le retour du légat pour se mettre en mer. Le légat revient à lui pour lui apprendre qu'il ne lui est plus permis d'attaquer l'Angleterre, devenue fief de l'Église romaine, et que le roi Jean est sous la protection de Rome.

Le présent que le pape avait fait de l'Angleterre à Philippe pouvait alors lui devenir funeste. Un autre excommunié, neveu du roi Jean, s'était ligué avec lui pour s'opposer à la France, qui devenait trop à craindre. Cet excommunié était l'empereur Othon IV, qui disputait à la fois l'empire au jeune Frédéric II, fils de Henri VI, et l'Italie au pape. C'est le seul empereur d'Allemagne qui ait jamais donné une bataille en personne contre un roi de France.

CHAPITRE LI.

D'OTHON IV ET DE PHILIPPE-AUGUSTE, AU XIIIe SIÈCLE. DE LA BATAILLE DE BOUVINES. DE L'ANGLETERRE ET DE LA FRANCE, JUSQU'A LA MORT DE LOUIS VIII, PÈRE DE SAINT LOUIS. PUISSANCE SINGULIÈRE DE LA COUR DE ROME : PÉNITENCE PLUS SINGULIÈRE DE LOUIS VIII, ETC.

Quoique le système de la balance de l'Europe n'ait été développé que dans les derniers temps, cependant il paraît qu'on s'est réuni, toujours autant qu'on a pu, contre les puissances prépondérantes. L'Allemagne, l'Angleterre, et les Pays-Bas, armèrent contre Philippe-Auguste, ainsi que nous les avons vus se réunir contre Louis XIV. Ferrand, comte de Flandre, se joignit à l'empereur Othon IV. Il était vassal de Philippe; mais c'était par cette raison même qu'il se déclara contre lui, aussi bien que le comte de Boulogne. Ainsi Philippe, pour avoir voulu accepter le présent du pape, se mit au point d'être opprimé. Sa fortune et son courage le firent sortir de ce péril avec la plus grande gloire qu'ait jamais méritée un roi de France.

Entre Lille et Tournay est un petit village nommé Bouvines, près duquel Othon IV, à la tête d'une armée, qu'on dit forte de plus de cent mille combattants, vint attaquer le roi, qui n'en avait guère que la moitié (1215). On commençait alors à se servir d'arbalètes : cet arme était en usage à la fin du xɪɪe siècle. Mais ce qui décidait d'une journée, c'était cette pesante cavalerie toute couverte de fer. L'armure complète du chevalier était une prérogative d'honneur à laquelle les écuyers ne pouvaient prétendre ; il ne leur était pas permis d'être invulnérables. Tout ce qu'un chevalier avait à craindre était d'être blessé au visage, quand il levait la visière de son casque; ou dans le flanc, au défaut de la cuirasse, quand il était abattu, et qu'on avait levé sa chemise de mailles; enfin, sous les aisselles, quand il levait le bras.

Il y avait encore des troupes de cavalerie, tirées du corps des communes, moins bien armées que les chevaliers. Pour l'infanterie, elle portait des armes défensives à son gré, et les offensives étaient l'épée, la flèche, la massue, la fronde.

Ce fut un évêque qui rangea en bataille l'armée de Philippe-Auguste : il s'appelait Guérin, et venait d'être nommé à l'évêché de Senlis. Cet évêque de Beauvais, si longtemps prisonnier du roi Richard d'Angleterre, se trouva aussi à cette bataille. Il s'y servit toujours d'une massue, disant qu'il serait irrégulier s'il versait le sang humain. On ne sait point comment l'empereur et le roi disposèrent leurs troupes. Philippe, avant le combat, fit chanter le psaume *Exsurgat Deus, et dissipentur inimici ejus,* comme si Othon avait combattu contre Dieu. Auparavant les Français chantaient des vers en l'honneur de Charlemagne et de Roland. L'étendard impérial d'Othon était sur quatre roues. C'était une longue perche qui portait un dragon de bois peint, et sur le dragon s'élevait un aigle de bois doré. L'étendard royal de France était un bâton doré avec un drapeau de soie blanche, semé de fleurs de lis : ce qui n'avait été longtemps qu'une imagination de peintre commençait à servir d'armoiries aux rois de France. D'anciennes couronnes des rois lombards, dont on voit des estampes fidèles dans Muratori, sont surmontées de cet ornement, qui n'est autre chose que le fer d'une lance lié avec deux autres fers recourbés, une vraie hallebarde.

Outre l'étendard royal, Philippe-Auguste fit porter l'oriflamme de saint Denis. Lorsque le roi était en danger, on haussait et baissait l'un ou l'autre de ces étendards. Chaque chevalier avait aussi le sien, et les grands chevaliers faisaient porter un autre drapeau, qu'on nommait bannière. Ce terme de bannière, si honorable, était pourtant commun aux drapeaux de l'infanterie, presque toute composée de serfs. Le cri de guerre des Français était *Montjoie saint Denis*. Le cri des Allemands était *Kyrie, eleison*.

Une preuve que les chevaliers bien armés ne couraient guère d'autre risque que d'être démontés, et n'étaient blessés que par un très-grand hasard, c'est que le roi Philippe-Auguste, renversé de son cheval, fut longtemps entouré d'ennemis, et reçut des coups de toute espèce d'armes sans verser une goutte de sang.

On raconte même qu'étant couché par terre, un soldat allemand voulut lui enfoncer dans la gorge un javelot à double crochet, et n'en put jamais venir à bout. Aucun chevalier ne périt dans la bataille, sinon Guillaume de Longchamp, qui malheureusement mourut d'un coup dans l'œil, adressé par la visière de son casque.

On compte du côté des Allemands vingt-cinq chevaliers bannerets, et sept comtes de l'empire prisonniers, mais aucun de blessé.

L'empereur Othon perdit la bataille. On tua, dit-on, trente mille Allemands, nombre probablement exagéré. On ne voit pas que le roi de France fît aucune conquête du côté de l'Allemagne après la victoire de Bouvines ; mais il en eut bien plus de pouvoir sur ses vassaux.

Celui qui perdit le plus à cette bataille fut Jean d'Angleterre, dont l'empereur Othon semblait la dernière ressource. (1218) Cet empereur mourut bientôt après comme un pénitent. Il se faisait, dit-on, fouler aux pieds de ses garçons de cuisine, et fouetter par des moines, selon l'opinion des princes de ce temps-là, qui pensaient expier par quelques coups de discipline le sang de tant de milliers d'hommes.

Il n'est point vrai, comme tant d'auteurs l'ont écrit, que Philippe reçut, le jour de la victoire de Bouvines, la nouvelle d'une autre bataille gagnée par son fils Louis VIII contre le roi Jean. Au contraire, Jean avait eu quelque succès en Poitou ; mais, destitué du secours de ses alliés, il fit une trêve avec Philippe. Il en avait besoin : ses propres sujets d'Angleterre devenaient ses plus grands ennemis ; il était méprisé, parce qu'il s'était fait vassal de Rome. (1215) Les barons le forcèrent de signer cette fameuse charte qu'on appelle la *charte des libertés d'Angleterre*.

Le roi Jean se crut plus lésé en laissant par cette charte à ses sujets les droits les plus naturels qu'il ne s'était cru dégradé en se faisant sujet de Rome ; il se plaignit de cette charte comme du plus grand affront fait à sa dignité : cependant qu'y trouve-t-on en effet d'injurieux à l'autorité royale ? qu'à la mort d'un comte, son fils majeur, pour entrer en possession du fief, payera au roi cent marcs d'argent ; et un baron, cent schellings ; qu'aucun bailli du roi ne pourra prendre les chevaux des paysans qu'en payant cinq sous par jour par cheval. Qu'on parcoure toute la charte, on trouvera seulement que les droits du genre humain n'y ont pas été assez défendus ; on verra que les communes, qui portaient le plus grand fardeau et qui rendaient les plus grands services, n'avaient nulle part à ce gouvernement, qui ne pouvait fleurir sans elles. Cependant Jean se plaignit ; il demanda justice au pape, son nouveau souverain.

Ce pape, Innocent III, qui avait excommunié le roi, excommunie alors les pairs d'Angleterre. Les pairs outrés font ce qu'avait fait ce même pontife : ils offrent la couronne d'Angleterre à la France. Philippe-Auguste, vainqueur de l'Allemagne, possesseur de presque tous les États de Jean en France, appelé au royaume d'Angleterre, se conduisit en grand politique. Il engagea les Anglais à demander son fils Louis pour roi. Alors les légats de Rome vinrent lui représenter en vain que Jean était feudataire du saint-siége. Louis, de concert avec son père, lui parle ainsi en présence du légat : « Monsieur, suis votre homme lige pour li fiefs que m'avez baillés en France, mais ne vos appartient de décider du fait du royaume d'Angleterre ; et si le faites, me pourvoirai devant mes pairs[1]. »

Après avoir parlé ainsi il partit pour l'Angleterre, malgré les défenses publiques de son père, qui le secourait en secret d'hommes et d'argent. Innocent III excommunia en vain le père et le fils (1216) : les évêques de France déclarèrent nulle l'excommunication du père. Remarquons pourtant qu'ils n'osèrent infirmer celle de Louis ; c'est-à-dire qu'ils avouaient que les papes avaient le droit d'excommunier les princes. Ils ne pouvaient disputer ce droit aux papes, puisqu'ils se l'arrogeaient eux-mêmes ; mais ils se réservaient encore celui de décider si l'excommunication du pape était juste ou injuste. Les princes étaient alors bien malheureux, exposés sans cesse à l'excommunication chez eux et à Rome ; mais les peuples étaient plus malheureux encore : l'anathème retombait toujours sur eux, et la guerre les dépouillait.

Le fils de Philippe-Auguste fut reconnu roi solennellement dans Londres. Il ne laissa pas d'envoyer des ambassadeurs plaider sa cause devant le pape. Ce pontife jouissait de l'honneur qu'avait

---

1. C'est une grande preuve que la pairie décidait alors de toutes les grandes affaires. (*Note de Voltaire.*)

autrefois le sénat romain d'être juge des rois. (1216) Il mourut avant de rendre son arrêt définitif.

Jean sans Terre, errant de ville en ville dans son pays, mourut dans le même temps, abandonné de tout le monde, dans un bourg de la province de Norfolk. Un pair de France avait autrefois conquis l'Angleterre, et l'avait gardée; un roi de France ne la garda pas.

Louis VIII, après la mort de Jean d'Angleterre, du vivant même de Philippe-Auguste, fut obligé de sortir de ce même pays qui l'avait demandé pour roi ; et, au lieu de défendre sa conquête, il alla se croiser contre les Albigeois, qu'on égorgeait alors en exécution des sentences de Rome.

Il ne régna qu'une seule année en Angleterre : les Anglais le forcèrent de rendre à leur roi Henri III, dont ils n'étaient pas encore mécontents, le trône qu'ils avaient ôté à Jean, père de ce Henri III. Ainsi Louis ne fut que l'instrument dont ils s'étaient servis pour se venger de leur monarque. Le légat de Rome, qui était à Londres, régla en maître les conditions auxquelles Louis sortit d'Angleterre. Ce légat, l'ayant excommunié pour avoir osé régner à Londres malgré le pape, lui imposa pour pénitence de payer à Rome le dixième de deux années de ses revenus. Ses officiers furent taxés au vingtième, et les chapelains qui l'avaient accompagné furent obligés d'aller demander à Rome leur absolution. Ils firent le voyage ; on leur ordonna d'aller se présenter dans Paris à la porte de la cathédrale, aux quatre grandes fêtes, nu-pieds et en chemise, tenant en main des verges dont les chanoines devaient les fouetter. Une partie de ces pénitences fut, dit-on, accomplie.

Cette scène incroyable se passait pourtant sous un roi habile et courageux, sous Philippe-Auguste, qui souffrait cette humiliation de son fils et de sa nation. Le vainqueur de Bouvines ne finit pas glorieusement sa carrière illustre. (1225) Il avait augmenté son royaume de la Normandie, du Maine, du Poitou : le reste des biens appartenants à l'Angleterre était encore défendu par beaucoup de seigneurs.

Du temps de Louis VIII, une partie de la Guienne était française, l'autre était anglaise. Il n'y eut alors rien de grand ni de décisif.

Le testament de Louis VIII mérite seulement quelque attention. (1225) Il lègue cent sous à chacune des deux mille léproseries de son royaume. Les chrétiens, pour fruit de leurs croisades, ne remportèrent enfin que la lèpre. Il faut que le peu d'usage du linge, et la malpropreté du peuple, eût bien augmenté le nombre des lépreux. Ce nom de léproserie n'était pas donné indifféremment aux autres hôpitaux, car on voit par le même testament que le roi lègue cent livres de compte à deux cents hôtels-dieu. Le legs que fit Louis VIII de trente mille livres une fois payées à son épouse, la célèbre Blanche de Castille, revenait à cinq cent quarante mille livres d'aujourd'hui. J'insiste souvent sur ce prix des monnaies ; c'est, ce me semble, le pouls d'un État, et une manière assez sûre de reconnaître ses forces. Par exemple, il est clair que Philippe-Auguste fut le plus puissant prince de son temps, si, indépendamment des pierreries qu'il laissa, les sommes spécifiées dans son testament montent à près de neuf cent mille marcs d'argent de huit onces, qui valent à présent environ quarante-neuf millions de notre monnaie, à 54 liv. 19 s. le marc d'argent fin [1]. Mais il faut qu'il y ait quelque erreur de calcul dans ce testament : il n'est point du tout vraisemblable qu'un roi de France, qui n'avait de revenu que celui de ses domaines particuliers, ait pu laisser alors une somme si considérable ; la puissance de tous les rois de l'Europe consistait alors à voir marcher un grand nombre de vassaux sous leurs ordres, et non à posséder assez de trésors pour les asservir.

C'est ici le lieu de relever un étrange conte que font tous nos historiens. Ils disent que Louis VIII étant au lit de la mort, les médecins jugèrent qu'il n'y avait d'autre remède pour lui que l'usage des femmes ; qu'ils mirent dans son lit une jeune fille, mais que le roi la chassa, aimant mieux mourir, disent-ils, que de commettre un péché mortel. Le P. Daniel, dans son Histoire de France, a fait graver cette aventure à la tête de la vie de Louis VIII, comme le plus bel exploit de ce prince.

Cette fable a été appliquée à plusieurs autres monarques. Elle n'est, comme tous les autres contes de ces temps-là, que le fruit de l'ignorance. Mais on devrait savoir aujourd'hui que la jouissance d'une fille n'est point un remède pour un malade ; et, après tout, si Louis VIII n'avait pu réchapper que par cet expédient, il avait Blanche, sa femme, qui était fort belle et en état de lui sau-

1. Dans toutes les évaluations du marc d'or et d'argent, on a supposé que les historiens ou les actes parlent de marcs d'or ou d'argent fin suivant la manière actuelle de s'exprimer. Si on venait à découvrir que, dans quelques circonstances, ils ont entendu de l'or ou de l'argent au titre de la monnaie ou de la bijouterie du temps, il faudrait corriger les évaluations en conséquence. Mais cela n'est pas vraisemblable, puisque ce sont les variations des monnaies, alors très-fréquentes, qui ont introduit l'usage d'exprimer les valeurs en marcs, et non en monnaies. (K.)

ver la vie. Le jésuite Daniel prétend donc que Louis VIII mourut glorieusement en ne satisfaisant pas la nature, et en combattant les hérétiques. Il est vrai qu'avant sa mort il alla en Languedoc pour s'emparer d'une partie du comté de Toulouse, que le jeune Amaury, comte de Montfort, fils de l'usurpateur, lui vendit. Mais acheter un pays d'un homme à qui ce pays n'appartient pas, est-ce là combattre pour la foi? Un esprit juste, en lisant l'histoire, n'est presque occupé qu'à la réfuter.

CHAPITRE LII.

DE L'EMPEREUR FRÉDÉRIC II; DE SES QUERELLES AVEC LES PAPES, ET DE L'EMPIRE ALLEMAND. DES ACCUSATIONS CONTRE FRÉDÉRIC II. DU LIVRE « DE TRIBUS IMPOSTORIBUS ». DU CONCILE GÉNÉRAL DE LYON, ETC.

Vers le commencement du XIIIe siècle, tandis que Philippe-Auguste régnait encore, que Jean sans Terre était dépouillé par Louis VIII, qu'après la mort de Jean et de Philippe-Auguste, Louis VIII, chassé d'Angleterre, régnait en France, et laissait l'Angleterre à Henri III; dans ces temps, dis-je, les croisades, les persécutions contre les Albigeois, épuisaient toujours l'Europe. L'empereur Frédéric II faisait saigner les plaies mal fermées de l'Allemagne et de l'Italie. La querelle de la couronne impériale et de la mitre de Rome, les factions des Guelfes et des Gibelins, les haines des Allemands et des Italiens, troublaient le monde plus que jamais. Frédéric II, fils de Henri VI, et neveu de l'empereur Philippe, jouissait de l'empire qu'Othon IV, son compétiteur, avait abandonné avant de mourir.

Les empereurs étaient alors bien plus puissants que les rois de France : car, outre la Souabe et les grandes terres que Frédéric possédait en Allemagne, il avait aussi Naples et Sicile par héritage. La Lombardie lui appartenait par cette longue possession des empereurs ; mais cette liberté, dont les villes d'Italie étaient alors idolâtres, respectait peu la possession des Césars allemands. C'était en Allemagne un temps d'anarchie et de brigandage, qui fut de longue durée. Ce brigandage s'était tellement accru que les seigneurs comptaient parmi leurs droits celui d'être voleurs de grand chemin dans leurs territoires, et de faire de la fausse monnaie. (1219) Frédéric II les contraignit, dans la diète d'Égra, de faire serment de ne plus exercer de pareils droits; et, pour leur donner l'exemple, il renonça à celui que ses prédécesseurs s'étaient attribué de s'emparer de toute la dépouille des évêques à leur décès. Cette rapine était alors autorisée partout, et même en Angleterre.

Les usages les plus ridicules et les plus barbares étaient alors établis. Les seigneurs avaient imaginé le droit de cuissage, de markette, de prélibation; c'était celui de coucher la première nuit avec les nouvelles mariées leurs vassales roturières. Des évêques, des abbés, eurent ce droit en qualité de hauts barons; et quelques-uns se sont fait payer, au dernier siècle, par leurs sujets, la renonciation à ce droit étrange, qui s'étendit en Écosse, en Lombardie, en Allemagne, et dans les provinces de France. Voilà les mœurs qui régnaient dans le temps des croisades.

L'Italie était moins barbare, mais n'était pas moins malheureuse. La querelle de l'empire et du sacerdoce avait produit les factions Guelfe et Gibeline, qui divisaient les villes et les familles[1].

Milan, Brescia, Mantoue, Vicence, Padoue, Trévise, Ferrare, et presque toutes les villes de la Romagne, sous la protection du pape, étaient liguées entre elles contre l'empereur.

Il avait pour lui Crémone, Bergame, Modène, Parme, Reggio, Trente. Beaucoup d'autres villes étaient partagées entre les factions Guelfe et Gibeline. L'Italie était le théâtre, non d'une guerre, mais de cent guerres civiles, qui, en aiguisant les esprits et les courages, n'accoutumaient que trop les nouveaux potentats italiens à l'assassinat et à l'empoisonnement.

Frédéric II était né en Italie : il aimait ce climat agréable, et ne pouvait souffrir ni le pays ni les mœurs de l'Allemagne, dont il fut absent quinze années entières. Il paraît évident que son grand dessein était d'établir en Italie le trône des nouveaux Césars. Cela seul eût pu changer la face de l'Europe. C'est le nœud secret de toutes les querelles qu'il eut avec les papes. Il employa tour à tour la souplesse et la violence, et le saint-siége le combattit avec les mêmes armes.

Honorius III et Grégoire IX ne peuvent d'abord lui résister

---

1. La querelle des Guelfes et des Gibelins eut son origine en Allemagne au temps de Conrad III, et fut transportée en Italie. *Gibelins* vient de Wiblingen, nom d'un château appartenant à la famille des Hohenstaufen; *Guelfes,* de Welf, nom de l'ancienne maison de Bavière. (G. A.)

qu'en l'éloignant, et en l'envoyant faire la guerre dans la Terre Sainte[1]. Tel était le préjugé du temps que l'empereur fut obligé de se vouer à cette entreprise, de peur de n'être pas regardé par les peuples comme chrétien. Il fit le vœu par politique ; et par politique il différa le voyage.

Grégoire IX l'excommunie selon l'usage ordinaire. Frédéric part ; et tandis qu'il fait une croisade à Jérusalem, le pape en fait une contre lui dans Rome. Il revient, après avoir négocié avec les soudans, se battre contre le saint-siége. Il trouve dans le territoire de Capoue son propre beau-père, Jean de Brienne, roi titulaire de Jérusalem, à la tête des soldats du pontife, qui portaient le signe des deux clefs sur l'épaule. Les Gibelins de l'empereur portaient le signe de la croix ; et les croix mirent bientôt les clefs en fuite.

Il ne restait guère alors d'autre ressource à Grégoire IX que de soulever Henri, roi des Romains, fils de Frédéric II, contre son père, ainsi que Grégoire VII, Urbain II, et Paschal II, avaient armé les enfants de Henri IV. (1235) Mais Frédéric, plus heureux que Henri IV, se saisit de son fils rebelle, le dépose dans la célèbre diète de Mayence, et le condamne à une prison perpétuelle.

Il était plus aisé à Frédéric II de faire condamner son fils dans une diète d'Allemagne que d'obtenir de l'argent et des troupes de cette diète pour aller subjuguer l'Italie. Il eut toujours assez de forces pour l'ensanglanter, et jamais assez pour l'asservir. Les Guelfes, ces partisans de la papauté, et encore plus de la liberté, balancèrent toujours le pouvoir des Gibelins, partisans de l'empire.

La Sardaigne était encore un sujet de guerre entre l'empire et le sacerdoce, et par conséquent d'excommunications. (1238) L'empereur s'empara de presque toute l'île. Alors Grégoire IX accusa publiquement Frédéric II d'incrédulité. « Nous avons des preuves, dit-il dans sa lettre circulaire du 1er juillet 1239, qu'il dit publiquement que l'univers a été trompé par trois imposteurs, Moïse, Jésus-Christ, et Mahomet. Mais il place Jésus-Christ fort au-dessous des autres ; car il dit qu'ils ont vécu pleins de gloire, et que l'autre n'a été qu'un homme de la lie du peuple, qui prêchait à ses pareils. L'empereur, ajoute-t-il, soutient qu'un Dieu unique et créateur ne peut être né d'une femme, et surtout d'une vierge. » C'est sur cette lettre du pape Grégoire IX qu'on crut dès ce temps-là qu'il y avait un livre intitulé *de Tribus Impos-*

---

[1]. Voyez le chapitre LVI, **Des Croisades**. (*Note de Voltaire*.)

toribus : on a cherché ce livre de siècle en siècle, et on ne l'a jamais trouvé[1].

Ces accusations, qui n'avaient rien de commun avec la Sardaigne, n'empêchèrent pas que l'empereur ne la gardât : les divisions entre Frédéric et le saint-siége n'eurent jamais la religion pour objet; et cependant les papes l'excommuniaient, publiaient contre lui des croisades, et le déposaient. Un cardinal, nommé Jacques de Vitry, évêque de Ptolémaïde en Palestine, apporta en France au jeune Louis IX des lettres de ce pape Grégoire, par lesquelles Sa Sainteté, ayant déposé Frédéric II, transférait de son autorité l'empire à Robert, comte d'Artois, frère du jeune roi de France. C'était mal prendre son temps : la France et l'Angleterre étaient en guerre, les barons de France, soulevés dans la minorité de Louis, étaient encore puissants dans sa majorité. On prétend qu'ils répondirent « qu'un frère d'un roi de France n'avait pas besoin d'un empire, et que le pape avait moins de religion que Frédéric II ». Une telle réponse est trop peu vraisemblable pour être vraie.

Rien ne fait mieux connaître les mœurs et les usages de ce temps que ce qui se passa au sujet de cette demande du pape.

Il s'adressa aux moines de Cîteaux, chez lesquels il savait que saint Louis devait venir en pèlerinage avec sa mère. Il écrivit au chapitre : « Conjurez le roi qu'il prenne la protection du pape contre le fils de Satan, Frédéric; il est nécessaire que le roi me reçoive dans son royaume, comme Alexandre III y fut reçu contre la persécution de Frédéric Ier, et saint Thomas de Cantorbéry contre celle de Henri II, roi d'Angleterre. »

Le roi alla en effet à Cîteaux, où il fut reçu par cinq cents moines qui le conduisirent au chapitre : là, ils se mirent tous à genoux devant lui; et, les mains jointes, le prièrent de laisser passer le pape en France. Louis se mit aussi à genoux devant les moines, leur promit de défendre l'Église; mais il leur dit expressément « qu'il ne pouvait recevoir le pape sans le consentement des barons du royaume, dont un roi de France devait suivre les avis ». Grégoire meurt; mais l'esprit de Rome vit toujours. Innocent IV, l'ami de Frédéric quand il était cardinal, devient nécessairement son ennemi dès qu'il est souverain pontife. Il fallait, à

---

1. On en a fait de nos jours sous le même titre. (*Note de Voltaire.*) — Cette note, ajoutée dans l'édition de 1775, regarde l'ouvrage français intitulé *Traité des trois Imposteurs*, qui avait été publié en 1768, et à l'occasion duquel Voltaire composa une *Épître* en vers, au commencement de 1769. Voyez tome X, page 402. (B.)

quelque prix que ce fût, affaiblir la puissance impériale en Italie, et réparer la faute qu'avait faite Jean XII d'appeler à Rome les Allemands.

Innocent IV, après bien des négociations inutiles, assemble dans Lyon ce fameux concile qui a cette inscription encore aujourd'hui dans la bibliothèque du Vatican : « Treizième concile général, premier de Lyon. Frédéric II y est déclaré ennemi de l'Église, et privé du siége impérial[1]. »

Il semble bien hardi de déposer un empereur dans une ville impériale; mais Lyon était sous la protection de la France, et ses archevêques s'étaient emparés des droits régaliens. Frédéric II ne négligea pas d'envoyer à ce concile, où il devait être accusé, des ambassadeurs pour le défendre.

Le pape, qui se constituait juge à la tête du concile, fit aussi la fonction de son propre avocat ; et après avoir beaucoup insisté sur les droits temporels de Naples et de Sicile, sur le patrimoine de la comtesse Mathilde, il accusa Frédéric d'avoir fait la paix avec les mahométans, d'avoir eu des concubines mahométanes, de ne pas croire en Jésus-Christ, et d'être hérétique. Comment peut-on être à la fois hérétique et incrédule? et comment dans ces siècles pouvait-on former si souvent de telles accusations? Les papes Jean XII, Étienne VIII, et les empereurs Frédéric Ier, Frédéric II, le chancelier des Vignes, Mainfroi, régent de Naples, beaucoup d'autres, essuyèrent cette imputation. Les ambassadeurs de l'empereur parlèrent en sa faveur avec fermeté, et accusèrent le pape, à leur tour, de rapine et d'usure. Il y avait à ce concile des ambassadeurs de France et d'Angleterre. Ceux-ci se plaignirent bien autant des papes que le pape se plaignit de l'empereur. « Vous tirez par vos Italiens, dirent-ils, plus de soixante mille marcs par an du royaume d'Angleterre ; vous nous avez en dernier lieu envoyé un légat qui a donné tous les bénéfices à des Italiens. Il extorque de tous les religieux des taxes excessives, et il excommunie quiconque se plaint de ses vexations. Remédiez-y promptement, car nous ne souffrirons pas plus longtemps ces avanies. »

Le pape rougit, ne répondit rien, et prononça la déposition de l'empereur. Il est très à remarquer qu'il fulmina cette sentence,

---

1. Il faut espérer que Joseph II ne laissera pas longtemps subsister dans le Vatican ce monument des attentats de Rome moderne contre les droits du genre humain ; à moins qu'il ne valût mieux le conserver comme une preuve que le même esprit règne encore dans l'Église, et comme une leçon qui montre aux rois ce qu'ils auraient à craindre s'ils avaient le malheur de réussir dans les mesures que le clergé leur inspire pour faire retomber les peuples dans l'ignorance. (K.)

non pas, dit-il, de l'approbation du concile, mais en présence du concile. Tous les pères tenaient des cierges allumés, quand le pape prononçait. Ils les éteignirent ensuite. Une partie signa l'arrêt, une autre partie sortit en gémissant.

N'oublions pas que, dans ce concile, le pape demanda un subside à tous les ecclésiastiques. Tous gardèreut le silence, aucun ne parla ni pour approuver ni pour rejeter le subside, excepté un Anglais nommé Mespham, doyen de Lincoln; il osa dire que le pape rançonnait trop l'Église. Le pape le déposa, de sa seule autorité; et les ecclésiastiques se turent. Innocent IV parlait donc et agissait en souverain de l'Église, et on le souffrait.

Frédéric II ne souffrit pas du moins que l'évêque de Rome agît en souverain des rois. Cet empereur était à Turin, qui n'appartenait point encore à la maison de Savoie; c'était un fief de l'empire, gouverné par le marquis de Suze. Il demanda une cassette; on la lui apporta. Il en tira la couronne impériale. « Ce pape et ce concile, dit-il, ne me l'ont pas ravie; et avant qu'on m'en dépouille, il y aura bien du sang répandu. » Il ne manqua pas d'écrire d'abord à tous les princes d'Allemagne et de l'Europe par la plume de son fameux chancelier Pierre des Vignes, tant accusé d'avoir composé le livre *des Trois Imposteurs* : « Je ne suis pas le premier, disait-il dans ses lettres, que le clergé ait ainsi indignement traité, et je ne serai pas le dernier. Vous en êtes cause en obéissant à ces hypocrites dont vous connaissez l'ambition sans bornes. Combien, si vous vouliez, découvririez-vous dans la cour de Rome d'infamies qui font frémir la pudeur? Livrés au siècle, enivrés de délices, l'excès de leurs richesses étouffe en eux tout sentiment de religion. C'est une œuvre de charité de leur ôter ces richesses pernicieuses qui les accablent; et c'est à quoi vous devez travailler tous avec moi. »

Cependant le pape, ayant déclaré l'empire vacant, écrivit à sept princes ou évêques : c'étaient les ducs de Bavière, de Saxe, d'Autriche, et de Brabant, les archevêques de Saltzbourg, de Cologne, et de Mayence. Voilà ce qui a fait croire que sept électeurs étaient alors solennellement établis. Mais les autres princes de l'empire et les autres évêques prétendaient aussi avoir le même droit.

Les empereurs et les papes tâchaient ainsi de se faire déposer mutuellement. Leur grande politique consistait à exciter des guerres civiles.

On avait déjà élu roi des Romains, en Allemagne, Conrad, fils de Frédéric II; mais il fallait, pour plaire au pape, choisir un autre empereur. Ce nouveau César ne fut choisi ni par les ducs de Saxe, ou de Brabant, ou de Bavière, ou d'Autriche, ni par aucun prince de l'empire. Les évêques de Strasbourg, de Vurtzbourg, de Spire, de Metz, avec ceux de Mayence, de Cologne, et de Trèves, créèrent cet empereur. Ils choisirent un landgrave de Thuringe, qu'on appela le *roi des prêtres*.

Quel étrange empereur de Rome qu'un landgrave qui recevait la couronne seulement de quelques évêques de son pays! Alors le pape fait renouveler la croisade contre Frédéric. Elle était prêchée par les *frères prêcheurs*, que nous appelons *dominicains*, et par les *frères mineurs*, que nous appelons *cordeliers* ou *franciscains*. Cette nouvelle milice des papes commençait à s'établir en Europe[1]. Le saint-père ne s'en tint pas à ces mesures : il ménagea des conspirations contre la vie d'un empereur qui savait résister aux conciles, aux moines, aux croisades; du moins l'empereur se plaignit que le pape suscitait des assassins contre lui, et le pape ne répondit point à ces plaintes.

Les mêmes prélats qui s'étaient donné la liberté de faire un César, en firent encore un autre après la mort de leur Thuringien, et ce fut un comte de Hollande. La prétention de l'Allemagne sur l'empire romain ne servit donc jamais qu'à la déchirer. Ces mêmes évêques qui élisaient des empereurs se divisèrent entre eux : leur comte de Hollande fut tué dans cette guerre civile.

(1249) Frédéric II avait à combattre les papes, depuis l'extrémité de la Sicile jusqu'à celle de l'Allemagne. On dit qu'étant dans la Pouille, il découvrit que son médecin, séduit par Innocent IV, voulait l'empoisonner. Le fait me paraît douteux; mais dans les doutes que fait naître l'histoire de ces temps, il ne s'agit que du plus ou du moins de crimes.

Frédéric, voyant avec horreur qu'il lui était impossible de confier sa vie à des chrétiens, fut obligé de prendre des mahométans pour sa garde. On prétend qu'ils ne le garantirent pas des fureurs de Mainfroi, son bâtard, qui l'étouffa, dit-on, dans sa dernière maladie. Le fait me paraît faux. Ce grand et malheureux empereur, roi de Sicile dès le berceau, ayant porté vingt-deux ans la vaine couronne de Jérusalem, et celle des Césars cinquante-quatre ans (puisqu'il avait été déclaré roi des Romains en 1196), mourut âgé de cinquante-sept ans, dans le royaume de Naples (1250), et laissa le monde aussi troublé à sa mort qu'à sa nais-

---

1. Voyez le chapitre cxxxix, *Des Ordres religieux*. (*Note de Voltaire*.)

sance. Malgré tant de troubles, ses royaumes de Naples et de Sicile furent embellis et policés par ses soins; il y bâtit des villes, y fonda des universités, y fit fleurir un peu les lettres. La langue italienne commençait à se former alors ; c'était un composé de la langue romane et du latin. On a des vers de Frédéric II en cette langue. Mais les traverses qu'il essuya nuisirent aux sciences autant qu'à ses desseins.

Depuis la mort de Frédéric II jusqu'en 1268, l'Allemagne fut sans chef, non comme l'avaient été la Grèce, l'ancienne Gaule, l'ancienne Germanie, et l'Italie avant qu'elle fût soumise aux Romains : l'Allemagne ne fut ni une république, ni un pays partagé entre plusieurs souverains, mais un corps sans tête dont les membres se déchiraient.

C'était une belle occasion pour les papes, mais ils n'en profitèrent pas. On leur arracha Brescia, Crémone, Mantoue, et beaucoup de petites villes. Il eût fallu alors un pape guerrier pour les reprendre ; mais rarement un pape eut ce caractère. Ils ébranlaient à la vérité le monde avec leurs bulles ; ils donnaient des royaumes avec des parchemins. Le pape Innocent IV déclara, de sa propre autorité, Haquin roi de Norwège, en le faisant enfant légitime, de bâtard qu'il était (1247). Un légat du pape couronna ce roi Haquin, et reçut de lui un tribut de quinze mille marcs d'argent, et cinq cents marcs (ou marques) des églises de Norvège : ce qui était peut-être la moitié de l'argent comptant qui circulait dans un pays si peu riche.

Le même pape Innocent IV créa aussi un certain Mandog roi de Lithuanie, mais roi relevant de Rome. « Nous recevons, dit-il dans sa bulle du 15 juillet 1251, ce nouveau royaume de Lithuanie au droit et à la propriété de saint Pierre, vous prenant sous notre protection, vous, votre femme, et vos enfants. » C'était imiter en quelque sorte la grandeur de l'ancien sénat de Rome, qui accordait des titres de rois et de tétrarques. La Lithuanie ne fut pas cependant un royaume ; elle ne put même encore être chrétienne que plus d'un siècle après.

Les papes parlaient donc en maîtres du monde, et ne pouvaient être maîtres chez eux : il ne leur en coûtait que du parchemin pour donner ainsi des États; mais ce n'était qu'à force d'intrigues qu'ils pouvaient se ressaisir d'un village auprès de Mantoue ou de Ferrare.

Voilà quelle était la situation des affaires de l'Europe : l'Allemagne et l'Italie déchirées, la France encore faible, l'Espagne partagée entre les chrétiens et les musulmans ; ceux-ci entièrement chassés de l'Italie, l'Angleterre, commençant à disputer sa liberté contre ses rois; le gouvernement féodal établi partout, la chevalerie à la mode, les prêtres devenus princes et guerriers, une politique presque en tout différente de celle qui anime aujourd'hui l'Europe. Il semblait que les pays de la communion romaine fussent une grande république dont l'empereur et les papes voulaient être les chefs; et cette république, quoique divisée, s'était accordée longtemps dans les projets des croisades, qui ont produit de si grandes et de si infâmes actions, de nouveaux royaumes, de nouveaux établissements, de nouvelles misères, et enfin beaucoup plus de malheur que de gloire. Nous les avons déjà indiquées. Il est temps de peindre ces folies guerrières.

CHAPITRE LIII[1].

DE L'ORIENT AU TEMPS DES CROISADES, ET DE L'ÉTAT DE LA PALESTINE.

Les religions durent toujours plus que les empires. Le mahométisme florissait, et l'empire des califes était détruit par la nation des Turcomans. On se fatigue à rechercher l'origine de ces Turcs. Elle est la même que celle de tous les peuples conquérants. Ils ont tous été d'abord des sauvages, vivant de rapine. Les Turcs habitaient autrefois au delà du Taurus et de l'Immaüs, et bien loin, dit-on, de l'Araxe. Ils étaient compris parmi ces Tartares que l'antiquité nommait Scythes. Ce grand continent de la Tartarie, bien plus vaste que l'Europe, n'a jamais été habité que par des barbares. Leurs antiquités ne méritent guère mieux une histoire suivie que les loups et les tigres de leur pays. Ces peuples du Nord firent de tout temps des invasions vers le midi. Ils se répandirent, vers le xie siècle, du côté de la Moscovie, ils inondèrent les bords de la mer Caspienne. Les Arabes, sous les premiers successeurs de Mahomet, avaient soumis presque toute

1. On a imprimé une *Histoire des Croisades*, par M. de Voltaire, 1753, in-18 de 193 pages, plus le titre. Cette Histoire, déjà publiée dans le *Mercure*, 1750-51, forme, à très-peu de différence près, les chapitres LIII, LIV, LV, LVI, LVII et LVIII de l'*Essai sur les Mœurs*. (B.)

l'Asie Mineure, la Syrie, et la Perse : les Turcomans vinrent enfin, qui soumirent les Arabes.

Un calife de la dynastie des Abassides, nommé Motassem, fils du grand Almamon, et petit-fils du célèbre Aaron-al-Raschild, protecteur comme eux de tous les arts, contemporain de notre Louis le Débonnaire ou le Faible, posa les premières pierres de l'édifice sous lequel ses successeurs furent enfin écrasés. Il fit venir une milice de Turcs pour sa garde. Il n'y a jamais eu un plus grand exemple du danger des troupes étrangères. Cinq à six cents Turcs, à la solde de Motassem, sont l'origine de la puissance ottomane, qui a tout englouti, de l'Euphrate jusqu'au bout de la Grèce, et a de nos jours mis le siége devant Vienne. Cette milice turque, augmentée avec le temps, devint funeste à ses maîtres. De nouveaux Turcs arrivent qui profitèrent des guerres civiles excitées pour le califat. Les califes Abassides de Bagdad perdirent bientôt la Syrie, l'Égypte, l'Afrique, que les califes Fatimites leur enlevèrent. Les Turcs dépouillèrent et Fatimites et Abassides.

(1050) Togrul-Beg, ou Orto-grul-Beg, de qui on fait descendre la race des Ottomans, entra dans Bagdad à peu près comme tant d'empereurs sont entrés dans Rome : il se rendit maître de la ville et du calife en se prosternant à ses pieds. Orto-grul conduisit le calife Caiem à son palais, en tenant la bride de sa mule ; mais, plus habile ou plus heureux que les empereurs allemands ne l'ont été dans Rome, il établit sa puissance, et ne laissa au calife que le soin de commencer, le vendredi, les prières à la mosquée, et l'honneur d'investir de leurs États tous les tyrans mahométans qui se faisaient souverains.

Il faut se souvenir que comme ces Turcomans imitaient les Francs, les Normands et les Goths, dans leurs irruptions, ils les imitaient aussi en se soumettant aux lois, aux mœurs et à la religion des vaincus. C'est ainsi que d'autres Tartares en ont usé avec les Chinois ; et c'est l'avantage que tout peuple policé, quoique le plus faible, doit avoir sur le barbare, quoique le plus fort.

Ainsi les califes n'étaient plus que les chefs de la religion, tels que le Dairi, pontife du Japon, qui commande en apparence aujourd'hui au Cubosama, et qui lui obéit en effet ; tels que le shérif de la Mecque, qui appelle le sultan turc son vicaire ; tels enfin qu'étaient les papes sous les rois lombards. Je ne compare point, sans doute, la religion mahométane avec la chrétienne ; je compare les révolutions. Je remarque que les califes ont été les plus puissants souverains de l'Orient, tandis que les pontifes de Rome n'étaient rien. Le califat est tombé sans retour, et les papes sont peu à peu devenus de grands souverains, affermis, respectés de leurs voisins, et qui ont fait de Rome la plus belle ville de la terre.

Il y avait donc, au temps de la première croisade, un calife à Bagdad qui donnait des investitures, et un sultan turc qui régnait. Plusieurs autres usurpateurs turcs et quelques Arabes étaient cantonnés en Perse, dans l'Arabie, dans l'Asie Mineure. Tout était divisé ; et c'est ce qui pouvait rendre les croisades heureuses. Mais tout était armé, et ces peuples devaient combattre sur leur terrain avec un grand avantage.

L'empire de Constantinople se soutenait : tous ses princes n'avaient pas été indignes de régner. Constantin Porphyrogénète, fils de Léon le Philosophe, et philosophe lui-même, fit renaître, comme son père, des temps heureux. Si le gouvernement tomba dans le mépris sous Romain, fils de Constantin, il devint respectable aux nations sous Nicéphore Phocas, qui avait repris Candie avant d'être empereur (961). Si Jean Zimiscès assassina Nicéphore, et souilla de sang le palais ; s'il joignit l'hypocrisie à ses crimes, il fut d'ailleurs le défenseur de l'empire contre les Turcs et les Bulgares. Mais sous Michel Paphlagonate on avait perdu la Sicile ; sous Romain Diogène, presque tout ce qui restait vers l'orient, excepté la province de Pont ; et cette province, qu'on appelle aujourd'hui Turcomanie, tomba bientôt après sous le pouvoir du Turc Soliman, qui, maître de la plus grande partie de l'Asie Mineure, établit le siége de sa domination à Nicée, et menaçait de là Constantinople au temps où commencèrent les croisades.

L'empire grec était donc borné alors presque à la ville impériale du côté des Turcs ; mais il s'étendait dans toute la Grèce, la Macédoine, la Thessalie, la Thrace, l'Illyrie, l'Épire, et avait même encore l'île de Candie. Les guerres continuelles, quoique toujours malheureuses, contre les Turcs, entretenaient un reste de courage. Tous les riches chrétiens d'Asie qui n'avaient pas voulu subir le joug mahométan s'étaient retirés dans la ville impériale, qui par là même s'enrichit des dépouilles des provinces. Enfin, malgré tant de pertes, malgré les crimes et les révolutions du palais, cette ville, à la vérité déchue, mais immense, peuplée, opulente, et respirant les délices, se regardait comme la première du monde. Les habitants s'appelaient Romains, et non Grecs. Leur État était l'empire romain ; et les peuples d'Occident, qu'ils nommaient Latins, n'étaient à leurs yeux que des barbares révoltés.

La Palestine n'était que ce qu'elle est aujourd'hui, un des plus mauvais pays de l'Asie. Cette petite province est dans sa longueur d'environ soixante-cinq lieues, et de vingt-trois en largeur ; elle est couverte presque partout de rochers arides sur lesquels il n'y a pas une ligne de terre. Si ce canton était cultivé, on pourrait le comparer à la Suisse. La rivière du Jourdain, large d'environ cinquante pieds dans le milieu de son cours, ressemble à la rivière d'Aar, chez les Suisses, qui coule dans une vallée plus fertile que d'autres cantons. La mer de Tibériade n'est pas comparable au lac de Genève. Les voyageurs qui ont bien examiné la Suisse et la Palestine donnent tous la préférence à la Suisse sans aucune comparaison. Il est vraisemblable que la Judée fut plus cultivée autrefois, quand elle était possédée par les Juifs. Ils avaient été forcés de porter un peu de terre sur les rochers pour y planter des vignes. Ce peu de terre, liée avec les éclats des rochers, était soutenu par de petits murs, dont on voit encore des restes de distance en distance.

Tout ce qui est situé vers le midi consiste en déserts de sables salés, du côté de la Méditerranée et de l'Égypte, et en montagnes affreuses, jusqu'à Ésiongaber, vers la mer Rouge. Ces sables et ces rochers, habités aujourd'hui par quelques Arabes voleurs, sont l'ancienne patrie des Juifs. Ils s'avancèrent un peu au nord dans l'Arabie Pétrée. Le petit pays de Jéricho, qu'ils envahirent, est un des meilleurs qu'ils possédèrent : le terrain de Jérusalem est bien plus aride ; il n'a pas même l'avantage d'être situé sur une rivière. Il y a très-peu de pâturages : les habitants n'y purent jamais nourrir de chevaux ; les ânes furent toujours la monture ordinaire. Les bœufs y sont maigres ; les moutons y réussissent mieux ; les oliviers en quelques endroits y produisent un fruit d'une bonne qualité. On y voit encore quelques palmiers ; et ce pays, que les Juifs améliorèrent avec beaucoup de peine, quand leur condition toujours malheureuse le leur permit, fut pour eux une terre délicieuse en comparaison des déserts de Sina, de Param, et de Cadès-Barné[1].

---

[1]. Ceux qui douteraient que la Palestine n'ait été un pays très-peu fertile peuvent consulter deux graves dissertations sur cet objet important, par M. l'abbé Guénée, de l'Académie des inscriptions. Les preuves que l'on y trouve de la stérilité de ce pays sont d'autant plus décisives que l'intention de l'auteur était de prouver précisément le contraire. Les dissertations de l'abbé de Vertot sur l'authenticité de la sainte ampoule produisent le même effet ; mais on a soupçonné l'abbé de Vertot d'y avoir mis un peu de malice, ce dont on n'a garde de soupçonner son savant confrère. (K.) — Les dissertations ou mémoires de Guénée sur la Judée sont aujourd'hui au nombre de quatre. (B.)

Saint Jérôme, qui vécut si longtemps à Bethléem, avoue qu'on souffrait continuellement la sécheresse et la soif dans ce pays de montagnes arides, de cailloux et de sables, où il pleut rarement, où l'on manque de fontaines, et où l'industrie est obligée d'y suppléer à grands frais par des citernes.

La Palestine, malgré le travail des Hébreux, n'eut jamais de quoi nourrir ses habitants; et de même que les treize cantons envoient le superflu de leurs peuples servir dans les armées des princes qui peuvent les payer, les Juifs allaient faire le métier de courtiers en Asie et en Afrique. A peine Alexandrie était-elle bâtie qu'ils y étaient établis. Les Juifs commerçants n'habitaient guère Jérusalem, et je doute que dans le temps le plus florissant de ce petit État il y ait jamais eu des hommes aussi opulents que le sont aujourd'hui plusieurs Hébreux d'Amsterdam, de la Haye, de Londres, de Constantinople.

Lorsque Omar, l'un des principaux successeurs de Mahomet, s'empara des fertiles pays de la Syrie, il prit la contrée de la Palestine; et comme Jérusalem est une ville sainte pour les mahométans, il y entra chargé d'une haire et d'un sac de pénitent, et n'exigea que le tribut de treize drachmes par tête, ordonné par le pontife: c'est ce que rapporte Nicétas Coniates[1]. Omar enrichit Jérusalem d'une magnifique mosquée de marbre, couverte de plomb, ornée en dedans d'un nombre prodigieux de lampes d'argent, parmi lesquelles il y en avait beaucoup d'or pur[2]. Quand ensuite les Turcs déjà mahométans s'emparèrent du pays, vers l'an 1055, ils respectèrent la mosquée, et la ville resta toujours peuplée de sept à huit mille habitants. C'était ce que son enceinte pouvait alors contenir, et ce que tout le territoire d'alentour pouvait nourrir. Ce peuple ne s'enrichissait guère d'ailleurs que des pèlerinages des chrétiens et des musulmans. Les uns allaient visiter la mosquée, les autres l'endroit où l'on prétend que Jésus fut enterré. Tous payaient une petite redevance à l'émir turc qui résidait dans la ville, et à quelques imans qui vivaient de la curiosité des pèlerins.

---

1. Dans son histoire, en vingt et un livres, qui commence au règne de Jean Comnène et finit à celui de Henri, frère de Baudouin. Nicétas, surnommé Choniotas, parce qu'il était de Chone, en Phrygie, avait été un des dignitaires de la cour de Constantinople, et ce sont de véritables mémoires qu'il a composés. La meilleure édition de son histoire est celle de Charles-Annibal Fabrot. (Paris, 1647, in-folio.) (E. B.)

2. Elle fut fondée sur les débris de la forteresse bâtie par Hérode, et auparavant par Salomon; forteresse qui avait servi de temple. (*Note de Voltaire*.)

CHAPITRE LIV.

DE LA PREMIÈRE CROISADE JUSQU'A LA PRISE DE JÉRUSALEM.

Tel était l'état de l'Asie Mineure et de la Syrie, lorsqu'un pèlerin d'Amiens suscita les croisades. Il n'avait d'autre nom que Coucoupêtre, ou Cucupiêtre [1], comme le dit la fille de l'empereur Comnène, qui le vit à Constantinople. Nous le connaissons sous le nom de Pierre l'Ermite. Ce Picard, parti d'Amiens pour aller en pèlerinage vers l'Arabie, fut cause que l'Occident s'arma contre l'Orient, et que des millions d'Européans périrent en Asie. C'est ainsi que sont enchaînés les événements de l'univers. Il se plaignit amèrement à l'évêque secret qui résidait dans le pays, avec le titre de patriarche de Jérusalem, des vexations que souffraient les pèlerins; les révélations ne lui manquèrent pas. Guillaume de Tyr [2] assure que Jésus-Christ apparut à l'Ermite. « Je serai avec toi, lui dit-il, il est temps de secourir mes serviteurs. » A son retour à Rome, il parla d'une manière si vive, et fit des tableaux si touchants, que le pape Urbain II crut cet homme propre à seconder le grand dessein que les papes avaient depuis longtemps d'armer la chrétienté contre le mahométisme. Il envoya Pierre de province en province communiquer, par son imagination forte, l'ardeur de ses sentiments, et semer l'enthousiasme.

(1094) Urbain II tint ensuite, vers Plaisance, un concile en rase campagne, où se trouvèrent plus de trente mille séculiers outre les ecclésiastiques. On y proposa la manière de venger les chrétiens. L'empereur des Grecs, Alexis Comnène, père de cette princesse qui écrivit l'histoire de son temps, envoya à ce concile des ambassadeurs pour demander quelque secours contre les musulmans; mais ce n'était ni du pape ni des Italiens qu'il devait l'attendre : les Normands enlevaient alors Naples et Sicile aux Grecs; et le pape, qui voulait être au moins seigneur suzerain de ces royaumes, étant d'ailleurs rival de l'Église grecque, devenait

---

1. Coucoupiètre (*Petrus ad Cucullum*) est au contraire son surnom, et son nom est Pierre l'Ermite ou Pierre d'Achères. (G. A.)
2. Guillaume, archevêque de Tyr, mort en 1183, est l'auteur d'un ouvrage important sur les croisades, divisé en trente-deux livres. Il fut édité à Bâle, en 1549, par Philippe Poissenot, traduit du latin en italien par Gioseppe Horologgi (Venise, 1562, in-4°), et publié en français par Gabriel du Préau. (E. B.)

nécessairement par son état l'ennemi déclaré des empereurs d'Orient, comme il était l'ennemi couvert des empereurs teutoniques. Le pape, loin de secourir les Grecs, voulait soumettre l'Orient aux Latins.

Au reste, le projet d'aller faire la guerre en Palestine fut vanté par tous les assistants au concile de Plaisance, et ne fut embrassé par personne. Les principaux seigneurs italiens avaient chez eux trop d'intérêts à ménager, et ne voulaient point quitter un pays délicieux pour aller se battre vers l'Arabie Pétrée.

(1095) On fut donc obligé de tenir un autre concile à Clermont en Auvergne. Le pape y harangua dans la grande place. On avait pleuré en Italie sur les malheurs des chrétiens de l'Asie ; on s'arma en France. Ce pays était peuplé d'une foule de nouveaux seigneurs, inquiets, indépendants, aimant la dissipation et la guerre, plongés pour la plupart dans les crimes que la débauche entraîne, et dans une ignorance aussi honteuse que leurs débauches. Le pape proposait la rémission de tous leurs péchés, et leur ouvrait le ciel en leur imposant pour pénitence de suivre la plus grande de leurs passions, de courir au pillage. On prit donc la croix à l'envi. Les églises et les cloîtres achetèrent alors à vil prix beaucoup de terres des seigneurs, qui crurent n'avoir besoin que d'un peu d'argent et de leurs armes pour aller conquérir des royaumes en Asie. Godefroi de Bouillon, par exemple, duc de Brabant, vendit sa terre de Bouillon au chapitre de Liége, et Stenay à l'évêque de Verdun. Baudouin, frère de Godefroi, vendit au même évêque le peu qu'il avait en ce pays-là. Les moindres seigneurs châtelains partirent à leurs frais ; les pauvres gentilshommes servirent d'écuyers aux autres. Le butin devait se partager selon les grades et selon les dépenses des croisés. C'était une grande source de division, mais c'était aussi un grand motif. La religion, l'avarice, et l'inquiétude, encourageaient également ces émigrations. On enrôla une infanterie innombrable, et beaucoup de simples cavaliers sous mille drapeaux différents. Cette foule de croisés se donna rendez-vous à Constantinople. Moines, femmes, marchands, vivandiers, tout partit, comptant ne trouver sur la route que des chrétiens, qui gagneraient des indulgences en les nourrissant. Plus de quatre-vingt mille de ces vagabonds se rangèrent sous le drapeau de Coucoupêtre, que j'appellerai toujours Pierre l'Ermite. Il marchait en sandales, et ceint d'une corde, à la tête de l'armée : nouveau genre de vanité ! Jamais l'antiquité n'avait vu de ces émigrations d'une partie du monde dans l'autre produites par un enthousiasme de religion. Cette fureur épidémique parut alors pour la première fois, afin qu'il n'y eût aucun fléau possible qui n'eût affligé l'espèce humaine.

La première expédition de ce général Ermite fut d'assiéger une ville chrétienne en Hongrie, nommée Malavilla, parce que l'on avait refusé des vivres à ces soldats de Jésus-Christ qui, malgré leur sainte entreprise, se conduisaient en voleurs de grand chemin. La ville fut prise d'assaut, livrée au pillage, les habitants égorgés. L'Ermite ne fut plus alors maître de ses croisés, excités par la soif du brigandage. Un des lieutenants de l'Ermite, nommé Gauthier sans Argent, qui commandait la moitié des troupes, agit de même en Bulgarie. On se réunit bientôt contre ces brigands, qui furent presque tous exterminés; et l'Ermite arriva enfin devant Constantinople avec vingt mille personnes mourant de faim.

Un prédicateur allemand nommé Godescalc, qui voulut jouer le même rôle, fut encore plus maltraité; dès qu'il fut arrivé avec ses disciples dans cette même Hongrie où ses prédécesseurs avaient fait tant de désordres, la seule vue de la croix rouge qu'ils portaient fut un signal auquel ils furent tous massacrés.

Une autre horde de ces aventuriers, composée de plus de deux cent mille personnes, tant femmes que prêtres, paysans, écoliers, croyant qu'elle allait défendre Jésus-Christ, s'imagina qu'il fallait exterminer tous les Juifs qu'on rencontrerait. Il y en avait beaucoup sur les frontières de France; tout le commerce était entre leurs mains. Les chrétiens, croyant venger Dieu, firent main basse sur tous ces malheureux. Il n'y eut jamais, depuis Adrien, un si grand massacre de cette nation; ils furent égorgés à Verdun, à Spire, à Worms, à Cologne, à Mayence; et plusieurs se tuèrent eux-mêmes, après avoir fendu le ventre à leurs femmes, pour ne pas tomber entre les mains de ces barbares. La Hongrie fut encore le tombeau de cette troisième armée de croisés.

Cependant l'Ermite Pierre trouva devant Constantinople d'autres vagabonds italiens et allemands, qui se joignirent à lui, et ravagèrent les environs de la ville. L'empereur Alexis Comnène, qui régnait, était assurément sage et modéré; il se contenta de se défaire au plus tôt de pareils hôtes. Il leur fournit des bateaux pour les transporter au delà du Bosphore. Le général Pierre se vit enfin à la tête d'une armée chrétienne contre les musulmans. Soliman, soudan de Nicée, tomba avec ses Turcs aguerris sur cette multitude dispersée; Gauthier sans Argent y périt avec beaucoup de pauvre noblesse. L'Ermite retourna cependant à Constantinople, regardé comme un fanatique qui s'était fait suivre par des furieux.

Il n'en fut pas de même des chefs des croisés, plus politiques, moins enthousiastes, plus accoutumés au commandement, et conduisant des troupes un peu plus réglées. Godefroi de Bouillon menait soixante et dix mille hommes de pied, et dix mille cavaliers couverts d'une armure complète, sous plusieurs bannières de seigneurs tous rangés sous la sienne.

Cependant Hugues, frère du roi de France Philippe I*er*, marchait par l'Italie avec d'autres seigneurs qui s'étaient joints à lui. Il allait tenter la fortune. Presque tout son établissement consistait dans le titre de frère d'un roi très-peu puissant par lui-même. Ce qui est plus étrange, c'est que Robert, duc de Normandie, fils aîné de Guillaume, conquérant de l'Angleterre, quitta cette Normandie où il était à peine affermi. Chassé d'Angleterre par son cadet Guillaume le Roux, il lui engagea encore la Normandie pour subvenir aux frais de son armement. C'était, dit-on, un prince voluptueux et superstitieux. Ces deux qualités, qui ont leur source dans la faiblesse, l'entraînèrent à ce voyage.

Le vieux Raimond, comte de Toulouse, maître du Languedoc et d'une partie de la Provence, qui avait déjà combattu contre les musulmans en Espagne, ne trouva ni dans son âge, ni dans les intérêts de sa patrie, aucune raison contre l'ardeur d'aller en Palestine. Il fut un des premiers qui s'arma et passa les Alpes, suivi, dit-on, de près de cent mille hommes. Il ne prévoyait pas que bientôt on prêcherait une croisade contre sa propre famille.

Le plus politique de tous ces croisés, et peut-être le seul, fut Bohémond, fils de ce Robert Guiscard conquérant de la Sicile. Toute cette famille de Normands, transplantée en Italie, cherchait à s'agrandir, tantôt aux dépens des papes, tantôt sur les ruines de l'empire grec. Ce Bohémond avait lui-même longtemps fait la guerre à l'empereur Alexis, en Épire et en Grèce ; et n'ayant pour tout héritage que la petite principauté de Tarente et son courage, il profita de l'enthousiasme épidémique de l'Europe pour rassembler sous sa bannière jusqu'à dix mille cavaliers bien armés, et quelque infanterie, avec lesquels il pouvait conquérir des provinces, soit sur les chrétiens, soit sur les mahométans.

La princesse Anne Comnène dit que son père fut alarmé de ces émigrations prodigieuses qui fondaient dans son pays. On eût cru, dit-elle, que l'Europe, arrachée de ses fondements, allait tomber sur l'Asie. Qu'aurait-ce donc été si près de trois cent mille hommes, dont les uns avaient suivi l'Ermite Pierre, les autres le prêtre Godescalc, n'avaient déjà disparu ?

On proposa au pape de se mettre à la tête de ces armées immenses qui restaient encore ; c'était la seule manière de parvenir à la monarchie universelle, devenue l'objet de la cour romaine. Cette entreprise demandait le génie d'un Mahomet ou d'un Alexandre. Les obstacles étaient grands, et Urbain ne vit que les obstacles.

Grégoire VII avait autrefois conçu ce projet des croisades. Il aurait armé l'Occident contre l'Orient, il aurait commandé à l'Église grecque comme à la latine : les papes auraient vu sous leurs lois l'un et l'autre empire. Mais du temps de Grégoire VII une telle idée n'était encore que chimérique ; l'empire de Constantinople n'était pas encore assez accablé, la fermentation du fanatisme n'était pas assez violente dans l'Occident. Les esprits ne furent bien disposés que du temps d'Urbain II.

Le pape et les princes croisés avaient dans ce grand appareil leurs vues différentes, et Constantinople les redoutait toutes. On y haïssait les Latins, qu'on y regardait comme des hérétiques et des barbares ; on craignait surtout que Constantinople ne fût l'objet de leur ambition, plus que la petite ville de Jérusalem ; et certes on ne se trompait pas, puisqu'ils envahirent à la fin Constantinople et l'empire.

Ce que les Grecs craignaient le plus, et avec raison, c'était ce Bohémond et ses Napolitains, ennemis de l'empire. Mais quand même les intentions de Bohémond eussent été pures, de quel droit tous ces princes d'Occident venaient-ils prendre pour eux des provinces que les Turcs avaient arrachées aux empereurs grecs ?

On peut juger d'ailleurs quelle était l'arrogance féroce des seigneurs croisés, par le trait que rapporte la princesse Anne Comnène, de je ne sais quel comte français qui vint s'asseoir à côté de l'empereur sur son trône dans une cérémonie publique. Baudouin, frère de Godefroi de Bouillon, prenant par la main cet homme indiscret pour le faire retirer, le comte dit tout haut, dans son jargon barbare : « Voilà un plaisant rustre que ce Grec de s'asseoir devant des gens comme nous ! » Ces paroles furent interprétées à Alexis, qui ne fit que sourire. Une ou deux indiscrétions pareilles suffisent pour décrier une nation. Alexis fit demander à ce comte qui il était. « Je suis, répondit-il, de la race la plus noble. J'allais tous les jours dans l'église de ma seigneurie, où s'assemblaient tous les braves seigneurs qui voulaient se battre en duel, et qui priaient Jésus-Christ et la sainte Vierge de leur être favorables. Aucun d'eux n'osa jamais se battre contre moi. »

Il était moralement impossible que de tels hôtes n'exigeassent des vivres avec dureté, et que les Grecs n'en refusassent avec malice. C'était un sujet de combats continuels entre les peuples et l'armée de Godefroi, qui parut la première après les brigandages des croisés de l'Ermite Pierre. Godefroi en vint jusqu'à attaquer les faubourgs de Constantinople; et l'empereur les défendit en personne. L'évêque du Puy en Auvergne, nommé Monteil, légat du pape dans les armées de la croisade, voulait absolument qu'on commençât les entreprises contre les infidèles par le siége de la ville où résidait le premier prince des chrétiens : tel était l'avis de Bohémond, qui était alors en Sicile, et qui envoyait courriers sur courriers à Godefroi pour l'empêcher de s'accorder avec l'empereur. Hugues, frère du roi de France, eut alors l'imprudence de quitter la Sicile, où il était avec Bohémond, et de passer presque seul sur les terres d'Alexis ; il joignit à cette indiscrétion celle de lui écrire des lettres pleines d'une fierté peu séante à qui n'avait point d'armée. Le fruit de ces démarches fut d'être arrêté quelque temps prisonnier. Enfin la politique de l'empereur grec vint à bout de détourner tous ces orages : il fit donner des vivres, il engagea tous les seigneurs à lui prêter hommage pour les terres qu'ils conquerraient, il les fit tous passer en Asie les uns après les autres, après les avoir comblés de présents. Bohémond, qu'il redoutait le plus, fut celui qu'il traita avec le plus de magnificence. Quand ce prince vint lui rendre hommage à Constantinople, et qu'on lui fit voir les raretés du palais, Alexis ordonna qu'on remplît un cabinet de meubles précieux, d'ouvrages d'or et d'argent, de bijoux de toute espèce, entassés sans ordre, et de laisser la porte du cabinet entr'ouverte. Bohémond vit en passant ces trésors, auxquels les conducteurs affectaient de ne faire nulle attention. « Est-il possible, s'écria-t-il, qu'on néglige de si belles choses? si je les avais, je me croirais le plus puissant des princes. » Le soir même l'empereur lui envoya tout le cabinet. Voilà ce que rapporte sa fille, témoin oculaire. C'est ainsi qu'en usait ce prince, que tout homme désintéressé appellera sage et magnifique, mais que la plupart des historiens des croisades ont traité de perfide, parce qu'il ne voulut pas être l'esclave d'une multitude dangereuse.

Enfin, quand il s'en fut heureusement débarrassé, et que tout fut passé dans l'Asie Mineure, on fit la revue près de Nicée, et on a prétendu qu'il se trouva cent mille cavaliers et six cent mille hommes de pied, en comptant les femmes. Ce nombre, joint avec les premiers croisés qui périrent sous l'Ermite et sous d'autres, fait environ onze cent mille. Il justifie ce qu'on dit des armées des rois de Perse qui avaient inondé la Grèce, et ce qu'on raconte des transplantations de tant de barbares; ou bien c'est une exagération semblable à celle des Grecs, qui mêlèrent presque toujours la fable à l'histoire. Les Français enfin, et surtout Raimond de Toulouse, se trouvèrent partout sur le même terrain que les Gaulois méridionaux avaient parcouru treize cents ans auparavant, quand ils allèrent ravager l'Asie Mineure, et donner leur nom à la province de Galatie.

Les historiens nous informent rarement comment on nourrissait ces multitudes; c'était une entreprise qui demandait autant de soins que la guerre même. Venise ne voulut pas d'abord s'en charger; elle s'enrichissait plus que jamais par son commerce avec les mahométans, et craignait de perdre les priviléges qu'elle avait chez eux. Les Génois, les Pisans, et les Grecs, équipèrent des vaisseaux chargés de provisions qu'ils vendaient aux croisés en côtoyant l'Asie Mineure. La fortune des Génois s'en accrut, et on fut étonné bientôt après de voir Gênes devenue une puissance.

Le vieux Turc Soliman, soudan de Syrie, qui était sous les califes de Bagdad ce que les maires avaient été sous la race de Clovis, ne put, avec le secours de son fils, résister au premier torrent de tous ces princes croisés. Leurs troupes étaient mieux choisies que celles de l'Ermite Pierre, et disciplinées autant que le permettaient la licence et l'enthousiasme.

(1097) On prit Nicée; on battit deux fois les armées commandées par le fils de Soliman. Les Turcs et les Arabes ne soutinrent point dans ces commencements le choc de ces multitudes couvertes de fer, de leurs grands chevaux de bataille, et des forêts de lances auxquelles ils n'étaient point accoutumés.

(1098) Bohémond eut l'adresse de se faire céder par les croisés le fertile pays d'Antioche. Baudouin alla jusqu'en Mésopotamie s'emparer de la ville d'Édesse, et s'y forma un petit État. Enfin on mit le siége devant Jérusalem, dont le calife d'Égypte s'était saisi par ses lieutenants. La plupart des historiens disent que l'armée des assiégeants, diminuée par les combats, par les maladies, et par les garnisons mises dans les villes conquises, était réduite à vingt mille hommes de pied et à quinze cents chevaux; et que Jérusalem, pourvue de tout, était défendue par une garnison de quarante mille soldats. On ne manque pas d'ajouter qu'il y avait, outre cette garnison, vingt mille habitants déterminés. Il n'y a point de lecteur sensé qui ne voie qu'il n'est guère possible qu'une armée de vingt mille hommes en assiége une de soixante mille dans une place fortifiée; mais les historiens ont toujours voulu du merveilleux.

Ce qui est vrai, c'est qu'après cinq semaines de siége la ville fut emportée d'assaut, et que tout ce qui n'était pas chrétien fut massacré. L'Ermite Pierre, de général devenu chapelain, se trouva à la prise et au massacre. Quelques chrétiens, que les musulmans avaient laissé vivre dans la ville, conduisirent les vainqueurs dans les caves les plus reculées, où les mères se cachaient avec leurs enfants, et rien ne fut épargné. Presque tous les historiens conviennent qu'après cette boucherie les chrétiens, tout dégouttants de sang, (1099) allèrent en procession à l'endroit qu'on dit être le sépulcre de Jésus-Christ, et y fondirent en larmes[1]. Il est très-vraisemblable qu'ils y donnèrent des marques de religion ; mais cette tendresse qui se manifesta par des pleurs n'est guère compatible avec cet esprit de vertige, de fureur, de débauche, et d'emportement. Le même homme peut être furieux et tendre, mais non dans le même temps.

Elmacim rapporte qu'on enferma les Juifs dans la synagogue qui leur avait été accordée par les Turcs, et qu'on les y brûla tous. Cette action est croyable après la fureur avec laquelle on les avait exterminés sur la route.

(5 juillet 1099) Jérusalem fut prise par les croisés tandis qu'Alexis Comnène était empereur d'Orient, Henri IV, d'Occident, et qu'Urbain II, chef de l'Église romaine, vivait encore. Il mourut avant d'avoir appris ce triomphe de la croisade dont il était l'auteur.

Les seigneurs, maîtres de Jérusalem, s'assemblaient déjà pour donner un roi à la Judée. Les ecclésiastiques suivant l'armée se rendirent dans l'assemblée, et osèrent déclarer nulle l'élection qu'on allait faire, parce qu'il fallait, disaient-ils, faire un patriarche avant de faire un souverain.

Cependant Godefroi de Bouillon fut élu, non pas roi, mais duc de Jérusalem. Quelques mois après arriva un légat nommé Damberto, qui se fit nommer patriarche par le clergé ; et la première chose que fit ce patriarche, ce fut de prendre le petit royaume de Jérusalem pour lui-même au nom du pape. Il fallut que Godefroi de Bouillon, qui avait conquis la ville au prix de son sang, la cédât à cet évêque. Il se réserva le port de Joppé, et quelques droits dans Jérusalem. Sa patrie, qu'il avait abandonnée, valait bien au delà de ce qu'il avait acquis en Palestine.

---

1. Voyez le chapitre vii de l'*Essai sur la poésie épique*, à la suite de *la Henriade*, tome VIII.

CHAPITRE LV.

CROISADES DEPUIS LA PRISE DE JÉRUSALEM. LOUIS LE JEUNE PREND LA CROIX. SAINT BERNARD, QUI D'AILLEURS FAIT DES MIRACLES, PRÉDIT DES VICTOIRES, ET ON EST BATTU. SALADIN PREND JÉRUSALEM; SES EXPLOITS; SA CONDUITE. QUEL FUT LE DIVORCE DE LOUIS VII, DIT LE JEUNE, ETC.

Depuis le IVe siècle le tiers de la terre est en proie à des émigrations presque continuelles. Les Huns, venus de la Tartarie chinoise, s'établissent enfin sur les bords du Danube; et de là ayant pénétré, sous Attila, dans les Gaules et en Italie, ils restent fixés en Hongrie. Les Hérules, les Goths, s'emparent de Rome. Les Vandales vont, des bords de la mer Baltique, subjuguer l'Espagne et l'Afrique; les Bourguignons envahissent une partie des Gaules; les Francs passent dans l'autre. Les Maures asservissent les Visigoths, conquérants de l'Espagne, tandis que d'autres Arabes étendaient leurs conquêtes dans la Perse, dans l'Asie Mineure, en Syrie, en Égypte. Les Turcs viennent du bord oriental de la mer Caspienne, et partagent les États conquis par les Arabes. Les croisés de l'Europe inondent la Syrie en bien plus grand nombre que toutes ces nations ensemble n'en ont jamais eu dans leurs émigrations, tandis que le Tartare Gengis subjugue la haute Asie. Cependant au bout de quelque temps il n'est resté aucune trace des conquêtes des croisés; Gengis, au contraire, ainsi que les Arabes, les Turcs, et les autres, ont fait de grands établissements loin de leur patrie. Il sera peut-être aisé de découvrir les raisons du peu de succès des croisés.

Les mêmes circonstances produisent les mêmes effets. On a vu que quand les successeurs de Mahomet eurent conquis tant d'États, la discorde les divisa[1]. Les croisés éprouvèrent un sort à peu près semblable. Ils conquirent moins, et furent divisés plus tôt. Voilà déjà trois petits États chrétiens formés tout d'un coup en Asie : Antioche, Jérusalem, et Édesse. Il s'en forma, quelques années après, un quatrième : ce fut celui de Tripoli de Syrie, qu'eut le jeune Bertrand, fils du comte de Toulouse. Mais, pour conquérir Tripoli, il fallut avoir recours aux vaisseaux des Véni-

---

1. Voyez chapitres VI, XXVII, XXVIII.

tiens. Ils prirent alors part à la croisade, et se firent céder une partie de cette nouvelle conquête.

De tous ces nouveaux princes qui avaient promis de faire hommage de leurs acquisitions à l'empereur grec, aucun ne tint sa promesse, et tous furent jaloux les uns des autres. En peu de temps ces nouveaux États, divisés et subdivisés, passèrent en beaucoup de mains différentes. Il s'éleva, comme en France, de petits seigneurs, des comtes de Joppé, des marquis de Galilée, de Sidon, d'Acre, de Césarée. Soliman, qui avait perdu Antioche et Nicée, tenait toujours la campagne, habitée d'ailleurs par des colons musulmans; et sous Soliman, et après lui, on vit dans l'Asie un mélange de chrétiens, de Turcs, d'Arabes, se faisant tous la guerre; un château turc était voisin d'un château chrétien, de même qu'en Allemagne les terres des protestants et des catholiques sont enclavées les unes dans les autres.

De ce million de croisés bien peu restaient alors. Au bruit de leurs succès, grossis par la renommée, de nouveaux essaims partirent encore de l'Occident. Ce prince Hugues, frère du roi de France Philippe Ier, ramena une nouvelle multitude, grossie par des Italiens et des Allemands. On en compta trois cent mille; mais en réduisant ce nombre aux deux tiers, ce sont encore deux cent mille hommes qu'il en coûta à la chrétienté. Ceux-là furent traités vers Constantinople à peu près comme les suivants de l'Ermite Pierre. Ceux qui abordèrent en Asie furent détruits par Soliman, et le prince Hugues mourut presque abandonné dans l'Asie Mineure.

Ce qui prouve encore, ce me semble, l'extrême faiblesse de la principauté de Jérusalem, c'est l'établissement de ces religieux soldats, templiers et hospitaliers. Il faut bien que ces moines, fondés d'abord pour servir les malades, ne fussent pas en sûreté, puisqu'ils prirent les armes; d'ailleurs, quand la société générale est bien gouvernée, on ne fait guère d'associations particulières.

Les religieux consacrés au service des blessés ayant fait vœu de se battre, vers l'an 1118, il se forma tout d'un coup une milice semblable, sous le nom de *Templiers*, qui prirent ce titre parce qu'ils demeuraient auprès de cette église qui avait, disait-on, été autrefois le temple de Salomon. Ces établissements ne sont dus qu'à des Français, ou du moins à des habitants d'un pays annexé depuis à la France. Raimond Dupuy, premier grand-maître et instituteur de la milice des hospitaliers, était de Dauphiné.

A peine ces deux ordres furent-ils établis par les bulles des papes qu'ils devinrent riches et rivaux. Ils se battirent les uns contre les autres aussi souvent que contre les musulmans. Bientôt après un nouvel ordre s'établit encore en faveur des pauvres Allemands abandonnés dans la Palestine, et ce fut l'ordre des moines teutoniques, qui devint après, en Europe, une milice de conquérants.

Enfin la situation des chrétiens était si peu affermie que Baudouin, premier roi de Jérusalem, qui régna après la mort de Godefroi, son frère, fut pris presque aux portes de la ville par un prince turc.

Les conquêtes des chrétiens s'affaiblissaient tous les jours. Les premiers conquérants n'étaient plus ; leurs successeurs étaient amollis. Déjà l'État d'Édesse était repris par les Turcs en 1140, et Jérusalem menacée. Les empereurs grecs ne voyant dans les princes d'Antioche, leurs voisins, que de nouveaux usurpateurs, leur faisaient la guerre, non sans justice. Les chrétiens d'Asie, près d'être accablés de tous côtés, sollicitèrent en Europe une nouvelle croisade générale.

La France avait commencé la première inondation ; ce fut à elle qu'on s'adressa pour la seconde. Le pape Eugène III, naguère disciple de saint Bernard, fondateur de Clervaux, choisit avec raison son premier maître pour être l'organe d'un nouveau dépeuplement. Jamais religieux n'avait mieux concilié le tumulte des affaires avec l'austérité de son état ; aucun n'était arrivé comme lui à cette considération purement personnelle qui est au-dessus de l'autorité même. Son contemporain, l'abbé Suger, était premier ministre de France ; son disciple était pape ; mais Bernard, simple abbé de Clervaux, était l'oracle de la France et de l'Europe.

A Vézelai-en-Bourgogne fut dressé un échafaud dans la place publique, où Bernard parut à côté de Louis le Jeune, roi de France. Il parla d'abord, et le roi parla ensuite. Tout ce qui était présent prit la croix. Louis la prit le premier des mains de saint Bernard. Le ministre Suger ne fut point d'avis que le roi abandonnât le bien certain qu'il pouvait faire à ses États pour tenter en Syrie des conquêtes incertaines ; mais l'éloquence de Bernard, et l'esprit du temps, sans lequel cette éloquence n'était rien, l'emportèrent sur les conseils du ministre.

On nous peint Louis le Jeune comme un prince plus rempli de scrupules que de vertus. Dans une de ces petites guerres civiles que le gouvernement féodal rendait inévitables en France, les troupes du roi avaient brûlé l'église de Vitry, et une partie du peuple, réfugiée dans cette église, avait péri au milieu des flammes. On persuada aisément au roi qu'il ne pouvait expier qu'en Palestine ce crime, qu'il eût mieux réparé en France par une administration sage. Il fit vœu de faire égorger des millions d'hommes pour expier la mort de quatre ou cinq cents Champenois. Sa jeune femme, Éléonore de Guienne, se croisa avec lui, soit qu'elle l'aimât alors, soit qu'il fût de la bienséance de ces temps d'accompagner son mari dans de telles aventures.

Bernard s'était acquis un crédit si singulier que, dans une nouvelle assemblée à Chartres, on le choisit lui-même pour le chef de la croisade. Ce fait paraît presque incroyable; mais tout est croyable de l'emportement religieux des peuples. Saint Bernard avait trop d'esprit pour s'exposer au ridicule qui le menaçait. L'exemple de l'Ermite Pierre était récent. Il refusa l'emploi de général, et se contenta de celui de prophète.

De France il court en Allemagne. Il y trouve un autre moine qui prêchait la croisade. Il fit taire ce rival, qui n'avait pas la mission du pape. Il donne enfin lui-même la croix rouge à l'empereur Conrad III, et il promet publiquement, de la part de Dieu, des victoires contre les infidèles. Bientôt après, un de ses disciples, nommé Philippe, écrivit en France que Bernard avait fait beaucoup de miracles en Allemagne. Ce n'était pas, à la vérité, des morts ressuscités; mais les aveugles avaient vu, les boiteux avaient marché, les malades avaient été guéris. On peut compter parmi ces prodiges qu'il prêchait partout en français aux Allemands.

L'espérance d'une victoire certaine entraîna à la suite de l'empereur et du roi de France la plupart des chevaliers de leurs États. On compta, dit-on, dans chacune des deux armées, soixante et dix mille gendarmes, avec une cavalerie légère prodigieuse; on ne compta point les fantassins. On ne peut guère réduire cette seconde émigration à moins de trois cent mille personnes, qui, jointes aux treize cent mille que nous avons précédemment trouvées, font, jusqu'à cette époque, seize cent mille habitants transplantés. Les Allemands partirent les premiers, les Français ensuite. Il est naturel que de ces multitudes qui passent sous un autre climat, les maladies en emportent une grande partie; l'intempérance surtout causa la mortalité dans l'armée de Conrad vers les plaines de Constantinople. De là ces bruits répandus dans l'Occident que les Grecs avaient empoisonné les puits et les fontaines. Les mêmes excès que les premiers croisés avaient commis furent renouvelés par les seconds, et donnèrent les mêmes alarmes à Manuel Comnène qu'ils avaient données à son grand-père Alexis.

Conrad, après avoir passé le Bosphore, se conduisit avec l'imprudence attachée à ces expéditions. La principauté d'Antioche subsistait. On pouvait se joindre à ces chrétiens de Syrie, et attendre le roi de France. Alors le grand nombre devait vaincre ; mais l'empereur allemand, jaloux du prince d'Antioche et du roi de France, s'enfonça au milieu de l'Asie Mineure. Un sultan d'Icone, plus habile que lui, attira dans des rochers cette pesante cavalerie allemande, fatiguée, rebutée, incapable d'agir dans ce terrain : les Turcs n'eurent que la peine de tuer. L'empereur blessé, et n'ayant plus auprès de lui que quelques troupes fugitives, se sauva vers Antioche, et de là fit le voyage de Jérusalem en pèlerin, au lieu d'y paraître en général d'armée. Le fameux Frédéric Barberousse, son neveu et son successeur à l'empire d'Allemagne, le suivait dans ses voyages, apprenant chez les Turcs à exercer un courage que les papes devaient mettre à de plus grandes épreuves.

L'entreprise de Louis le Jeune eut le même succès. Il faut avouer que ceux qui l'accompagnaient n'eurent pas plus de prudence que les Allemands, et eurent beaucoup moins de justice. A peine fut-on arrivé dans la Thrace qu'un évêque de Langres proposa de se rendre maître de Constantinople ; mais la honte d'une telle action était trop sûre, et le succès trop incertain. L'armée française passa l'Hellespont sur les traces de l'empereur Conrad.

Il n'y a personne, je crois, qui n'ait observé que ces puissantes armées de chrétiens firent la guerre dans ces mêmes pays où Alexandre remporta toujours la victoire, avec bien moins de troupes, contre des ennemis incomparablement plus puissants que ne l'étaient les Turcs et les Arabes. Il fallait qu'il y eût dans la discipline militaire de ces princes croisés un défaut radical qui devait nécessairement rendre leur courage inutile ; ce défaut était probablement l'esprit d'indépendance que le gouvernement féodal avait établi en Europe : des chefs sans expérience et sans art conduisaient dans des pays inconnus des multitudes déréglées. Le roi de France, surpris comme l'empereur dans des rochers vers Laodicée, fut battu comme lui ; mais il essuya dans Antioche des malheurs domestiques plus sensibles que ces calamités. Raimond, prince d'Antioche, chez lequel il se réfugia avec la reine Éléonore sa femme, fit publiquement l'amour à cette princesse ; on dit même qu'elle oubliait toutes les fatigues d'un si cruel voyage avec un jeune Turc d'une rare beauté, nommé Saladin.

Louis enleva sa femme d'Antioche, et la conduisit à Jérusalem, en danger d'être pris avec elle, soit par les musulmans, soit par les troupes du prince d'Antioche. Il eut du moins la satisfaction d'accomplir son vœu, et de pouvoir dire un jour à saint Bernard qu'il avait vu Bethléem et Nazareth. Mais, pendant ce voyage, ce qui lui restait de soldats fut battu et dispersé de tous côtés ; enfin trois mille Français désertèrent à la fois, et se firent mahométans pour avoir du pain (1148).

La conclusion de cette croisade fut que l'empereur Conrad retourna presque seul en Allemagne. Le roi Louis le Jeune ne ramena en France que sa femme et quelques courtisans. A son retour il fit casser son mariage avec Éléonore de Guienne, sous prétexte de parenté : car l'adultère, ainsi qu'on l'a déjà remarqué[1], n'annulait point le sacrement du mariage ; mais, par la plus absurde des lois, le crime d'avoir épousé son arrière-cousine annulait ce sacrement. Louis n'était pas assez puissant pour garder la dot en renvoyant la personne ; il perdit la Guienne, cette belle province de France, après avoir perdu en Asie la plus florissante armée que son pays eût encore mise sur pied. Mille familles désolées éclatèrent en vain contre les prophéties de Bernard, qui en fut quitte pour se comparer à Moïse, lequel, disait-il, avait comme lui promis de la part de Dieu, aux Israélites, de les conduire dans une terre heureuse, et qui vit périr la première génération dans les déserts.

CHAPITRE LVI.

DE SALADIN.

Après ces malheureuses expéditions les chrétiens de l'Asie furent plus divisés que jamais entre eux. La même fureur régnait chez les musulmans. Le prétexte de la religion n'avait plus de part aux affaires politiques. Il arriva même, vers l'an 1166, qu'Amaury, roi de Jérusalem, se ligua avec le soudan d'Égypte contre les Turcs ; mais à peine le roi de Jérusalem avait-il signé ce traité qu'il le viola. Les chrétiens possédaient encore Jérusa-

---

[1]. Chapitre L.

lem, et disputaient quelques territoires de la Syrie aux Turcs et aux Tartares. Tandis que l'Europe était épuisée pour cette guerre, tandis qu'Andronic Comnène montait sur le trône chancelant de Constantinople par le meurtre de son neveu, et que Frédéric Barberousse et les papes tenaient l'Italie en armes, (1182) la nature produisit un de ces accidents qui devraient faire rentrer les hommes en eux-mêmes, et leur montrer le peu qu'ils sont, et le peu qu'ils se disputent. Un tremblement de terre, plus étendu que celui qui s'est fait sentir en 1755, renversa la plupart des villes de Syrie et de ce petit État de Jérusalem ; la terre engloutit en cent endroits les animaux et les hommes. On prêcha aux Turcs que Dieu punissait les chrétiens, on prêcha aux chrétiens que Dieu se déclarait contre les Turcs, et on continua de se battre sur les débris de la Syrie.

Au milieu de tant de ruines s'élevait le grand Salaheddin, qu'on nommait en Europe Saladin [1]. C'était un Persan d'origine, du petit pays des Curdes, nation toujours guerrière et toujours libre. Il fut un de ces capitaines qui s'emparaient des terres des califes, et aucun ne fut aussi puissant que lui. Il conquit en peu de temps l'Égypte, la Syrie, l'Arabie, la Perse, et la Mésopotamie. Saladin, maître de tant de pays, songea bientôt à conquérir le royaume de Jérusalem. De violentes factions déchiraient ce petit État, et hâtaient sa ruine. Gui de Lusignan, couronné roi, mais à qui on discutait la couronne, rassembla dans la Galilée tous ces chrétiens divisés que le péril réunissait, et marcha contre Saladin, l'évêque de Ptolémaïs portant la chape par-dessus sa cuirasse, et tenant entre ses bras une croix qu'on persuada aux chrétiens être la même qui avait été l'instrument de la mort de Jésus-Christ. Cependant tous les chrétiens furent tués ou pris. Le roi, captif, qui ne s'attendait qu'à la mort, fut étonné d'être traité par Saladin comme aujourd'hui les prisonniers de guerre le sont par les généraux les plus humains.

Saladin présenta de sa main à Lusignan une coupe de liqueur rafraîchie dans la neige. Le roi, après avoir bu, voulut donner la coupe à un de ses capitaines, nommé Renaud de Châtillon. C'était une coutume inviolable établie chez les musulmans, et qui se conserve encore chez quelques Arabes, de ne point faire mourir les prisonniers auxquels ils avaient donné à boire et à manger : ce droit de l'ancienne hospitalité était sacré pour Saladin. Il

---

1. La *Biographie universelle* dit que Saladin était d'origine curde, et naquit à Tekrit sur le Tigre, en 532 de l'hégire (1137).

ne souffrit pas que Renaud de Châtillon bût après le roi. Ce capitaine avait violé plusieurs fois sa promesse : le vainqueur avait juré de le punir, et, montrant qu'il savait se venger comme pardonner, il abattit d'un coup de sabre la tête de ce perfide. (1187) Arrivé aux portes de Jérusalem, qui ne pouvait plus se défendre, il accorda à la reine, femme de Lusignan, une capitulation qu'elle n'espérait pas ; il lui permit de se retirer où elle voudrait. Il n'exigea aucune rançon des Grecs qui demeuraient dans la ville. Lorsqu'il fit son entrée dans Jérusalem, plusieurs femmes vinrent se jeter à ses pieds en lui redemandant, les unes leurs maris, les autres leurs enfants ou leurs pères qui étaient dans les fers ; il les leur rendit avec une générosité qui n'avait pas encore eu d'exemple dans cette partie du monde. Saladin fit laver avec de l'eau-rose, par les mains même des chrétiens, la mosquée qui avait été changée en église ; il y plaça une chaire magnifique, à laquelle Noradin, soudan d'Alep, avait travaillé lui-même, et fit graver sur la porte ces paroles : « Le roi Saladin, serviteur de Dieu, mit cette inscription après que Dieu eut pris Jérusalem par ses mains. »

Il établit des écoles musulmanes ; mais, malgré son attachement à sa religion, il rendit aux chrétiens orientaux l'église qu'on appelle du *Saint-Sépulcre,* quoiqu'il ne soit point du tout vraisemblable que Jésus ait été enterré en cet endroit. Il faut ajouter que Saladin, au bout d'un an, rendit la liberté à Gui de Lusignan, en lui faisant jurer qu'il ne porterait jamais les armes contre son libérateur. Lusignan ne tint pas sa parole.

Pendant que l'Asie Mineure avait été le théâtre du zèle, de la gloire, des crimes et des malheurs de tant de milliers de croisés, la fureur d'annoncer la religion les armes à la main s'était répandue dans le fond du Nord.

Nous avons vu[1], il n'y a qu'un moment, Charlemagne convertir l'Allemagne septentrionale avec le fer et le feu ; nous avons vu ensuite[2] les Danois idolâtres faire trembler l'Europe, conquérir la Normandie, sans tenter jamais de faire recevoir l'idolâtrie chez les vaincus. A peine le christianisme fut affermi dans le Danemark, dans la Saxe, et dans la Scandinavie, qu'on y prêcha une croisade contre les païens du Nord qu'on appelait Sclaves ou Slaves, et qui ont donné le nom à ce pays qui touche à la Hongrie, et qu'on appelle Sclavonie. Les chrétiens s'armèrent contre eux depuis Brême jusqu'au fond de la Scandinavie. Plus de cent

---

1. Chapitre xv.
2. Chapitre xxv.

mille croisés portèrent la destruction chez ces peuples : on tua beaucoup de monde ; on ne convertit personne. On peut encore ajouter la perte de ces cent mille hommes aux seize cent mille que le fanatisme de ces temps-là coûtait à l'Europe.

Cependant il ne restait aux chrétiens d'Asie qu'Antioche, Tripoli, Joppé, et la ville de Tyr. Saladin possédait tout le reste, soit par lui-même, soit par son gendre, le sultan d'Iconium ou de Cogni.

Au bruit des victoires de Saladin toute l'Europe fut troublée. Le pape Clément III remua la France, l'Allemagne, l'Angleterre. Philippe-Auguste, qui régnait alors en France, et le vieux Henri II, roi d'Angleterre, suspendirent leurs différends, et mirent toute leur rivalité à marcher à l'envi au secours de l'Asie ; ils ordonnèrent, chacun dans leurs états, que tous ceux qui ne se croiseraient point payeraient le dixième de leurs revenus et de leurs biens meubles pour les frais de l'armement. C'est ce qu'on appelle *la dîme saladine*, taxe qui servait de trophée à la gloire du conquérant.

Cet empereur Frédéric Barberousse, si fameux par les persécutions qu'il essuya des papes et qu'il leur fit souffrir, se croisa presque en même temps. Il semblait être chez les chrétiens d'Asie ce que Saladin était chez les Turcs : politique, grand capitaine, éprouvé par la fortune ; il conduisait une armée de cent cinquante mille combattants. Il prit le premier la précaution d'ordonner qu'on ne reçût aucun croisé qui n'eût au moins cinquante écus, afin que chacun pût, par son industrie, prévenir les horribles disettes qui avaient contribué à faire périr les armées précédentes.

Il lui fallut d'abord combattre les Grecs. La cour de Constantinople, fatiguée d'être continuellement menacée par les Latins, fit enfin une alliance avec Saladin. Cette alliance révolta l'Europe ; mais il est évident qu'elle était indispensable : on ne s'allie point avec un ennemi naturel sans nécessité. Nos alliances d'aujourd'hui avec les Turcs, moins nécessaires peut-être, ne causent pas tant de murmures. Frédéric s'ouvrit un passage dans la Thrace les armes à la main contre l'empereur Isaac l'Ange, et, victorieux des Grecs, il gagna deux batailles contre le sultan de Cogni ; mais, s'étant baigné tout en sueur dans les eaux d'une rivière qu'on croit être le Cydnus, il en mourut, et ses victoires furent inutiles. Elles avaient coûté cher, sans doute, puisque son fils le duc de Souabe ne put rassembler de ces cent cinquante mille hommes que sept à huit mille tout au plus. Il les conduisit à Antioche, et joignit ces débris à ceux du roi de Jérusalem, Gui de Lusignan, qui voulait encore attaquer son vainqueur Saladin, malgré la foi des serments et malgré l'inégalité des armes.

Après plusieurs combats, dont aucun ne fut décisif, ce fils de Frédéric Barberousse, qui eût pu être empereur d'Occident, perdit la vie près de Ptolémaïs. Ceux qui ont écrit qu'il mourut martyr de la chasteté, et qu'il eût pu réchapper par l'usage des femmes, sont à la fois des panégyristes bien hardis et des physiciens peu instruits. On a eu la sottise d'en dire autant depuis du roi de France Louis VIII.

L'Asie Mineure était un gouffre où l'Europe venait se précipiter. Non-seulement cette armée immense de l'empereur Frédéric était perdue ; mais des flottes d'Anglais, de Français, d'Italiens, d'Allemands, précédant encore l'arrivée de Philippe-Auguste et de Richard Cœur de Lion, avaient amené de nouveaux croisés et de nouvelles victimes.

Le roi de France et le roi d'Angleterre arrivèrent enfin en Syrie devant Ptolémaïs. Presque tous les chrétiens de l'Orient s'étaient rassemblés pour assiéger cette ville. Saladin était embarrassé vers l'Euphrate dans une guerre civile. Quand les deux rois eurent joint leurs forces à celles des chrétiens d'Orient, on compta plus de trois cent mille combattants.

(1190) Ptolémaïs, à la vérité, fut prise ; mais la discorde, qui devait nécessairement diviser deux rivaux de gloire et d'intérêt, tels que Philippe et Richard, fit plus de mal que ces trois cent mille hommes ne firent d'exploits heureux. Philippe, fatigué de ces divisions, et plus encore de la supériorité et de l'ascendant que prenait en tout Richard son vassal, retourna dans sa patrie, qu'il n'eût pas dû quitter peut-être, mais qu'il eût dû revoir avec plus de gloire.

Richard, demeuré maître du champ d'honneur, mais non de cette multitude de croisés, plus divisés entre eux que ne l'avaient été les deux rois, déploya vainement le courage le plus héroïque. Saladin, qui revenait vainqueur de la Mésopotamie, livra bataille aux croisés près de Césarée. Richard eut la gloire de désarmer Saladin : ce fut presque tout ce qu'il gagna dans cette expédition mémorable.

Les fatigues, les maladies, les petits combats, les querelles continuelles, ruinèrent cette grande armée ; et Richard s'en retourna avec plus de gloire, à la vérité, que Philippe-Auguste, mais d'une manière bien moins prudente. Il partit avec un seul vaisseau ; et ce vaisseau ayant fait naufrage sur les côtes de Venise, il traversa, déguisé et mal accompagné, la moitié de l'Allemagne. Il avait offensé en Syrie, par ses hauteurs, un duc d'Autriche, et il eut l'imprudence de passer par ses terres. (1193) Ce duc d'Autriche le chargea de chaînes, et le livra au barbare et lâche empereur Henri VI, qui le garda en prison comme un ennemi qu'il aurait pris en guerre, et qui exigea de lui, dit-on, cent mille marcs d'argent pour sa rançon. Mais cent mille marcs d'argent fin feraient aujourd'hui (en 1778) environ cinq millions et demi, et alors l'Angleterre n'était pas en état de payer cette somme : c'était probablement cent mille marques *(marcas)* qui revenaient à cent mille écus. Nous en avons parlé au chapitre XLIX.

Saladin, qui avait fait un traité avec Richard, par lequel il laissait aux chrétiens le rivage de la mer depuis Tyr jusqu'à Joppé, garda fidèlement sa parole. (1195) Il mourut trois ans après[1] à Damas, admiré des chrétiens même. Il avait fait porter dans sa dernière maladie, au lieu du drapeau qu'on élevait devant sa porte, le drap qui devait l'ensevelir ; et celui qui tenait cet étendard de la mort criait à haute voix : « Voilà tout ce que Saladin, vainqueur de l'Orient, remporte de ses conquêtes. » On dit qu'il laissa par son testament des distributions égales d'aumônes aux pauvres mahométans, juifs et chrétiens ; voulant faire entendre par cette disposition que tous les hommes sont frères, et que pour les secourir il ne faut pas s'informer de ce qu'ils croient, mais de ce qu'ils souffrent. Peu de nos princes chrétiens ont eu cette magnificence, et peu de ces chroniqueurs dont l'Europe est surchargée ont su lui rendre justice.

L'ardeur des croisades ne s'amortissait pas, et les guerres de Philippe-Auguste contre l'Angleterre et contre l'Allemagne n'empêchèrent pas qu'un grand nombre de seigneurs français ne se croisât encore. Le principal moteur de cette entreprise fut un prince flamand, ainsi que Godefroi de Bouillon, chef de la première : c'était Baudouin, comte de Flandre. Quatre mille chevaliers, neuf mille écuyers, et vingt mille hommes de pied, composèrent cette croisade nouvelle, qu'on peut appeler la cinquième.

Venise devenait de jour en jour une république redoutable qui appuyait son commerce par la guerre. Il fallut s'adresser à elle préférablement à tous les rois de l'Europe. Elle s'était mise en état d'équiper des flottes, que les rois d'Angleterre, d'Allemagne, de France, ne pouvaient alors fournir. Ces républicains industrieux gagnèrent à cette croisade de l'argent et des terres. Pre-

---

[1]. La *Biographie universelle* dit que la paix se fit pour trois ans et quelques mois en août 1192, et que Saladin mourut le 4 mars suivant.

mièrement, ils se firent payer quatre-vingt-cinq mille écus d'or, pour transporter seulement l'armée dans le trajet (1202). Secondement, ils se servirent de cette armée même, à laquelle ils joignirent cinquante galères, pour faire d'abord des conquêtes en Dalmatie.

Le pape Innocent III les excommunia, soit pour la forme, soit qu'il craignît déjà leur grandeur. Ces croisés excommuniés n'en prirent pas moins Zara et son territoire, qui accrut les forces de Venise en Dalmatie.

Cette croisade fut différente de toutes les autres, en ce qu'elle trouva Constantinople divisée, et que les précédentes avaient eu en tête des empereurs affermis. Les Vénitiens, le comte de Flandre, le marquis de Montferrat joint à eux, enfin les principaux chefs, toujours politiques quand la multitude est effrénée, virent que le temps était venu d'exécuter l'ancien projet contre l'empire des Grecs. Ainsi les chrétiens dirigèrent leur croisade contre le premier prince de la chrétienté.

CHAPITRE LVII.

LES CROISÉS ENVAHISSENT CONSTANTINOPLE. MALHEURS DE CETTE VILLE ET DES EMPEREURS GRECS. CROISADE EN ÉGYPTE. AVENTURE SINGULIÈRE DE SAINT FRANÇOIS D'ASSISE. DISGRACE DES CHRÉTIENS.

L'empire de Constantinople, qui avait toujours le titre d'empire romain, possédait encore la Thrace, la Grèce entière, les îles, l'Épire, et étendait sa domination en Europe jusqu'à Belgrade et jusqu'à la Valachie. Il disputait les restes de l'Asie Mineure aux Arabes, aux Turcs, et aux croisés. On cultiva toujours les sciences et les beaux-arts dans la ville impériale. Il y eut une suite d'historiens non interrompue jusqu'au temps où Mahomet II s'en rendit maître. Les historiens étaient ou des empereurs, ou des princes, ou des hommes d'État, et n'en écrivaient pas mieux : ils ne parlent que de dévotion ; ils déguisent tous les faits ; ils ne cherchent qu'un vain arrangement de paroles ; ils n'ont de l'ancienne Grèce que la loquacité : la controverse était l'étude de la cour. L'empereur Manuel, au XIIe siècle, disputa longtemps avec ses évêques sur ces paroles : *Mon père est plus grand que moi* [1], pendant qu'il avait à craindre les croisés et les Turcs. Il y avait un catéchisme grec, dans lequel on anathématisait avec exécration ce verset si connu de l'*Alcoran*, où il est dit que *Dieu est un être infini, qui n'a point été engendré, et qui n'a engendré personne*. Manuel voulut qu'on ôtât du catéchisme cet anathème. Ces disputes signalèrent son règne, et l'affaiblirent. Mais remarquez que dans cette dispute Manuel ménageait les musulmans. Il ne voulait pas que dans le catéchisme grec on insultât un peuple victorieux, qui n'admettait qu'un Dieu incommunicable, et que notre Trinité révoltait.

(1185) Alexis Manuel, son fils, qui épousa une fille du roi de France Louis le Jeune, fut détrôné par Andronic, un de ses parents. Cet Andronic le fut à son tour par un officier du palais, nommé Isaac l'Ange. On traîna l'empereur Andronic dans les rues, on lui coupa une main, on lui creva les yeux, on lui versa de l'eau bouillante sur le corps, et il expira dans les plus cruels supplices.

Isaac l'Ange, qui avait puni un usurpateur avec tant d'atrocité, fut lui-même dépouillé par son propre frère Alexis l'Ange, qui lui fit crever les yeux (1195). Cet Alexis l'Ange prit le nom de Comnène, quoiqu'il ne fût pas de la famille impériale des Comnène ; et ce fut lui qui fut la cause de la prise de Constantinople par les croisés.

Le fils d'Isaac l'Ange alla implorer le secours du pape, et surtout des Vénitiens, contre la barbarie de son oncle. Pour s'assurer de leur secours il renonça à l'Église grecque, et embrassa le culte de l'Église latine. Les Vénitiens et quelques princes croisés, comme Baudouin, comte de Flandre, Boniface, marquis de Montferrat, lui donnèrent leur dangereux secours. De tels auxiliaires furent également odieux à tous les partis. Ils campaient hors de la ville, toujours pleine de tumulte. Le jeune Alexis, détesté des Grecs pour avoir introduit les Latins, fut immolé bientôt à une nouvelle faction. Un de ses parents, surnommé *Mirziflos*, l'étrangla de ses mains, et prit les brodequins rouges, qui étaient la marque de l'empire.

(1204). Les croisés, qui avaient alors le prétexte de venger leurs créatures, profitèrent des séditions qui désolaient la ville pour la ravager. Ils y entrèrent presque sans résistance, ; et, ayant tué tout ce qui se présenta, ils s'abandonnèrent à tous les excès

---

1. Saint Jean, xiv, 28.

de la fureur et de l'avarice. Nicétas assure que le seul butin des seigneurs de France fut évalué deux cent mille livres d'argent en poids. Les églises furent pillées, et, ce qui marque assez le caractère de la nation, qui n'a jamais changé, les Français dansèrent avec des femmes dans le sanctuaire de l'église de Sainte-Sophie, tandis qu'une des prostituées qui suivaient l'armée de Baudouin chantait des chansons de sa profession dans la chaire patriarcale. Les Grecs avaient souvent prié la sainte Vierge en assassinant leurs princes; les Français buvaient, chantaient, caressaient des filles dans la cathédrale en la pillant : chaque nation a son caractère [1].

Ce fut pour la première fois que la ville de Constantinople fut prise et saccagée par des étrangers, et elle le fut par des chrétiens qui avaient fait vœu de ne combattre que les infidèles.

On ne voit pas que ce feu grégeois tant vanté par les historiens ait fait le moindre effet. S'il était tel qu'on le dit, il eût toujours donné sur terre et sur mer une victoire assurée. Si c'était quelque chose de semblable à nos phosphores, l'eau pouvait, à la vérité, le conserver, mais il n'aurait point eu d'action dans l'eau. Enfin, malgré ce secret, les Turcs avaient enlevé presque toute l'Asie Mineure aux Grecs, et les Latins leur arrachèrent le reste.

---

1. « On jeta les reliques dans des lieux immondes ; on répandit par terre le corps et le sang de Notre-Seigneur ; on employa les vases sacrés à des usages profanes... Une femme insolente vint danser *dans le sanctuaire*, et s'asseoir dans les siéges des prêtres. » (FLEURI, année 1204.)

Le pape Innocent III, si connu par la violence de sa conduite et sa cruauté envers les Albigeois, reprocha aux croisés d'avoir « exposé à l'insolence des valets non-seulement les femmes mariées et les veuves, mais les filles et les religieuses ». (*Idem*, année 1205.)

Comme de savants critiques ont prétendu que M. de Voltaire avait altéré l'histoire, nous avons cru devoir placer ici le passage de Fleuri, tiré de Nicétas, auteur contemporain, dont nous rapporterons les expressions, d'après la traduction latine de Jérôme Wolff :

« Quid... referam... reliquiarum sanctorum martyrum in loca fœda abjectionem! Quod vero auditu horrendum est, id tum erat cernere ut divinus sanguis et corpus Christi humi effunderetur, et abjiceretur. Qui autem pretiosas eorum capsulas capiebant... ipsas confractas pro patinis et poculis usurpabant...

« Muli et jumenta sellis instrata usque ad templi adyta introducebantur, quorum nonnulla, cum ob splendidum et lubricum solum pedibus insistere nequirent, prolapsa confodiebantur, ut effusis cruore et stercore sacrum pavimentum inquinaretur. Imo et muliercula quædam, cooperta peccatis, Christo insultans et in patriarchæ solio consedens, fractum canticum cecinit, et sæpe in orbem rotata saltavit... Abominationem et desolationem in loco sancto vidimus meretricios sermones rotundo ore proferentem.

« Uno consensu omnia summa scelera et piacula omnibus ex æquo studio erant... in angiportis, in triviis, in templis, querelæ, fletus... virorum gemitus, mulierum ejulatus, lacerationes, stupra. » (K.)

Le plus puissant des croisés, Baudouin, comte de Flandre, se fit élire empereur. Ils étaient quatre prétendants. On mit quatre grands calices de l'église de Sophie pleins de vin devant eux; celui qui était destiné à l'élu était seul consacré. Baudouin le but, prit les brodequins rouges, et fut reconnu. Ce nouvel usurpateur condamna l'autre usurpateur, Mirziflos[1], à être précipité du haut d'une colonne. Les autres croisés partagèrent l'empire. Les Vénitiens se donnèrent le Péloponèse, l'île de Candie et plusieurs villes des côtes de Phrygie, qui n'avaient point subi le joug des Turcs. Le marquis de Montferrat prit la Thessalie. Ainsi Baudouin n'eut guère pour lui que la Thrace et la Mœsie. A l'égard du pape, il y gagna, du moins pour un temps, l'Église d'Orient. Cette conquête eût pu avec le temps valoir un royaume : Constantinople était autre chose que Jérusalem.

Ainsi le seul fruit des chrétiens dans leurs barbares croisades fut d'exterminer d'autres chrétiens. Ces croisés, qui ruinaient l'empire, auraient pu, bien plus aisément que tous leurs prédécesseurs, chasser les Turcs de l'Asie. Les États de Saladin étaient déchirés. Mais de tant de chevaliers qui avaient fait vœu d'aller secourir Jérusalem, il ne passa en Syrie que le petit nombre de ceux qui ne purent avoir part aux dépouilles des Grecs. De ce petit nombre fut Simon de Montfort, qui, ayant en vain cherché un État en Grèce et en Syrie, se mit ensuite à la tête d'une croisade contre les Albigeois pour usurper avec la croix quelque chose sur les chrétiens ses frères.

Il restait beaucoup de princes de la famille impériale des Comnène, qui ne perdirent point courage dans la destruction de leur empire. Un d'eux, qui portait aussi le nom d'Alexis, se réfugia avec quelques vaisseaux vers la Colchide ; et là, entre la mer Noire et le mont Caucase, forma un petit État qu'on appela *l'empire de Trébisonde:* tant on abusait de ce mot d'*empire*.

Théodore Lascaris reprit Nicée, et s'établit dans la Bithynie, en se servant à propos des Arabes contre les Turcs. Il se donna aussi le titre d'empereur, et fit élire un patriarche de sa communion. D'autres Grecs, unis avec les Turcs mêmes, appelèrent à leur secours leurs anciens ennemis les Bulgares contre le nouvel empereur Baudouin de Flandre, qui jouit à peine de sa conquête (1205). Vaincu par eux près d'Andrinople, on

---

1. Les Français, alors très-grossiers, l'appellent Mursufle, ainsi que d'*Auguste* ils ont fait *août*; de *pavo*, paon ; de *viginti*, vingt ; de *canis*, chien ; de *lupus*, loup, etc. (*Note de Voltaire.*)

lui coupa les bras et les jambes, et il expira en proie aux bêtes féroces.

Les sources de ces émigrations devaient tarir alors ; mais les esprits des hommes étaient en mouvement. Les confesseurs ordonnaient aux pénitents d'aller à la Terre Sainte. Les fausses nouvelles qui en venaient tous les jours donnaient de fausses espérances.

Un moine breton, nommé Elsoin, conduisit en Syrie, vers l'an 1204, une multitude de Bretons. La veuve d'un roi de Hongrie se croisa avec quelques femmes, croyant qu'on ne pouvait gagner le ciel que par ce voyage. Cette maladie épidémique passa jusqu'aux enfants. Il y en eut des milliers qui, conduits par des maîtres d'école et des moines, quittèrent les maisons de leurs parents, sur la foi de ces paroles : *Seigneur, tu as tiré ta gloire des enfants*[1]. Leurs conducteurs en vendirent une partie aux musulmans ; le reste périt de misère.

L'État d'Antioche était ce que les chrétiens avaient conservé de plus considérable en Syrie. Le royaume de Jérusalem n'existait plus que dans Ptolémaïs. Cependant il était établi dans l'Occident qu'il fallait un roi de Jérusalem. Un Émeri de Lusignan, roi titulaire, étant mort vers l'an 1205, l'évêque de Ptolémaïs proposa d'aller demander en France un roi de Judée. Philippe-Auguste nomma un cadet de la maison de Brienne en Champagne, qui avait à peine un patrimoine. On voit par le choix du roi quel était le royaume.

Ce roi titulaire, ses chevaliers, les Bretons qui avaient passé la mer, plusieurs princes allemands, un duc d'Autriche, André, roi de Hongrie, suivi d'assez belles troupes, les templiers, les hospitaliers, les évêques de Munster et d'Utrecht ; tout cela pouvait encore faire une armée de conquérants, si elle avait eu un chef ; mais c'est ce qui manqua toujours.

Le roi de Hongrie s'étant retiré, un comte de Hollande entreprit ce que tant de rois et de princes n'avaient pu faire. Les chrétiens semblaient toucher au temps de se relever ; leurs espérances s'accrurent par l'arrivée d'une foule de chevaliers qu'un légat du pape leur amena. Un archevêque de Bordeaux, les évêques de Paris, d'Angers, d'Autun, de Beauvais, accompagnèrent le légat avec des troupes considérables. Quatre mille Anglais, autant d'Italiens, vinrent sous diverses bannières. Enfin Jean de Brienne, qui était arrivé à Ptolémaïs presque seul, se trouve à la tête de près de cent mille combattants.

---

1. Ce sont eux qu'on désigne ordinairement du nom de *pastoureaux*.

Saphadin, frère du fameux Saladin, qui avait joint depuis peu l'Égypte à ses autres États, venait de démolir les restes des murailles de Jérusalem, qui n'était plus qu'un bourg ruiné ; mais comme Saphadin paraissait mal affermi dans l'Égypte, les croisés crurent pouvoir s'en emparer.

De Ptolémaïs le trajet est court aux embouchures du Nil. Les vaisseaux qui avaient apporté tant de chrétiens les portèrent en trois jours vers l'ancienne Péluse.

Près des ruines de Péluse est élevée Damiette sur une chaussée qui la défend des inondations du Nil. (1218) Les croisés commencèrent le siége pendant la dernière maladie de Saphadin, et le continuèrent après sa mort. Mélédin, l'aîné de ses fils, régnait alors en Égypte, et passait pour aimer les lois, les sciences, et le repos plus que la guerre. Corradin, sultan de Damas, à qui la Syrie était tombée en partage, vint le secourir contre les chrétiens. Le siége, qui dura deux ans, fut mémorable en Europe, en Asie, et en Afrique.

Saint François d'Assise [1], qui établissait alors son ordre, passa lui-même au camp des assiégeants ; et, s'étant imaginé qu'il pourrait aisément convertir le sultan Mélédin, il s'avança avec son compagnon, frère Illuminé, vers le camp des Égyptiens. On les prit, on les conduisit au sultan. François le prêcha en italien. Il proposa à Mélédin de faire allumer un grand feu dans lequel ses imans d'un côté, François et Illuminé de l'autre, se jetteraient pour faire voir quelle était la religion véritable. Mélédin, à qui un interprète expliquait cette proposition singulière, répondit en riant que ses prêtres n'étaient pas hommes à se jeter au feu pour leur foi ; alors François proposa de s'y jeter tout seul. Mélédin lui dit que s'il acceptait une telle offre il paraîtrait douter de sa religion. Ensuite il renvoya François avec bonté, voyant bien qu'il ne pouvait être un homme dangereux.

Telle est la force de l'enthousiasme que François, n'ayant pu réussir à se jeter dans un bûcher en Égypte et à rendre le soudan chrétien, voulut tenter cette aventure à Maroc. Il s'embarqua d'abord pour l'Espagne ; mais étant tombé malade, il obtint de frère Gille, et de quatre autres de ses compagnons, qu'ils allassent convertir les Maroquins. Frère Gille et les quatre moines font voile vers Tétuan, arrivent à Maroc, et prêchent en italien dans

---

1. Son vrai nom était Jean. On l'avait surnommé *Francesco*, à cause de son goût pour la langue française. C'était le fils d'un colporteur d'Assise en Ombrie. (G. A.)

une charrette. Le miramolin, ayant pitié d'eux, les fit rembarquer pour l'Espagne; ils revinrent une seconde fois, on les renvoya encore. Ils revinrent une troisième; l'empereur, poussé à bout, les condamna à la mort dans son divan, et leur trancha lui-même la tête (1218) : c'est un usage superstitieux autant que barbare que les empereurs de Maroc soient les premiers bourreaux de leur pays. Les miramolins se disaient descendus de Mahomet. Les premiers qui furent condamnés à mort, sous leur empire, demandèrent de mourir de la main du maître, dans l'espérance d'une expiation plus pure. Cet abominable usage s'est si bien conservé que le fameux empereur de Maroc, Mulei Ismaël, a exécuté de sa main près de dix mille hommes dans sa longue vie.

Cette mort de cinq compagnons de François d'Assise est encore célébrée tous les ans à Coïmbre, par une procession aussi singulière que leur aventure. On prétendit que les corps de ces franciscains revinrent en Europe après leur mort, et s'arrêtèrent à Coïmbre dans l'église de Sainte-Croix. Les jeunes gens, les femmes et les filles, vont tous les ans, la nuit de l'arrivée de ces martyrs, de l'église de Sainte-Croix à celle des cordeliers. Les garçons ne sont couverts que d'un petit caleçon qui ne descend qu'au haut des cuisses; les femmes et les filles ont un jupon non moins court. La marche est longue, et on s'arrête souvent.

(1220) Damiette cependant fut prise, et semblait ouvrir le chemin à la conquête de l'Égypte; mais Pélage Albano, bénédictin espagnol, légat du pape, et cardinal, fut cause de sa perte. Le légat prétendait que le pape étant chef de toutes les croisades, celui qui le représentait en était incontestablement le général; que le roi de Jérusalem, n'étant roi que par la permission du pape, devait obéir en tout au légat. Ces divisions consumèrent du temps. Il fallut écrire à Rome : le pape ordonna au roi de retourner au camp, et le roi y retourna pour servir sous le bénédictin. Ce général engagea l'armée entre deux bras du Nil, précisément au temps que ce fleuve, qui nourrit et qui défend l'Égypte, commençait à se déborder. Le sultan, par des écluses, inonda le camp des chrétiens. (1221) D'un côté il brûla leurs vaisseaux, de l'autre côté le Nil croissait et menaçait d'engloutir l'armée du légat. Elle se trouvait dans l'état où l'on peint les Égyptiens de Pharaon quand ils virent la mer prête à retomber sur eux.

Les contemporains conviennent que dans cette extrémité on traita avec le sultan. Il se fit rendre Damiette; il renvoya l'armée en Phénicie, après avoir fait jurer que de huit ans on ne lui ferait la guerre; et il garda le roi Jean de Brienne en otage.

Les chrétiens n'avaient plus d'espérance que dans l'empereur Frédéric II. Jean de Brienne, sorti d'otage, lui donna sa fille et les droits au royaume de Jérusalem pour dot.

L'empereur Frédéric II concevait très-bien l'inutilité des croisades; mais il fallait ménager les esprits des peuples, et éluder les coups du pape. Il me semble que la conduite qu'il tint est un modèle de saine politique. Il négocie à la fois avec le pape et avec le sultan Mélédin. Son traité étant signé entre le sultan et lui, il part pour la Palestine, mais avec un cortége plutôt qu'avec une armée. A peine est-il arrivé qu'il rend public le traité par lequel on lui cède Jérusalem, Nazareth et quelques villages. Il fait répandre dans l'Europe que sans verser une goutte de sang il a repris les saints lieux. On lui reproche d'avoir laissé, par le traité, une mosquée dans Jérusalem. Le patriarche de cette ville le traitait d'athée; ailleurs, il était regardé comme un prince qui savait régner.

Il faut avouer, quand on lit l'histoire de ces temps, que ceux qui ont imaginé des romans n'ont guère pu aller par leur imagination au delà de ce que fournit ici la vérité. C'est peu que nous ayons vu, quelques années auparavant, un comte de Flandre qui, ayant fait vœu d'aller à la Terre Sainte, se saisit en chemin de l'empire de Constantinople; c'est peu que Jean de Brienne, cadet de Champagne, devenu roi de Jérusalem, ait été sur le point de subjuguer l'Égypte. Ce même Jean de Brienne, n'ayant plus d'États, marche presque seul au secours de Constantinople : il arrive pendant un interrègne, et on l'élit empereur (1224). Son successeur, Baudouin II, dernier empereur latin de Constantinople, toujours pressé par les Grecs, courait, une bulle du pape à la main, implorer en vain le secours de tous les princes de l'Europe; tous les princes étaient alors hors de chez eux : les empereurs d'Occident couraient à la Terre Sainte; les papes étaient presque toujours en France, et les rois prêts à partir pour la Palestine.

Thibaud de Champagne, roi de Navarre, si célèbre par l'amour qu'on lui suppose pour la reine Blanche, et par ses chansons, fut aussi un de ceux qui s'embarquèrent alors pour la Palestine (1240). Il revint la même année, et c'était être heureux. Environ soixante et dix chevaliers français, qui voulurent se signaler avec lui, furent tous pris et menés au Grand-Caire, au neveu de Mélédin, nommé Mélecsala, qui, ayant hérité des États et des vertus de son oncle, les traita humainement, et les laissa enfin retourner dans leur patrie pour une rançon modique.

En ce temps le territoire de Jérusalem n'appartint plus ni aux

Syriens, ni aux Égyptiens, ni aux chrétiens, ni aux musulmans. Une révolution qui n'avait point d'exemple donnait une nouvelle face à la plus grande partie de l'Asie. Gengis et ses Tartares avaient franchi le Caucase, le Taurus, l'Immaüs. Les peuples qui fuyaient devant eux, comme des bêtes féroces chassées de leurs repaires par d'autres animaux plus terribles, fondaient à leur tour sur les terres abandonnées.

(1244) Les habitants du Chorasan, qu'on nomma Corasmins, poussés par les Tartares, se précipitèrent sur la Syrie, ainsi que les Goths, au iv° siècle, chassés, à ce qu'on dit, par des Scythes, étaient tombés sur l'empire romain. Ces Corasmins idolâtres égorgèrent ce qui restait à Jérusalem de Turcs, de chrétiens et de juifs. Les chrétiens qui restaient dans Antioche, dans Tyr, dans Sidon, et sur ces côtes de la Syrie, suspendirent quelque temps leurs querelles particulières pour résister à ces nouveaux brigands.

Ces chrétiens étaient alors ligués avec le soudan de Damas. Les templiers, les chevaliers de Saint-Jean, les chevaliers teutoniques, étaient des défenseurs toujours armés. L'Europe fournissait sans cesse quelques volontaires. Enfin ce qu'on put ramasser combattit les Corasmins. La défaite des croisés fut entière. Ce n'était pas là le terme de leurs malheurs : de nouveaux Turcs vinrent ravager ces côtes de Syrie après les Corasmins, et exterminèrent presque tout ce qui restait de chevaliers. Mais ces torrents passagers laissèrent toujours aux chrétiens les villes de la côte.

Les Latins, renfermés dans leurs villes maritimes, se virent alors sans secours ; et leurs querelles augmentaient leurs malheurs. Les princes d'Antioche n'étaient occupés qu'à faire la guerre à quelques chrétiens d'Arménie. Les factions des Vénitiens, des Génois et des Pisans, se disputaient la ville de Ptolémaïs. Les templiers et les chevaliers de Saint-Jean se disputaient tout. L'Europe, refroidie, n'envoyait presque plus de ces pèlerins armés. Les espérances des chrétiens d'Orient s'éteignaient, quand saint Louis entreprit la dernière croisade.

CHAPITRE LVIII.

DE SAINT LOUIS, SON GOUVERNEMENT, SA CROISADE, NOMBRE DE SES VAISSEAUX, SES DÉPENSES, SA VERTU, SON IMPRUDENCE, SES MALHEURS.

Louis IX paraissait un prince destiné à réformer l'Europe, si elle avait pu l'être; à rendre la France triomphante et policée, et à être en tout le modèle des hommes. Sa piété, qui était celle d'un anachorète, ne lui ôta aucune vertu de roi. Une sage économie ne déroba rien à sa libéralité. Il sut accorder une politique profonde avec une justice exacte, et peut-être est-il le seul souverain qui mérite cette louange : prudent et ferme dans le conseil, intrépide dans les combats sans être emporté, compatissant comme s'il n'avait jamais été que malheureux. Il n'est pas donné à l'homme de porter plus loin la vertu.

Il avait, conjointement avec la régente sa mère, qui savait régner, réprimé l'abus de la juridiction trop étendue des ecclésiastiques. Ils voulaient que les officiers de justice saisissent les biens de quiconque était excommunié, sans examiner si l'excommunication était juste ou injuste. Le roi, distinguant très-sagement les lois civiles auxquelles tout doit être soumis, et les lois de l'Église dont l'empire doit ne s'étendre que sur les consciences, ne laissa pas plier les lois du royaume sous cet abus des excommunications. Ayant, dès le commencement de son administration, contenu les prétentions des évêques et des laïques dans leurs bornes, il avait réprimé les factions de la Bretagne; il avait gardé une neutralité prudente entre les emportements de Grégoire IX et les vengeances de l'empereur Frédéric II.

Son domaine, déjà fort grand, s'était accru de plusieurs terres qu'il avait achetées. Les rois de France avaient alors pour revenus leurs biens propres, et non ceux des peuples. Leur grandeur dépendait d'une économie bien entendue, comme celle d'un seigneur particulier.

Cette administration l'avait mis en état de lever de fortes armées contre le roi d'Angleterre Henri III, et contre des vassaux de France unis avec l'Angleterre. Henri III, moins riche, moins obéi de ses Anglais, n'eut ni d'aussi bonnes troupes, ni d'aussitôt prêtes. Louis le battit deux fois, et surtout à la journée de Taillebourg en Poitou. Le roi anglais s'enfuit devant lui. Cette guerre fut suivie d'une paix utile (1241). Les vassaux de France, rentrés dans leur devoir, n'en sortirent plus. Le roi n'oublia pas même d'obliger l'Anglais à payer cinq mille livres sterling pour les frais de la campagne.

Quand on songe qu'il n'avait pas vingt-quatre ans lorsqu'il se conduisit ainsi, et que son caractère était fort au-dessus de sa fortune, on voit ce qu'il eût fait s'il fût demeuré dans sa patrie ; et on gémit que la France ait été si malheureuse par ses vertus mêmes, qui devaient faire le bonheur du monde.

L'an 1244, Louis, attaqué d'une maladie violente, crut, dit-on, dans une léthargie, entendre une voix qui lui ordonnait de prendre la croix contre les infidèles. A peine put-il parler qu'il fit vœu de se croiser. La reine sa mère, la reine sa femme, son conseil, tout ce qui l'approchait, sentit le danger de ce vœu funeste. L'évêque de Paris même lui en représenta les dangereuses conséquences ; mais Louis regardait ce vœu comme un lien sacré qu'il n'était pas permis aux hommes de dénouer. Il prépara pendant quatre années cette expédition. (1248) Enfin, laissant à sa mère le gouvernement du royaume, il part avec sa femme et ses trois frères, que suivent aussi leurs épouses ; presque toute la chevalerie de France l'accompagne. Il y eut dans l'armée près de trois mille chevaliers bannerets. Une partie de la flotte immense qui portait tant de princes et de soldats part de Marseille ; l'autre, d'Aigues-Mortes, qui n'est plus un port aujourd'hui.

La plupart des gros vaisseaux ronds qui transportèrent les troupes furent construits dans les ports de France. Ils étaient au nombre de dix-huit cents. Un roi de France ne pourrait aujourd'hui faire un pareil armement, parce que les bois sont incomparablement plus rares, tous les frais plus grands à proportion, et que l'artillerie nécessaire rend la dépense plus forte, et l'armement beaucoup plus difficile.

On voit, par les comptes de saint Louis, combien ces croisades appauvrissaient la France. Il donnait au seigneur de Valery huit mille livres pour trente chevaliers, ce qui revenait à près de cent quarante-six mille livres numéraires de nos jours[1]. Le connétable

---

1. Ou 169,000 livres, si l'on entend la livre numéraire d'or ; elle était alors à la livre numéraire d'argent à peu près dans le rapport de 21 à 18. Cette différence entre l'évaluation des livres numéraires en or ou en argent vient de ce que le rapport entre les valeurs des deux métaux n'était pas le même qu'aujourd'hui ; celle de l'or était plus faible. Par la même raison, il faut augmenter (voyez la note vers la fin du chapitre LI) d'environ un septième les 540,000 livres léguées par Louis VIII à sa femme, s'il a entendu des livres numéraires d'or. (K.)

avait pour quinze chevaliers trois mille livres. L'archevêque de
Reims et l'évêque de Langres recevaient chacun quatre mille
livres pour quinze chevaliers que chacun d'eux conduisait. Cent
soixante et deux chevaliers mangeaient aux tables du roi. Ces
dépenses et les préparatifs étaient immenses.

Si la fureur des croisades et la religion des serments avaient
permis à la vertu de Louis d'écouter la raison, non-seulement il
eût vu le mal qu'il faisait à son pays, mais l'injustice extrême de
cet armement qui lui paraissait si juste.

Le projet n'eût-il été que d'aller mettre les Français en possession du misérable terrain de Jérusalem, ils n'y avaient aucun
droit. Mais on marchait contre le vieux et sage Mélecsala, soudan
d'Égypte, qui certainement n'avait rien à démêler avec le roi de
France. Mélecsala était musulman ; c'était là le seul prétexte de
lui faire la guerre. Mais il n'y avait pas plus de raison à ravager
l'Égypte parce qu'elle suivait les dogmes de Mahomet, qu'il n'y en
aurait aujourd'hui à porter la guerre à la Chine parce que la
Chine est attachée à la morale de Confucius.

Louis mouilla dans l'île de Chypre : le roi de cette île se joint
à lui ; on aborde en Égypte. Le soudan d'Égypte ne possédait point
Jérusalem. La Palestine alors était ravagée par les Corasmins : le
sultan de Syrie leur abandonnait ce malheureux pays ; et le calife
de Bagdad, toujours reconnu et toujours sans pouvoir, ne se
mêlait plus de ces guerres. Il restait encore aux chrétiens Ptolémaïs, Tyr, Antioche, Tripoli. Leurs divisions les exposaient continuellement à être écrasés par les soldats turcs et par les Corasmins.

Dans ces circonstances il est difficile de voir pourquoi le roi
de France choisissait l'Égypte pour le théâtre de sa guerre. Le vieux
Mélecsala, malade, demanda la paix ; on la refusa. Louis, renforcé
par de nouveaux secours arrivés de France, était suivi de soixante
mille combattants, obéi, aimé, ayant en tête des ennemis déjà
vaincus, un soudan qui touchait à sa fin. Qui n'eût cru que
l'Égypte et bientôt la Syrie seraient domptées ? Cependant la moitié de cette armée florissante périt de maladie ; l'autre moitié est
vaincue près de la Massoure. Saint Louis voit tuer son frère Robert
d'Artois (1250) ; il est pris avec ses deux autres frères, le comte
d'Anjou et le comte de Poitiers. Ce n'était plus alors Mélecsala qui
régnait en Égypte, c'était son fils Almoadan. Ce nouveau soudan
avait certainement de la grandeur d'âme ; car le roi Louis lui
ayant offert pour sa rançon et pour celle des prisonniers un million de besants d'or, Almoadan lui en remit la cinquième partie.

Ce soudan fut massacré par les mameluks, dont son père avait établi la milice. Le gouvernement, partagé alors, semblait devoir être funeste aux chrétiens. Cependant le conseil égyptien continua de traiter avec le roi. Le sire de Joinville rapporte que les émirs même proposèrent, dans une de leurs assemblées, de choisir Louis pour leur soudan.

Joinville était prisonnier avec le roi. Ce que raconte un homme de son caractère a du poids sans doute ; mais qu'on fasse réflexion combien dans un camp, dans une maison, on est mal informé des faits particuliers qui se passent dans un camp voisin, dans une maison prochaine ; combien il est hors de vraisemblance que des musulmans songent à se donner pour roi un chrétien ennemi, qui ne connaît ni leur langue ni leurs mœurs, qui déteste leur religion, et qui ne peut être regardé par eux que comme un chef de brigands étrangers, on verra que Joinville n'a rapporté qu'un discours populaire. Dire fidèlement ce qu'on a entendu dire, c'est souvent rapporter de bonne foi des choses au moins suspectes. Mais nous n'avons point la véritable histoire de Joinville ; ce n'est qu'une traduction infidèle, qu'on fit, du temps de François Ier, d'un écrit qu'on n'entendrait aujourd'hui que très-difficilement [1].

Je ne saurais guère encore concilier ce que les historiens disent de la manière dont les musulmans traitèrent les prisonniers. Ils racontent qu'on les faisait sortir un à un d'une enceinte où ils étaient renfermés, qu'on leur demandait s'ils voulaient renier Jésus-Christ, et qu'on coupait la tête à ceux qui persistaient dans le christianisme.

D'un autre côté ils attestent qu'un vieil émir fit demander, par interprète, aux captifs s'ils croyaient en Jésus-Christ ; et les captifs ayant dit qu'ils croyaient en lui : « Consolez-vous, dit l'émir ;

---

1. Deux éditions, consciencieusement et savamment annotées, furent publiées, en 1617, par Claude Mesnard, lieutenant en la prévôté d'Angers, et en 1668 par du Cange; mais ils n'avaient point sous les yeux de manuscrit original. On n'en découvrit un qu'en 1760, et les bibliothécaires Mellot, Sallon et Capperonnier en donnèrent, en 1761, une édition qui a servi de point de départ aux éditions ultérieures, dont la plus complète est celle que F. Michel a publiée en 1858, avec des dissertations de M. Ambroise-Firmin Didot. On y trouve la prétendue proposition des émirs, mais rapportée comme un bruit, ainsi que Voltaire l'a judicieusement pensé : « Et, dit-on au roy que les amiraus avoient eu grant conseil de le faire soudanc de Babiloine. Et il me demanda si je cuidois que il eust pris le royaume de Babiloine, se ils li eussent présenté ; et je li dis que il eust moult fait que fol, à ce que ils avoient leur seigneur occis, et il me dit que vraiement il ne l'eust mie refusé. » (E. B.) — Il y a eu depuis une édition de M. N. de Wailly dont l'autorité est plus considérable.

puisqu'il est mort pour vous, et qu'il a su ressusciter, il saura bien vous sauver. »

Ces deux récits semblent un peu contradictoires ; et ce qui est plus contradictoire encore, c'est que ces émirs fissent tuer des captifs dont ils espéraient une rançon.

Au reste, ces émirs s'en tinrent aux huit cent mille besants auxquels leur soudan avait bien voulu se restreindre pour la rançon des captifs ; et lorsqu'en vertu du traité les troupes françaises qui étaient dans Damiette rendirent cette ville, on ne voit point que les vainqueurs fissent le moindre outrage aux femmes. On laissa partir la reine et ses belles-sœurs avec respect. Ce n'est pas que tous les soldats musulmans fussent modérés ; le vulgaire en tout pays est féroce : il y eut sans doute beaucoup de violences commises, des captifs maltraités et tués ; mais enfin j'avoue que je suis étonné que le soldat mahométan n'ait pas exterminé un plus grand nombre de ces étrangers qui, des ports de l'Europe, étaient venus sans aucune raison ravager les terres de l'Égypte.

Saint Louis, délivré de captivité, se retire en Palestine, et y demeure près de quatre ans avec les débris de ses vaisseaux et de son armée. Il va visiter Nazareth au lieu de retourner en France, et enfin ne revient dans sa patrie qu'après la mort de la reine Blanche, sa mère ; mais il y rentre pour former une croisade nouvelle.

Son séjour à Paris lui procurait continuellement des avantages et de la gloire. Il reçut un honneur qu'on ne peut rendre qu'à un roi vertueux. Le roi d'Angleterre, Henri III, et ses barons, le choisirent pour arbitre de leurs querelles. Il prononça l'arrêt en souverain ; et si cet arrêt, qui favorisait Henri III, ne put apaiser les troubles de l'Angleterre, il fit voir au moins à l'Europe quel respect les hommes ont malgré eux pour la vertu. Son frère, le comte d'Anjou, dut à la réputation de Louis, et au bon ordre de son royaume, l'honneur d'être choisi par le pape pour roi de Sicile, honneur qu'il ne méritait pas par lui-même.

Louis cependant augmentait ses domaines de l'acquisition de Namur, de Péronne, d'Avranches, de Mortagne, du Perche ; il pouvait ôter aux rois d'Angleterre tout ce qu'ils possédaient en France. Les querelles de Henri III et de ses barons lui facilitaient les moyens ; mais il préféra la justice à l'usurpation. Il les laissa jouir de la Guienne, du Périgord, du Limousin ; mais il les fit renoncer pour jamais à la Touraine, au Poitou, à la Normandie, réunis à la couronne par Philippe-Auguste : ainsi la paix fut affermie avec sa réputation.

Il établit le premier la justice de ressort ; et les sujets opprimés par les sentences arbitraires des juges des baronnies commencèrent à pouvoir porter leurs plaintes à quatre grands bailliages royaux créés pour les écouter. Sous lui, des lettrés commencèrent à être admis aux séances de ces parlements dans lesquels des chevaliers, qui rarement savaient lire, décidaient de la fortune des citoyens. Il joignit à la piété d'un religieux la fermeté éclairée d'un roi, en réprimant les entreprises de la cour de Rome par cette fameuse pragmatique qui conserve les anciens droits de l'Église, nommés libertés de l'Église gallicane, s'il est vrai que cette pragmatique soit de lui.

Enfin treize ans de sa présence réparaient en France tout ce que son absence avait ruiné ; mais sa passion pour les croisades l'entraînait. Les papes l'encourageaient. Clément IV lui accordait une décime sur le clergé pour trois ans. Il part enfin une seconde fois, et à peu près avec les mêmes forces. Son frère, Charles d'Anjou, que le pape avait fait roi de Sicile, doit le suivre. Mais ce n'est plus ni du côté de la Palestine ni du côté de l'Égypte, qu'il tourne sa dévotion et ses armes. Il fait cingler sa flotte vers Tunis.

Les chrétiens de Syrie n'étaient plus la race de ces premiers Francs établis dans Antioche et dans Tyr ; c'était une génération mêlée de Syriens, d'Arméniens et d'Européans. On les appelait *Poulains*, et ces restes sans vigueur étaient pour la plupart soumis aux Égyptiens. Les chrétiens n'avaient plus de villes fortes que Tyr et Ptolémaïs.

Les religieux templiers et hospitaliers, qu'on peut en quelque sens comparer à la milice des mameluks, se faisaient entre eux, dans ces villes mêmes, une guerre si cruelle que, dans un combat de ces moines militaires, il ne resta aucun templier en vie.

Quel rapport y avait-il entre cette situation de quelques métis sur les côtes de Syrie et le voyage de saint Louis à Tunis ? Son frère, Charles d'Anjou, roi de Naples et de Sicile, ambitieux, cruel, intéressé, faisait servir la simplicité héroïque de Louis à ses desseins. Il prétendait que le roi de Tunis lui devait quelques années de tribut ; il voulait se rendre maître de ces pays, et saint Louis espérait, disent tous les historiens (je ne sais sur quel fondement) convertir le roi de Tunis. Étrange manière de gagner ce mahométan au christianisme ! On fait une descente à main armée dans ses États, vers les ruines de Carthage.

Mais bientôt le roi est assiégé lui-même dans son camp par les Maures réunis ; les mêmes maladies que l'intempérance de ses sujets transplantés et le changement de climat avaient attirées dans son camp en Égypte désolèrent son camp de Carthage. Un de ses fils, né à Damiette pendant la captivité, mourut de cette espèce de contagion devant Tunis. Enfin le roi en fut attaqué; il se fit étendre sur la cendre (1270), et expira à l'âge de cinquante-cinq ans, avec la piété d'un religieux et le courage d'un grand homme. Ce n'est pas un des moindres exemples des jeux de la fortune que les ruines de Carthage aient vu mourir un roi chrétien, qui venait combattre des musulmans dans un pays où Didon avait apporté les dieux des Syriens. A peine est-il mort que son frère le roi de Sicile arrive. On fait la paix avec les Maures, et les débris des chrétiens sont ramenés en Europe.

On ne peut guère compter moins de cent mille personnes sacrifiées dans les deux expéditions de saint Louis. Joignez les cent cinquante mille qui suivirent Frédéric Barberousse, les trois cent mille de la croisade de Philippe-Auguste et de Richard, deux cent mille au moins au temps de Jean de Brienne; comptez les cent soixante mille croisés qui avaient déjà passé en Asie, et n'oubliez pas ce qui périt dans l'expédition de Constantinople, et dans les guerres qui suivirent cette révolution, sans parler de la croisade du Nord et de celle contre les Albigeois, on trouvera que l'Orient fut le tombeau de plus de deux millions d'Européans.

Plusieurs pays en furent dépeuplés et appauvris. Le sire de Joinville dit expressément qu'il ne voulut pas accompagner Louis à sa seconde croisade parce qu'il ne le pouvait, et que la première avait ruiné toute sa seigneurie.

La rançon de saint Louis avait coûté huit cent mille besants; c'était environ neuf millions de la monnaie qui court actuellement (en 1778). Si des deux millions d'hommes qui moururent dans le Levant, chacun emporta seulement cent francs, c'est-à-dire un peu plus de cent sous du temps, c'est encore deux cent millions de livres qu'il en coûta. Les Génois, les Pisans, et surtout les Vénitiens, s'y enrichirent; mais la France, l'Angleterre, l'Allemagne, furent épuisées.

On dit que les rois de France gagnèrent à ces croisades, parce que saint Louis augmenta ses domaines en achetant quelques terres des seigneurs ruinés. Mais il ne les accrut que pendant ses treize années de séjour, par son économie.

Le seul bien que ces entreprises procurèrent, ce fut la liberté que plusieurs bourgades achetèrent de leurs seigneurs. Le gouvernement municipal s'accrut un peu des ruines des possesseurs des fiefs. Peu à peu ces communautés, pouvant travailler et commercer pour leur propre avantage, exercèrent les arts et le commerce, que l'esclavage éteignait.

Cependant ce peu de chrétiens métis, cantonnés sur les côtes de Syrie, fut bientôt exterminé ou réduit en servitude. Ptolémaïs, leur principal asile, et qui n'était en effet qu'une retraite de bandits, fameux par leurs crimes, ne put résister aux forces du soudan d'Égypte Mélecséraph. Il la prit en 1291 : Tyr et Sidon se rendirent à lui. Enfin, vers la fin du xiiie siècle, il n'y avait plus dans l'Asie aucune trace apparente de ces émigrations des chrétiens.

CHAPITRE LIX.

**SUITE DE LA PRISE DE CONSTANTINOPLE PAR LES CROISÉS.
CE QU'ÉTAIT ALORS L'EMPIRE GREC.**

Ce gouvernement féodal de France avait produit, comme on l'a vu, bien des conquérants. Un pair de France, duc de Normandie, avait subjugué l'Angleterre ; de simples gentilshommes, la Sicile ; et parmi les croisés, des seigneurs de France avaient eu pour quelque temps Antioche et Jérusalem ; enfin Baudouin, pair de France et comte de Flandre, avait pris Constantinople. Nous avons vu les mahométans d'Asie céder Nicée aux empereurs grecs fugitifs. Ces mahométans mêmes s'alliaient avec les Grecs contre les Francs et les Latins, leurs communs ennemis ; et pendant ce temps-là, les irruptions des Tartares dans l'Asie et dans l'Europe empêchaient les musulmans d'opprimer ces Grecs. Les Francs, maîtres de Constantinople, élisaient leurs empereurs ; les papes les confirmaient.

(1216) Pierre de Courtenai, comte d'Auxerre, de la maison de France, ayant été élu, fut couronné et sacré dans Rome par le pape Honorius III. Les papes se flattaient alors de donner les empires d'Orient et d'Occident. On a vu[1] ce que c'était que leurs droits sur l'Occident, et combien de sang coûta cette prétention. A l'égard de l'Orient, il ne s'agissait guère que de Constantinople,

---

1. Chapitre xxxii.

d'une partie de la Thrace et de la Thessalie. Cependant le patriarche latin, tout soumis qu'il était au pape, prétendait qu'il n'appartenait qu'à lui de couronner ses maîtres, tandis que le patriarche grec, siégeant tantôt à Nicée, tantôt à Andrinople, anathématisait et l'empereur latin, et le patriarche de cette communion, et le pape même. C'était si peu de chose que cet empire latin de Constantinople que Pierre de Courtenai, en revenant de Rome, ne put éviter de tomber entre les mains des Grecs ; et après sa mort ses successeurs n'eurent précisément que la ville de Constantinople et son territoire. Des Français possédaient l'Achaïe ; les Vénitiens avaient la Morée.

Constantinople, autrefois si riche, était devenue si pauvre que Baudouin II (j'ai peine à le nommer empereur) mit en gage pour quelque argent, entre les mains des Vénitiens, la couronne d'épines de Jésus-Christ, ses langes, sa robe, sa serviette, son éponge, et beaucoup de morceaux de la vraie croix. Saint Louis retira ces gages des mains des Vénitiens, et les plaça dans la Sainte-Chapelle de Paris, avec d'autres reliques, qui sont des témoignages de piété plutôt que de la connaissance de l'antiquité.

On vit ce Baudouin II venir en 1245 au concile de Lyon, dans lequel le pape Innocent IV excommunia si solennellement Frédéric II. Il y implora vainement le secours d'une croisade, et ne retourna dans Constantinople que pour la voir enfin retomber au pouvoir des Grecs, ses légitimes possesseurs. Michel Paléologue, empereur et tuteur du jeune empereur Lascaris, reprit la ville par une intelligence secrète. Baudouin s'enfuit ensuite en France (1261), où il vécut de l'argent que lui valut la vente de son marquisat de Namur qu'il fit au roi saint Louis. Ainsi finit cet empire des croisés.

Les Grecs rapportèrent leurs mœurs dans leur empire. L'usage recommença de crever les yeux. Michel Paléologue se signala d'abord en privant son pupille de la vue et de la liberté. On se servait auparavant d'une lame de métal ardente ; Michel employa le vinaigre bouillant, et l'habitude s'en conserva, car la mode entre jusque dans les crimes.

Paléologue ne manqua pas de se faire absoudre solennellement de cette cruauté par son patriarche et par ses évêques, qui répandaient des larmes de joie, dit-on, à cette pieuse cérémonie. Paléologue se frappait la poitrine, demandait pardon à Dieu, et se gardait bien de délivrer de prison son pupille et son empereur.

Quand je dis que la superstition rentra dans Constantinople avec les Grecs, je n'en veux pour preuve que ce qui arriva en 1214.

Tout l'empire était divisé entre deux patriarches. L'empereur ordonna que chaque parti présenterait à Dieu un mémoire de ses raisons dans Sainte-Sophie, qu'on jetterait les deux mémoires dans un brasier bénit, et qu'ainsi la volonté de Dieu se déclarerait. Mais la volonté céleste ne se déclara qu'en laissant brûler les deux papiers, et abandonna les Grecs à leurs querelles ecclésiastiques.

L'empire d'Orient reprit cependant un peu la vie. La Grèce lui était jointe avant les croisades ; mais il avait perdu presque toute l'Asie Mineure et la Syrie. La Grèce en fut séparée après les croisades ; mais un peu de l'Asie Mineure restait, et il s'étendait encore en Europe jusqu'à Belgrade.

Tout le reste de cet empire était possédé par des nations nouvelles. L'Égypte était devenue la proie de la milice des mameluks, composée d'abord d'esclaves, et ensuite de conquérants. C'étaient des soldats ramassés des côtes septentrionales de la mer Noire ; et cette nouvelle forme de brigandage s'était établie du temps de la captivité de saint Louis.

Le califat touchait à sa fin dans ce XIII° siècle, tandis que l'empire de Constantin penchait vers la sienne. Vingt usurpateurs nouveaux déchiraient de tous côtés la monarchie fondée par Mahomet, en se soumettant à sa religion ; et enfin ces califes de Babylone, nommés les califes Abassides, furent entièrement détruits par la famille de Gengis.

Il y eut ainsi, dans les XII° et XIII° siècles, une suite de dévastations non interrompue dans tout l'hémisphère. Les nations se précipitèrent les unes sur les autres par des émigrations prodigieuses, qui ont établi peu à peu de grands empires. Car tandis que les croisés fondaient sur la Syrie, les Turcs minaient les Arabes ; et les Tartares parurent enfin, qui tombèrent sur les Turcs, sur les Arabes, sur les Indiens, sur les Chinois. Ces Tartares, conduits par Gengis et par ses fils, changèrent la face de toute la Grande-Asie, tandis que l'Asie Mineure et la Syrie étaient le tombeau des Francs et des Sarrasins.

CHAPITRE LX.

DE L'ORIENT, ET DE GENGIS-KAN.

Au delà de la Perse, vers le Gion et l'Oxus, il s'était formé un nouvel empire des débris du califat. Nous l'appelons *Carisme* ou *Kouaresme*, du nom corrompu de ses conquérants. Sultan Mohammed y régnait à la fin du xiie siècle et au commencement du xiiie, quand la grande invasion des Tartares vint engloutir tant de vastes États. Mohammed le Carismin régnait du fond de l'Irac, qui est l'ancienne Médie, jusqu'au delà de la Sogdiane, et fort avant dans le pays des Tartares. Il avait encore ajouté à ses États une partie de l'Inde, et se voyait un des plus grands souverains du monde, mais reconnaissant toujours le calife qu'il dépouillait, et auquel il ne restait que Bagdad.

Par delà le Taurus et le Caucase, à l'orient de la mer Caspienne, et du Volga jusqu'à la Chine, et au nord jusqu'à la zone glaciale, s'étendent ces immenses pays des anciens Scythes, qui se nommèrent depuis *Tatars*, du nom de *Tatar-kan*, l'un de leurs plus grands princes, et que nous appelons Tartares. Ces pays paraissent peuplés de temps immémorial, sans qu'on y ait presque jamais bâti de villes. La nature a donné à ces peuples, comme aux Arabes bédouins, un goût pour la liberté et pour la vie errante qui leur a fait toujours regarder les villes comme les prisons où les rois, disent-ils, tiennent leurs esclaves.

Leurs courses continuelles, leur vie nécessairement frugale, peu de repos goûté en passant sous une tente, ou sur un chariot, ou sur la terre, en firent des générations d'hommes robustes, endurcis à la fatigue, qui, comme des bêtes féroces trop multipliées, se jetèrent loin de leurs tanières : tantôt vers les Palus-Méotides, lorsqu'ils chassèrent, au ve siècle, les habitants de ces contrées qui se précipitèrent sur l'empire romain ; tantôt à l'orient et au midi, vers l'Arménie et la Perse ; tantôt du côté de la Chine et jusqu'aux Indes. Ainsi ce vaste réservoir d'hommes ignorants et belliqueux a vomi ces inondations dans presque tout notre hémisphère, et les peuples qui habitent aujourd'hui ces déserts, privés de toute connaissance, savent seulement que leurs pères ont conquis le monde.

Chaque horde ou tribu avait son chef, et plusieurs chefs se

réunissaient sous un kan. Les tribus voisines du Dalaï-lama l'adoraient, et cette adoration consistait principalement en un léger tribut ; les autres, pour tout culte, sacrifiaient à Dieu quelques animaux une fois l'an. Il n'est point dit qu'ils aient jamais immolé d'hommes à la Divinité, ni qu'ils aient cru à un être malfaisant et puissant tel que le diable. Les besoins et les occupations d'une vie vagabonde les garantissaient aussi de beaucoup de superstitions nées de l'oisiveté ; ils n'avaient que les défauts de la brutalité attachée à une vie dure et sauvage ; et ces défauts mêmes en firent des conquérants.

Tout ce que je puis recueillir de certain sur l'origine de la grande révolution que firent ces Tartares aux xiie et xiiie siècles, c'est que vers l'orient de la Chine les hordes des Monguls, ou Mogols, possesseurs des meilleures mines de fer, fabriquèrent ce métal avec lequel on se rend maître de ceux qui possèdent tout le reste. Cal-kan, ou Gassar-kan, aïeul de Gengis-kan, se trouvant à la tête de ces tribus, plus aguerries et mieux armées que les autres, força plusieurs de ses voisins à devenir ses vassaux, et fonda une espèce de monarchie, telle qu'elle peut subsister parmi des peuples errants et impatients du joug. Son fils, que les historiens européans appellent Pisouca, affermit cette domination naissante ; et enfin Gengis l'étendit dans la plus grande partie de la terre connue.

Il y avait un puissant État entre ces terres et celles de la Chine ; cet empire était celui d'un kan dont les aïeux avaient renoncé à la vie vagabonde des Tartares pour bâtir des villes à l'exemple des Chinois : il fut même connu en Europe ; c'est à lui qu'on donna d'abord le nom de Prêtre-Jean. Des critiques ont voulu prouver que le mot propre est Prête-Jean, quoique assurément il n'y eût aucune raison de l'appeler ni Prête ni Prêtre.

Ce qu'il y a de vrai, c'est que la réputation de sa capitale, qui faisait du bruit dans l'Asie, avait excité la cupidité des marchands d'Arménie ; ces marchands étaient de l'ancienne communion de Nestorius. Quelques-uns de leurs religieux se mirent en chemin avec eux, et, pour se rendre recommandables aux princes chrétiens qui faisaient alors la guerre en Syrie, ils écrivirent qu'ils avaient converti ce grand kan, le plus puissant des Tartares ; qu'ils lui avaient donné le nom de Jean, qu'il avait même voulu recevoir le sacerdoce. Voilà la fable qui rendit le Prêtre-Jean si fameux dans nos anciennes chroniques des croisades. On alla ensuite chercher le Prêtre-Jean en Éthiopie, et on donna ce nom à ce prince nègre, qui est moitié chrétien schismatique et moitié juif. Cependant le Prêtre-Jean tartare succomba dans une grande bataille sous les armes de Gengis. Le vainqueur s'empara de ses États et se fit élire souverain de tous les kans tartares, sous le nom de Gengis-kan, qui signifie roi des rois, ou grand kan. Il portait auparavant le nom de Témugin. Il paraît que les kans tartares étaient en usage d'assembler des diètes vers le printemps : ces diètes s'appelaient *Cour-ilté*. Eh ! qui sait si ces assemblées et nos cours plénières, aux mois de mars et de mai, n'ont pas une origine commune ?

Gengis publia dans cette assemblée qu'il fallait ne croire qu'un Dieu, et ne persécuter personne pour sa religion : preuve certaine que ses vassaux n'avaient pas tous la même créance. La discipline militaire fut rigoureusement établie : des dizeniers, des centeniers, des capitaines de mille hommes, des chefs de dix mille sous des généraux, furent tous astreints à des devoirs journaliers ; et tous ceux qui n'allaient point à la guerre furent obligés de travailler un jour de la semaine pour le service du grand kan. L'adultère fut défendu d'autant plus sévèrement que la polygamie était permise. Il n'y eut qu'un canton tartare dans lequel il fut permis aux habitants de demeurer dans l'usage de prostituer les femmes à leurs hôtes. Le sortilége fut expressément défendu sous peine de mort. On a vu [1] que Charlemagne ne le punit que par des amendes. Mais il en résulte que les Germains, les Francs et les Tartares, croyaient également au pouvoir des magiciens. Gengis fit jouer, dans cette grande assemblée de princes barbares, un ressort qu'on voit souvent employé dans l'histoire du monde. Un prophète prédit à Gengis-kan qu'il serait le maître de l'univers : les vassaux du grand kan s'encouragèrent à remplir la prédiction.

L'auteur chinois qui a écrit les conquêtes de Gengis, et que le P. Gaubil a traduit [2], assure que ces Tartares n'avaient aucune connaissance de l'art d'écrire. Cet art avait toujours été ignoré des provinces d'Archangel jusqu'au delà de la grande muraille, ainsi qu'il le fut des Celtes, des Bretons, des Germains, des Scandinaviens, et de tous les peuples de l'Afrique au delà du mont Atlas. L'usage de transmettre à la postérité toutes les articulations de la langue et toutes les idées de l'esprit, est un des grands

---

1. Chapitre XVII.
2. *Histoire de Djenguyz-Khan et de toute la dynastie des Mongoux.* Paris, 1739, in-4°. L'auteur, Antoine Gaubil, de la compagnie de Jésus, était interprète de la cour chinoise, et mourut à Pékin en 1759. (E. B.)

raffinements de la société perfectionnée, qui ne fut connu que chez quelques nations très-policées ; et encore ne fut-il jamais d'un usage universel chez ces nations. Les lois des Tartares étaient promulguées de bouche, sans aucun signe représentatif qui en perpétuât la mémoire. Ce fut ainsi que Gengis porta une loi nouvelle, qui devait faire des héros de ses soldats. Il ordonna la peine de mort contre ceux qui, dans le combat, appelés au secours de leurs camarades, fuiraient au lieu de les secourir. (1214) Bientôt maître de tous les pays qui sont entre le fleuve Volga et la muraille de la Chine, il attaqua enfin cet ancien empire qu'on appelait alors le Catai. Il prit Cambalu, capitale du Catai septentrional. C'est la même ville que nous nommons aujourd'hui Pékin. Maître de la moitié de la Chine, il soumit jusqu'au fond de la Corée.

L'imagination des hommes oisifs, qui s'épuise en fictions romanesques, n'oserait pas imaginer qu'un prince partît du fond de la Corée, qui est l'extrémité orientale de notre globe, pour porter la guerre en Perse et aux Indes. C'est ce qu'exécuta Gengis.

Le calife de Bagdad, nommé Nasser, l'appela imprudemment à son secours. Les califes alors étaient, comme nous l'avons vu[1], ce qu'avaient été les rois fainéants de France sous la tyrannie des maires du palais : les Turcs étaient les maires des califes.

Ce sultan Mohammed, de la race des Carismins, dont nous venons de parler, était maître de presque toute la Perse ; l'Arménie, toujours faible, lui payait tribut. Le calife Nasser, que ce Mohamed voulait enfin dépouiller de l'ombre de dignité qui lui restait, attira Gengis dans la Perse.

Le conquérant tartare avait alors soixante ans : il paraît qu'il savait régner comme vaincre ; sa vie est un des témoignages qu'il n'y a point de grand conquérant qui ne soit grand politique. Un conquérant est un homme dont la tête se sert, avec une habileté heureuse, du bras d'autrui. Gengis gouvernait si adroitement la partie de la Chine conquise qu'elle ne se révolta point pendant son absence ; et il savait si bien régner dans sa famille que ses quatre fils, qu'il fit ses quatre lieutenants généraux, mirent presque toujours leur jalousie à le bien servir, et furent les instruments de ses victoires.

Nos combats, en Europe, paraissent de légères escarmouches en comparaison de ces batailles qui ont ensanglanté quelquefois l'Asie. Le sultan Mohammed marche contre Gengis avec quatre

1. Chapitre LIII.

cent mille combattants, au delà du fleuve Jaxarte, près de la ville d'Otrar ; et dans les plaines immenses qui sont par delà cette ville, au quarante-deuxième degré de latitude, il rencontre l'armée tartare de sept cent mille hommes [1], commandée par Gengis et par ses quatre fils : les mahométans furent défaits, et Otrar prise. On se servit du bélier dans le siége : il semble que cette machine de guerre soit une invention naturelle de presque tous les peuples, comme l'arc et les flèches.

De ces pays, qui sont vers la Transoxane, le vainqueur s'avance à Bocara, ville célèbre dans toute l'Asie par son grand commerce, ses manufactures d'étoffes, surtout par les sciences que les sultans turcs avaient apprises des Arabes, et qui florissaient dans Bocara et dans Samarcande. Si même on en croit le kan Abulcazi, de qui nous tenons l'histoire des Tartares, *Bocar* signifie *savant* en langue tartare-mongule ; et c'est de cette étymologie, dont il ne reste aujourd'hui nulle trace, que vint le nom de Bocara. Le Tartare, après l'avoir rançonnée, la réduisit en cendres, ainsi que Persépolis avait été brûlée par Alexandre ; mais les Orientaux qui ont écrit l'histoire de Gengis disent qu'il voulut venger ses ambassadeurs, que le sultan avait fait tuer avant cette guerre. S'il peut y avoir quelque excuse pour Gengis, il n'y en a point pour Alexandre.

Toutes ces contrées à l'orient et au midi de la mer Caspienne furent soumises ; et le sultan Mohammed, fugitif de province en province, traînant après lui ses trésors et son infortune, mourut abandonné des siens.

Enfin le conquérant pénétra jusqu'au fleuve de l'Inde, et tandis qu'une de ses armées soumettait l'Indoustan, une autre, sous un de ses fils, subjugua toutes les provinces qui sont au midi et à l'occident de la mer Caspienne, le Corassan, l'Irak, le Shirvan, l'Aran ; elle passa les portes de fer, près desquelles la ville de Derbent fut bâtie, dit-on, par Alexandre. C'est l'unique passage de ce côté de la haute Asie, à travers les montagnes escarpées et inaccessibles du Caucase ; de là, marchant le long du Volga vers Moscou, cette armée, partout victorieuse, ravagea la Russie. C'était prendre ou tuer des bestiaux et des esclaves. Chargée de ce butin, elle repassa le Volga, et retourna vers Gengis par le nord-est de la mer Caspienne. Aucun voyageur n'avait fait, dit-on, le tour de cette mer ; et ces troupes furent les premières qui entreprirent une telle course par des pays incultes, impraticables à d'autres hommes qu'à des Tartares, auxquels il ne fallait ni tentes, ni

---

1. Il faut toujours beaucoup rabattre de ces calculs. (*Note de Voltaire.*)

provisions, ni bagages, et qui se nourrissaient de la chair de leurs chevaux morts de vieillesse, comme de celle des autres animaux.

Ainsi donc la moitié de la Chine, et la moitié de l'Indoustan, presque toute la Perse jusqu'à l'Euphrate, les frontières de la Russie, Casan, Astracan, toute la Grande-Tartarie, furent subjuguées par Gengis en près de dix-huit années. Il est certain que cette partie du Thibet où règne le grand lama était enclavée dans son empire, et que le pontife ne fut point inquiété par Gengis, qui avait beaucoup d'adorateurs de cette idole humaine dans ses armées. Tous les conquérants ont toujours épargné les chefs des religions, et parce que ces chefs les ont flattés, et parce que la soumission du pontife entraîne celle du peuple.

En revenant des Indes par la Perse et par l'ancienne Sogdiane, il s'arrêta dans la ville de Toncat, au nord-est du fleuve Jaxarte, comme au centre de son vaste empire. Ses fils, victorieux de tous côtés, ses généraux, et tous les princes tributaires, lui apportèrent les trésors de l'Asie. Il en fit des largesses à ses soldats, qui ne connurent que par lui cette espèce d'abondance. C'est de là que les Russes trouvent souvent aujourd'hui des ornements d'argent et d'or, et des monuments de luxe enterrés dans les pays sauvages de la Tartarie : c'est tout ce qui reste à présent de tant de déprédations.

Il tint dans les plaines de Toncat une cour plénière triomphale, aussi magnifique qu'avait été guerrière celle qui autrefois lui prépara tant de triomphes. On y vit un mélange de barbarie tartare et de luxe asiatique. Tous les kans et leurs vassaux, compagnons de ses victoires, étaient sur ces anciens chariots scythes dont l'usage subsiste encore jusque chez les Tartares de la Crimée ; mais ces chars étaient couverts des étoffes précieuses, de l'or et des pierreries de tant de peuples vaincus. Un des fils de Gengis lui fit, dans cette diète, un présent de cent mille chevaux. Ce fut dans ces états généraux de l'Asie qu'il reçut les adorations de plus de cinq cents ambassadeurs des pays conquis ; de là il courut remettre sous le joug un grand pays qu'on nommait Tangut, vers les frontières de la Chine. Il voulait, âgé d'environ soixante et dix ans, aller achever la conquête de ce grand royaume de la Chine, l'objet le plus chéri de son ambition ; mais enfin une maladie mortelle le saisit dans son camp sur la route de cet empire, à quelques lieues de la grande muraille (1226).

Jamais, ni avant ni après lui, aucun homme n'a subjugué plus de peuples. Il avait conquis plus de dix-huit cents lieues de l'orient au couchant, et plus de mille du septentrion au midi.

Mais dans ses conquêtes il ne fit que détruire, et, si on excepte Bocara et deux ou trois autres villes dont il permit qu'on réparât les ruines, son empire, de la frontière de Russie jusqu'à celle de la Chine, fut une dévastation. La Chine fut moins saccagée, parce qu'après la prise de Pékin, ce qu'il envahit ne résista pas. Il partagea avant sa mort ses États à ses quatre fils, et chacun d'eux fut un des plus puissants rois de la terre.

On assure qu'on égorgea beaucoup d'hommes sur son tombeau, et qu'on en a usé ainsi à la mort de ses successeurs qui ont régné dans la Tartarie. C'est une ancienne coutume des princes scythes, qu'on a trouvée établie depuis peu chez les nègres de Congo ; coutume digne de ce que la terre a porté de plus barbare. On prétend que c'était un point d'honneur, chez les domestiques des kans tartares, de mourir avec leurs maîtres, et qu'ils se disputaient l'honneur d'être enterrés avec eux. Si ce fanatisme était commun, si la mort était si peu de chose pour ces peuples, ils étaient faits pour subjuguer les autres nations. Les Tartares, dont l'admiration redoubla pour Gengis quand ils ne le virent plus, imaginèrent qu'il n'était point né comme les autres hommes, mais que sa mère l'avait conçu par le seul secours de l'influence céleste : comme si la rapidité de ses conquêtes n'était pas un assez grand prodige ! S'il fallait donner à de tels hommes un être surnaturel pour père, il faudrait supposer que c'est un être malfaisant.

Les Grecs, et avant eux les Asiatiques, avaient souvent appelé fils des dieux leurs défenseurs et leurs législateurs, et même les ravisseurs conquérants. L'apothéose, dans tous les temps d'ignorance, a été prodiguée à quiconque instruisit, ou servit, ou écrasa le genre humain.

Les enfants de ce conquérant étendirent encore la domination qu'avait laissée leur père. Octaï, et bientôt après Koublaï-kan, fils d'Octaï, achevèrent la conquête de la Chine. C'est ce Koublaï que vit Marc Paolo, vers l'an 1260[1], lorsque avec son frère et son oncle il pénétra dans ces pays dont le nom même était alors ignoré, et qu'il appelle le Catai. L'Europe, chez qui ce Marc Paolo est fameux pour avoir voyagé dans les États soumis par Gengis et ses enfants, ne connut longtemps ni ces États ni leurs vainqueurs.

---

1. La date exacte du voyage du Vénitien Marco Polo, avec son père et son oncle, est l'année 1271. Sa relation fut écrite en 1298, et imprimée à Venise en 1496. Il en existe de nombreuses traductions dans toutes les langues. (E. B.) — Voyez l'édition en vieux français donnée par M. Pauthier, chez Firmin Didot, en 1865.

A la vérité le pape Innocent IV envoya quelques franciscains dans la Tartarie (1246). Ces moines, qui se qualifiaient ambassadeurs, virent peu de chose, furent traités avec le plus grand mépris, et ne servirent à rien.

On était si peu instruit de ce qui se passait dans cette vaste partie du monde, qu'un fourbe, nommé David, fit accroire à saint Louis, en Syrie, qu'il venait auprès de lui de la part du grand kan de Tartarie, qui s'était fait chrétien (1258). Saint Louis envoya le moine Rubruquis dans ces pays pour s'informer de ce qui en pouvait être. Il paraît, par la relation de Rubruquis, qu'il fut introduit devant le petit-fils de Gengis, qui régnait à la Chine. Mais quelles lumières pouvait-on tirer d'un moine qui ne fit que voyager chez des peuples dont il ignorait les langues, et qui n'était pas à portée de bien voir ce qu'il voyait? Il ne rapporta de son voyage que beaucoup de fausses notions et quelques vérités indifférentes.

Ainsi donc, au temps que les princes et les barons chrétiens baignaient de sang le royaume de Naples, la Grèce, la Syrie, et l'Égypte, l'Asie était saccagée par les Tartares; presque tout notre hémisphère souffrait à la fois.

Les moines qui voyagèrent en Tartarie, dans le XIII° siècle, ont écrit que Gengis et ses enfants gouvernaient despotiquement leurs Tartares. Mais peut-on croire que des conquérants, armés pour partager le butin avec leur chef, des hommes robustes, nés libres, des hommes errants, couchant l'hiver sur la neige, et l'été sur la rosée, se soient laissé traiter, par des conducteurs élus en plein champ, comme les chevaux qui leur servaient de monture et de pâture? Ce n'est pas là l'instinct des peuples du Nord : les Alains, les Huns, les Gépides, les Turcs, les Goths, les Francs, furent tous les compagnons, et non les esclaves, de leurs barbares chefs. Le despotisme ne vient qu'à la longue; il se forme du combat de l'esprit de domination contre l'esprit d'indépendance. Le chef a toujours plus de moyens d'écraser que ses compagnons de résister; et enfin l'argent rend absolu.

(1243) Le moine Plan-Carpin, envoyé par le pape Innocent IV dans Caracorum, alors capitale de la Tartarie, témoin de l'inauguration d'un fils du grand kan Octaï, rapporte que les principaux Tartares firent asseoir ce kan sur une pièce de feutre, et lui dirent : « Honore les grands, sois juste et bienfaisant envers tous; sinon tu seras si misérable que tu n'auras pas même le feutre sur lequel tu es assis. » Ces paroles ne sont pas d'un courtisan esclave.

Gengis usa du droit qu'ont eu toujours tous les princes de l'Orient, droit semblable à celui de tous les pères de famille dans la loi romaine, de choisir leurs héritiers, et de faire partage entre leurs enfants sans avoir égard à l'aînesse. Il déclara grand kan des Tartares son troisième fils Octaï, dont la postérité régna dans le nord de la Chine jusque vers le milieu du xive siècle. La force des armes y avait introduit les Tartares; les querelles de religion les en chassèrent. Les prêtres lamas voulurent exterminer les bonzes; ceux-ci soulevèrent les peuples. Les princes du sang chinois profitèrent de cette discorde ecclésiastique, et chassèrent enfin leurs dominateurs, que l'abondance et le repos avaient amollis.

Un autre fils de Gengis, nommé Touchi, eut le Turquestan, la Bactriane, le royaume d'Astracan, et le pays des Usbecs. Le fils de ce Touchi alla ravager la Pologne, la Dalmatie, la Hongrie, les environs de Constantinople (1234, 1235). Il s'appelait Batoukan. Les princes de la Tartarie Crimée descendent de lui de mâle en mâle; et les kans usbecs, qui habitent aujourd'hui la vraie Tartarie, vers le nord et l'orient de la mer Caspienne, rapportent aussi leur origine à cette source. Ils sont maîtres de la Bactriane septentrionale; mais ils ne mènent dans ces beaux pays qu'une vie vagabonde, et désolent la terre qu'ils habitent.

Tuti, ou Tuli, autre fils de Gengis, eut la Perse du vivant de son père. Le fils de ce Tuti, nommé Houlacou, passa l'Euphrate, que Gengis n'avait point passé; il détruisit pour jamais dans Bagdad l'empire des califes, et se rendit maître d'une partie de l'Asie Mineure ou Natolie, tandis que les maîtres naturels de cette belle partie de l'empire de Constantinople étaient chassés de leur capitale par les chrétiens croisés.

Un quatrième fils, nommé Zangataï, eut la Transoxane, Candahar, l'Inde septentrionale, Cachemire, le Thibet; et tous les descendants de ces quatre monarques conservèrent quelque temps, par les armes, leurs monarchies établies par le brigandage.

Si on compare ces vastes et soudaines déprédations avec ce qui se passe de nos jours dans notre Europe, on verra une énorme différence. Nos capitaines, qui entendent l'art de la guerre infiniment mieux que les Gengis et tant d'autres conquérants; nos armées, dont un détachement aurait dissipé avec quelques canons toutes ces hordes de Huns, d'Alains et de Scythes, peuvent à peine aujourd'hui prendre quelques villes dans leurs expéditions les plus brillantes. C'est qu'alors il n'y avait nul art, et que la force décidait du sort du monde.

Gengis et ses fils, allant de conquête en conquête, crurent qu'ils subjugueraient toute la terre habitable ; c'est dans ce dessein que d'un côté Koublaï, maître de la Chine, envoya une armée de cent mille hommes sur mille bateaux, appelés *jonques*, pour conquérir le Japon, et que Batou-kan pénétra aux frontières de l'Italie. Le pape Célestin IV lui envoya quatre religieux, seuls ambassadeurs qui pussent accepter une telle commission. Frère Asselin rapporte qu'il ne put parler qu'à un des capitaines tartares, qui lui donna cette lettre pour le pape.

« Si tu veux demeurer sur terre, viens nous rendre hommage. Si tu n'obéis pas, nous savons ce qui en arrivera. Envoie-nous de nouveaux députés pour nous dire si tu veux être notre vassal ou notre ennemi[1]. »

On a blâmé Charlemagne d'avoir divisé ses États ; on doit en louer Gengis. Les États de Charlemagne se touchaient, avaient à peu près les mêmes lois, étaient sous la même religion, et pouvaient se gouverner par un seul homme ; ceux de Gengis, beaucoup plus vastes, entrecoupés de déserts, partagés en religions différentes, ne pouvaient obéir longtemps au même sceptre.

Cependant cette vaste puissance des Tartares-Mogols, fondée vers l'an 1220, s'affaiblit de tous côtés ; jusqu'à ce que Tamerlan, plus d'un siècle après, établit une monarchie universelle dans l'Asie, monarchie qui se partagea encore.

La dynastie de Gengis régna longtemps à la Chine, sous le nom d'Iven. Il est à croire que la science de l'astronomie, qui avait rendu les Chinois si célèbres, déchut beaucoup dans cette révolution : car on ne voit, en ce temps-là, que des mahométans astronomes à la Chine ; et ils ont presque toujours été en possession de régler le calendrier jusqu'à l'arrivée des jésuites. C'est peut-être la raison de la médiocrité où sont restés les Chinois[2].

Voilà tout ce qu'il vous convient de savoir des Tartares dans ces temps reculés. Il n'y a là ni droit civil, ni droit canon, ni

---

1. Les récits des voyageurs cités par Voltaire ont été traduits et publiés sous ce titre : *Relation des voyages en Tartarie de fr. Guillaume de Rubruquis, fr. Jean du Plan Carpin, fr. Ascelin, et autres religieux de S. François et de S. Dominique, envoyés par Innocent IV et le roi S. Louis*, avec un traité des Tartares, de leur origine, et un abrégé de l'*Histoire des Sarrasins et mahométans*, par Pierre Bergeron, Parisien. Paris, 1634, in-8°. (E. B.)

2. Ceux qui ont prétendu que les grands monuments de tous les arts, dans la Chine, sont de l'invention des Tartares, se sont étrangement trompés : comment ont-ils pu supposer que des barbares toujours errants, dont le chef, Gengis, ne savait ni lire ni écrire, fussent plus instruits que la nation la plus policée et la plus ancienne de la terre ? (*Note de Voltaire.*)

division entre le trône et l'autel, et entre des tribunaux de judicature, ni conciles, ni universités, ni rien de ce qui a perfectionné ou surchargé la société parmi nous. Les Tartares partirent de leurs déserts vers l'an 1212, et eurent conquis la moitié de l'hémisphère vers l'an 1236 ; c'est là toute leur histoire.

Tournons maintenant vers l'Occident, et voyons ce qui se passait, au xiiie siècle, en Europe.

CHAPITRE LXI.

DE CHARLES D'ANJOU, ROI DES DEUX-SICILES. DE MAINFROI, DE CONRADIN, ET DES VÊPRES SICILIENNES.

Pendant que la grande révolution des Tartares avait son cours, que les fils et les petits-fils de Gengis se partageaient la plus grande partie du monde, que les croisades continuaient, et que saint Louis préparait malheureusement la dernière, l'illustre maison impériale de Souabe finit d'une manière inouïe jusqu'alors : ce qui restait de son sang coula sur un échafaud.

L'empereur Frédéric II avait été à la fois empereur des papes, leur vassal, et leur ennemi. Il leur rendait hommage lige pour le royaume de Naples et de Sicile (1254). Son fils Conrad IV se mit en possession de ce royaume. Je ne vois point d'auteur qui n'assure que ce Conrad fut empoisonné par son frère Manfredi ou Mainfroi, bâtard de Frédéric ; mais je n'en vois aucun qui en apporte la plus légère preuve.

Ce même empereur Conrad IV avait été accusé d'avoir empoisonné son frère Henri : vous verrez que dans tous les temps les soupçons de poison sont plus communs que le poison même.

Cet hommage lige qu'on rendait à la cour romaine pour les royaumes de Naples et de Sicile fut une des sources des calamités de ces provinces, de celles de la maison impériale de Souabe, et de celles de la maison d'Anjou, qui, après avoir dépouillé les héritiers légitimes, périt elle-même misérablement. Cet hommage fut d'abord, comme vous l'avez vu [1], une simple cérémonie pieuse

---

1. Chapitre xl.

et adroite des conquérants normands, qui mirent, comme tant d'autres princes, leurs États sous la protection de l'Église, pour arrêter, s'il était possible, par l'excommunication, ceux qui voudraient leur ravir ce qu'ils avaient usurpé. Les papes tournèrent bientôt en hommage cette oblation ; et n'étant pas souverains de Rome, ils étaient suzerains des Deux-Siciles.

L'empereur Frédéric II laissa Naples et la Sicile dans l'état le plus florissant : de sages lois établies, des villes bâties, Naples embellie, les sciences et les arts en honneur, furent ses monuments. Ce royaume devait appartenir à l'empereur Conrad son fils ; on ne sait si Manfredi, que nous nommons Mainfroi, était fils légitime ou bâtard de Frédéric II ; l'empereur semble le regarder dans son testament comme son fils légitime : il lui donne Tarente et plusieurs autres principautés en souveraineté ; il l'institue régent du royaume pendant l'absence de Conrad, et le déclare son successeur, en cas que Conrad et Henri viennent à mourir sans enfants : jusque-là tout paraît paisible. Mais les Italiens n'obéissaient jamais que malgré eux au sang germanique ; les papes détestaient la maison de Souabe, et voulaient la chasser d'Italie ; les partis guelfe et gibelin subsistaient dans toute leur force d'un bout de l'Italie à l'autre.

Le fameux pape Innocent IV, qui avait déposé à Lyon l'empereur Frédéric II, c'est-à-dire qui avait osé le déclarer déposé, prétendait bien que les enfants d'un excommunié ne pouvaient succéder à leur père.

Innocent se hâta donc de quitter Lyon, pour aller sur les frontières de Naples exhorter les barons à ne point obéir à Manfredi, que nous nommons Mainfroi. Cet évêque ne combattait qu'avec les armes de l'opinion ; mais vous avez vu combien ces armes étaient dangereuses. Mainfroi se défia de ses barons, dévots, factieux, et ennemis du sang de Souabe. Il y avait encore des Sarrasins dans la Pouille. L'empereur Frédéric II, son père, avait toujours eu une garde composée de ces mahométans ; la ville de Lucéran, ou Nocéra, était remplie de ces Arabes ; on l'appelait *Lucera de' pagani*, la ville des païens. Les mahométans ne méritaient pas à beaucoup près ce nom que les Italiens leur donnaient. Jamais peuple ne fut plus éloigné de ce que nous appelons improprement *le paganisme*, et ne fut plus fortement attaché sans aucun mélange à l'unité de Dieu. Mais ce terme de *païens* avait rendu odieux Frédéric II, qui avait employé les Arabes dans ses armées ; il rendit Manfredi plus odieux encore. Manfredi cependant, aidé de ses mahométans, étouffa la révolte, et contint tout le royaume, excepté la ville de Naples, qui reconnut le pape Innocent pour son unique maître. Ce pape prétendait que les Deux-Siciles lui étaient dévolues, et lui appartenaient de droit, en vertu des paroles qu'il avait prononcées en déposant Frédéric II et sa race, au concile de Lyon. L'empereur Conrad IV arrive alors pour défendre son héritage ; il prend d'assaut sa ville de Naples : le pape s'enfuit à Gênes, sa patrie, et là il ne prend d'autre parti que d'offrir le royaume au prince Richard, frère du roi d'Angleterre Henri III, prince qui n'était pas en état d'armer deux vaisseaux, et qui remercia le saint-père de son dangereux présent.

(1254) Les dissensions inévitables entre Conrad, roi allemand, et Manfredi, italien, servirent mieux la cour romaine que ne firent la politique et les maladictions du pape. Conrad mourut, et on prétend, comme je vous l'ai dit [1], qu'il mourut empoisonné. La cour papale accrédita ce soupçon. Conrad laissait sa couronne de Naples à un enfant de dix ans ; c'est cet infortuné Conradin que nous verrons périr d'une fin si tragique. Conradin était en Allemagne : Manfredi était ambitieux ; il fit courir le bruit que Conradin était mort, et se fit prêter serment, comme à un régent si Conradin était en vie, et comme à un roi si ce fils de l'empereur n'était plus. Innocent avait toujours pour lui dans le royaume la faction des Guelfes, ce parti ennemi de la maison impériale, et il avait encore pour lui ses excommunications : il se déclara lui-même roi des Deux-Siciles, et donna des investitures. Voilà donc enfin les papes rois de ce pays conquis par des gentilshommes de Normandie. (1253 et 1254) Mais cette royauté ne fut que passagère : le pape eut une armée, mais il ne savait pas la commander ; il mit un légat à la tête : Manfredi, avec ses mahométans et quelques barons peu scrupuleux, défit entièrement le légat et l'armée pontificale.

Ce fut dans ces circonstances que le pape Innocent, ne pouvant prendre pour lui le royaume de Naples, se tourna enfin vers le comte d'Anjou, frère de saint Louis, (1254) et lui offrit une couronne dont il n'avait nul droit de disposer, et à laquelle le comte d'Anjou n'avait nul droit de prétendre. Mais le pape mourut dès le commencement de cette négociation : c'est à quoi aboutissent tous les projets de l'ambition qui tourmentent si horriblement la vie.

Rinaldo de Signi, Alexandre IV, succéda à la place d'Innocent IV et à tous ses desseins. Il ne put réussir avec le frère

---

1. Chapitre XLIX.

du roi de France, saint Louis ; ce roi malheureusement venait d'épuiser la France par sa croisade et par sa rançon en Égypte, et il dépensait le peu qui lui restait à rebâtir en Palestine les murailles de quelques villes sur la côte, villes bientôt perdues pour les chrétiens.

Le pape Alexandre IV commence par citer par-devant lui Manfredi ; il en était en droit par les lois des fiefs, puisque ce prince était son vassal. Mais ce droit ne pouvant être que celui du plus fort, il n'y avait pas d'apparence qu'un vassal armé comparût devant son seigneur. Alexandre était à Naples, dont ses intrigues lui avaient ouvert les portes : il négocia avec son vassal, qui était dans la Pouille. Manfredi pria le saint-père de lui envoyer un cardinal pour traiter avec lui. La cour du pape décida « id non convenire sanctæ sedis honori, ut cardinales isto modo mittantur » ; qu'il ne convenait pas à l'honneur du saint-siége d'envoyer ainsi des cardinaux.

La guerre civile continua donc : le pape publia une croisade contre Mainfroi, comme on en avait publié contre les musulmans, les empereurs, et les Albigeois. Il y a bien loin de Naples en Angleterre ; cependant cette croisade y fut prêchée ; un nonce y alla lever des décimes (1255) : ce nonce releva de son vœu le roi Henri III, qui avait fait serment d'aller faire la guerre en Palestine, et lui fit faire un autre vœu de fournir de l'argent et des troupes au pape dans sa guerre contre Manfredi.

Matthieu Pâris rapporte que le nonce leva cinquante mille livres sterling en Angleterre. A voir les Anglais d'aujourd'hui, on ne croirait pas que leurs ancêtres aient pu être si imbéciles. La cour papale, pour extorquer cet argent, flattait le roi de la couronne de Naples pour le prince Edmond, son fils ; mais dans le même temps elle négociait avec Charles d'Anjou, toujours prête à donner les Deux-Siciles à qui les voudrait payer le plus chèrement. Toutes ces négociations échouèrent pour lors ; le pape dissipa l'argent qu'il avait levé en Angleterre pour sa croisade, et ne la fit point ; Manfredi régna, et Alexandre IV mourut sans réussir à rien qu'à extorquer de l'argent de l'Angleterre (1260).

Un savetier, devenu pape sous le nom d'Urbain IV, continua ce que ses prédécesseurs avaient commencé. Ce savetier était de Troyes en Champagne ; son prédécesseur avait fait prêcher une croisade en Angleterre contre les Deux-Siciles, celui-ci en fit prêcher une en France ; il prodigua des indulgences plénières, mais il ne put avoir que peu d'argent, et quelques soldats, qu'un comte de Flandre, gendre de Charles d'Anjou, conduisit en Italie. Charles accepta enfin la couronne de Naples et de Sicile : le roi saint Louis y consentit; mais Urbain IV mourut sans avoir pu voir les commencements de cette révolution (1264).

Voilà trois papes qui consument leur vie à persécuter en vain Manfredi. Un Languedocien (Clément IV), sujet de Charles d'Anjou, termina ce que les autres avaient entrepris, et eut l'honneur d'avoir son maître pour son vassal. Ce comte d'Anjou, Charles, possédait déjà la Provence par son mariage, et une partie du Languedoc ; mais ce qui augmentait sa puissance, c'était d'avoir soumis la ville de Marseille. Il avait encore une dignité qu'un homme habile pouvait faire valoir, c'était celle de sénateur unique de Rome ; car les Romains défendaient toujours leur liberté contre les papes ; ils avaient depuis cent ans créé cette dignité de sénateur unique, qui faisait revivre les droits des anciens tribuns. (1265) Le sénateur était à la tête du gouvernement municipal, et les papes, qui donnaient si libéralement des couronnes, ne pouvaient mettre un impôt sur les Romains; ils étaient ce qu'un électeur est dans la ville de Cologne. Clément ne donna l'investiture à son ancien maître qu'à condition qu'il renoncerait à cette dignité au bout de trois ans, qu'il payerait trois mille onces d'or au saint-siége, chaque année, pour la mouvance du royaume de Naples, et que, si jamais le payement était différé plus de deux mois, il serait excommunié. Charles souscrivit aisément à ces conditions et à toutes les autres. Le pape lui accorda la levée d'une décime sur les biens ecclésiastiques de France. Il part avec de l'argent et des troupes, se fait couronner à Rome, livre bataille à Mainfroi dans les plaines de Bénévent, et est assez heureux pour que Mainfroi soit tué en combattant (1266). Il usa durement de la victoire, et parut aussi cruel que son frère saint Louis était humain. Le légat empêcha qu'on ne donnât la sépulture à Mainfroi. Les rois ne se vengent que des vivants ; l'Église se vengeait des vivants et des morts.

Cependant le jeune Conradin, véritable héritier du royaume de Naples, était en Allemagne pendant cet interrègne qui la désolait, et pendant qu'on lui ravissait le royaume de Naples, ses partisans l'excitent à venir défendre son héritage. Il n'avait encore que quinze ans; son courage était au-dessus de son âge : il se met, avec le duc d'Autriche, son parent, à la tête d'une armée, et vient soutenir ses droits (1268). Les Romains étaient pour lui. Conradin, excommunié, est reçu à Rome aux acclamations de tout le peuple, dans le temps même que le pape n'osait approcher de sa capitale.

On peut dire que de toutes les guerres de ce siècle, la plus juste était celle que faisait Conradin ; elle fut la plus infortunée. Le pape fit prêcher la croisade contre lui, ainsi que contre les Turcs. Ce prince est défait et pris dans la Pouille, avec son parent Frédéric, duc d'Autriche. Charles d'Anjou, qui devait honorer leur courage, les fit condamner par des jurisconsultes : la sentence portait qu'ils méritaient la mort *pour avoir pris les armes contre l'Église.* Ces deux princes furent exécutés publiquement à Naples par la main du bourreau.

Les historiens contemporains les plus accrédités, les plus fidèles, les Guichardin et les de Thou de ces temps-là, rapportent que Charles d'Anjou consulta le pape Clément IV, autrefois son chancelier en Provence, et alors son protecteur, et que ce prêtre lui répondit en style d'oracle : « *vita Corradini, mors Caroli; mors Corradini, vita Caroli.* » Cependant les valets en robe de Charles passèrent dix mois entiers à se déterminer sur cet assassinat qu'ils devaient commettre avec le glaive de la justice. La sentence ne fut portée qu'après la mort de Clément IV[1].

On ne peut assez s'étonner que Louis IX, canonisé depuis, n'ait fait aucun reproche à son frère d'une action si barbare, si honteuse et si peu politique, lui que des Égyptiens avaient épargné si généreusement dans des circonstances bien moins favorables. Il devait condamner plus qu'un autre la férocité réfléchie de Charles son frère.

Le vainqueur, si indigne de l'être, au lieu de ménager les Napolitains, les irrita par des oppressions; ses Provençaux et lui furent en horreur.

C'est une opinion générale qu'un gentilhomme de Sicile, nommé Jean de Procida, déguisé en cordelier, trama cette fameuse conspiration par laquelle tous les Français devaient être égorgés à la même heure, le jour de Pâques, au son de la cloche de vêpres. Il est sûr que ce Jean de Procida avait en Sicile préparé tous les esprits à une révolution, qu'il avait passé à Constantinople et en Aragon, et que le roi d'Aragon, Pierre, gendre de Mainfroi, s'était ligué avec l'empereur grec contre Charles d'Anjou ; mais il n'est guère vraisemblable qu'on eût tramé précisément la conspiration des *Vêpres siciliennes.* Si le complot avait été formé, c'était dans le royaume de Naples qu'il fallait principalement l'exécuter; et cependant aucun Français n'y fut tué. Malespina

---

1. Voyez les *Annales de l'Empire,* sur la maison de Souabe (années 1267-68). (*Note de Voltaire.*)

raconte qu'un Provençal, nommé Droguet[1], violait une femme dans Palerme le lendemain de Pâques[2], dans le temps que le peuple allait à vêpres; la femme cria, le peuple accourut, on tua le Provençal (1282). Ce premier mouvement d'une vengeance particulière anima la haine générale. Les Siciliens, excités par Jean de Procida et par leur fureur, s'écrièrent qu'il fallait massacrer les ennemis. On fit main basse à Palerme sur tout ce qu'on trouva de Provençaux : la même rage qui était dans tous les cœurs produisit ensuite le même massacre dans le reste de l'île; on dit qu'on éventrait les femmes grosses pour en arracher les enfants à demi formés, et que les religieux mêmes massacraient leurs pénitentes provençales : il n'y eut, dit-on, qu'un gentilhomme, nommé *des Porcellets,* qui échappa. Cependant il est certain que le gouverneur de Messine, avec sa garnison, se retira de l'île dans le royaume de Naples[3].

Le sang de Conradin fut ainsi vengé, mais sur d'autres que sur celui qui l'avait répandu. Les Vêpres siciliennes attirèrent encore de nouveaux malheurs à ces peuples qui, nés dans le climat le plus fortuné de la terre, n'en étaient que plus méchants et plus misérables. Il est temps de voir quels nouveaux désastres furent produits dans ce même siècle par l'abus des croisades, et par celui de la religion.

---

1. Pour excuser Droguet, on prétend qu'il se contenta de trousser cette dame dans la rue : j'y consens. (*Note de Voltaire.*)

2. Dans les *Annales de l'Empire,* année 1282, Voltaire dit : *le troisième jour de Pâques.*

3. Cette opinion est fondée sur une tradition très-reculée. Porcellet, disent d'anciens écrivains, fut sauvé seul du massacre de Palerme, à cause de sa grande *prud'homie et vertu.* On prétend qu'un autre Porcellet sauva Richard Cœur de Lion enveloppé par les Sarrasins, en attirant leurs coups sur lui-même. Après sa mort, les Sarrasins trempèrent des linges dans son sang, par une superstition digne de ces temps de valeur et de férocité. Cette famille subsiste encore, mais

Une pauvreté noble est tout ce qui *lui* reste.

Zaïre, I, IV. (K.)

CHAPITRE LXII.

DE LA CROISADE CONTRE LES LANGUEDOCIENS.

Les querelles sanglantes de l'empire et du sacerdoce, les richesses des monastères, l'abus que tant d'évêques avaient fait de leur puissance temporelle, devaient tôt ou tard révolter les esprits et leur inspirer une secrète indépendance. Arnaud de Brescia avait osé exciter les peuples jusque dans Rome à secouer le joug. On raisonna beaucoup en Europe sur la religion, dès le temps de Charlemagne. Il est très-certain que les Francs et les Germains ne connaissaient alors ni images, ni reliques, ni transsubstantiation. Il se trouva ensuite des hommes qui ne voulurent de loi que l'Évangile, et qui prêchèrent à peu près les mêmes dogmes que tiennent aujourd'hui les protestants. On les nommait Vaudois, parce qu'il y en avait beaucoup dans les vallées du Piémont; Albigeois, à cause de la ville d'Albi ; bonshommes, par la régularité dont ils se piquaient ; enfin manichéens, du nom qu'on donnait alors en général aux hérétiques. On fut étonné, vers la fin du xiie siècle, que le Languedoc en parût tout rempli.

Dès l'an 1198, le pape Innocent III délégua deux simples moines de Cîteaux pour juger les hérétiques. « Nous mandons, dit-il, aux princes, aux comtes, et à tous les seigneurs de votre province, de les assister puissamment contre les hérétiques, par la puissance qu'ils ont reçue pour la punition des méchants ; en sorte qu'après que frère Rainier aura prononcé l'excommunication contre eux, les seigneurs confisquent leurs biens, les bannissent de leurs terres, et les punissent plus sévèrement s'ils osent y résister. Or nous avons donné pouvoir à frère Rainier d'y contraindre les seigneurs par excommunication et par interdit sur leurs biens, etc. » Ce fut le premier fondement de l'Inquisition.

Un abbé de Cîteaux fut nommé ensuite avec d'autres moines pour aller faire à Toulouse ce que l'évêque devait y faire. Ce procédé indigna le comte de Foix et tous les princes du pays, déjà séduits par les réformateurs, et irrités contre la cour de Rome.

La secte était en grande partie composée d'une bourgeoisie réduite à l'indigence par le long esclavage dont on sortait à peine, et encore par les croisades. L'abbé de Cîteaux paraissait avec l'équipage d'un prince. Il voulut en vain parler en apôtre ; le peuple lui criait : « *Quittez le luxe ou le sermon.* » Un Espagnol, évêque d'Osma, très homme de bien, qui était alors à Toulouse, conseilla aux inquisiteurs de renoncer à leurs équipages somptueux, de marcher à pied, de vivre austèrement, et d'imiter les Albigeois pour les convertir. Saint Dominique, qui avait accompagné cet évêque, donna l'exemple avec lui de cette vie apostolique, et parut alors souhaiter qu'on n'employât jamais d'autres armes contre les erreurs (1207). Mais Pierre de Castelnau, l'un des inquisiteurs, fut accusé de se servir des armes qui lui étaient propres, en soulevant secrètement quelques seigneurs voisins contre le comte de Toulouse, et en suscitant une guerre civile. Cet inquisiteur fut assassiné. Le soupçon tomba sur le comte de Toulouse.

Le pape Innocent III ne balança pas à délier les sujets du comte de Toulouse de leur serment de fidélité. C'est ainsi qu'on traitait les descendants de Raimond de Toulouse, qui avait le premier servi la chrétienté dans les croisades.

Le comte, qui savait ce que pouvait quelquefois une bulle, se soumit à la satisfaction qu'on exigea de lui (1209). Un des légats du pape, nommé Milon, lui commande de le venir trouver à Valence, de lui livrer sept châteaux qu'il possédait en Provence, de se croiser lui-même contre les Albigeois ses sujets, de faire amende honorable. Le comte obéit à tout : il parut devant le légat, nu jusqu'à la ceinture, nu-pieds, nu-jambes, revêtu d'un simple caleçon, à la porte de l'église de Saint-Gilles ; là un diacre lui mit une corde au cou, et un autre diacre le fouetta, tandis que le légat tenait un bout de la corde ; après quoi on fit prosterner le prince à la porte de cette église pendant le dîner du légat.

On voyait d'un côté le duc de Bourgogne, le comte de Nevers, Simon, comte de Montfort, les évêques de Sens, d'Autun, de Nevers, de Clermont, de Lisieux, de Bayeux, à la tête de leurs troupes, et le malheureux comte de Toulouse au milieu d'eux, comme leur otage ; de l'autre côté, des peuples animés par le fanatisme de la persuasion. La ville de Béziers voulut tenir contre les croisés : on égorgea tous les habitants réfugiés dans une église ; la ville fut réduite en cendres. Les citoyens de Carcassonne, effrayés de cet exemple, implorèrent la miséricorde des croisés : on leur laissa la vie. On leur permit de sortir presque nus de leur ville, et on s'empara de tous leurs biens.

On donnait au comte Simon de Montfort le nom de Machabée. Il se rendit maître d'une grande partie du pays, s'assurant des châteaux des seigneurs suspects, attaquant ceux qui ne se mettaient pas entre ses mains, poursuivant les hérétiques qui osaient se défendre. Les écrivains ecclésiastiques racontent eux-mêmes que Simon de Montfort ayant allumé un bûcher pour ces malheureux, il y en eut cent quarante qui coururent, en chantant des psaumes, se précipiter dans les flammes. Le jésuite Daniel, en parlant de ces infortunés dans son *Histoire de France,* les appelle *infâmes et détestables.* Il est bien évident que des hommes qui volaient ainsi au martyre n'avaient point des mœurs infâmes. Il n'y a sans doute de détestable que la barbarie avec laquelle on les traita, et il n'y a d'infâme que les paroles de Daniel[1]. On peut seulement déplorer l'aveuglement de ces malheureux, qui croyaient que Dieu les récompenserait parce que des moines les faisaient brûler.

L'esprit de justice et de raison, qui s'est introduit depuis dans

1. Dans le temps de la destruction des jésuites, on eut en France une légère velléité de perfectionner l'éducation. On imagina donc d'établir une chaire d'histoire à Toulouse. L'abbé Audra, qui en fut chargé, se servit de l'*Essai sur les Mœurs et l'Esprit des nations,* dont il eut soin de retrancher les faits qui pouvaient rendre la tyrannie du clergé trop odieuse ; mais il conserva les principes de raison et d'humanité qu'il croyait utiles. Le bas clergé de Toulouse jeta de grands cris. L'archevêque, intimidé, se crut obligé de se joindre aux persécuteurs de l'abbé Audra. Le clergé de France avait dressé, vers le même temps (en 1770), un avertissement aux fidèles contre l'incrédulité. C'était un ouvrage très-curieux, où l'on établissait qu'il n'y avait rien de plus agréable que d'avoir beaucoup de foi, et que les prêtres avaient rendu un grand service aux hommes en leur prenant leur argent, parce qu'un homme misérable qui meurt sur un fumier, avec l'espérance d'aller au ciel, est le plus heureux du monde. On y citait avec complaisance non-seulement Tertullien, qui, comme on sait, est mort hérétique et fou, mais je ne sais quelles rapsodies d'un rhéteur nommé Lactance, dont on faisait un père de l'Église. Ce Lactance, à la vérité, avait écrit qu'on ne peut rien savoir en physique ; mais en même temps il ne doutait pas que le vent ne fécondât les cavales, et il expliquait par à le mystère de l'incarnation. D'ailleurs il s'était rendu l'apologiste des assassinats par lesquels la race abominable de Constantin reconnut les bienfaits de la famille de Dioclétien. En adressant cet ouvrage aux fidèles de son diocèse, l'archevêque de Toulouse insista sur le scandale qu'avait donné le malheureux professeur d'histoire. Aussitôt les pénitents, les dévots, le bas clergé, qui avaient eu, quelques années auparavant, la consolation de faire rouer l'innocent Calas, se mirent à crier *haro* sur l'abbé Audra. Il ne put résister à tant d'indignités. Il tomba malade et mourut. Cette mort fut un des grands chagrins que M. de Voltaire ait essuyés. Elle lui arrachait encore des larmes peu de jours avant sa mort. Depuis ce temps on enseigne aux Toulousains l'histoire de Daniel ; ils y apprennent que leurs ancêtres étaient infâmes et détestables ; et il est défendu, sous peine d'un mandement, de leur dire que c'est aux dépouilles des comtes de Toulouse et des malheureux Albigeois que le clergé du Languedoc doit ses richesses, et son crédit, qui n'est appuyé que sur ses richesses. (K.) — Voyez, dans la *Correspondance,* les lettres de Voltaire des 3 mars et 23 novembre 1770, et celle de d'Alembert, du 21 décembre 1770. L'abbé Audra avait fait imprimer son abrégé de Voltaire, sous le titre de : *Histoire générale à l'usage des colléges, depuis Charlemagne jusqu'à nos jours,* tome Ier, Toulouse, 1770, in-12. Il n'a paru que ce volume. (B.)

le droit public de l'Europe, a fait voir enfin qu'il n'y avait rien de plus injuste que la guerre contre les Albigeois. On n'attaquait point des peuples rebelles à leur prince; c'était le prince même qu'on attaquait pour le forcer à détruire ses peuples. Que dirait-on aujourd'hui si quelques évêques venaient assiéger l'électeur de Saxe ou l'électeur Palatin, sous prétexte que les sujets de ces princes ont impunément d'autres cérémonies que les sujets de ces évêques?

En dépeuplant le Languedoc, on dépouillait le comte de Toulouse. Il ne s'était défendu que par les négociations. (1210) Il alla trouver encore dans Saint-Gilles les légats, les abbés, qui étaient à la tête de cette croisade; il pleura devant eux : on lui répondit que ses larmes venaient de fureur. Le légat lui laissa le choix ou de céder à Simon de Montfort tout ce que ce comte avait usurpé, ou d'être excommunié. Le comte de Toulouse eut du moins le courage de choisir l'excommunication : il se réfugia chez Pierre II, roi d'Aragon, son beau-frère, qui prit sa défense, et qui avait presque autant à se plaindre du chef des croisés que le comte de Toulouse.

Cependant l'ardeur de gagner des indulgences et des richesses multipliait les croisés. Les évêques de Paris, de Lisieux, de Bayeux, accourent au siége de Lavaur : on y fit prisonniers quatre-vingts chevaliers avec le seigneur de cette ville, que l'on condamna tous à être pendus; mais les fourches patibulaires étant rompues, on abandonna ces captifs aux croisés, qui les massacrèrent (1211). On jeta dans un puits la sœur du seigneur de Lavaur, et on brûla autour du puits trois cents habitants qui ne voulurent pas renoncer à leurs opinions.

Le prince Louis, qui fut depuis le roi Louis VIII, se joignit à la vérité aux croisés pour avoir part aux dépouilles; mais Simon de Montfort écarta bientôt un compagnon qui eût été son maître.

C'était l'intérêt des papes de donner ces pays à Montfort; et le projet en était si bien formé que le roi d'Aragon ne put jamais, par sa médiation, obtenir la moindre grâce. Il paraît qu'il n'arma que quand il ne put s'en dispenser.

(1213) La bataille qu'il livra aux croisés auprès de Toulouse, dans laquelle il fut tué, passa pour une des plus extraordinaires de ce monde. Une foule d'écrivains répètent que Simon de Montfort, avec huit cents hommes de cheval seulement, et mille fantassins, attaqua l'armée du roi d'Aragon et du comte de Toulouse, qui faisaient le siége de Muret; ils disent que le roi d'Aragon avait cent mille combattants, et que jamais il n'y eut une déroute plus complète ; ils disent que Simon de Montfort, l'évêque de Toulouse, et l'évêque de Comminge, divisèrent leur armée en trois corps, en l'honneur de la sainte Trinité.

Mais quand on a cent mille ennemis en tête, va-t-on les attaquer avec dix-huit cents hommes en pleine campagne, et divise-t-on une si petite troupe en trois corps? C'est un miracle, disent quelques écrivains ; mais les gens de guerre, qui lisent de telles aventures, les appellent des absurdités.

Plusieurs historiens assurent que saint Dominique était à la tête des troupes, un crucifix de fer à la main, encourageant les croisés au carnage. Ce n'était pas là la place d'un saint ; et il faut avouer que si Dominique était confesseur, le comte de Toulouse était martyr.

Après cette victoire le pape tint un concile général à Rome. Le comte de Toulouse vint y demander grâce. Je ne puis découvrir sur quel fondement il espérait qu'on lui rendrait ses États ; il fut trop heureux de ne pas perdre sa liberté. Le concile même porta la miséricorde jusqu'à statuer qu'il jouirait d'une pension de quatre cents marcs ou marques d'argent. Si ce sont des marcs, c'est à peu près vingt-deux mille francs de nos jours ; si ce sont des marques, c'est environ douze cents francs : le dernier est plus probable, attendu que moins on lui donnait d'argent, plus il en restait pour l'Église.

Quand Innocent III fut mort, Raimond de Toulouse ne fut pas mieux traité (1218). Il fut assiégé dans sa capitale par Simon de Montfort ; mais ce conquérant y trouva le terme de ses succès et de sa vie ; un coup de pierre écrasa cet homme, qui, en faisant tant de mal, avait acquis tant de renommée.

Il avait un fils à qui le pape donna tous les droits du père ; mais le pape ne put lui donner le même crédit. La croisade contre le Languedoc ne fut plus que languissante. Le fils du vieux Raimond, qui avait succédé à son père, était excommunié comme lui. Alors le roi de France, Louis VIII, se fit céder, par le jeune Montfort, tous ces pays que Montfort ne pouvait garder ; mais la mort arrêta Louis VIII au milieu de ses conquêtes.

Le règne de saint Louis, neuvième du nom, commença malheureusement par cette horrible croisade contre des chrétiens ses vassaux. Ce n'était point par des croisades que ce monarque était destiné à se couvrir de gloire. La reine Blanche de Castille, sa mère, femme dévouée au pape, Espagnole, frémissant au nom d'hérétique, et tutrice d'un pupille à qui les dépouilles des opprimés devaient revenir, prêta le peu qu'elle avait de forces à un frère de Montfort, pour achever de saccager le Languedoc : le jeune Raimond se défendit. (1227) On fit une guerre semblable à celle que nous avons vue dans les Cévennes. Les prêtres ne pardonnaient jamais aux Languedociens, et ceux-ci n'épargnaient point les prêtres (1228). Tout prisonnier fut mis à mort pendant deux années, toute place rendue fut réduite en cendres.

Enfin la régente Blanche, qui avait d'autres ennemis, et le jeune Raimond, las des massacres, et épuisé de pertes, firent la paix à Paris. Un cardinal de Saint-Ange fut l'arbitre de cette paix ; et voici les lois qu'il donna, et qui furent exécutées.

Le comte de Toulouse devait payer dix mille marcs ou marques aux églises de Languedoc, entre les mains d'un receveur dudit cardinal; deux mille aux moines de Cîteaux, immensément riches ; cinq cents aux moines de Clervaux, plus riches encore, et quinze cents à d'autres abbayes ; il devait aller faire pendant cinq ans la guerre aux Sarrasins et aux Turcs, qui assurément n'avaient pas fait la guerre à Raimond ; il abandonnait au roi, sans nulle récompense, tous ses États en deçà du Rhône, car ce qu'il possédait en delà était terre de l'empire. Il signa son dépouillement, moyennant quoi il fut reconnu par le cardinal Saint-Ange et par un légat, non-seulement pour être bon catholique, mais pour l'avoir toujours été. On le conduisit, seulement pour la forme, en chemise et nu-pieds devant l'autel de l'église de Notre-Dame de Paris : là il demanda pardon à la Vierge ; apparemment qu'au fond de son cœur il demandait pardon d'avoir signé un si infâme traité.

Rome ne s'oublia pas dans le partage des dépouilles. Raimond le Jeune, pour obtenir le pardon de ses péchés, céda au pape à perpétuité le comtat Venaissin, qui est en delà du Rhône. Cette cession était nulle par toutes les lois de l'empire ; le comtat était un fief impérial, et il n'était pas permis de donner son fief à l'Église, sans le consentement de l'empereur et des états. Mais où sont les possessions qu'on ne se soit appropriées que par les lois ? Aussi, bientôt après cette extorsion, l'empereur Frédéric II rendit au comte de Toulouse ce petit pays d'Avignon, que le pape lui avait ravi ; il fit justice comme souverain, et surtout comme souverain outragé. Mais lorsque ensuite saint Louis et son fils, Philippe le Hardi, se furent mis en possession des États des comtes de Toulouse, Philippe remit aux papes le comtat Venaissin, qu'ils ont toujours conservé par la libéralité des rois de France. La ville et le territoire d'Avignon n'y furent point compris ; elle passa dans la branche de France d'Anjou qui régnait à

Naples, et y resta jusqu'au temps où la malheureuse reine Jeanne de Naples fut obligée enfin de céder Avignon pour quatre-vingt mille florins, qui ne lui furent jamais payés. Tels sont en général les titres des possessions; tel a été notre droit public.

Ces croisades contre le Languedoc durèrent vingt années. La seule envie de s'emparer du bien d'autrui les fit naître, et produisit en même temps l'Inquisition (1204). Ce nouveau fléau, inconnu auparavant chez toutes les religions du monde, reçut la première forme sous le pape Innocent III; elle fut établie en France dès l'année 1229, sous saint Louis. Un concile à Toulouse commença dans cette année par défendre aux chrétiens laïques de lire l'ancien et le nouveau Testament. C'était insulter au genre humain que d'oser lui dire : Nous voulons que vous ayez une croyance, et nous ne voulons pas que vous lisiez le livre sur lequel cette croyance est fondée.

Dans ce concile on fit brûler les ouvrages d'Aristote, c'est-à-dire deux ou trois exemplaires qu'on avait apportés de Constantinople dans les premières croisades, livres que personne n'entendait, et sur lesquels on s'imaginait que l'hérésie des Languedociens était fondée. Des conciles suivants ont mis Aristote presque à côté des pères de l'Église. C'est ainsi que vous verrez, dans ce vaste tableau des démences humaines, les sentiments des théologiens, les superstitions des peuples, le fanatisme, variés sans cesse, mais toujours constants à plonger la terre dans l'abrutissement et la calamité, jusqu'au temps où quelques académies, quelques sociétés éclairées, ont fait rougir nos contemporains de tant de siècles de barbarie.

(1237) Mais ce fut bien pis quand le roi eut la faiblesse de permettre qu'il y eût dans son royaume un grand inquisiteur nommé par le pape. Ce fut le cordelier Robert qui exerça ce pouvoir nouveau, d'abord dans Toulouse, et ensuite dans d'autres provinces.

Si ce Robert n'eût été qu'un fanatique, il y aurait du moins dans son ministère une apparence de zèle qui eût excusé ses fureurs aux yeux des simples; mais c'était un apostat qui conduisait avec lui une femme perdue, et pour mettre le comble à l'horreur de son ministère, cette femme était elle-même hérétique : c'est ce que rapportent Matthieu Pàris et Mousk, et ce qui est prouvé dans le *Spicilegium* de Luc d'Acheri.

Le roi saint Louis eut le malheur de lui permettre d'exercer ses fonctions d'inquisiteur à Paris, en Champagne, en Bourgogne, et en Flandre. Il fit accroire au roi qu'il y avait une secte nouvelle qui infectait secrètement ces provinces. Ce monstre fit brûler, sur ce prétexte, quiconque, étant sans crédit et étant suspect, ne voulut pas se racheter de ses persécutions. Le peuple, souvent bon juge de ceux qui en imposent aux rois, ne l'appelait que Robert le B......[1]. Il fut enfin reconnu : ses iniquités et ses infamies furent publiques ; mais ce qui vous indignera, c'est qu'il ne fut condamné qu'à une prison perpétuelle ; et ce qui pourrait encore vous indigner, c'est que le jésuite Daniel ne parle point de cet homme dans son *Histoire de France*.

C'est donc ainsi que l'Inquisition commença en Europe : elle ne méritait pas un autre berceau. Vous sentez assez que c'est le dernier degré d'une barbarie brutale et absurde de maintenir, par des délateurs et des bourreaux, la religion d'un Dieu que des bourreaux firent périr. Cela est presque aussi contradictoire que d'attirer à soi les trésors des peuples et des rois au nom de ce même Dieu qui naquit et qui vécut dans la pauvreté. Vous verrez dans un chapitre à part ce qu'a été l'Inquisition en Espagne et ailleurs, et jusqu'à quel excès la barbarie et la rapacité de quelques hommes ont abusé de la simplicité des autres.

CHAPITRE LXIII.

ÉTAT DE L'EUROPE AU XIIIe SIÈCLE.

Nous avons vu que les croisades épuisèrent l'Europe d'hommes et d'argent, et ne la civilisèrent pas. L'Allemagne fut dans une entière anarchie depuis la mort de Frédéric II. Tous les seigneurs s'emparèrent à l'envi des revenus publics attachés à l'empire ; de sorte que quand Rodolphe de Habsbourg fut élu (1273), on ne lui accorda que des soldats, avec lesquels il conquit l'Autriche sur Ottocare, qui l'avait enlevée à la maison de Bavière.

C'est pendant l'interrègne qui précéda l'élection de Rodolphe que le Danemark, la Pologne, la Hongrie, s'affranchissent entièrement des légères redevances qu'elles payaient aux empereurs, quand ceux-ci étaient les plus forts.

---

1. On commençait alors à donner ce nom indifféremment aux sodomites et aux hérétiques. (*Note de Voltaire.*)

Mais c'est aussi dans ce temps-là que plusieurs villes établissent leur gouvernement municipal, qui dure encore. Elles s'allient entre elles pour se défendre des invasions des seigneurs. Les villes anséatiques, comme Lubeck, Cologne, Brunswick, Dantzick, auxquelles quatre-vingts autres se joignent avec le temps, forment une république commerçante dispersée dans plusieurs États différents. Les Austrègues s'établissent : ce sont des arbitres de convention entre les seigneurs, comme entre les villes ; ils tiennent lieu des tribunaux et des lois, qui manquaient en Allemagne.

L'Italie se forme sur un plan nouveau avant Rodolphe de Habsbourg, et sous son règne beaucoup de villes deviennent libres. Il leur confirma cette liberté à prix d'argent. Il paraissait alors que l'Italie pouvait être pour jamais détachée de l'Allemagne.

Tous les seigneurs allemands, pour être plus puissants, s'étaient accordés à vouloir un empereur qui fût faible. Les quatre princes et les trois archevêques, qui peu à peu s'attribuèrent à eux seuls le droit d'élection, n'avaient choisi, de concert avec quelques autres princes, Rodolphe de Habsbourg pour empereur que parce qu'il était sans États considérables : c'était un seigneur suisse, qui s'était fait redouter comme un de ces chefs que les Italiens appelaient *Condottieri;* il avait été le champion de l'abbé de Saint-Gall contre l'évêque de Bâle, dans une petite guerre pour quelques tonneaux de vin ; il avait secouru la ville de Strasbourg. Sa fortune était si peu proportionnée à son courage qu'il fut quelque temps grand-maître d'hôtel de ce même Ottocare, roi de Bohême, qui depuis, pressé de lui rendre hommage, répondit « qu'il ne lui devait rien, et qu'il lui avait payé ses gages ». Les princes d'Allemagne ne prévoyaient pas alors que ce même Rodolphe serait le fondateur d'une maison longtemps la plus florissante de l'Europe, et qui a été quelquefois sur le point d'avoir dans l'empire la même puissance que Charlemagne [1]. Cette puissance fut longtemps à se former ; et surtout à la fin de ce XIII° siècle, et au commencement du XIV°, l'empire n'avait sur l'Europe aucune influence.

La France eût été heureuse sous un souverain tel que saint Louis, sans ce funeste préjugé des croisades, qui causa ses malheurs, et qui le fit mourir sur les sables d'Afrique. On voit, par le grand nombre de vaisseaux équipés pour ses expéditions fatales, que la France eût pu avoir aisément une grande marine

---

1. Voyez, pour le règne de Rodolphe de Habsbourg, les *Annales de l'Empire.*

commerçante. Les statuts de saint Louis pour le commerce, une nouvelle police établie par lui dans Paris, sa pragmatique-sanction qui assura la discipline de l'Église gallicane, ses quatre grands bailliages auxquels ressortissaient les jugements de ses vassaux, et qui sont l'origine du parlement de Paris, ses règlements et sa fidélité sur les monnaies, tout fait voir que la France aurait pu alors être florissante.

Quant à l'Angleterre, elle fut, sous Édouard Ier, aussi heureuse que les mœurs du temps pouvaient le permettre. Le pays de Galles lui fut réuni ; elle subjugua l'Écosse, qui reçut un roi de la main d'Édouard. Les Anglais à la vérité n'avaient plus la Normandie ni l'Anjou, mais ils possédaient toute la Guienne. Si Édouard Ier n'eut qu'une petite guerre passagère avec la France, il le faut attribuer aux embarras qu'il eut toujours chez lui, soit quand il soumit l'Écosse, soit quand il la perdit à la fin de son règne.

Nous donnerons un article particulier et plus étendu à l'Espagne, que nous avons laissée depuis longtemps en proie aux Sarrasins. Il reste ici à dire un mot de Rome.

La papauté fut, vers le XIIIe siècle, dans le même état où elle était depuis si longtemps. Les papes, mal affermis dans Rome, n'ayant qu'une autorité chancelante en Italie, et à peine maîtres de quelques places dans le patrimoine de Saint-Pierre et dans l'Ombrie, donnaient toujours des royaumes, et jugeaient les rois.

En 1289 le pape Nicolas jugea solennellement à Rome les démêlés du roi de Portugal et de son clergé. Nous avons vu[1] qu'en 1283 le pape Martin IV déposa le roi d'Aragon, et donna ses États au roi de France, qui ne put mettre la bulle du pape à exécution. Boniface VIII donna la Sardaigne et la Corse à un autre roi d'Aragon, Jacques, surnommé *le Juste*.

Vers l'an 1300, lorsque la succession au royaume d'Écosse était contestée, le pape Boniface VIII ne manqua pas d'écrire au roi Édouard : « Vous devez savoir que c'est à nous à donner un roi à l'Écosse, qui a toujours de plein droit appartenu et appartient encore à l'Église romaine ; que si vous y prétendez avoir quelque droit, envoyez-nous vos procureurs, et nous vous rendrons justice ; car nous réservons cette affaire à nous. »

---

1. Dès l'édition de 1756 Voltaire emploie cette expression. Cependant il n'a pas encore parlé de la déposition du roi d'Aragon par le pape Martin IV. Il n'en est pas mention non plus dans les *Annales de l'Empire*, publiées en 1753. Voyez, au reste, ci-après la fin du chapitre LXIV. (B.)

Lorsque vers la fin du xiii° siècle quelques princes déposèrent Adolphe de Nassau, successeur du premier prince de la maison d'Autriche, fils de Rodolphe, ils supposèrent une bulle du pape pour déposer Nassau. Ils attribuaient au pape leur propre pouvoir. Ce même Boniface, apprenant l'élection d'Albert, écrit aux électeurs (1298) : « Nous vous ordonnons de dénoncer qu'Albert, qui se dit roi des Romains, comparaisse devant nous pour se purger du crime de lèse-majesté et de l'excommunication encourue. »

On sait qu'Albert d'Autriche, au lieu de comparaître, vainquit Nassau, le tua dans la bataille auprès de Spire, et que Boniface, après lui avoir prodigué les excommunications, lui prodigua les bénédictions quand ce pape eut besoin de lui contre Philippe le Bel (1303) : alors il supplée, par la plénitude de sa puissance, à l'irrégularité de l'élection d'Albert; il lui donne dans sa bulle le royaume de France, *qui de droit appartenait*, dit-il, *aux empereurs*. C'est ainsi que l'intérêt change ses démarches, et emploie à ses fins le sacré et le profane [1].

D'autres têtes couronnées se soumettaient à la juridiction papale. Marie, femme de Charles le Boiteux, roi de Naples, qui prétendait au royaume de Hongrie, fit plaider sa cause devant le pape et ses cardinaux, et le pape lui adjugea le royaume par défaut. Il ne manquait à la sentence qu'une armée.

L'an 1329, Christophe, roi de Danemark, ayant été déposé par la noblesse et par le clergé, Magnus, roi de Suède, demande au pape la Scanie et d'autres terres. « Le royaume de Danemark, dit-il dans sa lettre, ne dépend, comme vous le savez, très-saint-père, que de l'Église romaine, à laquelle il paye tribut, et non de l'empire. » Le pontife, que ce roi de Suède implorait, et dont il reconnaissait la juridiction temporelle sur tous les rois de la terre, était Jacques Fournier, Benoît XII, résidant à Avignon ; mais le nom est inutile ; il ne s'agit que de faire voir que tout prince qui voulait usurper ou recouvrer un domaine s'adressait au pape comme à son maître. Benoît prit le parti du roi de Danemark, et répondit « qu'il ne ferait justice de ce monarque que quand il l'aurait cité à comparaître devant lui, selon les anciens usages ».

La France, comme nous le verrons [2], n'avait pas pour Boniface VIII une pareille déférence. Au reste, il est assez connu que ce pontife institua le jubilé, et ajouta une seconde couronne à celle du bonnet pontifical, pour signifier les deux puissances.

---

1. Voyez le chapitre LXV, *du roi Philippe le Bel*. (*Note de Voltaire*.)
2. Chapitre LXV.

Jean XXII les surmonta depuis d'une troisième; mais Jean ne fit point porter devant lui les deux épées nues, que faisait porter Boniface en donnant des indulgences.

On passa, dans ce xiii° siècle, de l'ignorance sauvage à l'ignorance scolastique. Albert, surnommé *le Grand,* enseignait les principes du chaud, du froid, du sec, et de l'humide; il enseignait aussi la politique suivant *les règles de l'astrologie et de l'influence des astres,* et la morale suivant *la logique d'Aristote*[1].

Souvent les institutions les plus sages ne furent dues qu'à l'aveuglement et à la faiblesse. Il n'y a guère dans l'Église de cérémonie plus noble, plus pompeuse, plus capable d'inspirer la piété aux peuples, que la fête du saint-sacrement. L'antiquité n'en eut guère dont l'appareil fut plus auguste. Cependant, qui fut la cause de cet établissement? une religieuse de Liége, nommée Moncornillon, qui s'imaginait voir toutes les nuits un trou à la lune (1264) : elle eut ensuite une révélation qui lui apprit que la lune signifiait l'Église, et le trou une fête qui manquait. Un moine, nommé Jean, composa avec elle l'office du saint-sacrement; la fête s'en établit à Liége, et Urbain IV l'adopta pour toute l'Église[2].

Au xiii° siècle, les moines noirs et les blancs formaient deux grandes factions qui partageaient les villes, à peu près comme les factions bleues et vertes partagèrent les esprits dans l'empire

---

1. Albert, dit le Grand, était né à Laningen en Souabe, et avait étudié à Pavie. Il professa à Paris avec tant de succès, en développant les idées d'Aristote, que la cour de Rome révoqua l'interdiction dont elle avait frappé les œuvres du philosophe de Stagyre. Il fut nommé, en 1254, provincial de l'ordre de Saint-Dominique, et mourut à Cologne, en 1280, à l'âge de quatre-vingt-sept ans. Ses œuvres ne forment pas moins de vingt et un volumes in-folio. (E. B.)

2. Cette solennité fut longtemps en France une source de troubles. La populace catholique forçait à coups de pierres et de bâtons les protestants à tendre leurs maisons, à se mettre à genoux dans les rues. Le cardinal de Lorraine, les Guises, employèrent souvent ce moyen pour faire rompre les édits de pacification. Le gouvernement a fini par ériger en loi cette fantaisie de la populace; ce qui est arrivé plus souvent qu'on ne croit dans d'autres circonstances et chez d'autres nations. Pendant plus d'un siècle, il n'y a pas eu d'année où cette fête n'ait amené quelques émeutes ou quelques procès. A présent elle n'a plus d'autre effet que d'embarrasser les rues, et de nourrir dans le peuple le fanatisme et la superstition. En Flandre et à Aix en Provence, la procession est accompagnée de mascarades et de bouffonneries dignes de l'ancienne fête des fous. A Paris, il n'y a rien de curieux que des évolutions d'encensoirs assez plaisantes, et quelques enfants de la petite bourgeoisie qui courent les rues masqués en saints Jeans, en Madeleines, etc. Un des crimes qui ont conduit le chevalier de La Barre sur l'échafaud, en 1766, était d'avoir passé, un jour de pluie, le chapeau sur la tête, à quelques pas d'une de ces processions. (K.) — Voyez, dans les *Mélanges,* année 1766, la *Relation de la mort de La Barre*.

romain. Ensuite, lorsqu'au xiii⁰ siècle les mendiants eurent du crédit, les blancs et les noirs se réunirent contre ces nouveaux venus, jusqu'à ce qu'enfin la moitié de l'Europe s'est élevée contre eux tous. Les études des scolastiques étaient alors et sont demeurées, presque jusqu'à nos jours, des systèmes d'absurdités, tels que, si on les imputait aux peuples de la Taprobane, nous croirions qu'on les calomnie. On agitait « si Dieu peut produire la nature universelle des choses, et la conserver sans qu'il y ait des choses ; si Dieu peut être dans un prédicat, s'il peut communiquer la faculté de créer, rendre ce qui est fait non fait, changer une femme en fille ; si chaque personne divine peut prendre la nature qu'elle veut ; si Dieu peut-être scarabée et citrouille ; si le père produit son fils par l'intellect ou la volonté, ou par l'essence, ou par l'attribut, naturellement ou librement » ? Et les docteurs qui résolvaient ces questions s'appelaient le grand, le subtil, l'angélique, l'irréfragable, le solennel, l'illuminé, l'universel, le profond.

CHAPITRE LXIV.

DE L'ESPAGNE AUX XII⁰ ET XIII⁰ SIÈCLES.

Quand le Cid eut chassé les musulmans de Tolède et de Valence, à la fin du xi⁰ siècle, l'Espagne se trouvait partagée entre plusieurs dominations. Le royaume de Castille comprenait les deux Castilles, Léon, la Galice, et Valence. Le royaume d'Aragon était alors réuni à la Navarre. L'Andalousie, une partie de la Murcie, Grenade, appartenaient aux Maures. Il y avait des comtes de Barcelone qui faisaient hommage aux rois d'Aragon. Le tiers du Portugal était aux chrétiens.

Ce tiers du Portugal, que possédaient les chrétiens, n'était qu'un comté. Le fils d'un duc de Bourgogne, descendant de Hugues Capet, qu'on nomme le comte Henri, venait de s'en emparer au commencement du xii⁰ siècle.

Une croisade aurait plus facilement chassé les musulmans de l'Espagne que de la Syrie ; mais il est très-vraisemblable que les princes chrétiens d'Espagne ne voulurent point de ce secours dangereux, et qu'ils aimèrent mieux déchirer eux-mêmes leur patrie, et la disputer aux Maures, que la voir envahie par des croisés.

(1114) Alfonse, surnommé le Batailleur, roi d'Aragon et de Navarre, prit sur les Maures Saragosse, qui devint la capitale d'Aragon, et qui ne retourna plus au pouvoir des musulmans.

(1137) Le fils du comte Henri, que je nomme Alfonse de Portugal, pour le distinguer de tant d'autres rois de ce nom, ravit aux Maures Lisbonne, le meilleur port de l'Europe, et le reste du Portugal, mais non les Algarves. (1139) Il gagna plusieurs batailles, et se fit enfin roi de Portugal.

Cet événement est très-important. Les rois de Castille alors se disaient encore empereurs des Espagnes. Alfonse, comte d'une partie du Portugal, était leur vassal quand il était peu puissant; mais, dès qu'il se trouve maître par les armes d'une province considérable, il se fait souverain indépendant. Le roi de Castille lui fit la guerre comme à un vassal rebelle; mais le nouveau roi de Portugal soumit sa couronne au saint-siége, comme les Normands s'étaient rendus vassaux de Rome pour le royaume de Naples. Eugène III confère, donne la dignité de roi à Alfonse et à sa postérité, à la charge d'un tribut annuel de deux livres d'or (1147). Le pape Alexandre III confirme ensuite la donation moyennant la même redevance. Ces papes donnaient donc en effet les royaumes. Les états de Portugal, assemblés à Lamego, sous Alfonse, pour établir les lois de ce royaume naissant, commencèrent par lire la bulle d'Eugène III, qui donnait la couronne à Alfonse : ils la regardaient donc comme le premier droit de leur indépendance ; c'est donc encore une nouvelle preuve de l'usage et des préjugés de ces siècles. Aucun nouveau prince n'osait se dire souverain, et ne pouvait être reconnu des autres princes sans la permission du pape ; et le fondement de toute l'histoire du moyen âge est toujours que les papes se croient seigneurs suzerains de tous les États, sans en excepter aucun, en vertu de ce qu'ils prétendent avoir succédé seuls à Jésus-Christ ; et les empereurs allemands, de leur côté, feignaient de penser, et laissaient dire à leur chancellerie, que les royaumes de l'Europe n'étaient que des démembrements de leur empire, parce qu'ils prétendaient avoir succédé aux Césars. Cependant les Espagnols s'occupaient de droits plus réels.

Encore quelques efforts, et les musulmans étaient chassés de ce continent ; mais il fallait de l'union, et les chrétiens d'Espagne se faisaient presque toujours la guerre. Tantôt la Castille et l'Aragon étaient en armes l'une contre l'autre, tantôt la Navarre combattait l'Aragon ; quelquefois ces trois provinces se faisaient la guerre à la fois, et dans chacun de ces royaumes il y avait souvent une guerre intestine. Il y eut de suite trois rois d'Aragon qui joignirent à cet État la plus grande partie de la Navarre, dont les musulmans occupaient le reste, Alfonse le Batailleur, qui mourut en 1134, fut le dernier de ces rois. On peut juger de l'esprit du temps, et du mauvais gouvernement, par le testament de ce roi qui laissa ses royaumes aux chevaliers du Temple et à ceux de Jérusalem. C'était ordonner des guerres civiles par sa dernière volonté. Heureusement ces chevaliers ne se mirent pas en état de soutenir le testament. Les états d'Aragon, toujours libres, élurent pour leur roi don Ramire, frère du roi dernier mort, quoique moine depuis quarante ans, et évêque depuis quelques années. On l'appela le prêtre-roi, et le pape Innocent II lui donna une dispense pour se marier.

(1134) La Navarre, dans ces secousses, fut divisée de l'Aragon, et redevint un royaume particulier qui passa depuis, par des mariages, aux comtes de Champagne, appartint à Philippe le Bel et à la maison de France, ensuite tomba dans celles de Foix et d'Albret, et est absorbé aujourd'hui dans la monarchie d'Espagne.

(1158) Pendant ces divisions les Maures se soutinrent : ils reprirent Valence. Leurs incursions donnèrent naissance à l'ordre de Calatrava. Des moines de Cîteaux, assez puissants pour fournir aux frais de la défense de la ville de Calatrava, armèrent leurs frères convers avec plusieurs écuyers, qui combattirent en portant le scapulaire. Bientôt après se forma cet ordre, qui n'est plus aujourd'hui ni religieux ni militaire, dans lequel on peut se marier une fois, et qui ne consiste que dans la jouissance de plusieurs commanderies en Espagne.

Les querelles des chrétiens durèrent toujours, et les mahométans en profitèrent quelquefois. Vers l'an 1197, un roi de Navarre, nommé don Sanche, persécuté par les Castillans et les Aragonais, fut obligé d'aller en Afrique implorer le secours du miramolin de l'empire de Maroc ; mais ce qui devait faire une révolution n'en fit point.

Lorsque autrefois l'Espagne entière était réunie sous le roi don Rodrigue, prince peut-être incontinent, mais brave, elle fut subjuguée en moins de deux années ; et maintenant qu'elle était divisée entre tant de dominations jalouses, ni les miramolins d'Afrique, ni le roi maure d'Andalousie, ne pouvaient faire des conquêtes. C'est que les Espagnols étaient plus aguerris, que le pays était hérissé de forteresses, qu'on se réunissait dans les plus grands dangers, et que les Maures n'étaient pas plus sages que les chrétiens.

(1200) Enfin toutes les nations chrétiennes de l'Espagne se réunirent pour résister aux forces de l'Afrique, qui tombaient sur eux.

Le miramolin Mahomed-ben-Joseph avait passé la mer avec près de cent mille combattants, au rapport des historiens, qui ont presque tous exagéré; on doit toujours rabattre beaucoup du nombre des soldats qu'ils mettent en campagne, et de ceux qu'ils tuent, et des trésors qu'ils étalent, et des prodiges qu'ils racontent. Enfin ce miramolin, fortifié encore des Maures d'Andalousie, s'assurait de conquérir l'Espagne. Le bruit de ce grand armement avait réveillé quelques chevaliers français. Les rois de Castille, d'Aragon, de Navarre, se réunirent par le danger. Le Portugal fournit des troupes. (1212) Ces deux grandes armées se rencontrèrent dans les défilés de la Montagne Noire[1], sur les confins de l'Andalousie et de la province de Tolède. L'archevêque de Tolède était à côté du roi de Castille, Alfonse le Noble, et portait la croix à la tête des troupes ; le miramolin tenait un sabre dans une main, et l'*Alcoran* dans l'autre. Les chrétiens vainquirent, et cette journée se célèbre encore tous les ans à Tolède le 16 juillet ; mais la victoire fut plus illustre qu'utile. Les Maures d'Andalousie furent fortifiés des débris de l'armée d'Afrique, et celle des chrétiens se dissipa bientôt.

Presque tous les chevaliers retournaient chez eux, dans ce temps-là, après une bataille. On savait se battre, mais on ne savait pas faire la guerre ; et les Maures savaient encore moins cet art que les Espagnols. Ni chrétiens ni musulmans n'avaient de troupes continuellement rassemblées sous le drapeau.

L'Espagne, occupée de ses propres afflictions pendant cinq cents ans, ne commença d'avoir part à celles de l'Europe que dans le temps des Albigeois. Nous avons vu[2] comment le roi d'Aragon, Pierre II, fut obligé de secourir ses vassaux du Languedoc et du pays de Foix, qu'on opprimait sous prétexte de religion, et comment il mourut en combattant Montfort, le ravisseur de son fils et le conquérant du Languedoc. Sa veuve, Marie de Montpellier, qui était retirée à Rome, plaida la cause de ce fils, qui régna depuis sous le nom de Jacques Ier, devant le pape Innocent III, et le supplia d'user de son autorité pour le

---

1. La Sierra Morena. (*Note de Voltaire.*)
2. Chapitre LX.I, page 4ⁿ8.

faire remettre en liberté. Il y avait des moments bien honorables pour la cour de Rome. (1214) Le pape ordonna à Simon de Montfort de rendre cet enfant aux Aragonais, et Montfort le rendit. Si les papes avaient toujours usé ainsi de leur autorité, ils eussent été les législateurs de l'Europe.

Ce même roi Jacques est le premier des rois d'Aragon à qui les états aient prêté serment de fidélité; c'est lui qui prit sur les Maures l'île de Majorque; (1238) c'est lui qui les chassa du beau royaume de Valence, pays favorisé de la nature, où elle forme des hommes robustes, et leur donne tout ce qui peut flatter leurs sens. Je ne sais comment tant d'historiens peuvent dire que la ville de Valence n'avait que mille pas de circuit, et qu'il en sortit plus de cinquante mille mahométans ; comment une si petite ville pouvait-elle contenir tant de monde?

Ce temps semblait marqué pour la gloire de l'Espagne et pour l'expulsion des Maures. Le roi de Castille et de Léon, Ferdinand III, leur enlevait la célèbre ville de Cordoue, résidence de leurs premiers rois, ville fort supérieure à Valence, dans laquelle ils avaient fait bâtir une superbe mosquée et tant de beaux palais.

Ce Ferdinand, troisième du nom, asservit encore les musulmans de Murcie. C'est un petit pays, mais fertile, et dans lequel les Maures recueillaient beaucoup de soie, dont ils fabriquaient de belles étoffes. (1248) Enfin, après seize mois de siége, il se rendit maître de Séville, la plus opulente ville des Maures, qui ne retourna plus à leur domination. Sa mort mit fin à ses succès (1252). Si l'apothéose est due à ceux qui ont délivré leur patrie, l'Espagne révère avec autant de raison Ferdinand que la France invoque saint Louis. Il fit de sages lois comme ce roi de France ; il établit comme lui de nouvelles juridictions ; c'est à lui qu'on attribue le conseil royal de Castille, qui subsista toujours depuis lui.

(1252) Il eut pour ministre un Ximénès, archevêque de Tolède ; nom heureux pour l'Espagne, mais qui n'avait rien de commun avec cet autre Ximénès, qui, dans le temps suivant, a été régent de Castille.

La Castille et l'Aragon étaient alors des puissances ; mais il ne faut pas croire que leurs souverains fussent absolus : aucun ne l'était en Europe. Les seigneurs, en Espagne plus qu'ailleurs, resserraient l'autorité du roi dans des limites étroites. Les Aragonais se souviennent encore aujourd'hui de la formule de l'inauguration de leurs rois : le grand justicier du royaume prononçait ces paroles au nom des états : *Nos que valemos tanto como vos, y que podemos mas que vos, os hazemos nuestro rey y señor, con tal que guardeis nuestros fueros; si no, no.* « Nous, qui sommes autant que vous et qui pouvons plus que vous, nous vous faisons notre roi, à condition que vous garderez nos lois ; sinon, non. »

Le grand justicier prétendait que ce n'était pas une vaine cérémonie, et qu'il avait le droit d'accuser le roi devant les états, et de présider au jugement : je ne vois point pourtant d'exemple qu'on ait usé de ce privilége.

La Castille n'avait guère moins de droits, et les états mettaient des bornes au pouvoir souverain. Enfin on doit juger que dans des pays où il y avait tant de seigneurs, il était aussi difficile aux rois de dompter leurs sujets que de chasser les Maures.

Alfonse X, surnommé l'Astronome ou le Sage, fils de saint Ferdinand, en fit l'épreuve. On a dit de lui qu'en étudiant le ciel il avait perdu la terre. Cette pensée triviale serait juste si Alfonse avait négligé ses affaires pour l'étude ; mais c'est ce qu'il ne fit jamais. Le même fonds d'esprit qui en avait fait un grand philosophe en fit un très-bon roi. Plusieurs auteurs l'accusent encore d'athéisme, pour avoir dit « que s'il avait été du conseil de Dieu, il lui aurait donné de bons avis sur le mouvement des astres ». Ces auteurs ne font pas attention que cette plaisanterie de ce sage prince tombait uniquement sur le système de Ptolémée, dont il sentait l'insuffisance et les contrariétés. Il fut le rival des Arabes dans les sciences, et l'université de Salamanque, établie en cette ville par son père, n'eut aucun personnage qui l'égalât. Ses tables alfonsines font encore aujourd'hui sa gloire, et la honte des princes qui se font un mérite d'être ignorants ; mais aussi il faut avouer qu'elles furent dressées par des Arabes.

Les difficultés dans lesquelles son règne fut embarrassé n'étaient pas, sans doute, un effet des sciences qui rendirent Alfonse illustre, mais une suite des dépenses excessives de son père. Ainsi que saint Louis avait épuisé la France par ses voyages, saint Ferdinand avait ruiné pour un temps la Castille par ses acquisitions mêmes, qui avaient coûté plus qu'elles ne valurent d'abord.

Après la mort de saint Ferdinand, il fallut que son fils résistât à la Navarre et à l'Aragon jaloux.

Cependant tous ces embarras, qui occupaient ce roi philosophe, n'empêchèrent pas que les princes de l'empire ne le demandassent pour empereur ; et s'il ne le fut pas, si Rodolphe de Habsbourg fut enfin élu à sa place, il ne faut, ce me semble, l'attribuer qu'à la distance qui séparait la Castille de l'Allemagne. Alfonse montra du moins qu'il méritait l'empire par la manière dont il gouverna la Castille. Son recueil de lois, qu'on appelle *las Partidas*, y est encore un des fondements de la jurisprudence : il dit dans ces lois que « le despote arrache l'arbre, et que le sage monarque l'ébranche ».

(1283) Ce prince vit, dans sa vieillesse, son fils don Sanche III se révolter contre lui ; mais le crime du fils ne fait pas, je crois, la honte du père. Ce don Sanche était né d'un second mariage, et prétendit, du vivant de son père, se faire déclarer son héritier à l'exclusion des petits-fils du premier lit. Une assemblée de factieux, sous le nom d'états, lui déféra même la couronne. Cet attentat est une nouvelle preuve de ce que j'ai souvent dit, qu'en Europe il n'y avait point de lois, et que presque tout se décidait suivant l'occurrence des temps et le caprice des hommes.

Alfonse le Sage fut réduit à la douleureuse nécessité de se liguer avec les mahométans contre un fils et des chrétiens rebelles. Ce n'était pas la première alliance des chrétiens avec les musulmans contre d'autres chrétiens, mais c'était certainement la plus juste.

Le miramolin de Maroc, appelé par le roi Alfonse X, passa la mer : l'Africain et le Castillan se virent à Zara, sur les confins de Grenade. L'histoire doit perpétuer à jamais la conduite et le discours du miramolin ; il céda la place d'honneur au roi de Castille. « Je vous traite ainsi, dit-il, parce que vous êtes malheureux, et je ne m'unis avec vous que pour venger la cause commune de tous les rois et de tous les pères. » Alfonse combattit[1] son fils, et le vainquit (1283) : ce qui prouve encore combien il était digne de régner ; mais il mourut après sa victoire.

Le roi de Maroc fut obligé de passer dans ses États : don Sanche, fils dénaturé d'Alfonse et usurpateur du trône de ses neveux, régna, et même régna heureusement.

La domination portugaise comprenait alors les Algarves, arrachées enfin aux Maures. Ce mot *Algarves* signifie en arabe *pays fertile*. N'oublions pas encore qu'Alfonse le Sage avait beaucoup aidé le Portugal dans cette conquête. Tout cela, ce me semble, prouve invinciblement qu'Alfonse n'eut jamais à se repentir d'avoir cultivé les sciences, comme le veulent insinuer des historiens qui, pour se donner la réputation équivoque de politiques, affectent de mépriser des arts qu'ils devraient honorer.

---

1. L'éditeur des *OEuvres de Voltaire* en douze volumes in-8° propose de mettre : *Alfonse combattit son fils, le vainquit* et lui pardonna, *ce qui prouve*, etc. Aucune des éditions que j'ai vues ne porte cette leçon. (B.)

Alfonse le Philosophe avait oublié si peu le temporel qu'il s'était fait donner par le pape Grégoire X le tiers de certaines dîmes du clergé de Léon et de Castille, droit qu'il a transmis à ses successeurs.

Sa maison fut troublée, mais elle s'affermit toujours contre les Maures. (1303) Son petit-fils, Ferdinand IV, leur enleva alors Gibraltar, qui n'était pas si difficile à conquérir qu'aujourd'hui.

On appelle ce Ferdinand IV Ferdinand l'Ajourné, parce que dans un accès de colère il fit, dit-on, jeter du haut d'un rocher deux seigneurs qui, avant d'être précipités, l'ajournèrent à comparaître devant Dieu dans trente jours, et qu'il mourut au bout de ce terme. Il serait à souhaiter que ce conte fût véritable, ou du moins cru tel par ceux qui pensent pouvoir tout faire impunément. Il fut père de ce fameux Pierre le Cruel dont nous verrons les excessives sévérités ; prince implacable, et punissant cruellement les hommes, sans qu'il fût ajourné au tribunal de Dieu.

L'Aragon, de son côté, se fortifia, comme nous l'avons vu, et accrut sa puissance par l'acquisition de la Sicile.

Les papes prétendaient pouvoir disposer du royaume d'Aragon pour deux raisons : premièrement, parce qu'ils le regardaient comme un fief de l'Église romaine ; secondement, parce que Pierre III, surnommé *le Grand*, auquel on reprochait les vêpres siciliennes, était excommunié, non pour avoir eu part au massacre, mais pour avoir pris la Sicile, que le pape ne voulait pas lui donner. Son royaume d'Aragon fut donc transféré par sentence du pape à Charles de Valois, petit-fils de saint Louis ; mais la bulle ne put être mise à exécution : la maison d'Aragon demeura florissante ; et bientôt après les papes, qui avaient voulu la perdre, l'enrichirent encore. (1294) Boniface VIII donna la Sardaigne et la Corse au roi d'Aragon, Jacques IV, dit *le Juste*, pour l'ôter aux Génois et aux Pisans, qui se disputaient ces îles : nouvelle preuve de l'imbécile grossièreté de ces temps barbares.

Alors, la Castille et la France étaient unies, parce qu'elles étaient ennemies de l'Aragon : les Castillans et les Français étaient alliés de royaume à royaume, de peuple à peuple, et d'homme à homme.

Ce qui se passait alors en France du temps de Philippe le Bel, au commencement du xive siècle, doit attirer nos regards.

CHAPITRE LXV.

DU ROI DE FRANCE PHILIPPE LE BEL, ET DE BONIFACE VIII.

Le temps de Philippe le Bel, qui commença son règne en 1285, fut une grande époque en France par l'admission du tiers état aux assemblées de la nation, par l'institution des tribunaux suprêmes nommés parlements[1], par la première érection d'une nouvelle pairie, faite en faveur du duc de Bretagne, par l'abolition des duels en matière civile, par la loi des apanages restreints aux seuls héritiers mâles. Nous nous arrêterons à présent à deux autres objets, aux querelles de Philippe le Bel avec le pape Boniface VIII, et à l'extinction de l'ordre des templiers.

Nous avons déjà vu que Boniface VIII, de la maison des Cajetans, était un homme semblable à Grégoire VII, plus savant encore que lui dans le droit canon, non moins ardent à soumettre les puissances à l'Église, et toutes les Églises au saint-siége. Les factions *gibeline* et *guelfe* divisaient plus que jamais l'Italie. Les gibelins étaient originairement les partisans des empereurs; et l'empire alors n'étant qu'un vain nom, les gibelins se servaient toujours de ce nom pour se fortifier et pour s'agrandir. Boniface fut longtemps *gibelin* quand il fut particulier, et on peut bien juger qu'il fut *guelfe* quand il devint pape. On rapporte qu'un premier jour de carême, donnant les cendres à un archevêque de Gênes, il les lui jeta au nez, en lui disant : *Souviens-toi que tu es gibelin*. La maison des Colonnes, premiers barons romains, qui possédait des villes au milieu du patrimoine de Saint-Pierre, était de la faction *gibeline*. Leur intérêt contre les papes était le même que celui des seigneurs allemands contre l'empereur, et des Français contre le roi de France : le pouvoir des seigneurs de fiefs s'opposait partout au pouvoir souverain.

Les autres barons voisins de Rome avaient le même esprit; ils s'unissaient avec les rois de Sicile, et avec les gibelins des villes d'Italie : il ne faut pas s'étonner si le pape les persécuta et en fut persécuté; presque tous ces seigneurs avaient à la fois des diplômes de *vicaires du saint-siége*, et de *vicaires de l'empire*, source

---

1. Voyez les chapitres concernant les états généraux et les tribunaux de parlement (chapitres LXXVI, LXXXIII, LXXXV). (*Note de Voltaire.*)

nécessaire de guerres civiles que le respect de la religion ne put jamais tarir, et que les hauteurs de Boniface VIII ne firent qu'accroître.

Ces violences n'ont pu finir que par les violences encore plus grandes d'Alexandre VI, environ deux siècles après. Le pontificat, du temps de Boniface VIII, n'était plus maître de tout le pay qu'avait possédé Innocent III, de la mer Adriatique au ports d'Ostie : il en prétendait le domaine suprême ; il possédait quelques villes en propre ; c'était une puissance des plus médiocres. Le grand revenu des papes consistait dans ce que l'Église universelle leur fournissait, dans les décimes qu'ils recueillaient souvent du clergé, dans les dispenses, dans les taxes.

Une telle situation devait porter Boniface à ménager une puissance qui pouvait le priver d'une partie de ces revenus, et fortifier contre lui les gibelins. Aussi, dans le commencement même de ses démêlés avec le roi de France, il fit venir en Italie Charles de Valois, frère de Philippe, qui arriva avec quelque gendarmerie ; il lui fit épouser la petite-fille de Baudouin, second empereur de Constantinople dépossédé, et nomma solennellement Valois empereur d'Orient ; de sorte qu'en deux années il donna l'empire d'Orient, celui d'Occident, et la France ; car nous avons déjà remarqué[1] que ce pape, réconcilié avec Albert d'Autriche, lui fit un don de la France (1303). Il n'y eut de ces présents que celui de l'empire d'Allemagne qui fut reçu, parce qu'Albert le possédait en effet.

Le pape, avant sa réconciliation avec l'empereur, avait donné à Charles de Valois un autre titre, celui de *vicaire de l'empire* en Italie, et principalement en Toscane. Il pensait, puisqu'il nommait les maîtres, devoir, à plus forte raison, nommer les vicaires : aussi Charles de Valois, pour lui plaire, persécuta violemment le parti gibelin à Florence. C'est pourtant précisément dans le temps que Valois lui rend ce service qu'il outrage et qu'il pousse à bout le roi de France son frère. Rien ne prouve mieux que la passion et l'animosité l'emportent souvent sur l'intérêt même.

Philippe le Bel, qui voulait dépenser beaucoup d'argent, et qui en avait peu, prétendait que le clergé, comme l'ordre le plus riche de l'État, devait contribuer aux besoins de la France sans la permission de Rome. Le pape voulait avoir l'argent d'une décime accordée sous le prétexte d'un secours pour la Terre Sainte, qui n'était plus secourable, et qui était sous le pouvoir d'un descen-

---

1. Chapitre LXIII, page 505.

dant de Gengis. (1301 et 1302) Le roi prenait cet argent pour faire, en Guienne, la guerre qu'il eut contre le roi d'Angleterre Édouard. Ce fut le premier sujet de la querelle. L'entreprise d'un évêque de la ville de Pamiers aigrit ensuite les esprits. Cet homme[1] avait cabalé contre le roi dans son pays, qui ressortissait alors de la couronne, et le pape aussitôt le fit son légat à la cour de Philippe. Ce sujet, revêtu d'une dignité qui, selon la cour romaine, le rendait égal au roi même, vint à Paris braver son souverain, et le menacer de mettre son royaume en interdit : un séculier qui se fût conduit ainsi aurait été puni de mort ; il fallut user de grandes précautions pour s'assurer seulement de la personne de l'évêque, encore fallut-il le remettre entre les mains de son métropolitain, l'archevêque de Narbonne.

Vous avez déjà observé que depuis la mort de Charlemagne on ne vit aucun pontife de Rome qui n'eût des disputes ou épineuses ou violentes avec les empereurs et les rois ; vous verrez durer jusqu'au siècle de Louis XIV ces querelles, qui sont la suite nécessaire de la forme de gouvernement la plus absurde à laquelle les hommes se soient jamais soumis. Cette absurdité consistait à dépendre chez soi d'un étranger ; en effet souffrir qu'un étranger donne chez vous des fiefs, ne pouvoir recevoir de subsides des possesseurs de ces fiefs qu'avec la permission de cet étranger, et sans partager avec lui, être continuellement exposé à voir fermer par son ordre les temples que vous avez construits et dotés, convenir qu'une partie de vos sujets doit aller plaider à trois cents lieues de vos États : c'est là une petite partie des chaînes que les souverains de l'Europe s'imposèrent insensiblement, et sans presque le savoir. Il est clair que si aujourd'hui on venait pour la première fois proposer au conseil d'un souverain de se soumettre à de pareils usages, celui qui oserait en faire la proposition serait regardé comme le plus insensé des hommes. Le fardeau, d'abord léger, s'était appesanti par degrés : on sentait bien qu'il fallait le diminuer ; mais on n'était ni assez sage, ni assez instruit, ni assez ferme, pour s'en défaire entièrement.

(1302 et suiv.) Déjà, dans une bulle longtemps fameuse, l'évêque de Rome, Boniface VIII, avait décidé « qu'aucun clerc ne doit rien payer au roi son maître sans permission expresse du souverain pontife ». Philippe, roi de France, n'osa pas d'abord faire brûler cette bulle ; il se contenta de défendre la sortie de l'argent hors du royaume, sans nommer Rome. On négocia ; le

---

1. Bernard de Saisset.

pape, pour gagner du temps, canonisa saint Louis ; et les moines concluaient que si un homme disposait du ciel, il pouvait disposer de l'argent de la terre.

Le roi plaida devant l'archevêque de Narbonne, contre l'évêque de Pamiers, par la bouche de son chancelier Pierre Flotte, à Senlis ; et ce chancelier alla lui-même à Rome rendre compte au pape du procès. Les rois de Cappadoce et de Bithynie en usaient à peu près de même avec la république romaine ; mais, ce qu'ils n'eussent pas fait, Pierre Flotte parla au pontife de Rome comme le ministre d'un souverain réel à un souverain imaginaire ; il lui dit très-expressément « que le royaume de France était de ce monde, et que celui du pape n'en était pas ».

Le pape fut assez hardi pour s'en offenser : il écrit au roi un bref dans lequel on trouve ces paroles : « Sachez que vous nous êtes soumis dans le temporel comme dans le spirituel. » Un historien judicieux et instruit remarque très à propos que ce bref était conservé à Paris dans un ancien manuscrit de la bibliothèque de Saint-Germain des Prés, et que l'on a déchiré le feuillet, en laissant subsister un sommaire qui l'indique, et un extrait qui le rappelle.

Philippe répondit : « A Boniface, prétendu pape, peu ou point de salut ; que votre très-grande fatuité sache que nous ne sommes soumis à personne pour le temporel. » Le même historien observe que cette même réponse du roi est conservée au Vatican : ainsi les Romains modernes ont eu plus de soin de conserver les choses curieuses que les bénédictins de Paris. L'authenticité de ces lettres a été vainement contestée ; je ne crois pas qu'elles aient jamais été revêtues des formes ordinaires, et présentées en cérémonie ; mais elles furent certainement écrites.

Le pontife lança bulles sur bulles, qui toutes déclarent que le pape est le maître des royaumes, que si le roi de France ne lui obéit pas il sera excommunié, et son royaume en interdit, c'est-à-dire qu'il ne sera plus permis de faire les exercices du christianisme, ni de baptiser les enfants, ni d'enterrer les morts. Il semble que ce soit le comble des contradictions de l'esprit humain qu'un évêque chrétien, qui prétend que tous les chrétiens sont ses sujets, veuille empêcher ces prétendus sujets d'être chrétiens, et qu'il se prive ainsi tout d'un coup lui-même de ce qu'il croit son propre bien. Mais vous sentez assez que le pape comptait sur l'imbécillité des hommes ; il espérait que les Français seraient assez lâches pour sacrifier leur roi à la crainte d'être privés des sacrements. Il se trompa : (1303) on brûla sa bulle ; la France s'éleva contre le pape, sans rompre avec la papauté. Le roi convoqua les états. Était-il donc nécessaire de les assembler pour décider que Boniface VIII n'était pas roi de France?

Le cardinal Le Moine, Français de naissance, qui n'avait plus d'autre patrie que Rome, vint à Paris pour négocier; et, s'il ne pouvait réussir, pour excommunier le royaume. Ce nouveau légat avait ordre de mener à Rome le confesseur du roi, qui était dominicain, afin qu'il y rendît compte de sa conduite et de celle de Philippe. Tout ce que l'esprit humain peut inventer pour élever la puissance du pape était épuisé : les évêques soumis à lui ; de nouveaux ordres de religieux relevant immédiatement du saint-siége, portant partout son étendard ; un roi qui confesse ses plus secrètes pensées, ou du moins qui passe pour les confesser à un de ses moines ; et enfin ce confesseur sommé par le pape, son maître, d'aller rendre compte à Rome de la conscience du roi son pénitent. Cependant Philippe ne plia point; il fait saisir le temporel de tous les prélats absents : les états généraux appellent au futur concile et au futur pape. Ce remède même tenait un peu de la faiblesse, car appeler au pape, c'est reconnaître son autorité ; et quel besoin les hommes ont-ils d'un concile et d'un pape pour savoir que chaque gouvernement est indépendant, et qu'on ne doit obéir qu'aux lois de sa patrie?

Alors le pape ôte à tous les corps ecclésiastiques de France le droit des élections, aux universités les grades, le droit d'enseigner, comme s'il révoquait une grâce qu'il eût donnée : ces armes étaient faibles, il voulut y joindre celles de l'empire d'Allemagne.

Vous avez vu les papes donner l'empire, le Portugal, la Hongrie, le Danemark, l'Angleterre, l'Aragon, la Sicile, presque tous les royaumes; celui de France n'avait pas encore été transféré par une bulle. Boniface enfin le mit dans le rang des autres États, et en fit un don à l'empereur Albert d'Autriche, ci-devant excommunié par lui, et maintenant son cher fils, et le soutien de l'Église. Remarquez les mots de sa bulle (1303) : « Nous vous donnons par la plénitude de notre puissance... le royaume de France, qui appartient de droit aux empereurs d'Occident. » Boniface et son dataire ne songeaient pas que, si la France appartenait de droit aux empereurs, la plénitude de la puissance papale était fort inutile. Il y avait pourtant un reste de raison dans cette démence; on flattait la prétention de l'empire sur tous les États occidentaux : car vous verrez toujours que les jurisconsultes allemands croyaient ou feignaient de croire que le peuple de Rome s'étant donné avec son évêque à Charlemagne, tout l'Occident devait appartenir à ses successeurs, et que tous les autres États n'étaient qu'un démembrement de l'empire.

Si Albert d'Autriche avait eu deux cent mille hommes et deux cents millions, il est clair qu'il eût profité des bontés de Boniface; mais, étant pauvre et à peine affermi, il abandonna le pape au ridicule de sa donation.

Le roi de France eut toute la liberté de traiter le pape en prince ennemi : il se joignit à la maison des Colonnes, qui ne faisait pas plus de cas que lui des excommunications, et qui quelquefois réprimait dans Rome même cette autorité souvent redoutable ailleurs. Guillaume de Nogaret passe en Italie sous des prétextes plausibles, lève secrètement quelques cavaliers, donne rendez-vous à Sciarra Colonna. On surprend le pape dans Anagni, ville de son domaine, où il était né ; on crie : « Meure le pape, et vivent les Français! » Le pontife ne perdit point courage : il revêtit la chape, mit sa tiare en tête ; et, portant les clefs dans une main et la croix dans l'autre, il se présenta avec majesté devant Colonna et Nogaret. Il est fort douteux que Colonna ait eu la brutalité de le frapper : les contemporains disent qu'il lui criait : « Tyran, renonce à la papauté que tu déshonores, comme tu as fait renoncer Célestin! » Boniface répondit fièrement : « Je suis pape, et je mourrai pape. » Les Français pillèrent sa maison et ses trésors. Mais après ces violences, qui tenaient plus du brigandage que de la justice d'un grand roi, les habitants d'Anagni, ayant reconnu le petit nombre de Français, furent honteux d'avoir laissé leur compatriote et leur pontife dans les mains des étrangers : ils les chassèrent (1303). Boniface alla à Rome, méditant sa vengeance ; mais il mourut en arrivant. C'est ainsi qu'ont été traités en Italie presque tous les papes qui voulurent être trop puissants : vous les voyez toujours donnant des royaumes, et persécutés chez eux.

Philippe le Bel poursuivit son ennemi jusque dans le tombeau : il voulut faire condamner sa mémoire dans un concile; il exigea de Clément V, né son sujet, et qui siégeait dans Avignon, que le procès contre le pape son prédécesseur fût commencé dans les formes. On l'accusait d'avoir engagé le pape Célestin V, son prédécesseur, à renoncer à la chaire pontificale; d'avoir obtenu sa place par des voies illégitimes, et enfin d'avoir fait mourir Célestin en prison. Ce dernier fait n'était que trop véritable. Un de ses domestiques, nommé Maffredo, et treize autres témoins, déposaient qu'il avait insulté plus d'une fois à la religion qui le rendait si puissant, en disant : « Ah! que de biens nous a faits cette fable du Christ ! » qu'il niait en conséquence les mystères de la Trinité, de l'incarnation, de la transsubstantiation : ces dépositions se trouvent encore dans les enquêtes juridiques qu'on a recueillies. Le grand nombre de témoins fortifie ordinairement une accusation, mais ici il l'affaiblit : il n'y a point du tout d'apparence qu'un souverain pontife ait proféré devant treize témoins ce qu'on dit rarement à un seul. Le roi voulait qu'on exhumât le pape, et qu'on fît brûler ses os par le bourreau : il osait flétrir ainsi la chaire pontificale, et ne sut pas se soustraire à son obéissance. Clément V fut assez sage pour faire évanouir dans les délais une entreprise trop flétrissante pour l'Église.

La conclusion de toute cette affaire fut que, loin de faire le procès à la mémoire de Boniface VIII, le roi consentit à recevoir seulement la mainlevée de l'excommunication portée par ce Boniface contre lui et son royaume. Il souffrit même que Nogaret, qui l'avait servi, qui n'avait agi qu'en son nom, qui l'avait vengé de Boniface, fût condamné par le successeur de ce pape à passer sa vie en Palestine. Tout le grand éclat de Philippe le Bel ne se termina qu'à sa honte. Jamais vous ne verrez, dans ce grand tableau du monde, un roi de France l'emporter à la longue sur un pape. Ils feront ensemble des marchés ; mais Rome y gagnera toujours quelque chose ; il en coûtera toujours de l'argent à la France. Vous ne verrez que les parlements du royaume combattre avec inflexibilité les souplesses de la cour de Rome, et très-souvent la politique ou la faiblesse du cabinet, la nécessité des conjonctures, les intrigues des moines, rendront la fermeté des parlements inutile ; et cette faiblesse durera jusqu'à ce qu'un roi daigne dire résolûment : Je veux briser mes fers et ceux de ma nation.

(1306) Philippe le Bel, pour se dépiquer, chassa tous les Juifs du royaume, s'empara de leur argent, et leur défendit d'y revenir, sous peine de la vie. Ce ne fut point le parlement qui rendit cet arrêt : ce fut par un ordre secret, donné dans son conseil privé, que Philippe punit l'usure juive par une injustice. Les peuples se crurent vengés, et le roi fut riche.

Quelque temps après, un événement qui eut encore sa source dans cet esprit vindicatif de Philippe le Bel étonna l'Europe et l'Asie.

CHAPITRE LXVI.

DU SUPPLICE DES TEMPLIERS, ET DE L'EXTINCTION DE CET ORDRE.

Parmi les contradictions qui entrent dans le gouvernement de ce monde, ce n'en est pas une petite que cette institution de moines armés qui font vœu de vivre à la fois en anachorètes et en soldats.

On accusait les templiers de réunir tout ce qu'on reprochait à ces deux professions, les débauches et la cruauté du guerrier, et l'insatiable passion d'acquérir, qu'on impute à ces grands ordres qui ont fait vœu de pauvreté.

Tandis qu'ils goûtaient le fruit de leurs travaux, ainsi que les chevaliers hospitaliers de Saint-Jean, l'ordre teutonique, formé comme eux dans la Palestine, s'emparait au XIIIe siècle de la Prusse, de la Livonie, de la Courlande, de la Samogitie. Ces chevaliers teutons étaient accusés de réduire les ecclésiastiques comme les païens à l'esclavage, de piller leurs biens, d'usurper les droits des évêques, d'exercer un brigandage horrible ; mais on ne fait point le procès à des conquérants. Les templiers excitèrent l'envie parce qu'ils vivaient chez leurs compatriotes avec tout l'orgueil que donne l'opulence, et dans les plaisirs effrénés que prennent des gens de guerre qui ne sont point retenus par le frein du mariage.

(1306) La rigueur des impôts, et la malversation du conseil du roi Philippe le Bel dans les monnaies excita une sédition dans Paris. Les templiers, qui avaient en garde le trésor du roi, furent accusés d'avoir eu part à la mutinerie ; et on a vu déjà[1] que Philippe le Bel était implacable dans ses vengeances.

Les premiers accusateurs de cet ordre furent un bourgeois de Béziers, nommé Squin de Florian, et Noffodei, Florentin, templier apostat, détenus tous deux en prison pour leurs crimes. Ils demandèrent à être conduits devant le roi, à qui seul ils voulaient révéler des choses importantes. S'ils n'avaient pas su quelle était l'indignation du roi contre les templiers, auraient-ils espéré leur grâce en les accusant? Ils furent écoutés. Le roi, sur leur déposition, ordonne à tous les baillis du royaume, à tous les officiers,

---

1. Chapitre LXV, page 520.

de prendre main-forte (1309) ; leur envoie un ordre cacheté, avec défense, sous peine de la vie, de l'ouvrir avant le 13 octobre. Ce jour venu, chacun ouvre son ordre : il portait de mettre en prison tous les templiers. Tous sont arrêtés. Le roi aussitôt fait saisir en son nom les biens des chevaliers jusqu'à ce qu'on en dispose.

Il paraît évident que leur perte était résolue très longtemps avant cet éclat. L'accusation et l'emprisonnement sont de 1309[1]; mais on a retrouvé des lettres de Philippe le Bel au comte de Flandre, datées de Melun, 1306, par lesquelles il le priait de se joindre à lui pour extirper les templiers.

Il fallait juger ce prodigieux nombre d'accusés. Le pape Clément V, créature de Philippe, et qui demeurait alors à Poitiers, se joint à lui après quelques disputes sur le droit que l'Église avait d'exterminer ces religieux, et le droit du roi de punir des sujets. Le pape interrogea lui-même soixante et douze chevaliers. Des inquisiteurs, des commissaires délégués, procèdent partout contre les autres. Les bulles sont envoyées chez tous les potentats de l'Europe pour les exciter à imiter la France. On s'y conforme en Castille, en Aragon, en Sicile, en Angleterre ; mais ce ne fut qu'en France qu'on fit périr ces malheureux. Deux cent et un témoins les accusèrent de renier Jésus-Christ en entrant dans l'ordre, de cracher sur la croix, d'adorer une tête dorée montée sur quatre pieds. Le novice baisait le profès qui le recevait, à la bouche, au nombril, et à des parties qui paraissaient peu destinées à cet usage. Il jurait de s'abandonner à ses confrères. Voilà, disent les informations conservées jusqu'à nos jours, ce qu'avouèrent soixante et douze templiers au pape même, et cent quarante-un de ces accusés à frère Guillaume, cordelier, inquisiteur dans Paris, en présence de témoins. On ajoute que le grand-maître de l'ordre même, et le grand-maître de Chypre, les maîtres de France, de Poitou, de Vienne, de Normandie, firent les mêmes aveux à trois cardinaux délégués par le pape.

(1312) Ce qui est indubitable, c'est qu'on fit subir les tortures les plus cruelles à plus de cent chevaliers, qu'on en brûla vifs cinquante-neuf en un jour, près de l'abbaye Saint-Antoine de Paris ; que le grand-maître Jacques de Molai, et Gui, frère du dauphin d'Auvergne, deux des principaux seigneurs de l'Europe, l'un par sa dignité, l'autre par sa naissance, furent aussi jetés

---

1. L'accusation et l'emprisonnement sont de 1307; les arrêts sont de 1309. Voyez Voltaire lui-même, *Histoire du Parlement*, chapitre IV. (B.)

vifs dans les flammes, non loin de l'endroit où est à présent la statue équestre du roi Henri IV.

Ces supplices, dans lesquels on fait mourir tant de citoyens d'ailleurs respectables, cette foule de témoins contre eux, ces aveux de plusieurs accusés mêmes, semblent des preuves de leur crime et de la justice de leur perte.

Mais aussi que de raisons en leur faveur! Premièrement, de tous ces témoins qui déposent contre les templiers, la plupart n'articulent que de vagues accusations. Secondement, très-peu disent que les templiers reniaient Jésus-Christ. Qu'auraient-ils en effet gagné en maudissant une religion qui les nourrissait, et pour laquelle ils combattaient? Troisièmement, que plusieurs d'entre eux, témoins et complices des débauches des princes et des ecclésiastiques de ce temps-là, eussent marqué quelquefois du mépris pour les abus d'une religion tant déshonorée en Asie et en Europe ; qu'ils en eussent parlé dans des moments de liberté, comme on disait que Boniface VIII en parlait : c'est un emportement de jeunes gens dont certainement l'ordre n'est point comptable. Quatrièmement, cette tête dorée qu'on prétendait qu'ils adoraient, et qu'on gardait à Marseille, devait leur être représentée : on ne se mit seulement pas en peine de la chercher, et il faut avouer qu'une telle accusation se détruit d'elle-même. Cinquièmement, la manière infâme dont on leur reprochait d'être reçus dans l'ordre ne peut avoir passé en loi parmi eux. C'est mal connaître les hommes de croire qu'il y ait des sociétés qui se soutiennent par les mauvaises mœurs, et qui fassent une loi de l'impudicité : on veut toujours rendre sa société respectable à qui veut y entrer. Je ne doute nullement que plusieurs jeunes templiers ne s'abandonnassent à des excès qui de tout temps ont été le partage de la jeunesse ; et ce sont de ces vices passagers qu'il vaut beaucoup mieux ignorer que punir. Sixièmement, si tant de témoins ont déposé contre les templiers, il y eut aussi beaucoup de témoignages étrangers en faveur de l'ordre. Septièmement, si les accusés, vaincus par les tourments, qui font dire le mensonge comme la vérité, ont confessé tant de crimes, peut-être ces aveux sont-ils autant à la honte des juges qu'à celle des chevaliers ; on leur promettait leur grâce pour extorquer leur confession. Huitièmement, les cinquante-neuf qu'on brûla vifs prirent Dieu à témoin de leur innocence, et ne voulurent point la vie qu'on leur offrait à condition de s'avouer coupables. Quelle plus grande preuve non-seulement d'innocence, mais d'honneur ? Neuvièmement, soixante et quatorze templiers non accusés entreprirent de défendre l'ordre, et ne furent point écoutés. Dixièmement, lorsqu'on lut au grand-maître sa confession rédigée devant les trois cardinaux, ce vieux guerrier, qui ne savait ni lire ni écrire, s'écria qu'on l'avait trompé ; que l'on avait écrit une autre déposition que la sienne ; que les cardinaux ministres de cette perfidie méritaient qu'on les punît comme les Turcs punissent les faussaires, en leur fendant le corps et la tête en deux. Onzièmement, on eût accordé la vie à ce grand-maître, et à Gui, frère du dauphin d'Auvergne, s'ils avaient voulu se reconnaître coupables publiquement ; et on ne les brûla que parce qu'appelés en présence du peuple sur un échafaud pour avouer les crimes de l'ordre, ils jurèrent que l'ordre était innocent. Cette déclaration, qui indigna le roi, leur attira leur supplice, et ils moururent en invoquant en vain la vengeance céleste contre leurs persécuteurs.

Cependant, en conséquence de la bulle du pape et de leurs grands biens, on poursuivit les templiers dans toute l'Europe ; mais en Allemagne ils surent empêcher qu'on ne saisît leurs personnes. Ils soutinrent en Aragon des siéges dans leurs châteaux. Enfin le pape abolit l'ordre de sa seule autorité dans un consistoire secret, pendant le concile de Vienne : partagea qui put leurs dépouilles. Les rois de Castille et d'Aragon s'emparèrent d'une partie de leurs biens, et en firent part aux chevaliers de Calatrava ; on donna les terres de l'ordre en France, en Italie, en Angleterre, en Allemagne, aux hospitaliers, nommés alors chevaliers de Rhodes, parce qu'ils venaient de prendre cette île sur les Turcs, et l'avaient su garder avec un courage qui méritait au moins les dépouilles des chevaliers du Temple pour leur récompense.

Denis, roi de Portugal, institua en leur place l'ordre des chevaliers du Christ, ordre qui devait combattre les Maures, mais qui, étant devenu depuis un vain honneur, a cessé même d'être honneur à force d'être prodigué.

Philippe le Bel se fit donner deux cent mille livres, et Louis Hutin son fils prit encore soixante mille livres sur les biens des templiers. J'ignore ce qui revint au pape ; mais je vois évidemment que les frais des cardinaux, des inquisiteurs délégués pour faire ce procès épouvantable, montèrent à des sommes immenses. Je m'étais peut-être trompé quand je lus avec vous la lettre circulaire de Philippe le Bel, par laquelle il ordonne à ses sujets de restituer les meubles et immeubles des templiers aux commissaires du pape. Cette ordonnance de Philippe est rapportée par Pierre du Pui. Nous crûmes que le pape avait profité de cette prétendue restitution ; car à qui restitue-t-on, sinon à ceux qu'on regarde comme propriétaires? Or, dans ce temps, on pensait que les papes étaient les maîtres des biens de l'Église : cependant je n'ai jamais pu découvrir ce que le pape recueillit de cette dépouille. Il est avéré qu'en Provence le pape partagea les biens meubles des templiers avec le souverain. On joignait à la bassesse de s'emparer du bien des proscrits la honte de se déshonorer pour peu de chose ; mais y avait-il alors de l'honneur?

Il faut considérer un événement qui se passait dans le même temps, qui fait plus d'honneur à la nature humaine, et qui a fondé une république invincible.

CHAPITRE LXVII.

DE LA SUISSE, ET DE SA RÉVOLUTION AU COMMENCEMENT DU XIVᵉ **SIÈCLE**

De tous les pays de l'Europe, celui qui avait le plus conservé la simplicité et la pauvreté des premiers âges était la Suisse. Si elle n'était pas devenue libre, elle n'aurait point de place dans l'histoire du monde ; elle serait confondue avec tant de provinces plus fertiles et plus opulentes qui suivent le sort des royaumes où elles sont enclavées : on ne s'attire l'attention que quand on est quelque chose par soi-même. Un ciel triste, un terrain pierreux et ingrat, des montagnes, des précipices, c'est là tout ce que la nature a fait pour les trois quarts de cette contrée. Cependant on se disputait la souveraineté de ces rochers avec la même fureur qu'on s'égorgeait pour avoir le royaume de Naples, ou l'Asie Mineure.

Dans ces dix-huit ans d'anarchie où l'Allemagne fut sans empereur, des seigneurs de châteaux et des prélats combattaient à qui aurait une petite portion de la Suisse. Leurs petites villes voulaient être libres comme les villes d'Italie, sous la protection de l'empire.

Quand Rodolphe fut empereur, quelques seigneurs de châteaux accusèrent juridiquement les cantons de Schwitz, d'Uri, et d'Underwald, de s'être soustraits à leur domination féodale. Rodolphe, qui avait autrefois combattu ces petits tyrans, jugea en faveur des citoyens.

Albert d'Autriche, son fils, étant parvenu à l'empire, voulut faire de la Suisse une principauté pour un de ses enfants. Une partie des terres du pays était de son domaine, comme Lucerne, Zurich, et Glaris. Des gouverneurs sévères furent envoyés, qui abusèrent de leur pouvoir.

Les fondateurs de la liberté helvétienne se nommaient Melchtal, Stauffacher, et Walther Furst. La difficulté de prononcer des noms si respectables nuit à leur célébrité. Ces trois paysans furent les premiers conjurés ; chacun d'eux en attira trois autres. Ces neuf gagnèrent les trois cantons de Schwitz, d'Uri, et d'Underwald.

Tous les historiens prétendent que, tandis que cette conspiration se tramait, un gouverneur d'Uri, nommé Gessler, s'avisa d'un genre de tyrannie ridicule et horrible (1307). Il fit mettre, dit-on, un de ses bonnets au haut d'une perche dans la place, et ordonna qu'on saluât le bonnet sous peine de la vie. Un des conjurés, nommé Guillaume Tell, ne salua point le bonnet. Le gouverneur le condamna à être pendu, et ne lui donna sa grâce qu'à condition que le coupable, qui passait pour archer très-adroit, abattrait d'un coup de flèche une pomme placée sur la tête de son fils[1]. Le père, tremblant, tira, et fut assez heureux pour abattre la pomme. Gessler, apercevant une seconde flèche sous l'habit de Tell, demanda ce qu'il en prétendait faire. « Elle t'était destinée, dit le Suisse, si j'avais blessé mon fils. » Il faut convenir que l'histoire de la pomme est bien suspecte. Il semble qu'on ait cru devoir orner d'une fable le berceau de la liberté helvétique ; mais on tient pour constant que Tell, ayant été mis aux fers, tua ensuite le gouverneur d'un coup de flèche ; que ce fut le signal des conjurés, que les peuples démolirent les forteresses.

L'empereur Albert d'Autriche, qui voulait punir ces hommes libres, fut prévenu par la mort. Le duc d'Autriche, Léopold, assembla contre eux vingt mille hommes. Les Suisses se conduisirent comme les Lacédémoniens aux Thermopyles (1315). Ils attendirent, au nombre de quatre ou cinq cents, la plus grande partie de l'armée autrichienne au pas[2] de Morgarten. Plus heureux que les Lacédémoniens, ils mirent en fuite leurs ennemis en roulant sur eux des pierres. Les autres corps de l'armée ennemie

---

1. On prétend que ce conte est tiré d'une ancienne légende danoise. (*Note de Voltaire.*)

2. C'est le texte des éditions de 1756, 1761, 1769 (in-4°), 1775, et de celles de Kehl. Quelques éditions portent *bas*. (B.)

furent battus en même temps par un aussi petit nombre de Suisses.

Cette victoire ayant été gagnée dans le canton de Schwitz, les deux autres cantons donnèrent ce nom à leur alliance, laquelle, devenant plus générale, fait encore souvenir, par ce seul nom, de la victoire qui leur acquit la liberté.

Petit à petit les autres cantons entrèrent dans l'alliance. Berne, qui est en Suisse ce qu'Amsterdam est en Hollande, ne se ligua qu'en 1352; et ce ne fut qu'en 1513 que le petit pays d'Appenzel se joignit aux autres cantons, et acheva le nombre de treize.

Jamais peuple n'a plus longtemps ni mieux combattu pour sa liberté que les Suisses; ils l'ont gagnée par plus de soixante combats contre les Autrichiens; et il est à croire qu'ils la conserveront longtemps. Tout pays qui n'a pas une grande étendue, qui n'a pas trop de richesses, et où les lois sont douces, doit être libre. Le nouveau gouvernement en Suisse a fait changer de face à la nature: un terrain aride, négligé sous des maîtres trop durs, a été enfin cultivé; la vigne a été plantée sur des rochers; des bruyères, défrichées et labourées par des mains libres, sont devenues fertiles.

L'égalité, partage naturel des hommes, subsiste encore en Suisse autant qu'il est possible. Vous n'entendez pas par ce mot cette égalité absurde et impossible par laquelle le serviteur et le maître, le manœuvre et le magistrat, le plaideur et le juge, seraient confondus ensemble; mais cette égalité par laquelle le citoyen ne dépend que des lois, et qui maintient la liberté des faibles contre l'ambition du plus fort. Ce pays enfin aurait mérité d'être appelé heureux si la religion n'avait, dans la suite, divisé ses citoyens que l'amour du bien public réunissait, et si, en vendant leur courage à des princes plus riches qu'eux, ils eussent toujours conservé l'incorruptibilité qui les distingue.

Chaque nation a eu des temps où les esprits s'emportent au delà de leur caractère naturel; ces temps ont été moins fréquents chez les Suisses qu'ailleurs : la simplicité, la frugalité, la modestie, conservatrices de la liberté, ont toujours été leur partage; jamais ils n'ont entretenu d'armée pour défendre leurs frontières ou pour entrer chez leurs voisins; point de citadelles qui servent contre les ennemis ou contre les citoyens; point d'impôt sur les peuples; ils n'ont à payer ni le luxe ni les armées d'un maître; leurs montagnes font leurs remparts, et tout citoyen y est soldat pour défendre la patrie. Il y a bien peu de républiques dans le monde, et encore doivent-elles leur liberté à leurs rochers ou à la mer qui les défend. Les hommes sont très-rarement dignes de se gouverner eux-mêmes.

CHAPITRE LXVIII.

SUITE DE L'ÉTAT OU ÉTAIENT L'EMPIRE, L'ITALIE, ET LA PAPAUTÉ, AU XIV° SIÈCLE.

Nous avons entamé le xiv° siècle. Nous pouvons remarquer que depuis six cents ans Rome, faible et malheureuse, est toujours le principal objet de l'Europe ; elle domine par la religion, tandis qu'elle est dans l'avilissement et dans l'anarchie ; et malgré tant d'abaissement et tant de désordres, ni les empereurs ne peuvent y établir le trône des Césars, ni les pontifes s'y rendre absolus. Voilà depuis Frédéric II quatre empereurs de suite qui oublient entièrement l'Italie : Conrad IV, Rodolphe I*er*, Adolphe de Nassau, Albert d'Autriche. Aussi c'est alors que toutes les villes d'Italie rentrent dans leurs droits naturels, et lèvent l'étendard de la liberté : Gênes et Pise sont les émules de Venise ; Florence devient une république illustre ; Bologne ne reconnaît alors ni empereurs ni papes : le gouvernement municipal prévaut partout, et surtout dans Rome (1312). Clément V, qu'on appela le *pape gascon*[1], aima mieux transférer le saint-siége hors d'Italie, et jouir en France des contributions payées alors par tous les fidèles, que disputer inutilement des châteaux et des villes auprès de Rome. La cour de Rome fut établie sur les frontières de France par ce pape ; et c'est ce que les Romains appellent encore aujourd'hui le temps de la captivité de Babylone. Clément allait de Lyon à Vienne en Dauphiné, à Avignon, menant publiquement avec lui la comtesse de Périgord, et tirant ce qu'il pouvait d'argent de la piété des fidèles : c'est celui que vous avez vu détruire le corps redoutable des templiers.

Comment les Italiens, dans ces conjonctures, ne firent-ils pas, loin des empereurs et des papes, ce qu'ont fait les Allemands,

---

1. Bertrand de Goth (Clément V) avait été archevêque de Bordeaux.

qui sous les yeux même des empereurs ont établi, de siècle en siècle, leur association au pouvoir suprême, et leur indépendance ? Il n'y avait plus en Italie ni empereurs ni papes : qui forgea donc de nouvelles chaînes à ce beau pays ? la division. Les factions *guelfe* et *gibeline*, nées des querelles du sacerdoce et de l'empire, subsistaient toujours comme un feu qui se nourrissait par de nouveaux embrasements ; la discorde était partout. L'Italie ne faisait point un corps, l'Allemagne en faisait toujours un. Enfin le premier empereur entreprenant qui aurait voulu repasser les monts pouvait renouveler les droits et les prétentions des Charlemagne et des Othon. C'est ce qui arriva enfin à Henri VII, de la maison de Luxembourg : il descend en Italie avec une armée d'Allemands; il vient se faire reconnaître (1311). Le parti guelfe regarde son voyage comme une nouvelle irruption de barbares ; mais le parti gibelin le favorise : il soumet les villes de Lombardie ; c'est une nouvelle conquête : il marche à Rome pour y recevoir la couronne impériale.

Rome, qui ne voulait ni d'empereur ni de pape, et qui ne put secouer tout à fait le joug de l'un et de l'autre, ferma ses portes en vain (1313). Les Ursins et le frère de Robert, roi de Naples, ne purent empêcher que l'empereur n'entrât l'épée à la main, secondé du parti des Colonnes : on se battit longtemps dans les rues, et un évêque de Liége fut tué à côté de l'empereur. Il y eut beaucoup de sang répandu pour cette cérémonie du couronnement, que trois cardinaux firent enfin au lieu du pape. Il ne faut pas oublier que Henri VII protesta par-devant notaire que le serment par lui prêté à son sacre n'était point un serment de fidélité. Les papes osaient donc prétendre que l'empereur était leur vassal.

Maître de Rome, il y établit un gouverneur ; il ordonna que toutes les villes, que tous les princes d'Italie lui payassent un tribut annuel ; il comprit même dans cet ordre le royaume de Naples, séparé alors de celui de Sicile, et cita le roi de Naples à comparaître. Ainsi l'empereur réclame son droit sur Naples : le pape en était suzerain ; l'empereur se disait suzerain du pape, et le pape se croyait suzerain de l'empereur.

(1313) Henri VII allait soutenir sa prétention sur Naples par les armes, quand il mourut empoisonné, à ce qu'on prétend : un dominicain mêla, dit-on, du poison dans le vin consacré.

Les empereurs communiaient alors sous les deux espèces, en qualité de chanoines de Saint-Jean de Latran. Ils pouvaient faire l'office de diacres à la messe du pape, et les rois de France y auraient été sous-diacres.

On n'a point de preuves juridiques que Henri VII ait péri par cet empoisonnement sacrilége : frère Bernard Politien de Montepulciano en fut accusé, et les dominicains obtinrent, trente ans après, du fils de Henri VII, Jean, roi de Bohême, des lettres qui les déclaraient innocents. Il est triste d'avoir eu besoin de ces lettres.

De même qu'alors peu d'ordre régnait dans les élections des papes, celles des empereurs étaient très-mal ordonnées. Les hommes n'avaient point encore su prévenir les schismes par de sages lois.

Louis de Bavière et Frédéric le Beau, duc d'Autriche, furent élus à la fois au milieu des plus funestes troubles. Il n'y avait que la guerre qui pût décider ce qu'une diète réglée d'électeurs aurait dû juger : un combat, dans lequel l'Autrichien fut vaincu et pris (1322), donna la couronne au Bavarois.

On avait alors pour pape Jean XXII, élu à Lyon en 1315. Lyon se regardait encore comme une ville libre ; mais l'évêque en voulait toujours être le maître, et les rois de France n'avaient encore pu soumettre l'évêque. Philippe le Long, à peine roi de France, avait assemblé les cardinaux dans cette ville libre ; et, après leur avoir juré qu'il ne leur ferait aucune violence, il les avait enfermés tous, et ne les avait relâchés qu'après la nomination de Jean XXII.

Ce pape est encore un grand exemple de ce que peut le simple mérite dans l'Église : car il faut sans doute en avoir beaucoup pour parvenir de la profession de savetier au rang dans lequel on se fait baiser les pieds.

Il est au nombre de ces pontifes qui eurent d'autant plus de hauteur dans l'esprit que leur origine était plus basse aux yeux des hommes. Nous avons déjà remarqué[1] que la cour pontificale ne subsistait que des rétributions fournies par les chrétiens : ce fonds était plus considérable que les terres de la comtesse Mathilde. Quand je parle du mérite de Jean XXII, ce n'est pas de celui du désintéressement : ce pontife exigeait plus ardemment qu'aucun de ses prédécesseurs, non-seulement le denier de saint Pierre, que l'Angleterre payait très-irrégulièrement, mais les tributs de Suède, de Danemark, de Norvége, et de Pologne ; il demandait si souvent, et si violemment, qu'il obtenait toujours quelque argent : ce qui lui en valut davantage ce fut la taxe apostolique des péchés ; il évalua le meurtre, la sodomie, la bes-

---

1. Page 529.

tialité ; et les hommes assez méchants pour commettre ces péchés furent assez sots pour les payer. Mais être à Lyon, et n'avoir que peu de crédit en Italie, ce n'était pas être pape.

Pendant qu'il siégeait à Lyon, et que Louis de Bavière s'établissait en Allemagne, l'Italie se perdait et pour l'empereur et pour lui. Les Visconti commençaient à s'établir à Milan ; l'empereur Louis, ne pouvant les abaisser, feignait de les protéger, et leur laissait le titre de ses lieutenants : ils étaient gibelins; comme tels ils s'emparaient d'une partie de ces terres de la comtesse Mathilde, éternel sujet de discorde. Jean les fit déclarer hérétiques par l'Inquisition : il était en France, il pouvait sans rien risquer donner une de ces bulles qui ôtent et qui donnent les empires. Il déposa Louis de Bavière en idée par une de ces bulles, *le privant*, dit-il, *de tous ses biens meubles et immeubles*.

(1327) L'empereur, ainsi déposé, se hâta de marcher vers l'Italie, où celui qui le déposait n'osait paraître : il vint à Rome, séjour toujours passager des empereurs, accompagné de Castracani, tyran de Lucques, ce héros de Machiavel.

Ludovico Monaldesco, natif d'Orviette, qui, à l'âge de cent quinze ans, écrivit des mémoires de son temps, dit qu'il se ressouvient très-bien de cette entrée de l'empereur Louis de Bavière (1328). « Le peuple chantait, dit-il, Vive Dieu et l'empereur! nous sommes délivrés de la guerre, de la famine et du pape ! » Ce trait ne vaut la peine d'être cité que parce qu'il est d'un homme qui écrivait à l'âge de cent quinze années.

Louis de Bavière convoqua dans Rome une assemblée générale semblable à ces anciens parlements de Charlemagne et de ses enfants : ce parlement se tint dans la place de Saint-Pierre ; des princes d'Allemagne et d'Italie, des députés des villes, des évêques, des abbés, des religieux, y assistèrent en foule. L'empereur, assis sur un trône au haut des degrés de l'église, la couronne en tête et un sceptre d'or à la main, fit crier trois fois par un moine augustin : « Y a-t-il quelqu'un qui veuille défendre la cause du prêtre de Cahors, qui se nomme le pape Jean [1] ? » (1328) Personne n'ayant comparu, Louis prononça la sentence par laquelle il privait le pape de tout bénéfice, et le livrait au bras séculier pour être brûlé comme hérétique. Condamner ainsi à la mort un souverain pontife était le dernier excès où pût monter la querelle du sacerdoce et de l'empire.

Quelques jours après, l'empereur, avec le même appareil, créa

---

1. Jacques d'Ossa (Jean XXII) était de Cahors.

pape[1] un cordelier napolitain, l'investit par l'anneau, lui mit lui-même la chape, et le fit asseoir sous le dais à ses côtés ; mais il se garda bien de déférer à l'usage de baiser les pieds du pontife.

Parmi tous les moines, dont je parlerai à part, les franciscains faisaient alors le plus de bruit. Quelques-uns d'eux avaient prétendu que la perfection consistait à porter un capuchon plus pointu et un habit plus serré ; il ajoutaient à cette réforme l'opinion que leur boire et leur manger ne leur appartenaient pas en propre. Le pape avait condamné ces propositions ; la condamnation avait révolté les réformateurs ; enfin, la querelle s'étant échauffée, les inquisiteurs de Marseille avaient fait brûler quatre de ces malheureux moines (1318).

Le cordelier fait pape par l'empereur était de leur parti ; voilà pourquoi Jean XXII était hérétique. Ce pape était destiné à être accusé d'hérésie : car, quelque temps après, ayant prêché que les saints ne jouiraient de la vision béatifique qu'après le jugement dernier, et qu'en attendant ils avaient une vision imparfaite, ces deux visions partagèrent l'Église, et enfin Jean se rétracta.

Cependant ce grand appareil de Louis de Bavière à Rome n'eut pas plus de suite que les efforts des autres Césars allemands : les troubles d'Allemagne les rappelaient toujours, et l'Italie leur échappait.

Louis de Bavière, au fond peu puissant, ne put empêcher à son retour que son pontife ne fût pris par le parti de Jean XXII, et ne fût conduit dans Avignon, où il fut enfermé. Enfin telle était alors la différence d'un empereur et d'un pape, que Louis de Bavière, tout sage qu'il était, mourut pauvre dans son pays (1344), et que le pape, éloigné de Rome, et tirant peu de secours de l'Italie, laissa en mourant, dans Avignon, la valeur de vingt-cinq millions de florins d'or, si on en croit Villani, auteur contemporain. Il est clair que Villani exagère ; quand on réduirait cette somme au tiers, ce serait encore beaucoup : aussi la papauté n'avait jamais tant valu à personne ; mais aussi jamais pontife ne vendit tant de bénéfices, et si chèrement.

Il s'était attribué la réserve de toutes les prébendes, de presque tous les évêchés, et le revenu de tous les bénéfices vacants ; il avait trouvé, par l'art des réserves, celui de prévenir presque toutes les élections et de donner tous les bénéfices. Bien plus, jamais il ne nommait un évêque qu'il n'en déplaçât sept ou huit : chaque promotion en attirait d'autres, et toutes valaient de l'ar-

---

1. Nicolas V.

gent. Les taxes pour les dispenses et pour les péchés furent inventées et rédigées de son temps : le livre de ses taxes a été imprimé plusieurs fois depuis le xvi⁰ siècle, et a mis au jour des infamies plus ridicules et plus odieuses tout ensemble que tout ce qu'on raconte de l'insolente fourberie des prêtres de l'antiquité[1].

Les papes ses successeurs restèrent jusqu'en 1371 dans Avignon. Cette ville ne leur appartenait pas, elle était aux comtes de Provence; mais les papes s'en étaient rendus insensiblement les maîtres usufruitiers, tandis que les rois de Naples, comtes de Provence, disputaient le royaume de Naples.

(1348) La malheureuse reine Jeanne, dont nous allons parler, se crut heureuse de céder Avignon au pape Clément VI pour quatre-vingt mille florins d'or qu'il ne paya jamais. La cour des papes y était tranquille ; elle répandait l'abondance dans la Provence et le Dauphiné, et oubliait le séjour orageux de Rome.

Je ne vois presque aucun temps, depuis Charlemagne, dans lequel les Romains n'aient rappelé leurs anciennes idées de grandeur et de liberté : ils choisissaient, comme on a vu[2], tantôt plusieurs sénateurs, tantôt un seul, ou un patrice, ou un gouverneur, ou un consul, quelquefois un tribun. Quand ils virent que le pape achetait Avignon, ils songèrent encore à faire renaître la république : ils revêtirent du tribunat un simple citoyen, nommé Nicolas Rienzi, et vulgairement Cola, homme né fanatique et devenu ambitieux, capable par conséquent de grandes choses; il les entreprit, et donna des espérances à Rome : c'est de lui que parle Pétrarque dans la plus belle de ses odes ou *canzoni;* il dépeint Rome, échevelée et les yeux mouillés de larmes, implorant le secours de Rienzi :

> Con gli occhi di dolor bagnati e molli,
> Ti chier' mercè da tutti sette i colli[3].

Ce tribun s'intitulait « sévère et clément libérateur de Rome, zélateur de l'Italie, amateur de l'univers » ; il déclara que tous les peuples de l'Italie étaient libres et citoyens romains. Mais ces convulsions d'une liberté depuis si longtemps mourante ne furent pas plus efficaces que les prétentions des empereurs sur Rome :

---

[1]. Voyez le *Dictionnaire philosophique,* article Taxe. (*Note de Voltaire.*)
[2]. Chapitres xxx et lxi.
[3]. « Les yeux pleins de langueur et baignés de larmes, elle t'implore de toutes les sept collines. »

ce tribunat passa plus vite que le sénat et le consulat en vain rétablis. Rienzi ayant commencé comme les Gracques, finit comme eux ; il fut assassiné par la faction des familles patriciennes.

Rome devait dépérir par l'absence de la cour des papes, par les troubles de l'Italie, par la stérilité de son territoire, et par le transport de ses manufactures à Gênes, à Pise, à Venise, à Florence. Les pèlerinages seuls la soutenaient alors : le grand jubilé surtout, institué par Boniface VIII de siècle en siècle, mais établi de cinquante en cinquante ans par Clément VI, attirait à Rome une si prodigieuse foule qu'en 1350 on y compta deux cent mille pèlerins. Rome, sans empereur et sans pape, est toujours faible, et la première ville du monde chrétien.

CHAPITRE LXIX.

DE JEANNE, REINE DE NAPLES.

Nous avons dit que le siége papal acquit Avignon de Jeanne d'Anjou et de Provence. On ne vend ses États que quand on est malheureux. Les infortunes et la mort de cette reine entrent dans tous les événements de ce temps-là, et surtout dans le grand schisme d'Occident, que nous aurons bientôt sous les yeux.

Naples et Sicile étaient toujours gouvernées par des étrangers : Naples, par la maison de France; l'île de Sicile, par celle d'Aragon. Robert, qui mourut en 1343, avait rendu son royaume de Naples florissant; son neveu, Louis d'Anjou, avait été élu roi de Hongrie. La maison de France étendait ses branches de tous côtés; mais ces branches ne furent unies ni avec la souche commune ni entre elles; toutes devinrent malheureuses. Le roi de Naples, Robert, avait, avant de mourir, marié sa petite-fille Jeanne, son héritière, à André, frère du roi de Hongrie. Ce mariage, qui semblait devoir cimenter le bonheur de cette maison, en fit les infortunes : André prétendait régner de son chef; Jeanne, toute jeune qu'elle était, voulut qu'il ne fût que le mari de la reine. Un moine franciscain, nommé frère Robert, qui gouvernait André, alluma la haine et la discorde entre les deux époux : une cour de Napolitains auprès de la reine, une autre auprès d'André, composée de Hongrois, regardés comme des barbares par les naturels du pays, augmentaient l'antipathie. Louis, prince de Tarente, prince du sang, qui bientôt après épousa la reine, d'autres princes du sang, les favoris de cette princesse, la fameuse Catanoise, sa domestique, si attachée à elle, résolvent la mort d'André : (1346) on l'étrangle dans la ville d'Averse, dans l'antichambre de sa femme, et presque sous ses yeux ; on le jette par les fenêtres ; on laisse trois jours le corps sans sépulture. La reine épouse, au bout de l'an, le prince de Tarente, accusé par la voix publique. Que de raisons pour la croire coupable ! Ceux qui la justifient allèguent qu'elle eut quatre maris, et qu'une reine qui se soumet toujours au joug du mariage ne doit pas être accusée des crimes que l'amour fait commettre. Mais l'amour seul inspire-t-il les attentats ? Jeanne consentit au meurtre de son époux par faiblesse, et elle eut trois maris ensuite par une autre faiblesse plus pardonnable et plus ordinaire, celle de ne pouvoir régner seule.

Louis de Hongrie, frère d'André, écrivit à Jeanne qu'il vengerait la mort de son frère sur elle et sur ses complices : il marcha vers Naples par Venise et par Rome, et fit accuser Jeanne juridiquement à Rome devant ce tribun, Cola Rienzi, qui, dans sa puissance passagère et ridicule, vit pourtant des rois à son tribunal, comme les anciens Romains. Rienzi n'osa rien décider, et en cela seul il montra de la prudence.

Cependant le roi Louis avança vers Naples, faisant porter devant lui un étendard noir sur lequel on avait peint un roi étranglé. Il fait couper la tête à un prince du sang, Charles de Durazzo, complice du meurtre (1347) ; il poursuit la reine Jeanne, qui fuit avec son nouvel époux dans ses États de Provence. Mais, ce qui est bien étrange, on a prétendu que l'ambition n'eut point de part à la vengeance de Louis. Il pouvait s'emparer du royaume, et il ne le fit pas. On trouve rarement de tels exemples. Ce prince avait, dit-on, une vertu austère qui le fit élire depuis roi de Pologne. Nous parlerons de lui quand nous traiterons particulièrement de la Hongrie.

Jeanne, coupable et punie avant l'âge de vingt ans d'un crime qui attira sur ses peuples autant de calamités que sur elle, abandonnée à la fois des Napolitains et des Provençaux, va trouver le pape Clément VI dans Avignon, dont elle était souveraine ; elle lui abandonne sa ville et son territoire pour quatre-vingt mille florins d'or qu'elle ne reçut point. Pendant qu'on négocie ce sacrifice (1348), elle plaide elle-même sa cause devant le consistoire, et le consistoire la déclare innocente. Clément VI, pour faire sortir de Naples le roi de Hongrie, stipule que Jeanne lui payera trois cent mille florins. Louis répond qu'il n'est pas venu pour vendre le sang de son frère, qu'il l'a vengé en partie, et qu'il part satisfait. L'esprit de chevalerie qui régnait alors n'a produit jamais ni plus de dureté ni plus de générosité.

La reine, chassée par son beau-frère, et rétablie par la faveur du pape, perdit son second mari (1376), et jouit seule du gouvernement quelques années. Elle épousa un prince d'Aragon qui mourut bientôt après ; enfin, à l'âge de quarante-six ans, elle se remarie avec un cadet de la maison de Brunswick, nommé Othon : c'était choisir plutôt un mari qui pût lui plaire qu'un prince qui la pût défendre. Son héritier naturel était un autre Charles de Durazzo, son cousin, seul reste alors de la première maison de France Anjou à Naples ; ces princes se nommaient ainsi, parce que la ville de Durazzo, conquise par eux sur les Grecs, et enlevée ensuite par les Vénitiens, avait été leur apanage : elle reconnut ce Durazzo pour son héritier, elle l'adopta même. Cette adoption et le grand schisme d'Occident hâtèrent la mort malheureuse de la reine.

Déjà éclataient les suites sanglantes de ce schisme, dont nous parlerons bientôt. Brigano[1], qui prit le nom d'Urbain VI, et le comte de Genève, qui s'appela Clément VII, se disputèrent la tiare avec fureur ; ils partageaient l'Europe. Jeanne prit le parti de Clément, qui résidait dans Avignon. Durazzo, ne voulant pas attendre la mort naturelle de sa mère adoptive pour régner, s'engagea avec Brigano-Urbain.

(1380) Ce pape couronne Durazzo dans Rome, à condition que son neveu Brigano aura la principauté de Capoue : il excommunie, il dépose la reine Jeanne ; et pour mieux assurer la principauté de Capoue à sa famille, il donne tous les biens de l'Église aux principales maisons napolitaines.

Le pape marche avec Durazzo vers Naples. L'or et l'argent des églises furent employés à lever une armée. La reine ne peut être secourue, ni par le pape Clément qu'elle a reconnu, ni par le mari qu'elle a choisi ; à peine a-t-elle des troupes : elle appelle contre l'ingrat Durazzo un frère de Charles V, roi de France, aussi du nom d'Anjou ; elle l'adopte à la place de Durazzo.

Ce nouvel héritier de Jeanne, Louis d'Anjou, arrive trop tard

---

1. Les auteurs de *l'Art de vérifier les dates*, la *Biographie universelle*, et Voltaire lui-même, dans sa liste chronologique en tête des *Annales de l'Empire*, donnent Prignano pour le nom de famille d'Urbain VI.

pour défendre sa bienfaitrice, et pour disputer le royaume qu'on lui donne.

Le choix que la reine a fait de lui aliène encore ses sujets : on craint de nouveaux étrangers. Le pape et Charles Durazzo avancent. Othon de Brunswick rassemble à la hâte quelques troupes ; il est défait et prisonnier.

Durazzo entre dans Naples ; six galères que la reine avait fait venir de son comté de Provence, et qui mouillaient sous le château de l'Œuf, lui furent un secours inutile : tout se faisait trop tard; la fuite n'était plus praticable. Elle tombe dans les mains de l'usurpateur. Ce prince, pour colorer sa barbarie, se déclara le vengeur de la mort d'André. Il consulta Louis de Hongrie, qui, toujours inflexible, lui manda qu'il fallait faire périr la reine de la même mort qu'elle avait donnée à son premier mari [1]. Durazzo la fit étouffer entre deux matelas (1382). On voit partout des crimes punis par d'autres crimes. Quelles horreurs dans la famille de saint Louis!

La postérité, toujours juste quand elle est éclairée, a plaint cette reine, parce que le meurtre de son premier mari fut plutôt l'effet de sa faiblesse que de sa méchanceté, vu qu'elle n'avait que dix-huit ans quand elle consentit à cet attentat, et que depuis ce temps on ne lui reprocha ni débauche, ni cruauté, ni injustice. Mais ce sont les peuples qu'il faut plaindre ; ils furent les victimes de ces troubles. Louis, duc d'Anjou, enleva les trésors du roi Charles V son frère, et appauvrit la France pour aller tenter inutilement de venger la mort de Jeanne, et pour recueillir son héritage. Il mourut bientôt dans la Pouille, sans succès et sans gloire, sans parti et sans argent.

Le royaume de Naples, qui avait commencé à sortir de la barbarie sous le roi Robert, y fut replongé par tous ces malheurs que le grand schisme aggravait encore. Avant de considérer ce grand schisme d'Occident que l'empereur Sigismond éteignit, représentons-nous quelle forme prit l'empire.

---

1. Voyez chapitre CXIX.

CHAPITRE LXX.

DE L'EMPEREUR CHARLES IV. DE LA BULLE D'OR. DU RETOUR DU SAINT-SIÉGE D'AVIGNON A ROME. DE SAINTE CATHERINE DE SIENNE, ETC.

L'empire allemand (car dans les dissensions qui accompagnèrent les dernières années de Louis de Bavière, il n'était plus d'empire romain) prit enfin une forme un peu plus stable sous Charles IV de Luxembourg, roi de Bohême, petit-fils de Henri VII. (1356) Il fit à Nuremberg cette fameuse constitution qu'on appelle bulle d'or, à cause du sceau d'or qu'on nommait *bulla* dans la basse latinité : on voit aisément par là pourquoi les édits des papes sont appelés bulles. Le style de cette charte se ressent bien de l'esprit du temps. Le jurisconsulte Barthole, l'un de ces compilateurs d'opinions qui tiennent encore lieu de lois, rédigea cette bulle. Il commence par une apostrophe à l'orgueil, à Satan, à la colère, à la luxure ; on y dit que le nombre des sept électeurs est nécessaire pour s'opposer aux sept péchés mortels. On y parle de la chute des anges, du paradis terrestre, de Pompée et de César ; on assure que l'Allemagne est fondée sur les trois vertus théologales, comme sur la Trinité.

Cette loi de l'empire fut faite en présence et du consentement de tous les princes, évêques, abbés, et même des députés des villes impériales, qui pour la première fois assistèrent à ces assemblées de la nation teutonique. Ces droits des villes, ces effets naturels de la liberté, avaient commencé à renaître en Italie, en Angleterre, en France et en Allemagne. On sait que les électeurs furent alors fixés au nombre de sept. Les archevêques de Mayence, de Cologne et de Trèves, en possession depuis longtemps d'élire des empereurs, ne souffrirent pas que d'autres évêques, quoique aussi puissants, partageassent cet honneur. Mais pourquoi le duché de Bavière ne fut-il pas mis au rang des électorats? et pourquoi la Bohême, qui originairement était un État séparé de l'Allemagne, et qui, par la bulle d'or, n'a point d'entrée aux délibérations de l'empire, a-t-elle pourtant droit de suffrage dans l'élection? On en voit la raison : Charles IV était roi de Bohême, et Louis de Bavière avait été son ennemi.

On dit dans cette bulle, composée par Barthole, que les sept électeurs étaient déjà établis ; ils l'étaient donc, mais depuis fort peu de temps; tous les témoignages antérieurs du xiii° siècle et du xii° font voir que jusqu'au temps de Frédéric II les seigneurs et les prélats possédant les fiefs élisaient l'empereur; et ce vers d'Hoved en est une preuve manifeste :

> Eligit unanimis cleri procerumque voluntas,
>
> La volonté unanime des seigneurs et du clergé fait les empereurs.

Mais comme les principaux officiers de la maison étaient des princes puissants; comme ces officiers déclaraient celui que la pluralité avait élu; enfin, comme ces officiers étaient au nombre de sept, ils s'attribuèrent, à la mort de Frédéric II, le droit de nommer leur maître; et ce fut la seule origine des sept électeurs.

Auparavant, un maître d'hôtel, un écuyer, un échanson, étaient des principaux domestiques d'un homme; et avec le temps ils s'étaient érigés en maîtres d'hôtel de l'empire romain, en échansons de l'empire romain. C'est ainsi qu'en France celui qui fournissait le vin du roi s'appela grand bouteillier de France; son panetier, son échanson, devinrent grands panetiers, grands échansons de France, quoique assurément ces officiers ne servissent ni pain, ni vin, ni viande, à l'empire et à la France. L'Europe fut inondée de ces dignités héréditaires de maréchaux, de grands veneurs, de chambellans d'une province. Il n'y eut pas jusqu'à la grande maîtrise des gueux de Champagne qui ne fût une prérogative de famille.

Au reste, la dignité impériale, qui par elle-même ne donnait alors aucune puissance réelle, ne reçut jamais plus de cet éclat qui impose aux peuples que dans la cérémonie de la promulgation de la bulle d'or. Les trois électeurs ecclésiastiques, tous trois archichanceliers, y parurent avec les sceaux de l'empire. Mayence portait ceux d'Allemagne; Cologne, ceux d'Italie; Trèves, ceux des Gaules. Cependant l'empire n'avait dans les Gaules que la vaine mouvance des restes du royaume d'Arles, de la Provence, du Dauphiné, bientôt après confondus dans le vaste royaume de France. La Savoie, qui était à la maison de Maurienne, relevait de l'empire; la Franche-Comté, sous la protection impériale, était indépendante, et appartenait à la branche de Bourgogne de la maison de France.

L'empereur était nommé dans la bulle le chef du monde, *caput orbis*. Le dauphin de France, fils du malheureux Jean de France, assistait à cette cérémonie, et le cardinal d'Albe prit la place au-dessus de lui : tant il est vrai qu'alors on regardait l'Europe comme un corps à deux têtes, et ces deux têtes étaient l'empereur et le pape; les autres princes n'étaient regardés aux diètes de l'empire et aux conclaves que comme des membres qui devaient être des vassaux. Mais observez combien ces usages ont changé ; les électeurs alors cédaient aux cardinaux : ils ont depuis mieux senti le prix de leur dignité ; nos chanceliers ont longtemps pris le pas sur ceux qui avaient osé précéder le dauphin de France. Jugez après cela s'il est quelque chose de fixe en Europe.

On a vu ce que l'empereur possédait en Italie[1] : il n'était en Allemagne que souverain de ses États héréditaires ; cependant il parle dans sa bulle en roi despotique, il y fait tout *de sa certaine science et pleine puissance;* mots insoutenables à la liberté germanique, qui ne sont plus soufferts dans les diètes impériales, où l'empereur s'exprime ainsi : « Nous sommes demeurés d'accord avec les états, et les états avec nous. »

Pour donner quelque idée du faste qui accompagna la cérémonie de la bulle d'or, il suffira de savoir que le duc de Luxembourg et de Brabant, neveu de l'empereur, lui servait à boire ; que le duc de Saxe, comme grand-maréchal, parut avec une mesure d'argent pleine d'avoine; que l'électeur de Brandebourg donna à laver à l'empereur et à l'impératrice ; et que le comte palatin posa les plats d'or sur la table, en présence de tous les grands de l'empire.

On eût pris Charles IV pour le roi des rois. Jamais Constantin, le plus fastueux des empereurs, n'avait étalé des dehors plus éblouissants ; cependant Charles IV, tout empereur romain qu'il affectait d'être, avait fait serment au pape Clément VI (1346), avant d'être élu, que s'il allait jamais se faire couronner à Rome, il n'y coucherait pas seulement une nuit, et qu'il ne rentrerait jamais en Italie sans la permission du saint-père ; et il y a encore une lettre de lui au cardinal Colombier, doyen du sacré collége, datée de l'an 1355, dans laquelle il appelle ce doyen *Votre Majesté.*

Aussi laissa-t-il à la maison de Visconti l'usurpation de Milan et de la Lombardie ; aux Vénitiens, Padoue, autrefois la souveraine de Venise, mais qui alors était sa sujette, ainsi que Vicence et Vérone. Il fut couronné roi d'Arles dans la ville de ce nom ; mais c'était à condition qu'il n'y resterait pas plus que dans Rome. Tant de changements dans les usages et dans les droits, cette opiniâtreté à se conserver un titre avec si peu de pouvoir, forment l'histoire du bas-empire. Les papes l'érigèrent en appe-

---

1. Voyez chapitre LXI, page 488.

lant Charlemagne et ensuite les Othon dans la faible Italie ; les papes le détruisirent ensuite autant qu'ils le purent. Ce corps qui s'appelait et qui s'appelle encore le saint empire romain n'était en aucune manière ni saint, ni romain, ni empire.

Les électeurs dont les droits avaient été affermis par la bulle d'or de Charles IV, les firent bientôt valoir contre son propre fils, l'empereur Venceslas, roi de Bohême.

La France et l'Allemagne furent affligées à la fois d'un fléau sans exemple ; le roi de France et l'empereur avaient perdu presque en même temps l'usage de la raison : d'un côté Charles VI, par le dérangement de ses organes, causait celui de la France ; de l'autre, Venceslas, abruti par les débauches de la table, laissait l'empire dans l'anarchie. Charles VI ne fut point déposé, ses parents désolèrent la France en son nom ; mais les barons de Bohême enfermèrent Venceslas (1393), qui se sauva un jour tout nu de la prison (1400) ; et les électeurs en Allemagne le déposèrent juridiquement par une sentence publique : la sentence porte seulement qu'il est déposé comme *négligent, inutile, dissipateur, et indigne.*

On dit que quand on lui annonça sa déposition, il écrivit aux villes impériales d'Allemagne qu'il n'exigeait d'elles d'autres preuves de leur fidélité que quelques tonneaux de leur meilleur vin.

L'état déplorable de l'Allemagne semblait laisser le champ libre aux papes en Italie ; mais les républiques et les principautés qui s'étaient élevées avaient eu le temps de s'affermir. Depuis Clément V, Rome était étrangère aux papes : le Limousin Grégoire XI, qui enfin transféra le saint-siége à Rome, ne savait pas un mot d'italien.

(1376) Ce pape avait de grands démêlés avec la république de Florence, qui établissait alors son pouvoir en Italie : Florence s'était liguée avec Bologne. Grégoire, qui par l'ancienne concession de Mathilde se prétendait seigneur immédiat de Bologne, ne se borna pas à se venger par des censures ; il épuisa ses trésors pour payer les condottieri, qui louaient alors des troupes à qui voulait les acheter. Les Florentins voulurent s'accommoder et mettre les papes dans leurs intérêts ; ils crurent qu'il leur importait que le pontife résidât à Rome : il fallut donc persuader Grégoire de quitter Avignon. On ne peut concevoir comment, dans des temps où les esprits étaient si éclairés sur leurs intérêts, on employait des ressorts qui paraissent aujourd'hui si ridicules. On députa au pape sainte Catherine de Sienne, non-seulement femme à révélations, mais qui prétendait avoir épousé Jésus-Christ solennellement, et avoir reçu de lui à son mariage un anneau et un diamant. Pierre de Capoue, son confesseur, qui a écrit sa vie, avait vu la plupart de ses miracles. « J'ai été témoin, dit-il, qu'elle fut un jour transformée en homme, avec une petite barbe au menton ; et cette figure en laquelle elle fut subitement changée était celle de Jésus-Christ même. » Telle était l'ambassadrice que les Florentins députèrent. On employait d'un autre côté les révélations de sainte Brigite, née en Suède, mais établie à Rome, et à laquelle un ange dicta plusieurs lettres pour le pontife. Ces deux saintes, divisées sur tout le reste, se réunirent pour ramener le pape à Rome. Brigite était la sainte des cordeliers, et la Vierge lui révélait qu'elle était née immaculée ; mais Catherine était la sainte des dominicains, et la Vierge lui révélait qu'elle était née dans le péché. Tous les papes n'ont pas été des hommes de génie. Grégoire était-il simple? fut-il ému par des machines proportionnées à son entendement? se conduisit-il par politique ou par faiblesse? Il céda enfin, et le saint-siége fut transféré d'Avignon à Rome au bout de soixante-douze ans ; mais ce ne fut que pour plonger l'Europe dans de nouvelles dissensions.

CHAPITRE LXXI.

GRAND SCHISME D'OCCIDENT.

Le saint-siége ne possédait alors que le patrimoine de Saint-Pierre en Toscane, la campagne de Rome, le pays de Viterbe et d'Orviette, la Sabine, le duché de Spolette, Bénévent, une petite partie de la marche d'Ancône : toutes les contrées réunies depuis à son domaine étaient à des seigneurs vicaires de l'empire ou du siége papal. Les cardinaux s'étaient mis depuis 1138 en possession d'exclure le peuple et le clergé de l'élection des pontifes, et depuis 1216 il fallait avoir les deux tiers des voix[1] pour être canoniquement élu. Il n'y avait à Rome, au temps dont je parle,

---

1. L'auteur de l'*Essai historique sur la puissance temporelle des papes* dit que ce fut Nicolas II (pape de 1059 à 1061) qui créa le collége électoral des cardinaux ; mais il fait honneur de cette création à Hildebrand, depuis Grégoire VII, alors conseiller du pape Nicolas. Ce fut Alexandre III (pape de 1159 à 1181) qui régla que l'élection serait consommée par la réunion des deux tiers des suffrages sur le même candidat. (B.)

que seize cardinaux, onze français, un espagnol, et quatre italiens : le peuple romain, malgré son goût pour la liberté, malgré son aversion pour ses maîtres, voulait un pape qui résidât à Rome, parce qu'il haïssait beaucoup plus les ultramontains que les papes, et surtout parce que la présence d'un pontife attirait à Rome des richesses. Les Romains menacèrent les cardinaux de les exterminer s'ils leur donnaient un pontife étranger. (1378) Les électeurs, épouvantés, nommèrent pour pape Brigano, évêque de Bari, Napolitain, qui prit le nom d'Urbain, et dont nous avons fait mention[1] en parlant de la reine Jeanne. C'était un homme impétueux et farouche, et par cela même peu propre à une telle place. A peine fut-il intronisé qu'il déclara, dans un consistoire, qu'il ferait justice des rois de France et d'Angleterre, qui troublaient, disait-il, la chrétienté par leurs querelles : ces rois étaient Charles le Sage et Édouard III. Le cardinal de La Grange, non moins impétueux que le pape, le menaçant de la main, lui dit *qu'il avait menti;* et ces trois paroles plongèrent l'Europe dans une discorde de quarante années.

La plupart des cardinaux, les Italiens mêmes, choqués de l'humeur féroce d'un homme si peu fait pour gouverner, se retirèrent dans le royaume de Naples. Là ils déclarent que l'élection du pape, faite avec violence, est nulle de plein droit ; ils procèdent unanimement à l'élection d'un nouveau pontife. Les cardinaux français eurent alors la satisfaction assez rare de tromper les cardinaux italiens : on promit la tiare à chaque Italien en particulier, et ensuite on élut Robert, fils d'Amédée, comte de Genève, qui prit le nom de Clément VII. Alors l'Europe se partagea : l'empereur Charles IV, l'Angleterre, la Flandre, et la Hongrie, reconnurent Urbain, à qui Rome et l'Italie obéissaient ; la France, l'Écosse, la Savoie, la Lorraine, furent pour Clément. Tous les ordres religieux se divisèrent, tous les docteurs écrivirent, toutes les universités donnèrent des décrets. Les deux papes se traitaient mutuellement d'usurpateurs et d'*Antechrist;* ils s'excommuniaient réciproquement. Mais, ce qui devint réellement funeste (1379), on se battit avec la double fureur d'une guerre civile et d'une guerre de religion. Des troupes gasconnes et bretonnes, levées par le neveu de Clément, marchent en Italie, surprennent Rome ; ils y tuent, dans leur première furie, tout ce qu'ils rencontrent ; mais bientôt le peuple romain, se ralliant contre eux, les extermine dans ses murs, et on y égorge tout ce qu'on trouve de

---

1. Chapitre LXIX, page 537, où le nom est rectifié.

prêtres français. Peu de temps après, une armée du pape Clément, levée dans le royaume de Naples, se présente à quelques lieues de Rome devant les troupes d'Urbain.

Chacune des armées portait les clefs de saint Pierre sur ses drapeaux. Les Clémentins furent vaincus. Il ne s'agissait pas seulement de l'intérêt de ces deux pontifes : Urbain, vainqueur, qui destinait une partie du royaume de Naples à son neveu, en déposséda la reine Jeanne, protectrice de Clément, laquelle régnait depuis longtemps dans Naples avec des succès divers, et une gloire souillée.

Nous avons vu[1] cette reine assassinée par son cousin, Charles de Durazzo, avec qui Urbain voulait partager le royaume de Naples. Cet usurpateur, devenu possesseur tranquille, n'eut garde de tenir ce qu'il avait promis à un pape qui n'était pas assez puissant pour l'y contraindre.

Urbain, plus ardent que politique, eut l'imprudence d'aller trouver son vassal sans être le plus fort. L'ancien cérémonial obligeait le roi de baiser les pieds du pape et de tenir la bride de son cheval : Durazzo ne fit qu'une de ces deux fonctions; il prit la bride, mais ce fut pour conduire lui-même le pape en prison. Urbain fut gardé quelque temps prisonnier à Naples, négociant continuellement avec son vassal, et traité tantôt avec respect, tantôt avec mépris. Le pape s'enfuit de sa prison, et se retira dans la petite ville de Nocera. Là il assembla bientôt les débris de sa cour. Ses cardinaux et quelques évêques, lassés de son humeur farouche, et plus encore de ses infortunes, prirent dans Nocera des mesures pour le quitter, et pour élire à Rome un pape plus digne de l'être. Urbain, informé de leur dessein, les fit tous appliquer en sa présence à la torture. Bientôt obligé de s'enfuir de Naples et de se retirer dans la ville de Gênes, qui lui envoya quelques galères, il traîna à sa suite ces cardinaux et ces évêques estropiés et enchaînés. Un des évêques, demi-mort de la question qu'il avait soufferte, ne pouvant gagner le rivage assez tôt au gré du pape, il le fit égorger sur le chemin. Arrivé à Gênes, il se délivra par divers supplices de cinq de ces cardinaux prisonniers. Les Caligula et les Néron avaient fait des actions à peu près semblables ; mais ils furent punis, et Urbain mourut paisiblement à Rome. Sa créature et son persécuteur, Charles de Durazzo, fut plus malheureux, car, étant allé en Hongrie pour envahir la couronne, qui ne lui appartenait point, il y fut assassiné (1389).

Après la mort d'Urbain, cette guerre civile paraissait devoir

1. Chapitre LXIX.

s'éteindre; mais les Romains étaient bien loin de reconnaître Clément. Le schisme se perpétua des deux côtés. Les cardinaux urbanistes élurent Perin Tomasel ; et ce Perin Tomasel étant mort, ils prirent le cardinal Meliorati. Les Clémentins firent succéder à Clément, mort en 1394, Pierre Luna, Aragonais. Jamais pape n'eut moins de pouvoir à Rome que Meliorati, et Pierre Luna ne fut bientôt dans Avignon qu'un fantôme. Les Romains, qui voulurent encore rétablir leur gouvernement municipal, chassèrent Meliorati, après bien du sang répandu, quoiqu'ils le reconnussent pour pape; et les Français, qui avaient reconnu Pierre Luna, l'assiégèrent dans Avignon même, et l'y retinrent prisonnier.

Cependant, tous ces misérables se disaient hautement « les vicaires de Dieu et les maîtres des rois » ; ils trouvaient des prêtres qui les servaient à genoux, comme des vendeurs d'orviétan trouvent des *Gilles*.

Les états généraux de France avaient pris dans ces temps funestes une résolution si sensée qu'il est surprenant que toutes les autres nations ne l'imitassent pas. Ils ne reconnurent aucun pape : chaque diocèse se gouverna par son évêque ; on ne paya point d'annates, on ne reconnut ni réserves ni exemptions. Rome alors dut craindre que cette administration, qui dura quelques années, ne subsistât toujours. Mais ces lueurs de raison ne jetèrent pas un éclat durable ; le clergé, les moines, avaient tellement gravé dans les têtes des princes et des peuples l'idée qu'il fallait un pape que la terre fut longtemps troublée pour savoir quel ambitieux obtiendrait par l'intrigue le droit d'ouvrir les portes du ciel.

Luna, avant son élection, avait promis de se démettre pour le bien de la paix, et n'en voulait rien faire. Un noble vénitien, nommé Corrario, qu'on élut à Rome, fit le même serment, qu'il ne garda pas mieux. Les cardinaux de l'un et de l'autre parti, fatigués des querelles générales et particulières que la dispute de la tiare traînait après elle, convinrent enfin d'assembler à Pise un concile général. Vingt-quatre cardinaux, vingt-six archevêques, cent quatre-vingt-douze évêques, deux cent quatre-vingt-neuf abbés, les députés de toutes les universités, ceux des chapitres de cent deux métropoles, trois cents docteurs de théologie, le grand-maître de Malte et les ambassadeurs de tous les rois assistèrent à cette assemblée. On y créa un nouveau pape, nommé Pierre Philargi, Alexandre V. Le fruit de ce grand concile fut d'avoir trois papes, ou antipapes, au lieu de deux. L'empereur Robert ne voulut point reconnaître ce concile, et tout fut plus brouillé qu'auparavant.

On ne peut s'empêcher de plaindre le sort de Rome. On lui donnait un évêque et un prince malgré elle : des troupes françaises, sous le commandement de Tanneguy du Châtel, vinrent encore la ravager pour lui faire accepter son troisième pape. Le Vénitien Corrario porta sa tiare à Gaïète, sous la protection du fils de Charles de Durazzo, que nous nommons Lancelot, qui régnait alors à Naples ; et Pierre Luna transféra son siége à Perpignan. Rome fut saccagée, mais sans fruit, pour le troisième pape ; il mourut en chemin, et la politique qui régnait alors fut cause qu'on le crut empoisonné.

Les cardinaux du concile de Pise, qui l'avaient élu, s'étant rendus maîtres de Rome, mirent à sa place Balthazar Cozza, Napolitain. C'était un homme de guerre ; il avait été corsaire, et s'était signalé dans les troubles que la querelle de Charles de Durazzo et de la maison d'Anjou excitait encore ; depuis, légat en Allemagne, il s'y était enrichi en vendant des indulgences ; il avait ensuite acheté assez cher le chapeau de cardinal, et n'avait point acheté moins chèrement sa concubine Catherine, qu'il avait enlevée à son mari. Dans les conjonctures où était Rome, il lui fallait peut-être un tel pape : elle avait plus besoin d'un soldat que d'un théologien.

Depuis Urbain VI, les papes rivaux négociaient, excommuniaient, et bornaient leur politique à tirer quelque argent. Celui-ci fit la guerre. Il était reconnu de la France et de la plus grande partie de l'Europe sous le nom de Jean XXIII. Le pape de Perpignan n'était pas à craindre ; celui de Gaïète l'était, parce que le roi de Naples le protégeait. Jean XXIII assemble des troupes, publie une croisade contre Lancelot, roi de Naples, arme le prince Louis d'Anjou, auquel il donne l'investiture de Naples. On se bat auprès du Garillan : le parti du pape est victorieux ; mais la reconnaissance n'étant pas une vertu de souverain, et la raison d'État étant plus forte que tout le reste, le pape ôte l'investiture à son bienfaiteur et à son vengeur, Louis d'Anjou. Il reconnaît Lancelot son ennemi pour roi, à condition qu'on lui livrera le Vénitien Corrario.

Lancelot, qui ne voulait pas que Jean XXIII fût trop puissant, laissa échapper le pape Corrario. Ce pontife errant se retira dans le château de Rimini, chez Malatesta, l'un des petits tyrans d'Italie. C'est là que, ne subsistant que des aumônes de ce seigneur, et n'étant reconnu que du duc de Bavière, il excommuniait tous les rois, et parlait en maître de la terre.

Le corsaire Jean XXIII, seul pape de droit, puisqu'il avait été créé, reconnu à Rome par les cardinaux du concile de Pise, et qu'il avait succédé au pontife élu par le même concile, était encore le seul pape en effet; mais comme il avait trahi son bienfaiteur Louis d'Anjou, le roi de Naples Lancelot, dont il était le bienfaiteur, le trahit de même.

Lancelot victorieux voulut régner à Rome. Il surprit cette malheureuse ville; Jean XXIII eut à peine le temps de se sauver. Il fut heureux qu'il y eût alors en Italie des villes libres. Se mettre, comme Corrario, entre les mains d'un des tyrans, c'était se rendre esclave; il se jeta entre les bras des Florentins, qui combattirent à la fois contre Lancelot pour leur liberté et pour le pape.

Lancelot allait prévaloir; le pape se voyait assiégé dans Bologne. Il eut recours alors à l'empereur Sigismond, qui était descendu en Italie pour conclure un traité avec les Vénitiens. Sigismond, comme empereur, devait s'agrandir par l'abaissement des papes, et était l'ennemi naturel de Lancelot, tyran de l'Italie. Jean XXIII propose à l'empereur une ligue et un concile: la ligue, pour chasser l'ennemi commun; le concile, pour affermir son droit au pontificat. Ce concile était même devenu nécessaire; celui de Pise l'avait indiqué au bout de trois ans. Sigismond et Jean XXIII le convoquent dans la petite ville de Constance; mais Lancelot opposait ses armes victorieuses à toutes ces négociations. Il n'y avait qu'un coup extraordinaire qui en pût délivrer le pape et l'empereur. (1414) Lancelot mourut à l'âge de trente ans, dans des douleurs aiguës et subites; et l'usage du poison passait alors pour fréquent.

Jean XXIII, défait de son ennemi, n'avait plus que l'empereur et le concile à craindre. Il eût voulu éloigner ce sénat de l'Europe, qui peut juger les pontifes. La convocation était annoncée, l'empereur la pressait; et tous ceux qui avaient droit d'y assister se hâtaient d'y venir jouir du titre d'arbitres de la chrétienté.

CHAPITRE LXXII.

CONCILE DE CONSTANCE.

Sur le bord occidental du lac de Constance, la ville de ce nom fut bâtie, dit-on, par Constantin. Sigismond la choisit pour être le théâtre où cette scène devait se passer. Jamais assemblée n'avait été plus nombreuse que celle de Pise ; le concile de Constance le fut davantage.

Outre la foule de prélats et de docteurs, il y eut cent vingt-huit grands vassaux de l'empire ; l'empereur y fut presque toujours présent. Les électeurs de Mayence, de Saxe, du Palatinat, de Brandebourg, les ducs de Bavière, d'Autriche, et de Silésie, y assistèrent ; vingt-sept ambassadeurs y représentèrent leurs souverains : chacun y disputa de luxe et de magnificence ; on en peut juger par le nombre de cinquante orfévres qui vinrent s'y établir avec leurs ouvriers pendant la tenue du concile ; on y compta cinq cents joueurs d'instruments, qu'on appelait alors ménétriers, et sept cent dix-huit courtisanes, sous la protection du magistrat. Il fallut bâtir des cabanes de bois pour loger tous ces esclaves du luxe et de l'incontinence, que les seigneurs, et, dit-on, les pères du concile traînaient après eux. On ne rougissait point de cette coutume ; elle était autorisée dans tous les États, comme elle le fut autrefois chez presque tous les peuples de l'antiquité. Au reste, l'Église de France donnait à chaque archevêque député au concile dix francs par jour (qui reviennent environ à soixante-dix de nos livres), huit à un évêque, cinq à un abbé, et trois à un docteur.

Avant de voir ce qui se passa dans ces états de la chrétienté, je dois vous rappeler, en peu de mots, quels étaient alors les principaux princes de l'Europe, et en quel état étaient leurs dominations.

Sigismond joignait le royaume de Hongrie à la dignité d'empereur : il avait été malheureux contre le fameux Bajazet, sultan des Turcs ; la Hongrie épuisée, et l'Allemagne divisée, étaient menacées du joug mahométan. Il avait encore eu plus à souffrir de ses sujets que des Turcs ; les Hongrois l'avaient mis en prison, et avaient offert la couronne à Lancelot, roi de Naples. Échappé de sa prison, il s'était rétabli en Hongrie, et enfin avait été choisi pour chef de l'empire.

En France, le malheureux Charles VI, tombé en frénésie, avait le nom de roi : ses parents, occupés à déchirer la France, en étaient moins attentifs au concile ; mais ils avaient intérêt que l'empereur ne parût pas le maître de l'Europe.

Ferdinand régnait en Aragon, et s'intéressait pour son pape Pierre Luna.

Jean II, roi de Castille, n'avait aucune influence dans les affaires de l'Europe ; mais il suivait encore le parti de Luna. La Navarre s'était aussi rangée sous son obédience.

Henri V, roi d'Angleterre, occupé, comme nous le verrons, de la conquête de la France, souhaitait que le pontificat, déchiré et avili, ne pût jamais ni rançonner l'Angleterre, ni se mêler des droits des couronnes; et il avait assez d'esprit pour désirer que le nom de pape fût aboli pour jamais.

Rome, délivrée des troupes françaises, maîtresses pourtant encore du château Saint-Ange, et retournée sous l'obéissance de Jean XXIII, n'aimait point son pape, et craignait l'empereur.

Les villes d'Italie, divisées, ne mettaient presque point de poids dans la balance; Venise, qui aspirait à la domination de l'Italie, profitait de ses troubles et de ceux de l'Église.

Le duc de Bavière, pour jouer un rôle, protégeait le pape Corrario réfugié à Rimini; et Frédéric, duc d'Autriche, ennemi secret de l'empereur, ne songeait qu'à le traverser.

Sigismond se rendit maître du concile, en mettant des soldats autour de Constance pour la sûreté des pères. Le pape corsaire, Jean XXIII, eût bien mieux fait de retourner à Rome, où il pouvait être le maître, que de s'aller mettre entre les mains d'un empereur qui pouvait le perdre. Il se ligua avec le duc d'Autriche, l'archevêque de Mayence, et le duc de Bourgogne; et ce fut ce qui le perdit. L'empereur devint son ennemi. Tout pape légitime qu'il était, on exigea de lui qu'il cédât la tiare, aussi bien que Luna et Corrario : il le promit solennellement, et s'en repentit le moment d'après. Il se trouvait prisonnier au milieu du concile même auquel il présidait (1415). Il n'avait plus de ressource que dans la fuite. L'empereur le faisait observer de près. Le duc d'Autriche ne trouva pas de meilleur moyen, pour favoriser l'évasion du pape, que de donner au concile le spectacle d'un tournoi. Le pape, au milieu du tumulte de la fête, s'enfuit, déguisé en postillon. Le duc d'Autriche part un moment après lui. Tous deux se retirent dans une partie de la Suisse, qui appartenait encore à la maison autrichienne. Le pape devait être protégé par le duc de Bourgogne, puissant par ses États et par l'autorité qu'il avait en France. Un nouveau schisme allait recommencer. Les chefs d'ordre attachés au pape se retiraient déjà de Constance ; et le concile, par le sort des événements, pouvait devenir une assemblée de rebelles. Sigismond, malheureux en tant d'occasions, réussit en celle-ci. Il avait des troupes prêtes; il se saisit des terres du duc d'Autriche en Alsace, dans le Tyrol, en Suisse. Ce prince, retourné au concile, y demande à genoux sa grâce à l'empereur : il lui promet, en joignant les mains, de ne rien entreprendre jamais contre sa volonté; il lui remet tous ses États, pour que l'empereur en dispose en cas d'infidélité. L'empereur tendit enfin la main au duc d'Autriche, et lui pardonna, à condition qu'il lui livrerait la personne du pape.

Le pontife fugitif est saisi dans Fribourg en Brisgaw, et transféré dans un château voisin. Cependant le concile instruit son procès.

On l'accuse d'avoir vendu les bénéfices et des reliques, d'avoir empoisonné le pape son prédécesseur, d'avoir fait massacrer plusieurs personnes : l'impiété la plus licencieuse, la débauche la plus outrée, la sodomie, le blasphème, lui furent imputés; mais on supprima cinquante articles du procès-verbal, trop injurieux au pontificat; enfin, en présence de l'empereur, on lut la sentence de déposition. Cette sentence porte que « le concile se réserve le droit de punir le pape pour ses crimes, suivant la justice ou la miséricorde » (29 mai 1415).

Jean XXIII, qui avait eu tant de courage quand il s'était battu autrefois sur mer et sur terre, n'eut que de la résignation quand on lui vint lire son arrêt dans sa prison. L'empereur le garda trois ans prisonnier dans Manheim, avec une rigueur qui attira plus de compassion sur ce pontife que ses crimes n'avaient excité de haine contre lui.

On avait déposé le vrai pape. On voulut avoir les renonciations de ceux qui prétendaient l'être. Corrario envoya la sienne, mais le fier Espagnol Luna ne voulut jamais plier. Sa déposition dans le concile n'était pas une affaire; mais c'en était une de choisir un pape. Les cardinaux réclamaient le droit d'élection, et le concile, représentant la chrétienté, voulait jouir de ce droit. Il fallait donner un chef à l'Église, et un souverain à Rome : il était juste que les cardinaux, qui sont le conseil du prince de Rome, et les pères du concile, qui avec eux représentent l'Église, jouissent tous du droit de suffrage. Trente députés du concile, joints aux cardinaux, (1417) élurent d'une commune voix Othon Colonne, de cette même maison de Colonne excommuniée par Boniface VIII jusqu'à la cinquième génération. Ce pape, qui changea son beau nom contre celui de Martin, avait les qualités d'un prince et les vertus d'un évêque.

Jamais pontife ne fut inauguré plus pompeusement. Il marcha vers l'église, monté sur un cheval blanc dont l'empereur et l'électeur palatin à pied tenaient les rênes; une foule de princes et un concile entier fermaient la marche. On le couronna de la triple couronne que les papes portaient depuis environ deux siècles.

Les pères du concile ne s'étaient pas d'abord assemblés pour détrôner un pontife; mais leur principal objet avait paru être de réformer toute l'Église : c'était surtout le but du fameux Gerson, et des autres députés de l'université de Paris.

On avait crié pendant deux ans dans le concile contre les annates, les exemptions, les réserves, les impôts des papes sur le clergé au profit de la cour de Rome, contre tous les vices dont l'Église était inondée. Quelle fut la réforme tant attendue? Le pape Martin déclara : 1° qu'il ne fallait pas donner d'exemptions sans connaissance de cause; 2° qu'on examinerait les bénéfices réunis; 3° qu'on devait disposer selon le droit public des revenus des églises vacantes; 4° il défendit inutilement la simonie; 5° il voulut que ceux qui auraient des bénéfices fussent tonsurés; 6° il défendit qu'on dît la messe en habit séculier. Ce sont là les lois qui furent promulguées par l'assemblée la plus solennelle du monde. Le concile déclara qu'il était au-dessus du pape : cette vérité était bien claire, puisqu'il lui faisait son procès; mais un concile passe, la papauté reste, et l'autorité lui demeure.

Gerson eut même beaucoup de peine à obtenir la condamnation de ces propositions : qu'il y a des cas où l'assassinat est une action vertueuse, beaucoup plus méritoire *dans un chevalier que dans un écuyer, et beaucoup plus dans un prince que dans un chevalier*. Cette doctrine de l'assassinat avait été soutenue par un nommé Jean Petit, docteur de l'université de Paris, à l'occasion du meurtre du duc d'Orléans, propre frère du roi. Le concile éluda longtemps la requête de Gerson. Enfin il fallut condamner cette doctrine du meurtre; mais ce fut sans nommer le cordelier Jean Petit, ni Jean de Rocha, aussi cordelier, son apologiste [1].

Voilà l'idée que j'ai cru devoir vous donner de tous les objets politiques qui occupèrent le concile de Constance. Les bûchers que le zèle de la religion alluma sont d'une autre espèce.

---

1. Jean Hus, moins coupable, fut brûlé vif; mais Jean Hus avait attaqué les prétentions des prêtres, et les deux cordeliers n'avaient attaqué que les droits des hommes. (K.)

TABLE

DES MATIÈRES CONTENUES DANS LE PREMIER VOLUME

DE L'ESSAI

SUR LES MŒURS ET L'ESPRIT DES NATIONS.

Pages.
AVERTISSEMENT POUR LA PRÉSENTE ÉDITION. 1
AVERTISSEMENT DE BEUCHOT VIII
AVIS DES ÉDITEURS (Voltaire) 1
INTRODUCTION. — Changements dans le globe, 3. — Des différentes races d'hommes, 5. — De l'antiquité des nations, 8. — De la connaissance de l'âme, 10. — De la religion des premiers hommes, 11. — Des usages et des sentiments communs à presque toutes les nations anciennes, 15. — Des sauvages, 18. — De l'Amérique, 24. — De la théocratie, 26. — Des Chaldéens, 28. — Des Babyloniens devenus Persans, 33. — De la Syrie, 37. — Des Phéniciens et de Sanchoniathon, 38. — Des Scythes et des Gomérites, 42. — De l'Arabie, 44. — De Bram, Abram, Abraham, 46. — De l'Inde, 49. — De la Chine, 54. — De l'Egypte, 59. — De la langue des Égyptiens, et de leurs symboles, 63. — Des monuments des Égyptiens, 64. — Des rites égyptiens, et de la circoncision, 66. — Des mystères des Égyptiens, 69. — Des Grecs, de leurs anciens déluges, de leurs alphabets, et de leur génie, 70. — Des législateurs grecs, de Minos, d'Orphée, de l'immortalité de l'âme, 73. — Des sectes des Grecs, 76. — De Zaleucus et de quelques autres législateurs, 78. — De Bacchus, 79. — Des métamorphoses chez les Grecs, recueillies par Ovide, 82. — De l'idolâtrie, 83. — Des oracles, 86. — Des sibylles chez les Grecs, et de leur influence sur les autres nations, 89. — Des miracles, 93. — Des temples, 97. — De la magie, 100. — Des victimes humaines, 103. — Des mystères de Cérès-Éleusine, 106. — Des Juifs, au temps où ils commencèrent à être connus, 110. — Des Juifs en Egypte, 111. — De Moïse, considéré simplement comme chef d'une nation, 112. — Des Juifs après Moïse jusqu'à Saül, 116. — Des Juifs depuis Saül, 118. — Des prophètes juifs, 123. — Des prières des Juifs, 127. — De Josèphe, historien des Juifs, 130. — D'un mensonge de cet historien, concernant Alexandre et les Juifs, 132. — Des préjugés populaires auxquels les écrivains sacrés ont daigné se conformer par condescendance, 134. — Des anges, des génies, des diables, chez les anciennes nations et chez les Juifs, 138. — Si les Juifs ont enseigné les autres nations, ou s'ils ont été enseignés par elles, 143. — Des

Romains. Commencements de leur empire et de leur religion. Leur tolérance, 145. — Questions sur leurs conquêtes, et leur décadence, 148. — Des premiers peuples qui écrivirent l'histoire, et des fables des premiers historiens, 151. — Des législateurs qui ont parlé au nom des dieux, 155.

ESSAI
SUR LES MŒURS ET L'ESPRIT DES NATIONS.

AVANT-PROPOS, qui contient le plan de cet ouvrage, avec le précis de ce qu'étaient originairement les nations occidentales, et les raisons pour lesquelles on a commencé cet Essai par l'Orient, 157. — Stérilité naturelle de nos climats, 159. — Nul ancien monument en Europe, *ibid.* — Anciens Toscans, *ibid.* — Anciens Espagnols, 160. — Gaule barbare, *ibid.* — Ridicule des histoires anciennes, 161. — Hommes sacrifiés, *ibid.* — Germains barbares, *ibid.* — Anciens Anglais, 162. — Changements dans le globe, 163.

CHAPITRE I. — De la Chine, de son antiquité, de ses forces, de ses lois, de ses usages, et de ses sciences, 165. — Éclipses calculées, *ibid.* — Prodigieuse antiquité de la Chine prouvée, 166. — Ridicule supposition de la propagation de l'espèce humaine, 167. — Population, 168. — Libéralités singulières, 169. — Etat des armées, *ibid.* — Grande muraille, *ibid.* — Anciens Quadriges, 170. — Finances, *ibid.* — Manufactures, 171. — Imprimerie, *ibid.* — Astronomie, 172. — Géométrie. *Voyez* les Lettres de Parennin, 173. — La Chine, monarchie tempérée, 174. — Loi admirable, 175.

CHAP. II. — De la religion de la Chine. Que le gouvernement n'est point athée; que le christianisme n'y a point été prêché au VIIe siècle. De quelques sectes établies dans le pays, 176. — Morale de Confutzée, *ibid.* — Culte de Dieu très-ancien, 177. — Gouvernement chinois accusé à la fois d'athéisme et d'idolâtrie, *ibid.* — Secte de Fo ou Foé, 178. — Grand Lama, 179. — Matérialistes, *ibid.* — Fausse inscription, 180. — Juifs à la Chine, 181.

CHAP. III. — Des Indes, 181. — Pythagore n'est pas l'inventeur des propriétés du triangle rectangle, 182. — Belle idée d'un brame, 185. — Chiffres indiens, *ibid.* — Année indienne, 186. — L'homme est-il originaire de l'Inde, *ibid.* — L'Inde autrefois plus étendue, 187. — Affreuse superstition, 188. — Chrétiens de saint Thomas, *ibid.*

CHAP. IV. — Des Brachmanes, du Veidam, et de l'Ézour-Veidam, 190. — Fausse idée qu'on a des Brachmanes en Europe, 191. — Paroles tirées du Veidam même, 192. — Le Veidam, origine des fables de la Grèce, *ibid.* — Peu de christianisme dans l'Inde, 195.

CHAP. V. — De la Perse au temps de Mahomet le prophète, et de l'ancienne religion de Zoroastre, 196. — Antiquité des Perses, 198. — *Portes du Sadder*, 199. — Baptême des anciens Perses, 201. — Les deux principes, 202.

CHAP. VI. — De l'Arabie, et de Mahomet, 203. — Mœurs des Arabes, 204. — Enfance de Mahomet, *ibid.* — Marié à vingt-cinq ans, *ibid.* — Son caractère, *ibid.* — D'abord prophète chez lui, *ibid.* — Ses premiers disciples, 205. — Il attaque l'empire romain, 206. — Ses progrès, 207. — Sa mort, *ibid.* — Mahomet savant pour son temps, *ibid.* — Naïveté des écrivains orientaux, 208. — Arabes infiniment supérieurs aux Juifs, *ibid.* — Abubéker, 209. — Testament remarquable d'Abubéker, *ibid.* — Omar, 210. — Des mages, *ibid.* — Bibliothèque d'Alexandrie brûlée, 211. — Mœurs des Arabes, semblables à celles des guerriers de *l'Iliade*, *ibid*. — Beaux siècles des Arabes, 213. — Aaron-al-Raschild, 214. — Arts des Arabes, *ibid*. — Beaux vers arabes, 215.

Chap. VII. — De l'Alcoran, et de la loi musulmane. Examen si la religion musulmane était nouvelle, et si elle a été persécutante, 215. — Polygamie, 216. — Paradis de Mahomet, le même que chez tous les anciens, *ibid*. — L'Alcoran, *ibid*. — Que la religion mahométane était très-ancienne, 218. — Islamisme, 220. — Sectes mahométanes, 221.

Chap. VIII. — De l'Italie et de l'Église avant Charlemagne. Comment le christianisme s'était établi. Examen s'il a souffert autant de persécutions qu'on le dit, 222. — Juifs toujours privilégiés, 223. — Examen des persécutions contre les chrétiens, 225. — Dioclétien protecteur des chrétiens, 227. — Origine de la persécution, 228. — Faux martyrs, 229. — Vrais martyrs, *ibid*.

Chap. IX. — Que les fausses légendes des premiers chrétiens n'ont point nui à l'établissement de la religion chrétienne, 230.

Chap. X. — Suite de l'établissement du christianisme. Comment Constantin en fit la religion dominante. Décadence de l'ancienne Rome, 235. — Eusèbe, historien romanesque, 236. — Conduite de Constantin, 237. — Donation de Constantin, 239.

Chap. XI. — Causes de la chute de l'empire romain, 241.

Chap. XII. — Suite de la décadence de l'ancienne Rome, 244. — Entière liberté de conscience en Italie, mais courte, *ibid*. — Papes ne peuvent être consacrés qu'avec la permission de l'exarque, 245.

Chap. XIII. — Origine de la puissance des papes. Digression sur le sacre des rois. Lettre de saint Pierre à Pepin, maire de France, devenu roi. Prétendues donations au saint-siège, 247. — Le pape vient implorer le maire Pepin, 248. — Pepin n'est pas le premier roi sacré en Europe, comme on le dit, *ibid*. — Second sacre de Pepin, *ibid*. — Origine du sacre, 249. — Usage de baiser les pieds, 250. Donation de Pepin aux papes très-suspecte, *ibid*.

Chap. XIV. — État de l'Église en Orient avant Charlemagne. Querelles pour les images. Révolution de Rome commencée, 253. — Lettre admirable d'un pape qu'on croit hérétique, 254. — Nulle dispute dogmatique chez les anciens, 255. — Images, *ibid*. — Guerre civile pour les images, *ibid*. — L'évêque de Rome, 257.

Chap. XV. De Charlemagne. Son ambition, sa politique. Il dépouille ses neveux de leurs États. Oppression et conversion des Saxons, etc., 257. — Conduite de Charlemagne, *ibid*. — Saxons, 258. — Vitikind, 259. — Saxons convertis à coups de sabre, *ibid*. — Colonies, 260.

Chap. XVI. — Charlemagne, empereur d'Occident, 262. — Polygamie, *ibid*. — Fin du royaume lombard, *ibid*. — Rome, 263. — Charlemagne, patrice, *ibid*. — Charlemagne, empereur, 264. — Donation de Charlemagne très-douteuse, *ibid*. — Charlemagne ordonne à son fils de se couronner lui-même, 266.

Chap. XVII. — Mœurs, gouvernement, et usages, vers le temps de Charlemagne, 267. — Barbarie de ces siècles, 268. — Mœurs atroces, 269. — Premiers rois francs ne sont pas reconnus rois par les empereurs, 270. — Maires du palais, *ibid*. — Le clergé ne fait un ordre dans l'État que sous Pepin, *ibid*. — Lettre remarquable, *ibid*.

Chap. XVIII. — Suite des usages du temps de Charlemagne, et avant lui. S'il était despotique, et le royaume héréditaire, 271.

Chap. XIX. — Suite des usages du temps de Charlemagne. Commerce, finances, sciences, 273. — Milices, *ibid.* — Armes, *ibid.* — Forces navales, 274. — Commerce, *ibid.* — Monnaies, 275. — Sciences, 277.

Chap. XX. — De la religion du temps de Charlemagne, 278. — Second concile de Nicée, *ibid.* — Anathématisé par le concile de Francfort, 279. — Habileté du pape, 280. — Grande dispute sur le Saint-Esprit, *ibid.* — Fausses Décrétales, 281. — Gouvernement ecclésiastique, 282. — Fausse loi, *ibid.* — Moines riches, *ibid.* — Fin du monde annoncée, 283. — Abbés seigneurs, *ibid.* — Clercs, 284.

Chap. XXI. — Suite des rites religieux du temps de Charlemagne, 285. — De la messe, *ibid.* — Communion, *ibid.* — Confession, 286. — Carêmes, *ibid.* — Laïques ont droit de confesser, 287. — Ancienneté de la confession, *ibid.* — Angleterre, 288.

Chap. XXII. — Suite des usages du temps de Charlemagne. De la justice, des lois. Coutumes singulières. Épreuves, 289. — Comtes, *ibid.* — Duels, jugements de Dieu, 290. — Épreuves, 291. — Épreuves païennes, 292. — La loi salique regardée comme barbare, *ibid.*

Chap. XXIII. — Louis le Faible, ou le Débonnaire, déposé par ses enfants et par des prélats, 293. — Le Débonnaire fait crever les yeux à son neveu Bernard, 294. — Saint : nom honorifique, *ibid.* — L'abbé Vala, 295. — Abbé séditieux, *ibid.* — Évêques contre l'empereur, *ibid.* — Évêques des Francs résistent au pape, 296. — Champ du mensonge, *ibid.* — Louis le Faible en pénitence, 297. — Exemple de pénitence, *ibid.* — Louis en prison, 298. — Mort de Louis le Faible, *ibid.*

Chap. XXIV. — État de l'Europe après la mort de Louis le Débonnaire, ou le Faible. L'Allemagne pour toujours séparée de l'empire franc, ou français, 299. — Empereurs déposés par des évêques, 300. — Ordonnance que le pape ne sera plus élu par le peuple, mais par l'empereur, 301. — Charles le Chauve achète l'empire du pape, 302. — Le Chauve empoisonné, à ce qu'on dit, 303. — Rome toujours pillée, *ibid.* — Tribut payé par le pape aux mahométans, *ibid.* — Charles le Gros déposé, *ibid.* — Un bâtard empereur, 304.

Chap. XXV. — Des Normands vers le ixe siècle, 304. — Normands, bêtes féroces, égorgent d'autres bêtes, *ibid.* — Ils désolent l'Allemagne, l'Angleterre, et la France, 305. — Sottises de nos légendaires, *ibid.* — Belle résistance des Parisiens, 306. — Évêque courageux et grand homme, *ibid.* — Rollon s'établit à Rouen, 308. — Bassesse de la cour de France, *ibid.*

Chap. XXVI. — De l'Angleterre vers le ixe siècle. Alfred le Grand, 309.

Chap. XXVII. — De l'Espagne et des musulmans maures aux viiie et ixe siècles, 311. — L'Espagne, qui résista aux Romains, ne résista point aux barbares, *ibid.* — Ariens en Espagne, 312. — Révolte de saint Herminigilde, *ibid.* — Imbécillité du roi Vamba, *ibid.* — Histoire du comte Julien et de Florinde, très-suspecte, 313. — Deux évêques appellent les musulmans en Espagne, *ibid.* — Veuve d'un roi d'Espagne épouse d'un mahométan, 314. — Alfonse le Chaste : pourquoi, 316.

Chap. XXVIII. — Puissance des musulmans en Asie et en Europe et ixe siècles. L'Italie attaquée par eux. Conduite magnanime du pape Léon IV, 317. — Aaron-al-Raschild, *ibid.* — Pape Léon, 318.

Chap. XXIX. — De l'empire de Constantinople aux viiie et ixe siècles, 319. — Horreurs abominables des empereurs chrétiens grecs, 320. — Théodora, persécutrice sanguinaire, 321.

TABLE DES MATIÈRES.

Chap. XXX. — De l'Italie; des papes; du divorce de Lothaire, roi de Lorraine; et des autres affaires de l'Église, aux vıııᵉ et ıxᵉ siècles, 323. — Gouvernement de Rome, 324. — Polygamie très-ordinaire en Europe, chez les princes, *ibid.* — Aventure d'un roi de Lorraine et de sa femme, *ibid.* — Nicolas Iᵉʳ juge un roi, 325. — Excommunications, *ibid.*

Chap. XXXI. — De Photius, et du schisme entre l'Orient et l'Occident, 327. — Mépris des Grecs pour l'Église latine, *ibid.* — Variations remarquables, 328. — Tolérance nécessaire, 329. — L'Église de Constantinople dispute sa supériorité à celle de Rome, 330. — Moine fouetté pour la grâce efficace, 331. — Convulsionnaire, *ibid.*

Chap. XXXII. — État de l'empire d'Occident à la fin du ıxᵉ siècle, 332. — Papes veulent régner à Rome, *ibid.* — Les Romains ne veulent plus d'empereur, 333.

Chap. XXXIII. — Des fiefs et de l'Empire, 334. — Évêques et abbés princes, *ibid.*

Chap. XXXIV. — D'Othon le Grand au xᵉ siècle, 336. — L'empereur semble juger les rois, *ibid.*

Chap. XXXV. — De la papauté au xᵉ siècle, avant qu'Othon le Grand se rendît maître de Rome, 337. — Scandales de Rome, *ibid.* — Le pape Formose exhumé et condamné, 338. — Une prostituée gouverne Rome, *ibid.* — Son amant est fait pape par elle, *ibid.* — Marozie fait pape son fils, bâtard d'un pape, 339. — Jean XII appelle les Allemands en Italie; c'est la source de tous les malheurs de ce pays, 340.

Chap. XXXVI. — Suite de l'empire d'Othon et de l'état de l'Italie, 340. — Othon dépose le pape, qui l'avait appelé à son secours, 342. — Vengeance du pape Jean XII, *ibid.* — Hypocrisie commune, *ibid.*

Chap. XXXVII. — Des empereurs Othon II et III, et de Rome, 343. — Crimes et malheurs dans Rome, 344. — Barbarie d'Othon II, *ibid.* — Son neveu pape. Autre pape chassé et maltraité, 345. — Romains toujours opposés aux empereurs, *ibid.* — Triumvirat de papes, *ibid.* — Il y aurait eu des empereurs s'ils avaient demeuré à Rome, 346. — La cour de Constantinople méprise la cour romaine, *ibid.*

Chap. XXXVIII. — De la France, vers le temps de Hugues Capet, 347. — Anarchie féodale en France, 348. — Coutumes féodales, *ibid.* — Armées, *ibid.* — Lois, *ibid.* — Pairs, 349. — Hugues Capet, 350. — Hugues Capet s'empare du royaume à force ouverte, 351.

Chap. XXXIX. — État de la France aux xᵉ et xıᵉ siècles. Excommunication du roi Robert, 351. — Superstition horrible, mais non prouvée, 352. — Une Russe épouse du roi Henri Iᵉʳ, 353. — Étrange jugement à Rome contre un seigneur français, 354.

Chap. XL. — Conquête de Naples et de Sicile par des gentilshommes normands, 355. — Anarchie dans la Pouille ou Apulie, *ibid.* — Beaux exploits de gentilshommes normands, 356. — Les fils de Tancrède, *ibid.* — Le pape fait prisonnier par les princes normands, 358. — Origine de l'hommage des rois de Naples aux papes, 359. — Naples vassale de l'empire, depuis de l'Église romaine, 360. — Grégoire VII meurt captif, *ibid.*

Chap. XLI. — De la Sicile en particulier, et du droit de légation dans cette île, 361. — Origine des droits ecclésiastiques des rois de Sicile, 362. — Premier roi de Naples et de Sicile, *ibid.* — Saint Bernard déclare la suzeraineté du pape une usurpation, 363. — Autre pape pris par les princes normands, *ibid.*

Chap. XLII. — Conquête de l'Angleterre par Guillaume, duc de Normandie, 364. Édouard le Saint, ou le Confesseur, 365. — Écrouelles, *ibid.* — Guillaume le Bâtard, 366. — Nul droit de succession alors, *ibid.* — Bataille de Hastings, 367. — Chanson de Roland, *ibid.* — Véritable idée des conquêtes, 368. — Gouvernement de Guillaume le Bâtard, *ibid.* — Ridicule tyrannie imputée à Guillaume, 369. — Grégoire VII veut l'hommage de l'Angleterre, *ibid.*

Chap. XLIII. — De l'état de l'Europe aux xe et xie siècles, 370. — Le nord de l'Europe commence à être chrétien, *ibid.* — Venise et Gênes, 372. — Commencements de Venise, *ibid.* — Premier doge, *ibid.* — Héraclée, capitale de l'État vénitien, 373.

Chap. XLIV. — De l'Espagne et des mahométans de ce royaume, jusqu'au commencement du xiie siècle, 373. — Politesse des Maures en Espagne, 374. — Mariages des mahométans avec des chrétiennes, *ibid.* — Le Cid, 375. — Alfonse, roi d'Espagne, épouse une mahométane. Usage commun, 377. — Le Cid, 378.

Chap. XLV. — De la religion et de la superstition aux xe et xie siècles, 379. — Hérétiques brûlés vifs sous le roi Robert, et en sa présence, 380. — Origine des communions de l'Europe séparées de Rome, *ibid.* — Bel exemple de tolérance mal imité, *ibid.* — Eucharistie; ignorance et disputes, *ibid.* — Ratram ne croit pas la présence réelle, 381. — Bérenger enseigne publiquement que Dieu n'est pas dans le pain consacré, 382. — Réfutation de Bérenger, 383. — Purgatoire, fête des morts, 384. — Épreuves; fables, 385. — Petrus igneus, 386. — Combat pour le missel, *ibid.* — La fête des fous, 387.

Chap. XLVI. — De l'Empire, de l'Italie, de l'empereur Henri IV, et de Grégoire VII. De Rome et de l'Empire dans le xie siècle. De la donation de la comtesse Mathilde. De la fin malheureuse de l'empereur Henri IV et du pape Grégoire VII, 387. — Quel était Grégoire VII, 389. — Le pape ose citer devant lui l'empereur Henri IV, *ibid.* — Hardiesse de Grégoire VII, *ibid.* — Grégoire VII en prison, 391. — Il dépose l'empereur, *ibid.* — Henri IV, persécuté, 392. — Il demande pardon au pape à genoux, *ibid.* — L'Italie prend parti contre le pape, 393. — Grégoire donne l'empire, *ibid.* — Henri donne la papauté, 394. — Grégoire accusé de magie, *ibid.* — Prétentions absurdes de Grégoire VII, *ibid.* — Grande et vraie donation au siége de Rome, 395. — Rome prise par Henri IV, *ibid.* — Fond de la querelle entre l'empire et le sacerdoce, 397. — Mort affreuse de l'empereur Henri IV, *ibid.* — Privé de sépulture, 398. — Réflexion trop vraie, *ibid.*

Chap. XLVII. — De l'empereur Henri V, et de Rome jusqu'à Frédéric Ier, 398. — Henri V ayant condamné son père, l'imite, *ibid.* — Henri V cède enfin au pape, 399. — Élection des papes, source des guerres civiles, 400. — Amour de la liberté, c'est-à-dire des lois, en Italie, *ibid.* — Portrait des Romains par saint Bernard, 401.

Chap. XLVIII. — De Frédéric Barberousse. Cérémonies du couronnement des empereurs et des papes. Suite des guerres de la liberté italique contre la puissance allemande. Belle conduite du pape Alexandre III, vainqueur de l'empereur par la politique, et bienfaiteur du genre humain, 402. — Serments réciproques des empereurs et des papes de ne se point faire assassiner, 403. — Cérémonies singulières, *ibid.* — Empire, bénéfice à la collation du pape, 404. — Papes donnent des couronnes et n'en ont point, *ibid.* — Adrien IV fait les rois de Sicile papes chez eux, *ibid.* — Il donne l'Irlande, 405. — Grandes actions de Barberousse, *ibid.* — Schisme à Rome, *ibid.* — Pape habile triomphe de Barberousse, guerrier, 406.

TABLE DES MATIÈRES.

Chap. XLIX. — De l'empereur Henri VI, et de Rome, 408. — Empereur vassal du pape, *ibid.* — Empereur Henri VI très-cruel, 409. — Innocent III, pape puissant, 410.

Chap. L. — État de la France et de l'Angleterre pendant le xiie siècle, jusqu'au règne de saint Louis, de Jean sans Terre, et de Henri III. Grand changement dans l'administration publique en Angleterre et en France. Meurtre de Thomas Becket, archevêque de Cantorbéry. L'Angleterre devenue province du domaine de Rome, etc. Le pape Innocent III joue les rois de France et d'Angleterre, 411. — Gouvernement féodal, *ibid.* — Louis le Jeune renonce à sa femme et à ses provinces, 412. — Roi d'Angleterre qui renonce au droit de régale, 414. — Histoire de Thomas Becket, ou saint Thomas de Cantorbéry, 415. — Thomas assassiné, 416. — Le pape donne l'Irlande au roi Henri, pourvu qu'il se fasse fouetter par pénitence, *ibid.* — Richard Cœur de Lion, 417. — Évêques portant les armes, *ibid.* — Jean sans Terre, 418. — Les pairs de France font le procès au roi d'Angleterre, *ibid.* — Qui sont ces pairs, *ibid.* — Innocent III met l'Angleterre en interdit, et la donne au roi de France, 419. — Angleterre cédée solennellement au pape, 420. — Rome se moque de Philippe-Auguste, 421.

Chap. LI. — D'Othon IV et de Philippe-Auguste, au xiiie siècle. De la bataille de Bouvines. De l'Angleterre et de la France, jusqu'à la mort de Louis VIII, père de saint Louis. Puissance singulière de la cour de Rome : pénitence plus singulière de Louis VIII, etc. 421. — Armée du roi commandée par un évêque, 422. — Un seul chevalier tué dans la bataille, 423. — Grande charte, *ibid.* — Louis VIII va conquérir l'Angleterre, 424. — Mort de Jean sans Terre, 425. — Louis VIII abandonne l'Angleterre, *ibid.* — Excommunié, et ses chapelains fouettés, *ibid.* — Testament de Louis VIII, *ibid.* — Conte ridicule d'une fille, 426.

Chap. LII. — De l'empereur Frédéric II : de ses querelles avec les papes, et de l'empire allemand. Des accusations contre Frédéric II. Du livre *de Tribus Impostoribus.* Du concile général de Lyon, etc., 427. — Droit de vol, *ibid.* — Droit de cuissage, 428. — Frédéric II, excommunié, 429. — Prétendu livre *des Trois Imposteurs, ibid.* — Saint Louis sollicité en vain par les papes de favoriser leurs prétentions, 430. — Innocent IV dépose l'empereur Frédéric II, 431. — Accusations absurdes contre Frédéric, *ibid.* — Acusations différentes contre la cour de Rome, *ibid.* — Despotisme du pape sur le clergé, 432. — Juste colère de l'empereur, *ibid.* — Croisade contre l'empereur, 433.

Chap. LIII. — De l'Orient, au temps des croisades, et de l'état de la Palestine, 435. — Commencements des Turcs, *ibid.* — Décadence des califes, 436. — Décadence de Constantinople, 437. — Tableau de la Palestine, *ibid.*

Chap. LIV. De la première croisade jusqu'à la prise de Jérusalem, 440. — Un fanatique auteur des croisades, *ibid.* — Croisade déclarée, 441. — Armement prodigieux, *ibid.* — Juifs massacrés sur la route par les croisés, 442. — L'Ermite sans armée, *ibid.* — Princes croisés, 443. — Intérêt des papes aux croisades, 444. — Caractère des principaux croisés, *ibid.* — Magnificence de l'empereur Alexis, 445. — Prise de Jérusalem, 447.

Chap. LV. — Croisades depuis la prise de Jérusalem. Louis le Jeune prend la croix. Saint Bernard, qui d'ailleurs fait des miracles, prédit des victoires, et on est battu. Saladin prend Jérusalem ; ses exploits ; sa conduite. Quel fut le divorce de Louis VII, dit le Jeune, etc., 448. — Émigrations, *ibid.* — Chevaliers teutons, 450. — Saint Bernard et ses prophéties, *ibid.* — Louis le Jeune, *ibid.* — Nouvelles fautes des croisés, 451. — Désastres de Louis le Jeune, 452.

Chap. LVI. — De Saladin, 453. — Alliance du roi chrétien de Jérusalem avec un soudan, *ibid.* — Horrible tremblement de terre, 454. — Saladin, *ibid.* — Le roi de Jérusalem captif de Saladin, *ibid.* — Générosité de Saladin, 455. — Il purifie la mosquée, *ibid.* — Croisade dans le nord, *ibid.* — Dîme saladine, 456. — L'empereur de Constantinople allié de Saladin, *ibid.* — Philippe-Auguste et Richard Cœur de Lion, 457. — Mort de Saladin : son testament, 458. — Venise gagne aux croisades, *ibid.*

Chap. LVII. — Les croisés envahissent Constantinople. Malheurs de cette ville et des empereurs grecs. Croisade en Égypte. Aventure singulière de saint François d'Assise. Disgrâces des chrétiens, 459. — Révolutions horribles dans l'empire grec, 460. — Prise de Constantinople par les croisés, *ibid.* — Élection singulière d'un empereur, 462. — Débris de l'empire grec, *ibid.* — Croisades dégénérées en folie, 463. — Le roi de France fait un roi de Jérusalem, *ibid.* — On coupe la tête à cinq compagnons de saint François, 464. — Défaite des chrétiens, 465. — Comment Frédéric II se démêlait des croisades, 466. — Suite d'événements étranges, *ibid.* — Autres brigands, 467.

Chap. LVIII. — De saint Louis. Son gouvernement, sa croisade, nombre de ses vaisseaux, ses dépenses, sa vertu, son imprudence, ses malheurs, 468. — Portrait de saint Louis, *ibid.* — Son vœu d'entreprendre une croisade, 469. — Ses dépenses, *ibid.* — Il va en Égypte, 470. — Défait et pris, *ibid.* — Fables de Joinville, dont on n'a point la véritable histoire, 471. — Générosité des vainqueurs, 472. — Saint Louis de retour en France, *ibid.* — Son gouvernement en France, *ibid.* — Il repart pour sa croisade, 473. — État de la Syrie, *ibid.* — Mort du roi, 474. — Pertes de l'Europe, *ibid.*

Chap. LIX. — Suite de la prise de Constantinople par les croisés. Ce qu'était alors l'empire nommé grec, 475. — Les Français règnent à Constantinople, *ibid.* — Les Grecs reprennent l'empire, 476. — Leurs mœurs, *ibid.*

Chap. LX. — De l'Orient, et de Gengis-kan, 478. — Des Tartares, *ibid.* — Leurs mœurs, *ibid.* — Leur culte, 479. — Prêtre Jean chimérique, *ibid.* — Lois de Gengis, 480. — Conquêtes de Gengis, 481. — Armées prodigieuses, *ibid.* — Cour plénière, 483. — Mort de Gengis, *ibid.* — Hommes égorgés sur son tombeau, 484. — Ses enfants partagent la moitié du monde, *ibid.* — Si les princes de la race de Gengis étaient despotiques, 485. — Descendants de Gengis, 486. — Causes des succès de cette famille, *ibid.* — Tartares font la guerre, du Japon à l'Italie, 487.

Chap. LXI. — De Charles d'Anjou, roi des Deux-Siciles. De Mainfroi, de Conradin, et des vêpres siciliennes, 488. — Pourquoi Naples et Sicile dépendent des papes, *ibid.* — Les papes veulent dépouiller l'héritier du royaume, 489. — Les papes prennent pour eux les Deux-Siciles, 490. — Roi de Naples cité devant le pape, 491. — Manfredi se soutient toujours contre les papes, *ibid.* — Marché de Clément IV avec Charles d'Anjou, *ibid.* — Manfredi vaincu : son cadavre sans sépulture, 492. — Conradin : son droit, ses malheurs, *ibid.* — Conradin et Frédéric d'Autriche exécutés par l'ordre de l'usurpateur, 493. — Vêpres siciliennes, *ibid.*

Chap. LXII. — De la croisade contre les Languedociens, 495. — Albigeois, *ibid.* — Commencements de l'Inquisition, *ibid.* — Luxe des moines, *ibid.* — Le comte de Toulouse persécuté, 496. — Tous les habitants de Béziers égorgés, *ibid.* — Injustice du jésuite Daniel, 497. — Évêques croisés contre les Languedociens, 498. — Bataille incroyable, *ibid.* — Le comte de Toulouse va demander grâce à Rome, 499. — La croisade contre le Languedoc sous saint Louis, *ibid.* — Cruelle paix faite avec le comte de Toulouse, 500. — Le comtat d'Avignon demeuré aux papes, *ibid.* — Aristote brûlé dans un concile, 501. — Grand inquisiteur en France, scélérat reconnu, *ibid.*

Chap. LXIII. — État de l'Europe au xiii° siècle, 502. — Anarchie en Allemagne, *ibid.* — Élection de Rodolphe de Habsbourg, 503. — Papes jugent presque tous les rois, 504. — Papes donnent presque tous les royaumes, 505. — Science scolastique, pire que la plus honteuse ignorance, 506.

Chap. LXIV. — De l'Espagne aux xii° et xiii° siècles, 507. — Le Cid, *ibid.* — Grande preuve que les papes donnaient les royaumes, 508. — Prêtre évêque, marié, et roi par dispense du pape, 509. — Premier roi d'Aragon à qui on fait serment, 511. — États d'Aragon égaux au roi, *ibid.* — Justification d'Alfonse le Sage, 512. — Lois d'Alfonse le Sage, 513. — Papes prétendent droit sur l'Aragon, 514.

Chap. LXV. — Du roi de France Philippe le Bel, et de Boniface VIII, 515. — Quel était Boniface, *ibid.* — Quel était l'état de Rome, *ibid.* — Boniface nomme Charles de Valois empereur d'Orient, 516. — Observation importante, 517. — Témérité de Boniface, 518. — On brûle sa bulle, *ibid.* — Le confesseur du roi va rendre compte de la conscience de son pénitent en cour de Rome, 519. — Philippe fait saisir la personne du pape, 520. — Procès criminel fait à la mémoire du pape, *ibid.* — Juifs chassés, 521.

Chap. LXVI. — Du supplice des templiers, et de l'extinction de cet ordre, 522. — Templiers accusés, *ibid.* — Templiers interrogés, 523. — Templiers brûlés vifs, *ibid.* — Justifiés, 524. — Dépouilles partagées, 525.

Chap. LXVII. — De la Suisse, et de sa révolution au commencement du xiv° siècle, 526. — Description de la Suisse, *ibid.* — Maison d'Autriche, 527. — Fondateurs de la liberté helvétique, *ibid.* — Fable de la pomme, *ibid.* — Suisses vainqueurs, *ibid.* — Bonheur de la Suisse, 528.

Chap. LXVIII. — Suite de l'état où étaient l'empire, l'Italie, et la papauté, au xiv° siècle, 529. — Transmigration du siége papal, *ibid.* — L'empereur Henri VII à Rome, 530. — Henri VII cru empoisonné, *ibid.* — Jean XXII, 531. — Jean XXII dépose l'empereur Louis de Bavière, 532. — Auteur âgé de cent quinze ans, *ibid.* — Louis de Bavière dépose le pape et le condamne à mort, *ibid.* — Cordeliers brûlés, 533. — Jean XXII hérétique, *ibid.* — Pape Jean XXII très-riche, et pourquoi, *ibid.* — Rome veut toujours être libre, 534. — Cola Rienzi, tribun du peuple, ridicule, et assassiné, *ibid.*

Chap. LXIX. — De Jeanne, reine de Naples, 535. — Crimes et malheurs de la belle Jeanne, reine de Naples, *ibid.* — Les troubles de sa maison commencent par un moine, *ibid.* — Mari de Jeanne étranglé, 536. — Mari de Jeanne vengé, *ibid.* — Jeanne vend Avignon au pape, *ibid.* — Jeanne se remarie souvent, 537. — Jeanne déposée par un pape, *ibid.* — Jeanne étouffée, 538.

Chap. LXX. — De l'empereur Charles IV. De la bulle d'or. Du retour du saint-siége d'Avignon à Rome. De sainte Catherine de Sienne, etc., 539. — Bulle d'or, *ibid.* — Solennité de la bulle d'or, *ibid.* — Origine des sept électeurs, *ibid.* — Origine des charges de l'empire, 540. — Dignité impériale suprême et vaine, *ibid.* — Dauphin de France précédé par un cardinal, *ibid.* — Charles IV servi par des souverains, mais ne peut coucher à Rome, 541. — Venceslas et le roi Charles VI malades du cerveau en même temps, 542. — Les papes rétablissent enfin leur cour à Rome, *ibid.* — Sainte Catherine de Sienne et sainte Brigite, *ibid.*

Chap. LXXI. — Grand schisme d'Occident, 543. — États du saint-siége, *ibid.*

— Emportements du pape Urbain VI, 544. — On en élit un autre, *ibid.* — Excommunication et guerre civile, *ibid.* — Urbain prisonnier : ses vengeances exécrables, 545. — Le schisme continue après Urbain, 546. — La France ne reconnaît aucun pape, *ibid.* — Le concile élit le corsaire Cozza, 547. — Aventures du pape Cozza, 548.

Chap. LXXII. — Concile de Constance, 549. — Préparatifs du concile, *ibid.* — Etat de l'Europe, au temps du concile, *ibid.* — Le pape s'enfuit du concile, 550. — Le pape est pris, 551. — Condamné, *ibid.* — Martin V, 552.

FIN DE LA TABLE.

PARIS. — Impr. J. CLAYE. — A. QUANTIN et Cⁱᵉ, rue Saint-Benoît.

www.ingramcontent.com/pod-product-compliance
Lightning Source LLC
Chambersburg PA
CBHW060509230426

43665CB00013B/1450